Harro Zimmermann

FRIEDRICH GENTZ
DIE ERFINDUNG DER REALPOLITIK

Harro Zimmermann

FRIEDRICH GENTZ
DIE ERFINDUNG
DER REALPOLITIK

Ferdinand Schöningh
Paderborn · München · Wien · Zürich

Umschlagabbildung:
Friedrich Gentz, Lithographie von Friedrich Lieder, 1825.

Bibliografische Information der Deutschen Nationalbibliothek

Die Deutsche Nationalbibliothek verzeichnet diese Publikation in der Deutschen
Nationalbibliografie; detaillierte bibliografische Daten sind im Internet über
http://dnb.d-nb.de abrufbar.

Gedruckt auf umweltfreundlichem, chlorfrei gebleichtem
und alterungsbeständigem Papier ISO 9706

© 2012 Ferdinand Schöningh, Paderborn
(Verlag Ferdinand Schöningh GmbH & Co. Verlags-KG, Jühenplatz 1, D-33098 Paderborn)

Internet: www.schoeningh.de

Einbandgestaltung: Evelyn Ziegler, München
Printed in Germany
Herstellung: Ferdinand Schöningh GmbH & Co. KG, Paderborn

ISBN 978-3-506-77132-2

Irmgard und Heinrich Zimmermann
in
memoriam

INHALT

PROLOG

Politik statt Glückseligkeit

Napoleon Bonaparte hat ihn gehasst und steckbrieflich verfolgt. Die übrigen Kaiser, Könige und Fürsten Europas aber suchten die Dienste dieses *bürgerlichen Pairs der Vornehmen*. Sie beschenkten ihn reich und respektierten ihn tief. Friedrich Gentz wurde gefeiert und verteufelt als einer der berühmtesten Streiter gegen Revolution und französische Hegemonialpolitik. Auf dem Wiener Kongress fungierte er neben Metternich als Sekretär Europas und Mitgestalter der neuen Friedensordnung. Als Schriftsteller hat er dem fürstlichen Repräsentationswesen eine ungeahnte Stilbrillanz verliehen. Gentz war es, der dem Spätabsolutismus einen öffentlich präsentablen Moralkodex erschrieb, und ihn in ein Streitverhältnis zu den kontinentalen Aufklärungsgeistern versetzen konnte wie kein zweiter. Denn politische Macht hatte sich nun zu erklären, sie musste eloquent sein, weil Publizität eine ihrer Existenzbedingungen geworden war.

Gegen den Anspruch der bürgerlichen Gesellschaft, der Staat sei ein *Erziehungsinstitut*, setzt Gentz die Emanzipation des *Rechtsinstituts* Staat vom Gemeinwesen aller Privatleute. Mag die Vernunftkultur an ihre Idee der Progression des *Menschengeschlechts* glauben, im Vertrauen auf fürstliche Sanftmut und Weisheit, Gentz konfrontiert sie mit dem Projekt einer normgeleiteten Machtpolitik. Weder der Horror vor einem allmächtigen Leviathan, noch das Schreckbild einer seelenlosen Staatsmaschinerie fesselt seinen Blick, denn es geht um etwas ganz anderes. Es geht um die Differenz der Macht, um ihre *essenzielle und irreduzible Andersheit* im Verhältnis zu denen, über die sie ausgeübt wird. (C. Colliot-Thélène). Gentz will vor allem eines klar machen - die Autonomie des Volkes ist kaum mehr als eine Fiktion, denn eine ursprüngliche, vorpolitische Souveränität des Demos gibt es nicht, erst die Einheit der Staatsmacht verleiht dem Volk so etwas wie einen praktikablen Allgemeinwillen und damit einen konkreten Legitimitätsausdruck.

Der Kontingenzeinbruch der Französischen Revolution in den Erwartungshorizont der Aufklärung ist es, der bei Gentz den Zerfall jedes geschichtsphilosophischen Gutglaubens bewirkt hat, seitdem besteht er auf der Autonomie und Eigengesetzlichkeit aller staatlichen Handlungspragmatik im Zivilisationsprozess. Der Preis für die Freiheit und Selbstentfaltung des Individuums liegt in der machtvollen Gewährleistung von Rechtssicherheit und politischer Stabilität. Nicht anders lautet das desillusionierte Programm der Staatsweisheit unter dem Feuerschein der Französischen Revolution.

Friedrich Gentz ist zu entdecken als einer der maßgeblichen Wegbereiter der modernen Realpolitik. Deren intellektuelles und normatives Interieur hat er auf Begrif-

fe gebracht und als Person zu repräsentieren vermocht wie niemand sonst in seiner
Zeit. Es genügt nicht, dass man Talent hat, schrieb Goethe einmal, es gehört mehr
dazu, um gescheit zu werden: *man muss auch in großen Verhältnissen leben und Gelegenheit haben, den spielenden Figuren in die Karten zu sehen und selber zu Gewinn und
Verlust mitzuspielen.* Auf keinen Zeitgenossen Goethes trifft das eher zu als auf Friedrich Gentz. Dieser *Ultrapraktiker* war es, der die wortgläubigen Geister des 18. Jahrhunderts, diese machtindifferenten Hüter des absolut Guten und Vernünftigen, die
mores einer Politik im *Schmutz und Rost des wahren praktischen Lebens, des Welt- und
Geschäftsganges* gelehrt hat. Hierin liegt seine Ernüchterungsofferte noch an das
staatsbürgerliche Subjekt der Zukunft.

Amoralisches Subjekt oder Staatsmann

Gegen Ende des Aufklärungsjahrhunderts war er wie ein *Meteor am politischen Himmel unserer Zeit und auf dem deutschen Schriftstellerboden* in Erscheinung getreten. Nie-
mandem sei je zuvor eine vergleichbare Karriere geglückt, und keiner vermöchte ihm
darin nachzufolgen, hieß es: *Ein bürgerlicher Autor schwang er sich zu fürstengleichem
Leben und Ansehn, ein untergeordneter Beamter zu europäischer Wirksamkeit empor.* Und
all das habe dieser Mann vermocht, nur weil er wundervolle Geistesgaben und eine
glänzende Rede- und Schreibfertigkeit besaß. Nicht oft hat Gentz so wohlwollende
Chronisten gefunden wie Karl August Varnhagen von Ense oder auch Leopold von
Ranke. In der Regel forderte sein Nimbus den Hass und die Verachtung der meinungs-
führenden Geister heraus. Verbreitet durch *tausend Zungen* schallte ihm dann das *Ana-
thema* entgegen, er sei eines der *rüstigsten Werkzeuge des Despotismus* gewesen. Wenn es
in der liberalen Intelligenz der 1830er Jahre eine grundverdächtige Ikone der Metternichschen Restauration gab, dann verkörperte sie – neben den Romantikern Friedrich
Schlegel und Adam Müller – jener Schriftsteller und Dandy, der politische Agent und
ominöse Sekretär Europas Friedrich Gentz. (Varnhagen 1994/ L.v. Ranke 1964).
    ‚Romantik' ist bis hoch ins 19. Jahrhundert ein *Parteiwort*, ein Kampfbegriff zur
Abwehr des vermeintlich ebenso doktrinären wie bildungsträchtigen Reaktionärswe-
sens in Politik und Kultur. In diesen Verdacht gerät auch der Wiener Hofrat Gentz.
Geradezu steckbrieflich nehmen ihn Junghegelianer und Vormärzler in Augenschein,
besonders in den ‚Halleschen Jahrbüchern' und in dem berühmten Manifest ‚Der
Protestantismus und die Romantik' (1839/40). Schon seine geistige Herkunft soll als
verderblich hingestellt werden. Großgeworden war er demzufolge in jener romantischen Berliner Salonkultur der neunziger Jahre des 18. Jahrhunderts, die vermeintlich dem höheren Kunstsinn, in Wahrheit aber einem wollüstigen Subjektivismus
gefrönt und in ihrer Welt- und Geistesverachtung dem Republikwesen einen Bären-
dienst erwiesen habe. Angesichts des Projekts einer *freien deutschen Nationswerdung*
verfällt der Chevalier de Gentz dem Vorwurf, er sei Begünstigter einer heillosen Mo-
ralkrise, einer tiefen geistigen Zerrüttung gewesen, und habe in seiner dekadenten

Machtbesessenheit dem *realen* politischen Bewusstsein des 19. Jahrhunderts schwer geschadet. Keine größere politische Skandalfigur schien den Vormärzlern denkbar als dieser Typus des ordensbehangenen Nutznießers und Glanzschreibers im Auftrag der reaktionären Adelsherrschaft. Gentz wird nun zur *eigentlichen Personifizierung* einer Ära des Abgestandenen und Ewiggestrigen. Das alles hat dem preußisch-österreichischen énfant terrible, wo es in Zukunft noch wahrgenommen wurde, einen nachhaltigen Rufschaden beigebracht.

Die wissenschaftliche Gentz-Rezeption, sie beginnt kurz nach seinem Tod im Umkreis des Rahel-Kults mit einer Huldigung durch Varnhagen von Ense, führt über die beiden Werkausgaben von Wilderich Weick (1836-38) und Gustav Schlesier (1838-40) zur Edition der Tagebücher, die Ludmilla Assing 1861 im Namen ihres Onkels Varnhagen von Ense erstmalig vorlegt. Haben Weick und Schlesier noch den einzigartigen Beitrag des Friedrich Gentz zur deutschen politischen Literatur hervorgehoben, und sind den Vorwürfen der Karrieresucht, der Käuflichkeit und Amoralität entgegen getreten, so erklimmt die Skandalisierung des Wiener Hofrats mit der Herausgabe seiner Tagebücher ihren nächsten Höhepunkt. Nach der Attacke durch Vormärz und Linkshegelianismus jetzt der offene politische Eklat um die als sittenverderblich denunzierten Aufzeichnungen des Wiener Hofrats. Nur mit Mühe kann sich die Herausgeberin 1862 einer drohenden Gefängnisstrafe nach Italien entziehen, erst vier Jahre später sollte sie amnestiert werden. (N. Gatter 1996).

Vehement meldet sich nun Josef Gentz mit zwei Rechtfertigungsschriften für seinen Vater zu Wort. Gegen dessen Geringschätzung, ja wider den *Bannfluch*, er sei ein käuflicher Reaktionär gewesen, bietet der Autor den *ehrlichen politischen Charakter* des alten Gentz auf, der stets mit patriotischem Mut für Österreich, Deutschland und Europa eingetreten sei. Josef Gentz ist besonders erbost über das ehrabschneidende Nachwort zu der Tagebuchedition von Ludmilla Assing, das zwar mit dem Namen des verstorbenen Varnhagen gezeichnet ist, aber niemals von ihm stammen könne. Zu keiner Zeit seien die Aufzeichnungen seines Vaters zum Druck bestimmt gewesen, erst die neuerliche Indiskretion habe zu den abermaligen Vorwürfen der *Käuflichkeit* und reaktionären Umtriebe geführt. Josef Gentz glaubt zu wissen, dass man die *Luft der Freiheit wie die reine Gebirgsluft ersehnen, und doch dem wahrhaft Konservativen gerecht werden kann. Er [F. Gentz] steht jedenfalls höher als der unechte Liberale.* (J. Gentz 1861/GS 12,1).

Kein Reaktionär, kein Klassiker

Immer wieder wird es der Gegensatz von politisch-publizistischer Brillanz und moralischer Verfehltheit sein, der das Bild der Gentzschen *Celebrität* bestimmt, dieses *Abtrünnigen der Intelligenz, des freien Geistes.* Einmal heißt es: *Gentz ist Alles, These und Antithese, Position und Negation, Wahrheit und Unwahrheit zugleich.* Besonders seine Aktivitäten gegen die Freiheit der Presse werden ihm noch Jahrzehnte später bitter vergolten, unerhört listig und sophistisch sei er zu Karlsbader Zeiten gegen die Interessen des *allzu gutmüthigen deutschen Publicums* vorgegangen. Gelegentlich wird zur Fairness in der Beurteilung des Friedrich Gentz gemahnt, doch selbst besonnene Autoren wie Rotteck und Welcker lassen es sich nicht nehmen, die Schwächen, Blößen und Gelüste des Brief- und Tagebuchschreibers ausführlich darzulegen, mag auch alle Welt in jenem galanten Zeitalter von ähnlicher Nonchalance gewesen sein. Robert von Mohl und Friedrich Hebbel bezweifeln grundsätzlich, ob jemals die *beste Vertheidigung ihn vollständig rechtfertigen und zum Gegenstande einer vollen und unbedingten Verehrung* machen könnte: *Wir haben Niemand, der Gentz ersetzt; aber Gott verhüte auch, dass seines Gleichen vollkommen wieder erscheine!* Freilich, hier kommt bald viel Ignoranz und pure Vergesslichkeit ins Spiel. Aber Gentz hat gewiss nicht zu den *dogmatisirenden Schelmen* seiner Zeit gehört, wie Theodor Mundt behauptet, sondern war schon eher einer der *größten unserer politischen Publicisten, dem weder die Partei der Reaction, noch die des Liberalismus einen Gleichen zur Seite zu stellen hat*, so der Doyen der Romantikforschung Rudolf Haym um die Mitte des 19. Jahrhunderts.

Haym hat aller künftigen Beschäftigung mit Friedrich Gentz ein umfassendes *fundamentum in re* verschafft, indem er ihn *ohne Hass* und mit historischer Billigkeit aus der Wirrsal seiner Verzeichnungen heraushob. Für ihn ist der Wiener Hofrat gegen Ende seines Lebens zum Konservativen und Liberalen gleichermaßen, zum Friedensfreund geworden. Gentz sei weder ein Ahnherr der Reaktion, noch ein deutsches Klassikerhaupt, sondern eine historische Persönlichkeit, die auf nie dagewesene Weise politische und schriftstellerische Fähigkeiten miteinander verband, und trotz moralischer Schwächen Bedeutsames zu leisten vermochte. Diese Sicht der Dinge gewann in Deutschland zwar Einfluss auf die Wissenschaft, von Rankes Ehrenerklärung für Gentz bis hin zu Treitschkes Wort vom *ersten Publizisten der Epoche*, sie verlor jedoch in der größeren Öffenlichkeit zunehmend an Bedeutung. (Encyclopädie 1838/C.v. Rotteck/C. Welcker 1847/R.v. Mohl 1856/Deutsche Vierteljahrs-Schrift 1862/J.C. Bluntschli 1864/C.v. Wurzbach 1858/F. Hebbel 1970, 4/F. Steinmann 1842/1845/R. Haym 1854/L.v. Ranke 1964/H.v. Treitschke 1927).

Friedrich Gentz hat seitdem in einer weitverzweigten Forschungs- und Editionsgeschichte manches Interesse auf sich gezogen, doch sein Name und sein Lebenswerk wurden zu einem Fall für Kenner. Die einen schmähten ihn als Parteigänger der Restauration und Erbverweigerer des aufgeklärten Geistes, die anderen als verkappten Renegaten der romantischen Dekadenz und als Parvenü der Macht. Vergessen blieb die Bedeutung eines dermals in ganz Europa berühmten Staatsmannes und Publizisten, eines unvergleichlichen Krisendiagnostikers und Abwehrstrategen der Französischen Revolution. Im heutigen Wien erinnert wenig mehr als die ‚Gentzgasse‘ an den verblichenen Hofrat. Auf dem Währinger Friedhof, der 1923 in einen Freizeitpark umgewandelt wurde, errichtete man 1832 seine letzte Ruhestätte. Dort kann man seiner gedenken, in einem abgezäunten kleinen Gräberhain, auf Anfrage.

Auch das 20. Jahrhundert hat Erhebliches zur Dokumentation und Erforschung des Gentzschen Werkes und Wirkens beigetragen, aber weder die erzählerische Brillanz eines Golo Mann, noch etliche Spezialuntersuchungen, noch eine verdienstvolle Teiledition seiner Schriften konnten diesen splendiden Vordenker und Sekretär Europas, diesen ersten bürgerlichen Intellektuellen als Machtpolitiker ins Licht der Gegenwart holen. Gewiss, es bleibt etliches an Dokumentarien nach wie vor zu entdecken, aber längst hat sich gezeigt, dass Friedrich Gentz ungleich mehr Interesse zukommt als man bisher unter der Leitfrage nach dem deutschen Konservatismus zur Geltung bringen konnte. (GS 8, 1/F.M. Kircheisen 1906/F.C. Wittichen 1906/L. Bittner 1938/J. Baxa 1965/G. Quarg 1971/P.R. Sweet 1971/K. Epstein 1973/H.G. Schumann 1974/B. Koehler 1980/P. Kondylis 1986/J. Habermas 1987/H. Arendt 1987/G. Kronenbitter 1994/G. Mann 1995/H. Zimmermann 2009).

Dialektik der Macht

Der Nimbus des Friedrich Gentz gewinnt sein besonderes Aroma schon in der Spätphase des 18. Jahrhunderts. Dass in der politischen Publizität nach seiner Meinung nicht die *freie und öffentliche Prüfung* des Wahrhaften und Vernünftigen (Kant) entscheidend ist, sondern die Geltungsfrage staatlicher Argumentationsimperative, kommt im Zeitbruch von 1800 einer unerhörten Provokation der deutschen Bürgerkultur gleich. Viele namhafte Aufklärer haben damals die Nähe zu den Höfen und zu staatlichen Verwaltungen gesucht, aber keinem von ihnen wäre es eingefallen, vom *moralischen Übergewicht der Autorität* des Staates über den Geist zu sprechen, niemals hätten sie die Unverfügbarkeit des Kulturellen in Frage gestellt, oder sich mit der freiwilligen *Subordination* unter die fürstliche Bürokratie anfreunden können. Gentz hingegen hat genau dies mit Wortmacht von ihnen gefordert. Er sei sittlich so verkommen, dass er noch die eigene Korruptheit mit *Zauberkräften der Überredungskunst* zu kaschieren, und auf *Unkosten* der Vernunft mit *täuschenden Bildern die Urtheilskraft zu bestechen* versuche, wirft man ihm daraufhin vor.

Wer also war Friedrich Gentz? Unstreitig ist, dass schon den jungen Beamten im preußischen Staatsdienst weniger der abstrakte Odem des Aufklärungsdiskurses fasziniert hat, sondern die Welt der Politik auf jenem *magischen* Schauplatz des Revolutionszeitalters: *Das Glück, in einer großen Sphäre thätig zu seyn, das Glück, Gesetze zu geben, und zu regieren, der selige Genuss, auf einem großen und freien Schauplatz durch Einsichten, oder Beredsamkeit zu glänzen, – das allein ist jenes Wesentliche, welches den Enthusiasmus so vieler Menschen angefacht hat, und ihn vielleicht ewig unterhalten wird.* Friedrich Gentz, der spätere kaiserliche Hofrat in Wien, weiß schon früh, dass die Epoche des politischen *Repräsentativ-Systems* angebrochen ist, ein Zeitalter, das der Eitelkeit vieler Menschen, aber auch der *Superiorität ihrer Talente* so unabsehbare Chancen bieten wird. Der fürstliche Autokratismus kann nicht das letzte Wort in der zivilisierten Staatengeschichte sein. Und dennoch, oder gerade deshalb sollte Gentz für geraume Zeit zum intellektuellen Exponenten des Wiener Restaurationssystems und zum politischen Zuchtmeister jener werden, deren Aufklärungsgeist er vordem einmal geteilt hat.

Ist Friedrich Gentz ein Wendehals, ein Renegat, ein Verräter? Er war gebürtiger Preuße und wurde zum Stock-Österreicher. Er verstand sich als Deutscher und kämpfte zeitlebens für ein Europa des friedvollen Gleichgewichts der Staaten. Seine Konfession war der Protestantismus, aber er besaß manche Sympathie für die Ordnung verbürgende Katholizität. Er war ein moroser, melancholischer, genusssüchtiger Mann und konnte gleichwohl zum patriotischen Agitator und Kriegseinpeitscher werden. Er liebte zahllose Frauen und zeigte sich keiner wirklich ergeben. Kant-Schüler und Freiheitsenthusiast war er und wurde später zum politischen Hirn der Demokratenverfolgung. Er führte ein Leben im Glanz der Fürstenherrlichkeit und war dennoch ein treusorgender Vater, Geliebter und Brotherr. An der Seite des Staatskanzlers Metternich sah man ihn in den Antichambres der Fürstenpolitik agieren, er war höfischer Ränkespieler und diplomatisches Chamäleon, und blieb trotz allem ein so hochkarätiger wie skrupulöser Intellektueller. Dies alles kann man nicht auf eine Formel bringen.

Friedrich Gentz, der nach seinem preußischen Fiasko im Jahre 1802 vom kaiserlichen Wien als *beste Feder Deutschlands* angeworben wurde, sah sein Leben in die Dialektik der Macht verstrickt, deren *schmutzige Routine* hat er bis auf den Tiefpunkt von Gewinnsucht, Egoismus und Menschenbetrug durchkämpft und durchlitten. Oft verteidigte er die spätfeudale Herrschaftswelt mit Ingrimm und stilisierte seine eigene Arbeit zum *wahren, handelnden Furor* ihrer Politik, dann wieder konnten die mächtigen Staatsakteure mit ihren *großen Phrasen* und ihrem *mesquinen* Personal nur seinen *Ekel* erregen. Gefährdet sah er nicht nur seine Vorstellung von *höherer Politik*, die dem Staat eine *moralische Autorität* sichern sollte, sondern genauso energisch glaubte er vor dem *Schrecklichen* in Kultur und Gesellschaft warnen zu müssen, vor den hier wuchernden Phantasmen des politischen *Indifferentismus*. Niemals in seinem Leben sei er Revolutionär, ebensowenig aber Konterrevolutionär gewesen, hat Gentz kurz vor seinem Tod noch einmal erklärt. Insofern wird hier von dem vermeintlichen *Goliath* der Restauration gesprochen als einem Realpolitiker im Widerschein der Dialektik der Aufklärung. Bedenkt man, wie desaströs die nachfolgende deutsche Geschichte von der *Versuchung des Absoluten* (Hagen Schulze) geschlagen worden ist, dann gehört das ausgekühlte Politikpathos des Friedrich Gentz zum besten Bestand unserer demokratischen Tradition.

ERSTES KAPITEL

Was die Konservativen ruiniert hat,
war die falsche Wahl dessen,
was zu konservieren war.

Paul Valéry

Lehrjahre der Männlichkeit

Breslau – Politik und Symphilosophie

Kindheit und Jugend des Friedrich Gentz stehen im Zeichen der selbstbewussten Bürgertradition Schlesiens. Das ist am Ausgang dieses 18. Jahrhunderts mit seinen europaweiten Machtkriegen und politischen Umwälzungen nichts Selbstverständliches, Territorialverschiebungen und Herrschaftswandel sind ein alltägliches Phänomen. Kein Deutscher, kein Preuße, kein Schlesier bleibt von solchen Eruptionen und Zeitbrüchen damals verschont. Breslau, die Gentzsche Heimatstadt, den Habsburgern schon 1743 mit Waffengewalt entwunden und preußisch geworden, liegt im kulturellen Einzugsbereich von Berlin und Königsberg, wo die Aufklärung so irritierende Blüten treibt. Keinem gebildeten Schlesier bleiben diese neutönenden Geisteswetter damals verborgen.

Das Land und seine Metropole befinden sich seit dem Hubertusburger Frieden von 1763 in einer Phase der allgemeinen Konsolidierung. Wenige Jahrzehnte zuvor ist das noch ganz anders gewesen, infolge der anhaltenden Kriege, als die Schlesier erleben mussten, wie ihre Heimat mit Blut und Eisen ins Regiment der Okkupanten überführt wurde. Die ehedem habsburgische Provinz wollte sich nicht ohne weiteres in preußisches Herrschaftsgebiet verwandeln lassen, erst nach Jahren der Empörung und des Vorbehalts gegen die Besatzer konnte das gelingen: *Besonders groß war der Hass der Schlesier gegen die Berliner, weil diese mit vornehmer Verachtung auf die Schlesier als Provinziale herabsahen*, schreibt der Staatsrechtler Ernst Ferdinand Klein in seiner Autobiographie. Schwere Zeiten hatte man hinter sich, blutige Kriegsereignisse und lang während Unruhen waren eine alltägliche Last. Preußische Subordination zu erlernen, setzte einen schwierigen Mentalitätswandel voraus.

Gegen Ende des 18. Jahrhunderts gilt Breslau wieder als das Handelszentrum an der Oder, hier laufen die verschiedenen Verkehrswege von der Ostsee, aus Österreich und Italien mit jenen zusammen, die von Westeuropa, zumal von England nach

Galizien, Polen und Russland führen. Besonders der Handel mit Tuchen und Lein-
wand blüht in der Region seit kaum erdenklichen Zeiten. Weltoffenheit und ein
pragmatisches Miteinander sind Kerntugenden des ansässigen Wirtschafts- und Bil-
dungsbürgertums. Schon in seiner habsburgischen Ära war Schlesien, als konfessio-
nell gemischte Region und dank seines notorischen Landespatriotismus, eine selbstbewusste politische Größe. Dem hat auch Friedrich II. Rechnung getragen, indem er
das okkupierte Gebiet mit großem persönlichem Repräsentations- und Verwaltungs-
aufwand einer Art staatsbürgerlichen Umerziehung aussetzte. Er hat die Provinz
Schlesien zwar der preußischen Kriegs- und Domänenkammer unterstellt, aber ein
Provinzialminister verwaltet sie direkt von Breslau aus. Der beflissen obrigkeitstreue,
manchmal selbstherrliche Karl Georg Heinrich von Hoym ist dem Ehepaar Gentze,
wie der Familienname ursprünglich lautet, wohlbekannt. Überhaupt stehen die
Gentzes mit den führenden Kreisen des schlesisch-preußischen Establishments in
enger Beziehung.

Allgegenwärtig zeigt sich der friderizianische Paternalismus, jedes Jahr einmal be-
reist der Herrscher für drei Wochen unter großer öffentlicher Anteilnahme sein
Schlesien, kümmert sich um vielerlei Reformprobleme und gibt den neuen Untertan-
nen das Gefühl, auch in der preußischen Monarchie eine Sonderstellung einzunehmen: *Ich habe Augen und Ohren, die alles wissen, was in Schlesien passiert*, hat Friedrich
einmal versichert. Aber auch umgekehrt ist man zunehmend bereit, dem volkstümlich, ja ‚gefühlspolitisch‘ auftretenden König zu huldigen, man wird ihm manches
Ehrenmal setzen und seinen Tod 1786 mit großem Aufwand betrauern. Dann erscheint die preußische Politik längst nicht mehr als Unrecht, sondern es ist klar geworden, dass sie den Schlesiern ein vernünftiges und transparentes Verwaltungssys-
tem beschert hat, das Recht und Ordnung gegen jedermann gelten lässt. Auch fließen
die Steuermittel jetzt reichlicher als zuvor, wenngleich der Adel damit weniger belas-
tet wird als der Rest der Gesellschaft, und sich trotz aller Lebensverbesserungen eine
gewisse kulturelle Provinzialisierung des Landes einstellt.

Vor allem die Breslauer gute Gesellschaft nimmt den aufgeklärten Reformgedan-
ken ernst. Die alte libertäre Ratsverfassung des rund sechzigtausendköpfigen Gemeinwesens ist jetzt zwar aufgehoben, aber das hat seiner kulturellen Dynamik wenig Abbruch getan. Ökonomische und patriotische Sozietäten sorgen hier für
Wirtschaft, Handel und Verkehr genauso wie für Bildung, Belehrung und Unterhaltung der kommunalen Bevölkerung. Aufklärung als amtlich beglaubigte, im Alltag
wirkende Reformbewegung steht bei den Bürgern hoch im Kurs, dagegen gibt es
kaum einmal so luftige Debatten über den Sinn des Vernunftgemäßen und Glau-
benswerten wie in Berlin. Die friderizianische Religionstoleranz wirkt mäßigend auf
die in früheren Zeiten katholisch dominierte Landeskultur, und auch die Anhänglichkeit mancher Kreise an das Haus Habsburg bleibt nicht mehr lange ein Störfak-
tor. Alles in allem geht es den Schlesiern gegen Ende des 18. Jahrhunderts nicht
schlecht und Breslau nimmt den Charakter einer *blühenden und befriedigend bewirt-
schafteten* Stadt an.

Die *Einsamkeit* und befremdliche *Tristesse* in der Breslauer Geselligkeit, die der Philosoph Christian Garve wiederholt beklagt hat, ist um 1780 kein allgemeines Dilemma mehr, gibt es hier doch mittlerweile eine stattliche Anzahl gebildeter Köpfe, die sich in Gesellschaften, Freundeskreisen und Lesekabinetten, in Theatern, Vortrags- und Konzertveranstaltungen treffen, um ein verständiges Bürgerpublikum zu bilden. So ist die 1765 gegründete Breslauer „Ressource" auf Veranlassung von Männern wie Carl Gottlieb Svarez und Ernst Ferdinand Klein ins Leben gerufen worden, die später herausragende Mitarbeiter am ‚Allgemeinen Preußischen Landrecht' werden sollten. Diese reformpolitisch ambitionierte Vereinigung setzt sich zusammen aus Mitgliedern des aufstrebenden Breslauer Bürgertums, viele Beamte aus Justiz und Verwaltung sind darunter, aber auch Theologen, Pädagogen und Kaufherren, die allesamt ein hoher Bildungsgrad auszeichnet. Adlige gibt es so gut wie keine in der „Ressource". Doch verzeichnet die Gesellschaft in ihren Annalen Mitglieder vom Range eines Karl Gotthelf Lessing, dem Bruder von Gotthold Ephraim Lessing, der einst selber in Breslau gelebt und gearbeitet hat, aber auch so renommierte Schriftsteller und Patrioten wie Johann Gottlieb Schummel und Johann Timotheus Hermes gehören ihr an. In jenen Jahren ist die „Ressource" nicht nur ein Zentralort aufgeklärter Kommunikation in Breslau, sondern ein wichtiger politischer Faktor der Stadt und der Provinz.

Das gilt auf andere Weise auch für den Freundschaftskreis um den Popularphilosophen Christian Garve, der für den jungen Friedrich Gentz zur väterlichen Erziehungsfigur werden sollte. Mehr noch als der illustre Autor und Politiker Schummel trägt Garve dazu bei, dass sich in Breslau allmählich so etwas wie eine bürgerliche Elite herausbilden kann. Des Öfteren beklagt Garve, in seiner Heimatstadt sonderten sich die sozialen Klassen und Berufe immer noch voneinander ab, statt miteinander Fühlung aufzunehmen: *Die Kaufleute haben ihren Club, das Militär den Seinigen. Die Subalternen in dem Collegium, und einige Geistliche besuchen die Ressource [...], die vornehme Welt hat ihre Assembleen. Diese Trennung macht jeden dieser Clubs wenig interessant.* Garves Kommunikationsstrategie setzt demgegenüber eigene Akzente. Er ist den aufgeklärten Katholiken ebenso zugetan wie den gebildeten Juden der Stadt, und debattiert gleichermaßen gern mit Kaufleuten wie mit Gelehrten, ihm erscheint es notwendig, gerade die sozialen Unterschiede im Sinne des produktiven *Symphilosophierens und gegenseitigen Aufklärens* zu nutzen.

Bei der außerordentlichen Prominenz Christian Garves, dessen Schriften und Übersetzungen weit über die preußischen Grenzen hinaus gelesen werden, kann es nicht ausbleiben, dass seinem Kreis die meiste öffentliche Beachtung geschenkt wird. Zumal das Haupt dieses Bürgerzirkels über gute Beziehungen zur Spitze der preußischen Beamtenschaft verfügt. Die erstaunliche Belesenheit und Bildungsgeselligkeit des langwierig erkrankten Breslauer Philosophen, seine Übersetzertätigkeiten und moralphilosophischen Expertisen, sein Interesse an alltäglichen Fragen, vor allem aber sein politischer Skeptizismus und Pragmatismus sollten für einen jungen Mann wie Friedrich Gentz von erheblicher Bedeutung sein. Garve sorgt wesentlich dafür, dass sich die Breslauer Aufklärung aus den Verengungen pietistischer und orthodoxer Theologenmoral befreien kann und die großen Ströme des deutschen und europäischen Vernunft- und Staatsdenkens aufzunehmen imstande ist. Bildung und Bildungspolitik stehen hier ganz im Zeichen von praktischer Weltklugheit, nicht zuletzt sind die liberale Politik und Kultur der Handelsnation England von maßgeblicher Bedeutung. All dies wird in der Entwicklung des jungen Gentz nachweisbar sein, obwohl wir nicht sehr viel wissen über seine Adoleszenz. (F. Andreae 1921/P. Baumgart 1990/N. Conrads 1990/1994/A.M. Brenker 1999/W. Kunicki 1996/R. Davies/R. Moorhouse 2002/U. Frevert 2012/P.R. Sweet 1970/E. Schmidt-Weissenfels 1859/E. Guglia 1901/J. Baxa 1965/A.v. Hase 1972/G. Kronenbitter 1994).

Primus omnium

Die familiären Ausgangsbedingungen des 1764 geborenen Friedrich sind denkbar günstig. Sein Vater Johann Friedrich Gentze, ein fleißiger Beamter im Aufbauprogramm der preußischen Provinz Schlesien, hat als Sekretär des königlichen Geheimkämmerers Fredersdorff begonnen, und es schon Mitte der sechziger Jahre zum Direktor der schlesischen Münze gebracht. Als sittenstrenger und sachkundiger Mann wird er beschrieben, dessen konservative Neigungen sich mit zunehmendem Alter versteift hätten. Doch an seiner Seite hat Vater Gentze eine feinfühlige und musisch ambitionierte Frau von bestem hugenottischem Herkommen, Elisabeth Ancillon. Fünf Kinder gebiert sie ihrem Mann, drei Söhne und zwei Töchter, Friedrich Gentz ist der jüngere der männlichen Sprosse. (R. Straubel 2009).

In der als liebevoll geschilderten Familie wachsen die Kinder zweisprachig auf, das Französische ist nicht nur von Anbeginn ein vertrautes Idiom, sondern mit einem weitreichenden Kulturbewusstsein verbunden. Elisabeth blickt auf eine bedeutsame Familiengeschichte zurück. Ihr Großvater Charles Ancillon war nach Aufhebung des Edikts von Nantes in die Hohenzollernmonarchie eingewandert, und hatte sich unter dem Großen Kurfürsten als Gelehrter und Diplomat erhebliches Ansehen erworben. Er war es, der mit Leibniz über die Gründung der Berliner Akademie korrespondierte und schließlich Nachfolger Pufendorfs als Historiograph des preußischen Staates wurde. Zu seiner Zeit ging ihm der Ruf eines Oberhaupts der französischen Emigration im religionstoleranten Preußen voraus. Auch Elisabeths Bruder Louis Frédéric Ancillon ist eine Koryphäe, er ist Mitglied bedeutender Gelehrtengesellschaften und hat 1786 in Potsdam die offizielle Gedächtnisrede auf Friedrich II. gehalten. Friedrich Gentz wird in den Berliner Jahren mit seinem Neffen Friedrich Ancillon eng befreundet sein, der als nicht minder begabter Kopf gilt und zum Prediger an der französischen Werderschen Kirche avanciert, später sollte er sogar preußischer Außenminister und Berater des jungen Bismarck werden. Eine Tradition geistiger Delikatesse kennzeichnet das Selbstverständnis dieser einst schmählich aus Frankreich vertriebenen Familie seit Jahrzehnten.

Mit Überzeugung gibt das Ehepaar Gentze seinen jüngsten Sohn ins Breslauer Magdaleneum, ein Gymnasium mit gutem Ruf, das seinen Schülern neben der Einführung in die ‚Realien' auch musische und kunstbildnerische Anregungen bietet. Doch auf dieser Lehranstalt, so wird seit Varnhagen von Enses berühmtem Essay kolportiert, hätten sich bei dem jungen Gentz *keine sichtbaren Anlagen* gezeigt. Er soll ein leicht beschränkter Jüngling gewesen sein, träge, ohne Eifer und Fleiß: *Der Vater hatte sich zu den geringsten Erwartungen herabgestimmt.* Nur einmal, so erzählt Varnhagen, sei es zu einem beglückenden Ereignis gekommen. Eine öffentliche Leistungsprüfung in der Schule stand bevor, der Vortrag eines längeren Redestücks aus der antiken Literatur. Tief besorgt soll Vater Gentze seinen Zehnjährigen gefragt haben, ob er sich diese schwierige Aufgabe denn zutraue. *O ja, damit will ich wohl fertig werden,* habe dieser geantwortet und die Prüfung tatsächlich mit Bravour bestanden. Gemeinsam mit dem später berühmten Schauspieler Ferdinand Fleck kann der kleine Gentz den ersten Preis entgegennehmen. Das bezeugte Talent eines jungen Menschen, der erst Jahre später in Königsberg unter Kants fürsorglicher Belehrung zu sich selbst gekommen sein soll – so ist dieser Vorfall in der Gentz-Literatur tradiert worden. (K.A. Varnhagen von Ense 1990/K. Mendelssohn-Bartholdy 1867).

Auch für die weitere schulische Entwicklung des Sohnes ist der Berufserfolg des Vaters von erheblicher Bedeutung. Johann Friedrich Gentze wird 1779 zum preußischen Generalmünzdirektor nach Berlin berufen, die Familie folgt ihrem Oberhaupt bald nach und Friedrich wird in das Joachimsthalsche Gymnasium gegeben, das nach dem Verständnis von Friedrich Wilhelm II. höchstselbst einer Ritterakademie gleichzusetzen sei. (A. von Hase 1972/E. Wetzel 1907). Hier wird der Spross einer liebevollen Familienerziehung nun als *Fridericus Gentze Vratislaviensis 15 annos. Class. 2. lat. adscn.* einer vorzüglichen Weiterbildung unterzogen. Es sind erstklassige Lehrer wie Johann Jakob Engel, der Erzieher des späteren Königs Friedrich Wilhelm III., an dieser Bildungsanstalt tätig. Hier steht nicht das Griechische an vorderster Stelle, sondern die logische Schulung und das pragmatische Weltverständnis der Schüler. Wenn auch das Studium des Lateinischen von Bedeutung bleibt, werden doch bevorzugt die Realfächer Geschichte und Geographie gelehrt.

Zu deren Kanon gehören die berühmten Forsterschen Südseeberichte ebenso wie die philosophisch-historiographischen Werke der Christian Wolff, Justi, Achenwall, Gatterer, Schlözer und Pütter. In jedem Fall sollen wirklichkeitstüchtige Bürger herangebildet werden, das vor allem ist der Sinn der vielfältigen Unterweisung in der Universal- und Reichsgeschichte, der Geschichte der europäischen Staaten und ihres Gleichgewichts. Dazu kommen ein Zeitungskolleg, in dem die aktuelle Presseberichterstattung reflektiert wird, und eine Einführung in das deutsche und europäische Staats- und Völkerrecht. Der junge Gentz ist aufmerksam und fleißig, scheint leicht saumselig gewesen zu sein, gilt aber unter seinen Lehrern als herausragender Schüler. Am Ende kann er die Bildungsanstalt als *primus omnium* verlassen. (E. Schmidt-Weissenfels 1859).

Das Berliner Gymnasium stellt seinem Lehrangebot nach eine reichhaltige Ergän-
zung dar zum Kulturstolz der Familie. Regelmäßigen Kontakt pflegt das Ehepaar
Gentze schon in der Breslauer Zeit mit Karl Gotthelf Lessing, mit Moses Mendelssohn, mit Christian Garve und anderen Größen des Geisteslebens. Und keineswegs
sind der Familie die geselligen Aufklärungsbemühungen in ihrer Heimatstadt entgangen. Dass Vater Gentze seinen Sohn dem Königsberger Großphilosophen als
Zögling anempfiehlt, kommt nicht von ungefähr. Genauso wenig überrascht es, dass
auch der junge Mann mit Mendelssohn, Garve und Kant nahezu freundschaftliche
Beziehungen wird anknüpfen können. Bescheidenheit des Eleven muss keineswegs
bedeuten, sich ängstlich und ohne Selbstvertrauen im Hintergrund zu halten. Nein,
Friedrich Gentz tritt den Karriereweg unter durchaus förderlichen Bedingungen an.
Weltoffenheit ist neben dem allgemeinen Bildungsbewusstsein der zentrale Orientie-
rungspunkt seiner Familie, schon deshalb, weil die große Politik in die Amtstätigkeit
des Vaters hineinspielt, der als Münzdirektor die wechselvollen preußisch-anglo-
amerikanischen Handelsbeziehungen zu beobachten hat. Die Unabhängigkeitskrie-
ge in der Neuen Welt, die Erklärung der Freiheits- und Menschenrechte, das aristokratisch verstockte Europa im Kampf gegen eine moderne republikanische Nation,
überhaupt die Verflechtung der globalen Wirtschaftsbeziehungen und Machtverhältnisse zu Land und zu See – all das dürfte auch den jungen Gentz interessiert
haben, der in Christian Garve einen exzellenten Kenner der britischen Kultur und
Politik zum Freund hat. (R. Ludwig 2003/P.R. Sweet 1970).

Zu Ostern 1783 bezieht der junge Mann die Universität Königsberg, wo der Alles-
zermalmer Kant einsam und frei sein philosophisches Kathederfürstentum verwaltet.
Johann Heinrich Gentze hat ihn vor einiger Zeit kennen gelernt und bald darauf gebeten, aus dem *Stoff, den [sein Sohn] in seiner Seele trägt, und womit ihn die Vorsehung
so reichlich begabt hat, einen tugendhaften, weisen und nutzbaren Menschen zu bilden,
der Führer seiner schwankenden Jugend, und der Stifter seiner zeitlichen und ewigen
Glückseligkeit zu werden.* Und der Philosoph ist ihm die Antwort nicht schuldig geblieben, zumal sich auch sein Berliner Freund Moses Mendelssohn für den jungen
Breslauer ausgesprochen hat. Er werde den filius dereinst *von unserer Universität an
Geist und Herz sehr wohl ausgebildet zurück erhalten,* schreibt Kant an den alten Herrn
Gentze. Und er gibt auch Mendelssohn zu wissen, er habe den jungen Gentz nun in
seine nähere Bekanntschaft aufgenommen. Was bedeuten könnte, dass Friedrich ab
und an zu der kleinen Zahl Auserwählter bei den berühmten Mittagsmahlzeiten des
Philosophen gehört und sogar gelegentlich unter vier Augen mit ihm sprechen darf.

Gentz hat die übrigen Professoren seiner Universität später kaum der Erwähnung
für wert befunden, mit Kant und seiner Wirkung aber setzt er sich zeitlebens kritisch
und dennoch in guter Erinnerung auseinander. Kant habe seinen *großen Hang zur
Philosophie, den ich seit mehreren Jahren in mir empfunden habe, ganz neu belebt,*
schreibt der lesehungrige Student an Garve. Er habe sich in Kants schwere und subtile Spekulationen gewagt, sei in die Tiefen des transzendentalen Idealismus gestiegen und habe diese *furchtbare Reise* dennoch niemals bereut. Aber vor die Frage ge-

stellt, wer ihm überzeugender vorkomme, Kant oder Garve, entscheidet er sich für seinen alten Breslauer Vertrauten und Lehrmeister. Der ist soeben mit der Übersetzung von Ciceros „Abhandlung über die menschlichen Pflichten" an die Öffentlichkeit getreten, einer Arbeit, zu der ihn noch Friedrich II. aufgefordert hatte. Dieses Werk sollte Garves schriftstellerischen Ruhm endgültig begründen. Auch der junge Gentz dürfte den geistigen Rang des Buches erkannt haben, denn er verschlingt es mit großem Eifer. Voller Lob ist er für den Breslauer Philosophen, für die *frohe Überzeugung, die ruhige zu allem Guten bereite Stimmung der Seele, und den Wunsch nach Tugend und wahrer innrer Vollkommenheit*, den sein Werk in ihm angezündet habe.

Der Sohn des Glücks

Die Moralphilosophie ist das eine, das wirkliche Leben etwas anderes. Die beiden Königsberger Jahre sind nicht nur Studienjahre, in denen Gentz seinen Lehrer Kant über das „Naturrecht nach Achenwall" hört, oder seine neuesten Schriften wie die „Prolegomena" und die „Idee zu einer allgemeinen Geschichte in weltbürgerlicher Absicht" zur Kenntnis nimmt, sie bilden auch die Zeit eines umtriebigen Geselligkeitslebens. Und das betrifft nicht nur die Möglichkeit, Theateraufführungen, Konzerte und sonstige Kulturveranstaltungen zu besuchen, die den Königsberger Studenten von ihrer Universität angeboten werden. Von der *schwankenden Jugend* des Sohnes hatte Gentz' Vater gegenüber Kant gesprochen, der alte Herr wusste, wovon er redet.

Wie war er also, dieser hoffnungsvolle Spross der Familie Gentze? Von Zurückhaltung oder von einer retardierten Persönlichkeitsentwicklung kann damals keine Rede mehr sein. Denn der ansehnliche Studiosus verkehrt in den renommierten Königsberger Bürgerhäusern ganz so, wie man es von dem Sohn eines preußischen Spitzenbeamten zu erwarten hat. Schon bald werden sein Charme, seine Wohlredenheit und sein intellektueller Habitus mit Respekt wahrgenommen, der junge Gentze reichert seinen Namen mit Renommé an. Vor allem aber – er fühlt er sich nun dem elterlichen Moraldiktat enthoben, er kann und will für sich selbst einstehen, sich bewähren, etwas wagen, das Leben auf seine Weise genießen. Was den größten Eindruck auf ihn macht, sind die schönen Frauen Königsbergs, allen voran die Seelenfreundin seiner nächsten Jahre, die vierundzwanzigjährige Elisabeth Graun, Mutter zweier Kinder und Gattin des Regierungsrats Karl Heinrich Graun, dessen Vater einst Kapellmeister am Hof Friedrichs des Großen gewesen ist. Dieser aparten und unglücklich verheirateten Dame begegnet Gentz zunächst auf dem Parkett der eleganten Gesellschaft, in aller Form und offenbar mit wachsendem Eindruck, doch gegen Ende seines zweijährigen Studiums in Königsberg nimmt die Freundschaft ausgesprochen intime Züge an.

Aber um die Vertracktheiten auf ein Gentzsches Maß zu heben, ist der Studiosus zugleich auch noch verliebt in Cölestine Schwinck, eine Verwandte Elisabeths und

Tochter des gleichnamigen Handelshauses in Königsberg. Und Cölestine wiederum liebt einen Herrn namens Le Noble, der seinerseits ein geheimer Schwarm von Elisabeth ist. Das mag auf den ersten Blick nach Gefühlsverwirrung oder nach einem geselligen Spaß aussehen, aber es kann dem empfindsamen jungen Mann damals weder in der einen noch in der anderen Hinsicht gleichgültig sein. Denn er sucht zwischen den beiden Damen und seinem Rivalen eine ernsthafte Chance für sein Lebensglück. Elisabeth ist noch verheiratet und wird nach ihrer Scheidung den preußischen Politiker und Diplomaten von Stägemann ehelichen, aber Cölestine kann und soll seine Frau werden. Elisabeth hat dieses Zueinanderfinden ermöglicht und zeigt sich bald bereit, den Eheschluss der Freundin mit Gentz zu befördern.

Schwierig wird die Situation, als Gentz im Mai 1785 Königsberg verlassen muss, weil der Vater ihn nach Berlin zurückruft. Es ist nicht klar, warum der junge Mann das Studium bei Kant nicht abschließt, und stattdessen unvermittelt in den preußischen Verwaltungsdienst überwechselt. Hat der Philosoph Bedenken gegen die Umtriebe und Liebeshändel des jungen Gentz geäußert? Oder sind dem Vater Zweifel gekommen? Beides könnte zutreffen. (A.v. Hase 1980/81). Möglicherweise hat sich zu diesem Zeitpunkt in Berlin eine günstige Perspektive eröffnet, denn der preußische Verwaltungsdienst bietet im Gegensatz zum Justizwesen Bewerbern auch ohne universitären Abschluss eine Berufschance. Der junge Gentz ist damals sehr wohl darauf aus, ein gut begründetes Fortkommen zu erlangen. Und das scheint auch zu glücken, betrachtet er sich doch als einen *Sohn des Glücks*. Nicht selten bringt Friedrich seine Tage in ruhiger, heiterer Seelenstimmung hin und sieht Großes und Schönes auf sich zukommen: *Ich nähere mich beständig meinem Ziele, alle meine jetzigen Beschäftigungen gehen nahe oder entfernt auf die Errichtung meines erwünschten Zwecks aus, und es ist, als wenn Alles sich vereinigt hätte, um mein Glück zu befördern.* Manchmal allerdings erscheint ihm die preußische Kapitale auch öd und leer, nur Königsberg und Cölestine bilden dann noch den Inbegriff seiner Glückseligkeit. Umso ernster ist es ihm mit seinen Liebesangelegenheiten.

Nun überschlägt er sein zu erwartendes Einkommen. Könnte er eine Familie ernähren? Um den Segen der Eltern muss ihm nicht bange sein, auch das Zutrauen der Familie Schwinck besitzt er, und so wird im Herbst 1786 eine Reise nach Königsberg anberaumt, um die Hochzeitsfrage endgültig zu klären. Noch erwartet der junge Gentz mit froher Sehnsucht eine Zeit, *wo uns der Himmel an zwei Enden des Friedrichstädt'schen Markts vereinigen soll, und wo mir Berlin, was mir jetzt blos ein todter Pallastklumpen ist, der Mittelpunkt aller Lebensfreuden sein wird.* (F.C. Wittichen 1909, I). Doch dann die große Enttäuschung. Cölestine nimmt ihr Wort zurück, von Heirat ist plötzlich keine Rede mehr. Man weiß nicht, ob der jungen Frau dieser nicht immer gut beleumundete Bewerber suspekt geworden ist, ob sie ihn gar nicht geliebt hat, oder die heimliche Leidenschaft zu Elisabeth ein Hindernis war, oder ob die Familie eine derartig schroffe Abstandnahme erzwungen hat. Jedenfalls muss ein zutiefst unglücklicher Geheimer Sekretär das Feld in Königsberg räumen und in seine Berliner Amtsstube zurückkehren.

Jetzt bleibt nur noch der Briefwechsel mit der Seelenfreundin Elisabeth, von ihm hänge in Zukunft ein *großer Theil meines Schicksals ab*, schreibt Gentz auf einem Billett noch während seines dreiwöchigen Aufenthalts im Hause Graun. Der junge Mann, inmitten unausgegorener Berliner Lebens- und Berufsverhältnisse, sieht sich einer Situation gegenüber, da die *glänzendste meiner Hoffnungen vorbeigerauscht ist wie eine Welle vor dem Nordwinde, da ich mich getäuscht, gekränkt, verwundet in den empfind-lichsten Stellen meiner Seele fühle, da mit dem Vertrauen auf das Mädchen, der ich so viel, so viel vertraute, zugleich so manche meiner angenehmsten Verbindungen, und meiner reizendsten Freundschaftsbündnisse zu Grunde gehen, und mein Glaube an Treue und Moralität und Menschengüte einen Stoß leidet, wodurch er fast gänzlich scheitern möchte.*

Inzwischen hat sich schon ein ausführlicher Briefwechsel entsponnen zwischen Elisabeth in Königsberg und Gentz in Berlin, der das beschwerliche Liebesgeschehen widerspiegelt und einige Schlaglichter wirft auf die Persönlichkeit und intellektuelle Physiognomie Friedrichs. Im Ornat des Philosophen und mit erhobenem Zeigefinger tritt der gut Zwanzigjährige seiner Freundin gegenüber. Von Lebensweisheit und Glückseligkeit, von Natur- und Freundschaftsharmonie, ja von Tugendhaftigkeit al-lenthalben predigt er im Timbre der empfindsamen Rede, er gibt ihr gute Ratschlä-ge, auf dass sie weltliche Vergnügungen meiden und ihr Eheverhältnis besser regulie-ren möge, entwickelt dazu gar einen *Glückseligkeitsplan*, der für die Zügelung der Leidenschaften und die Vorzüge der Vernunft wirbt, beklagt gut rousseauistisch das *Krankenhaus* der modernen Zivilisation und insistiert unverdrossen auf der Geltung des kategorischen Imperativs: *Denn die Gesetze der Moral sind unbedingt.* Erziehung und Bildung, das hat Gentz in seinem jungen Leben gelernt, sind das A und O jeder persönlichen und gesellschaftlichen Entwicklung zum Guten und Wahren. Auch die honette Frau Elisabeth soll etwas davon haben, dass sie einen Herrn Gentze ihren Seelenvertrauten nennt, der lässt es deshalb bei aller sentimentalen Hingabe an ge-lehrtem Eifer niemals fehlen.

So ist das Wortgepränge in seinen Episteln zu erklären, das mit *Styl und schulge-rechter Form* kokettiert. Hier will sich voller Herzweh und Tränenseligkeit einer der *schwächsten Sterblichen* zu Gehör bringen. In Wahrheit aber möchte er geliebt und bewundert werden um jeden Preis, dieser junge Narziss, der nicht nur seine Wohlre-denheit ausstellt, sondern ebenso bereitwillig die eigenen Seelennöte. Ihre Lobeswor-te genießt er wie ein *wollüstiges Seelenbad*, denn niemand sei *so schmeichelbar wie er.* Freilich soll dies keinen Moment seine tiefen Einsichten ins allgemeine Menschenge-triebe mindern. Die Widrigkeiten der Welt bedeuten nichts vor der Macht innerli-cher Tugendhaftigkeit, doziert der Jugendliche, doch nur subjektive Seelenruhe und Bescheidung mit dem Gegebenen könnten letztlich zum Gutsein und zur Weisheit führen, zu jener großen unverkennbaren *Harmonie unsrer Seelen.* Allein der, der an der *Tugend selbst zweifelt*, heißt es, *kann daran scheitern; wen aber Zweifel an der Tu-gend selbst beunruhigen, für den ist schlechterdings alle reelle Glückseligkeit verloren und verschwunden.* Also sei es wahrlich der *Mühe wert, weise zu sein.* Ist dieser junge Mann aus Schaden klug geworden?

Für das Höchste glühen

Nervöse Selbstdarstellung und kalmierendes Herzensbekenntnis – der cand. jur. Gentze ist ein typischer Vertreter der aufgeklärten Beamtenschaft, jener *verstaatlichten Intelligenz* (Hans-Ulrich Wehler) des späten 18. Jahrhunderts, die mit ihrem Rüstzeug der empfindsamen Erziehungs- und Glückseligkeitstheorie bald auf die politischen Erfahrungsexplosionen von 1789 wird antworten müssen. Doch Friedrich ist zwei Jahre vor diesem Ereignis, nach allem was er an persönlicher Irritation und Beschädigung erlitten hat, noch weit entfernt von einer Auseinandersetzung mit der großen politischen Welt, in die es ihn als Beamten der preußischen Staatsverwaltung verschlagen hat. Im Briefwechsel mit Elisabeth Graun zelebriert sich vielmehr auf längere Zeit – infolge der zerstörten Heiratshoffnung – ein *elender, zerrütteter Geist, der immer noch Tränen vergießt und sich in der furchtbaren Einöde der Welt zurecht finden* muss. Seine unglückliche Seele, die sich in *tausend Labyrinthen falscher Freuden, betrügerischer Hoffnungen, elender Zeitvertreibe, chimärischer Plane herumgetrieben* habe, sehnt sich nach der Glückseligkeit der bloßen Nähe zu Elisabeth. Stumpf seien seine Gefühle geworden, seine kostbaren Ideale verflogen, schreibt er: *ich soll ein Alltagsmensch werden; aber der Übergang zu dieser elenden Verwandlung ist mit Wehen verknüpft, die bei der Auflösung meines Wesens oft nicht schmerzhafter sein könnten, und ich bin in Gefahr, das einzige Gut zu verlieren, das mir noch aus der schönen Welt, die ich verlassen soll, mitzunehmen erlaubt ward, den Verstand, den die wohlthätige Natur mir gab.*

Ein Alltagsmensch werden, das umschreibt den schwierigen und leidvollen Entwicklungsprozess zur sozialen Eigenständigkeit, den Abrieb der hochfliegenden Vorstellungen vom Leben am Leben selbst. Der junge Mann macht nun die widersprüchlichsten Erfahrungen. Auf der einen Seite schätzt er seine Lage als glücklich ein, seine Aussichten scheinen glänzend, er wird vielleicht in kurzer Zeit preußischer *Kriegsrath* sein, schon jetzt sei seine Arbeit im Generaldirektorium aller Ehren wert. Andererseits beklagt er sich, er habe es nur noch mit *Akten und Berlinschen Narrheiten* zu tun. Kein harmonierendes Herz sei in Preußens Hauptstadt zu finden, und schon allzu oft habe er sich deshalb in einen *Wirbel falscher Freuden, zweckloser Beschäftigungen und grundleerer Hoffnungen* verstrickt. Ist Friedrich in der Tat seelenkrank, oder stilisiert sich noch einmal der empfindsame Briefschreiber zum Gefühlsleidenden an der tristen Welt? Der angeregte Briefwechsel zwischen ihm und Elisabeth Graun kommt seit 1788 allmählich zum Erliegen. Einmal noch flammt die Hoffnung auf, die geliebte Frau könne mit ihrer Familie nach Berlin übersiedeln, aber auch diese Erwartung sollte trügen.

Zurück bleibt ein krisengeplagter Friedrich Gentze, der sich allerdings bald entscheidend wandeln sollte, nachdem er seine mannigfaltigen Verwirrungen hinter sich gebracht hat. Die letzten erhaltenen Briefe an die Königsberger Freundin von 1790/1792 sprechen eine neue Sprache. Macht er nun ernst mit jener Sentenz gegenüber Elisabeth: *Die Summe aller Weisheit ist: Gebrauche das Gegenwärtige?* Schon liest man neben der Beichte eines sich selbst der sittlichen Zügellosigkeit anklagenden Intellektuellen auch die Bekräftigung eines neuen Lebensweges, einer mutig entschlossenen Umkehr: *Was bin ich, Gott! Was bin ich eine Zeitlang gewesen! Wie unwürdig Ihrer, wie unwürdig meiner!* So hebt die große Confessio des gereiften Friedrich Gentze an, der nun behauptet, sich endgültig vom Geräusch der Welt zurückgezogen zu haben. Fast ein Jahr lang sei er durch *alle Thorheiten dieser abscheulichen Welt hindurchgetaumelt, habe mich in allen ihren abschmeckigten Freuden herumgewälzt, habe mit Aufopferung meiner ganzen Zufriedenheit den Genuss voll Unruhe, und die Foltern der Rückerinnerung auf hundert klippenvollen Wegen aufgesucht, mich mit mir selbst bis zum gänzlichen Fremdwerden veruneinigt, und am Ende nach hundert vergeblichen Versuchen, nach tausendfachem ängstlichen Ringen, mir nur auf einen Tag Glückseligkeit zu verschaffen, auf einmal in einer entsetzlichen, aber göttlichen Stunde die alte Wahrheit, die ich längst gekannt hatte, wieder gefunden, dass alles Streben nach Glück umsonst ist, ohne Tugend, Zufriedenheit des Gewissens, und Friede und Beruhigung im Herzen.* Welch radikale Sinnesänderung, die Friedrich nun eine ganz *entgegengesetzte Bahn* eröffnet haben soll. Ist das alte eudämonistische Konzept der Lebensweisheit außer Kurs geraten? Sein brennendes Vergnügen finde er wieder an seinen *alten Gespielinnen*, den Wissenschaften, heißt es nun.

Wenn es wirklich so *gewaltige Alterationen* gewesen sind, denen der junge Beamte sich ausgesetzt sieht, woher hat er die Kraft dazu gewonnen? Und wohin tragen sie ihn? Bestimmt ist nicht das fünfwöchige schwere Fieber verantwortlich gewesen für diesen Sinneswandel, wie er gegenüber Elisabeth nahelegen möchte. Nein, es ist vielmehr das Vermögen seiner schriftstellerischen Intelligenz und Virtuosität, 1791 in der ,Berlinischen Monatsschrift' zum ersten Mal spektakulär erprobt, das ihn einen *Schritt zur Vollkommenheit, zum inneren Wachstum* hat machen lassen, es ist die Faszination des frühen Erfolgs, der Atem einer verheißungsvollen publizistischen Karriere. Schon um 1792 besitzt der Name Gentz, wie er sich jetzt nennt, hier und dort eine einprägsame Aura.

Verständlich also, dass er seinen Verfehlungen von ehedem keine Träne mehr nachweinen will, sondern sie samt und sonders als eine Art Dialektik des Erfolgs begreift. Das Unglück, das Elend, die gefährlichen und misslichen Lebenslagen seien es ja gerade gewesen, was *mich bilden musste. Im Glück wäre meine weiche Seele verzärtelt worden, ich hätte mich nie zur Höhe und Stärke eines einzigen meiner jetzigen Gedanken, meiner jetzigen Ideen über die Welt und die Dinge emporgeschwungen. [...] Ich musste selbst so fehlen, wie ich gefehlt habe, wenn das aus mir werden sollte, was aus mir geworden ist.* Das ist mit großem Stolz, ja geradezu im *Triumphrausch* formuliert, von der gewachsenen eigenen Vollkommenheit spricht Gentz nun, und es geht keineswegs nur darum, sich gegenüber Elisabeth als moralisch gefestigter und erfolgreicher Freund zu empfehlen. Denn aus dieser innigen Herzensbeziehung kann eine gelebte Liebe nicht werden, und womöglich hat Gentz auch nur noch mit dem schönen Gedanken daran gespielt, zumal Elisabeth im Begriff ist, sich ein zweites Mal zu verheiraten. Was immer sie für *Gerüchte über mich gehört* habe, sie möge ihm dennoch glauben, dass er *nun von ganz andrer Brauchbarkeit als ehmals* sei. Das ist als durchaus hintergründige Bemerkung gedacht.

Gentz meint damit vor allem seine gewachsene Offenheit für die Realien der Welt, die Erweiterung seines Gesichtskreises, die ihn nun weggeführt habe von der Hoffnung auf allgemeine Glückseligkeit, welche doch immer *nur ein süßer, aber unnützer Traum* sei. Eben hat er noch von dem *Übel* und der *wahren Peinigerin* seines Lebens gesprochen, der *Angst*, da ist er auch schon wieder guten Mutes. Die Brust des geistig tätigen Mannes muss *gestählt* sein, schreibt er, der *Einfluss der äußern Wesen hat größer zu werden, ohne dass die Empfänglichkeit der Seele darunter leidet.* Auch der Enthusiasmus für Schönheit und Würde soll erhalten bleiben, aber er darf jetzt nur noch für das *Höchste glühen.* Fortan also wird kein egalitäres O Mensch-Pathos mehr gelten wie zu Königsberger Zeiten, sondern es soll die Notwendigkeit des mutig und machtvoll Elitären walten: *Gemeine Menschen müssen wie gemeine Freuden Staub in der Schale werden, die armseligen Übel des physischen Lebens hat der entschlossene Mann beiseite zu lassen, um seine herrlichsten Progresse zu machen.* Das klingt nicht gerade nach dem Vorhaben einer landläufigen Beamtenkarriere, aber auch von einer *zünftischen Qualität des traditionellen Standes der Gelehrten* kann bei dem jungen Gentz kaum die Rede sein. (G. Schlesier 1838, I./K. Mendelssohn-Bartholdy 1867/E. Guglia 1901/F.C. Wittichen 1909, I./P.R. Sweet 1970/J. Baxa 1965/G. Kronenbitter 1994).

Intellektuelle Präliminarien

Die wirkliche Lebenssituation dieses jungen Enthusiasten bietet ein recht kompliziertes Bild. In Berlin ist er im Juli 1785 zunächst als Geheimer Sekretär bei der Seehandlungssozietät eingetreten, für ein paar hundert Taler Salär, später darf er als Referendar zur Kriegs- und Domänenkammer wechseln, und wird schließlich beim Kurmärkischen Departement des preußischen Generaldirektoriums als *supernumerärer* und danach als *expedierender Sekretär* angestellt, zunächst immer noch nicht mit festem und auskömmlichem Gehalt. Kann *bei fernerem Fleiß und Applikation brauchbar werden*, heißt es über den jungen Gentz in einer amtlichen Beurteilung von 1786. Sieben Jahre danach erhält er endlich den Titel Kriegs- und Domänenrat und wird bald darauf in das neu gegründete südpreußische Departement des Generaldirektoriums als *erster Expedient* mit einem Gehalt von achthundert Talern versetzt, das man wenig später auf eintausendzweihundert erhöht. Später arbeitet Gentz beim westfälischen Department, wo er sich mit den Folgen der französischen Assignatenwirtschaft in den ehedem okkupierten linksrheinischen Gebieten zu befassen hat.

Doch selbst darin liegt für ihn keine befriedigende Perspektive. Gentz befindet sich eigentlich zu keiner Zeit im Einklang mit seinen Berufspflichten, denn ein spektakulärer Aufstieg ist kaum zu erwarten, und die verkrustete Bürokratie, das Arbeiten in relativ subalterner Position wird ihm über die Jahre hin sauer. Schon 1791 spricht er in einem Brief an Christian Garve von der *kontinuierlichen, gewiss Ihre*

Vorstellung weit übersteigenden, sklavischen und mechanischen Arbeit, an die ich einen Tag wie den anderen geschmiedet bin. Der zu so *mannigfachem Genuss ausgerüstet* ist, darf die faszinierende große Welt nur durch ein *Dachfenster ansehen.* (P. Bailleu 1908/F.C. Wittichen 1909, 1). So und ähnlich sollte er bis zum Ende seiner Berliner Dienstzeit immer wieder klagen. Doch mehr und mehr wird er sich die Zeit für publizistische Arbeiten herausnehmen und das gelingt bis 1798 recht gut, so lange der Minister Karl Georg Heinrich von Hoym als Chef des südpreußischen Departements im Amt ist und seinem Untergebenen großzügige Freiräume gewährt.

Diese Liberalität nutzt der junge Intellektuelle weidlich, ist doch spätestens seit dem Ausbruch der Französischen Revolution nicht nur die preußische Metropole, sondern ganz Deutschland, ja Europa in einen ungeheuren Ereignis- und Erwartungssog versetzt worden. Die Politisierung der Intelligenz liegt in der Gewitterluft der Zeit, und Friedrich Gentz wird bald einer der maßgeblichen Zeugen und Diskutanten im Chor der Deuter und Propheten, der Mahner und Warner sein. Bis 1792 glaubt er fest an die menschheitsgeschichtlichen Segnungen der Französischen Revolution, an die *gute Sache,* ähnlich hoffnungsvoll wie Kant und nicht so moralin und skeptisch herabgestimmt wie Garve. An ihn schreibt er 1790 die später berühmt gewordenen Sätze: *Das Scheitern dieser Revolution würde ich für einen der härtesten Unfälle halten, die je das menschliche Geschlecht betroffen haben. Sie ist der praktische Triumph der Philosophie, das erste Beispiel einer Regierungsform, die auf Prinzipien und auf ein zusammenhängendes, konsequentes System gegründet ist. Sie ist die Hoffnung und der Trost für so viele alte Übel, unter denen die Menschheit seufzt. Sollte diese Revolution zurückgehen, so würden alle diese Übel zehnmal unheilbarer.* (J. Baxa 1965/G. Kronenbitter 1994/G. Mann 1995/P.R. Sweet 1970). Das große Thema, das Höchste, wofür sein Enthusiasmus nun *glühen* kann und muss, hat sich eingestellt – das Schicksalsproblem der Staatenhistorie ist aus dem Luftreich politisch-moralischer Theoriedebatten zurückgekehrt auf die Ebenen des Alltags, der empirischen Erfahrung. Und zugleich scheint die Geschichte erstmals eine reale Verkörperung des politischen, legislativen Gestaltungswillens der Menschen angenommen zu haben. Ist die staatliche Wirklichkeit damit dem aufgeklärten Vernunftanspruch gleichsam gesetzmäßig dienstbar geworden? Man muss verstehen lernen, die Zeit auf Begriffe zu bringen, das weiß Gentz, es herrscht Aufbruchstimmung in eine unbekannte, aber hoffnungsgeladene Zukunft. Ihr hat man gerecht zu werden.

Das ist und bleibt im Wesentlichen eine Frage der kritischen Urteilskraft, Revolutionseuphorie und Anhänglichkeit an die Kantschen Denkimpulse verhalten sich wechselbezüglich zueinander, obwohl Gentz jetzt schon in vorsichtige Distanz gerät zu seiner alten *Pflegemutter,* der Kantschen Philosophie. Schwierigkeiten bekommt er mit ihr vor allem unter dem Eindruck der eruptiven Revolutionsereignisse, die unter den Preußen panikartige Reaktionen und bei den Eliten die Furcht vor dem Rationalitätsverlust der Politik hervorrufen. (L. Kittstein 2003). Wie soll man sich in der Philosophie ein praktisch orientiertes System vorstellen, das der bewegten Menschengeschichte einen idealischen kategorischen Imperativ entgegenhalten will, also gewissermaßen eine *Triebfeder ohne Triebfeder*? Lassen sich derart die ersten Gründe der Moral in der unübersichtlichen Lebenspraxis von Gesellschaft und Politik namhaft machen? Im Winter 1790 hört Gentz in Berlin die *leicht ätherischen und ein wenig sektenhaft* wirkenden Vorlesungen des Kantianers Karl Christian Kiesewetter, an den der Königsberger Philosoph seinen Schüler ausdrücklich verwiesen hat. Bereitwillig übernimmt Gentz die zweite Korrektur von Kants „Kritik der Urteilskraft", die bei de la Garde in Berlin herauskommen wird, taucht noch einmal mit Mühe in die Dunkelheit der Sache ein und legt schließlich im April 1791 in der ‚Berlinischen Monatsschrift' eine erste Publikation vor, die sich gegen den konservativen Patriarchen Justus Möser und seine abschätzige Beurteilung der Revolution richtet.

Bei all dem begleiten ihn schon seit Breslauer Zeiten das Wohlwollen und der kritische Rat seines Freundes und Lehrers Christian Garve. Ihr gemeinsamer Briefwechsel stellt ein Spiegelbild des geistigen Reifeprozesses dar, den der junge Intellektuelle nun durchmacht. Die neuerliche Brisanz der Natur- und Menschenrechtsdebatte hat Gentz längst wahrgenommen, Garve befindet sich seit seiner ‚Abhandlung über die Verbindung der Moral mit der Politik' (1788) in einem diesbezüglichen Meinungsstreit unter anderem mit dem Staatsrechtler Ernst Ferdinand Klein. In langen Briefen an seinen Lehrmeister nimmt Gentz dazu Stellung. Noch bevor er in der ‚Berlinischen Monatsschrift' zu Wort kommt, liegt sein argumentatives Arsenal bereit, es stammt aus der Auseinandersetzung mit Garve. Dessen populäre Philosophie, auf das Alltägliche, auf empirische Erfahrung und moralischen Praxisbezug gerichtet, ist ihm prinzipiell sympathisch und einleuchtend, auch wenn er bald ihre intellektuelle Mittelmäßigkeit wahrnehmen sollte.

Etliches an diesem Denken wird für ihn von Nachhaltigkeit sein, manches auch seinen energischen Widerspruch hervorrufen. Die Vorstellung von einem historisch verbürgten, oder auch nur hypothetisch konstruierten Naturzustand verwirft Gentz kategorisch. Von Anbeginn hätten Menschen nicht einem antagonistischen Chaos gefrönt, sondern in Verbindung zueinander gestanden, also auch über vertragsähnliche Bedingungen verfügt, und das heißt, sowohl über Zwangspflichten, als auch über Gewissenspflichten. Sähe man es anders, erklärte man das Recht selbst, mit all seinen Folgeproblemen von Gerechtigkeit und Wohlwollen, zur bloßen *Chimäre*. An dieser frühen Vernunftorganisation menschlicher Vergesellschaftung lässt Gentz nicht rütteln, die *natürlichen Rechte* wird er bald gegenüber Justus Möser aus reinen Vernunftprinzipien herleiten, welche wiederum die Quelle aller bürgerlichen Rechte darstellen. *Vernunft und Freiheit* machen die wahre Natur der Menschen aus, ihre Gesellung führt gleichsam wesenslogisch zur vertraglichen Beschränkung der Rechte jedes einzelnen zugunsten der Freiheit aller. Auf diese in der Staatswirklichkeit realisierten Rechte kommt es letztlich an, dies ist der zentrale Inhalt des bürgerlichen Vertragsgedankens. Gentz spitzt den Begriff der aufgeklärten Naturrechtstheorie zu auf den Kerngedanken einer Staatsbürgergesellschaft.

Aber Garve ist noch schärfer in die Kritik geraten und zwar, wie Gentz meint, keineswegs zu Unrecht. Dass die *physische Übermacht* eines Regenten gleichsam außerhalb, oder oberhalb der privaten Rechtssphäre seiner Untertanen stehen, diese jener also unwiderruflich und machtlos unterworfen sein könne, wie Garve nahelegt, will Gentz keinesfalls akzeptieren: *Was soll denn der Regent eigentlich sein? Der erste Diener des Staats. Seine Pflichten sind also sowol gegen seine Unterthanen, die doch eigentlich seine Constituenten sind, als auch gegen auswärtige Staaten, mit denen er nur im Namen seines Herrn d.i. des Ganzen traktiren kann, sehr bestimmt und festgesetzt. Der Richter seiner Handlungen ist die Stimme des Volks; dieses kann recht oder unrecht handeln: er selbst kann nur treu oder untreu der Ausführer dieser Handlungen sein.* Das Recht, sagt Gentz, verbietet es kategorisch, dass der Regent als sein *eigner Richter* in Erscheinung tritt, oder politisch nach der *unsichern Leitung des Wohlwollens* handelt. Denn auf keinen Fall darf man das Glück der Menschheit von der Willkür einer einzigen Regentenperson abhängig machen. Vielmehr müssen Herrscherfigur und Staat mit größter Sorgfalt voneinander geschieden sein, die Rechtsregeln gelten allgemein und unverbrüchlich, an ihrer Sakrosanz darf das Machtinteresse zu keiner Zeit rütteln. Letztlich sei allemal die *Souveränität des Volkes* entscheidend. Das hat der preußentreue Pragmatiker Garve so rigoros keineswegs zugestehen wollen.

Auch in der Frage der Konfliktregulierung innerhalb der Staatenwelt trägt Gentz Bedenken gegen Garves Auffassungen vor. Es sei unrichtig, dass sich die Völker untereinander – wie ehedem die Menschen – in einer Art Naturzustand befänden, und dass zwischen ihnen nicht Regeln des Rechts zu gelten hätten, sondern nur die Interessen der fürstlichen Souveräne. Kein Land darf aus seiner physischen Überlegenheit gegenüber einem anderen das Recht herleiten, es erobern oder unterdrücken zu wollen, sagt Gentz. Auch zwischen den Staaten muss man mittels Verträgen und regelgeleiteter Verständigung so etwas wie positive Friedens- und Besitzstandsgarantien ins Werk setzen. Das Lebens- und Sicherheitsrecht der Völker besitzt nach innen wie nach außen Geltung, auf den vernünftigen Ausgleich kommt es an. Vom Gleichgewicht der Kräfte spricht Gentz allerdings noch nicht ausdrücklich. Zwar hat Garve die Mächtigen stets ermahnt, sich ihrer Wohltätigkeitspflicht gegenüber den Untertanen bewusst zu sein und das Glück des Gemeinwesens zu befördern, aber Gentz sieht sich dennoch genötigt, den alten Freund aufzufordern: *Sie haben die Regenten so trefflich ihre Pflichten gelehrt: sprechen Sie doch auch einmal zu den Völkern von ihren Rechten.*

Auch wenn Friedrich Gentz bald nicht unbedingt zu den *friedliebenden Gelehrten* zählen wird, von denen Garve sich Unparteilichkeit und Besonnenheit im Urteil über politische und soziale Probleme erhofft, ist er seinem Lehrer und Freund doch in manchem gefolgt. Das politische Denken als ‚realistische' praktische Weltweisheit und Anleitung zur strategischen Regierungskunst, die Reserve gegenüber Moralismus und Intransparenz in den Schulphilosophien, der empirisch-analytische Umgang mit positiven Erfahrungsdaten, der skeptische Blick auf die Bedürfnisnatur des Menschen, die Insistenz auf dem Vorrang der Staatsordnung gegenüber den Freiheits- und Widerstandsrechten der Individuen, die tiefe Revolutionsskepsis, schließlich die Neigung zu britischem Sensualismus, Pragmatismus und Konstitutionalismus – all das sind Elemente eines praktisch orientierten politischen Denkens, die auch Friedrich Gentz über Jahrzehnte hin auszeichnen werden. Auch er sollte zu einem Philosophen werden, der nicht *neue Staaten errichten will, sondern über die gegenwärtigen nachdenkt.* Wie die Vorwegnahme seines Lebenswerkes liest es sich, wenn der Freund Garve schreibt: *Keine Werke der Philosophie erlauben mehr Erhabenheit im Ausdrucke mit mehr Scharfsinn in der Untersuchung verbunden, als die, welche von der Verwaltung der Staaten handeln.* (Z. Batscha 1985/M. Stolleis 1967/R. Ludwig 2003).

Kant hat den von Garve behaupteten Primat der Klugheitslehre in der Politik gegenüber dem kategorischen Imperativ massiv kritisiert. Für den jungen Gentz, der ein *praktischer Weiser* im politischen Denken sein will, tut sich nun angesichts der ungeheuren Gewaltereignisse in der Französischen Revolution das Problem einer Vermittlung beider Standpunkte auf. Benötigt man die *Statuierung einer unwandelbaren Moral* angesichts der irregulären Praxisformen und schwankenden Maßstäbe in der Politik, wie Kant gelehrt hat? Ihm zufolge soll nicht die vom guten Herrscher und von allen Bürgern angestrebte Glückseligkeit bestimmen, was Recht und Unrecht sei, sondern allein das begründete Interesse der Völker, deren a priori gegebener allgemeiner Wille. Hier, genauso wie in der individuellen Moral hat demnach nur das kategorisch vernünftige Wollen als sittlich zu gelten. Aber kann man im Blick auf die gewaltsamen Massenszenen in Frankreich und unter dem Eindruck der blutigen Revolutionskriege an den vernünftigen Willen von Volksmehrheiten glauben? Wie verhalten sich in der Politik die empirische Erfahrung und die Reinheit des Ideals der Rechtspflicht zueinander?

ZWEITES KAPITEL

Die gute Sache der Revolution

Flirrendes Berlin

Die preußische Hauptstadt ist um 1800 die vitalste Metropole Europas, ihre Einwohnerzahl nähert sich der Marke von zweihunderttausend, bei nahezu neun Millionen im gesamten Königreich, eine aufgereizte intellektuelle Kultur macht von sich reden, erhebliche soziale Verschiebungen finden statt, die städtischen Milieus durchmischen sich, Juden und Christen, Frauen und Männer, Adlige und Bürgerliche begegnen einander freimütig in Salons und Gesellschaften. Eine aufgeklärte Generation von Staatsbeamten setzt sich ins Verhältnis zur aufstrebenden städtischen Intelligenz, und selbst auf der Regierungsebene vernimmt man überraschend neue Töne. Ein reformbewusster Staatsdiener wie Karl August von Hardenberg hat schon 1780 für die Abschaffung der Leibeigenschaft, die Deregulierung der Wirtschaft und eine schlanke Exekutive mit besonderen Fachministerien plädiert, als preußischer Minister wird er nach 1790 in den annektierten Markgrafschaften Ansbach-Bayreuth die Staatsverwaltung nach modernen Grundsätzen aufbauen, innovative Beziehungen zu den öffentlichen Medien aufnehmen und somit den Geist des ‚Allgemeinen Landrechts für die preußischen Staaten‘ von 1794 vorbereiten.

Einstweilen aber lebt Preußen im Zwiespalt zwischen einer selbstbewussten aufgeklärten Öffentlichkeit und einer altständisch geprägten, relativen absolutistischen Machtabschottung. Doch die medialen Prozesse dazwischen nehmen zu und werden folgenreicher, vor allem unter dem Eindruck der Revolution und ihrer kriegerischen Auswirkungen. Zwar obliegt nach preußischem Landrecht immer noch der Nobilität als erstem Stand die Verteidigung der Heimat, noch gebühren ihr die Ehrenstellen im Staate und darf nur sie zum Besitz adliger Güter gelangen, aber genauso deutlich ist jetzt von *Einwohnern* Preußens, statt von *Untertanen* die Rede, ausdrücklich geht es um die Mitgliedschaft des einzelnen in einer potentiell egalitären, gesetzesregulierten Bürgergesellschaft. Preußen lebt zu dieser Zeit in einem erregenden Spannungsprozess zwischen Tradition und Innovation. Noch sind der Obskurantismus und die reaktionäre Klerisei der Wöllner und Bischoffswerder nicht wirklich mundtot gemacht, noch ist der aufgeklärte Geist von den Fesseln der rosenkreuzerischen Religionspolitik nicht gänzlich befreit, und weite Teile der Spätaufklärung haben sich im eher unpolitischen Reservat der philosophischen Weltverbesserung eingerichtet. Aber schon sind markante publizistische Grenzgänger auf die Szene getreten, die zwischen Staatlichkeit und Intellektualität ein neues, wesentlich unbebautes Feld ausmachen und selbstbewusst in Beschlag nehmen. (D. Kemper 1996/F. Gedike/J.E. Biester 1986/J. Kittstein 2003).

Es ist Christian Garve, der im Sommer 1790 während eines Besuches in Berlin mit präzisem Blick den jungen Humboldt in einer großen Gesellschaft *ausgefunden und hervorgezogen* hat, um ihn mit seinem Freund Gentz bekannt zu machen. Inmitten der flirrenden preußischen Kapitale, dieser *weltoffenen, wollüstigen, aufgeregt-geistreichen Stadt,* wie Golo Mann schreibt, lernen sich zwei antipodische Denker kennen und allmählich schätzen, die in den nächsten Jahren die öffentlichen Diskussionen über Revolution und Reform, Staat, Politik und Recht in Deutschland maßgeblich bestimmen werden. Der Rittmeister von Schack, der es später zum Adjutanten des Prinzen Wilhelm von Preußen bringt, hat Gentz in die Berliner Salonwelt eingeführt, wo er seit November 1801 die Kreise von Rahel Levin und Henriette Hertz kennen lernen und zum gesuchten Charmeur avancieren wird. Dass sie ihn bald *Nil* nennen, geht auf das reichhaltige und anregende Strömen seiner Beredsamkeit zurück. *Hochgewachsen, aber nicht eigentlich hübsch* nennt ihn die Herz, nicht einmal einnehmend erscheint er der schönen Amalie von Imhof, und die Fürstin Lichnowska wird ihn als geradezu hässlich bezeichnen, er besitze jenen *gewissen leeren Blick unserer Gelehrten.* Freilich hat sie sich bei näherem Bekanntwerden mit diesem Mann rasch eines Besseren belehren lassen, wie überhaupt viele Zeitgenossen immer wieder Gentz' Wohlredenheit und elegante Erscheinung rühmen. Schon früh erweckt er den Eindruck, zu etwas Größerem geschaffen zu sein. Noch in Elisabeth Stägemanns 1846 erschienenem Roman ‚Erinnerungen für edle Frauen' wird geschwärmt vom *bezaubernden Wohlklang* der Gentzschen Stimme und von seinem *klassischen Ohr.* (E. Guglia 1901/K. Groba 1926).

In jenem schillernden Berliner Milieu entfaltet die Konstellation von *Schönheit, Grazie, Koketterie, Neigung, Leidenschaft, Witz, Eleganz, Kordialität, Drang, die Ideen zu entwickeln, redlichem Ernst, unbefangenem Aufsuchen und Zusammentreffen, launigem Scherz,* die Rahel zwei Jahrzehnte später so vermisst wird, noch die schönsten Blüten. Intellektuelle und Künstler wie Ludwig Tieck, Friedrich Schleiermacher, Friedrich und August Wilhelm Schlegel, Brendel Veit, die spätere Dorothea Schlegel, Jean Paul – sie alle lernen sich in jenen Salons kennen, die im Verlauf der neunziger Jahre zur Domäne gebildeter jüdischer Frauen geworden sind. Es handele sich um eine *freie, durch keinen äußern Zweck gebundene und bestimmte Geselligkeit,* wird Schleiermacher 1799 im ‚Berlinischen Archiv der Zeit und ihres Geschmacks' schreiben, der gute Freund Rahels und Henriettes. Mehr noch als Madame Herz avanciert die Briefkünstlerin Rahel Levin, Tochter eines reichen Berliner Juwelenhändlers, zum Mittelpunkt dieser neuen Geselligkeitskultur. (C. Stern 1994/H. Thomann-Tewarson 1997). Autodidaktisch hochgebildet, in Goethes Dichtungen bewandert wie wenige Zeitgenossen, wird Rahel zur Organisatorin eines famosen überständischen Gesprächs- und Beziehungskreises. Ihre Dachstube ist bald berühmt als Ort der Begegnung einzigartiger Gäste. Neben den Zelebritäten der Schriftstellerei geben sich hier Stars der Iffland-schen Theatertruppe, internationale Diplomaten, Adelsgrößen vom Schlage des Fürsten de Ligné, oder des preußischen Prinzen Louis Ferdinand ein verschwiegenes, potentiell aber hochöffentliches Stelldichein. Sie begegnen einander auf einem exterritorialen Gebiet, das nur wenige Jahre zuvor kaum jemand für gesellschaftsfähig hätte halten können – den Salons exquisiter jüdischer Frauen. Wo sonst gäbe es in den späten Neunzigern des 18. Jahrhunderts einen Ort der Zusammenkunft für jene aus dem festgefügten adligen und bürgerlichen Milieu abbröckelnden Existenzen, für die empfindsamen, oft problematischen Naturen, die allesamt eine geistige und moralische Kompensation suchen angesichts der grundstürzenden Ereignisse seit 1789.

Das ist Gesellung als selbstreflexiv gewordene Interaktion, *denn Sinn der sich selbst sieht wird Geist; Geist ist innere Geselligkeit [...], wie eine Musik von Gedanken,* schreibt damals im frühromantischen Tenor Friedrich Schlegel. Da die Geselligkeit frei von jedem Nutzen um ihrer selbst willen gesucht wird, geht die natürliche Lust des Menschen am Miteinander zwanglos über in ihre moralische Tendenz, heißt es programmatisch. Wilhelm von Humboldt, Jean Paul, Schleiermacher und die Schlegelbrüder, die Damen Herz und Levin, auch Friedrich Gentz – sie alle sind darin einig, Verbindungen schaffen zu wollen, die aus dem *Inneren der Wesen* entspringen, und darauf hinauslaufen, dass einer den *Reichtum* des anderen sich zu eigen mache. Natürlich geht es dabei um Selbstbildungsprozesse der Menschen, es handelt sich um Wechselwirkung, um Reflexionen und Empfindungen, die im *freyen Gedankenspiel* zur Geltung kommen müssen. *Lassen Sie sich [...] beleben! Anfachen, bezaubern, stärken, ergänzen! [...] dazu hat der Mensch Sprache, Mitteilung: das ist der Musterumgang,* schreibt der Star der Berliner Salons in den neunziger Jahren, Jean Paul. Geselligkeit ist ein soziales Kunstgebilde, das Lebendigkeit und Freude des Austausches, einen Konsens der Vielfältigkeit, vor allem Entlastung von der Enge und den Fährnissen des Alltags verspricht.

Zwar werden die faktischen sozialen Gegensätze und Machtvorgaben in diesen Binnenräumen durch intellektuelles Temperament, durch eleganten Diskurs und sprühende Ironie außer Kraft gesetzt oder wenigstens in der Schwebe gehalten, aber dennoch stellt die Berliner Salongesellschaft nichts weniger dar als eine bloße Inselsituation. Die Salons sind Knotenpunkte vielfältiger kultureller Verbindungen und von hoher gesellschaftlicher Symbolkraft. Dank ihrer beleben sich die Promenaden im Tiergarten und ‚Unter den Linden‘ ebenso wie die Theater- und Opernlogen, sie inspirieren verschiedenste Clubs, Kabinette, Lesekränzchen, Gesprächskreise, Gast- und Kaffeehäuser in einer Stadt, die erst 1810 ein akademisches Geisteszentrum erhalten wird. Um 1800 wagt es die *gesellige Freude* mehr und mehr aus den engen Schranken der Etikette herauszutreten, beginnen die bislang mit *vieler Ängstlichkeit unterschiedenen* Stände Kontakt miteinander aufzunehmen, das beschreiben Berlinreisende jener Jahre immer wieder.

Die preußische Residenzmetropole entwickelt sich nun von einer Bühne repräsentativer Öffentlichkeit immer mehr zu einem Flanierort urbaner Begegnung. Die

Stadt nimmt neben Paris und London mondäne Züge an. Man sieht es am raschen Wachstum der Bevölkerung und an der Intensivierung des Kommunikationsverkehrs, zumal an den Buch-, Zeitschriften- und Zeitungsverlagen, die aus dem Boden schießen. Sprungartig nimmt der Bedarf an Nachrichten, Klatsch und vielerlei geistiger Ware zu, schon die Französische Revolution sorgt für ein riesiges Informationsinteresse, Öffentlichkeit wird zu einem ganz neu erfahrenen kulturellen Aggregatzustand. Denn vor allem konzentrieren sich in der Stadt nun diejenigen Kräfte, die seit einiger Zeit in allen Metropolen der Welt, in jenen *Catacomben der Geselligkeit*, das Sagen haben – die *vortrefflichsten Philosophen, Dichter, Redner und Künstler aller Art; [die] erleuchteten Gesetzgeber und Staatsmänner, viele Literatoren, die allen menschlichen Kenntnissen nachgrübeln, sie erweitern, und sie der Welt mittheilen.* Auch Berlin kommt den Zeitgenossen jetzt wie ein unaufhörlicher Jahrmarkt vor, wo alles mehr oder minder käuflich ist. Gespannt ist man damals von Tag zu Tag auf die Denkerwelt, in der ein *unendlicher Ideenwechsel* stattfindet. Nach dem Bedeutungsverlust der Kulturen der frühneuzeitlichen Reichsstädte im Zuge der absolutistischen Territorialstaatsbildung entwickelt sich Berlin von einer Residenzstadt unter vielen zur einzigartigen Geistesmetropole. (D. Herz 1991/D' Aprile 2006/T. Ziolkowski 2006/K. Hermsdorf 1987/P. Seibert 1993/D. Gaus 1998/H. Zimmermann 2009/R. Berbig u.a. 2011).

Seigneur und Sekretär

Bedenkt man, wie sehr Preußen und seine Hauptstadt trotz der Neutralitätspolitik unter dem Eindruck der Französischen Revolution und der wechselhaften Kriegsfährnisse stehen, und was unter der Herrschaft Friedrich Wilhelms II. immer noch an obskurantischem Kleingeist, an Zensur, intellektueller Ächtung und klerikalem Restaurationsaroma an der Tagesordnung ist, so wird die brisante Stimmungslage, diese *Allgemeinheit der Opinionen mit ihren Neigungen zu Partheygeist und Volksgährung*, deutlich, unter der Friedrich Gentz das Feld der öffentlichen Debatten betritt. Auch deshalb wird die seigneurale Gestalt des Wilhelm von Humboldt für ihn zu einer maßgeblichen, geradezu herausfordernden Erfahrung. Kritische Funken schlägt ihre Beziehung von Beginn an. Vor allem das Humboldtsche Theorem von der in sich ausgewogenen Selbstvervollkommnung des Menschen unter staatlicher Freiheits- und Sicherheitsgarantie sollte Gentz zu schaffen machen. Das ändert freilich nichts an der elektrisierenden Vorliebe, die beide nach anfänglicher Unsicherheit – besonders auf Humboldts Seite – füreinander entwickeln. Man wird Golo Mann zum Teil Recht geben können: *Der schwer ringende, eifersüchtige, gläubige, warmherzige, eben so leicht bewundernde wie absprechende Gentz wurde durch das Zusammentreffen mit Humboldt in seinem Selbstgefühl erschüttert.* (G. Mann 1995/P.R. Sweet 1970). Aber das ist nicht die ganze Wahrheit. Gentz wird durch den neuen Freund nicht nur verunsichert, sondern er hat von ihm einen *daurenden, einen unverlöschli-*

chen Eindruck auf mein ganzes Wesen erhalten. Dabei ist die Formulierung, er bete in Humboldt die Menschheit an, nicht ganz zufällig gewählt. Der wohlerzogene und reflektierte Aristokrat offenbart für Gentz einen *Charakter, bei dem ich allen Tiefsinn und alle Künste des Kopfes vergaß, ein Charakter, dessen unerschütterliche Consistenz, dessen nie gestörte Einheit, dessen überwiegende Stärke nur der, der ihn so studirt hat wie ich, begreifen und würdigen kann, der dem Kraftlosesten, wenn er ihn anschaute, Muth geben, der Verzweiflung selbst Heiterkeit zulächeln musste.* Wilhelm von Humboldt – eine vollendete Persönlichkeit, ein erlesener Mensch, der *durchaus alles kann und alles ist, was er will*? So wie dieser Adelsspross sich darstellt, möchte er selber wohl sein, der *geplagte, sklavisch-belastete Geheime Secretair* im gehobenen preußischen Staatsdienst, aber ihm ist ein vollkommen anderes Temperament mitgegeben, und bald sollte er es mit wachsendem Ruhm auszuschöpfen lernen. Gentz und Humboldt werden ihre späteren, zumeist brieflichen Beziehungen über Jahrzehnte aufrecht erhalten, oft hat der begüterte Adlige dem schuldengeplagten Staatsdiener helfen, ihm Gläubiger beschaffen und um Verständnis für ihn werben müssen, in den Briefen an seine Frau und an Freunde wird sich später ein luzides Persönlichkeitsbild des Friedrich Gentz entfalten. (A. Leitzmann 1900/A.v. Sydow 1907/A. Leitzmann 1921/A. Leitzmann 1939).

Humboldt sei einer der scharfsinnigsten und besten Köpfe, einer der größten und stärksten Menschen, die er jemals kennen gelernt habe, schreibt Gentz an Garve, er besitze sowohl Tiefsinn als auch Witz, aber vor allem sei er ein geradezu *furchtbarer Dialektiker.* Humboldt ist für ihn eine Art *Wetzstein des Verstandes* geworden, den nur der verehrte Cousin Ancillon mit ihm teilen darf. (F.C. Wittichen 1909, 1). Umgekehrt ist die Beurteilung des Friedrich Gentz durch Humboldt zunächst zögerlich, dann wohlwollend und anerkennend kritisch temperiert, auch Jahre später noch. Im Januar 1791 schreibt er an seine Braut Caroline von Dacheröden über den neuen Bekannten, *der mir anfängt, recht lieb zu werden, dass er einen tief eindringenden Verstand und viel Wärme des Gefühls, nur wenig Grazie, wenig ästhetischen Sinn überhaupt und im Charakter nicht hinlängliche Geschmeidigkeit [besitze], aber auch […] so viel eigentlich Jugendliches noch, dass es einen freut.* Humboldt weiß um seinen tiefen Eindruck auf den einige Jahre älteren Gentz, diese *wirklich schwärmerische Liebe und Achtung für mich,* gelegentlich spielt er auch mit solchem Überlegenheitsgefühl und ihm ist klar, *dass er mir nicht sein kann, was ich ihm bin.* Aber sowohl Gentz' persönliche Wärme, als auch seine leidenschaftliche *Aufopferung für das, was ihn einmal anzieht, seine so große Anspruchslosigkeit bei oft anscheinend entschiedenem Tone und [der] große Gehalt intellektueller Kraft* haben ihn bald von der Bedeutung dieses Mannes überzeugt. Er sollte darin Recht behalten. Zwar wirke der Freund bei vielen eher anstößig, aber wer ihn ganz kennen gelernt habe, müsse ihn lieben.

Humboldt verdanken wir das eindringlichste Psychogramm auch des jungen Gentz, der sich damals anschickt, in die erste Reihe deutscher politischer Publizistik vorzurücken: *Aber woran es ihm fehlt, ist eine noch größere Bildung, mehr Gewandtheit, eine vielseitigere Menschenkenntnis, und über alles in ihm selbst weniger Einseitigkeit.*

Allein damit ist auch sein Eifer für das erkannte Gute, sein Enthusiasmus für alles, was ihn einnimmt, kurz vieles, was gerade das Beste an ihm ist, genau verbunden. (A. Leitzmann 1939). Die intellektuelle Kraft Gentz' ist unbestritten, aber seine Persönlichkeit erscheint dem Freund zutiefst widersprüchlich. Deutlich wird das bei dem oft tagelangen Miteinander in Berlin, diesen närrischen Nächten bei Puffmutter Schuwitz und Madame Müller, Vergnügungen, in deren Folge sich Gentz einen Tripper zuzieht. Gelegentlich teilen die Freunde sogar das Nachtlager, freizügiger Lustbarkeiten frönen sie ohne Reue, Humboldt bleibt zumeist der kontrolliertere von beiden. Nicht ganz ohne Heuchelei spricht er gegenüber seiner Braut – wider Gentz – vom *Ideal eines verliebten Umgangs, der nur auf Wahrheit und Vollendung beruhen könne und beiderseits das Gefühl einer schönen und großen Individualität erfordere.* All das vermisse er an den Liebschaften des Freundes.

Freilich hat auch Humboldt den mit Gentz geteilten Lebensgenuss keineswegs verschmäht, und das hätte auch noch eine Weile so weitergehen können. Doch diese anstrengenden Lustwandeleien und das so erhellende Diskutieren und Streiten währen nur kurze Zeit. Dass Gentz den bewunderten Freund seit dem Frühjahr 1791 entbehren muss, weil Humboldt seinen Dienst im preußischen Justiz-Departement quittiert hat und nun frisch vermählt mit Caroline auf einem Gut bei Erfurt lebt, ist für ihn zunächst ein *unheilbarer Schlag*, er fühlt sich in eine *unsägliche Öde* versetzt: *Wenn es keinen Humboldt gäbe, müsste man, wie Voltaire von einem gewissen, namens Gott sagt, einen erfinden.* Nun muss die Freundschafts- und Streitenergie weitgehend in den Briefverkehr fließen, miteinander und übereinander. Aber *Promptitüde, Gewandtheit, Vielseitigkeit und Tiefsinn* gewinnen die beiden mühelos auch in ihren fernschriftlichen Mitteilungen, oft genug werden sie dann auch über Dritte in Beziehung zueinander stehen. (GS 11, 2/A. Leitzmann 1939).

Selbstbeschränkung der Macht?

Gentz und für eine Weile auch Ancillon haben in der gemeinsamen Berliner Zeit mit dem Dialektiker Humboldt ein hartes Brot zu teilen gehabt: *Er demüthigte uns oft, es gab Augenblicke, wo er uns wirklich zermalmte – und noch nie habe ich diese Empfindung in dem Grade gehabt – Augenblicke, wo wir ihn hassten, doch seine Größe drang sich uns umso mächtiger auf. Aber alles das – war noch nicht Humboldt.* Nein, der angehende Philosoph, Anthropologe, Bildungs- und Staatstheoretiker Humboldt ist von einem anderen Kaliber als der werdende Etatist und Machtpragmatiker Gentz. In ihrer *Manie über Politik zu schwazen und zu schreiben*, im gemeinschaftlichen Erforschen allgemeiner Wahrheiten kommen Differenzen zum Vorschein, die Humboldt eher an Positionen der Weimarer Klassik und der Romantiker heranrücken als an solche des Schülers von Christian Garve. (P. Wittichen 1906/D' Aprile 2006). Schon mit dem, was Gentz als intersubjektive Logik begreiflich machen will, kann sich Humboldt nicht anfreunden. Für die traditionelle Logikauffassung und das, was üblicherweise Wahrheit genannt wird, hat er nur verächtliche Bemerkungen übrig. Er betrachte sie als *elende geistige Werkzeuge*, klagt Gentz, Humboldts Denken kennzeichne eine rastlose Bemühung, das, was man *gewöhnlich Wahrheit nennt, das Objektive in der Erkenntnis, als etwas höchst Unbedeutendes darzustellen, und nichts für wichtig anzuerkennen, als die Vollkommenheit des Erkennens im Subjekt, diese Vollkommenheit oft in dem, was man Irrthümer nennt, was die Logik sogar nennen muss, aufzusuchen und zu finden.*

Einer Logik des bloß empirischen Wahrnehmens und der einsinnigen ‚vernünftigen‘ Erkenntniskonstruktion erteilt Humboldt schon zu dieser Zeit eine Absage. Keineswegs wird für ihn der Rahmen von Vernünftigkeit gesprengt, wenn darin die Empfindungen, die Neigungen und Leidenschaften des Individuums zur Wirkung kommen, das Vernunftvermögen verlange vielmehr ein *vereintes und verhältnismäßiges Wirken aller Kräfte mit der Verstandestätigkeit*. Denn aus der Sinnlichkeit stammt ursprünglich alle Kraft des Menschen, die Vernunft ist letzlich ein Derivat dieser Grundkraft, ein Abgeleitetes, dessen Struktur und Funktion auf die proportionierlich ausgebildeten Gemütsenergien des Menschen verwiesen bleibt. Nicht auf der Verstandesebene also, sondern in den Tiefen der Seele liegen für Humboldt die Selbstvervollkommnungs- und Bildungskräfte des Menschen, der eine komplizierte Einheit physischer, intellektueller und moralischer Energien darstellt. Schon das ist für den pragmatisch belehrten Kantianer Gentz nicht leicht nachvollziehbar. Denn auf Ideen, die ihren *unverlierbaren Sitz in der Vernunft* haben, komme alles an, wird er bald schreiben, sie könne man weder empirisch bestimmen, noch verwerfen wollen. Das Wesen des Menschen besteht für Gentz in *Vernunft und Freiheit*, allein aus dieser Natur und ihren Gesetzen muss alles hergeleitet werden, was die humane Spezies eigentümlich und ausschließlich charakterisiert.

Wie Humboldt dagegen die Phänomene von Freiheit und Staatlichkeit zueinander ins Verhältnis setzt, das kann er nur mit Kopfschütteln zur Kenntnis nehmen. Humboldt ist der Meinung, dass der allseitigen Kräfteentfaltung des Menschen jede nur denkbare gesellschaftliche und politische Autonomie einzuräumen sei, wenn die zivilisatorische Entwicklung nicht grundsätzlich Schaden nehmen soll. Gentz hat das in seinem Brief an Garve vom 19. April 1791 aufmerksam notiert. Ihm ist aufgefallen, dass Humboldts Sozialphilosophie keinen Begriff vom historischen Schicksal kennt, sondern Vorstellungen von der sich selbst bestimmenden menschlichen Kraft anhängt: *Diese Kraft in sich und in andern immer aufs Höchste zu befördern, und ihr reines und freies Spiel in jedem menschlichen Wesen hervorzulocken und zu fixiren, das ist ihm der letzte Zweck alles Daseins und sein continuirliches Bestreben.* Dergleichen wäre durchaus noch abzubuchen unter der Rubrik klassischer Idealismus. Aber ein Satz Humboldts wie der folgende muss den geharnischten Widerspruch des jungen Gentz hervorrufen: *Heil dem Staate, dem es gelingt, das Volk durch die Erziehung selbst zu regieren; das heißt, ihm solche Gesinnungen und Sitten einzuflößen, die von selbst zu gemeinnützigen Handlungen führen, und nicht immer durch den Sporn der Gesetze angetrieben zu werden brauchen.*

Die selbstbestimmte Gesellschaft liegt dem Blickfeld Humboldts viel näher als der Funktionsbereich von Staatsautorität und rechtlicher Gesittung. Die Gesellschaft ist es, die frei assoziierte Verbindungen der Menschen herstellen soll, später spricht Humboldt von *höher organisierten Nationalanstalten*, in denen sich die *Selbstständigkeit der Verbundenen zugleich mit der Innigkeit der Verbindungen erhält*. Die Gesellschaft als riesige Lerngemeinschaft von Menschen, die im ständigen kommunikativen Miteinander am ehesten ihre Individualitäten zu schöner Ganzheitlichkeit entfalten können, muss Humboldt zufolge vor aller staatlichen Normierung oder zwangsmäßigen Beeinträchtigung, vollends vor jedem Glückseligkeitsversprechen bewahrt werden, denn zu einer segensreichen Form von Bildung sei Freiheit die erste und unerlässliche Bedingung. Nach all dem bedeutet es eine erhebliche Herausforderung für Gentz, wenn Humboldt schreibt: *Die Staatsvereinigung ist bloß ein untergeordnetes Mittel, welchem der wahre Zwek, der Mensch, nicht aufgeopfert werden darf.* Geht Humboldt von einer Selbstbeschränkung der Macht aus, die dem Staat nichts weiter zubilligen möchte als die äußere Absicherung autonomer Lebensverhältnisse, so ist Friedrich Gentz im Begriff, das gleichsam welthistorische Problem von Staatslegitimität und Rechtsgesittung, von revolutionärer Volksfreiheit und kluger Regierungskunst mit kantianisch geprägter Entschiedenheit zu ergründen.

Auch Humboldts Haltung gegenüber der Französischen Revolution ist differenziert, doch nicht ohne Zwiespältigkeiten. Von Anbeginn interessieren sich er und Gentz für den volkssouveränen Staatsbegründungsakt, den die Franzosen mit Nationalversammlung und Menschenrechtserklärung in die Welt gesetzt haben. Deren historische Bedeutung erfassen beide genau und mit vorausschauender Ambition, aber unter verschiedenen Blickwinkeln. Der Adelsspross Humboldt verwirft zwar die zivilisationsgeschichtliche Legitimität dieser Revolution nicht, aber er erklärt sie für *unausführbarer als jedes mir bisher bekannte Projekt, unausführbarer selbst als Platons Republik*. Seine Einwände richten sich zunächst auf die Ahistorizität dieses Prozesses. Unmöglich sei es, per Dekret eine neue Ära der Menschheitsgeschichte in die Welt setzen zu wollen, schreibt er, und dem Volk der Franzosen eine künstliche Staatsverfassung aufzupfropfen, die nicht aus den geschichtlichen Kräften ihrer nationalen Eigenart heraus gewachsen sei. Allein auf Vernunft habe man die neue Konstitution und Staatsverfassung gegründet, beide aber entbehrten aller vitalen Triebfedern, sie seien ohne einen *materiellen Kern ihrer Lebenskraft in der Zeit*. Was Montesqieu einst *vertu* genannt hat, und was Humboldt mit reinem Enthusiasmus für die Konstitution übersetzt, fehlt nach seiner Auffassung in Frankreich vollkommen: *Für eine bloße Idee haben sich wohl Philosophen, aber nie Nationen erwärmt. Bei diesen entsteht Begeisterung für die Konstitution nur dann, wenn diese Konstitution aus dem Nationalcharakter gleichsam hervorgeht, wenn sie aufhören müssten, die Menschen zu sein, die sie sind, wenn sie die Konstitution verlören.*

Weder ist diese Revolution wirklich zur historischen Herzenssache der Franzosen geworden, noch sind in ihrem Land auch nur Ansätze staatlicher Legitimität, von Gewaltenteilung vor allem, gewährleistet. Denn es fehlt dem *Könige an aller Macht, der Legislatur an allem Zaum, und der Nation an allem Zunder des Enthusiasmus.* Das geschichtliche Schicksal dieser rationalen Staatsumschaffung ist für Wilhelm von Humboldt also noch lange nicht ausgemacht. Und dennoch, bei aller Kritik an den eruptiven Ereignissen seit 1789 begrüßt er das historische Auftreten der Revolution überhaupt, auch wenn sie vielleicht nicht am Ereignisort selber ihr zivilisatorisches Potential in die Welt setzen kann: *Sie wird die Ideen aufs neue aufklären, aufs neue jede thätige Tugend anfachen [...]. Sie wird dadurch den Gang aller menschlichen Begebenheiten bewähren, in denen das Gute nie an der Stelle wirkt, wo es geschieht, sondern in weiten Entfernungen der Räume oder der Zeiten, und in denen jene Stelle ihre wohlthätige Wirkung wieder von einer andren, gleich fernen, empfängt.* Eine skeptische geschichtsdialektische Sicht des Revolutionsprozesses, die bemüht ist, den Optimismus der aufgeklärten Progressionsidee einer materiellen, bald wird man sagen, organischen Reflexion zu unterziehen. (C.M. Sauter 1989).

Staat der Pflichten oder Volksmajestät

Gentz ist die Differenziertheit solcher Gedanken nicht entgangen, noch weniger wohl ihr subtiler konservativer Grundzug. Bei aller Unterschiedlichkeit korrespondiert der Humboldtsche Impetus auch dem Gentzschen Denken, das durch Garves empirischen Moralismus nachhaltig geprägt worden ist. So etwa durch dessen Abneigung gegenüber politischen und religiösen Schwärmereien, die Bevorzugung politischer Stabilität vor jeder eiligen Reform, die Zurückhaltung gegenüber staatsbürgerlichen Freiheiten, zumal denen der öffentlichen Meinung, durch die Insistenz auf dem Untertanengehorsam und die Ablehnung des reinen Repräsentationsgedankens zugunsten der konstitutionellen Monarchie, schließlich die Neigung zu britischer Wirtschafts- und Verfassungswirklichkeit. Einen Garveschen Satz wie den folgenden hätte man bald auch bei Gentz finden können: *Vorschläge zu machen im allgemeinen ist leicht; ihre Ausführbarkeit zu zeigen durch die pünktliche Erörterung aller Umstände, die dabei zusammenlaufen, ist schwerer: sie wirklich und glücklich auszuführen, ist das wahre Werk politischer Weisheit!*

Was sind die Bedingungen und Formen eines klugen Machthandelns in umstürzenden Krisenzeiten? Diese Frage steht an. Dass der Staat kein Erziehungs-, sondern ein Rechtsinstitut sei, wird Gentz bald noch schärfer ausformulieren. Nicht um die Anleitung zur Selbstvervollkommnung der Individuen kann es gehen, sondern um Strukturen und Verfahrenspraktiken einer Politik, die sich an realistische Ansprüche auf bürgerliche Freiheit, Gleichheit und Gerechtigkeit gebunden weiß. Hier beginnt sich immer deutlicher eine Trennlinie zwischen Gentz und dem Gros der aufgeklärten Politikpädagogen zu verfestigen, und das noch vor der Burke-Rezeption des Garve-Schülers. Gewiss hätte Gentz die späteren, nahezu gleichlautenden Formulierungen Hardenbergs und Hegels unterschrieben, Preußen sei auf *Geist und Intelligenz* gebaut, aber er verbindet dies seit je mit keinerlei eudämonistischen Erwartungen an das Staatshandeln. Auch mit Humboldts, bei Mirabeau entliehener Invektive gegen den Absolutismus, ihn kennzeichne eine bloße *Wut des Vielregierens*, kann Gentz vielleicht im Einzelfall, keineswegs jedoch grundsätzlich übereinstimmen. Denn an der realen Machtausübung kommt die Menschheit nicht vorbei, deshalb geht es um die normative Konditionierung und nicht um die Ästhetisierung von Herrschaft. Hier liegt ein neuralgischer Punkt schon für den jungen Aufklärungsskeptiker.

Sein politisches Denken bewegt sich in gleich weiter Entfernung zu Schillers ästhetischem Staat als Vorstufe einer realen Emanzipation des Menschen, wie zu Novalis' royalistischer Liebesutopie als Bedingung jeder vollkommenen Verfassung. Weder können und sollen alle Individuen nach Gentz' Überzeugung *thronfähig* werden, noch kann man politische Urteils- und Handlungskompetenz von der Ausbildung subtiler Kulturkompetenzen erwarten. Deshalb kann er weder der Rede vom anonymen *Maschinenstaat* bei Humboldt, noch dem Fichteschen *Kulturstaat* etwas abgewinnen, sondern für ihn handelt es sich um das Systemproblem realer politischer Gemeinwesen, deren äußere Sicherheit einem stabilen Maß an Gesetzesbindung und Bürgerlichkeit im Inneren entsprechen muss.

Hier tun sich bezeichnende Differenzen auf zwischen Schillers Theorie vom *Staat der Pflichten*, Novalis' *Defensionsanstalt*, Friedrich Schlegels *Volksmajestät*, Adam Müllers organischem *Makroanthropos*, Fichtes sowie Humboldts Freiheits- und Bildungsuniversalismus und dem, was der Etatist Gentz unter Funktion und Bedeutung der moralischen Staatsautorität, bzw. -souveränität verstehen will. Noch Jahre später hat Wilhelm von Humboldt diesen Widerspruch deutlich hervorgehoben. In einem Brief an Brinckmann vom Oktober 1802 heißt es: *Ich habe ihm [Gentz] immer meine Theorie von der alleinigen und ausschließenden Wichtigkeit des Individuums, der innersten Bildung, der Einsamkeit in jeder Rücksicht gepredigt; immer die Nichtigkeit der äußern Verhältnisse, der entsetzlichen Politik, die noch jetzt in meiner innern Lehre wenig Werth hat, sogar übertrieben vorgestellt; aber, und das ist mir doch merkwürdig gewesen, es ist nie in ihm nur zu einer wahren Prüfung dieses Systems gekommen. Ich habe viel mehr Klarheit, und pragmatische Realität durch ihn, als er, ich möchte sagen: Innerlichkeit durch mich gewonnen.* Umgekehrt hat auch Gentz noch zwanzig Jahre später, beim Zusammentreffen mit Humboldt auf dem Kongress von Verona, seine Position bekräftigt: *Es ist nichts in der Welt seltsamer als unsere fortdauernde zärtliche Freundschaft und unsere unerschöpflichen Gespräche, trotz der förmlich erklärten, von beiden Seiten als bekannt vorausgesetzten absoluten Differenz unserer politischen Grundsätze. Er ist nicht bloß ein entschiedener Liberaler, sondern ein ausgesprochener Republikaner. Da ich gestern sehr gut gestimmt war, habe ich mich an seiner Tollheit belustigt.* (A. Leitzmann 1939/I.-M. D' Aprile 2006/B. Holtz 2010/K. Mendelssohn-Bartholdy 1868, 2/B. Koehler 1980/H. Zimmermann 2011/Z. Batscha 1985/1989/M. Stolleis 1967/F.C. Wittichen 1909, I./M. Geier 2009/P.R. Sweet 1970).

Der erste Auftritt

Aber wie beurteilt Gentz, der Kontrahent des brillanten Humboldt, in seinem *revolutionssüchtigen Geistesdrange* das kolossale Ereignis von 1789 in Frankreich? Freund Garve ist abermals der wichtigste Adressat seiner Bekenntnisse: *ich bin jung, und fühle also das allgemeine Streben nach Freiheit, was auf allen Seiten aufbricht, mit Theilnehmung und Wärme,* schreibt der Sechsundzwanzigjährige nach Breslau. Unbedingt will er bei sich und anderen die Arbeit in und an der Politik befördern, die gerade jetzt *groß, herrlich, wichtig, fruchtbarer als je* werden kann, denn dieser Versuch zur *Menschenverbesserung im Großen* ist eine allzu bedeutende Erscheinung für einen praktischen Weisen. Als solcher möchte der junge Gentz demonstrieren, dass nicht nur die Franken, sondern auch die Deutschen wissen, was eine Gesellschaft, ein Volk, ein Regent, ein Gesetz, ein Recht, was Sklaverei und was Freiheit sei. Alles schreit jetzt geradezu nach Publizität. Auch deshalb haben er und Humboldt tage- und nächtelang um Gedanken und Argumente gerungen, Anlauf wollten sie nehmen für ihre öffentlichen Auftritte. Lässt Humboldt bald politische Briefe an den Freund Gentz in der ‚Berlinischen Monatsschrift‘ abdrucken, Präliminarien seiner bedeutenden Schriften der Folgezeit, hat auch Gentz nichts Emsigeres zu tun, als Bücher, Zeitungen, Zeitschriften, Broschüren, Manifeste, Memoires und Flugblätter zum Thema Französische Revolution zu sammeln und für seine Publikationen auszuwerten. Mirabeaus Schriften findet er hinreißend, besonders den von ihm herausgegebenen ‚Courier de Provence‘, er liest regelmäßig Mallet du Pans ‚Mercure de France‘, und im ‚Journal Encyclopédique‘ finden sich die authentischen Verhandlungsberichte der Nationalversammlung. In den *Rapports* der verschiedenen *Comités* tritt eine Sammlung der *meisterhaftesten Aufsätze über alle Theile der Staatsverfassung* zu Tage. Später kommen das ‚Journal de Paris‘ und der ‚Moniteur‘ dazu.

Aber nicht nur französische Schriften und Quellen finden Gentz' Interesse, durch Garve und den Vetter Ancillon angeregt tritt auch das englische Verfassungs- und Staatssystem zunehmend in sein Blickfeld. Adam Smiths ‚On National Wealth‘ hat er mehrfach studiert, Montesquieu wird noch einmal hervorgezogen, die Schriften von Mounier, Bergasse und Lally-Tollendal, Politiker, die in Frankreich ein Gemeinwesen nach englischem Vorbild errichten wollen, erhalten starke Beachtung. Dagegen können schon bald die Arbeiten von Ernst Brandes, Christoph Girtanner und August Wilhelm Rehberg, die sich gleichfalls an der Deutung des Revolutionsprozesses versuchen, kaum überzeugen. (F. Braune 1977/U. Vogel 1972). Authentisches Faktenmaterial und die Öffnung des Blicks auf ganz Europa – das ist jetzt das Wichtigste, sind doch allzuviele verzerrte Darstellungen über das Frankreich der Revolution im Umlauf, Artikel voller *Thorheit und Verwirrung,* und dann noch diese unglaubliche *Albernheit und Unzuverlässigkeit unsrer elenden Zeitungen.* Inmitten der unwägbaren Ereignisse und öffentlichen Irritationen versucht Gentz die Orientierung zu behalten.

Die Klärung der philosophischen Grundlagen des Zeitverständnisses ist das eine, etwas anderes die Analyse der konkreten politischen Prozesse, die im Moment einen radikalen Wandel der welthistorischen Koordinaten herbeizuführen scheinen. Dazu bedarf es nicht nur der verlässlichen Ereigniswahrnehmung, sondern auch des philosophischen Blicks auf die unkalkulierbaren Geschehensverläufe seit 1789. Mit großem Dokumentationsaufwand untersucht Gentz die sich überstürzenden Ereignisse und ihre medialen Reflexe, aber vorerst sieht er *keinen Grund, an der guten Sache zu verzweifeln*, weder Enttäuschung, noch Resignation, die viele Zeitgenossen jetzt schon heimsuchen, kränkeln ihn an, vom Faszinosum Revolution will er nicht lassen. Niemand, schreibt er 1790 an Garve, könne ihn von der Einsicht abbringen, dass die *Nationalversammlung immer noch zweckmäßig und weise handelt, dass die Unruhen und Exzesse lange so groß nicht sind, als man sie hin und wieder macht, dass die Aussichten für die Zukunft heitrer sind, als die Feinde sie schildern, und dass, wenn keine unvorhergesehne Hindernisse eintreten, wahrscheinlich ein glückliches Ende das größte Werk, was die Geschichte aufweisen kann, krönen wird.* (A. Leitzmann 1935/F.C. Wittichen 1909, I./C.M. Sauter 1989/W.v. Humboldt 1793/M. Geier 2009/F. Braune 1977).

In diesem historischen Erwartungs- und Reizklima tritt Gentz, er ist siebenundzwanzig Jahre alt, zum ersten Mal mit einer spektakulären Publikation in Erscheinung, und dann sogleich als Autor der ‚Berlinischen Monatsschrift'. Die Menschenrechte und das moderne Vertragsdenken sind sein Problem. Beide Themen seien keine *Spitzfindigkeit müßiger Grübler*, schreibt er, sondern stellten nicht weniger dar als eine Auslegungsfrage der *ersten Grundzüge der Menschheit*. Um künftige *große Plane zur Menschenwohlfarth* gehe es und zugleich um die vernünftigen Grenzen humanen Handelns, die nicht einfach von physischer Macht bestimmt sein dürften. Dem widmet sich Gentz ausführlich in seinem Aufsatz ‚Über den Ursprung und die obersten Prinzipien des Rechts' (GS 7).

Schon die Überschrift lässt Kantianisches erahnen, sogleich ist aber auch von etatistischen Problemen die Rede, von hoheitlichen Befugnissen und Obliegenheiten und vom System der Rechte. Kategorisch lehnt Gentz jeden Realismus in der Naturrechtsdebatte ab, Ideen, die ihren Sitz in der Vernunft haben, kann man nicht empirisch bestimmen oder verwerfen wollen. Das Wesen des Menschen besteht in *Vernunft und Freiheit*, allein aus dieser *Natur und ihren Gesetzen* muss alles hergeleitet werden, was die humane Spezies eigentümlich und ausschließlich charakterisiert.

Recht als praktisch verwurzelter Begriff, der Mensch als zum Handeln verpflichtetes Wesen in Gesellschaft und Staat – das ist Garvesches Erbe. Freiheit und Pflicht aus reinen Prinzipien hergeleitet – da lässt sich die Stimme des Lehrers Kant vernehmen. In dessen Sinne akzentuiert Gentz einen *negativen* Begriff der Freiheit, denn aus dem Zusammentreffen der vielen individuellen Freiheiten miteinander ergibt sich schlussfolgernd das Moralgesetz, welches dazu führt, dass die Freiheit eines jeden zum Besten der Freiheit aller eingeschränkt werden muss. Dies bedeutet, dass alles Recht unvermeidlich auch *Zwangsrecht* zu sein hat. Hieraus wiederum folgt in logischer Deduktion, dass es für *jedes freie Wesen, nach den Gesetzen der Vernunft nothwendig d. i. Pflicht sein [muss], das Recht andrer freien Wesen anzuerkennen.* Auch hier, in der subjektiven Dimension, ergibt sich analog dazu eine Zwangspflicht. Also besteht der kategorische Imperativ in nicht mehr und nicht weniger als einem universalen Gebot der Vernunft – dasjenige von *selbst zu thun, was der Andre, wenn es nöthig ist, von mir erzwingen kann, ohne ein sittliches Gesetz zu übertreten.*

Damit gelangt Gentz an einen entscheidenden Argumentationspunkt, zu den so genannten *ursprünglichen Rechten*. Der in ihnen begründete oberste Grundsatz, dass jeder die Freiheit des anderen in dem Maße einschränken darf, als zur Durchsetzung seiner eigenen notwendig ist, umschreibt die *Quelle aller möglichen reellen Rechte.* Dies sind die (staats-)bürgerlichen, positiven Rechte, die Gentz in drei Kategorien erfasst: das Recht auf die uneingeschränkte Gewalt jedes Menschen über die eigene Person, das Recht auf persönliches Eigentum und das Recht auf die Einhaltung geschlossener Verträge. Ohne jene ursprüngliche, universale Vertrags-Rechts-Geltung wäre niemals der Aufbau einer Gesellschaft denkbar gewesen, könnte kein bürgerlicher Kontrakt abschließbar oder gültig sein. Allerdings, diesen sozialen Ur-Vertrag, den menschenrechtlichen *Contract social* also, trennt Gentz scharf ab vom System realer bürgerlicher Kontrakte und Normen. Er verkörpert ein universales Recht sui generis, demzufolge *Jeder den Andern als seinen Mitgenossen an der Schöpfung achten muss, und nie diesen Andern als ein seinem Willen überlassenes Mittel und Werkzeug zu Erreichung seiner beliebigen Absichten ansehn darf.* Dieses grundlegende Menschenrecht entstammt nicht einer zivilisationshistorischen Genese, es verdankt sich auch keiner sozialtheoretischen Fiktion, sondern ergibt sich aus der reinen vernünftigen Prozessualität des Begründungsakts von Gesellschaften schlechthin.

Das hat seinen guten Sinn. Denn nicht um die Verwirrungen in der wirklichen Welt kann es gehen, sondern allein um das System der Rechtsnormen. Statt an eine ursprüngliche Freiheits- und Glückssituation der Menschheit zu glauben, sollte man sich deshalb dem Gedanken zuwenden, dass bei der Entstehung der Gesellschaft *entweder bloßer Zufall, oder Macht, Furcht, List, Eigennutz […] den Vorsitz geführt haben.* Seit je her können die interagierenden Menschen also gar nicht anders, als sich dergleichen überzeitliche Regeln auszudenken und verbindlich zu machen, wenn anders die Zivilisation in der geschichtlichen Kontingenz rettungslos untergehen soll: *Die Welt, worin die Leidenschaften des Menschen regieren, wechselt unablässig; die moralische Welt, welche die Vernunft erbaute, steht unwandelbar und unangefochten: die letzte Zuflucht des Geistes, der nach Ordnung seufzt, und nichts als Zerrüttung antrifft.*

Damit ist Gentz beim Problem der gegenwärtigen Revolution angelangt, hier glaubt er nun der historischen Koordinaten ihrer philosophischen Beurteilung gewahr zu werden. *Die alten Grundsteine der Historie menschlicher Verbindungen* gilt es immer wieder dann *hervorzugraben*, schreibt er, wenn es um die Regeneration und Revision alter Rechte und ganzer Staaten geht, aber man solle sich davor hüten, sie umstandslos mit den aktuellen Grundgesetzen der verbesserten Regierungsform überein bringen zu wollen. Jene *ersten Worte* einer bürgerlichen (Rechts-)Konstitution enthalten keinerlei Handlungsanweisung, keinen Aktionsplan für die gegenwärtige Ordnungsaufgabe einer Staats- und Verfassungsgründung. Unverzichtbar bei einer solchen höchst praktischen Sache ist für Gentz die Zusammenarbeit von Philosophie und Regierungskunst, denn die Ursprünge des menschenrechtlichen Ordnungsdenkens seien viel zu kompliziert und schwer verständlich, als dass sie zu Maximen einer abrupten Staatsumschaffung taugen könnten.

Wie verderblich eine falsche Philosophie für das aktuelle Politikverständnis sein kann, macht Gentz an den Auffassungen Justus Mösers klar, der in der gleichen Zeitschrift und mit Billigung des Herausgebers Biester soziale Ungleichheiten und Eigentumsunterschiede zu ursprünglichen und unwandelbaren Phänomenen der Menschheitsgeschichte erklärt hat. Mösers These, dass nur Eigentümer *Vollbürger* sein können, die übrigen Menschen dagegen *in die Brüche fallen müssen*, findet Gentz so falsch wie empörend: *dass der Staat jenem großen Besitzer noch obenein mehr schuldig sei, als diesem geringen Arbeiter, kann ich nicht wohl begreifen.* Unerträglich ist für den Aufklärer zumal der Gedanke, die modernen Staaten als Konglomerate von Aktionären, also von machtvollen Großeigentümern begreifen zu sollen, das käme einer Wiederaufnahme der mittelalterlichen Lehnsverfassung aller Regierungsformen gleich. Nein, der junge Schriftsteller spricht sich entschieden aus für die egalitäre Rechtsfigur des Bürgers als erstrangigem Ordnungs- und Leistungsfaktor in Staat und Gesellschaft: *Jeder Mensch, der entweder selbst etwas hervorbringt, oder dazu beiträgt dass Andre etwas hervorbringen, ist eine wahre und vollständige Einheit im Staat, das heißt, ein Bürger und nicht etwa ein Bruch, also ein mit weniger oder womöglich gar keinem Recht ausgestattetes Wesen.* Ein derartiger Unrechtsstatus darf in einem wohlgeordneten Gemeinwesen prinzipiell nicht geduldet werden, noch der letzte Bettler und Vagabund hat Gentz zufolge Anspruch auf obrigkeitliche Fürsorge. Vor Recht und Gesetz sind alle Bürger *gleichwertig und gleichwürdig*, unabhängig von ihrem Sozialstatus.

Und dennoch ist und bleibt die Eigentumsungleichheit ein gravierendes politisches Problem. Dass etwa im Normensystem der jungen französischen Verfassung alle Ausländer und alle Menschen, *die nicht wenigstens drei Liver Steuern entrichten, keine aktive Wahlfähigkeit besitzen* sollen, macht Gentz misstrauisch, aber wer wollte darüber klagen, wenn sonst nur Alles gut wäre? Erste Zweifel am praktischen Triumph der Philosophie in dieser Revolution sind nicht zu überhören. Doch immerhin hat man, zumal nach der Belobigung durch Biester, den Gentzschen Aufsatz in Berlin gut aufgenommen und der junge Autor besitzt jeden Grund, mit *meiner ersten Erscheinung in der litterarischen Welt zufrieden* zu sein (F.C. Wittichen 1909, 1/G. Kronenbitter 1994).

DRITTES KAPITEL

Edmund Burke

So will ich schreiben, wenn der Himmel es mir gewährt

Im April 1791 hält Gentz ein wahrhaft ungewöhnliches Buch in Händen, Edmund Burkes ‚Reflections on the Revolution in France‘, das zuvor in London wie eine Bombe eingeschlagen ist, und von dem man in Paris kurz darauf zweitausend Exemplare in nur zwei Tagen verkauft hat. In weniger als einem Jahr ist das Werk in England elfmal neu aufgelegt worden und schickt sich an, als einer der größten Verlagserfolge in die Geschichte einzugehen. Auch in Italien, Irland und Amerika wird es bald Wellen schlagen und im Februar 1791 erscheint es erstmals auf Deutsch, kurz darauf noch ein weiteres Mal. Die Übersetzungen enttäuschen den polyglotten Gentz jedoch durchweg. Er ist überzeugt, dass die *meisterhafte Stimme* dieses englischen Politikers und Schriftstellers in Deutschland so nicht zur Wirkung kommen kann. Denn Burke ist ein ganz besonderes Kaliber – ein *philosopher in action*, ein gelehrter Schriftsteller, Zeitschriftenherausgeber und brillanter Parlamentsredner aufseiten der Whigs, der als *britischer Cicero* von sich reden gemacht hat. Die Wahrung der Souveränität des englischen Parlaments, eine liberale, pro-amerikanische Steuer- und Handelspolitik, die ihm die Freundschaft Benjamin Franklins einbringt, sein Einsatz für die Religionsfreiheit der Iren ist für Burke bis in die frühe Revolutionszeit hinein maßgeblich gewesen. Erst sein politischer Kampf gegen die Gefahren der Staatsumschaffung von 1789 wird zur Spaltung der Whigs führen und dazu, dass deren Mehrheit den Tory-Premier William Pitt jr. unterstützt. Nun wird Burke von dem berühmt-berüchtigten Thomas Paine zum Lieblingsgegner erkoren. Ganz Europa hat damals keinen einflussreicheren Streiter für englische Liberalität und gegen französischen Freiheitstaumel zu bieten als diesen wortmächtigen Intellektuellen.

Das begreift Friedrich Gentz sofort, als ihm Burkes Buch erstmals vor Augen kommt. Viel enervierender als alle Lobreden rückt ihm diese brillante Polemik wider den Geist von 1789 das unerhörte Phänomen Revolution vor Augen: *Ich lese dieses Buch, so sehr ich auch gegen die Grundsätze und gegen die Resultate desselben bin*, schreibt er an Garve. Deshalb kommen ihm, neben den ersten beiden deutschen Übersetzungen, auch die Rezensionen des Werkes von Ernst Brandes und Christoph Girtanner so *schlecht und jämmerlich* vor. Was haben die deutschen Konservativen schon aufzubieten gegenüber dieser einzigartigen politischen Rhapsodie des Edmund Burke. (F. Braune 1977/O. Reincke 1989/T. Stammen/S. Schuster 2006/T. Dietrich 1990/P.R. Sweet 1970). Ein kunstvolles und bekenntnisfreudiges, in Briefform angelegtes Buch nimmt Gentz wahr, aus dem man politisch gleichwohl das *vollständigste und regelmäßigste System* entwickeln kann, ein Werk von schwelgerischem Reichtum der Sprache, das eine *unerhörte Fülle kühner und neuer Ideen, glühender Worte, überraschender Wendungen und glücklicher Bilder* darzubieten hat. Unter den Händen dieses *genievollen Bildners* wird der Geist und die Einbildungskraft des Lesers geradezu überwältigt, verbleibt seinem Gemüt kein Moment des Ausruhens, lobt Gentz, denn mit dem *zerschmetterndsten Witz* würden hier gewaltige und wahrhaftige, so anrührende wie schreckensvolle Zeitgemälde hervorgebracht: *welche Fülle, welche Rundung, welcher Numerus! So, so will ich schreiben, wenn der Himmel es mir gewährt.*

Größe des Stils, Majestät der Gedanken – hier ist ein Schriftsteller und Politiker vor die Augen der europäischen Öffentlichkeit getreten, der Gentz alle imaginären Lockstoffe der politischen Karriere und das Temperament eines intellektuell erfrischenden Legitimismus zu bieten hat. Der beamtete Garve- und Kantschüler, ein streitbarer Freund Humboldts, hat sich längst kundig gemacht in den Partituren des politischen Pragmatismus und in der Moralistik des Regierungshandelns, auch wenn er immer noch ein Apologet der universalen Freiheits- und Menschenrechtsidee ist. Edmund Burkes berühmte, noch nicht wirksam ins Deutsche übertragene ,Reflections', mutieren nun zu einem spannungsgeladenen Gentz-Projekt, zu einer Schreibidee, die gute Aussichten bieten könnte für die eigene Profilierung in der erregten preußischen, deutschen, ja europäischen Öffentlichkeit. (F.C. Wittichen 1909, II.).

Dass Burke die Staatskunst als praktische Wissenschaft bezeichnet, zu der man eine tiefe, die menschliche Natur, ihre Bedürfnisse und Lebensumstände einbeziehende Wahrnehmung benötigt, hat seinem Übersetzer sofort eingeleuchtet. Erfahrung in historischer, bald heißt es, in langwirkender organischer Dimension – das wird sich als eine Einsicht von erheblicher Strahlkraft erweisen. Und auch dass Burke jedem überzogenen Reformprojekt in der Politik die desaströsen Aussichten einer *Totalrevolution* in Frankreich entgegenhält, beginnt Gentz unter dem Eindruck dieser gekonnten Ereignisevokation zu überzeugen. Denn das Burkesche Buch ist, mehr noch als eines der normativen Geschehensbeschreibung, das Meisterwerk eines politischen Beschwörers. Der so rechtschaffen wider die Revolutionsprediger und *Metaphysiker der Menschenrechte* streitet, die nichts als Leidenschaften in der Politik erregen wollten, bedient sich selbst ausgefeilter Schreibformen der Gefühls- und Meinungssuggestion. (P. Fischer 2010). Gentz wird ihn bald einen *Kirchenvater der Beredsamkeit* nennen. Seine Gedanken besäßen keinerlei wissenschaftliche Systematik, sondern seien nur in der *Ordnung hingeworfen, die sich spontan in seiner Seele entwickelt* habe, hat Burke selber dieses mäandernd reflektierende und metaphorisch blühende Buch zu rechtfertigen versucht. Gentz dürfte gerade darin den Vorzug persönlicher Aura und intellektueller Überzeugungskraft wahrgenommen haben, denn genauso prägnant beruft sich der politische Denker Burke auf Beobachtung und lange Erfahrung. Gentz muss Formulierungen wie die folgende bestechend gefunden haben: *Ein Staat, dem es an allen Mitteln zu einer Veränderung fehlt, entbehrt die Mittel zu seiner Erhaltung.* Keineswegs spricht der englische Autor sich also gegen Veränderungen aus, sondern sehr wohl *wünscht er zu erhalten, selbst da noch, wo ich zu ändern genötigt wäre.* (E. Burke 1967).

Wie Burke diese Dialektik von Herrschaft, von Bewahrung und Reform, von Traditionalität und Zivilisationsbruch vor dem Hintergrund der französischen Totalrevolution argumentativ entfaltet, hat der deutsche Übersetzer und Interpret des Buches als außerordentliche intellektuelle Zurüstung seines wachsenden Etatismus empfunden. Burke zielt immer mit Entschiedenheit auf das Grundsätzliche. Vor allen Dingen möchte er bewahrt wissen, was die Altvorderen dem britischen Gemeinwesen seit Urzeiten überliefert haben: *So halten wir uns [unbeweglich] an dem festen Boden der britischen Konstitution, Bewunderer allenfalls, aber niemals bei den verzweifelten Flügen der tollkühnen Luftschiffer von Frankreich.* Seite für Seite entwickelt sich in diesem Buch die beschwörende Darstellung des rationalistischen Machtumsturzes in Frankreich zu einer warmen Apotheose des englischen Konstitutionalismus und Republikanismus, deren heiligste Rechte und Freiheiten als etwas *Ererbtes* ins Licht gerückt werden, das seit Jahrhunderten gelte und somit Ausdruck der ewigen göttlichen Naturordnung sei.

Allein Geschichte und Traditionalität, das über lange Zeiträume hin organisch Gewachsene bildet das Bezugssystem aller politischen Klugheit, schreibt Burke, keinem normalen britischen Staatsbürger würde es jemals einfallen, in abstrakter und voluntaristischer Manier über den Staat und seine Konstitution nachzudenken, oder hier Veränderungen einzufordern. Und das aus gutem Grund. Denn eine Revolution, ob rechtmäßig oder unrechtmäßig, kann immer nur die *letzte Zuflucht des Denkenden und des Guten* sein, und so habe sie bei den verantwortungslosen Franzosen zu einem *Regiment der Schikane* führen müssen, angeleitet durch *gefährliche Subjekte und radikale Sophisten*, die gleichsam ein geometrisches und arithmetisches Staatsexperiment in die Welt gesetzt hätten. In Frankreich wütet seit 1789 eine neue Pest, nämlich der Wahnwitz des universalen Menschenrechts, hingegen sind in England die zarten Urgefühle der Natur erhalten geblieben: *Wir haben [...] die Würde und den Seelenadel, der uns im 14ten Jahrhundert auszeichnete, nicht verloren; wir haben uns noch nicht bis zur Wildheit verfeinert. Wir sind nicht Rousseaus Proselyten; wir sind nicht Voltaires Schüler; Helvetius hat keinen Einfluss bei uns gefunden. Wir haben nicht Atheisten zu Predigern, nicht Tollhäusler zu Gesetzgebern.*

In England tobt nicht das Ungeheuer Demokratie, sondern hier ruht das politische System im richtigen Verhältnis und vollkommenen Ebenmaß mit der Ordnung der Welt. Burke möchte nicht weniger als den Glorienschein einer herrschaftlichen Theodizee über Britanniens uralter Freiheits- und Gleichgewichtsverfassung aufspannen. Vor allem aber will er eines, die bürgerliche Eigentumsordnung soll ausgesöhnt erscheinen mit der alten libertären Staatsidee der balance of power. Ist im revolutionären Frankreich, das die Menschen mit seinen bankrottierenden Assignaten betrügt und ausbeutet, kein Mensch seines Eigentums mehr sicher, so tritt der englische Staat als ein *großes Familienetablissement und eisernes Besitzstück auf ewige Zeiten* ins Licht der Geschichte. Die Staatsweisheit habe alle Engländer so konstituiert, dass *wir unsre Regierungsform und unsre Privilegien nicht anders erhalten, genießen und vererben als unser Leben und unser Eigentum.*

Was ist Freiheit? Was sind Menschenrechte? Danach fragt Burke sehr wohl, er verschließt sich keinem der Sturm-und-Drang-Themen jener Zeit, aber seine Antworten fallen nüchtern aus. Die Freiheit in Britannien erscheint in den ‚Reflections‘ als ein großes *Fideikommiß*, das von den Altvorderen überkommen ist und an die Nachfahren vererbt wird. Jegliche Freiheit bildet also nicht mehr und nicht weniger als eine besondere Form des bürgerlichen Eigentums und zwar ohne irgendeine weitere Beziehung auf ein allgemeines oder früheres Recht. Denn Rechte sind immer nur Bürgerrechte, nicht irgendwelche Naturrechte, sie entstehen erst und werden überhaupt nur möglich in einem politisch und sozial geordneten Gemeinwesen, in einer normativ regulierten Eigentümergesellschaft. In ihr liegt für Burke die edle Freiheit begründet, und die beruht nicht auf spitzfindigen Grübeleien, sondern auf der natürlichen Herzensordnung eines gottgewollten Daseins. Diese bürgerliche Gesellschaft ist ein Institut, schreibt er, dessen Essenz in Wohltätigkeit bestehe, und das Gesetz sei nichts anderes als Wohltätigkeit nach einer Regel: *Es ist des Menschen Recht, unter dieser Regel zu leben, es ist sein Recht, immer nach Gesetzen behandelt zu werden. Aber damit muss es auch sein Bewenden haben.* Alle Menschen besitzen in dieser Gemeinschaft zwar gleiche Rechte, aber nicht auf gleiche Gegenstände. Staaten seien eben niemals dazu gemacht, natürliche Rechte einzuführen. Der einzelne Bürger hat einen Anspruch auf die Früchte seines Fleißes und seines Erwerbssinnes, auf seine persönliche Unversehrtheit und auf die allgemeinen Segnungen des zivilisierten Gemeinwesens. Aber wenn es auf *Macht, Ansehen und Einfluss in der Führung des Staats ankommt, so leugne ich schlechterdings, dass dabei von unmittelbaren Rechten des Menschen im bürgerlichen Verhältnis die Rede sein kann. Hier muss alles durch Vertrag bestimmt werden.*

Burke warnt vehement vor den *falschen* Ideen der Menschenrechte, denn die führten geradewegs zur Zerstörung der *wahren*. Der Mensch, lautet eine seiner trefflichen Formulierungen, kann nicht die Rechte eines ungeselligen und eines geselligen Zustandes zu gleicher Zeit genießen. Das Beispiel Frankreich zeige deutlich, wie sehr bei der Frage nach den Menschenrechten abstrakte Vollkommenheit und praktische Unzulänglichkeit in pathologischer Verschlingung miteinander lägen. Man möge sich also davor hüten, die Macht des Volkes mit seinem Recht zu verwechseln. Denn was ist schon zu halten von metaphysischen Rechten des Menschen angesichts seiner widersprüchlichen Natur und der unendlichen Kompliziertheit seiner Lebensverhältnisse, fragt Burke, einfache Regierungsformen, wie man sie in Frankreich seit 1789 erträumt, seien bereits um der humanen Spezies willen allemal mangelhaft. Nein, die politische (Welt-)Weisheit gebietet etwas anderes.

Gefragt ist das Vermögen einer gleichermaßen kunstvollen wie pragmatischen Wissenschaft, *moralische Größen nicht metaphysisch oder mathematisch, sondern moralisch zusammenzusetzen und abzuziehen, zu vervielfachen und zu teilen.* Will heißen, nur historisch fundierte Erfahrungen und Einsichten in das authentische Wesen des Menschen und seiner Geschichte sind es, die dem Staatsmann zu einer praktischen Wissenschaft verhelfen können, weshalb er sich immer davor hüten muss, ein altes Staatsgebäude niederreißen und ein neues als ideales Verstandeskonstrukt realisieren zu wollen. *Staaten sind Kunststücke menschlicher Weisheit, um menschlichen Bedürfnissen abzuhelfen,* konzediert Burke, der Repräsentant der gewachsenen englischen Libertät, zwar sehr wohl, aber beides gehört für ihn zusammen – der historisch tradierte Eigensinn von Herrschaft und die praktische Kunst ihrer immer wieder erneuerten Ausbalancierung. Weder das eine noch das andere kann auf einen idealistischen Nenner gebracht werden, denn die Historie ist kein sich selbst erfüllender Erziehungsprozess der Menschheit, sondern geprägt von der organischen Schwerkraft langwieriger objektiver Veränderungen.

Die Kontingenz historischer Entwicklungen und Erfahrungen erlangt bei Burke einen deutlich anderen Stellenwert als bei den meisten Zeitdiagnostikern des späten 18. Jahrhunderts. Zumal einen Friedrich Gentz dürften geschichtsdialektische Formulierungen wie die folgende beeindruckt haben: *Es gibt in einem Staat versteckte, fast unsichtbare Einwirkungen, Umstände, die beim ersten Anblick ganz geringfügig scheinen und von denen doch ein großer Teil seiner Wohlfahrt oder seines Verfalls wesentlich abhäng*t. Welch ein Unterschied zu den moralerzieherischen Programmatiken der Weltverbesserer und Staatsbaumeister aufseiten von Spätaufklärung und deutschem Republikanismus! Was aus einer humanitären Politik wird, verdankt sich nicht der Redlichkeit ihrer Intentionen und Ziele, sondern einer Gemengelage kontingenter, vielleicht dennoch kalkulierbarer Ursachen und Wirkungen. Das ist bei Burke zu lernen. Zu einer erfolgreichen Staatskunst gehört entschieden mehr als guter Regierungswille oder freundliche Zivilisierungsabsicht.

Politische Metaphysik

Für Gentz sind die Burkeschen Auffassungen zudem in einer doppelten Hinsicht bedeutsam, in der Frage der intellektuellen Eliten und der Legitimität einer revolutionären Staats- und Gesellschaftsordnung. Für den englischen Politiker hat sich in ganz Europa, zumal im revolutionären Frankreich, eine neue gefährliche Melange ergeben aus *gelehrten Kabalenmachern, intrigierenden Philosophen sowie politischen Theologen und theologischen Politikern,* die es sich zum Ziel gesetzt haben, vor allem die Leidenschaften des Volkes zu erregen und den unsinnigen Grundsatz zu verbreiten, dass alle *rechtmäßige obrigkeitliche Gewalt eine Wahl des Volks* voraussetze. Eben darin liegt für Burke der Gärungsstoff, das böse Miasma des Revolutionsgeistes, die allerjüngste Form der *Pest.* Religiöses vermischt sich mit Moral, Utopie und Politik, ein aggressives Sektierertum greift um sich, dem es nicht an Macht fehlt, die *Angriffe seiner Zungen und [...] Federn bis zu einem wirklichen Kriege gegen Eigentum, Freiheit und Leben zu steigern.* Vor allem auf die Zerstörung der christlichen Religion als der Stütze aller staatlichen Ordnung hätten es diese *Kirchenväter des Atheismus* abgesehen, die Verfolgung Andersdenkender, Proselytenmacherei, Intrigen, Eitelkeit und Bedeutungssucht ihnen einen starken Einfluss auf die Nationen verschafft.

Aber wer sind diejenigen, die am Ende des Aufklärungsjahrhunderts das politische Unheil Frankreichs und Europas auf ihre Fahnen geschrieben haben? Hat nicht eine dieser Sekten unlängst noch mit dem preußischen König Friedrich II. eine verschworene Geselligkeit gepflegt? Und ist sie in Frankreich seit einiger Zeit nicht sogar in die Nähe der großen Geldbesitzer getreten? Diese politischen *Gelehrten von Profession, die die Begierde, sich auszuzeichnen, treibt, sind gewöhnlich Freunde aller Neuerungen.* Einst haben sie unter Ludwig XIV. die Gunst des Hofes verloren, was Wunder, dass sie daraufhin alles taten, um sich in einer eigenen Zunft, in gelehrten Akademien und im Projekt der ‚Enzyklopädie‘ neu zusammenzufinden. Dass sie jetzt aber einen Anspruch auf die Politik erheben, auf das alte Geschäft der obrigkeitlich professionalisieren Machttechnik, kommt für Burke einer unseligen und gefährlichen Verkehrung der überkommenen Ordnung gleich.

Wie kann bloße, wenn auch wirksame Publizität einen Beteiligungs- oder gar Machtanspruch von Unterständischen begründen wollen? *Gleichsam durch einen Zauberschlag hat die Revolution Menschen von der untersten subordinierten Stufe emporgeschleudert [zu] unverhoffter Größe. Soll das grenzenlos so weiter gehen?* Burke macht sich keine Illusionen darüber, dass mit den jüngsten Aufwallungen des public spirit, mit diesen gleichsam gasförmig virulenten Metaphysiken, weiterhin zu rechnen ist. Denn es hat sich hier ja nicht wirklich ein Raum der Gründe aufgetan, in dem man sich ordnungspolitisch argumentierend durchsetzen könnte, sondern es ist eine Art *praktische Narrheit* bei den ums Publizitäre versammelten Zeitgenossen eingetreten. Dass jetzt nicht mehr nüchterne Politikerwägungen im Zentrum der Aufmerksamkeit der untertänigen Völker stehen, sondern das *Wundervolle im Leben, in Sitten und Charakteren, in außerordentlichen Situationen des Menschen*, wie von Voltaire, Rousseau und den Naturrechtstheoretikern einbildungsreich propagiert, kann keineswegs als publizistische Marginalie abgetan werden. So paradox und phantasievoll solche Projektionen daherkommen mögen, sie geben subkutan einem neuen, ganz *unbetretenen Ideengange und zu unvermuteten und überraschenden Behauptungen in Politik und Moral Gelegenheit.*

Solche *Verrückungen* der Phantasie, das weiß Burke, können unter bestimmten Umständen politisch gefährlich werden, und er macht diejenigen dafür verantwortlich, die ihr literarisches Monopolsystem, ihren elitären moralisch-ästhetischen Bildungsanspruch in verderblicher Weise mit dem ständisch und fachlich autorisierten Kalkül der Staatskunst vermengen, um letztere außer Funktion zu setzen. Hieraus kann nur ein giftiger publizistischer Verführungsstoff erwachsen, Öffentlichkeit muss daher als demagogisch kontaminierbares, ja als ideologisch vermintes Terrain wahrgenommen werden. Ohne Frage haben solche Erwägungen Burkes auch zu einer neuen politischen Selbstverständigung des Intellektuellen und Schriftstellers Friedrich Gentz beigetragen. Zurzeit seiner Lektüre- und Übersetzungsarbeit befindet auch er sich in einer bedrängenden Orientierungs- und Entscheidungssituation.

Noch in einer weiteren Hinsicht geben ihm die ‚Reflections‘ zu denken, in der Frage der politischen Legitimität revolutionärer Errungenschaften, zumal in Gestalt der französischen Nationalversammlung. Mit ihrem Zustandekommen, ihrem demokratischen Prozedere und ihrer weiteren Konfliktgeschichte wird sich Gentz über Jahre hin beschäftigen, große Pläne um die Dokumentation und Analyse des Revolutionsereignisses sollten sich daran knüpfen. Als das Burkesche Buch auf Englisch erscheint, im Winter 1790 und Anfang 1793 in der Gentzschen Übersetzung, stehen seiner Darstellung jeweils sehr verschiedene Phasen des Revolutionsprozesses gegenüber. Der kommentierende Übersetzer Gentz ist der einzige, der dies in seine Rezeption einbezieht und das relativ Anachronistische des Werkes im Licht jüngster Ereignisse präsentiert. Burke hat die blutige Radikalisierung der Revolution in den Jahren 1791 bis 1793, auch ihre beginnende Entladung im Volkskrieg, nicht beschreiben können, allerdings den Wandel von den Generalständen hin zur usurpatorischen Selbstlegitimation der Nationalversammlung als Gesetzgebungsorgan, die Demütigung des Königs, die Abschaffung des Feudalismus, den Bastillesturm und die landesweiten Plünderungsaktionen, die Erklärung der Menschen und Bürgerrechte, die Verstaatlichung des Kirchenbesitzes und die Einführung der Assignaten mit großer Aufmerksamkeit beobachtet. Von den *rauchenden Ruinen* Frankreichs glaubt er schon 1790 sprechen zu müssen. Dass der hier entbundene Revolutionsgeist sogar nach England herüberreicht, ist eine seiner Hauptsorgen und unmittelbarer Anlass dafür, das große Mahnwerk der ‚Reflections‘ einem europäischen Publikum vorzulegen. Burkes Analyse des Begründungsprozesses der Revolution in der Verfassungsgebenden und sodann in der Gesetzgebenden Nationalversammlung ist instruktiv genug, um Friedrich Gentz für Jahre auf die Spur der Etatismus- und der Legitimitätsfrage zu setzen.

Schon der erste Blick auf das Personal des Dritten Standes in der Verfassungsgebenden Versammlung lehrt Burke den tiefen politischen Zweifel. Fast nur Theoretiker nimmt er hier wahr, auch wenn einige Männer von Ansehen, Rang und Talenten darunter seien. Aber eine solche Versammlung wird bestimmt von der Masse ihrer Mitglieder, und die *müssen, wenn sie leiten wollen, sich auch bequemen zu folgen.* Genau da aber liegt die Crux. Ehrgeiz, Ruhm- und Eigensucht, Tugendarmut, Respektlosigkeit gegenüber anderen, all dies tobt sich notwendigerweise aus in einer staatlichen Institution, die den moralisch normierten Handel und Wandel in Staat und Gesellschaft organisieren soll. Kaum etabliert, hat sich der Dritte Stand zum Repräsentanten des gesamten französischen Volkes erklärt, und nun wurde alles, was primär diese Machtgruppe anging, zu einem Gegenstand von unermesslicher Wichtigkeit. Damit geriet die Nationalversammlung zum bloßen Sprachrohr der Volksgesellschaften und usurpierte nichts als das böse Urprinzip, alles umstürzen und zerstören, aber nichts aufbauen zu können.

Unweigerlich sei dabei ein berufliches Eldorado der praktizierenden Juristen entstanden, mehr noch, eines für deren *niedrige, unwissende, mechanische, zu Handlangern bestimmte Zunftgenossen.* Im monarchischen Frankreich nicht besonders geachtet, haben gerade diese *Subjekte, neben etlichen Medizinern, gemeinen Landpfarrern und einem Gemisch anderer Menschen, allenthalben die politischen und gesellschaftlichen Felder bestellt. Unwissenheit, Unbesonnenheit, Tollkühnheit und Raubsucht konnte nicht Einhalt geboten werden, wo eine derartige Klientel die Staatsmacht in die Hand bekam. Und schon gar nicht war an die zärtliche Sorgfalt für die Festigkeit des Eigentums zu denken bei Menschen, die aus unteren Ständen kamen und nun alles daran setzten, sich endlich auch einmal die Segnungen ihrer begüterten Heimat anzueignen.* Nein, das Interesse des Landeigentums ist in dieser Versammlung keineswegs repräsentiert, schreibt Burke, vielmehr betrachtet er den Urkontrakt, der jedes Gemeinwesen gleichsam mit der Gottesordnung der Welt zusammenbindet, in Frankreich für aufgelöst: *Seit der Aufhebung der Stände gibt es kein Grundgesetz, keinen strengen Vertrag, keine hergebrachte Sitte mehr, die dieser Versammlung Einhalt tun könnte. Statt einer Verbindlichkeit, sich nach einer eingeführten Konstitution zu richten, haben sie vielmehr die Macht, eine Konstitution zu erschaffen, die sich nach ihren Absichten richten muss. Nichts im Himmel oder auf Erden kann einen Damm gegen sie abgeben.*

Gewiss, Burke neigt zum Idealisieren des alten Geistes der Treue, die Seele der Rittertugenden und des Lehnssystems, was Gentz niemals teilen wird, aber einer solchen Aburteilung der jüngsten Schreckenszeichen in der moralischen Welt kann ein Interpret und Übersetzer seines Schlages sich nicht entziehen. Denn noch vor Erscheinen der deutschen Ausgabe des Buches gerät die Revolution der Franzosen Schritt für Schritt auf ihren blutigen Höhepunkt. Zwar hat Burke dem Leser ein Inferno des Ordnungsverlustes und des Zivilisationsbruchs vor Augen geführt, das vom Verfall der Werte und jeder Gerechtigkeit, vom Verschwinden der wahren aristokratischen Eliten und des kulturellen Geistes, von der Auflösung der subtilsten Sozialbindungen bis hin zur Entwürdigung der als heilig zu bewahrenden Monarchie reicht, aber er ist darüber keineswegs zum *Stockreaktionär* geworden. Für sein politisches Denken ist vielmehr essentiell, dass alle Menschen das ureigene Recht besitzen, von ihrer Obrigkeit mit Weisheit und Tugend regiert zu werden, und dass jede Stelle im Gemeinwesen jedem offen zu stehen habe, allerdings sehr wohl in Ansehung der Person.

Worum es in Staatskunst und Staatsweisheit am Ende gehen muss, hat Burke so formuliert: *Eine freie Staatsverfassung hervorbringen, das heißt, die streitenden Elemente der Freiheit und der Beschränkung in ein festes und dauerndes Ganzes zusammenzuschmelzen, das ist ein Geschäft, das langes und tiefes Nachdenken, das einen scharfsichtigen, vielumfassenden und ordnenden Geist erfordert.* Schutz des persönlichen Eigentums, Reformbereitschaft innerhalb langjährig gewachsener sozialer und politischer Institutionen, abgemessene und jeder Spekulation abholde Klugheit und Gerechtigkeit des Staatshandelns, Wahrung der gesetzlichen Freiheitsrechte aller – Friedrich Gentz hat in dem Burkeschen Werk nicht die Signatur eines reaktionären

Programmentwurfs wahrgenommen, sondern die subtile, oft auch furiose Zeitanalyse eines pragmatischen Denkers, dem eine wohlgeordnete rechtsstaatliche Bürgergesellschaft vor Augen steht. Zum eingefleischten Aristokraten will auch Gentz nicht
werden. Drei Merkmale streicht der Übersetzer in seinen Kommentarschriften zu
Burkes Buch heraus, dem er eine *Unglück-weissagende Analogie* zuerkennt. Es handle
sich in diesem Werk erstens um eine *Apologie der vernünftigen und der gemäßigten,
also nicht der modernen Freyheit,* das Buch untersuche zweitens die *Schwärmerey von
1789 [als den] Embryo des ausgewachsnen Wahnsinns von 1792,* und es mache drittens
ernst mit der *allgemeinen Erklärung der großen Begebenheiten, indem es die Fehler der
constituirenden Versammlung als das präponderirende Moment aller späteren Missbildungen der Revolution* ins Licht setze (GS 6, 1998).

Pöbel-Gunst und Geistes-Superiorität

Es ist bezeichnend, wie Gentz in seiner Einleitung mit dem Titel ‚Über den Einfluss
politischer Schriften, und den Charakter der Burkischen‘ sich selbst einen erhöhten
Standort zuspricht und gewissermaßen an Burkes Seite im Ornat *entschiedner Geistessuperiorität* auftritt – als *Philosoph und Erzieher, als Führer mit höherem Mut, als
Vertreter der Sache der Vernunft, ja als Vertheidiger der Regierungen.* Dieser Schriftsteller sucht nicht die egalitäre Geisteskonkurrenz mit der *unübersehlichen Schaar von
Revolutionsfreunden,* die der *Pöbel-Gunst,* oder gar der *herrschsüchtigen Rotte* von Jakobinern, jener *despotischen Synode zu Paris* nachlaufen, sondern er möchte *Zufriedenheit mit dem gegenwärtigen Zustande* erzeugen, und dazu kann ihm jedes wirksame publizistische *Gegengift* nur recht sein. Demonstrativ herausgehoben aus der
Gesellschaft *seichter Köpfe* sieht sich dieser Übersetzer und Herausgeber also, jede
Geistessklaverei und die zur *tyrannischen Verheerungstheorie* mutierte Radikalaufklärung will er hinter sich lassen, um einen anderen, einen gewissermaßen heilsamen
Diskurs in die Welt zu setzen. Aber worin besteht dieses ‚Andere‘ gegenüber der
Krankheit jener Tage, der *Begierde nach Hauptveränderungen?* (J.A.v. Rantzau 1910).

Vor der Therapie hat die Diagnose zu erfolgen. Es ist eine Zeitanalyse ganz im
Geist der erschütternden Schrift Edmund Burkes gegen die Französische Revolution,
die Gentz nun vorzuführen beginnt. Ein öffentliches Übermaß von Kenntnis und
Wissen sei eingetreten, ein Meer von Büchern, Broschüren und Zeitschriften überschwemme die Menschen, überbildet und verbildet seien sie mittlerweile so sehr, dass
sie ihre zahllosen Irrtümer und Torheiten nicht mehr von der gesunden Vernunft
unterscheiden könnten. Diese *einseitige, regellose, ausschweifende Bearbeitung des Verstandes, mitsamt seinem Traum einer seligen Allwissenheit* hat inzwischen das Ordnungsgefüge jeglicher Kultur unterminiert und den Individuen maßlose und zerstörerische Phantasien und Wunschvorstellungen eingegeben. Wie sonst wären die
Fieber-Rasereyen des Jacobiner-Clubbs zu erklären? Schlimmer noch, das so bedeutsame, alle Klugheit und Moral erfordernde Geschäft der professionellen Politik selbst

droht von den uferlosen Stimmungsfluten der Revolution unterspült zu werden. Lässt sich jemals ein Sieg durch Worte erzielen, oder noch politische Aufklärung betreiben, wo sich individuelle *Gefühle, Hass und Neid, und Eigennutz und Herrsch-sucht, und blinder Faktionsgeist mit dem allgemeinen Taumel vermengen, und die Ver-nunft das Feld verlässt, wo das Heer ihrer verbündeten Feinde raset?* Triviale Erklärun-gen dafür kann es nicht mehr geben, das weiß Gentz, denn die Ursachen all dieser Kalamitäten sind nicht allein von historischer Kontingenz bestimmt, sondern sie müssen *tief im Menschen liegen, sie müssen aus der Natur der Sache zu nehmen seyn.* Auch hier ist der deutsche Übersetzer der politischen Psychologie seines englischen Gewährsmannes sehr nah.

Gentz, der ein *Gleichgewicht unter den politischen Ideen* herstellen will, um endlich wieder Maß und Ziel einer vernünftig gesicherten und lebbaren Bürgerordnung zu finden, sieht sich einem psychotisch entfesselten Umbruchdrama ausgesetzt, in dem *mittlerweile Jeder das für wahr [hält], was mit seinen Wünschen zusammenstimmt.* Das aber bedeutet die Aufhebung aller Vernunftkultur durch ein epidemisch gewordenes, weil öffentlich mit Raffinement lanciertes Wahnsystem. Sollen künftig die *politi-schen Principien allen Ernstes bloße Folge der Gefühle sein?* Es entsteht für Gentz die außerordentliche Schwierigkeit, dass sich der *Vertheidiger des Alten* an die kalte Ver-nunft zu halten hat, während der Lobredner der neuen Systeme die Neigungen der Menschen auf seiner Seite weiß. Kein Wunder also, dass jenes *unbezwingliche Rufen nach Erlösung und Glückseligkeit* die Stimme der Weisheit und Erfahrung vieler Jahr-hunderte zu übertönen droht. Wie ist überhaupt noch Politik im besten Sinne zu machen und öffentlich zu legitimieren? fragt der Etatist Gentz im Blick auf diese *ungeheure Masse von Leidenschaften und Begierden.* Solches Bedenken kann in seinem Kommentarwerk nur auf die abermalige Apotheose des großen Engländers hinaus-laufen, ja Gentz schwingt sich nun auf zu einer Neudefinition des politischen Schrift-stellers seiner eigenen Coleur. In jeder Hinsicht wird Burke vor seinen englischen und deutschen Gegnern und Verächtern in Schutz genommen, vor allem wendet sich der Übersetzer noch einmal dem Sprachgenie des Engländers zu, dieser einzigartigen politischen *Rhapsodie.*

Die Konvergenz von rhetorisch-ästhetischer Kraft einerseits, und der Liebe zur wohlbegründeten britischen Konstitution andererseits ist es, was Gentz an Burkes geistiger Physiognomie überzeugt. Der ist kein idealistischer Moralerzieher und Schönredner, sondern ein veritabler Staatsmann und führt dennoch eine grandiose Feder. In Burkes Talent einer *magischen Einkleidung,* einer hinreißenden Sprache und bilderreichen Phantasie verbirgt sich für Gentz mehr als kunstvolle Schriftstellerei, sondern hier gewahrt er das, was ihm als *Geistessuperiorität* unverzichtbar erscheint für einen Intellektuellen seines Schlages. Es ist nicht nur bedeutsam, dass die Stimme Burkes wie ein *Donnerhall* die Gewitter des Demokratismus übertönt, sondern ihm gelingt es, auf dem furchtbaren Kampfplatz der neuen Politik, wo die Revolutionäre *Kunststücke der Rede und neue Sprachen aufbieten, weil die alten zu arm oder zu kraft-los sind, viel mehr als nur trockene Lehrsätze unters Publikum zu bringen.* Es sei gerade die Konvergenz von Wahrheit und Triftigkeit, die sich in der formidablen Wortge-walt dieses großen Engländers dokumentiere, schreibt Gentz. In einer Zeit, in der die *Aufrührer einen Bund mit den menschlichen Leidenschaften schließen und die Rhetorik der Verführung grassiert, in der politische Kindermährchen zu Grundflächen großer Staatsoperationen* werden, hat Burke im brillanten Sprachgestus der geschichtlichen Wahrheit die Ehre zu erweisen vermocht: *Es war die Erbitterung eines wohlwollenden, der Stolz eines erfahrnen Staatsmanns, was seine brennenden Schilderungen und seine zermalmenden Sentenzen beseelte.* Ja, hierin verkörpert sich jetzt auch für Friedrich Gentz das Ideal des Schriftstellers – der sprachmächtige moralische Geist in politi-scher Verantwortung, ein mit *unerschöpflicher Fülle kühner und neuer Ideen, glühen-der Worte, überraschender Wendungen und glücklicher Bilder* aufgefrischter intellektu-eller Legitimismus. (G. Kronenbitter 1994/H. Zimmermann 2009).

Natürliche Freiheit versus bürgerliche Freiheit

Auf der europäischen Bühne der Burkeschen Kampfschrift setzt sich der Publizist Friedrich Gentz gehörig selber in Szene. Er tut dies in fünf Aufsätzen, die sich mit politischer Freiheit, der Moralität von Revolutionen, der Deklaration der Menschen-rechte, einer Polemik des Burke-Gegners James Mackintosh und mit der Nationaler-ziehung in Frankreich beschäftigen. Um die Rechenschaft über die politischen *Fun-damentalbegriffe* der Zeit muss es zuallererst gehen, beteuert Gentz, ,Freiheit' ist eine jener Losungen, die kraft falschen Verständnisses schon so viel Unheil angerichtet haben. Endlich muss aufgeräumt werden mit der Rousseauschen Tradition der Na-turzustands- und Menschenrechtstheorie. Natürlich kann es eine Konvergenz von natürlicher und politischer Freiheit niemals geben, und das Rufen nach ursprüngli-chen Menschenrechten setzt Chimären in die Welt, die wie verführerisches Gift wir-ken und bei den Zeitgenossen nur *Gefühllosigkeit und Fanatismus* erzeugen. Absolute Freiheit gibt es nur im Zustand der Wildheit, sagt Gentz, aber *ohne Zweifel ist der freye Naturmensch der gebundenste aller Sklaven, denn er muss sich permanent seiner Haut wehren und sein bedrohtes Leben retten.*

Erst der Mensch in Gesellschaft, besser noch in einem staatlichen Gemeinwesen kann die wahre, die bürgerliche Libertät genießen. Freiheit überhaupt und politische Freiheit im Besonderen darf also nicht als *qualitas occulta* erscheinen, als *geheimnisvol-les Urprincip,* sondern sie ist transparent und zuverlässig definierbar als relatives Gut, als im Sozial- und Staatsverband *zweckmäßig beschränkte natürliche Freyheit.* Damit ist den Menschenrechten durchaus Genüge getan, denn *Staaten sollen dergestalt orga-nisirt seyn, dass die natürliche Freyheit so wenig als möglich beschränkt werde.* Was um-gekehrt aber auch bedeutet, dass die Vollkommenheit der bürgerlichen Freiheit nicht durch ihre *Unbegränztheit, sondern durch ihre vernünftig definierten Schranken be-stimmt* wird. Nicht zufällig spricht Gentz wie Burke vom *Kunstwerk des Staatsgebäudes und vom weisen, wohltätigen Regierungshandeln,* er bemerkt die Unüberschaubarkeit moderner Politik und weiß um die Notwendigkeit, Traditionen ernst zu nehmen, geistige Extreme zu meiden und auf die geruhsame Verbesserung des Regierungsbetriebs zu achten.

Aber eines gibt Gentz besonders zu bedenken, Freiheit ist eine höchst prekäre Gegebenheit, keine verlässliche Wachstumsgröße im Prozess der Selbsterziehung des Menschengeschlechts. Sie ist geprägt von unendlicher Verschiedenheit, aber darum nicht mit einer bestimmten Staatsform ausschließlich verbunden, und wo immer sie bedroht wird durch Tyrannei oder Missregierung, liegt dies an der *Unfähigkeit* der Bürger. Die Übermacht der Regenten, schreibt Gentz, ist zumeist erklärbar durch die intellektuelle *Ohnmacht* ihrer Untertanen. Allerdings zieht er daraus keine anderen als legitimistische Schlussfolgerungen, der Widerstandsgedanke tritt nicht in sein Blickfeld. Denn Freiheit und Regierungsmacht seien ja in Wahrheit keine Gegensätze, *sondern nicht allein einig, sondern wirklich eins.* Oder in die damals als provokant wahrgenommene Formel gefasst: *Politische Freyheit ist nichts weiter als Regierung in Bezug auf die absolute Freyheit des Menschen, so wie Regierung nichts weiter ist, als absolute Freyheit unter den gegebenen Bedingungen einer gesellschaftlichen Verbindung.*

Kant hatte behauptet, dass unter Freiheitsbedingungen für die *öffentliche Ruhe und Einigkeit des gemeinen Wesens nicht das mindeste zu besorgen* sei. Aber wo bleibt die erwünschte Konvergenz von Freiheit und Staatlichkeit angesichts der eruptiven Gewaltausbrüche im revolutionären Frankreich? Hier handelt es sich – im Gegensatz zum republikanischen Amerika – um das *Urverbrechen einer Totalrevolution*, der Gentz jede moralische Legitimität abspricht. Das tut er nicht, weil er Revolutionen prinzipiell für illegitim hält, sondern weil in Frankreich der grundlegende soziale Kontrakt gebrochen worden und die Früchte des Umbruchs nur bestimmten Fraktionen zugute gekommen seien. Hier hat es viel mehr Verlierer als Gewinner gegeben. Gentz weiß, dass die Notsituation des Landes auch durch andere, friedlichere Mittel hätte behoben werden können, statt durch einen gewaltsamen Umbruch. Abermals tritt er dem Zerfall der moralischen Begriffe entgegen, denn politische Räsonnements seien stets mehr als andere der Missdeutung unterworfen. Weshalb auch das Genie Edmund Burke unbedingt vor den dreisten *Volksschmierern* in Schutz genommen werden muss, der habe nämlich das moralische Recht der Völker auf eine Revolution keineswegs verworfen.

Aber, so Gentz, der englische Staatsmann besitzt eine gesunde Skepsis gegenüber dem abstrakten Prinzip der Majorität in der Politik, ein Vorbehalt, dem nun auch der deutsche Schriftsteller einiges abgewinnen kann. Es kommt nicht darauf an, *Stimmen zu zählen, sondern man muss sie wägen*, schreibt er, nicht das Phänomen Einstimmigkeit steht im Zentrum, sondern es geht um qualitative moralisch-politische Bestimmungen, wenn die Frage der Legitimität im Raum steht: *Die Regel ‚Was die Mehrheit beschließt, wird Gesetz‘, ist nichts weniger als eine Vorschrift des Naturrechts. Sie hat nicht das geringste Kennzeichen innrer Nothwendigkeit und absoluter Verpflichtung an sich. Denn nach allem, was die Geschichte lehrt, laufen die Meinungen der Mehrheit, also derer, die nichts besitzen, immer auf die Zerstöhrung des Ganzen hinaus.*

Wer also die Staatsbande auflösen will, der höre auf die Stimmungen und Interessen jenes großen Haufens. Aber, so warnt der Kommentator ganz im Burkeschen Geist: *Construirt seinen Willen nicht künstlich: hört ihn selbst, und hört ihn besonders, wenn er durch die Ungewitter einer Revolution brauset. Solche Majoritäten pflegen nichts als Intoleranz und Fanatismus, Terror und Krieg im Schilde zu führen, in ihrem Dunstkreis wächst allenthalben das Ur-Verbrechen der Totalrevolution heran.* Ging es in den früheren Umwälzungen darum, wer von wem welchen Gehorsam verlangen konnte, so wurde in der Französischen Revolution Frankreichs die *Natur des Gehorsams selbst der Gegenstand des Kampfs.* Hier sind Legitimitätsbruch und Moralverfall also ungleich tiefer und nachwirkender. Noch einmal singt Gentz deshalb das Hohelied des Reformgedankens, lobt die *beneidenswerte Simplicität* in der amerikanischen Regierungsform und huldigt dem *politischen Künstler*, der zugunsten von Volkswohlfahrt und guten Sitten das geheimnisvolle Räderwerk des Staates in ruhigem Gang laufen lässt.

Dass ohne die Idee des Rechts ein moralisches Wesen nicht denkbar sei, hat Friedrich Gentz bei Immanuel Kant gelernt. Die Frage ist nun, wie sich solche normativen Überzeugungen in der Analyse konkreter sozialer und politischer Prozess bewähren, besonders im Blick auf die Französische Revolution. Aufmerksam dokumentiert und seziert Gentz in diesem Sinne die Deklaration der Menschenrechte, über die schon Burke seine *furchtbare Geißel* habe schwingen müssen. Artikel für Artikel untersucht Gentz die logische und politisch-semantische Struktur dieses neuen *Evangeliums* der Zeit, um auf Schritt und Tritt zu äußerst enttäuschenden Ergebnissen zu kommen. Nimmt man die Erklärung als das, was sie sein soll, als Grundlage einer Staatsverfassung, so muss man erschrecken, *welche Fortschritte Anarchie und Pöbelgewalt innerhalb von zwei Jahren gemacht haben*, schreibt er. Aber wie sieht sie im Einzelnen aus, die dem enragierten Volkswillen abgewonnene Erklärung der Menschenrechte, nach den Regeln der Logik betrachtet? *Ein buntes Gemisch ungleichartiger Partikeln, worin allgemeine Grundsätze, Staatsmaximen, willkührliche Anordnungen, Definitionen, Sentenzen und spezielle Vorschriften aufs seltsamste durch einander gestreut und oft einander verflochten sind, worin grundfalsche Behauptungen neben schwankenden und zweydeutigen stehen; worin nicht der Schatten eines philosophischen Zusammenhanges zu finden ist, ohne Leitfaden, ohne Ordnung, ohne Einheit, ohne Präcision in Sinn und Ausdruck, ein Werk des Augenblicks, einer schwärmerischen Laune, einer flüchtigen Debatte, und – was das schlimmste ist – aufgebrachter Leidenschaften, die mit der Maske der Menschenliebe und Vaterlandsliebe und aller Bürgertugenden geziert, in dem allgemeinen Getümmel ihre glänzende Rolle spielten.* Nein, so frevelhaft seien die Rechte des Menschen noch nie gekränkt worden wie gerade von denen, die sich ihre Erfindung auf die Fahnen geschrieben haben, resümiert Gentz. Wie ein *berauschender Gifttrank* kommt ihm die Deklaration vor, diese *Misgeburt einer seichten Philosophie und einer kindischen Politik.* Schrecklich erscheint der Gedanke, dass derart *unausgegorene Hieroglyphen auf den Bannern und Piken von Rebellen, Räubern und Mördern ihren Platz finden.*

Aber Gentz macht nicht nur auf die immanenten Brüche und Schwächen des Gesetzeswerkes aufmerksam, sondern befasst sich auch mit seiner sozialen und politischen Bedeutung, mit seiner geschichtlichen Signatur überhaupt. Hat der französische Staat, haben seine Bürger etwas davon, dass diese Deklaration nun in die Welt gesetzt worden ist? In einem Gemeinwesen, dessen Machtverhältnisse sich so ungeklärt und chaotisch darstellen wie in Frankreich, wo Herrschaft und Gehorsam beständig ineinander verschwimmen, sind die *Gefahren einer fehlerhaften Deklaration […] wahrhaft unermesslich.* Die ordnungsbildende und sinnverbürgende Kraft dieser Verfassung schätzt Gentz daher äußerst gering ein, sie ist und bleibt ein abstraktes Gebilde, eine Sollensforderung, die gegen Schwerkraft und Eigensinn der Verhältnisse im Notfall nur wenig auszurichten vermag.

Insbesondere müssen die Franzosen erst noch begreifen, dass es sich nicht um ein Gesetz wie jedes andere handelt, sondern dass eine Verfassung Grundsätzen der allgemeinen Rechte folgen muss, die von ganz besonderer Qualität sind: *sie sollen die Grundzüge einer moralischen Natur, die Gesetze einer erhabnern Welt bezeichnen, die ein höherer Wille vorgezeichnet, und eine höhere Kraft eingeführt hat.* Das ist unmöglich ohne jeden Religions- und Glaubensbezug, wie Gentz von Burke gelernt hat. Aber auch Tradition und Herkommen, langwierige Erfahrung, erlesene Moral und praktische Weisheit in der Regierungskunst, wo bleiben die bei einem Verfassungswerk, das sich jugendlicher Versuche und schülerhafter Ausarbeitungen, also eher dem Zufall und der politischen Willkür verdankt? Allzu bereitwillig ist die Verfassungsgebende Nationalversammlung dem Furor der Franzosen gefolgt und hat sich von den Launen und Leidenschaften einzelner ihrer Repräsentanten abhängig gemacht. Wie konnte man ernsthaft glauben, die Arbeit weniger Tage als ein grundlegendes Gesetzeswerk sanktionieren zu dürfen?

Der Beamte und politische Pragmatiker Gentz bringt sich selten anders als warnend zu Gehör, wenn es darum geht, das prekäre Verhältnis zwischen Planung und Realisation in Staatsgeschäften zu erwägen, davon versteht er einiges: *Der kleinste Rechenfehler zieht da, wo man mit solchen Größen, wie Menschenmassen und Staatskräfte sind, zu thun hat, ungeheure und furchtbare Resultate nach sich. Die geringste Unrichtigkeit in einem abstrakten Satz dehnt sich, sobald man ihm Einfluss in menschliche Handlungen und Schicksale, und in wichtige Staatsoperationen giebt, in einen Irrthum von unendlichem Umfang aus.* Vollends deutlich sollen die im neuen französischen Verfassungswerk begründeten politischen Gefahren werden, wenn Gentz die einzelnen Artikel nach und nach kritisch überprüft. Erkennbar machen will er, dass grundlegende Herrschaftsprobleme allenfalls *deklamatorisch*, aber nicht politisch wirkungsvoll kodifiziert worden sind. Dieses Gesetzeswerk vergisst neben den Rechten vollkommen die Pflichten der Staatsbürger, schreibt Gentz und beklagt insbesondere, dass sich die Gesetzgeber strukturell vom Interessenchaos unter den Franzosen abhängig machen, und dass sie selbst noch basale Politikmaterien wie soziale und rechtliche Gleichheit, Vertrags- und Denkfreiheit, die Repräsentanz von Volkssouveränität und Gemeinwillen den Auf- und Abschwüngen der *Pöbelgewalt* anheimstellen.

Totalrevolution

Bevor Gentz am Ende seines Kommentars auf ein jüngstes Machwerk moderner politischer Theorie eingeht, auf die Pläne zur National-Erziehung in Frankreich, wendet er sich noch einmal Edmund Burkes Umstrittenheit in ganz Europa zu. Was zunächst das französische Volkspädagogik-Projekt angeht, so ist seine Meinung dezidiert negativ. Denn aus der angekündigten National-Erziehung dürfte wohl eher ein National-Unterricht werden, das einzige, was in den *unnatürlichen Treibhäusern* des modernen Frankreich gedeihen könne. Eine so große und ehrwürdige Nation gleichsam aus dem Stand heraus zu neuartigen Bürgern heranziehen zu wollen, wo nun alle gesellschaftlichen und kulturellen Errungenschaften der vergangenen Jahrhunderte ausgerottet sind, das sei die *fabelhafteste* aller Schimären. Noch die weisesten Schul- und Erziehungsreformen würden in diesem Frankreich keine republikanischen Tugenden erzeugen. Schlechthin unmöglich sei es, eine ganze Nation nach Plan umzubilden, zumal die Armen und Elenden würden von derartigen Projekten erfahrungsgemäß nie erreicht.

Und dann rechnet Gentz den revolutionären Franzosen vor, warum sie mit größter Sicherheit daran scheitern werden, qua Pädagogik eine neue *arkadische Republik* hervorzuzaubern – sie haben längst die Grundlage jeder Moralerziehung zerstört, die Religion. Seit seiner Burke-Lektüre spielt dieser Gedanke auch für Gentz eine bestimmende Rolle. Unter den Sinn- und Ordnungskräften einer organischen und wohltätigen Zivilisationsentwicklung übernehmen Glaube und Kirche nunmehr eine herausragende Funktion. *Die Religion ist demnach die einzige Form der öffentlichen Erziehung, die alle Stände umschlingt und alle Verhältnisse des Menschen umfasst, [...] weil sie mehr das Herz als den Kopf regieren und bilden soll, und daher von ihren Zöglingen keine Art künstlicher Vorbereitung fordert.* Gentz steht nicht an, die Religion als die *treflichste Bildnerin zur wahren Freyheit* zu bezeichnen. Dass der Mensch immer noch das Abbild Gottes verkörpere und nicht zum Tier herabgesunken sei, verdanke man der Macht des Glaubens, so wie er auch das Gefühl der *einzigen Gleichheit, die allen bürgerlichen Verhältnissen trotzt, in dem Gemüth des Ärmsten und Verlassensten nährt.*

Hier bewegt sich Gentz wieder auf Burkeschen Gedankenfeldern. Dem englischen Staatsmann und politischen Pamphletisten gilt denn auch der abschließende ‚Versuch einer Widerlegung der Apologie des Herrn Makintosh‘. Dieser ausführlichen Abhandlung fügt der Übersetzer eine kommentierte Bibliographie mit neunundsiebzig Pro- und Contra-Schriften an, die den intellektuellen Rang Burkes und der durch ihn ausgelösten europaweiten Debatte belegen soll. Das Buch des Sir James Mackintosh ‚Vindiciae Gallicae. Eine Vertheidigung der französischen Revolution und ihrer Bewunderer in England gegen die Anklagen des Herrn Burke‘ (1791) bezeichnet Gentz als den *Achilles* aller zum Thema Französische Revolution in England erschienenen Schriften. Abermals folgt er hier seinem Publikationsprinzip. Im europäischen Diskurs wirksame Bücher und Gedanken von *Ansehen und Erheblichkeit* werden kritisch vorgeführt, sie müssen ihre Brauchbarkeit erweisen für die Klärung eigener Ideen und Begriffe, und die dreht sich immer wieder um das Kernproblem der politischen Legitimität des revolutionären Prinzips.

Zum ersten Mal dokumentiert sich nun der kenntnisreiche Einblick in den komplexen Verlauf der Französischen Revolution, den Gentz sich inzwischen erarbeitet hat. Das Werk des James Mackintosh bietet für die historische Einschätzung dieses Umbruchs in der Tat einiges. Zum Beispiel die gut begründete These, dass diese Revolution in drei Ereignisschüben verlaufen ist, und dass sie ihren Ursprung letzten Endes den Wirkungen allgemein verbreiteter, *über menschliche Willkühr erhabner Ursachen, nicht einzelner Verschwörungen, oder abgesonderter Plane* verdankt. Diese Staatsumwälzung stellt ein objektives Ereignis und gleichwohl ein mehr oder minder planvolles Menschenwerk dar, und es kommt deshalb alles darauf an, wie der sich abzeichnende neue Zustand aussehen wird. Das sind Thesenvorgaben, in denen sich Gentz mit brillant zugespitzten Reflexionen bewegt, handelt es sich doch um kein geringeres Problem als die humanitäre Verantwortung gegenüber dem unabsehbaren Bruch von 1789. Eine politische Analyse der Geschichte, die deren Akteure nicht präzis als verantwortliche in den Blick rückt, wäre unsinnig, denn die oft bemühten *Formeln von Natur und Zufall* seien nichts weiter als Metaphern unsrer *Blindheit und unsers Unvermögens* in der Erklärung des Weltlaufs.

Der Umwälzungsprozess in Frankreich hat am 5. Mai 1789 glanzvoll begonnen mit dem ersten Versuch einer *Total-Reform*, die zunächst noch keinerlei Anzeichen bot für das spätere Desaster der *Total-Revolution*, weil die neue Ordnung der Dinge an die alte geknüpft, oder vielmehr in sie verwebt war. Noch herrschte ein milder Freiheitsgeist, als sich der Dritte Stand zur Nationalversammlung ausrief, noch waren König und Monarchie geachtet, noch war ein Jacques Necker, der spektakuläre Finanzminister, Herr des Reformgeschehens, die Gremienwahlen verliefen friedlich und die Unruhen des Volkes erschienen maßvoll. Der Despotismus hatte allenthalben sein Ende erreicht: *er gab freywillig und ohne Klagelaut seinen Geist auf.* Doch schon der 9. Juli brachte die entscheidende Veränderung. Die nun anhebende zweite *Haupt-Revolution* sollte der ersten auf dem Fuß folgen. Ineins mit der Zwangsverschmelzung aller Repräsentanten erklärte sich die Nationalversammlung nun zur Verfassungsgebenden und damit letztlich zur alleinigen Gesetzgebungsinstanz. Schon zu diesem Zeitpunkt konnte von der Repräsentation aller *Hauptclassen* in Frankreich keine Rede mehr sein, es begann sich vielmehr eine Übermacht der Versammlung zu entwickeln. Wo der Dritte Stand alles zu dominieren drohte, *wo bald ein ungetheilter und unbeschränkter Wille als Gesetzgeber etabliert war, da mussten einseitige, fanatische, ja despotische Verordnungen und Maßnahmen die Folge sein.*

Dies alles zusammengenommen mit den schwankenden Stimmungen des Volkes und dem erbitterten Widerstand der Deputierten von Adel und Geistlichkeit, konnte nur zu einer weiteren Radikalisierung des politischen Prozesses führen. Und dennoch besaß selbst die zweite Phase nicht das Ausmaß einer Totalrevolution, auch das Königshaus verhielt sich während dieser Zeit besonnen und kompromissbereit, und das trotz aller Spaltungen und Konvulsionen in der Staatspolitik. Vorerst blieb das Fundament des Gemeinwesens erhalten, die exekutive Macht ließ man unangetastet. Aber dann veränderten sich die Verhältnisse abrupt.

Nicht die Deklaration einer neuen Verfassung war der wesentliche Inhalt der dritten Revolutionsphase, sagt Gentz, sondern die totale Umwälzung habe in dem Moment ihr Gorgonenhaupt erhoben, als die Gesetzgebende Versammlung, etwa seit Mitte Mai 1789, eine Liaison mit dem marodierenden Pöbel auf den Straßen von Paris eingegangen sei: *Ohne die Rebellion des Volks hätte die Vereinigung der Stände nie die gänzliche Umkehrung des Staats herbeygeführt; ohne diese Vereinigung wäre der Aufruhr ein vorüberrauschendes Ungewitter gewesen.* Das ist kein allgemeines politisches Lamento, sondern hier nähert sich Gentz dem Zentrum seiner historischen Analyse des Revolutionsprozesses, insbesondere deren moralischer Legitimität.

Entscheidend für den gesamten Umwälzungsvorgang sei nach wie vor das desaströse Fehlverhalten der politischen Institutionen Frankreichs, schreibt er. Alles, was die nunmehr angezettelte Totalrevolution ausmacht, war und ist demnach auf Absicht, Überlegung, unabhängigen Willen zurückzuführen: *Die Nationalversammlung hat die Empörung des Volkes mit ihrer feyerlichen Sanktion beehrt* – hier liege der Kairos des revolutionären Verhängnisses. Hatten es die Deputierten im entscheidenden Augenblick noch in der Hand, Frankreich zu *verbessern oder umzustürzen*, so haben sie sich für Letzteres entschieden. Ihre Versammlung allein sei am Ende verantwortlich für die Folgen dieses gewagten Staatsexperiments. In brillant kritischer Reflexion des Buches von James Mackintosh fasst Gentz seine Sicht der französischen Ereignisse zusammen. Für ihn ist unabweisbar geworden, dass die Radikalisierung der Revolution dort ihre Chance erhielt, *wo der Pöbel seine Arme zur Zerstöhrung gab, und der Gesetzgeber ihm die Principien der Zerstöhrung in falschen und verführerischen Begriffen von Volksrecht und Volkssouveränität verlieh: dass sie den Thron, den die Rebellion erschüttert hatte, umwarf; dass sie der Anarchie, die mit dieser Rebellion unzertrennlich verbunden war, systematische Dauer verschaffte, dass sie sich ihrer absichtlich bediente, um eine neue Staatsverfassung einzuführen, und Schritt für Schritt jede Spur der alten zu vertilgen – das war es, was das Schicksal der Nation unwiderruflich bestimmte; das war es, was die Total-Revolution hervorbrachte.*

Manifestes Staatsversagen, sowohl bei den alten wie auch bei den neu hervorgebrachten Eliten, das ist der Tenor des Gentzschen Legitimitätsdiskurses. Erstaunlich also, wie es Mackintosh über sich bringen kann, von einer *tugendhaften Insurrection* zu sprechen. Sein Kritiker verfolgt die Diskussion dieses Problems systematisch durch das komplexe Werk hindurch, um zu prüfen, welchen historischen Erkenntniswert dergleichen *liberale* Analysen des Revolutionsdebakels besitzen mögen. Gewiss sei das überkommene Politik- und Sozialsystem der Franzosen in einem erbärmlichen Zustand gewesen und habe dringend der Reform bedurft, aber die Abschaffung von Monarchie und Nobilität sei dennoch nicht zu rechtfertigen, schreibt Gentz, vielmehr hätte der Adel ein wesentliches Stück in dem neuen Staatssystem werden können und werden müssen. Fest überzeugt ist er davon, dass ein repräsentativer

Staat mit *Einer gesetzgebenden Versammlung eine politische Misgeburt darstellt, und dass ein modernes Gemeinwesen ohne Erbadel nicht füglich bestehen kann. Es mag mancherlei persönliches Verdienst im Staate geben, aber den Glanz, der allein durch hohe Abkunft und angebohrnen Rang entsteht*, könne nur ein Aristokrat auf sich ziehen. Daher sei es einer der größten Fehler der neuen Staatslenker, dass sie den Status und die Aura der Nobilität aus der Welt schaffen wollten. Ähnliche Dilemmata sieht Gentz auch durch die Unterdrückung von Geistlichkeit und Religionsfreiheit auf Frankreich zukommen.

Volksexzess und Legitimität

Aber viel wichtiger ist, dass und wie tief er im Blick auf Mackintosh in die Dialektik von (Staats-)Theorie und Praxis, von Geschichte und Politik vordringt, aus aktuellem Anlass und doch mit weit ausgreifender Perspektive. War die Französische Revolution eine politische Umwälzung ohne Anführer, gleichsam ein Unternehmen der *natürlichen* Volksspontaneität, wie Mackintosh nahe legen möchte? Nein, da ist der politische Historiker Gentz vollkommen anderer Ansicht: *In allem, was menschliches Werk ist, muss des Menschen Handlungsweise, Wirksamkeit und Charakter von unendlicher Wichtigkeit seyn.* Es wäre ein Hohn, sich hier auf die ominöse freiheitliche ‚Natur‘ des Menschen beziehen zu wollen. Was dies für die verschiedenen Akteure in dem von Interessenfraktionen erschütterten Revolutionsverlauf bedeutet, erörtert Gentz im Blick auf die *Volksexcesse* wie auf das Agieren der alten Eliten. Hier wie dort wird nicht mit kritischen Bemerkungen gespart. So sei es niemals gleichgültig gewesen, ob in der Nationalversammlung *Narren oder Weise, Redliche oder Bösewichter, Unmündige oder Erfahrne den Vorsitz führten oder als Abgeordnete im Rennen waren.* Denn allzu mächtig habe das Schicksal Frankreichs vom Denken und Fühlen, von der Moral dieser Repräsentanten abgehangen. Aber genau so wenig dürfe man vergessen, dass die alte Regierung der Franzosen schon während der revolutionären Anfänge von einer Art *Ohnmacht* befallen gewesen sei, durch fehlerhafte Administration vorbereitet und durch eine Reihe unüberlegter Schritte unwiderruflich entschieden.

Die Pöbelwut auf der einen und das Politikversagen auf der anderen Seite hätten einander nur allzu förderlich entsprochen. Niemand von den Glanzvollen und Begüterten, auch nicht der emigrierte Adel habe seinerzeit das Zepter ergriffen, allen mangelte es an *Kraft und Kunst*, um den Verfall der Monarchie zu verhindern. Auf der anderen Seite erscheint die Bilanz des revolutionären Pöbels aber noch schrecklicher, besonders hier hat Frankreich ein *schwarzes Blatt* in der Weltgeschichte geschrieben. War die jüngste Gewalt notwendig, um die Gewalt der alten Welt abzuschaffen? Vermag das Unheil von heute das Heil von morgen zu befördern? Wird der Mensch jemals lernen, sich des Krieges und der Aggression zu enthalten? Aber vor allem — waren die französischen *Volksexcesse* unvermeidlich, dieser *Krieg im Reiche des Friedens*? Mackintosh beantwortet diese Frage mit einem klaren Ja. Für Gentz hingegen ist evident, dass hier eine historische Schuld der Nationalversammlung vorliegt, sie hätte als gesetzgebende Körperschaft alle Macht in Händen gehabt, die Gewaltorgien des Volkes einzudämmen. Aber sie habe es nicht gewollt, sondern sei besten Wissens und Gewissens zur Seele seiner Leidenschaften degeneriert.

All dies wirft abermals ein Licht auf die mit so viel utopischem Überschwang propagierte Verfassung der Franzosen. Gentz' Überlegungen zur Legitimität des Umbruchs von 1789 spitzen sich hier noch einmal zu. Mit der neuen Konstitution sei ein erschreckender Voluntarismus in die Welt gesetzt worden, der vor keiner Realität jemals Bestand haben könne, schreibt er: *Zwischen der Deklaration der Rechte und der neuen Staatsverfassung ist ein förmliches Vacuum. Der Übergang enthält nicht den Schatten eines Zusammenhanges zwischen Theorie und Ausführung, und verkündigt (durch sein Stillschweigen) vernehmlich genug, dass jenes gerühmte Fundament, alles in der Welt, nur – kein Fundament seyn kann.* Hätten die Franzosen, wie Burke schreibt, doch nur ein der britischen Konstitution ähnliches Staatssystem verwirklicht. Stattdessen haben sie einer bloßen *Chimäre* den Vorzug gegeben und sind damit hinter Grunderfordernisse einer organischen politischen Repräsentation zurückgefallen.

Für verderblich hält Gentz vor allem die Ablehnung der Machtteilung durch zwei Senate im Staatssystem Frankreichs. Denn nur in einem sehr kleinen Gemeinwesen könne sich der Wille der Nation direkt und ohne ein Medium offenbaren: *in Staaten von einiger Größe muss er allemal construirt werden.* Dieser politische Gemeinwille ist in Wahrheit nicht eher vorhanden, schreibt er, *als er nicht von jenem künstlichen Organ, das ihn repräsentieren und auslegen soll, ans Licht gebracht worden ist.* Es sei unsinnig zu glauben, dass eine Versammlung von Hunderten von Abgeordneten per se das angemessene Medium politischer Willensbildung darstelle. Nein, nicht die Anzahl der Stimmen ist das Wesentliche, vielmehr erscheint die Gewaltenteilung in zwei einander zugeordnete Gremien, eine Repräsentanten-Kammer und einen *controlirenden Senat,* unerlässlich, um die Unkalkulierbarkeit der parlamentarischen Auseinandersetzungen in den *gleichförmigen, ruhigen, unwandelbaren Gang der Staatsverwaltung* umzuformen, und zwar ganz nach britischem Muster. Hier darf niemals ein wirklicher *Kampf* entstehen, sondern zulässig ist nur das beständige Ringen um ein politisches Gleichgewicht, das für sich genommen aber *unaufhebbar* bleiben muss. Kein anderes System vermag sicherzustellen, behauptet Gentz, dass der Gemeinwille von moralgeleiteten Politikern in kontrollierten Gremien, statt von einer ihren Leidenschaften verfallenen Deputiertenmeute ermittelt und repräsentiert wird. Dass mittlerweile sogar in England Kräfte existieren, die eine Totalrevolution für notwendig halten, Gentz verweist unter anderem auf den *ungeheuren Success* von Thomas Paines Streitschrift ,Die Rechte des Menschen', kann ihn nicht weiter erregen. Denn gerade das britische Beispiel sei der Beweis dafür, dass es in aller künftigen Politik nur um eines gehen könne, um Reformen, durch *freywillige Entschlüsse der Machthabenden bewirkt.*

In diesem Sinne hat Friedrich Gentz seine Übertragung des Burkeschen Buches, gleichsam vor der europäischen Öffentlichkeit, zwei politischen Zentralgestalten jener Zeit gewidmet – dem Preußenkönig Friedrich Wilhelm II. am 23.12.1793 *ersterbend in tiefster Devotion*, und dem deutschen Kaiser Franz II. am 23.1.1793 als *allerunterthänigster Knecht* (A.v. Hase 1972/HHSTA Wien, Staatskanzlei, Interiora, Karton 78, Fasz. Gentz: Kaiser Franz). Dem preußischen Monarchen als höchstem Beschützer der *wahren Freyheit von Europa* wird ein Werk kredenzt, das die *stärkste Widerlegung der Revolutions-Ideen* enthalte. Wobei Gentz nicht vergisst, solch brennenden Eifer für die Wissenschaften mit einer Bitte um Gehaltserhöhung zu verknüpfen. Bescheidener empfiehlt er sich gegenüber der kaiserlichen Majestät, dem *Schutz-Engel* von Deutschland. Franz II. wird das Buch gewidmet als ein Unternehmen, das darauf aus sei, die *Verteidiger der Französischen Revolution mit ihren eignen Lieblings-Waffen, mit den Waffen des philosophischen Raisonnements zu treffen*. Das alles macht damals durchaus Sensation, im Sinne Gentz' und seines britischen Protagonisten. Für luzide Köpfe wie Friedrich Schlegel und Novalis ist sogleich klar, dass Edmund Burke ein *revoluzionäres Buch gegen die Revoluzion* geschrieben hat, diesem Werk scheint sein öffentlicher Furor mehr als gewiss. Schon bald wird eine Neuauflage der ,Reflections' fällig, auch einige Nachdrucke erscheinen in Süddeutschland. Der Nimbus des Friedrich Gentz als Vertreter des gegenrevolutionären Prinzips ist bald über Deutschlands Grenzen hinaus bekannt. So viel Mühe soll sich endlich auszahlen.

Dennoch, ein Autor wie Edmund Burke lässt sich auf dem deutschen Aufklärungsparnass nicht ohne Widerstand durchsetzen, und so ist auch die Umstrittenheit seiner Invektiven gegen die Französische Revolution bald erheblich und bleibt es eine ganze Weile. Bei Archenholtz ist von der zunehmenden Geistesabwesenheit des *berüchtigten* Burke die Rede, der angeblich von der englischen Krone bestochen worden sei. Georg Forster zeiht ihn des *perfiden Sophismus* und vertritt gegenüber dem *schwärmerischen alten Phrasendrescher* die These von der ehernen Notwendigkeit der Revolution. Und nicht einmal den beiden Hannoveraner Konservativen Ernst Brandes und August Wilhelm Rehberg glückt es, den Burkeschen Furor gegen die Revolution in der reformorientierten Gelehrtenrepublik der Deutschen einem konsensfähigen Image näher zu bringen (F. Braune 1977/U. Vogel 1972). Noch 1796 wird Gentz die Schrift ,Edmund Burke's Rechtfertigung seines Politischen Lebens' in einer kommentierten Übersetzung herausbringen, um diesen *großen, aufgeklärten und vielumfassenden Geist* vor einer wahren Phalanx britischer und kontinentaleuropäischer Kritiker und *Ehrabschneider* in Schutz zu nehmen. (GS 6).

Auch die widersprüchliche Reaktion Wilhelm von Humboldts ist bezeichnend für den Aufmerksamkeitseffekt, den Gentz mit seinem Burke-Unternehmen im idealistisch temperierten Aufklärungsparnass Deutschlands erzielt hat. Humboldt verteidigt bis 1793 die *ewigen Wahrheiten* der Französischen Revolution, *wenn auch 1200 Narren sie entweihen*. Schon im November 1792, er hat Gentz bisher nur aus dem Buch vorlesen hören, geißelt Humboldt gegenüber dem Freund Brinckmann das Werk als *schwärmerisch-einseitig*, es bringe nur erbitterte Gefühle und gegenseitige Extreme hervor und widerstrebe seinem moralischen Gefühl. Wenig später spricht er

sogar davon, dass ihm insbesondere die Widmung des Buches an Friedrich Wilhelm
II. *verhasst* sei, auf keinen Fall möchte er die eigene und die Gentzsche politische
Philosophie miteinander vermengt sehen. Doch offensichtlich ist Humboldt auf-
grund der Lektüre des Buches wenig später zu einem anderen Urteil gekommen.
Auch dürfte ihn die Radikalisierung der Revolution in diesem ereignisreichen Jahr
1793 nicht unbeeindruckt gelassen haben.

Ein *klassisches Buch, ein Meisterstück von Politik und Beredsamkeit* sei hier vorgelegt
worden, sein Autor habe eine *große Gabe des Styls* bewiesen, schreibt er nun an
Brinckmann. Poetische Feinheit und Zartheit, ja eine erstaunliche Vollendetheit der
Kultur machten diese kommentierte Übersetzung zu einem einzigartigen Werk.
Auch wenn Humboldt nicht glaubt, dass in englischer politischer Philosophie und
Verfassungswirklichkeit *Heilpflanzen* wachsen können für die deutschen und preußischen Politikmalaisen, sieht er, wie tiefsinnig Burke und Gentz die wichtigsten Verfassungen der Völker ergründet und Politik aus der Geschichte heraus reflektiert haben. Weniger bei Burke, aber bei Gentz komme noch das *mildere Licht einer
menschenfreundlichen Philosophie* zum Vorschein, weil er nicht bloß den Bürger, sondern immer den Menschen, der freilich nur als Bürger gedeihen kann, vor Augen hat.
Auch wenn Humboldt eine gewisse Verengung der Gentzschen Politikvorstellung
auf die *Kunst, Staaten zu gründen und ihnen Haltung und Dauer zu verschaffen*, wahrnimmt, wird er den Freund bald mehrfach vor dem *Spott elender Menschen* verteidigen. Sowohl Burke, als auch Gentz müssten dergestalt argumentieren, weil es die
geschichtliche Stunde so fordere. Man hat zunächst einmal die Verfahren der Französischen Gesetzgeber zu untersuchen, denn dieser Gesichtspunkt war und ist auch
der erste und wichtigste der historischen Akteure selber. Am Problem der revolutionären Begründbarkeit staatlicher Legitimität kommt niemand vorbei. Das räumt
Humboldt ein, obwohl er die geschichtliche Bedeutung des französischen Konstitu-
tionssystems noch lange nicht für geklärt hält. (A. Leitzmann 1939/C.M. Sauter
1989/D' Aprile 2006).

VIERTES KAPITEL

Bohémien im Staatsdienst

In der Verwaltungsfron

Der hoffnungsvolle cand. jur. Friedrich Gentze, bald sollte er sich nur noch Gentz nennen, wird im Juli 1785 als Referendar bei der Kurmärkischen Kriegs- und Domänenkammer in Berlin angestellt und kann, wie ein Jahr später offiziell verlautet, *bei fernerem Fleiß und Applikation brauchbar werden*. (P. Bailleu 1908). Man versetzt den jungen Mann 1787 auf eigenen Wunsch an das Kurmärkische Departement des Generaldirektoriums, zunächst als *supernumerären*, bald darauf als *geheimen expedierenden Sekretär*. Im Januar 1793, er hat soeben Edmund Burkes ‚Betrachtungen' dem preußischen König Friedrich Wilhelm II. gewidmet, verleiht man ihm respektvoll den Titel eines Kriegs- und Domänenrats. Ein halbes Jahr später wird Gentz in das neu errichtete südpreußische Departement des Generaldirektoriums berufen als *erster Expedient* mit einem festen Salär von achthundert Talern, das später auf zwölfhundert erhöht wird. Das ist eine Karriere von nicht ganz unbeträchtlichem Zuschnitt. Doch der junge Beamte bleibt erklärtermaßen unzufrieden.

Dass diese mechanische Verwaltungsfron einem *ewigen intellektuellen Selbstmorde* gleichkommt, und er sie nur um seiner Eltern willen ertragen könne, hat er schon 1791 gegenüber Garve beklagt. Damals zieht es ihn mit Macht aus dem Berliner Joch zurück nach Breslau, wo eine Ratsstelle im Magistrat zu besetzen ist. Aber obgleich sich sogar sein Vater für die Bewerbung einsetzt und den einflussreichen Minister Hoym, auch Garve und andere Honoratioren ins Vertrauen zieht, scheitert das Unternehmen kläglich. Für Gentz liegt darin ein wahres Missgeschick, fürchtet er doch, sich nun *lebenslang für einen Krüppel im höheren Sinne* halten zu müssen. Zwar bleibt es weiterhin bei der unbestimmten, wenn auch nie ganz aufgegebenen Hoffnung, *mein jetziges Verhältnis abzuwerfen*, aber nicht einmal seine Ernennung zum gut dotierten Kriegsrat kann ihm die Zweifel und Enttäuschungen nehmen – *was soll der nun für eine andre Laufbahn beginnen*? (F.C. Wittichen 1909, I./E. Guglia 1901).

Nein, etwas Neues und Hoffnungsträchtiges wird sich für den Beamten Friedrich Gentz bis 1802 nicht eröffnen, es bleibt bei einem typischen Karriereverlauf im Berliner Staatsdienst. Im südpreußischen Departement scheint er unter dem Grafen Hoym nicht einmal hinreichende Beschäftigungsmöglichkeiten gefunden zu haben, weshalb der ihn seinem Kollegen von Heinitz, dem Chef des westfälischen Departements, als *brauchbares Subjekt* überlässt. Hier erarbeitet Gentz eine Übersicht über die im okkupierten Westfalen von den Franzosen erlassenen Verordnungen, betreffend die Assignatenwirtschaft und das Steuermaximum, die er beide heftig kritisiert. Zusätzlich nimmt er teil an den Beratungen über eine Neuorganisation des südpreußischen Departements. Seine politischen und administrativen Kenntnisse, vor allem seine meisterliche Beherrschung des Deutschen, Englischen und Französischen kommen ihm dabei sehr zustatten. Gentz wird mit der Ausarbeitung einer Bekanntmachung zur Aufhebung des Tabakmonopols betraut, womit sich die preußische Regierung im Jahre 1797 bei ihren Untertanen als wohlwollend empfehlen will. Und auch im nächsten Jahr gibt der Staat seinem Diener Gentz noch einmal die Ehre. Im Auftrag des neuen Königs Friedrich Wilhelm III. wird er zum Sekretär einer ministeriellen Kommission ernannt, die von 1798 bis 1799 über grundlegende Finanzreformen in Preußen zu beraten hat. Gentz führt hier nicht nur das Protokoll, sondern entwirft auch die Berichte an den König, nicht zuletzt die umfassende Schlussexpertise. Sein Name ist also auch dem Monarchen wohl vertraut.

Insgesamt nimmt die amtliche Stellung des Kriegsrats Gentz erst ab 1799, nach Beendigung seiner Tätigkeit in der Ministerrunde, allmählich eine andere Wendung. Schon seit einigen Jahren werden dem mittlerweile berühmten Berliner Publizisten durch seine Vorgesetzen besondere Freiheiten gewährt, doch kaum hat die Finanzkommission ihre Arbeit abgeschlossen, denkt er offenkundig gar nicht mehr daran, in seine frühere Stellung zurückzukehren. Gentz wird zwischen 1799 und 1802 in Amt und Würden nur noch ausnahmsweise tätig. Als er im April 1802 den Minister Otto von Voss um einen *Urlaub von einigem Belange* angeht, um ein Buch zur neueren Geschichte zu schreiben, kommt es zum endgültigen Zerwürfnis zwischen dem Dienstherrn und diesem so gut wie ununterbrochen freigestellten Beamten, das zu seiner Abreise nach Wien führen wird. (E. Guglia 1901/P. Bailleu 1908/A. Fournier 1908/G. Schlesier 1840, 5/E. Schmidt-Weissenfels 1859/J. Baxa 1965).

Geistesadel, tolle Passionen

Friedrich Gentz erweist sich als der selbstbewusste, aber auch typische Vertreter einer preußischen Beamtenschaft des späten 18. Jahrhunderts, die in der Statusangleichung an den Adel erhebliche Fortschritte gemacht hat. Denn auch der Staat selbst wird zunehmend als körperschaftliche, gesetzesregulierte *Anstalt* begriffen und nicht länger als *Patrimonium*, gleichsam als Schatullenbesitz einer einzelnen Fürstenpersönlichkeit. Das ,Allgemeine Landrecht' in Preußen erklärt den Souverän zu einem Staatsorgan und bindet seine Funktion an ein legal strukturiertes Gemeinwesen. Selbst der geringe Staatsdiener soll jetzt mehr Achtung beanspruchen dürfen als ein bloß zu administrativen Aufgaben herangezogener Untertan, denn *obrigkeitliche Würden müssen bloß eine Belohnung des Verdienstes* sein. Für gut ausgebildete Männer wie Friedrich Gentz gilt das in besonderer Weise: *In Ansehung der wesentlichen Rechte und Eigenschaften des Adelsstandes ist zwischen älterem und neuerem Adel kein Unterschied,* lautet § 21 des ‚Allgemeinen Preußischen Landrechts‘ von 1794. Unter dem neueren Adel sind diejenigen zu verstehen, die aufgrund nachgewiesener beruflicher Kompetenzen und Verdienste zu einer ständischen Promotion gelangen konnten.

Geradezu massenhafte Nobilitierungen hat es in Preußen nach dem Tod Friedrichs II. unter seinem Nachfolger Friedrich Wilhelm II. gegeben, sie beweisen, wie stark die Angleichungstendenzen zwischen gebildetem Bürgertum und Adel im Zuge der Konsolidierung des Reformabsolutismus ausgeprägt sind. Reformer wie der Freiherr vom Stein wollen dem *elenden Kastengeist der Noblen* bald grundsätzlich kein Pardon mehr gewähren. Auch wenn der Staatsdienst seinem Nimbus nach immer noch als genuine Aufgabe des geburtsständischen Adels gelten mag, im Bereich der Justiz und (Finanz-)Verwaltung arbeiten am Ende des 18. Jahrhunderts mehr Bürgerliche als Adlige, und nur noch für die herausgehobenen Stellen der Präsidenten und Minister, der Generäle und Diplomaten ist die Nobilitierung grundsätzlich unabdingbar: *Die Beamtenschaft hatte bereits einen ständeähnlichen Charakter angenommen, der dem Adel in seiner Funktionslosigkeit als Stand bereits verloren gegangen war.* (H.v. Bonin 1966/W. Neugebauer 2001/R. Straubel 1998/T. Stamm-Kuhlmann 1990/H.M. Sieg 2003). Insofern ist die Assimilierung zwischen Altadel und Neuadel, bei allen wechselseitigen Animositäten, längst zur gesellschaftlichen Tatsache geworden, besonders in einem vielschichtigen Macht-, Verwaltungs- und Geisteszentrum wie Berlin.

Die osmotische Durchdringung von intellektuellem Amtshabitus und sozialem Selbstverständnis bei vielen zum Gemeinwesen Berufenen spiegelt sich in den Salons wider, die den Nimbus einer Egalitätsverheißung jenseits der Ständewelt annehmen. Und das gilt trotz der besonderen Bedeutung des königlich-preußischen Hofes, der von seinen verschiedenen Zentren und Dependancen in Potsdam und Berlin her immer noch maßgebliche Erfolgs-, Meinungs- und Stimmungsvorgaben zu machen versteht. Für den gebildeten Beamten Friedrich Gentz jedenfalls, der irgendwann den Titel eines schwedischen Chevaliers tragen wird, besitzt die Tatsache der Nobilität nichts Fremdartiges, Provokantes oder Imponierendes, sondern stellt das Qualitätsmerkmal einer gelebten Distinktion dar, sie bietet ihm das soziale Reizklima der professionellen Leistungs- und Geltungskonkurrenz. Denn das tertium datur zwischen Adligkeit und Bürgerlichkeit zeigt sich als eine neuartige Aura der Nobilitas, als exquisite Lebensart eines überständischen Grandseigneurs.

Nicht ohne Stolz trägt sie den Titel einer humanitären *Staatsweisheit*, die aus dem Verantwortungsethos des praktisch-politischen Tätigseins schöpft. Ein elitäres und doch am Gemeinwillen orientiertes Bewusstsein ist es, das Gentz mit alt- und neuadligen Freunden, Kollegen und etlichen Widersachern teilt, ihnen geht es nicht primär um bessere Argumente, nicht um den allgemeinen Bildungsfortschritt, sondern um kluge Haltungen in pragmatischer Amtsverantwortung. Für manche von ihnen ist in jener schweren Zeit das Ende der idealistischen Kulturperiode erreicht – die Ära einer politisch responsiblen Aufklärung hat begonnen. Und bald wird sich Gentz als einen ihrer genuinen Repräsentanten begreifen. Wahrhaft von Adel sind ohnehin nur die Besten.

Er fühlte sich den Ersten und Größten in Staatssachen gleich, schreibt Varnhagen von Ense in seinem bedeutenden Essay über Gentz. Schon der wohlgebaute und lebhafte junge Mann sei inmitten der ersten Berliner Gesellschaft von einer *edeln Dreistigkeit und doch von vornehmer Scheu* gewesen, als schmeichelnd und brillant habe man seine Eloquenz wahrgenommen – sein *Umgang war ein Genuss, seine Liebe ein Reiz, dem viel Gunst werden konnte, hätte er diese nicht doch meist als die auserlesenste gewollt, die, wenn überhaupt jemals, so schwer zu erlangen war.* Für Varnhagen, der ihn persönlich kannte, war Gentz ein Genie der Selbstinszenierung, seine Auftritte in den Berliner Salons sollen glanzvolle Ereignisse gewesen sein. Das eigentliche Element dieses Mannes bildeten demnach das Gespräch und der Diskurs in ihren mannigfaltigsten Formen: *zu erörtern, zu untersuchen, zu begründen, zu überführen, in allem Wechsel des Tons und der Dialektik, mit heiterer Laune, mit scharfem Unwillen, mit kurzen Schlagreden, mit wallender Ausführung, immer angeregt, leicht begeistert und entzückt! Diese Lust zu diskutieren wurde durch den Wohlklang seiner Stimme, die Wärme seines Ausdrucks und die Eleganz seines Benehmens durchaus liebenswürdig. Auch die Frauen hörten ihn gern, denn seine Beredsamkeit verschmähte keinen Gegenstand, ergriff mit Vorliebe die persönlichsten Bezüge.* (K.A. Varnhagen von Ense 1970).

Und doch wusste Varnhagen auch um die andere Seite dieses Friedrich Gentz. Man konnte ihm manches nachsagen, aber nicht, dass er ein preußischer Musterknabe gewesen sei. Von den frühen Berliner Jahren an ist er nicht nur der ordentlich bestallte Beamte, der gebildete Konversationskünstler, der Freund unzähliger hochgestellter Persönlichkeiten und bald umstrittene Schriftsteller, sondern auch ein Getriebener, ein Schwerenöter und Schuldenmacher sondergleichen. Legion sind seine Frauengeschichten und Finanzskandale, er hat seinen gutherzigen Eltern und Geschwistern die größten Sorgen bereitet, seiner Ehefrau Minna, geborene Gilly, erbarmungslos, wenn auch schlechten Gewissens vor den Kopf gestoßen, und als gleichsam gehobener Bohémien jahrelang einem haltlosen Dasein gefrönt. Einer seiner frühen Biographen Eduard Schmidt-Weissenfels referiert aus den Selbstbekenntnissen des jungen Gentz mit nachgereichter Entrüstung Passagen wie diese: *er taumelte durch alle Thorheiten dieser abscheulichen Welt hindurch, wälzte sich in allen ihren abschreckenden Freuden herum und suchte mit Aufopferung seiner ganzen Zufriedenheit den Genuss voll Unruhe, und die Foltern der Rückerinnerung auf hundert klippenvollen Wegen auf, mit sich selbst bis zum Fremdwerden veruneinigt.*

Nein, eine wirklich vornehme, in sich gerundete Persönlichkeit ist Friedrich Gentz nie gewesen, weder zu seinen Berliner Zeiten, noch später in den Wiener Jahren. Vielmehr gehört das Zusammenleben mit unterschiedlichsten Menschen in diversen Sphären und Konstellationen der Gesellschaft wesentlich zu ihm. Er selbst wusste immer genau, mit wem er welchen Umgang pflog, und was die jeweilige Beziehung für sein Leben und Denken, für sein Fortkommen, seine Dilemmata und sein Scheitern bedeutete. In den Gentzschen Tagebüchern findet sich eine Liste von Namen unzähliger Zeitgenossen, mit denen er persönliche und briefliche, intellektuelle und politisch-diplomatische Beziehungen unterhalten hat. Er unterscheidet dabei sehr wohl den habituellen Umgang mit Fürsten und Ministern, mit Diplomaten und Gesandten, von dem engeren mit einzelnen herausgehobenen Persönlichkeiten der vornehmen Welt, und von den innigsten Verhältnissen, die er mit Menschen wie Wilhelm von Humboldt, Rahel Levin, mit seinen Eltern und Geschwistern, später mit seiner *Hausfamilie* gepflegt hat. Selbst die Beziehungen zu Goethe und Schiller, zu der heftig begehrten Amalie von Imhof, zu einigen hochrangigen Politikern Österreichs und Englands werden ausdrücklich bedacht. Von den negativen Figuren und Ereignissen in dieser an Skandalgeschichten reichen Vita ist freilich nicht die Rede. Gentz zeigt sich als wahrhaft gesellschaftssüchtig, aber Bindungsfähigkeit und eheliches Verantwortungsgefühl wird man ihm nicht attestieren können. (G. Schlesier 1840, 5).

Sterblich verliebt

Wilhelmine Gilly, genannt Minna, die Tochter des renommierten Berliner Oberbaurats David Gilly, muss geradezu als ein Opfer der Gentzschen Karriere- und Vergnügungssucht bezeichnet werden. Die Familie Gilly gehört zum respektablen hugenottischen Herkunftskreis von Gentz' Mutter, der Sohn der Familie Friedrich Gilly ist gleichfalls ein anerkannter Architekt, dessen Einfluss auf Karl Friedrich Schinkel sprichwörtlich werden sollte. In dieser wohlgesitteten Familie hat sich Gentz im Jahre 1792, als er noch eine ordentliche preußische Beamtenkarriere für denkbar hält, eine Lebensgrundlage schaffen wollen, beruflicher Ehrgeiz, Ehe und Liebe scheinen damals sehr wohl mit einander vereinbar. Minna, die behütete und gebildete Tochter aus gutem Hause, hat er wirklich verehrt und geachtet, aber, wie Wilhelm von Humboldt an seine Verlobte schreibt – *er ist sterblich verliebt*. Humboldt weiß um die erotischen Eskapaden des Freundes, zumal um die Tatsache, dass sein Verhältnis zu der Aktrice Lisette H. nach wie vor unaufgelöst ist. Auch Gentz' Freund Carl Gustav von Brinckmann macht sich darob die größten Sorgen, er interveniert sogar in diese Beziehung, um dem Liebesverwirrten endlich aus der Bredouille zu helfen. Doch das ist nicht einfach, Gentz wird weiterhin außerstande sein, einer Frau allein seine Liebe zu schenken und eine ordentliche Ehe und Familie aufrecht zu erhalten. Zwar heiratet er Minna, aber sein Leben verläuft nach wie vor *zerstreut in tausenderlei Gesellschaften*, wie Humboldt an Caroline schreibt. Tatsächlich wird Gentz seine Pflichten als Ehemann in Zukunft immer weniger ernst nehmen. Die Liaison mit Amalie von Imhof am Musenhof in Weimar bildet Jahre später nur die letzte Stufe auf der Abstiegsleiter seiner gebeutelten ehelichen Beziehung.

Kaum ist das Verhältnis zu der Weimarer Aktrice beendet, lernt er im Salon der Rahel Levin die schöne Christel Eigensatz kennen, auch sie eine illustre Schauspielerin: *Ich bin durch die Levi und Christel, jetzt mit der ganzen Welt brouilliert [...]. Hol's*

der Teufel, schreibt er an Brinckmann. Dass Gentz nun sogar den notorischen Salon-
und Frauenliebling Prinz Louis Ferdinand von Preußen zu seinen Freunden zählt,
wird auch seiner Frau nicht entgangen sein. Anfang 1802, Gentz trägt sich mit dem
Gedanken der Demission in Preußen und des Übertritts an den Wiener Hof, ist es
schließlich so weit: *Den 21. Februar, als ich um zwei Uhr Morgens nach Hause komme,
finde ich einen Brief von meiner Frau, ‚qui a décidé du sort de ma vie'. – ‚Et le lendemain
– notre résolution a été prise.' – Vermutlich die, uns scheiden zu lassen. – Das hinderte
mich jedoch nicht, des Abends auf einen Ball zu Pourtalès zu gehen, Trente-et-Quarante
zu spielen etc.* (J. Baxa 1965). Man wird Gentz einen Egoisten und kalten Zyniker
nennen wollen, wenn er wenig später in seinem Tagebuch notiert: *März. Obgleich ich
äußerlich mit meiner Frau gut blieb, mit ihr bei Prillwitz aß, ins Theater ging etc. so hebt
doch jetzt die Liaison mit Christel Eigensatz recht ordentlich an. Aber bald schon bricht
der Teufel los, denn der eigentliche Liebhaber der Eigensatz kehrt zurück, alles wird
ruchbar.* Minna ist nun endgültig im Bilde, der Skandal nicht aufzuhalten. Lapidar
heißt es dazu weiter: *die große Gesellschaft wird nun etwas weniger besucht.* Von diesem
wilden Treiben muss sich der Übeltäter auf dem Humboldtschen Schloss in Tegel
erst einmal erholen. Humboldt vermisst bei seinem Freund nicht zu Unrecht jede
Regelmäßigkeit und Verlässlichkeit.

Als Gentz nach Berlin zurückkehrt, findet er sein Haus leer, Minna hat ihn verlassen, schwerste Reue befällt ihn, er ist der Verzweiflung nah. Hat es diesen *Unwürdigen* nicht zu Recht getroffen? Doch schon bald ist ihm das Glück wieder gewogen,
eine Zahlung von tausend Pfund trifft aus England ein, Gentz hat aus alter Anhänglichkeit gegenüber der britischen Regierung bündnispolitisch wichtige Experten-
dienste geleistet. Nun kann das tolle Leben erst so recht weitergehen. Wieder heißt es
im Tagebuch: *Zwischen den Gasthöfen – Stadt Paris, Tarone, Courtois etc. – Rahel,
Kurnatowski – und pro forma einige Soireen bei Stadion und O'Faril, hatte nun die
tolle Passion für Christel ihren Gang. Mit Zinnow [dem ehemaligen Geliebten der Eigen-
satz] hatte ich Freundschaft geschlossen. – Bei Christels Mutter in Treptow wurde tage-
lang Rendezvous gehalten. – Zinnow verliebt sich in Pauline [Wiesel]. Nun bin ich oben
drauf bei Christel. – Maintenant c'est le délire complet. Dabei die größte Intimität mit
Zinnow. Wir fressen und saufen in der Stadt Paris, fahren wie toll im Whisky durch die
Promenaden, spielen Tarok etc.*

Fatales Streben und Schwärmen

Was für ein Leben führt dieser preußische Beamte der mittleren Provenienz, der ein
renommierter Publizist und Schriftsteller zu werden beginnt, mit den berühmtesten
Männern und Frauen seiner Zeit verkehrt und als eine Art staatlich besoldeter Bohémien daherkommt? Die Freunde Wilhelm von Humboldt und Karl Gustav von
Brinckmann wissen es am besten, sie kennen die *diskordierenden Elemente* genau, die
dem Schwerenöter Gentz immer wieder zu schaffen machen. Brinckmann, 1764 als

Sohn des aus dem Ostfriesischen nach Schweden ausgewanderten Hofrats Hans Gustav von Brinckmann, ist streng pietistisch erzogen worden und sollte auf väterlichen Wunsch eigentlich Priester werden. Nach dem Studium von Staatsrecht und Diplomatik in Halle und einigen Bildungsreisen durch die deutschen Geisteszentren Weimar, Jena, Wittenberg und Leipzig, auf denen der junge Mann sich als exzellenter Schriftsteller und Versemacher zu empfehlen versteht, gelangt er 1790 für einige Zeit in die preußische Hauptstadt, um dort den gleichaltrigen Gentz kennen zu lernen.

Die große horizonterweiternde Politik, aber zunächst einmal der schwedische Staatsdienst, ist auch das Ziel Brinckmanns, weshalb er dem neuen Freund im Zeichen beseligter Revolutionserwartung begegnet. Der begabte Lyriker Brinckmann widmet seinem Gefährten ein umfängliches hymnisches Gedicht unter dem Titel ‚Der Entschluss. An meinen Freund Gentz'. Drei Strophen daraus lauten: *Soll den mächtigen Ruf, welcher mit Donnerton / Jetzt die Völker zum Gruß seliger Freiheit weckt, / Nur der Dichter verschlummern? / Soll sein trägeres Saitenspiel / Nicht den Sieg der Vernunft feiern? Der Menschheit Recht / Nicht mit Jubelgetön preisen, mit edlem Zorn / Nicht die eisernen Fesseln / Wahrheitscheuer Tyrannen schmäh'n? […] Und der erste Gesang, welcher der Freiheit tönt, / Sei dem Freunde geweiht, dessen geprüfter Geist / Jeder kühneren Wahrheit / schnell und feurig entgegenhorcht.* Der Dichter tritt im Geiste Klopstocks gleichsam an der Seite des Gefährten in die Politik ein, es ist das Großereignis der Französischen Revolution, das ihrer beider Gedankenhorizonte bestrahlt. Brinckmann, der ab 1792 als schwedischer Legationssekretär in Berlin weilt, schilt Gentz oft, aber er bewundert ihn auch. Noch gut zwei Jahrzehnte später heißt es in einem Brief, dass zu jener Zeit Gentz der Lehrmeister des Freundeskreises gewesen sei: *Alle waren wir eigentlich Gentz' Schüler, und alle wurden wir entschlossene, – nicht aus Leidenschaft, sondern aus reiner, fester, wohlgegründeter Überzeugung, entschlossene Antirevolutionäre und Königsschützer.* (F.C. Wittichen 1910, 2). Bis zu dieser Erkenntnis liegt vor den Freunden noch ein langer und steiniger Weg, der über viele Misshelligkeiten, mündliche und schriftliche Auseinandersetzungen führt. Brinckmann erweist sich stets als aufrichtiger Freund, ihm vertraut der wiederholt in tiefe Existenzprobleme und Krisen verstrickte Gentz die intimsten Details aus seinem Leben an. Doch er ist auch ein anspruchsvoller Diskurspartner, Gentz tauscht mit ihm Bücher, Broschüren, Zeitungen und neueste Nachrichten aus, die englische und französische Staaten- und Theoriegeschichte besitzen ihr Interesse, nicht zuletzt das Berliner Salonleben. Die Besuche von Wirtshäusern, Cafés, Redouten, kleineren und großen Gesellschaften genießen sie gemeinsam, sie beschäftigen sich mit europäischer und deutscher Dichtkunst, nehmen die Romantiker, die Schlegelbrüder vor allem, skeptisch in Augenschein und fiebern mit ihrer Zeit als Intellektuelle im Staatsornat. Brinckmann ist es auch, der dem Freund die moralischen Leviten lesen und sein *rastloses, verderbliches Streben und Schwärmen* geißeln darf, um die Katastrophe in seinem Leben abzuwenden, den Eklat eines Prozesses, der *alles gegen Sie aufbringen* würde. Natürlich geht es dabei um den Lebens- und Liebeswan-

del Gentz', um sein anrüchiges Verhältnis zu den Frauen und seine Kompromittie-
rung Minnas, der Tochter so ehrbarer Eltern.

Es ist starker Toback, was Brinckmann dem Freund unter die Nase hält. Ein großer Geist wie Gentz, mit einer solchen Schönheit des Herzens und der Vernunft, wie
kann der einer so *schlüpfrigen, unsicheren und sophistischen* Moral aufsitzen? Sofort
müsse er alle Weibergeschichten beenden und die Wut seiner Leidenschaften zäh-
men, damit ihn nicht der soziale *Ruin* ereile, schreibt Brinckmann ohne Pardon. Und
er wird unerbittlich tätig, indem er sich die beiden in persona vornimmt. Es dauert
eine Weile, bis Gentz die Intervention seines Freundes verwinden kann, die ihn so
unvermittelt zum Abbruch seines Liebesverhältnisses gezwungen hat. Sogar Gentz'
Vater sei zu dieser Zeit in ihn gedrungen, berichtet Humboldt an seine Braut, der alte
Herr habe den Sohn ermahnt, er müsse endlich Ruhe haben und seinen ausschwei-
fenden Geist auf wenige Gegenstände heften. Das sei nicht ohne Einfluss auf den
jungen Mann geblieben, und nur dadurch habe das Verhältnis zu der Aktrice überhaupt beendet werden können. Schließlich wird in der Affäre *Stillschweigen und ewiger Frieden* vereinbart und tatsächlich eingehalten.

Die Juden, die Humanitätsschwätzer, der Krieg

Friedrich Gentz ist mit dem, was er während seiner Berliner Jahre publiziert und re-
zipiert, tief eingebunden in die Republik der Gelehrten, das allerdings mit wachsendem Widerwillen. Er liest nicht nur die wichtigsten französischen Zeitungen, Journale, Streitschriften und Dokumentationen, die historiographische Literatur über
Frankreich, England und Europa und legt kraft seiner *Büchermanie* ein gewaltiges
Archiv der Zeitgeschichte an, sondern befasst sich auch mit den herausragenden Ela-
boraten der deutschen Schöngeisterei. Nicht zuletzt Friedrich Schlegels Antikeschrif-
ten faszinieren ihn, sein Stil sei imponierend und vortrefflich, er verzeiht es dem
jungen Romantiker sogar, dass er ihn, Gentz, unlängst einen *armen Sünder* genannt
habe. Mit Schlegel, den er vom Vorwurf der ästhetischen Verstiegenheit nicht frei-
sprechen kann, wird er wenig später höchst anregende Abende und Nächte verbringen, die Geistesavantgarde hat es beiden angetan, wenngleich aus sehr unterschiedlichen Gründen. Aufmerksam liest Gentz auch Texte von Kant, Hegel, Reinhold, Jean
Paul, Wieland, Schiller, Goethe und natürlich Humboldt, er nimmt distanziert das
Neueste vom alten Garve zur Kenntnis, macht Front gegen den aufrührerischen
Geist der Fichte, Forster und Karl Friedrich Cramer, und entwickelt gerade in der
Berliner Zeit ein ausgeprägt judenfeindliches Temperament. Und das trotz der um
1800 beginnenden erotisch temperierten Freundschaft zu Rahel Levin, und unge-
achtet der Bedeutung der jüdischen Salonkultur für seinen eigenen intellektuellen
Habitus.

Allein, dass sein Freund Humboldt, der im Umfeld der preußischen Judeneman-
zipation von 1812 noch eine bedeutende Rolle spielen wird, die Nähe von Männern

wie David F. Friedländer sucht, einem Schüler des Altaufklärers Mendelssohn, kommt Gentz vor wie das Entstehen eines gefährlichen *Kritik-Komplotts*. Dabei teilt Humboldt durchaus manche Reserve, die der Freund gegen den virulenten Geist in diesem fraktions- und meinungszerklüfteten deutschen Literaturbetrieb zu äußern pflegt. Auch für den jungen Aristokratensohn, der sich philosophisch und ästhetisch im Brunnen der Antike zu erquicken beginnt, bilden die wichtigen Schriftsteller der Zeit so etwas wie eine Freimaurerloge, abgeschottet gegenüber der Gesellschaft erscheinen sie ihm, kaum jemals seien sie *volkstümlich* gewesen. Gentz sieht diesen Tatbestand schärfer noch unter dem Blickwinkel der grassierenden jüdischen Kultur. Gerade im jüdischen Element könnte ein ständisch unkalkulierbares Oppositionsklima heraufziehen, dessen Widersätzigkeit immer weiter um sich greift. Muss man nicht alle pro-französischen Schriftsteller und Intellektuellen, diese Tyrannen der Literatur, als *mittelbare Juden* bezeichnen? fragt er. *Die modernen berlinisierten Juden waren für Gentz so recht die Produkte und Kreatoren des ‚so genannten 18. Jahrhunderts'*, schreibt Golo Mann.

Gentz, der nicht als Antisemit gelten kann, sondern etliche jüdische (Bildungs-) Bürger wie das Wiener Haus von Arnstein oder die Rothschilds zeitlebens sehr zu schätzen weiß, sieht gleichwohl in der Delikatesse dieser selbstbefreiten Intellektualität eine politische und zivilisatorische Gefahr. Denn zumal jene *halbe und seichte Weisheit* des Aufklärungsjahrhunderts ist für ihn im Wesentlichen ein Werk jüdischer Denker und Dichter, Gottlosigkeit und Französische Revolution gingen auf ihr Konto. Es sei der *Fluch und die Plage des Judentums*, schreibt Gentz, dass es die *Sphäre des Verstandes nicht zu verlassen vermag, und so lange an dessen Obsessionen hängt, bis ihre schwarzen Seelen zur Hölle fahren. Der blöde, frevelnde Verstand, der immer und alles regieren will*, er bildet für Gentz den Inbegriff jüdischen Geistes. Vor allem deshalb seien die Juden als die geborenen Repräsentanten des Atheismus, des Jakobinismus und der Aufklärerei zu betrachten. Später leistet sich Gentz einmal die boshafte Scherzfrage, ob nicht eigentlich *die Juden für die Kaiserkrönung Bonapartes verantwortlich* zu machen seien. Jedenfalls erscheinen sie ihm als Defätisten par excellence, sie machten sich zu Helfershelfern des Usurpators, und ihr abstrakter Friedenskult unterminiere die Wehrhaftigkeit der deutschen Länder, zumal Preußens, gegenüber dem französischen Hegemonialstreben. Friedrich Gentz teilt zwar den mainstream des preußischen Antijudaismus, der im frühliberalen wie im konservativen Lager noch hysterische Formen annehmen sollte, aber eine Reihe illustrer jüdischer Familien und Persönlichkeiten wird er Zeit seines Lebens im *Staube verehren*. (GS 11, 2).

Freilich darf das nicht über die Konjunktur der allgemeinen Judenächtung, besonders nach der preußischen Niederlage von 1806, hinwegtäuschen. Nicht nur Friedrich von der Marwitz wird bald vor der *Verjudung* des preußischen Staates warnen, und so sollte es allein Hardenberg zu verdanken sein, dass die relative Judenbefreiung von 1812 überhaupt durchgesetzt werden kann, zu einem Zeitpunkt freilich, als die Emanzipationsidee vermöge der Dreieinigkeit von christlicher Religion, deutscher Nationalität und monarchischer Gesinnung längst wieder unter Druck geraten ist.

Selbst die versuchte deutsch-jüdische Symbiose von 1812 erweist sich noch als herrschaftliche Anmaßung gegenüber den Juden, weil man sie zur Preisgabe ihrer religiösen und sozialen Identität zwingen will, damit sie als Preußen und Deutsche gelten können. (K.L. Berghahn 2001).

Gewiss, die Judenfrage ist für Gentz nur ein Teilproblem der allgemeinen kulturellen Dissoziation in Preußen und Deutschland. Dass er jetzt überhaupt wider alle aufgeklärten *Humanitätsschwätzer und Neutralitätsprediger* den Krieg als gar kein *so schreckliches Übel* verteidigt, dokumentiert nur noch einmal, wie viel Abstoßungsenergie sein Verhältnis zum *public spirit* der Gelehrtenrepublik in den neunziger Jahren aufgenommen hat. Wenn es später in seinem Tagebuch heißt: *1800 begann ich eigentlich in der großen Welt zu leben*, so ist das eher untertrieben, denn Gentz lebt einige Jahre zuvor schon im Kreis der Mächtigen in Staat und Gesellschaft. Kein anderer Intellektueller und Schriftsteller wird mittlerweile von den adligen Prestigefiguren geschätzt wie er, nicht ein Bürgerlicher besitzt so viele internationale politische Verbindungen und Einflussmöglichkeiten. Gentz gilt beileibe nicht mehr als einer unter vielen. Der Nimbus des Verräters und des Agenten verschiedener europäischer Mächte liegt da nicht mehr fern. (J. Baxa 1965/G. Mann 1995).

Schulden und Konfusionen

Wilhelm von Humboldt hat schon 1790, kurze Zeit nach ihrem Kennenlernen, von der Unzuverlässigkeit und von den Regellosigkeiten seines Freundes Gentz gesprochen, auch davon, dass er den *Verstand manch kleinen Mädchens so sehr auf die Lenden reducire*. Schon das erscheint mancheinem fragwürdig genug, doch problematischer noch steht es Jahr für Jahr um Gentz' Auskommen, denn in Geldfragen hat er um 1792 so viele *Konfusionen* angerichtet, dass die Freunde schlimme Ahnungen hegen. Und sie werden Recht behalten. Permanent müssen Humboldt und andere Vertraute des preußischen Kriegsrats damit rechnen, um pekuniäre Hilfe gebeten zu werden. Gentz erwirbt in kurzer Zeit den Ruf eines aufsässigen Pumpgenies, sein finanzieller Bankrott wird nicht mehr lange auf sich warten lassen. Und das, obwohl Ende 1792 zunächst alles besser zu werden scheint, nachdem er seine jüngste Liebelei beendet und die Heiratsabsicht gegenüber dem Fräulein Gilly erklärt hat. Aber kann die liebenswerte Minna bei diesem Mann wirklich eine *Revolution* bewirken?

Für Humboldt liegt hier ein ganz anderes Ereignis im Leben des Freundes vor, der soeben die Übersetzung und Kommentierung des berühmten Buches von Edmund Burke abgeschlossen hat und im Begriff ist, das Werk zu publizieren. *Wollte und konnte er sich mit diesem Projekt den Edlen, also jenen besseren Kreisen in Preußen und Deutschland wieder nähern*, die dem Burkeschen Geist zugeneigt sind? Ist Freund Gentz im moralischen Sinn von einem *freiern Leben zu einem gewöhnlichern zurückgekehrt*? Jedenfalls sei diese jüngste Publizistik, vermutet Humboldt, nicht zuletzt seiner schwelenden Sozial- und Liebesnot geschuldet: *Alles trügt mich, oder seinem zerstörten,*

*von der Vergangenheit verwundeten, von tausend wahren und falschen Schreckbildern
verfolgten Herzen hat die Übereinstimmung mit der Menge, das Gefühl, nicht mehr an-
zustoßen, wohlgethan, und ohne dass er sich selbst dessen bewusst war, hat ihn das mit zum
Burke getrieben.* Aber wenn es denn eine war, hat diese grandiose intellektuelle Anpas-
sungsleistung an die gute Gesellschaft wirklich vorgehalten? Keineswegs, wie sich
bald zeigen sollte, denn Gentz wird in den eingeweihten Kreisen der preußischen
Metropole nun endgültig den Nimbus eines hochfahrenden Bankrotteurs erwerben.
So manches über seine maßlosen Ausschweifungen spricht sich herum und wird selten mit Verständnis, vielmehr oft genug mit Kopfschütteln und Empörung, wenn
nicht mit frohlockendem Grimm wahrgenommen. Und doch kann all das die Aura
des Publizisten Gentz kaum beeinträchtigen, die kommt seit je schillernd daher und
so wird es bleiben.

Das Jahr 1796 führt zu einem einschneidenden Ereignis für Friedrich Gentz, denn
am 23. August tritt er vor dem ‚Königlichen Justiz Commissarius und Notarius im
Departement des Königlichen Cammergerichts' sein jährliches Gehalt formell an
seinen Verleger Friedrich Vieweg ab, um die ordnungsgemäße Tilgung seiner riesi-
gen Schuldenlast zu gewährleisten. Dass Humboldt in einem Brief an Brinckmann
kurze Zeit vorher eine Verlegenheit in Höhe von 1200 Talern erwähnt, die man wohl
wieder einmal zu übernehmen habe, zeugt davon, dass die Freunde vom wahren
Umfang des Gentzschen Schuldendesasters nicht immer genau unterrichtet sind. Ist
Gentz wirklich eher aufgrund von Schwäche als durch Verschwendung Schuld an
diesem Bankrott? (F.C. Wittichen 1909, I.). Für die Vertrauten und Geschäftspart-
ner, insbesondere seine Verleger Friedrich Vieweg und später auch Heinrich Frölich,
ist all das längst zum Dauerlamento, ja zum Albtraum geworden. Der bislang unpub-
lizierte Briefwechsel mit Vieweg stellt das Zeugnis einer einzigartigen Berufs- und
Beziehungskatastrophe dar.

Dass Gentz seine ‚Neue Deutsche Monatsschrift' herausgeben kann, verdankt er
dem Mitteleinsatz des Verlegers Vieweg. Als Vertragspartner hat Gentz es ihm zwischen 1794 und 1823 alles andere als leicht gemacht. Nahezu ununterbrochen fordert
er freundlich, flehend, beschwörend, mahnend oder mit seiner Existenzvernichtung
drohend Vorschüsse, Nach- und Restzahlungen, Wechselverlängerungen und -aus-
setzungen, einmal bittet er für seinen mittellosen Bruder Heinrich um Finanzhilfe,
ein anderes Mal wird das vom Schwiegervater Gilly zugesagte Geld dem Verleger
Vieweg als Ersatzleistung versprochen, mehrfach muss der alte Vater für den Sohn
bürgen oder Schulden begleichen, dann wird unter peinlichen Umständen ein kost-
barer Ring der Mutter versetzt, manchmal sollen die Verleger ihn abschirmen vor
anderen Gläubigern und Finanzfahndern, oder vor weiteren gerichtlichen Nachstel-
lungen.

Am 6. Dezember 1797 unternimmt Gentz dann so etwas wie einen Befreiungsschlag. Er beantragt in einem persönlichen Schreiben an König Friedrich Wilhelm III.
die Überlassung eines Erbpachtgutes in Südpreußen, ein Ersuchen, das von seinen
Chefs, den Ministern Hoym und Voss, freundlich unterstützt wird. Besonders Hoym

verweist sowohl auf die fachliche Eignung des *Officianten* Gentz, als auch auf seinen *soliden und ausgebreiteten Ruhm* als Schriftsteller. Offenbar weiß Hoym genau, was er tut, wenn er es wagt, diesen preußischen Kriegsrat als *Euer Majestät Huld und Gnade würdigen, jungen, einsichtsvollen und vorzüglich geschäftsfähigen Mann, von welchem man, wenn er erst seiner zeitherigen häuslichen Bedrängnisse entledigt ist, noch gewiss ersprießliche Dienste erwarten kann, unterthänigst zu empfehlen. Die Verleihung einer Erbpacht [...] würde das sichre Mittel seyn, den Genz in den vollen, durch keine ängstliche Nahrungssorgen gehemmten Gebrauch seiner Geisteskräfte zu sezzen.* (GStA PK, Berlin-Dahlem. I. HA, Rep. 96 A: Geheimes Zivilkabinett, Tit. 53a A, fol. 21r-21v). Die materiellen Sorgen und die Ausschweifungen des Friedrich Gentz dürften also bis in die Staatsspitze hinein ruchbar geworden sein, vielleicht könnte ihm die Überlassung einer soliden Erbpacht tatsächlich aus der Bredouille helfen. Aber Gentz wird kein Glück haben, obwohl Friedrich Wilhelm sehr wohl bereit ist, dieses Ersuchen genau prüfen zu lassen. An den Untertanen Gentz richtet seine Majestät am 6. Mai 1798 sogar eine persönliche Notiz, in der er darlegt, *dass die Zahl der zu verteilenden Güter viel kleiner sei als die Zahl jener Personen, die einen Anspruch darauf haben könnten, so dass Ich nur den allerverdientesten mich habe gnädig bezeigen können; Euch hingegen, und noch sehr viele andre mit weit gültigeren Ansprüchen als die Eurigen sind, habe übergehen müssen.* (GStA PK, Berlin-Dahlem. I.HA, Rep. 96 B, Nr. 98: Minister von Beyme).

Der große Befreiungsschlag ist nicht gelungen, im Gegenteil, die finanziellen Sorgen bleiben Gentz erhalten, sie nehmen eher schlimmere Ausmaße an. Denn Friedrich Vieweg wird dem kaiserlich-österreichischen Kriegsrat noch im Jahre 1823 einen Saldo von mehr als viertausend Talern in Rechnung stellen, den er endlich beglichen haben will. Nein, Friedrich Gentz, der so unendlich fleißige Publizist und Zeitschriftenherausgeber in den Verlagen Vieweg und Frölich, ist zu keiner Zeit ein erfolgreicher Geschäftsmann gewesen. Am Gelde hing, zum Gelde drängte zwar alles, aber am Ende ist es immer wieder vergebens. Allein die ‚Neue Deutsche Monatsschrift‘, die nur knapp ein Jahr lang erscheinen kann, wird für Gentz zu einem ökonomischen Desaster.

Im November 1795 schreibt er einen verzweifelten Brief an Vieweg, damit der ihn aus dem *Joch* des Vertrages umgehend entlassen und die Zeitschrift einstellen möge. Seine Kräfte seien vollkommen erschöpft. Ein Jahr lang habe er, von wenigen hilfreichen Mitautoren abgesehen, das Periodikum weitgehend allein füllen müssen, viel *saure Mühe für Maculatur*, und das noch bei schlechtem Papier und miserablem Absatz. Etliche schwache Aufsätze seien umzuarbeiten, so manche Kollegen wortbrüchig gewesen, ja man habe ihn geradewegs zum *Exercitien Corrector und zu einem Phrasendrescher herabgewürdigt*, das ganze Jahr 1795 sei ihm auf schlimmste Weise verloren gegangen. Und dann auch noch die Zensur. Sinnvoller wäre es gewesen, so Gentz, er hätte seinem Verleger in derselben Zeit ein zweibändiges Geschichtswerk über die Französische Revolution geliefert, das hätte zweifellos einen Verkaufserfolg gegeben. Aber nur einen einzigen gehaltvollen Aufsatz habe er in seiner eigenen Zeitschrift zustande gebracht. Interessant allerdings ist Gentz' Begründung für dieses

Debakel, sie wirft ein erneutes Licht auf die Situation des einunddreißigjährigen Intellektuellen in der preußischen Kapitale. Er schreibt an Vieweg: *Ich bin der Mann nicht, der ein Journal dieser Art aufrecht halten kann: ich bin es in keiner Rücksicht. Ich bin viel zu kritisch von einer Seite, viel zu unthätig, oder besser, zu wenig zudringlich und intrigant von der andern. Ich gehöre keiner gelehrten Clique, und der wenige Umgang, den ich mit andern Gelehrten pflege, trifft, wie Sie wissen, fast durchgehends solche Subjekte, die so isolirt leben, denken, und u r t h e i l e n, als ich. – Wo soll ich also die Materialien hernehmen? Woher besonders solche Materialien, die m i c h befriedigen, oder die mich nur nicht geradezu aneckeln?* (Vieweg Verlagsarchiv, Wiesbaden. Briefsammlung 311. G: Gentz-Briefe, Nr. 24).

Der keckabsprechende Ehrenmann wider Kants Theorie der Politik

Friedrich Gentz ist bei aller intellektuellen Aufmerksamkeit keineswegs bruchlos integriert in die deutsche Gelehrtenrepublik des späten 18. Jahrhunderts, doch einige ihrer wichtigen Persönlichkeiten weiß er mit Hintersinn an sich zu binden. Dazu gehört der Weimarer Gymnasialdirektor und Konsistorialrat Karl August Böttiger, jener ominöse magister ubique, ein versierter Schulmann, Publizist, Redakteur und Neuigkeitskrämer sondergleichen. Wer auch noch das Nebensächlichste des Wichtigen erfahren, oder sich im zweitrangigen Image-, Erfolgs- und Meinungsbildungsbetrieb der Spätaufklärung auskennen will, der nimmt die Verbindung zu Böttiger auf. Das tut Gentz und gewinnt den vielseitigen Weimarer, der sich in Wielands ‚Neuem Teutschen Merkur‘ für den Ruhm des Burke-Übersetzers erwärmt hat, als Mitarbeiter für die ‚Neue Deutsche Monatsschrift‘.

Während ringsum seine sozialen und finanziellen Lebensgrundlagen erzittern, arbeitet Gentz fieberhaft weiter an dem Projekt einer großen, zuverlässig dokumentierten Geschichte der Französischen Revolution. Der mit allen Wassern gewaschene Böttiger ist genau der richtige Partner für ein derartiges Rechercheunternehmen. Und Gentz scheut sich nicht, sogleich in die Gipfelregionen des deutschen Gelehrtenwesens zu greifen. Humboldt wird als zusätzlicher Vermittler bemüht, mit Schiller, Goethe und Herder nimmt er direkt oder mittelbar Kontakt auf, er lässt sich wichtige Literatur beschaffen und bekommt manchen Hinweis und guten Rat erteilt. (F.C. Wittichen 1909, I/J. Baxa 1965). Friedrich Gentz, das beweist bald auch seine neue Zeitschrift, ist einer der bestinformierten Historiographen des Revolutionszeitalters in Europa. Das Unternehmen einer umfassenden Geschichte jener Totalrevolution wird ihn noch bis zum Ende des Jahrhunderts beschäftigen, erst mit dem Wiener Engagement treten andere Aufgaben und Probleme in den Blick, Gentz wandelt sich dann vom aufklärungskritischen Publizisten mehr und mehr zum Politiker.

Um 1793 sind die Zeichen der Zeit noch ganz anders gesetzt. Zwei kritische Herausforderungen glaubt Gentz in diesem Jahr annehmen zu müssen – Kants Aufsatz

‚Über den Gemeinspruch: Das mag in der Theorie richtig sein, taugt aber nicht für die Praxis' und Fichtes ‚Beitrag zur Berichtigung der Urteile des Publikums über die französische Revolution'. Es wird sich abermals zeigen, dass der Burke-Übersetzer und -Kommentator Friedrich Gentz mit seiner durch Kant ausgelösten Replik in der ‚Berlinischen Monatsschrift' auf dem Höhenkamm des Politikdiskurses der Spätaufklärung angekommen ist. Wer von der philosophischen Autorität in Königsberg wahrgenommen wird, gehört zu den Zentralgestirnen am Firmament preußisch-deutscher Intellektualität.

Schon seit Beginn der achtziger Jahre schwelt der Streit zwischen kritischer und eudämonistischer Moraltheorie, der zu Kants polemischer Abfertigung der Garve-schen Popularphilosophie als *ekelhaftem Mischmasch von zusammengestoppelten Beobachtungen und halbvernünftelnden Principien, [...] daran sich schale Köpfe laben*, geführt hat. Wie Kant schon im Fall der Sittenlehre Garves vor allem deren empirische Ansprüche als falsch und verderblich bekämpft hat, tut er dies jetzt noch einmal in der allgemeinen Staats- und Rechtsphilosophie. Soll nach Maßgabe der chaotischen Welt der Erscheinungen, nach der bloßen Empirie menschlicher Wahrnehmungen über die Sollensansprüche einer vernünftigen, freien und gerechten Staats- und Verfassungsordnung entschieden werden? Dies würde bedeuten, dass man mit *Maulwurfsaugen weiter sehen könne, als mit Augen, die einem denkenden menschlichen Wesen zugehören*, schreibt Kant mit ungewöhnlicher Schärfe. Heute wissen wir, woraus sich die Rage des Königsberger Philosophen damals vor allem speist. Es ist das wirkungsmächtige Burke-Buch seines Schülers Gentz, das Kant bei aller Vorsicht gegenüber den Zensurbehörden zu geharnischten Invektiven herausfordert. (M. Stolleis 1967/P. Pirler 1980/ T. Dietrich 1989/D. Henrich 1967/P. Wittichen 1904).

Freilich verbietet sich die direkte und offene Polemik gegen einen politisch so wohlgelittenen preußischen Beamten und Publizisten von selbst, und doch ist niemand anders als Friedrich Gentz gemeint mit Kants spitzer Bemerkung vom *keckabsprechenden Ehrenmann*, den ein gewisser *Wahrheitsdünkel* auszeichne, und der im Wesentlichen so etwas wie *Staatsanpreisungen für die preußische Monarchie* im Sinn habe. Für Kant hat sich hier jemand mit durchscheinenden Absichten in eine philosophisch-politische Debatte um das Sittengesetz in Verfassung, Staat und Recht eingemischt, die von allen Parteimeinungen und Herrschaftsansprüchen unbedingt freigehalten werden muss. Kants kritische Zielrichtung ist evident, und so lassen sich die Kommentierung des Burke-Buches und der ‚Gemeinspruch' als nahezu spiegelbildlich aufeinander bezogen lesen, wie Rede und Gegenrede.

Möchte Gentz als unabhängiger Weltweiser und philanthropischer Erzieher erscheinen, lässt ihn Kant als *Geschäftsmann [...], Staatsmann [...], Weltmann* hervortreten, quasi als einen Theoriefremdling, der keinen Anspruch auf eine im Praktischen bewanderte Wissenschaft zu machen habe. Gentz hatte am Ende seiner Kant-Replik formuliert: *Die Theorie des Staatsrechts, welche auf dem bloßen Pflichtbegriffe beruht, ist für die Praxis des Staatsrechts unzureichend.* Er möchte der reinen Theorie allenfalls die Bedeutung einer *Präliminarkenntnis* zuweisen, auf die realen

Machtfragen in der Staatsorganisation besitze sie keine Antworten: *Alle Theorie aber, die sich auf diesen Gegenstand bezieht, muss ihre Vollständigkeit erst dadurch, dass sie die Erfahrung benutzt, zu erlangen suchen.* Aber wie kann man die historische Relevanz einer Theorie ignorieren wollen, fragt Kant zurück, der doch *andererseits zuviel unverdiente Ehre oder zuviel unverdiente böse Nachrede zukomme, Ursache von Staatsrevolutionen zu sein?*

Ob die Theorie zu vernachlässigen sei, oder ob sie eine wirkungsmächtige Kraft in der Weltgeschichte darstellt, scheint nicht so leicht klärbar. Spricht Kant emphatisch von einer Theorie, die dem sittlichen Bewusstsein und Handeln der Menschen selbst innewohnt, also immer schon in praktischer Wirksamkeit sei, und ist für ihn die Vernunft daher eine wesentlich handelnde und nicht nur Sätze und Normen bereitstellende Instanz, geht es Gentz um eine aus kontingenter Erfahrung geschöpfte politische Klugheitslehre, die in erster Linie dem monarchischen status quo zur pragmatischen Rechtfertigung dienen soll. Denn handelt es sich um Ordnungsfragen des Gemeinwesens, erweist sich die *reine Theorie nicht nur als unzulänglich für die mannigfaltigen Zwecke einer solchen Verbindung, sondern auch, dass, ohne über sie hinauszugehen, die Oberherrschaft des Pflichtbegriffs selbst nicht einmal sichergestellt werden kann: welches doch bei dem einzelnen Menschen der Fall nicht war.* Der kategorische Imperativ mag also für das Individuum von unbedingter Bedeutung sein, für seine handlungsleitende Wirksamkeit in einem kollektiven Ordnungssystem gelten jedoch andere Gesetzmäßigkeiten. Gentz zufolge ist der Mensch ein freies Wesen in dem Sinne, dass man ihn nicht allein nach Pflichtbegriffen beurteilen kann, denn die Moralität stellt nur eine seiner Seiten dar. Wie sonst wären die politischen Exzesse der Französischen Revolution erklärbar?

Immer wieder wird nun der Gegensatz von sittlicher Idealität und politischer Realität zum Problem. Darf für Kant die gesetzgebende Gewalt allein dem *vereinigten Willen des Volkes* zukommen, erscheint eine Repräsentativ-Verfassung für Gentz als politische *Missgeburt.* (P. Pirler 1980). Verurteilt Gentz also eine Theorie des Staates, die als Grundgesetz aller Menschen gleichermaßen gelten könne, und spricht er verächtlich von der *Chimäre Freiheit – ein Reich, ein Volk, ein Glaube,* so verteidigt Kant diese Theorie auch dann, wenn sie noch mit keiner Praxis übereinstimmt, es gehe um die historisch einholbare *Trias von äußerer Freiheit, Gleichheit und Einheit des Willens aller.* Für den Königsberger Philosophen handelte es sich bei den Natur- und Menschenrechten nicht um Ausflüsse einer politischen Metaphysik, wie Burke und Gentz unterstellten, sondern um die geschichtliche Verwirklichung ursprünglicher moralischer Anlagen im Menschengeschlecht. Kant verteidigt letzten Endes also die *pouvoir constituant* des Volkes, er folgt damit dem Bedeutungswandel des älteren in das jüngere Naturrecht, der vom fürstenstaatlichen zum gesellschaftlich legitimierten Souveränitätsverständnis führt. Gentz hingegen will jede revolutionäre Umdeutung des Verfassungsbegriffs schon von ihrem denkgeschichtlichen Ursprung her ad absurdum führen, und das, obwohl auch er an der vernunftrechtlichen Fundierung seiner politischen Theorie nicht rütteln lässt.

Den Antagonismus, der Gentz damals von einer Mehrheitsfraktion des aufgeklärten Geistes zu trennen beginnt, hat Johann Benjamin Erhard prägnant formuliert: *Eine Verkehrtheit der Begriffe ist es, die Aufklärung oder den freyen Gebrauch der Vernunft vor der Staatsverfassung zu rechtfertigen, denn diese muss sich vor der Vernunft rechtfertigen. Man kann nicht fragen: verträgt sich Weisheit und Tugend mit der Staatsverfassung? sondern: verträgt sich die Staatsverfassung mit Weisheit und Tugend? Nicht: ist Aufklärung dem Staate nützlich? Sondern: schadet die Staatsverfassung der Aufklärung nicht?* Nein, beteuert Gentz dagegen, aus dem *reizenden Schattenbild* des Naturrechts darf kein Denkimpuls zur Einschränkung oder gar zur Entlegitimation absolutistischer Herrschaftsordnung erwachsen, sondern der Staatsgewalt als solcher kommt eine vernünftige und rechtlich-moralische Dignität zu, die gegenüber allen Ansprüchen aus der Gesellschaft eine Art sakrosankten Status zu behaupten hat. Nicht nur die aufgeklärte Theorie der Willensgemeinschaft des Volkes also, sondern auch ihr Konterpart, die Gentzsche Vorstellung von der Staatssouveränität, ist normativ und diskursiv zugleich aufgeladen. (H. Dippel 1991/D. Klippel 1999).

Umso enervierender, dass Kant die Konstitution Englands verwirft, diese gelebte Form einer gelingenden Herrschaftsverfassung. Wobei er dem Vorwurf der *leeren Idealität* der neueren Freiheitsvorstellungen mit dem Gegenargument widerspricht, dass diese fest auf den Pflichtbegriff gegründet seien. Darin vor allem liege ihre Konkretion. Für Kant geht es nicht primär um die Rückversicherung der Staatsweisheit in der Kontingenz geschichtlichen Herkommens, Traditionalität als solche sei kein politischer Selbstwert. Vielmehr bedeute es einen Skandal in der Philosophie, wenn sie in dem, *worin ihre höchste Ehre* liegt, gleichsam nach Gutdünken reformiert werden soll. Politisch sei alles *verloren*, schreibt der Philosoph, wenn empirische, also *zufällige Bedingungen der Ausführung der Gesetze zu Konditionen der Gesetzgebung selber gemacht* würden, und so die Praxis *die für sich bestehende und ihrer selbst würdige Theorie zu maßregeln* hätte. Darin liege nichts als *Weisheitsdünkel*. Jede Form solch anmaßender *pragmatischer Geschicklichkeit* in der Staatspolitik, diese *Schlangenwendungen einer unmoralischen Klugheitslehre*, in der die blinde Empirie über das vernünftige Sollensgesetz dominiere, lehnt Kant kategorisch ab. Gentz hingegen akzentuiert ein umgekehrtes Verhältnis von Rationalität und Tradition: *Zu der Zeit, wo ich den politischen Schauplatz betrat, schien es wirklich darauf abgesehen, das traditionelle Element ganz zu verdrängen und dem rationellen die Alleinherrschaft zu bereiten. Gegen dieses falsche Bestreben bin ich zu Felde gezogen.*

Mag sich Gentz eine parteilose Vernunft zusprechen bei der Beurteilung politisch-moralischer Streitfragen, ein Erzieher des Menschengeschlechts wie Kant hat für den Gedanken eines politischen *Gleichgewichts unter den Ideen* nicht das Geringste übrig. Zweifelt Gentz an der handlungsleitenden Kraft des vernünftigen Sittengesetzes in der Politik, weil es die dunklen Antriebe und zerstörerischen Leidenschaften der Menschengattung verkenne, so will Kant am Faktum der Vernunft als normativer Leitinstanz alles praktisch Guten nicht rütteln lassen. Er unterstützt daher die Freiheit der Schriftsteller als das *Palladium des Volkes* besonders dort, wo Gentz dem

Geist des Zeitalters strenge Zügel anlegen möchte und gegen *Volksschmeichler und Fürstenschmeichler* gleichermaßen zu Felde zieht. Stolz verwahrt sich Kant gegen den Vorwurf, ein Volksschmeichler zu sein und bezeichnet umgekehrt jene Haltung als verwerflich, die bei den Herrschenden *Selbst- und Lautdenken* denunziere und bei ihnen Misstrauen gegen ihre eigene Macht und gegen ihr Volk erwecke.

Edmund Burke und sein Übersetzer haben dafür plädiert, sich unbeweglich an den Fundamenten der britischen Konstitution festzuklammern und niemals *Gefährte bei den verzweifelten Flügen der tollkühnen Luftschiffer* von Frankreich zu werden, Kant hingegen verteidigt ausdrücklich und nicht ohne Ironie derart hochfliegende Versuche, wenn nötig mit *aerostatischen Ballons*. Für Burke und Gentz kommt die französische Totalrevolution einem *Urverbrechen* an der Menschheit gleich, Kant jedoch sieht darin ein offenes Experiment, das bei den Menschen eine *nahezu enthusiastische Theilnehmung dem Wunsche nach erzeugt habe und niemals vergessen werde*.

Während Gentz die *großsprecherischen* Gesetzgeber in der französischen Nationalversammlung anklagt, verteidigt Kant deren legislative Leistungen wider ihre konterrevolutionären Angreifer. Er negiert zwar prinzipiell das Recht des Volkes auf eine Revolution, hält aber die gewählte gesetzgebende Konstituante als Ausdruck des Gemeinwillens für legitim, die Untertanen schuldeten ihr den gleichen Gehorsam wie der alten Obrigkeit. Für Gentz dagegen hat das Experiment der revolutionären Franzosen mit überzeugenden Moral-, Rechts- und Verfassungsprinzipien nichts zu tun, scheint es doch Ausdruck jenes auch von Kant vertretenen *ruinösen Prinzips der Freiheit jedes Gliedes der Societät, als Menschen zu sein*. Eine Maxime, die er deshalb in die eher administrative Formel umwandeln möchte: *niemand kann mich zwingen, etwas zu tun, was das Gesetz nicht befiehlt*.

Nicht nur unter dem Gesichtspunkt der Freiheit, auch unter dem der Gleichheit sind der Königsberger Philosoph und sein Schüler höchst uneins. Für Gentz ist im Widerspruch zu Kant klar, dass erbliche Prärogativen des Adels erhalten bleiben müssen, dass es aber keinen politischen Beteiligungs- und Legislationsanspruch des Citoyen geben soll. Realpolitische Pragmatik ist das Gebot der Stunde, von urmenschlichen Freiheitsträumen kann ernsthaft die Rede nicht sein, Macht muss ausgeübt und reguliert werden, das ist für Gentz eine unumstößliche geschichtliche Tatsache. Kant und mit ihm die aufgeklärte Öffentlichkeit dürften verstanden haben, was dieser junge kecke Weltmann im Schilde führt, wenn er die Empirie des Staatshandelns wider die reine, politisch allzu machtlose Philosophie zum Bekenntnis erhebt. Wessen Theorie und wessen Praxis gemeint ist, daran hat Gentz keinen Zweifel gelassen.

Die falsche Kultur der Freiheit – Fichte

In seiner Rezension von Fichtes ,Beitrag zur Berichtigung der Urteile des Publikums über die französischen Revolution', die in Archenholtz' Zeitschrift ,Minerva' erschienen ist, nimmt Gentz noch einmal den philosophischen Streit auf mit einer Rechtfertigungsschrift der Französischen Revolution. Fichte geht es um nicht weniger als die *wahre Revolution*, um den Durchbruch eines Möglichkeitsraumes für den Fortschritt schlechthin. (R. Schottky 1973/B. Willms 1973). Der Staat, seinem Wesen nach einem ursprünglichen Sozialvertrag entstammend, erscheint bei Fichte als bloßes Geflecht von Willensbildungen zwischen an und für sich souveränen Individuen, er ist ein untergeordneter Zweck seiner Bürger und gewinnt nirgendwo eine eigene Dignität. Das heißt, der jedem status civilis vorgeordnete Naturzustand und die dem Menschen zukommenden natürlichen Rechte sind prinzipiell unaufhebbar und können jederzeit gegenüber dem Souverän vertragsgerecht, also legitimerweise aufgelöst werden. Ein zutiefst widerständiger, ja revolutionärer Grundzug waltet in der politischen Philosophie Fichtes, das hat Gentz sofort gesehen und mit Akkuratesse herausgearbeitet.

Schärfer noch als Kant macht Fichte den Freiheitsbegriff zu einer absolut gültigen Norm für die Gestaltung von Staatsverfassungen und die Ausübung von obrigkeitlicher Gewalt. Nicht der tradierte Topos der Glückseligkeit als Prinzip des Staatshandelns sei länger verbindlich, sondern nun soll es allein um das Individuum und seine *freie, ungehinderte Selbsttätigkeit, [sein] Wirken aus eigner Kraft nach eignen Zwecken mit Arbeit und Mühe und Anstrengung* gehen. Sittliches Handeln, die einzig mögliche Form der Befriedigung des Menschen, kann nur noch in den schlechthin autonomen Tathandlungen der intelligiblen Subjekte gesucht werden. Die äußere politische Freiheit wird als eine Art Komplementärfunktion zu den ungebundenen subjektiven Willensbildungsprozessen verstanden und als solche auch eingefordert. Damit wird das Naturrecht wieder auf das reine sittliche Sollen, auf einen Kant noch überbietenden kategorischen Imperativ zurückgeführt. Dies so radikal, dass die Aktions- und Rechtssphäre des Einzelnen bis in die schiere Willkürfreiheit hinein legitimiert erscheint. Kein Wunder, dass der junge Fichte sogar die politische und juridische Depotenzierung jeder Staatsvorstellung in Kauf nehmen will, das Gemeinwesen gilt ihm als vollkommen abhängig von der Vertragswillkür der einzelnen Bürger.

Entsprechend sieht die Menschenrechtsvorstellung in dieser Philosophie aus. Nicht nur ein unwiderrufliches Widerstandsrecht und der soziale Anspruch auf ein Existenzminimum soll jedem einzelnen garantiert sein, sondern auch die Freiheit, jedem Gesetz den Gehorsam zu verweigern, denn Gesetze bringen bei Fichte keine obrigkeitlichen Zwangsmittel zum Ausdruck, sondern sind von Konventionalregeln kaum unterscheidbar. Ohnehin kann es nur Gesetze bezüglich des *ethisch Gleichgültigen* geben, nicht aber bei Rechten und Pflichten in den unantastbaren menschlichen Privatsphären. Eine derart ins Extreme hinein individualisierte Freiheitsvorstellung höhlt die autonome und eigengesetzliche Staatlichkeit vollkommen aus im Interesse einer *Kultur zur Freiheit*. Und die zielt letztlich auf ein idealistisches Absolutum, auf den notwendigen Fortgang der Menschheit. In jenem fernen sittlichen Vollendungszustand soll es dann eines Staates in keiner Weise mehr bedürfen.

Dies vor allem ist es, weniger der unhistorische Zuschnitt der Fichteschen Philosophie, was einen auf Empirie und Staatsklugheit eingeschworenen Denker wie

Gentz in Rage bringen muss. Und nichts dürfte ihm mehr zuwider sein als ein Satz wie der folgende: *Der Mensch kann, was er soll; und wenn er sagt: ich kann nicht, so will er nicht.* Liegt darin nicht eine verkappte Form jakobinischer Terrorgesinnung? Zwei Jahre später wird Fichte seine Philosophie mit der Französischen Revolution in Gleichklang bringen und als das *erste System der Freiheit* erscheinen lassen, das den Menschen erlösen könne von den Ketten der Dinge an sich. In Sachen Fichte ist nach Gentz' politischer Überzeugung Vorsicht geboten, auch wenn der Denker der freien Tathandlung des Ich später andere Akzente setzen sollte.

Gentz lässt diese Philosophie nach höchsten und reinsten Prinzipien, die *jenseits aller Erfahrungs-Grundsätze angesiedelt* sei, für sich selber sprechen, allein dadurch entblößt sie schon ihren voluntaristischen Charakter. Verstiegene Selbstkenntnis statt historischer Reflexion, kulturelle Selbstentfaltung des Menschen statt konkreter Politik, legitimierte Abschaffung des Staates unter dem Gesetz der Erziehung des Menschengeschlechts, maßloses Widerstandsrecht des Individuums bis hin zum revolutionären Umsturz des gesamten Bürgerkontrakts, Verzichtleistung auf Adel und Kirche, Ignoranz des Unglücks vieler, wenn die Bevorteilten auf einmal alle ihnen nachteiligen Verträge aufhöben, dazu ein frostiger und oft drohender Ton gegenüber lobenswerten Autoren – Gentz lässt die *Unbestimmtheit und Dunkelheit* des Fichteschen Räsonnements, vor allem seine Sottisen gegen die politischen Empiriker, hintersinnig Revue passieren. Intellektuelle solcher Coleur, das glaubt er gezeigt zu haben, tragen so gut wie nichts zur öffentlichen Berichtigung der Begriffe und *Erleichterung des Ideenganges* bei. Worum es wirklich geht, wenn von Preußen und von Deutschland im Zeichen der Revolution die Rede ist, das kann nur ein auf Erfahrung versessener Polyhistor wie er unter Beweis stellen.

FÜNFTES KAPITEL

Staatspublizist auf eigene Rechnung

Die Schrecken der Tugend oder Das Revolutionsprojekt

In seinem Aufsatz ,Über die Grundprinzipien der jetzigen französischen Verfassung nach Robespierre's und St. Just's Darstellung derselben', der 1794 ebenfalls in der ,Minerva' erschienen ist, nimmt Gentz das Problem der Revolution noch einmal auf, allerdings nicht primär unter philosophischen Gesichtspunkten, sondern mit dem Blick des Geschichtsschreibers der politischen Ideen. (GS 7). Robespierres und St. Justs Reden im Nationalsenat sollen dokumentiert und zergliedert werden, weil nicht im kodifizierten Gesetzestext, sondern vor allem im gesprochenen Wort der wahre Geist der gegenwärtigen Verfassung zu finden sei. Dem Leser der Zeitschrift tritt ein buntes Florilegium an Zitaten entgegen: Freiheit, Gleichheit und Gerechtigkeit, Moralität statt Egoismus, Ehrlichkeit und Ehre, die Tugenden und Wunder der Republik dem lasterhaften Monarchismus entgegengesetzt, das Loblied auf die Demokratie – all diese rhetorischen Fixsterne sind für Gentz nichts weiter als Wiederholungen der im Schwange befindlichen französischen *Alltags-Floskeln*. Mit der revolutionären Verheißung: *Wir wollen* sei für das Glück der Menschheit noch gar nichts geleistet. Vermittels ihrer Sprache will Gentz die Enragés zur Kenntlichkeit bringen.

Provozierend falsch erscheint ihm bereits die Unterstellung, die Demokratie, also die rein republikanische Verfassung, sei die beste aller Staatsformen zur Realisation der Sittlichkeit des Menschen. Welch ein Unsinn davon zu reden, die Französische Revolution stelle die Stufe einer natürlichen Menschheitsentwicklung auf dem unvermeidlichen Weg zur Demokratie dar. Die politische Wirklichkeit in Frankreich hält dem nicht einen Augenblick lang stand, mahnt Gentz, denn hier gibt es in Wahrheit keinerlei Volkssouveränität und Volksmacht. Das französische Volk denkt nicht und es erlässt auch keine Gesetze: *Das Volk wählt weder seine Repräsentanten, noch sonst irgend Jemanden, und darf nicht wählen, weil der National Convent ein Decret gegeben hat, welches alle Wahlen ohne Ausnahme (versteht sich zum allgemeinen Besten) [...] auf unbestimmte Zeit suspendirt hat. Im Frankreich der vermeintlich demokratischen Revolution herrschen nun die permanenten Municipalitäts-Collegien, und Administrationen, und Revolutions-Ausschüsse, [...] eben so mächtig und eben so barbarisch, als je ein königlicher Intendant geherrscht haben kann.* Ein ständig tagender Wohlfahrtsausschuss kujoniert die Bürger, bestimmt gewaltsam, was sie tun und

lassen und besitzen dürfen, und wächst sich immer mehr aus zu einer revolutionistischen Regierungsform, die das Land innerhalb eines Jahres weiter denn je von einer
Demokratie entfernt hat. Pure Einförmigkeit, ein Verstummen allen Widerspruchs
kennzeichne Frankreich im Jahre 1794, vom Fortschritt der Freiheit keine Rede, nur
ein *Tollhäusler* könne glauben, dass dieser Revolutionszustand so etwas wie eine Regierungsform darstellt.

Gentz arbeitet sich immer weiter in die beschwörende und vernebelnde Sprache
der Revolutionäre hinein, in diese *elende Sophisterey*. Kann man die Neigung zu einer
bestimmten Verfassung wie der Demokratie im Ernst eine Tugend nennen? Nein,
sagt Gentz, das sei nichts als der politische Missbrauch eines Wortes, genau so wenig
könne man noch von der Liebe zum Vaterland reden. In den frühen Kulturen der
Menschheit war dies möglich, nicht aber im greisen Alter des europäischen Menschengeschlechts, das sich in der Politik keinen jugendlichen und leidenschaftlichen,
oft blinden Enthusiasmus mehr leisten kann. Wider alle dunklen Vorstellungen plädiert Gentz abermals für die *nüchterne Tauglichkeit politischer Formen zu den End-
zwecken der gesellschaftlichen Verbindung*. Man sollte im politischen Leben lieber von
Pflichten reden, die auf vernünftigen Überzeugungen beruhen. Aber davon ist im
gegenwärtigen Frankreich am wenigsten zu spüren, denn das Land werde im Grunde
nur zusammen gehalten durch den Abscheu vor der alten Verfassung des Reiches. Ist
das eine hinreichend Grundlage für die Fortexistenz eines großen Staates?

Gentz lässt der politisierte Tugendbegriff nicht los. Genau so wenig wie ein Staat
allein auf Vernunft begründet werden kann, weil man die Natur des Menschen mit
all seinen Schwachheiten und Leidenschaften zu berücksichtigen hat, darf auch die
Tugend zum erstrangigen politischen Ordnungsfaktor erkoren werden. *Tugend und
Verräterei*, dieser unaufhebbare Aggressionstatbestand in allen Gesellschaften, würde zu fortschreitenden Insurrektionen, Revolten und Revolutionen führen, gelänge es
nicht, die *oberste Gewalt im Staate wohlthätig und zugleich unschädlich zu machen*.
Aber wo bleiben kluge Herrschaftsverteilung und ballance of power in einem Land
wie Frankreich, in dem eine einzige Machtclique das Sagen und dem Volk *keine andere Caution anzuweisen hat als ihre eigne Tugend*? Es scheint nur konsequent, dass
Robespierres Revolutionstheorie den Schrecken mit der Tugend identifizieren will.
Ist die Behauptung der Tugend nicht überhaupt ein sprachlicher Wechselbalg für die
Apologie des Terrorismus? Wie sehr das vermeintlich Gute, umgemünzt in eine politische Verheißung, zum Instrument der Hysterisierung und Gewaltnahme werden
kann, beweist der von den Franzosen kürzlich erklärte Krieg zur Genüge. Gentz
muss am Ende nur noch einmal Robespierre zitieren, der soeben die Hébertisten zum
Schafott hat führen lassen: *im gegenwärtigen Augenblick aber, wo äußre und innre
Feinde uns verfolgen, muss der Schrecken sich zu der Tugend gesellen, und das Revolu-
tions-Regiment vollständig machen.*

Auch St. Just gehört zu den Theoretikern, die jeden Akt der Gewaltsamkeit ihres
Regiments als *nothwendig, erlaubt, weise und menschlich* erscheinen lassen, und ihre
Tyrannei aus den höchsten Prinzipien von Freiheit und Vollkommenheit herzuleiten

sich unterstehen. Zu seinen Fanalwörtern gehören vor allem Gerechtigkeit und das Wohl des Volkes. Bei solchen rhetorischen Superlativen wird Gentz hellhörig: *Die unselige Maxime 'das Wohl des Volks sey das höchste Gesetz' ist von jeher der Tod aller politischen Moral und das Stichblatt der größten Schandthaten gewesen.* Erziehung zur Kollektivität, zu einem erwünschten System der Sitten und Gebräuche, dieser Grundgedanke des französischen Revolutionskatechismus macht den preußischen Staatsdenker zutiefst misstrauisch. Denn die erste Pflicht eines Regenten oder Staatsoberhaupts liegt nicht in der Gerechtigkeit gegenüber dem Ganzen, sondern gegenüber *jedem einzelnen Bürger. So ist die wahre Ordnung der politischen Rechtsbegriffe beschaffen. [...] Bei uns giebt es keine politische Freyheit ohne Unabhängigkeit unsrer Individualität,* schreibt Gentz mit Nachdruck. Jede andere Einschätzung sieht er in Erklärungsnot. Nur zu gern berufen sich die revolutionären Wortführer auf jenes große Ganze, besonders auf antike Geistes- und Politiktraditionen, und beschwören den public spirit der Alten, um ihre eigene *vertu* als vorbildliche Moral erscheinen zu lassen. Sparta gilt oft als Musterbeispiel einer solchen öffentlichen Erziehung zu wehrhafter Gefolgsbereitschaft.

Gentz, der Propagandist einer rechtsförmigen Staatsbürgergesellschaft, muss vehement dagegen halten. Die moderne soziale und staatliche Wirklichkeit, mit ihrer Aufklärungskultur und vielseitigen Bildung, ihrem differenzierten Bedürfnissystem, widersetzt sich jedem Versuch einer mentalen oder materiellen Gleichschaltung der Menschen: *Daher ist jetzt ein Jeder, der Staats-Constitutionen entwerfen oder ausbessern soll, gezwungen, von der Hoffnung, dass er eine Nation nach seinen Zwecken modelliren kann, gänzlich abzugehen, und blos dahin zu trachten, dass sein Werk den Bedürfnissen der Menschheit, so wie er sie findet, angemessen, vor allen Dingen aber, dass es in sich selbst vollkommen, nach den Regeln der politischen Architektonik erbaut sey. Es gibt, was das Leben der Menschen angeht, keine bessere Vorschrift als die, jeden einzelnen seinen eigenen Weg gehen zu lassen, wenn er nur seine Mitbürger nicht beeinträchtigt.* Welch ein Unsinn, angesichts dieser Verhältnisse auf luftige republikanische Erziehungsideen vertrauen zu wollen und die konkrete Organisation des Staates für ein *Possenspiel* zu halten.

Die rhetorische Pervertierung des Tugendbegriffs nimmt für Gentz vor solchem Hintergrund den Charakter eines politischen Irrwahns an, etwa in Formulierungen wie: *die Monarchie besteht nicht in einem Könige, sie besteht im Verbrechen: die Republik nicht in einem Senat: sie ist die Tugend.* Hunderttausendfache Mordtaten sollen als staatlicher Tugendkodex erscheinen? Gentz entwirft das Gegenbild einer im Blut watenden Revolution, die nicht nur die Tugend, sondern längst auch die Religion entheiligt hat. Zu einem Gespenst sei sie verkommen, fast vernichtet, sie drohe nur noch als Deckmantel benutzt zu werden: *Was in den abergläubischen Zeitaltern die Religion verrichtete, muss in dem philosophischen die Tugend thun.* Dabei kommt ihm die Entheiligung der Tugend in der Gegenwart verderblicher vor als die der Religion. Wenn Religionen verfallen, kann die Moral immer noch den letzten Zufluchtsort des Glaubens bilden und womöglich wieder zu seiner Restitution beitragen. Wenn aber die Tugend als Deckmantel grenzenloser Bosheit herhalten muss, dann seien die Aussichten der Menschheit in der Tat verzweifelt.

Gentz spricht von einem erschreckenden Verfall der sittlichen Gefühle, von Mitleid und Gerechtigkeit im gegenwärtigen Frankreich, die Revolutionsverfassung sei zu einem *Ungeheuer* mutiert, das seiner Natur nach der *Tod aller Rechte, aller moralischen Ordnung und aller Principien seyn muss.* Umso enervierender, dass Deutschland zu einem Zeitpunkt mit dem Revolutionsinferno konfrontiert worden ist, als es in seinem öffentlichen Denken gerade eine philosophische Regeneration, eine glorreiche Säuberung der Begriffe Pflicht und Recht erlebt hat. Und dennoch konnte es dazu kommen, dass diese geläuterten Termini in den Schmutz der politischen Geschichte gezogen wurden: *Ein System des Rechts, und eine Revolutions-Verfassung! – Wie war es möglich, dass beydes sich in Einem Kopfe begegnete! – Die Maximen tyrannischer Demagogen, und die Tugend! – wie konnten beyde in Einem Herzen Altäre finden!*

Für Gentz soll es nun zur wichtigsten Aufgabe der politischen Philosophie werden, gegen jene verderbliche Usurpation einzuschreiten, die da besagt, alle Revolutionsherrschaft gründe auf Tugendhaftigkeit. Hier müssten alle Europäer Flagge zeigen, Parteilosigkeit gäbe nur den günstigsten Nährboden ab für das *republicanische Tugend-Gepränge.* Wer wie die französischen Jakobiner von der Diktatur der Gerechtigkeit spricht, macht vielmehr Grausamkeit zum Prinzip aller Gesetzgebung. Über die tieferen Ursachen dieser Unerbittlichkeit darf man keine Illusionen hegen, sie verweisen auf das debakulöse historische Schicksal eines solchen Unrechtsregimes. Die selbst gestellte Frage, warum dessen Gesetzgeber so erbarmungslos verführen, beantwortet Gentz ernüchtert: *Sie k ö n n e n sich nicht mehr erbarmen: eine entsetzliche Nothwendigkeit, das Gebot einer Selbsterhaltung, die mit ehernen Ketten an Grausamkeit und Verbrechen geknüpft ist, zwingt sie, schrecklich und immer schrecklich zu seyn, oder unterzugehen.* Niemand also ist vor dieser dräuenden Gewaltnahme sicher, kein Franzose, kein Deutscher, kein Bürger Europas. Die Friedfertigen, Sanftmütigen und Menschlichen, alle sind bedroht, mahnt Gentz, das Urteil über die Schuldlosen ist gesprochen, ehe man es sich versieht: *Wenn die Theorie Fortschritte macht, werden die Kerker zeitig genung die Früchte davon einerndten.*

Am Ende ist es die Diagnose einer Fundamentalkrise der bürgerlichen Normalität auf dem Kontinent, die der Sprach-, Bewusstseins- und Mentalitätskritiker der Revolution hier vorlegt. Kein Zeitgenosse wähne sich in Ruhe und Sicherheit, von allem subjektiv Wünschbaren könnte die französische Staatsumwälzung bald europaweit das blutige Gegenteil in die Welt setzen, so der Subtext seiner Darlegungen. Friedrich Gentz hat sein historiographisches Erkundungswerk zur Revolution in ersten Expertisen vorgestellt, die ‚Neue Deutsche Monatsschrift‘ wird wenig später das gesamte europäische Jahr 1794 zum Gegenstand von ambitionierten Zeitdiagnosen machen. Der Verantwortung im politischen Handeln soll die Verlässlichkeit des geschichtlichen Urteils zur Seite treten. Wenn es der Politik und der Staatskunst an Erfahrung mangelt, kann sie in der Geschichte der Revolution wahrhaft fündig werden, sie kann den *Stof zu den praktischen Veranstaltungen liefern, ohne welche das vollkommenste System der Rechte ewig nur ein reizendes Schattenbild bleibt.* (G. Kronenbitter 1994/P. Wittichen 1916/18).

Ein Zeitalter wird besichtigt – ‚Neue Deutsche Monatsschrift'

Auch wenn Gentz unter dem Misserfolg seiner Zeitschrift leiden wird, es gelingt ihm durchaus, etliche namhafte Autoren um wichtige Themen der Zeitgeschichte, der Kunst- und Kulturhistorie zu versammeln – Herder, Garve, Meißner, Böttiger, Jenisch, Manso, Gleim, den Bruder Heinrich, Wilhelm von Humboldt und einige andere. Dieses Monat für Monat mühselig gefüllte Periodikum kommt mit sehr gemischten Themen daher, aber es hat in seiner kurzen Erscheinenszeit Profil gewonnen, wobei Gentz' Aufsätze an Material- und Gedankenreichtum herausragen. Der Herausgeber und Autor will die Arbeit des Geschichtsschreibers ernstnehmen, ausschließlich um *Fakta* soll es gehen, er habe sich der Tatsache zu stellen, dass die historischen Begebenheiten und Entwicklungen aneinander drängen wie die Wellen des Meeres, sie gleichen eher dem Spiel des Windes als dem zweckmäßig wirkender Kräfte. Mit Herder und Burke weiß Gentz, dass in jenem Labyrinth von Menschen und Verhältnissen, von einander widerstreitenden Kräften und Erscheinungen alles andere zu finden ist als die verheißene Selbsterziehung des Menschengeschlechts zum Guten, Wahren und Schönen. Denn Ordnung, Sinn und Perspektive sind den gegenwärtigen Zeitläuften abhanden gekommen, und nicht eines jener großen und kraftvollen Individuen, die früher die Historie prägten, ist mehr in Sicht. Nur *Zwerge* agieren noch auf der Bühne der europäischen Geschichte, schreibt Gentz, so als hätten sich die Natur und die Weltregierung verschworen, dass nichts mehr hervorragen soll. Weil das insbesondere für Frankreich gilt, macht er mit der dortigen politischen Situation den Anfang.

Das Jahr 1794 mit seinem allgemeinen Krieg hat an Greueln und Entsetzen die Zeit davor noch weit überboten. Gentz führt dies auf die Inthronisation des Wohlfahrtsausschusses zurück, in dem ein furchtbares Dezemvirat von Gewaltherrschern das gesamte Land mit seiner Blutrunst überzogen habe: *Niemand wagte neben Robespierre noch eine eigene Meinung zu äußern, tödtliche Bangigkeit herrschte unter den Schriftstellern, die Hébertisten und Cordeliers, die eine nochmalige Insurrektion des Volkes zu fordern wagten, waren hingerichtet worden, damit Tugend und Simplicität der Sitten wieder befestigt würden, und das Pariser Volk sah ungerührt jene Männer sterben, die es eben noch als seine Lieblingstribune verehrt hatte.* Genau verfolgt Gentz den Aufstieg des Diktators Robespierre, er schildert den komplizierten Verlauf des Prozesses gegen den Widersacher Danton, der gemeinsam mit seinen Getreuen durch *abscheulichen Lug und Trug* aufs Schafott gebracht worden, aber freilich selbst Urheber zahlloser Greueltaten gewesen ist: *Nach dem Tod Dantons hatte Robespierre die Mittagshöhe seiner Macht erreicht, er disponirte über die Kräfte des Staates, wie über ein Privatgut.*

Er war Gesetzgeber, Regent und Ober-Richter zugleich. Überall in Frankreich saßen nun seine Creaturen an den Knotenpunkten der Macht. Aber dieser Erfolg währte nur kurze Zeit, und das obwohl man Robespierre zum Präsidenten des Nationalkonvents und zu einer Art Hohepriester der Vernunft gewählt hatte.

Die Revolte gegen den Tyrannen konnte im Sommer 1794 niemand aufhalten, unter großem Volkstumult, Schrecken und vielfacher Verwirrung gelang es, die Opposition gegen den Diktator zu organisieren, ihn ohne förmlichen Prozess anzuklagen, für vogelfrei zu erklären und schließlich in Paris am 28. Juli abends um 19 Uhr hinzurichten. Gentz sieht im Tod Robespierres eine bedeutende Zäsur der französischen Nationalgeschichte, erhebliche Wirkungen seien von diesem Ereignis ausgegangen: *Endlich konnte sich bei den lebhaften und zu großer Leichtigkeit neigenden Franzosen allmählich wieder ein Zustand der Mäßigung einstellen, mit Abscheu blickte man nun auf das überwundene Schreckensregime zurück, die Gefängnisse wurden für viele unschuldig einsitzende Bürger geöffnet, die abgestorbene Pressefreiheit erwachte von neuem, Gerechtigkeit und Sanftmut kehrten in das Justizsystem zurück, das Wohl des Staates gewann erneut an Bedeutung, Industrie und Handel, Künste und Wissenschaften erhoben ihr Haupt, der Bürger durfte endlich wieder Anspruch machen auf sein persönliches Eigentum, selbst der emigrierte Adel und die alteingesessene Nobilität konnten mit Milde und Gerechtigkeit rechnen.* Entsetzt blickt Gentz auf die Totenliste mit den Namen so vieler bedeutender und gewöhnlicher Revolutionsopfer, der kein Zeitalter, der die Geschichte keiner Nation ein *Seitenstück* entgegenzustellen habe.

Umso bestürzender, dass sich die jakobinischen Kräfte keinesfalls geschlagen geben wollten. Kaum waren der Despot Robespierre ausgeschaltet und bessere Verhältnisse in Sicht, zeigten sich schon wieder Zwietracht, Fraktionsgeist und mancherlei Keime zu Anarchie und Bürgerkrieg. So schnell wird das französische Staats- und Verfassungssystem den tief eingesickerten *Geist der despotischen Perversion* nicht los, glaubt Gentz, auch wenn der public spirit der Franzosen erkennbar an Radikalität und Fanatismus verloren hat. Das sei vor allem deutlich geworden am Verbot des Jakobiner-Klubs und der Hinrichtung seiner Hauptverantwortlichen. Im Blick auf Europa und den Ersten Koalitionskrieg allerdings stellt sich die Frage, warum dieser von Revolten, Terror und politischer Perversion erschütterten Nation nach wie vor das Glück der Waffen beschieden sein kann. Dem geht Gentz jetzt nach.

Wenn eine Krieg führende Nation es zwei Jahre lang mit zehn anderen Völkern gleichzeitig aufnimmt und von Sieg zu Sieg eilt, Trophäe über Trophäe erringt, kann nicht mehr von Zufall und Glück die Rede sein, dann muss man sich nach *vollwichtigen, weitreichenden, mächtigen Ursachen umsehen.* Wie viele große Bündnisse hat es in der Weltgeschichte gegeben, die zu kleinen Ergebnissen geführt haben. Aber im Fall Frankreichs ist alles anders. Dieses Land steht militärisch und politisch nur für sich selber ein, bei einer Koalition unter mehreren Mächten ist genau das aber nicht der Fall. Hier richtet jeder sein Augenmerk argwöhnisch auf den Bündnispartner, jeder wägt die eigenen Kräfte und Chancen ab gegenüber dem anderen und neigt dazu, die Erfolgsaussichten des gesamten Bündnisses hintan zu stellen. Wenn aber jeder beteiligte Staat sein Interesse eher auf sich selber richtet, fehlt es an einem gemeinschaftlichen, alles belebenden Mittelpunkt. Den vermag ein einzelner im Krieg befindlicher Staat auf viel wirkungsvollere Weise in sich selbst zu finden. Gentz hält es sogar für möglich, dass eine derart tapfer kämpfende Nation trotz Krise und möglichen Kriegsverlustes am Ende mit Ruhm und Ehre bedeckt dastehen könnte. Doch eine zureichende Erklärung für den Kriegserfolg der Franzosen scheint damit immer noch nicht gegeben. Worin also liegt jene staunenswerte Superiorität Frankreichs begründet?

Sie ist aus der französischen Revolutions-Verfassung selber zu erklären, die es vermocht hat, der Regierung eine unerhörte Machtfülle zu sichern, ihre Hilfsquellen ins Unendliche auszuweiten und auf Dauer einen fanatischen Enthusiasmus der Volksmassen zu entfachen. In ganz Europa gab und gibt es keine unumschränktere Herrschaft als die des französischen Nationalkonvents, der vermittels seiner Machtfülle jeden Widerstand mit diktatorischer Gewalt auslöschen kann. Aber nicht nur das. Der Regent eines Staates muss nicht nur mächtig sein, sondern gewissermaßen auch den Stoff finden, durch den er wirksam zu werden vermag. Er muss, schreibt Gentz, *die gesammten Kräfte von fünf und zwanzig Millionen thätiger, cultivirter, erfinderischer Menschen aufbieten können.* Welche Machtsituation Europas ist einer solchen vergleichbar?

In Frankreich bewährt sich seit zwei Jahren jeder Bürger auch als Soldat, daher die ungeheure Rekrutierungskraft des Landes, sein Durchhaltevermögen und die Fähigkeit seiner Einwohner, den nationalen Blutzoll zu ertragen: *In diesem außerordentlichen Kriege streitet nicht Armee gegen Armee, sondern disciplinirte Heere gegen eine bewaffnete und disciplinirte Nation.* Die Franzosen entscheiden ihre Schlachten nicht allein mit pekuniären Mitteln, sondern mit dem Humankapital ihrer patriotischen Bürger, gewaltigere Subsidien der Politik und der Kriegführung sind nicht denkbar. Allerdings will Gentz keinen Zweifel daran lassen, dass die Vermehrung der politischen und militärischen Hilfsquellen der Franzosen auf zerstörerischem Raubbau basiert. Die Durchsetzung der Assignaten und die Einziehung der Kirchen- und Emigrantengüter lieferten der Revolution außerordentliche finanzielle Ressourcen, die Beraubung und Liquidation zahlloser vermögender Bürger nicht eingerechnet, ganz zu schweigen von etlichen zwangsweise erhobenen Anleihen, Requisitionen und Revolutionstaxen, die in den Schatullen der Republik landeten.

Hier geht es nicht einfach um Vergangenes. Im Jahre 1795 befinden sich die meisten Machtmittel jenes einstigen Systems des Schreckens immer noch in der Hand der neuen Regierungsmänner, darauf weist Gentz mit Besorgnis hin. Und nach wie vor muss auch von jenem Enthusiasmus die Rede sein, der die eigentliche Antwort darstellt auf die Frage nach dem *Wundervollen und Räthselhaften* in den Fortschritten der französischen Heere. Zunächst war und ist da der *Enthusiasmus der Freiheit,* den Robespierre und seine Mitverschworenen nicht durch *Begriffe, sondern durch Worte, Zeichen und Träume* angeheizt haben: *Das unaufhörliche Geräusch der Freiheits-Reden und Freiheits-Adressen, und Freiheits-Lieder und Freiheits-Feste betäubte das Volk gegen die Stimme seiner eignen Leiden.* Dazu kam und kommt die Begeisterung der Franzosen für die *Independenz ihrer Nation und der Ehrgeiz, in der Geschichte einst ruhmreich als Befreier des Menschengeschlechts dazustehen.* Superiorität gegenüber allen anderen und das Vertrauen auf künftige Siege, das ihnen ihr bisheriges Kriegsglück eingibt – darin sieht Gentz die Hauptbegebenheiten und Fährnisse des Kriegsjahres 1794, die auf absehbare Zeit die Hegemonie Frankreichs in Europa befestigt zu haben scheinen. Mit Ernüchterung durchwandert der Chronist das politische und militärische Geschehen auf dem Kontinent, von Frankreich und den blutigen Kämpfen der Vendée in Richtung Niederlande, nach Spanien, zu den europäischen Besitzungen in Ost- und Westindien, nach England und sogar nach Amerika, nach Italien, Österreich, Belgien, Polen und Portugal. Nicht zufällig erscheinen besonders England und Österreich, trotz mancherlei Unruhen und politischer Zwangsmaßnahmen, als *Horte der innren Ruhe und des Vertrauens zwischen Staatsmacht und Bürger.* Gegenüber Amerika wird Gentz bald ein liberal gestimmtes Verhältnis einnehmen.

Was ist eine gute Konstitution?

Die Teilung der Macht ist ebenso bedeutsam wie ihre Einheit. Das hat Gentz bei Christian Garve gelernt, dann noch einmal bei Montesquieu, Kant und Burke nachgelesen und später als Beobachter der britischen Staats- und Verfassungsordnung in praktische Erfahrung gebracht. Weder die gesetzgebende noch die ausführende Macht darf im Staat unkontrolliert für sich selbst stehen, oder die jeweils andere majorisieren wollen und können. Wenn dies eine unabdingbare staatspolitische Forderung ist, wie verhalten sich dann die beiden Gewalten in der neuen französischen Konstitution zueinander? fragt er in seinem umfänglichen Aufsatz ‚Darstellung und Vergleichung einiger politischen Constitutions-Systeme, die von dem Grundsatze der Theilung der Macht ausgehen‘. Die kurze hoffnungsvolle Ära der Verfassungsentwicklung in Frankreich ist im Blut der Jakobinerherrschaft untergegangen, und noch weiß niemand mit Sicherheit zu sagen, welche politischen Lehren die neuen, gemäßigten Kräfte aus den Verheißungen und den Dilemmata der so genannten Volkssouveränität ziehen werden. Gentz hat nach der gründlichen Analyse der französischen Staatsentwicklung keine positive Bilanz aufzuzeigen, denn es scheint ihm unabweisbar, dass eine *reelle und wechselseitig garantirte Absonderung der gesetzgebenden und ausübenden Macht verfehlt ist, keine wahre Theilung und keine wahre Festigkeit existirt, und dass sie dem französischen Staat in nicht sehr großer Ferne die traurige Alternative zwischen dem uneingeschränkten Despotismus der Legislatur oder einer neuen Revolution bereitet.*

Der politische Beamte und Staatstheoretiker Friedrich Gentz zieht daraus die Konsequenz einer neuerlichen Analyse der Grundsätze des Emmanuel-Joseph Sieyès, denn es muss neben ihrer Praxis vor allem um die verfassungstheoretischen Grundlagen der französischen Staatsmaschinerie gehen. Die logische Konstruktionsanalyse des Sieyèsschen Systems beweist nun aber, dass hier *nirgendwo ein reeller Damm gegen die Usurpationen der Legislatur zu finden ist. In dieser eigentlich gesetzgebenden Körperschaft des Staates, in der die Repräsentanten des französischen Volkes über die Vorschläge des Tribunats und der Regierung sich aussprechen und abstimmen, ohne je aus eigner Bewegung Gesetze zu machen, verbirgt sich die Hauptgefahrenquelle der politischen Verwachsung des Systems. Da das Tribunat und die Regierung ohnehin zwei einander bekämpfende Institute sind, die eine immerwährende Gährung in dem Staatskörper unterhalten, hätte man auf jeden Fall bei der Legislatur auf strikteste Verfahrensneutralität achten müssen.*

Aber genau das wird im System des französischen Republikanismus nicht gewährleistet. Denn überschreitet die Legislative den ihr zugewiesenen deliberativen Wirkungskreis, so sei auf der Stelle jede Teilung der Macht und damit die gesamte Konstitution aufgehoben: *Sofort werden Tribunat und Regierung, die ohnehin, wie Niemand leugnen kann, untergeordnete Mächte sind, die blinden Vollzieher ihres höchsten Willens. Sie hört auf, oberster Richter zu seyn, und wird unumschränkter Gesetzgeber.* Das aber bedeutet, so Gentz, die gesamte öffentliche Gewalt konzentriert sich in der Legislative und die anderen beiden Verfassungsorgane werden zu bloßen *Schauspielern, die eine unnütze Spiegelfechterey zur Belustigung des Volks und zur Verewigung der Faktionen treiben.* Damit ist jeder weiteren Revolution Tür und Tor geöffnet, die fehlerhafte Konstruktion des staatlichen Herrschaftsapparats lässt dem Misswuchs der öffentlichen Meinung und dem ungezügelten Volkswillen jeden Spielraum.

Wie aber kann es tatsächlich gelingen, eine kluge Balance der einzelnen Machtfaktoren im Gemeinwesen herzustellen? Gentz entwickelt dazu, nach Abwägung dreier defizitärer Systemvorschläge, eine eigene Theorie der politischen *Wechselwirkung.* Das Wichtigste ist, dass die bedeutendste aller politischen Kräfte, die Gesetzgebung, von den übrigen Staatsfunktionen getrennt wird, wobei es sehr auf den Modus dieser Verhältnisbestimmung ankommt. Denn weder darf die Regierung von der Legislatur absolut abhängig oder absolut unabhängig sein, noch die gesetzgebende Macht von der Exekutive, vielmehr läuft alles auf ihre klug austarierte Wechselbeziehung hinaus. Die Regierung ist kein bloßes Vollzugsorgan der Gesetzgebung, sondern ein selbständiger Verwalter der wichtigsten politischen Funktionen, also ein ebenso *unmittelbarer Ausfluss der Souverainität als die Gesetzgebung selbst,* daher muss das Regierungshandeln innerhalb vorgegebener Gesetzesbestimmungen als autonom betrachtet werden. Die Regierung ist sogar befugt, Gesetzesentwürfe und Dekrete der Legislatur zu verwerfen. Andererseits darf das für den agierenden Gemeinwillen in der gesetzgebenden Körperschaft keine substanzielle Einschränkung bedeuten. Legislative Macht und Regierung sollen sich wechselseitig beschränken, sie haben voneinander unabhängig und abhängig gleichermaßen zu sein, die Praxisspielräume zwischen ihnen müssen durch kluge pragmatische Politik gefüllt werden. Erst eine derart institutionalisierte Zweiteilung der Macht garantiert nach Gentz' Überzeugung die *Langsamkeit, Regelmäßigkeit, Vielseitigkeit und Reife* der politischen Überlegungen und damit die Sicherheit, dass die erlassenen Gesetze eine hohe moralische

Qualität erwerben und vor jedem rhetorischen Blendwerk gefeit sind. Dazu gehört auch, dass die gesetzgebende Körperschaft einem aus *zwei Häusern bestehenden Corps von Volks-Repräsentanten überlassen* werde. Später wird Gentz dem Gedanken der Repräsentation ungleich skeptischer gegenüber stehen.

Die Legislatur soll also geprägt sein von einem aufmerksamen und intellektuell angeregten Zweikammersystem, die Regierung hingegen hat sich von einem Willen und von einem Geist geprägt darzustellen. Darauf legt Gentz großen Wert, weniger darauf, dass sie monarchisch bestimmt sein muss, hier darf es keinen mögliche Alternativen ausschließenden Anspruch der Macht geben. Alles in allem kann es sich immer nur um ein dynamisches System gegenseitiger Verständigung und Einflussnahme handeln. Die Konstitution sollte deshalb vorschreiben, dass die Legislative von Zeit zu Zeit nach eigenem Ermessen und ungerufen zusammentritt und die Regierung zur Aktivität zwingen, ihre Repräsentanten anklagen, gerichtlich belangen sowie die allgemeine Einhaltung der Gesetze sanktionieren darf. Das alles soll wiederum nicht prinzipiell die Wahrnehmungsrechte der Regierung schmälern, sondern die sind vielmehr von Fall zu Fall politisch auszuhandeln, es verweist aber auf die Notwendigkeit einer *Concurrenz von Legislatur und Exekutive*. Die erscheint Gentz vor allem notwendig beim Recht der Abgabenerhebung, bei der Entscheidung über Krieg und Frieden und bei der Frage nach Ausweitung oder Verminderung der bewaffneten Macht überhaupt. Auch hier ist die Wechselwirkung der geteilten Mächte wieder das Zentralwort. Keine andere Konstitution vermag dem Bürger mehr Freiheit und Frieden zu schenken, mehr Rechtssicherheit und Rechtsqualität, schreibt Gentz, keines sei so geschützt vor Umstürzlertum und Anarchie, so beständig und verbesserungsfähig wie das von ihm entworfene.

Wenn Sieyès davon spricht, es gebe *jenseits des uneingeschränkten Repräsentativsystems nichts als Usurpation, Aberglauben und Thorheit*, so kann Gentz ihm nur das Wort im Munde umdrehen, denn gerade in der *ungetheilten Repräsentanten-Versammlung von Paris habe ja die ärgste Tyrannei gewütet*. Nein, auch der Gentzsche Konstitutionsentwurf kann eine *unrechtmäßige Vereinigung zwischen den constituirten Mächten, eine schlechte Regierungspolitik* letzten Endes nicht verhindern, aber schon das Beispiel Englands, von dem die eitle Nation der Franzosen nicht hat lernen wollen, beweist die geschichtliche Überlegenheit dieser Verfassungsform. Mag sie in Europa beargwöhnt und diskreditiert werden, mag es eine durch Politik unkorrumpierbare Staatsverfassung auch niemals geben können, die souveräne Nation der Amerikaner hat nicht ohne Grund auf das britische Konstitutionsmodell zurückgegriffen. Wer das politische Europa der Gegenwart meint, der muss auch von Amerika reden.

Amerika oder die kommunizierende Weltzivilisation

Nicht allein Frankreich und seine Revolution bilden das Gravitationszentrum der Welt, sondern Gentz rückt nun zum ersten Mal die Kolonialgeschichte in den Blick, die *Entdeckung des vierten Erdtheils und des Weges nach Ostindien*. Die längere Beschäftigung mit anglo-amerikanischer Historie und Verfassungstheorie, die Lektüre des verehrten Adam Smith und seine Vertrautheit mit dem britischen way of life seit Jugendjahren tun ein Übriges. Amerika, das ist für Gentz in seinem Aufsatz ‚Über den Einfluss der Entdeckung von Amerika auf den Wohlstand und die Cultur des menschlichen Geschlechts‘ ein globales zivilisationsgeschichtliches Projekt, nicht zuvörderst ein ökonomisches Wagestück. Europa hat lange gebraucht, bis es einsah, dass es im Fall Amerikas nicht um *Goldberge und Diamanten-Gruben* ging, dass hier kein Eldorado räuberischer Krämerseelen gemeint sein konnte, und dass der Handel weder als *ausschließendes noch als letztes Ziel aller Bestrebungen eines wohl eingerichteten Staats* zu betrachten sei. Amerika, das ist des Kolonialismus bedeutendste Errungenschaft, weiß Gentz. Hier haben europäische Auswanderer ein freies und wohlhabendes Land geschaffen, in dem sechs Millionen Menschen *alle Süßigkeiten des civilisirten Lebens genießen, und das nun den Trost aller Unglücklichen und Verfolgten in Europa, die Hoffnung des zagenden Menschenfreundes, vielleicht einst die Pflanzschule von Weisheit und Kraft für unsern alternden Erdtheil darstellt.*

Gentz geht noch einen entscheidenden Schritt weiter. Dass es in Europa den Prozess der Aufklärung und der Freiheit, der Sittenverfeinerung und des Wohlstandes überhaupt gegeben hat, erklärt er aus jener Rückwirkung, die dem alten Kontinent durch die zivilisatorische Entwicklungskraft des neuen widerfahren sei. Vor allem in der *Communication* mit Amerika habe sich der *größte Markt, mithin der allergrößte Reitz für die menschliche Industrie* herausgebildet, Reichtum, Leistungszuwachs und wechselseitige Berührung hätten die Staaten und die Menschen weltweit positiv beeinflusst. Eingehend versucht Gentz die Zusammenhänge zwischen der allgemeinen Entdeckungs- und Kolonialgeschichte und dem europäischen Wirtschafts-, Produktivitäts- und Wohlstandswachstum deutlich zu machen. Hier sei nicht weniger als die größte Revolution zu verzeichnen, die es in der Geschichte der *Commerzial-Verhältnisse* jemals gegeben habe. Eine unglaubliche Progression von Reichtum und Erwerb, von Handel und Verkehr, von Leistungssteigerung und Sehnsucht nach Gewinn und Genuss, aber auch die Gegenwirkung eines unmäßigen Luxus, von Ermattung und verheerenden Kriegen sei damit in die Welt getreten.

Die gesellschaftliche Arbeitsteilung ist eines jener modernen Phänomene, die Gentz schon aus Eigeninteresse als Intellektueller und qualifizierter Beamter ins Spiel bringt. Die Vervollkommnung der Arbeit durch ihre differenzierte soziale Verteilung betrifft von einer bestimmten Stufe der Zivilisation an auch die höhere Kunst und die Wissenskultur insgesamt. Hier, wo genügend Überschuss an Zeit verfügbar ist, wo der Weg des Menschen zu seiner inneren Entwicklung voranschreiten kann, vermag sich ihm eine höhere Existenz zu erschließen. Die Welt tritt gleichsam in das

Stadium ihrer avanciertesten Selbstbeobachtung. Auch das ist ein dialektischer Prozess. Denn nun zieht die Differenzierung der geistigen Tätigkeiten herauf, jeder Gelehrte muss in enge Grenzen des Denkens und Wissens zurückweichen, der Spekulation geht die Luft aus und Gründlichkeit, Korrektheit und Vollendung werden zu
entscheidenden Maßstäben jeder intellektuellen Produktivität. Auch noch diesen
kulturellen Hintergrund der europäischen Entwicklung zu einem aufgeklärten Zeitalter hat die Entdeckung Amerikas entscheidend befruchtet, glaubt Gentz, dieser
Prozess sei viel wirkungsvoller gewesen als etwa die Erfindung des Buchdrucks oder
die Reformation.

Vor allem die globale Kommunikation, die unendliche Zunahme der *Berührungs-
Punkte* in der Menschheit hätte zu einem enormen Zuwachs an neuen Ideen, Gefühlen, Wünschen und Begierden geführt. Gentz vergisst allerdings nicht hervorzuhe-
ben, was die Europäer den Ureinwohnern etlicher Kolonialländer an Habsucht,
Bekehrungseifer und verabscheuungswürdiger Mordlust haben angedeihen lassen.
Und dennoch will er sich das Loblied auf die Segnungen des internationalen Handels,
dieses *Vehikels der Circulation aller geistigen Schätze und vielerlei thätiger Triebe*, nicht
ausreden lassen. Der zeitgenössischen Welt wird ein nahezu gesegneter zivilisatori-
scher Status zugesprochen, eine Art großer *Gemein-Staat* habe sich auf dem Globus
herausgebildet, der künftig jede Usurpation durch einzelne Machtakteure verhindere,
ein Einbruch wüster Horden sei nunmehr ausgeschlossen. Es ist und bleibt Amerika,
das diesen Übergang von der *individuellen zur collectiven Verbesserung der Europäischen Menschheit* bewirkt hat, so lautet die Quintessenz der Geschichtslektion, die
Gentz seinem Publikum in der ‚Neuen Deutschen Monatsschrift' zur Kenntnis gibt.

Aller gegenwärtige Reichtum, auch der durch die Aufklärung bewirkte, stammt
aus amerikanischen Ursprüngen. Was liegt näher, als mit einer Apologie der bürgerlichen, politischen Freiheit zu enden, auch um nochmals ein Gegenbild zum Autono-
miewahn der Franzosen glaubhaft zu machen. Bezeichnenderweise war es die Zunahme des gesellschaftlichen Reichtums, die eine wachsende Gleichheit unter den
Ständen herbeigeführt hat, aber nicht jene zufällige Egalität, sondern eine, die im
moralisch-politischen Sinn die *nothwendige* zu heißen verdient. Vor allem die Städte
mit ihren fleißigen und klugen Menschen haben allmählich großes Gewicht erlangt,
die gewöhnlichen Menschen wurden nach und nach ihrer schmählichen Erniedri-
gung enthoben, die höheren Klassen hörten auf zu herrschen, um lieber ihren Luxus
zu genießen, und der wachsende Eigentumserwerb führte auf den verschiedenen
Ebenen der Gesellschaft zur Ausweitung der Freiheit. Die historische Genese von
Freiheit, jenseits aller abstrakten naturrechtlichen Verheißungen, sie ist es, die Gentz
hier begreiflich machen will. Eigentum führt zu mehr Freiheit, beide gemeinsam
vermitteln Macht und Ansehen, dadurch wiederum ändern sich die Lebensformen,
sie werden regelmäßiger, greifen mehr und mehr um sich, bis sie die Ebene des staatlichen Lebens erreichen und durchdringen. Die zentrale Herrschaftsinstitution kann
hierdurch am Ende nur stärker werden und sie muss ihre Werkzeuge vervollkomm-
nen.

So gesehen, hat die Entdeckung Amerikas sogar noch auf die zunehmende Regelmäßigkeit und Vollkommenheit der europäischen Regierungen eingewirkt, selbst die Regenten wurden im Lauf der *Zeit nothwendig milder, menschlicher, auf die Rechte der Unterthanen aufmerksamer und ihrer Freiheit geneigter.* Und schließlich war nicht zu umgehen, dass die Gesellschaft auch noch die Qualität ihrer eigenen politischen Repräsentanz bestimmt: *Über gesittete Menschen herrscht man auf die Dauer nur durch gesittete Mittel und ihre liberalen Methoden.* Selbst die Aufklärung ist also ein geschichtliches Produkt der Entdeckung Amerikas, denn Freiheit setzt Vernunft voraus, den Inbegriff ihrer selbst. Allerdings darf die Aufklärung, mahnt der politische Historiker Gentz, der Freiheit niemals zu weit entgegenkommen, ihr zu viele Konzessionen machen. Die Französische Revolution war ja unter anderem die Frucht der *größten Nachgiebigkeit und der größten Liberalität der Gesinnungen, die, so lange es Throne giebt, auf einem Throne gewaltet haben.*

Zu Recht gibt es eine Hoffnung auf die Vervollkommnung der menschlichen Gesellschaft, beteuert Gentz, aber als Idee einer immer währenden Perfektibilität der Menschengattung kann sie auch schnell zum metaphysischen Hirngespinst werden. Bescheidung und Klugheit ist die politische Losung der Stunde. Auf keinen Fall darf der Mensch in den Weltlauf und in die Gesetze der Natur *pfuschen* wollen und hoffen, dass *diese Idee oder jene Operation auf einmal das höchste Ideal verwirklichen kann.* Jeder Versuch, die allmähliche Reife der Menschheit zu übereilen und das durch Sprünge auszurichten, was nur durch Schritte geschehen kann, gefährdet die zivilisatorische Entwicklung.

Gentz mahnt aber nicht nur die Bürger der europäischen Staaten zu Besonnenheit und Bescheidung, er warnt auch die Herrschenden davor, etwa die freie Presse zu unterdrücken und so nur den *Reitz auf die rastlos-emporstrebende Springfeder des menschlichen Geistes zu stimulieren.* Die Katastrophe der Französischen Revolution hat die Wahrheit dieses Mementos reichlich unter Beweis gestellt. Auch die Mächtigen müssen sich hüten, den großen Gang der Natur, die allmähliche Verbesserung der condition humaine, zu hemmen: *Wenn die Menschheit nicht noch oft aus ihrem stillen und heilsamen Laufe gerissen werden soll, müssen die Herrscher in ihren Forderungen gerecht, die Unterthanen in ihren Wünschen bescheiden seyn: beide müssen sich vereinigen, jenen stillen Lauf, er mag ihrer augenblicklichen Neigung zu rasch oder zu langsam dünken, nie durch vermessne Einmischungen zu stören.* Gentz vertraut auf diese wohltuende welthistorische Perspektive, in der Ferne gewahrt er auf der Entwicklungsbahn der Menschheit wenigstens einen glänzenden Punkt.

Vergleicht man die Französische mit der Amerikanischen Revolution, so tritt der Widerspruch zwischen einem erlaubten und geschichtlich sinnvollen und einem unerlaubten und verhängnishaften Umbruch zutage. Die Amerikaner haben ihre verbürgten Rechte gegen die Machtanmaßungen des Mutterlandes verteidigt und ihre Unabhängigkeit ohne besondere Grausamkeit erstritten, dies sei eine *Revoluzion der Notwehr* gewesen. Ganz anders dagegen der selbstläufige infernalische Prozess der Französichen Revolution, die ohne klares politisches Ziel geblieben sei und einen

wahnhaften Zerstörungscharakter angenommen habe. Aus dem Blick in die Geschichte ist für die politische Krise der Gegenwart vieles zu lernen, aber es stellen sich
auch schwerwiegende Fragen: *Wenn eine von den großen Massen der Körper-Welt plötzlich aus dem Ruhepunkte ihrer Schwere gehoben, von einer ungeheuren Schwungkraft in
die leeren Räume des Äthers geschleudert wird, so ist ihr Stillstand weniger leicht zu begreifen, als die Fortdauer ihrer Bewegung. Und in der That, nachdem einmal die ernste
Frage: Wem wohl das Recht zustehen konnte, eine solche Revolution anzufangen, unbe-
antwortet geblieben ist, giebt es nichts schwerers, als die nicht minder ernste zu beantworten: Wem wohl das Recht sie zu beendigen zusteht.*

Mallet du Pan, Mounier, Ivernois – die Genealogie der Revolution

Spätestens seit 1795 ist Gentz, wie Humboldt in einem Brief an Schiller berichtet,
mehr denn je in der Geschichte der Französischen Revolution vergraben. Nicht eine
Chronik der verwickelten Ereignisse plane er, sondern sein Ziel sei es, den *Faden der
Begebenheiten so rein und einfach als möglich aus dem Wuste von Materialien herauszu-
entwicklen.* Ende März 1798 schreibt Gentz selber an den kranken Freund Garve, er
widme den Revolutionsereignissen größte Aufmerksamkeit: *Sie würden erstaunen,
wenn Sie die Menge von Zeitungen sehen sollten, die jetzt posttäglich durch meine Hände
gehen. Zwei Tage der Woche […] sind lediglich und ausschließlich dem Lesen der Zeitungen und sorgfältigen Excerpiren und Classifiziren ihres Inhalts eingeräumt. Außer der
Posselt'schen Zeitung, der Leydener, Frankfurter, Hamburger und andern deutschen, be-
komme ich nun regelmäßig fünf große französische Zeitungen: Redacteur, Conservateur,
Journal de Paris, Ami des Loix, Moniteur, und drei englische: London Chronicle, Morning Chronicle und Courier de Londres.*
     Niemals werde er bereuen, so viel Mühe auf die Lektüre der Zeitungen verwendet
zu haben, schreibt Gentz, dieser Reichtum an tagesaktuellem Material komme seinem einzigartigen Repertorium zur Revolutionsgeschichte sehr zustatten. Was in
dem Erfahrungskonvolut zusammengebracht werde, kann historische Wahrhaftigkeit erst möglich machen. Dass Gentz dieses Unternehmen nie publizieren sollte,
deutet sich im Briefwechsel mit Böttiger zaghaft an, aber gegenüber dem alten Lehrer
gehört es sich offenbar nicht, vom möglichen Scheitern eines solchen Publikations-
projekts zu sprechen. Am Elan des Denkers und Sammlers Gentz hat es während all
der Jahre auch nicht gemangelt, noch 1801 wird er versuchen, dem Verleger Göschen
eine vierbändige Historie der Revolution schmackhaft zu machen. Freilich sollte es
dann nicht mehr um die allgemeine Dokumentation und politische Analyse der
französischen Staatsumschaffung gehen, sondern um den Widerstand gegen die *höllische Tyrannei* Napoleons. (G. Kronenbitter 1994/P. Wittichen 1916/18/W. Wieber
1915/A. Lübbe 1913/P.R. Sweet 1970/V. Huneke 2002/F.C. Wittichen 1909, 1).
     Es überrascht nicht, dass Gentz als Nachfolger Rehbergs in der ‚Allgemeinen Li-
teraturzeitung' die Rezension der neuesten Revolutionsschriften übernimmt. Dem

ist er ausgiebig nachgekommen, wobei er seine Arbeit als Buchautor, als Übersetzer und Kommentator zentraler politischer Schriften aber nicht vernachlässigt. Mit Jacques Mallet du Pan, Jean-Joseph Mounier und Francis d' Ivernois geraten ihm drei französische Gelehrte, Publizisten und Politiker in den Blick, die auf je verschiedene Weise in die Revolution verstrickt waren und dennoch die Kraft besessen haben, sich als kundige Intellektuelle einen Namen zu machen. Allein zwischen Mai und Juli 1789 hat es in Frankreich eine Explosion an Publikationen, besonders an Zeitungsveröffentlichungen gegeben, von zweiundvierzig Titeln im ersten Halbjahr steigt die Produktion auf mehr als zweihundertfünfzig Periodika im zweiten Halbjahr an. Mallet du Pan, Redakteur des ‚Mercure de France' bis 1792, hat als einer der führenden Journalisten und Intellektuellen inmitten dieses medialen Schlachtfeldes seinen Mann gestanden, um als liberaler Verfechter der alten Ordnung schließlich nach England zu emigrieren. Die sich überbietenden Ereignisse in Frankreich sind von der Flut ihrer medialen Vermittlungen und Brechungen nicht mehr zu trennen. Wem es um Realitätsgerechtigkeit geht, wer nach Wahrheit sucht in einer so konfusen Zeithistorie, der muss sich durch den Wortschwall des Blätterwaldes hindurch graben. (F. Furet/M. Ozouf 1996).

Die Revolution sei dem deutschen Publikum keineswegs hinlänglich bekannt in ihren Ursachen, Bedingungen und Folgen, schreibt Gentz im Vorwort seiner Übersetzung von Mallet du Pans Buch ‚Über die französische Revolution und die Ursachen ihrer Dauer' (1794), weshalb nun endlich die Mittel, die Zwecke und die letzten Resultate dieser gewaltsamen Operationen und damit die Nichtigkeit ihrer Triumphe ersichtlich werden müssten. Nicht nur für die Gegenwart sei diese Staatsumwälzung von einzigartiger Bedeutung, auch im Sinne der Nachwelt habe man aufzuklären, *wie die Menschen aller Länder, die ums Ende des achtzehnten Jahrhunderts lebten, dabey dachten, empfanden, raisonirten und handelten.* Die Revolution sei es, welche die größte Masse von Erfahrungen liefern könne, um herauszufinden, was die beste Theorie der Staatskunst ausmache. Und nur um den Gewinn an praktischer politischer Klugheit geht es.

Gentz weiß, kein Europäer ist mehr bloßer Zuschauer, sondern alle sind *selbst-interessirte Theilnehmer, ob sie wollen oder nicht.* Mallet du Pans Buch sei schätzenswert, weil dieser Autor die Revolution als genetisches Ganzes betrachte und damit den Fehler vieler deutscher Gegner und Befürworter vermeide, sich an isolierten Vorfällen und Werthaltungen zu orientieren. Das werde schon an Mallet du Pans Entscheidung deutlich, mit den politischen Fehlern vom Juli 1789 zu beginnen, also mit den fatalen Prozeduren der Konstituierenden Nationalversammlung. Die bilden für Gentz den Keim all der fürchterlichen Auftritte, die vier entsetzliche Jahre ganz Europa erschüttert haben. Wer die Revolution begreifen will, schreibt er, der muss sie in den Journalen der ersten Nationalversammlung studieren. Denn um ein *zusammenhängendes Ganzes* geht es, um die Genealogie eines gewaltigen, historisch einzigartigen Umbruchs.

Zweierlei hat Mallet du Pan im Sinn, er will den Krieg gegen das revolutionäre Frankreich verschärfen und gleichzeitig durch *planmäßiges und systematisches Verfah-*

ren auf die Stimmung der Gemüther wirken. Aber nicht nur die französische Öffentlichkeit, auch die deutsche soll einem kritischen Fegefeuer ausgesetzt werden. Das eine wie das andere entspricht der Haltung des preußischen Beamten und Schriftstellers Friedrich Gentz, der abschließend ein Wort Jean-Joseph Mouniers zitiert, dessen Buch über Frankreich er im folgenden Jahr der deutschen Öffentlichkeit vorlegen wird. Mallet du Pan, schreibt Mounier, sei jemand, *der, indem er die Faktionisten bekämpfte, indem er die eingebildeten Philosophen der Verachtung von ganz Europa Preis gab, die wahren Principien des gemäßigten monarchischen Systems behauptet hat.* So moderat das bei Gentz klingen mag, für Kant bedeutet gerade die Schrift Mallet du Pans eine pure Provokation, ihm schwant Übles bei einer so *genietönenden,* aber *hohlen* Sprache. Der Königsberger Philosoph dürfte damit auch seinen Schüler aus alten Tagen gemeint haben.

Jean-Joseph Mouniers Buch ,Entwicklung der Ursachen welche Frankreich gehindert haben zur Freiheit zu gelangen' (1795) gewinnt für Gentz Bedeutung, weil sein Autor mithandelnde Person bei den politischen Entwicklungen im Frankreich der Jahre 1788 und 1789 gewesen ist. Wer, wenn nicht er vermöchte zu beurteilen, wodurch sein Vaterland daran gehindert wurde, zur Freiheit, zur *besten Verfassung, deren dieses Reich fähig* war, zu gelangen. (GS 6). Mounier war im Frühjahr 1789 zum Abgeordneten der Generalstände gewählt worden, am 20. Juni 1789 rief er mit zum Ballhausschwur auf, und wurde am 6. Juli 1789 von der Konstituante in den Verfassungsausschuss berufen. Die Erklärung der Menschenrechte geschah nicht zuletzt auf seine Initiation, wobei er sich zur Monarchie bekannte und für ein Veto Ludwigs XVI. und ein Ober- und Unterhaus nach englischem Vorbild eintrat. Mounier ist also ein Mann von erwünschtem Staatsformat, ihm kann Gentz vertrauen, zumal in seinem Buch das Scheitern einer freien monarchischen Verfassung an den demokratischen Ausschweifungen der Nationalversammlung, den *falschen Maßregeln des Hofes, den Fehlern der Minister und den verderblichen Prätensionen der privilegirten Stände* mit Präzision sinnfällig gemacht wird. Auch der Adel zählt zu den Urhebern der französischen Staatsumwälzung, das gehört für Mounier wie für Gentz zum Grundverständnis der Epoche. (V. Huneke 2002).

Es ist wiederum ein ganzes Buch geworden, das Kompendium einer lehrhaften politischen Theorie, angewendet auf die komplexen Revolutionsereignisse zwischen 1789 und 1794, was Gentz an Kommentierungsleistung aufbietet. Gemeinsam mit Mounier stellt Gentz die privilegierte Situation des Adels heraus, jener *hunderttausend Personen eines Standes, der beynahe im höchsten Grade ungeschickt [war], in einer guten Staatsverfassung einen eignen und abgesonderten Zweig auszumachen.* Die Geschichte des französischen Adels erscheint als eine Jahrhunderte während Abfolge von Anmaßung, Willkür und sozialem Parasitentum, vor allem als luxurierender Lehensbesitzer sei er in Erscheinung getreten, bis Ludwig XIV. und Richelieu die letzten Überreste seiner politischen Macht ausgerottet hätten. Dem mussten dann auch die Fehler und Missgriffe entsprechen, die sich das Aristokratentum in der Ständeversammlung und in der Nationalversammlung zuschulden kommen ließ.

Nahezu die gesamte französische Nobilität, schreibt Gentz in Übereinstimmung mit Mouniers Darstellung, war *vermöge [ihrer] Organisation ungeschickt, [...] in einer auf Gerechtigkeit und Gleichgewicht gebauten Staatsverfassung einen Grundpfeiler abzugeben.* Die borniert Haltung, in der Nationalversammlung nur den eigenen Stand repräsentieren zu wollen, abgesondert vom Interesse der Nation, habe den Adel später nahezu seine soziale und politische Existenz gekostet: *Die ganze Nation sah ein, dass Reichstage mit abgesonderten Ständen nie das geringste Gute hervorbrachten, und eine Hauptquelle ihres Unglücks waren. Der Adel hätte dieser Überzeugung huldigen, und jedes Hindernis einer bessern Ordnung der Dinge freiwillig wegräumen sollen.*

Pöbelwut und Staatsversagen

Nicht nur der französische Adel erwies sich als unfähig, eine neue politische Staatsverfassung ins Werk zu setzen, alle Beteiligten haben schon in der Frühphase dieser Umwälzung folgenreiche Fehler begangen. Gentz kommt auf seine Grundfrage nach Legitimität und Rationalität der revolutionären Staatsverfassung zurück. Das Problem der Gewaltenteilung im Herrschaftssystem steht abermals im Mittelpunkt. Nun aber gilt es, die Möglichkeiten des Grundaufbaus der politischen Macht im Staate in Anwendung auf die realen Geschehnisse durchzuspielen, wobei sich zeigt, dass damals weder durch die *abgesonderte, noch durch die vereinte Deliberation* der wichtigste Zweck der Ständeversammlung, Frankreichs Wohlfahrt, zu erreichen war. Das Ergebnis wurde in jenem *monströsen ungetheilten Verfassungsorgan* sichtbar, das sich zur blutigen Gewaltherrschaft aufwerfen musste. Es war also ein Drittes gefordert – *eine Repräsentation, die beide institutionellen Grundübel vermied, in der sich vielmehr alle Stände vereinigen und einen relativ eigenständigen Senat, oder eine Kammer etablieren konnten, welche die Vorschläge und Beschlüsse der Nationalversammlung prüfte, genehmigte oder verwarf.* Durch eine derartige Machtteilung wäre das Gleichgewicht zwischen der Repräsentationskammer und dem Königshaus hergestellt worden. Nach Lage der Dinge hätte es im Frankreich des Jahres 1789 die Sache des Königs sein müssen, *diesen wohlthätigen Plan auszuführen, aber Ludwig XVI. erwies sich in seiner Nachgiebigkeit als der wahre Stifter der künftigen tumultuarischen Repräsentationsverhältnisse.*

Gentz' Beurteilung des politischen Versagens der französischen Eliten hat sich jetzt noch verschärft. Der König der Franzosen und seine Verantwortlichen, auch das beeindruckende politische Talent eines Jacques Necker, sind ihrer Verantwortung nicht gerecht geworden, daran will er keinen Zweifel mehr lassen. Besonders dem eitlen und feigen Finanzminister wirft er vor, er habe seinen König oft falsch beraten und es versäumt, der Nationalversammlung eine wohlerwogene Gewaltenteilung zu verordnen: *Er bestimmte weder die Gränzen der gesetzgebenden Macht der Versammlung, noch die Art und Weise, wie der König die seinige in Rücksicht auf die Vorschläge der Repräsentanten ausüben sollte.* Unbedingt hätte es zur Etablierung einer Art Oberhaus in der französischen Staatsverfassung kommen müssen, was Männer wie Mounier auch vorgeschlagen haben, aber die alte Regierung ließ die notwendige politische Klugheit schmählich vermissen. Gentz diagnostiziert abermals ein akutes Staatsversagen, nach innen wie nach außen. Nicht einmal aus dem dräuenden öffentlichen Machtvakuum in Frankreich haben der König und seine Minister irgend etwas Positives herauszuschlagen vermocht: *Wenn sie es der ganzen Nation fühlbar gemacht hätten, dass dies der sicherste Ausweg aus einer höchst gefährlichen Crise war – wer vermag zu bestimmen, was der Erfolg eines solchen Unternehmens gewesen sein würde! Stattdessen musste sich die Krise bis in den politischen Wahnwitz hinein verschärfen, zwangsläufig wurde der König zur bloßen Figur, zu einer politischen Null herabgewürdigt, und die gesamte Regierung konnte innerhalb weniger Tage endgültig gestürzt werden.*

Vor allem aber, kein einziger Mann von Verstand fand sich im Kreis der Noblen, der das morsche Staatsgebäude der Franzosen durch politische Kunst vor dem endgültigen Verfall zu retten vermocht hätte, vielmehr haben der König und sein *Prinzipal-Minister* die Lage der Nation bis zuletzt nicht wahrgenommen oder grundfalsch eingeschätzt. Welch ein unglaubliches Missverhältnis zwischen der Masse politischer Aufklärung, dem idealistischen Bestreben der Franzosen und ihrer beklagenswerten Unfähigkeit, es in die Tat umzusetzen. Bei so manifestem Volksunvermögen und Staatsversagen kann Friedrich Gentz am Ende nur den Lobgesang auf das eigene Elitebewusstsein anstimmen. Denn die Kunst, das Neue in das Alte zu verweben, Sittlichkeit und wahre Politik zu versöhnen, diesen einzig denkbaren Modus des praktischen Staatshandelns überblicken und beherrschen immer nur Auserwählte. Während der typische Volksrepräsentant nach einem *Spezial-Mandat verlangt, um fanatisch beworbene, eigensüchtige Ziele* zu realisieren, handelt der wahre Staatsmann im Sinne der *Vollkommenheit wohlerwogener Gesetze, die gerecht, für alle Bürger gleich, für alle Theile des Staats verbindend zu sein haben.* Die Französische Revolution ist nicht zuletzt auf das Fehlen politischer Leitfiguren zurückzuführen.

Francis d' Ivernois' Buch ‚Geschichte der Französischen Finanz-Administration im Jahre 1796‘ interessiert Gentz, weil dieser Bürger Genfs sich wiederholt mit den politischen Fährnissen seiner Vaterstadt unter dem Einfluss der Französischen Revolution befasst hat und stets als mutiger Mann hervorgetreten ist. (GS 6). D' Ivernois' These, dass die alliierten Truppen gegenüber dem revolutionären Aggressor keinen Deut zurückweichen sollten, und dass die kriegerischen Großtaten der Franzosen nur mithilfe des Papiergeldes möglich gewesen seien, wobei sich die Assignaten bald in einen Faktor des Untergangs verwandeln würden, ist Wasser auf die Gentzschen Argumentationsmühlen. Dass d' Ivernois auch noch ein Apologet der englischen Staatsverfassung ist, muss ihm endgültig das Lob seines Übersetzers, vor allem aber den Zorn der enragierten Franzosen, insbesondere ihres Staatsministers Calonne, zuziehen.

D' Ivernois ist durch ein wahres Wechselbad an Verleumdungen und Beschuldigungen gegangen. Kein Wunder, denn seine Erkenntnisse und Thesen zeichnen sich durch hohe Sachkompetenz und Treffsicherheit aus. Ein zügelloser Geldwucher sei mit den Assignaten getrieben worden, die ursprünglich nur ein bescheidenes und temporäres Mittel zur Haushaltssanierung während der ersten Monate der Konstituante gewesen waren. (F. Furet/M. Ozouf 1996). D' Ivernois analysiert mit Empörung, wie das künstliche Geld jedes Maß außer Kraft gesetzt habe, so dass *nichts mehr als hoch und nichts mehr als niedrig* einzuschätzen sei. Wo nur noch eine Papierwährung zirkuliert und kein reeller Gegenwert mehr in Anschlag kommt, verwandelt sich jeder Wechselkurs in ein *leeres Zeichen*, wird jeglicher Wert zu einem Wort ohne Sinn. Für d' Ivernois ist es ein untrügliches Symptom der politischen Verderbtheit des Jakobinersystems, dass es den Menschen allen Besitz geraubt und ihnen dafür nichtswürdige Papiere in die Hände gegeben hat. Ein Regime, das alles über eine Nation vermag, kann freilich nur dort reüssieren, wo die Furcht das Volk verblendet und der Fanatismus es hinreißt. Hier entsteht auf Zeit gleichsam *künstlicher Reichthum, mit dem sich politische Luftgebäude errichten und allerlei öffentliche Zauberkünste zelebrieren lassen, bis hin zu jenem katastrophalen Hirngespinst einer ausschließenden Herrschaft des Papiergeldes.* Doch überlebensfähig ist ein solches System für d' Ivernois keineswegs.

Auch für Gentz ist deutlich, dass sich nicht die französische Wirtschaft als solche zum Bankrottieren habe verleiten lassen, sondern dass die Regierung selbst jener *große Agioteur, die ungeheure Spielerbude, von der das Sinken des Papiergeldes ausging,* gewesen sei. Die blutige Deformation der Jakobiner-Herrschaft und die Explosion des Geldwuchers verweisen zuinnerst aufeinander: *Man musste Assignate haben, um dieses Ungeheuer in die Welt zu bringen, Assignate, um es zu erhalten, Assignate, um die Dauer dieser tausendfachen Tirannei, um die Revolutions-Armeen und Revolutionsausschüsse und Revolutionstribunäle zu stiften und zu besolden.* Für d' Ivernois, den nüchternen Finanzexperten, ist unbezweifelbar, dass jener *Zauber der papiernen Milliarden und mit ihm der Traum von den fortwährenden französischen Kriegserfolgen bald ausgeträumt* sein wird. Dem stimmt Gentz grundsätzlich zu, doch hält er d' Ivernois' Urteil über den Grad der Erschöpfung der revolutionären Nation für einseitig. Nicht nur die ausgezehrte Wirtschaftssituation Frankreichs komme hier in Betracht, denn das Assignatensystem sei ja, wie vorhergesagt, im Jahre 1795 tatsächlich zusammengestürzt, und habe dennoch zu keinem Ende des Krieges und der französischen fortune geführt. Diesen Revolutionsfuror speisten viele *Luftgebäude*, seine Überlebenskraft sei nicht hinreichend als ein finanzpolitisches Phänomen zu erklären. Der Zeithistoriker Friedrich Gentz will dieses Jahrhundertthema in seinem Revolutionsprojekt mit noch größerer Tiefenschärfe darstellen. Bei einem solchen Ereignis dürfe es kein *geringfügiges Interesse* des Geschichtsschreibers geben.

Doch zur Publikation dieses Werkes wird es nicht kommen. Im März 1797 bittet Gentz den verehrten Herder noch, wenn auch vergeblich, ihn zu unterstützen bei der Beschaffung seltener Revolutionsschriften aus der Weimarer Hofbibliothek, aber schon ein Jahr später werden in einem Brief an Böttiger andere Töne vernehmbar.

Jetzt möchte Gentz auf die Publikation seines großen, über Jahre hin vorbereiteten Revolutionswerkes lieber verzichten. Nicht sein Arbeitseifer ist erkaltet, sondern seine Bedenken sind stark angewachsen. Kann man auf das *Verständnis, gar auf den Beifall eines Publikums hoffen, das selber zu Betroffenheit und Zeugenschaft in einer Ära gezwungen ist, die von gewaltigen Erdbeben und mächtigen unterirdischen Feuern erschüttert wird*? fragt er. Lässt sich über das tiefgründige Ursachengeflecht all dieser Gärungen überhaupt noch wahrheitsgerecht schreiben? Schon jetzt beschleicht Gentz das Gefühl, von der gegenwärtigen Öffentlichkeit gar nicht verstanden, geschweige denn belohnt zu werden, das dürfe in Zukunft noch schlimmere Formen annehmen.

Und dann reicht er die eigentliche Begründung für seine Zweifel nach. Genau besehen, gehöre er doch mehr zur *alten, als zur neuen Schule, immer mehr noch zu der Partei [...], gegen welche sich die ungeheure Masse aller oberflächlichen, aller unruhigen, aller neuerungssüchtigen Menschen, gegen welche sich mehrere der vorzüglichsten Köpfe, die Majorität der Schriftsteller in allen Sprachen, der Geist der Zeit, das Glück, alle Torheiten und Fehler der Regierungen, und unerhörte Siege, verschworen haben. Da es angesichts dieser Tatsache unparteiisch und ohne eigene Raisonnements nicht abgehen* könne, sei das publizistische Schicksal einer derart ausgeprägten Geschichte der Französischen Revolution jetzt schon besiegelt. Auch das Verlagshaus Göschen vermag Gentz 1801 nicht zur Publikation zu überreden, und so wird sein riesenhaftes Dokumentarwerk später in den Nachlass eingehen und ruht noch heute unveröffentlicht in der Universitätsbibliothek Köln als Teil der Sammlung Otto Wolff. (P. Wittichen 1916/18/F.C. Wittichen 1909, 1/G. Quarg 1971/G. Kronenbitter 1994).

Und dennoch hat Gentz die Arbeit an der historischen und politischen Analyse der Revolution nicht aufgegeben, sondern es verschieben sich seine Interessen zu einer Form der Publizistik, die zunehmend nach politischer Mitgestaltung verlangt. Im zweiten Jahrgang seines ‚Historischen Journals‘ (1799-1800) wird er wiederum als *pragmatischer Geschichtsschreiber der Revoluzion* hervortreten, dann jedoch weniger als Chronist der fortlaufenden Dilemmata des Republikwesens in Frankreich, sondern im Sinne eines geschichtsphilosophisch und anthropologisch reflektierten Deuters der neuzeitlichen Zivilisationsentwicklung. Die pragmatische Perspektive der Zeitbetrachtung bei Gentz beginnt sich zu wandeln. Einerseits erweitert sie sich ins grundlegend Menschliche, in die politische Psychologie, andererseits wird sie zunehmend ins Koordinatensystem einer etatistischen Klugheitslehre mit europäischer Ambition eingebunden. Als eine Art Bilanz seiner langjährigen Arbeit veröffentlicht er im ‚Historischen Journal‘ bald mehrere Aufsätze zur Bedeutung der Revolution für Europa, die nicht weniger ausrichten sollen als die Neuorientierung der öffentlichen Meinung über das Jahrhundertereignis von 1789. Dann aber wird es endgültig nicht mehr um die aufklärerische Theorie- und Meinungskonkurrenz gehen, sondern um Beiträge zur politischen Krisenbewältigung in Preußen, Deutschland und Europa. Die für Gentz charakteristische Verknüpfung von historisch-anthropologischer Lagebestimmung und aktueller Politikanalyse sollte sich zu dieser Zeit mit staatsmännischer Verve aufladen.

Preußen, ein Labyrinth verderblicher Operationen

Um 1797 hält sich Friedrich Gentz, nach zahlreichen Publikationen über den Ungeist der französischen Staatsumwälzung, für einen Schriftsteller, der in dieser *kritischen Zeit die sinkende Sache der alten Regierungen gegen die revolutionistischen Systeme verteidigt.* Damit schleicht sich für ihn aber auch mancher Argwohn gegenüber dem preußisch-deutschen public spirit ein. Es zeigt sich, dass man als öffentlicher Akteur in dieser Hinsicht große Hellhörigkeit beweisen muss. Wie zum Beispiel ist es zu deuten, dass ihm trotz der Fürsprache von Humboldt, Böttiger, Herder und selbst Goethe kein offizieller Zugang zu den Bücherschätzen der Weimarer Bibliothek gewährt worden ist? Woher dieses Distanzverhalten? Schon nach der Publikation von Burkes ‚Reflections' haben viele aufgeklärte Zeitgenossen so wenig Liberalität aufzubringen vermocht, dass sie den Interpreten des großen Engländers zu dessen blindem Verehrer und zum eingefleischten Aristokraten stempeln wollten. Selbst bei Humboldt ist Jahre später noch vom *Burkischen Geschmack und von einer gewissen Form der Adelssucht* des Freundes die Rede. (F.C. Wittichen 1909, 1/A. Leitzmann 1939). Wenn es nun sogar ein Mann wie Carl August von Sachsen-Weimar an der Unterstützung der guten Sache fehlen lässt, scheint die Gentzsche Vermeidung des politischen Parteigeistes nicht die erwünschten Früchte getragen zu haben. Aber ist diese Enthaltsamkeit jemals wirklich seine Absicht gewesen?

Viele Zeitgenossen besitzen einen anderen Eindruck von ihm und sie täuschen sich wohl kaum. Genau besehen, sucht der Publizist Gentz seit längerem den scharfen Disput, den Widerspruch, die Provokation, er dringt auf die Klärung von Standpunkten, am meisten aber interessiert ihn eine andere, grundsätzliche Verhältnisbestimmung von aufgeklärtem Geist und politischer Verantwortung. Sein Ziel ist eine intellektuell aufgerüstete Erscheinungsform der staatlichen Autorität. Ein derartiges Selbstverständnis jedoch ist nicht länger mit der traditionellen Rolle des moralisierenden Schriftstellersubjekts vereinbar, der Privatier und Beamte Friedrich Gentz sieht sich jetzt vielmehr als eine Art politisch eingreifenden Kombattanden. Dieser forcierte Meinungsbildner hat um die Mitte der neunziger Jahre gewiss nicht den Nimbus eines unparteiischen Publizisten erworben, sondern den des *gelehrten Parteigängers*, eines Freundes der Mächtigen und Noblen. In einem Brief an Brinckmann heißt es Anfang 1800: *Ich habe jetzt alles, was einem Menschen, der nur für die Politik lebt, in Berlin gereicht werden kann: ich bin mit dem ganzen Corps diplomatique, nur einige Gesandtschaften natürlich ausgenommen, in den freundschaftlichsten Verbindungen: auch die schwedische, auch das Haus Ihrer liebenswürdigen Freunde, [...] ist mir nicht fremd.*

Diese Formulierung ist zwiespältiger als man glauben könnte, denn Gentz erlebt die eigene Situation in Berlin als durchaus ambivalent. Einerseits ist er ein preußischer Beamter der gehobenen Provenienz, der in alle größeren und kleineren Machtintrigen und Karrierekämpfe der Hauptstadt hineingezogen wird, andererseits nimmt er im wachsenden Maß auch die Welt der europäischen Politik wahr und ist vielfältig mit ihren Machtrepräsentanten und Informationskanälen verbunden. Und dieses Verhältnis ist wegen der preußischen Neutralitätspolitik seit 1795 keineswegs als harmonisch zu bezeichnen. Dass Gentz sein Vaterland tagtäglich von innen wie von außen mit Akribie und streitbarer Distanz wahrnimmt, hat sich seiner Publizistik und seinem Nimbus längst mitgeteilt. Besonders Böttiger wird von ihm oft zum Zeugen der innerstaatlichen preußischen Auseinandersetzungen gemacht, vielleicht auch weil Gentz die eine oder andere Information in die deutsche Politik- und Gelehrtenwelt ausstreuen möchte. Gelegentlich stellt er Böttiger sogar preußische Aktenstücke zur Verfügung, ausschließlich zum behutsamen Gebrauch, wie es heißt.

Steht Preußen am Ende des Jahres 1797 vor besseren Zeiten? Den Machtantritt von Friedrich Wilhelm III. im November des Jahres sieht Gentz unter glücklichen Auspizien, auch weil ihn der König zum Mitglied einer Kommission zur Aufhebung des preußischen Tabakmonopols ernennt, das Friedrich Wilhelm II. kurz vor seinem Tod wieder eingeführt hat. Diesen Erfolg rechnet Gentz hoffnungsvoll dem neuen Staatsregiment an, dem er nach der *Nullität* der vorigen Regierung nun *Klarheit, Mäßigung und Weisheit* zuspricht. Schon im Sommer 1797 erwähnt er gegenüber Böttiger eine Dienstreise nach Breslau in Angelegenheiten unserer *neu-akquirierten polnischen Länder*, was schon damals auf eine recht ansehnliche Beauftragung hindeutet. Aber geradezu glanzvoll scheint Gentz' Berufung in die Kommission zur Aufhebung des verhassten Tabakmonopols vonstatten gegangen zu sein, denn er ist es, der im Auftrag seines Königs das Deklarationspatent schreibt, das, *wie ich nun so zuverlässig vorher wusste, einige Millionen von Menschen bis zum Entzücken begeistern sollte.* Einige Tage darauf wird der Erlass von Friedrich Wilhelm und seinen Ministern Schulenburg und Struensee genehmigt, und in wenigen Wochen ist das bedeutende politische Unternehmen vollbracht. Gentz kann sich als öffentlichen Beglücker seiner Preußen fühlen, die nach Freigabe der Tabakproduktion bald die hohen staatlichen Monopolpreise für ihr Rauchwerk nicht mehr bezahlen müssen. Das mag kein weltbewegender Erfolg sein, aber es ist ein Ereignis und es zeigt den Beamten Friedrich Gentz in realpolitischer Aktion.

Noch mehr an Erfreulichem ist über die Reformen Friedrich Wilhelms III. zu berichten, denn der Monarch hat Anastasius Mencken, einen von der Kamarilla um Friedrich Wilhelm II. missachteten Beamten, zum ersten Kabinettsrat ernannt: *Für mich ist dies ein persönlicher, und ein bedeutender Triumph. Mencken war seit mehrern Jahren mein vertrauter Freund.* Noch vor kurzem sei Mencken als philosophischer Kabinettsrat und sogar als Jakobiner verketzert worden, kaum habe man seinen Namen aussprechen dürfen, und ein Freund wie Gentz durfte nur nächtens zu ihm schleichen. Nun endlich hat man diesen brillanten und vertrauenswürdigen Mann mit der Direktion aller Zivilangelegenheiten betraut. Kurz darauf ist per Kabinetts-ordre die alte Instruktion für die geistlichen Angelegenheiten wieder hergestellt wor-den, die den Zeiten von Religionsedikt und Glaubenszensur ein Ende bereitet. (T. Stamm-Kuhlmann 1992).

Und nur wenig später wird Gentz noch einmal in eine spektakuläre politische Entscheidungssache einbezogen, es geht um die leidige Frage der Verwaltungsorga-nisation Südpreußens. Den diesbezüglichen Bericht schreibt er in *24 schlaflosen Nächten* nieder, nach siebenwöchigen Verhandlungen, allerdings wohlwissend, dass die Sache nun endgültig auf sich beruhen werde: *Der König war zufrieden: wir wur-den gelobt, beschenkt: – Die Kommission ging auseinander: jeder Minister [...] war froh, einer großen Gefahr entgangen zu sein. Die Komödie war zu Ende.* Gentz hat einer Kommission auf obsoletem Posten durch sein *Geplapper, von allgemeinen Worten zu-sammengeflickt*, aus der Bredouille geholfen. Auch das ist Politik, eine *Gaukelei* mit verschleierten Interessen, ein Oben und Unten-Spiel voll raffinierter Kompromissge-spinste: *Es hängt doch in dieser Welt fast alles mehr von den Menschen als von den For-men ab, so wichtig auch diese einem Ordnung liebenden, systematischen Geiste, so wich-tig sie auch für die Ruhe und Wohlfahrt aller großen Gesellschaften sein mögen*, schreibt er nachdenklich an Böttiger. Soll man da in Jubelstimmung verfallen?

Nach einem Vierteljahr Regentschaft des neuen Königs ist Gentz ersichtlich skep-tischer, und möchte Böttigers Eingenommenheit für das System Friedrich Wilhelm III. ein wenig dämpfen. Weit über seine Erwartung froh ist er zwar immer noch, dass dieser Monarch viele richtige Entscheidungen trifft, aber zu früh triumphieren möchte er nicht. Nach wie vor erscheint ihm alles wie ein *goldnes Schauspiel*, die Aura des Königs strahlt weithin nach Deutschland aus: *Aber das ist nur ein einzelner Sieg: das böse Prinzip kämpft in unserm Staate noch mächtig mit dem guten [...] Eine militä-rische Kabale [...] strebt unablässig nach dem Zepter, und k a n n ihren Zweck erreichen. Mencken ist nicht bloß sterblich, er ist in einem Zustand, mit dem ein langes Leben sich gar nicht vereinigen lässt: ich wette nicht auf ein Jahr für das seinige.* Das erscheint als eines der größten Probleme des Landes, der exzellente Kabinettsrat ist ein kranker Mann, seinen Aufgaben, dieser *bodenlosen Sklaverei*, kaum noch gewachsen und rings um ihn her vollzieht sich das heillose Kabalen- und Karriereunwesen. Der Staat Preußen besitzt eine *glänzende Außenseite und birgt doch in seinem Inneren ein Laby-rinth der verderblichen Operationen.* Schrecklich sei es allein zu beobachten, wie der kürzlich *noch verachtete Mencken nun mit faden Schmeicheleien wirklich erstickt werde, und wie elende Zeitungen jede seiner öffentlichen Bekundungen als einen Götterspruch* erscheinen ließen.

Das tagtägliche Geschäft der Politik tritt Gentz immer sinnlicher vor Augen. Wie weit entfernt liegt das alles von seinen öffentlichen Moral- und Politik-Diskursen? Soll er sich wirklich noch weiter hineinbegeben in dieses Interessengehader, in diesen regellosen Macht- und Eitelkeitsbetrieb? Böttiger scheint ihm ein würdiger Adressat für das folgende Bekenntnis zu sein: *Männer, deren Beifall mir unendlich kostbar ist, deren Urteil ich verehre, haben hin und wieder den Wunsch geäußert, dass ich selbst ei-*

nen Antheil an der Führung der Kabinettsgeschäfte erhalten möchte: auch hier ist hin und wieder davon gesprochen worden. Manches daran mag übertrieben klingen, im Kern aber wird man Gentz glauben dürfen. Er hätte Mencken nur auffordern müssen, ihn als seinen *Gehülfen* vorzuschlagen, schreibt er, und ihm wäre problemlos eine noch größere politische Karriere eröffnet worden. Und da Mencken alle Zivilgeschäfte des Staates befehlige und äußerst hinfällig sei, könne man sich leicht vorstellen, was in einer solchen Laufbahn für ein *tätiges, ehrgeiziges, seiner Kräfte sich bewusstes Gemüt, Verführerisches* liegt. Gentz gibt zu, dass ihn diese Aussichten immer wieder einmal gereizt und sogar begeistert hätten, manchmal habe er es als seine Pflicht angesehen, eine derartige Aufgabe zu übernehmen. Letzten Endes entscheidet er sich gegen diese beruflichen Verlockungen: *Aber die Vernunft, aber die kaltblütige Überlegung, aber die unbestechliche Selbstkenntnis, aber die allmächtige Furcht, meine Freiheit für einen falschen Genuss zu verkaufen, meine wahre Bestimmung mit einer scheinbaren zu verwechseln: alles das trug den Sieg davon.* Nein, Gentz will seine *literärischen Pläne* nicht aufgeben, das gilt zumindest vorerst, ihn schrecken die heillosen Kabalen und seine unüberwindliche Furcht vor dem Militär, er tauge einfach nicht zu diesem schwierigen Posten: *mir fehlt die unerschütterliche, die ewige, die göttliche Ruhe seines [Menckens] Charakters: mir fehlt sein Heldenmut, seine Standhaftigkeit, seine Gleichgültigkeit gegen alle Unternehmungen des Feindes, und die Kunst, seine unerhörte Festigkeit und Kraft, in eine sanfte, heitre, süß-täuschende äußre Form zu verstecken.*

Dennoch, der politische Beamte Friedrich Gentz bewegt sich mittlerweile an prominenter Stelle direkt unterhalb der Führungsebene im Staate Preußen, das wird noch einmal deutlich im März 1798, als er in Vertretung des Ministers Karl Georg Heinrich von Hoym, dem Freund der Familie Gentz aus Breslauer Zeiten, in die Kommission zur Revision des gesamten Finanzwesens berufen wird. Das ist ehrenvoll genug, aber es kann ihn wenig beglücken in diesem turbulenten Frühjahr des Jahres 1798: *Die Minister fallen hier, wie die Fliegen,* schreibt er an Böttiger und ist heilfroh, bei diesem Revirement mitsamt dem befreundeten Hoym noch einmal davon gekommen zu sein. In einem Brief an Garve heißt es: *In den vergangenen Tagen sind große Ministerial-Veränderungen vorgefallen: Graf Blumenthal mit Beibehaltung seines ganzen Gehalts, Buchholtz mit 6000 Rthlr. Pension, Wöllner ohne alle Pension verabschiedet; der Präsident Massow aus Stettin an Wöllner's Stelle ernannt, der Minister Reck mit 2000 Rthlr. begnadigt u.u. Dass der Graf Hoym allen Gefahren, die ihn bedrohten, glücklich entgangen ist, und dass er jetzt vielleicht höher und fester steht, als jemals, mögen Sie wohl schon wissen, wo nicht, so kann ich es Ihnen als eine sehr authentische Thatsache berichten.* (F.C. Wittichen 1909,1).

Aber die politische fortune des Grafen von Hoym und darin eingeschlossen diejenige des Kriegsrats Gentz sollte nicht lange währen. Schon einen Monat später, Ende April 1798, lautet die briefliche Botschaft an Garve so: *In meiner äußern Lage hat sich eine höchst unangenehme Veränderung zugetragen. Der Minister Hoym hat, wie Sie wissen, das südpreußische Departement verloren, und es ist dem Minister Voss zu Theil geworden. Diese Revolution ist in Rücksicht auf meine Freiheit, auf meine Ruhe, auf die Gestalt meiner Dienstverhältnisse, selbst auf meine Einkünfte eine der fatalsten, die mich treffen konnte.* Jetzt werde er in ein *gehässiges Joch* gespannt und verliere zusammen mit der Unterstützung Hoyms womöglich noch seine Chancen als öffentlich auftretender Intellektueller, denn dem Minister Voss fehle alles, was seinen Vorgänger an Herzlichkeit und Großmut ausgezeichnet habe. Gentz hat die nackte Furcht ergriffen vor einer massiven Einschnürung seiner Person und seiner schriftstellerischen Freiräume. Draußen auf dem Kontinent toben Revolution und Krieg und erheischen ihren vorzüglichsten Interpreten, mit den glänzendsten Köpfen der europäischen Herrschafts- und Kulturwelt steht er im Briefverkehr, und in Berlin soll er gezwungen werden zu subalternen Erfüllungsdiensten. Der Kriegsrat Gentz sieht sich nach wenigen Monaten Regentschaft Friedrich Wilhelms III. in einer durchaus ungünstigen Arbeits- und Lebenssituation. Wird das ‚Sendschreiben an den König' etwas Positives für diesen getreuen Untertanen bewirken?

Mirabeaus eingedenk – das Sendschreiben an den König

Überraschend publiziert Gentz am 16. November 1797, nahezu zeitgleich mit dem Regierungswechsel, ein *Sendschreiben* an den jungen Monarchen, das damals weit über Berlin hinaus nicht wenig Sensation macht. Dem Gentzschen Projekt ist kein geringerer als der *Wohlthäter der Menschheit*, der Graf Mirabeau vorangegangen, der 1786 eine ähnlich inspirierte staatspädagogische Epistel an Friedrich den Großen gerichtet hat. Etlichen Zeitgenossen ist das noch in guter Erinnerung, auch Gentz dürfte an das zweite Jahr seiner preußischen Amtstätigkeit zurückgedacht haben. Umso faszinierter ist er bald von der Wirkung des eigenen Schreibens. Selbst Friedrich Wilhelm und seine illustre Gattin Luise hätten das kleine Werk mit Wohlgefallen aufgenommen, meldet er Böttiger. Was genau ist vorgefallen? Im Grunde genommen, stellt das Unternehmen eine kaum glaubliche Anmaßung dar. Ein gut beleumundeter, aber keinesfalls höchstrangiger preußischer Beamter, der als Publizist seine Meriten besitzen mag, wagt es, im Namen des gesamten Volkes aufzutreten und in einem brillant formulierten Anschreiben, einer Mixtur aus Machthuldigung und Mahnbrief, das direkte Wort an den Herrscher zu richten. Es sei *kühn, sich zum Organ von Millionen aufzuwerfen*, schreibt der Autor, um seine Dreistigkeit sogleich damit zu rechtfertigen, dass gegenwärtig jeder Repräsentant des Vaterlandes nur seine und aller Menschen *Sehnsucht nach Sicherheit, Gerechtigkeit und Frieden* zum Ausdruck bringen könne. Eben dies tue er.

Das *Vertrauen des Volkes* sei das wahre Lebensprinzip einer guten Regierung und die einzige Gewähr dafür, dass die große Staatsmaschinerie gesetzmäßig und wohltätig bewegt werden könne, heißt es. Von bloßer Untertanenschaft ist nicht die Rede und kein Zweifel soll daran sein, dass der junge König die Zuneigung aller Preußen – als Bedingung seiner Herrschaft – sehr wohl besitzt. Was für Gentz keineswegs selbstverständlich ist. Denn das gute Regieren sei schon deshalb zu einer hohen Kunst geworden, weil die Politik in diesem späten 18. Jahrhundert etwas schier Unmögliches zu leisten habe – in einen *unendlich mannichfaltigen, selbstständigen, und widerstrebenden Stoff Ordnung und Einheit zu bringen, und Ordnung und Einheit darin zu erhalten.* Die Zeiten wandeln sich, mahnt Gentz, Traditionalität ruht nicht mehr in sich selber, sondern der Geist dieser Zeit reißt die Menschen *über das Ziel ihrer eignen Bestrebungen hinaus.* Also ist es an dem Monarchen, seine Untertanen vor drohenden Ausschweifungen und Irrtümern zu bewahren. Vorsichtiger und mundgerechter lässt sich das Dilemma der Französischen Revolution und ihrer Folgen für Preußen, Deutschland und Europa nicht in Worte fassen.

Die Absicht wird klar. Der Kriegsrat Gentz will seinem König einen brieflichen Fürstenspiegel mit fein getönten Mahnungen und Forderungen vor Augen halten, ohne ihm die herrschaftliche Laune zu verderben. Die intellektuelle und rhetorische Subtilität dieser kleinen Proklamation steht zu dieser Zeit einzigartig da, kein Wunder, dass sie Furore macht in Preußen und weit über seine Grenzen hinaus. Aber natürlich muss ein solches Sendschreiben auch Unverständnis und manche Streiterei hervorrufen. Das mag seinem Verfasser eher geschadet oder genützt haben, in jedem Fall hat sich noch einmal ein Name mit Aura geladen, mit der eines preußischen Intellektuellen, dem das Korsett subalterner Beamtenpflichten in Zukunft kaum mehr behagen dürfte.

Aber nicht das steht hier zur Debatte, sondern Gentz malt die Morgenröte eines neuen Regierungszeitalters aus, das vor unermesslichen, nur mit dem Weitblick eines großen Monarchen zu bewältigenden Aufgaben stehe. Man könnte sagen, eine Art forcierte Liberalität ist der Nervenpunkt dieses Schreibens an Friedrich Wilhelm III., denn sein Verfasser suggeriert einen Grad von Vertrautheit zwischen aufgeklärter Öffentlichkeit und staatlicher Autorität, der allenfalls das Ergebnis eines langwierigen beiderseitigen Interessenabgleichs hätte sein können. Noch ist das nachfriderizianische Preußen keineswegs frei von despotischen Zügen, noch muss sich jeder politische Pasquillant vor den Zensurbehörden in Acht nehmen, aber der Beamte Friedrich Gentz tut so, als habe mit dem Thronantritt Friedrich Wilhelms III. eine Ära der freimütigen Kommunikation zwischen Herrschern und Beherrschten schon ihren Anfang genommen. Dahinter verbirgt sich mehr als der Anbiederungsversuch eines gemäßigten preußischen Reformbeamten, denn Gentz glaubt ernsthaft, politisch-moralischen Einfluss nehmen zu können. Außerdem dürfte er sich mit seinen Vertrauten im einschlägigen Kollegenkreis abgesprochen haben. (P. Wittichen 1905).

Die Vermeidung jeglichen Krieges und die Insistenz auf der *inneren Stabilität des Staates sowie seiner äußeren Absicherung im Völker-System dieses Welttheils,* darin liegt der zentrale Gedanke des Sendschreibens, er ist hellhörig abgestimmt auf die bekanntermaßen unsichere Haltung des neuen Königs in Kriegs- und Bündnisfragen. Was Gentz bald ganz anders beurteilen wird, bekräftigt er hier noch mit Emphase. Den Krieg weiterhin abzuwenden, erklärt er zur obersten politischen und militärischen Maßregel, zum letzten Gipfel aller diplomatischen Weisheit. Was aber nicht gleichbedeutend sein soll mit einem politischen Schwächezustand. Denn ein Gemeinwesen, das nicht permanent gerüstet sei, sich selbst zu verteidigen, dessen *Furchtbarkeit* also nicht ausreicht, bei dem ständigen Wechsel der politischen Verhältnisse einen selbstbewusst und klug gewählten Platz im Verein der Staaten einzunehmen, sei nicht überlebensfähig. Man muss die natürlichen Bündnisse Preußens unbedingt festhalten oder wiederherstellen, mahnt Gentz, aber dazu sei das Land genötigt, überhaupt erst ein politisches System zu entwickeln und auf der internationalen Bühne planvoll, offen und redlich zu agieren. Preußen ist machtvoll genug, so seine Überzeugung, um in Zukunft das Amt eines *Schiedsrichters von Europa* zu übernehmen, er warnt deshalb vor *kleinlichen Kabalen, unwürdigen Doppelspielen und künstlich verwebten Widersprüchen*. Zum ersten Mal tritt Gentz hier als gesamteuropäisch orientierter, von der balance-of-power-Idee inspirierter Kritiker in Erscheinung. Der Krieg gegen das revolutionäre Frankreich und die preußische Neutralitätspolitik seit 1795 lassen diesen Blickwinkel unverzichtbar erscheinen.

Doch damit hat es nicht sein Bewenden. Denn der klug abgewogenen äußeren Landessicherheit muss diejenige des Staatsinneren entsprechen, und so geht Gentz auch noch pointiert auf die Bedürfnisse der preußischen Verwaltung ein. Für ein unabhängiges und geschütztes Rechtssystem und für verständliche, vernünftige und gerechte Gesetze plädiert er, die in ihrer Unantastbarkeit geachtet werden müssten. Ließe sich der Monarch hier auch nur die geringste Willkür zuschulden kommen, gliche dies der *Selbst-Entheiligung, Selbst-Verletzung seiner eignen höchsten Würde*. Der Staat ist für Gentz ein normativ strukturiertes und reguliertes Herrschaftsgebilde, nicht das Privateigentum irgendeines Monarchen, deshalb muss gerade bei der Etatverwaltung, der Steuererhebung und der Wirtschaftsförderung alles auf die Interessen und Rechte einer freiheitlich agierenden Bürgersozietät abgestellt werden. So spricht er sich für die Auflösung der leidigen Dienstpflichtigkeit in der Landwirtschaft, für ein einfaches und maßvolles Steuersystem und vor allem für eine weitgehende Garantie der Wirtschaftsfreiheit aus. Jeder Bürger soll sich ungebunden regen und bewegen und seinen Vorteil suchen dürfen, *keine Einmischung in die Privat-Industrie durch unnütze Reglements hindre den Landwirth, den Fabrikanten, den Kaufmann, aus seinem mit Freiheit hervorgebrachten Produkt den größten möglichen Gewinn zu ziehen*.

Aber vor allem geht es in diesem Sendschreiben des Friedrich Gentz um etwas, das ihm für die kulturelle Prosperität des Landes unverzichtbar erscheint, das Problem der Meinungsfreiheit. Noch vor kurzem hat in der preußischen Öffentlichkeit ein engherziger Klerikalgeist den public spirit verdorben, jetzt soll alles anders werden: *von Religionszwang darf hier die Rede nicht mehr sein*. Man könne dem *Presszwang* in der Gegenwart keinerlei positives Ansehen mehr verschaffen, schreibt Gentz, es sei denn, man wolle ihn als wahres *Inquisitions-Tribunal* in die Welt setzen. Nein, die Möglichkeiten der Autoren, eigene Ideen ins Publikum zu bringen, seien mittlerweile so umfassend, dass jeder Einschränkungsversuch dagegen nur lächerlich wirken könne. Und Gesetze, die eher erbittern oder belustigen als schrecken, sind ein politisches Desaster, sie fordern die Betroffenen nur noch zu mehr Widerstand heraus und lassen sie am Ende als Märtyrer der Wahrheit erscheinen. Das einzige Gegengift, das Gentz dem grassierenden Revolutionsgeist verordnet wissen will, sind die Produkte der besseren Schriftsteller, die falsche Meinung sollte keinen anderen Widersacher finden als die ihr entgegengesetzte. Und auf gar keinen Fall dürfe der preußische Monarch den fruchtlosen Kampf mit kleinen Gegnern aufnehmen. Denn niemals wird ein Bürger Preußens einflussreicher oder mächtiger sein können als Ihre Majestät und das Gesetz, notiert der Legitimist Gentz in huldvoller Verbeugung vor dem Repräsentanten eines vernünftigen Wesens, ohne sich allerdings die folgende dialektische Volte entgehen zu lassen: *Die, welche lehren mögten, dass es mit ,etwas weniger' gethan sey, sind geheime Bundes-Genossen, oder unbewusste Mitarbeiter derer, welche mehr verlangen. Wer aber mehr verlangt, ist ein Feind der Ordnung, des Friedens, der mühsam erworbnen Schätze einer langen Cultur, ein Feind der fortschreitenden Vervollkommnung des Menschen – ein Feind Ew. Majestät und des Vaterlandes.* Vor einem doppelgesichtigen Radikalismus wird hier gewarnt, vor dem der hysterischen Neuerer wie dem der verstockten Reformfeinde.

Genau dazwischen liegt für Gentz die politische Aufgabe der Zukunft, die bürgerliche Freiheit zu behaupten und zu entwickeln unter der Schirmherrschaft einer monarchischen Verfassung – ein *glückliches Volk und ein glücklicher Fürst.* Wer aber das politische Normkonstrukt von zivilisatorischem Fortschritt und etatistischer Beherrschung aus den Augen verliert, wer also mehr will als dies, schreibt Gentz, von dem trennen uns *fürchterliche Abgründe, undurchdringliche Nächte, das grauenvolle Chaos allgemeiner Zerrüttung, das Interregnum aller sittlichen Grundsätze, ein wüster Schauplatz von Trümmern, Thränen und Blut!* Jenseits der wohllöblichen preußischen Monarchie als Garantin der wahren bürgerlichen Freiheit liegt das Reich des Bösen, grassieren Ordnungsinfarkt und zivilisatorisches Dunkel. Gentz hat beiden Seiten gerecht werden wollen, der preußischen Staatslegitimität einerseits und andererseits dem publizistischen Aufklärungsgeist, dessen Selbstfindungsdebatten nach wie vor an Revolution und Kriegswirren schwer laborieren.

Ausführlich wird Böttiger noch Ende 1797 davon unterrichtet, dass Königin Luise von Preußen ihren Gatten auf die Gentzsche Epistel aufmerksam gemacht habe, und wie angetan der Monarch besonders von den Überlegungen zur Kriegsvermeidung, aber auch von denen zur Pressefreiheit gewesen sei. Der König habe die Schrift vollständig gelesen und in Anwesenheit höchster Herrschaften wohlwollend davon gesprochen: *Sie können sich vorstellen, dass nun nicht drei Tage vergingen, ehe mein Name und die Schrift, Berlin von einem Ende zum andern überzog. Es gereicht mir wirklich zu einer der angenehmsten Erinnerungen meines Lebens, welche Sensation dieses kleine und unverdienstliche Produkt hier eine Zeit lang unter allen Ständen gemacht hat.* (F.C. Wittichen 1909, 1).

Aber natürlich hat es nicht nur Befürworter oder Bewunderer der Gentzschen Invektive gegeben, sondern auch etliche Gegner und Feinde. Vom *galanten Notenverfertiger* Gentz spricht Rahel Levin maliziös. Ist das ganze Unternehmen etwa von politischen Freunden lanciert worden? Diese Frage liegt in der Luft. An Böttiger schreibt Gentz: *Es gibt hier einige, und zwar nicht unwichtige Menschen – es ist aber zu gefährlich, Namen zu nennen – die den Schritt, einem Könige eine freimütige Anrede zu halten, schon bei mir unendlich getadelt haben. Glücklicherweise konnten sie mir nichts schaden, 1. weil ich ihnen im ersten gefährlichen Augenblick durch die Anonymität auswich, 2. weil sogleich als mein Name bekannt wurde, auch schon das Urteil des Königs über die Schrift von Munde zu Munde ging, 3. weil sie es nicht wagten, Mencken, dessen Verbindung mit mir bekannt genug war, zu beleidigen.* Natürlich hat sich der renommierte preußische Beamte dem Verdacht ausgesetzt, Friedrich Wilhelm III. gewissermaßen den politischen Kopf verdrehen und einen Karrieresprung machen zu wollen. So viel *liberalste Zudringlichkeit, um dem König eine unbedingte Pressfreiheit abzutrotzen*, ist selbst Goethe zu viel, wie er indigniert an Schiller schreibt. Der politicus aus Weimar ahnt, dass es einen absichtsvollen Hintergrund des Unternehmens geben könnte. Ausgerechnet ein Reformkonservativer wie Gentz macht sich zum Fürsprecher der Pressefreiheit, die doch eigentlich das Herzensanliegen der enragierten Aufklärer darstellt, das irritiert damals viele Zeitgenossen. Zu Recht haben sie bislang ein anderes Bild von diesem ersten Publizisten Preußens gewonnen. Und doch mag Gentz in gewisser Weise einen positiven Einfluss ausgeübt haben auf die pressepolitischen Überzeugungen seines Monarchen, denn manchem späteren Ansinnen seiner Beamten, das preußische Presserecht zu verschärfen, hat der König wohlweislich widerstanden. (J. Baxa 1965/P. Wittichen 1905).

Es ist bezeichnend, dass die öffentliche Wahrnehmung des Sendschreibens auch die intellektuellen und politischen Frontbildungen jener Jahre widerspiegelt. Manchem Zuspruch für den couragierten Berliner Publizisten steht das Votum der reaktionären ‚Eudämonia oder deutsches Volksglück‘ gegenüber, die Gentz als rechtschaffenen Publizisten wahrnimmt, aber vehement bestreitet, dass die Verschwörung der falschen Aufklärer, der Jakobiner und Illuminaten, noch im Medium des Geistes und der unumschränkten Pressefreiheit bekämpft werden könne. Wie vermag bei solcher Wirrsal des Dawider und Dafür der *Lichtstrahl von Wahrheit und Genie* jemals politisch wirksam zu werden? fragen die Eudämonisten. Hier sei nur noch derjenige gefordert, der die Gewalt in Händen habe. Gentz kann von den konservativen Kreisen wenig Beifall erwarten, aber an die politische Repression einer freien Öffentlichkeit will er zu diesem Zeitpunkt keineswegs denken. Dass ihm sein Sendschreiben später als peinliches Intermezzo erscheinen wird, und er es am liebsten aus der eigenen Biographie gestrichen hätte, sollte anderen Zeiten und Umständen geschuldet sein. Friedrich Gentz ist gegen Ende des Aufklärungsjahrhunderts keineswegs der, für den viele ihn nun halten – ein *Freiheits-Feind und Despoten-Fröhner*. (Eudämonia 1798, 6/G. Barudio 1993).

Die Paradoxien des Herrn Gentz

Im März 1799 meldet sich Gentz bei seinem Vertrauten Böttiger mit der Nachricht, er habe soeben noch einmal die *Journalisten-Laufbahn* betreten, und sich in diesen trüben und gefährlichen Zeiten abermals ins *Gefecht* begeben: *Sagen Sie, dass ich ein Narr bin: so haben sie es kurz und bestimmt getroffen.* Doch ganz so ironisch ist diese Bemerkung nicht gemeint. Nach dem finanziellen und publizistischen Debakel der ‚Neuen Deutschen Monatsschrift' nimmt Gentz abermals die Fron auf sich, ganz allein jeden Monat ein umfängliches Heft für eine neue Zeitschrift auszuarbeiten, das ‚Historische Journal'. (F.C. Wittichen 1909, 1). Wird er es dieses Mal erfolgreich sein? Die finanzielle und moralische Unterstützung aus hohen preußischen Beamtenkreisen ist ihm sicher, aber er weiß auch, wie schwankend die fortune des Einzelnen im komplizierten Staatsgetriebe sein kann. Dazu kommt die fraktionierte Streitkultur in der Öffentlichkeit, mit ihren hämischen Attacken und Ehrabschneidungen, der Meinungskampf um die Romantiker stellt nur ein Dilemma unter vielen dar.

Gentz sieht sich nicht nur in einer gewissen Frontstellung zu den Brüdern Schlegel, zu Novalis und Tieck, auch die alten Aufklärerkreise machen verstärkt gegen ihn mobil. Im Jahre 1800 erscheint ohne Verlagsangabe eine umfängliche Streitschrift unter dem Titel ‚Politische Paradoxien des Kriegsrath Genz. Ein Lesebuch für den denkenden Staats-Bürger', die einem talentvollen Mann wie diesem *deutschen Burke* endlich auf die Schliche kommen und ihm coram publico die Leviten lesen möchte. Nichts anderes trage Gentz im Sinn, als den Burkeschen Geist nach Deutschland zu verpflanzen, immer schon sei er diesem Gewährsmann tief ergeben gewesen. Und genau wie der englische Pamphletist wisse auch der *Schildknappe* Gentz durch *Deklamationen so zu betäuben, dass man erst zur Besonnenheit kommen muss, um das Schiefe und zum Theil Unwahre in den hingeworfenen Gemeinplätzen zu entdecken.* Der anonyme Gentz-Kritiker spricht sich selbst das *ungekünstelte Idiom der Vernunft* zu, umso trefflicher möchte er nun sein Gegenüber als einen Verbalalchimisten enttarnen, dessen *vielbedeutende Orakelsprache in Phantasien wandelt und auf Unkosten der Vernunft [mit] täuschenden Bildern die Urtheilskraft bestechen will.* Lügenhafte Truggestalten gaukele der Schriftsteller Gentz der Öffentlichkeit vor, nur um die Täuschung seiner Zeitgenossen gehe es ihm, ein nicht auszuräumender Verdacht gegen diesen Fürstenfreund liegt in der Luft.

Wie weit habe er sich doch von der echten Philosophie eines Kant oder Garve entfernt mit dem *Flitterstaat seiner Kraftsprache, diesem erborgten Prunke der Ästhetik und lieblichen Weyhrauch für die Mächtigen und Reichen.* Hat Gentz nicht das bedenkliche romantische Idiom ausgerechnet für die altständische Politik fruchtbar gemacht, in gemeinsamer Sache mit den Romanendichtern? Dieser preußische Beamte besitzt als ein *Abendländer die zarte Phantasie eines Morgenländers, dem jedes wehende Lüftchen Bilder zuführt,* gerade das macht ihn so gefährlich für die Sache der wahren Aufklärung. Wenn *Herrlichkeit und Großmacht des Geistes als* Verteidigungsinstanzen der staatlichen Autorität in Erscheinung treten, wenn auch hier noch die

Propheten-Sprache der Modephilosophen Konjunktur gewinnt, dann muss der vernünftige Bürger aufs Höchste alarmiert sein. Schöne Bilder, Wortfiguren und Metaphern können zwar eine erhabene Wahrheit angenehmer und reizvoller machen, aber sie niemals selbst hervorbringen, dieser rhetorische Schmuck muss deshalb gerade wegen seiner geistigen Verführungskraft von der geläuterten Vernunft entlarvt werden.

Es sei ein irreleitendes ästhetisches Argument, so der Autor der ‚Paradoxien‘, wenn Gentz für das Gleichgewicht unter den politischen Ideen plädiere: *Ein Satz kann auch halb wahr, und halb nicht wahr seyn.* Ist das etwas anderes als pure romantische Wortzauberei? Aber mehr noch, dieser rhetorische *höhere Muth wurde entzündet durch Gold, belebt durch ein gnädiges Lächeln einer wenigstens gemahlten Majestät auf einer Tabatiere, die der Kaiser ihm schenkte.* Der vornehme, reich beschenkte Herr Gentz hat gut reden im Sonnenlicht der preußischen Monarchie, er muss sich nicht in die Anonymität flüchten, sondern kann sich als Apologet des Alten jede publizistische Freiheit herausnehmen. Die Streitlinien zwischen der guten Sache der Aufklärung und dem Gentzschen Staatsopportunismus liegen zutage.

Was ist diesem deutschen Burke nicht alles an Paradoxien vorzuhalten: Kant und der kategorische Imperativ werden nun gegen Gentz’ pragmatische Anmaßung verteidigt, die Erziehungsutopie und die Idee der Selbstvervollkommnung des Menschengeschlechts bekräftigt, das Feudalsystem und der Adelsegoismus als ungerecht und revolutionsauslösend beschrieben, die anthropologische Animalisierung des Menschenwesens bestritten: *Die Menschen sind gutartig genug, um eine Zivilisation des Glücks, der Gerechtigkeit und des Friedens aufzubauen,* beteuert der Gentz-Kritiker, die Staatenverhältnisse seien es vielmehr, die so viele Übel hervorgebracht hätten. *Diese Übel tyrannisiren die Menschen zu sehr, als dass nicht jeder ihre Verbannung wünschte. Sie sind gleichsam der Schlussstein des Gewölbes, worinnen das menschliche Elend concentrirt.* Dass der Staat ein Erziehungsinstitut sei und nicht primär ein Macht- und Rechtssystem, wird noch einmal mit Entschiedenheit gegen den Gentzschen Etatismus und seine rigide Positivierung der Menschenrechtsidee in Anschlag gebracht: *Der Staat muss um der Menschen willen da sein. Er muss also ihre Hauptzwecke bey einem jeden einzelnen Individuum, woraus er besteht, befördern, wenigstens nicht verhindern. Denn die sämmtlichen Hauptzwecke der Individuen machen den Hauptzweck des Staats aus.* Diesem Gedanken hätte Gentz in bestimmtem Maße beigepflichtet, ihn aber rein naturrechtlich zu begründen, in Absehung von den Lebensbedingungen der Menschen unter machtstaatlichem Reglement, wäre ihm abstrus vorgekommen. Der Autor der ‚Paradoxien‘ fragt sich und seine Leser deshalb besorgt, *was wohl ein hochmögender Herr Gentz, stünde es in seiner Gewalt, mit jenen Leuten anfangen möchte, wenn er nach seinem despotischen System über sie nach Belieben schalten und walten könnte.*

Jeder nur denkbare Verdacht gegen den Berliner Kriegsrat scheint nahe zu liegen. Ist er nicht längst zu einem heillos verstrickten Intellektuellen geworden, der mit Gold und öffentlicher Ehre dafür belohnt wird, dass er zum eigenen Nutzen obsolete

Zustände rechtfertigt? Ja, antwortet der Autor der ‚Paradoxien‘ bedenkenlos, *eine solche politische Person ist in den jetzigen Staaten, ein Politiker. Der ist der beste – der zu seinem Vortheile auf jedem beliebigen, rechten und unrechten Wege, die Menschen am besten benutzen kann. – Freylich, wenn die Politik nicht auf die Moral gebaut ist, sondern ein solches künstliches Gewebe feiner und abgefeimter Künste der Klugheit ist; so hat Burke und seine Anhänger Recht, dass viel Studium, ja, das ganze Leben dahin zielen muss, in diese Mysterien sich einweihen zu lassen.* Der Widerspruch von Aufklärung und Hoheitsdiskurs, von naturrechtlicher Erziehungsutopie und etatistischem Eigeninteresse ist kaum schärfer zu formulieren. Noch grassiert nicht das Wort vom ‚Verräter‘, wie Gentz es schon seit einiger Zeit befürchtet, aber um 1800 gilt er bei vielen Aufklärern als ausgekühlter politischer Opportunist, der sich aus der vernünftigen Debatte über Staatssachen mutwillig selber ausgeschlossen hat. Am Ende sei dieser beamtete Autor nichts als ein *gelehrter Partheigänger*, argwöhnen die Kantianer, aber auch sein Verhältnis zu den Romantikerkreisen kann nicht als freundlich bezeichnet werden. Der Grundkonsens der deutschen Gelehrtenrepublik scheint nach der intellektuellen nun auch noch in die politische Existenznot geraten zu sein. Gentz’ Herausgabe des hoheitlich alimentierten ‚Historischen Journals‘ (1799/1800) wird diese Krisenerfahrung noch verschärfen. (G. Kronenbitter 1994).

Wider die romantische Irrlichterei

Dass Gentz zu dieser Zeit, wie Humboldt schreibt, in *tausenderlei Gesellschaften zerstreut* ist, lässt nur ungenaue Rückschlüsse zu auf seine tatsächliche Integration in den damaligen Publizistikbetrieb, splendide Salonauftritte bei Rahel Levin und Henriette Herz und politisch ambitionierter Meinungskampf erweisen sich als zweierlei. An seinem Verhältnis zu den Romantikern ist das deutlich abzulesen. Gentz mag fasziniert sein von Köpfen wie Friedrich und August Wilhelm Schlegel, von Adam Müller und Ludwig Tieck, seine Lust an der Zauberei mit Witz und Ironie und blühender Metaphorik besitzt manches romantische Gepräge, aber in politicis sind die Grenzen für ihn klar definiert. Kein Schwärmen für urdeutsche oder mittelalterliche Feudalharmonien, keine politische Liebesutopie à la Novalis, keine neukatholische Religionsinbrunst oder melancholische Weltverlorenheit, sondern maßgeblich ist für Gentz die *göttliche Klarheit des Bewusstseyns*. Seinen jugendlichen Adepten Adam Müller warnt er in diesem Sinne vor dem *Gewäsch* vieler Romantiker, das sich in Gestalt geistiger Machtsprüche zu Wort melde und doch nur aus einer *Region der Willkür, der Selbstsucht, der Anarchie und der Finsternis* herrühre. Unförmliche Kompositionen, höchste Verwirrung und Stillosigkeit wirft Gentz, ähnlich wie die ältere Aufklärergeneration, den romantischen Schriftstellern vor: *Was diese Menschen schreiben, möchte ich kaum faseln nennen.*

Natürlich ist er auch der romantischen Cliquenbildung, ihren geifernden Auseinandersetzungen und Konkurrenzkämpfen, ihrer ostentativen Eitelkeit und Anmaßung alles andere als gewogen. Und dennoch wird er sich nach einer ausgesprochen idiosynkratischen Erstbegegnung mit einem Mann wie Friedrich Schlegel nächtelang herumtreiben und die Berliner Bohème genießen. Seit Sommer 1797 interessiert Gentz sich für diesen illustren Romantiker, dem er ausgezeichnete Talente und große Gelehrsamkeit zuerkennt. Dass Schlegel ihn bald einen *armen Sünder* nennen wird, verzeiht er ihm ohne weiteres, aber mit seinem *Geisterseher-Tone* vermag Gentz sich nicht wirklich anzufreunden, der bringe nur seine Eigenliebe auf und empöre sein Wahrheitsgefühl. Kann das im geselligen Berlin zu etwas anderem als einem elektrisierenden Zusammentreffen führen?

Wie sich der Romantiker und der politische Publizist erstmals im Dachsalon der Rahel Levin begegnen, hat ein ungenannter Augen- und Ohrenzeuge überliefert. Die Szenerie ist so vielsagend, dass sie hier ausführlich vorgestellt sei. Gentz, so unser Chronist, tritt in die abendliche Gesellschaft ein, wird als berühmter Mann mit Anteilnahme begrüßt und beginnt sogleich die Anwesenden aufmerksam zu mustern, halb schüchtern, halb dreist. In kurzer Zeit glaubt er genau zu wissen, wen er um sich hat, nur *Friedrich Schlegel flößte ihm einen heimlichen Schauder ein, auch wählte er den diesem entferntesten Platz [...]. Schack, der kürzlich in Frankreich gewesen war, richtete einige Fragen an Gentz, allein dieser antwortete wenig und schien durch Schlegel beunruhigt, der ihn stets finsterer ansah und seinen Widerwillen deutlich in seinen Zügen ausdrückte; die hingemurmelten Worte ‚Feiler Schreiber, nichtswürdiger Freiheitsfeind' und andere solche Artigkeiten, die dem damals revolutionär und republikanisch gesinnten Schlegel gemäß waren, erreichten zwar nicht des Feindes Ohr, aber die reizbare Seele desselben schien jeden bösen Hauch schon in der Ferne zu wittern. Demoiselle Levin zog ihn aus der Verlegenheit, indem sie ihn nach einem Frauenzimmer fragte, das ihn lebhaft beschäftigen musste.* (G. Mann 1995/Anonymus: Gentz 1918).

Im literarischen Salon muss man immer damit rechnen, auch seinem potentiellen Kontrahenten zu begegnen. Wieder ist Gentz beeindruckt von der Schlegelschen Brillanz, zugleich bleibt er auf der Hut vor den verführerischen Irrlichtereien dieses Künstlerdenkers, der besonders in politischer Hinsicht als unsicherer Kantonist erscheinen muss. Überhaupt, der *literarische Rotten- und Cliquengeist* mancher Romantik stößt ihn sehr ab, diese Selbstüberschätzung und Intoleranz, diese *Verwirrung und Nachlässigkeit*. Aber auch wenn bei Friedrich und August Wilhelm in *unendlicher Schnelligkeit Revolutionen auf Revolutionen folgen*, und wenn der *tyrannische* Schlegelianismus ihn später wie ein *Gespenst* heimsucht, Gentz wird dafür sorgen, dass man den Romantiker als Propagandisten eines beredt gewordenen Konservatismus nach Wien beruft. Der Meinungsmacher Gentz weiß schon früh, wie man mit dem despotischen Geist dieser Schule im herrschaftlichen Interesse umzugehen hat. Man muss ihn dadurch mildern, dass man die Romantiker aus ihren *isolierten Logen* herausholt, sie mit den großen Autoren und ihrem Publikum in Verbindung bringt und *in die Welt zu verstricken* sucht. Nur als ein in der Wirklichkeit angekommener kann der romantische Geist gesellschaftlich und politisch nutzbar sein. (GS XI, 2/F.C. Wittichen 1909, 1).

An Gentz' Reserven gegenüber den Romantikern im Berliner Intellektuellenmilieu ändert das nichts, er zeigt sich hier weiterhin so integriert wie distanziert. Allerdings kann er sich in seinem Rollenverständnis als staatsnaher Schriftsteller nicht wirklich auf die publizistischen Fraktionsbildungen und Konfliktfelder einlassen, es bedarf einer ganz eigenen Kräftemobilisierung. Worum es geht, sind zuverlässige Kombattanden, vor allem aber ist es das jüngste hoffnungsvolle Projekt, das ‚Historische Journal‘, dessen *Vorteil groß und reell* sei. Dieses neue Unternehmen habe ihm jetzt schon interessante Verbindungen mit so manchen *in der Ferne wichtig und gehaltvoll scheinenden Menschen* verschafft, schreibt er an Gustav von Brinckmann. Brinckmann ebenso wie Böttiger in Weimar und der junge Adam Müller in Göttingen gehören zu diesen befreundeten Hoffnungsträgern, gleiches gilt für den renommierten Schweizer Historiker, Publizisten und Politiker Johannes von Müller.

Die Gutgesinnten möchte Gentz um sich scharen, die Infrastruktur einer Art Gegenöffentlichkeit schaffen, in der sich *Zeit-Schrift-Steller*, wie Ludwig Börne später sagen wird, mit reflektierter Parteilichkeit ins publizistische Gefecht wagen. Seinen Freund Brinckmann empfiehlt Gentz über Böttiger wärmstens nach Weimar, wo er tatsächlich von Goethe und Schiller und sogar vom Herzog empfangen wird, nicht zuletzt um dort beste Empfehlungen des Berliner Publizisten zu übermitteln. Müllers nimmt sich Gentz wie eines Ziehsohnes an, bereitet ihm die berufliche Karriere und nutzt seinen spekulativen Geist im Sinne der Auratisierung der konservativen Doktrin. Und an Johannes von Müller, damals in österreichischen Diensten, wendet er sich ehrfurchtsvoll als eminenten Schriftsteller, als hervorragendes *Genie* und einen der wenigen *Meister*, die Deutschland besitze. Ihm, dem Doyen der Nationalgeschichtsschreibung und umtriebigen *politicus*, möchte er nur zu gern näher rücken und auf Dauer wechselseitiges Vertrauen herstellen.

Der vom Kaiserhaus geachtete Müller soll wissen, dass der Berliner Beamte den so genannten *Erbhass* der Preußen gegen Österreich nie gefühlt habe. Vielmehr glaubt Gentz ein doppeltes Verdienst im Hinblick auf die Habsburger Beziehungen für sich in Anschlag bringen zu dürfen. Zum einen ist es ihm gelungen, über den österreichischen Außenminister Franz Maria Freiherrn von Thugut ein Druckprivileg für sein ‚Historisches Journal‘ zu erwirken, was einem ungewöhnlichen Gnadenakt gleichkommt. Und zum anderen hat er in seiner Zeitschrift (Mai 1799) einen Artikel über den Rastatter Gesandtenmord publiziert, der die Schuld an diesem Verbrechen aus der österreichischen Verantwortung nimmt und sie letztlich den Urhebern und Beförderern der Französischen Revolution zuweist. Dem kaiserlich-österreichischen Bekenntnis des Herausgebers ist also schon mehrfach Genüge getan. (J. Baxa 1965). Überhaupt sei es ausgemacht, schreibt Gentz an Müller, *dass wir den Franzosen viel zu wenig Kraft und Kunst des Wortes entgegensetzen. Wer bekämpft heute noch mit Erfolg die Gauckelspiele der europaweiten Revolutionsprediger? Wir reden gar zu wenig, und geben die verführte Welt den schändlichsten Lügen, und den rasenden Ausschweifungen ihrer immer bereiten Schreiber Preis.* Das soll nun endlich anders werden, jetzt erscheint das ‚Historische Journal‘, das der Herausgeber weitgehend allein verfasst und druckfertig macht: *seit einem Jahre heißt leben bei mir nur arbeiten*, schreibt er Ende 1799 an Brinckmann.

SECHSTES KAPITEL

Ein Mann von europäischem Interesse

Das ‚Historische Journal‘

Tatsächlich liegt mit den beiden Jahrgängen dieser Zeitschrift eine unerhörte Publikationsleistung vor. (GS 5/A. Schumann 2001). Mehrteilige große Artikel verfasst Gentz über den ‚Gang der öffentlichen Meinung in Europa in Rücksicht auf die französische Revolution‘, er bietet ‚Beiträge zur Berichtigung einiger Ideen der allgemeinen Staatswissenschaft‘, handelt von der Unparteilichkeit oder Neutralität des Schriftstellers, von politischer Freiheit und Gleichheit und vom ewigen Frieden, von gemischten Regierungsverfassungen, von den neuesten Staatsbegebenheiten in verschiedenen europäischen Ländern, vom französischen und britischen Finanzwesen, von Englands Verhältnis gegenüber Irland, von Amerikas welthistorischer Bedeutung und immer wieder von der Entstehung der Französischen Revolution. Wenn Gentz die *Illusionen* über die Zeitläufte in der öffentlichen Meinung aufdecken und abwehren will, so ist er sich seiner schwierigen publizistischen Kampfsituation wohl bewusst. Nach Unparteilichkeit muss der wahre historische Schriftsteller durchaus streben, sie hat jedoch mit der Verzichtleistung auf jegliches Urteil gar nichts zu tun, denn *strikte Neutralität kann man von keinem Publizisten verlangen*, schreibt er. Die Historie hat mehr als eine *todte und unfruchtbare Zeitung* zu sein, deshalb muss der Autor zu einer Parteilichkeit gelangen, die von der *Achtung für die Guten und [vom] Unwillen gegen die Bösen* getragen ist, keineswegs darf er als wertfreier Erzähler in Erscheinung treten wollen. Niemals wäre er dann in der Lage, Zusammenhang und Ordnung in seine Darstellung zu bringen. Genau das aber haben ihm etliche Zeitgenossen nicht abgenommen, sondern ihm den Rufschaden beizubringen versucht, er befinde sich gegenüber der aufgeklärten Öffentlichkeit in einem *Zustand von absoluter Parteilichkeit und absolutem Krieg*. Mehr noch, sein Journal verfahre unhistorisch, entstelle die Tatsachen und sei einem *principienlosen Raisonnement* verfallen, das unverhohlen dem *ParteiHass* fröhne. Gentz, der die *im Fieber empfangenen* ‚Reflections‘ von Burke übersetzt habe, gibt demzufolge nichts als *wüthige Meinungen* und *Rothwelsch für Politik* aus. (Anonymus: Neue Antwort 1799/Anonymus: Bemerkungen 1799).

Der Herausgeber des ‚Historischen Journals‘ sieht das freilich anders. Im Kampf der Meinungen, Behauptungen und Ansprüche, bei wechselseitiger Berufung auf

Grundsätze und Rechte kann der Historiker selbst nicht ohne Prinzipien sein, das wäre kaum mehr als *Geistes-Armseligkeit*. Allenfalls könnte man dahinter eine falsche Scheu vor verbindlichen Ideen, oder die Furcht vor möglichen Folgen eines Bekenntnisses vermuten. Nein, Friedrich Gentz möchte Analysen der Zeitverhältnisse so authentisch wie irgend möglich liefern, aber genau so unverhohlen will er Urteile fällen über das, was die Geschichtsakteure in der intellektuellen *Güter-Gemeinschaft Europas* tun und lassen, was sie an Ideen und Argumenten von sich geben. Zwischen der Wirklichkeit der Revolutionsära und dem öffentlichen Bild, das man sich in Europa von ihr macht, ist ein merkwürdiger Widerstreit entstanden, den man nur durch anhaltendes *Forschen nach den ersten und entlegensten Quellen* des säkulären Umbruchs aufklären kann. Dem will Gentz auf die Spur gehen, es geht um Wahrheitsforschung und um kritische Meinungsbildung gleichermaßen. Wie die Illusionen der öffentlichen Meinung entstanden sind, wie sich die willkürlichen, eigensinnigen und phantastischen Meinungen über die Revolution haben festsetzen können, soll zum Brennpunkt seiner Untersuchungen werden. Friedrich Gentz denkt dabei als Geschichtsforscher und als politischer Akteur, es rüstet sich der spätere Meinungsmacher im Staatsauftrag.

Das ‚Historische Journal‘ ist kein kurzatmiges Kampfblatt mit knappen Berichten, Kommentaren und Glossen zu den aktuellen Entwicklungen der europäischen, zumal der französischen Politik, sondern es kommt zumeist in fundierten Geschichtsabhandlungen daher, die den publizistischen Meinungspluralismus jener Jahre im Kern angreifen und entlegitimieren sollen. Überbieten der hektischen Aktualitätsversessenheit durch klare Perspektivität und Großräumigkeit von Darstellung und Reflexion, Gentz will kritisch sondierend und zugleich erfahrungs- und normbildend wirken.

Die wichtigste neue Wertsetzung, die nun hervortritt, betrifft die positive Umdeutung der alten europäischen Welt und ihres immerhin rudimentären Föderativsystems. Hat er als junger Publizist die Marodie der Adelskultur und die Indifferenz ihrer politischen Elite wesentlich für die Entstehung der Revolution mitverantwortlich gemacht, tritt jetzt zunehmend die Apologie des vorrevolutionären Zeitalters in Erscheinung. Zur Entlegitimation des Revolutionsgedankens gehört unverzichtbar die zivilisatorische Rangerhöhung des alten Europa, nur so kann der gewaltsame Umsturz von 1789 als erratischer Bruch, gleichsam als historischer Irrtum erkennbar werden. Der *bessere Teil* von Europa, heißt es, habe zu schon dem Zeitpunkt, als die Französische Revolution ausbrach, trotz aller noch obwaltenden Mängel eine bewunderungswürdige Höhe der gesellschaftlichen und politischen Vollkommenheit erreicht. Das beschreibt und illustriert Gentz in weit ausholenden zivilisationsgeschichtlichen Erkundungen, er möchte eine Art Dialektik der Aufklärung entfalten, die trotz evolutionärer Fortschritte in den europäischen Kulturen immer mehr Auflösungserscheinungen und Zerstörungspotentiale hervorgerufen habe.

Die wachsenden Rationalitätsfortschritte der vergangenen Jahrhunderte in Europa, auch die vermehrte Glückseligkeit, Klugheit und Bildung der Individuen konnten nicht verhindern, dass Gewinnsucht und Gier nach immer höheren Genüssen, dass Ehrgeiz, Egoismus, Gleichgültigkeit, Eifersucht, Unruhe und Feindseligkeiten das Zusammenleben der Menschen zunehmend belasteten. Wie eine ansteckende Krankheit verbreiteten sich Eigendünkel, Besserwisserei und Verachtung der Staatswürde, immer schärfer sonderten sich Einbildungskraft und Sinnbegier der Menschen ab von den realen Verbesserungen im Leben, immer weniger vermochten die einzelnen ihren Frieden mit sich selbst und ihrer Welt zu machen. Dieses Zivilisationsdebakel war Gentz zufolge die *wahre und letzte Grundlage des fürchterlichen Kampfes, der, schon längst im Schooße der civilisirten Menschheit genährt, nur eine große Veranlassung erwartete, um in helle Flammen aufzuschlagen und Europa in Blut und Thränen zu ersäufen.* Der Trieb des Fortschritts hat sich auch als derjenige des Kulturzerfalls und der Anarchie erwiesen, ein Dilemma, das die Regierungen der Staaten noch verschärften, indem sie ausschließlich auf die Erziehung des Geistes ihrer Untertanen abzielten, nicht aber auf ihre Moral.

Doch so einfach liegt die Genese der Französischen Revolution nicht zu Tage. Denn der besagte zivilisationsgeschichtliche Berstzustand bot nur die *Möglichkeit* der Revolution von 1789, erst die Begebenheiten, die sich vom Beginn des Jahres 1787 an zutrugen, seien die *Bedingung* ihrer Wirklichkeit gewesen. Auf die politische Aktions- und Institutionsgeschichte des Revolutionsprozesses ist größter Wert zu legen, das macht Gentz hier noch einmal deutlich. Wie viele Anhänger haben die zerstörerischen Ideen der Revolution auch in Deutschland dadurch gewonnen, dass man nicht gründlich zu analysieren verstand, welche Akteure, in welchen Funktionen, mit welchen Programmen und Praktiken und unter welchen institutionellen Voraussetzungen ihre Politik durchzusetzen vermochten. Damit will Gentz im ‚Historischen Journal‘ ernst machen, denn noch nie zuvor hätten sich in einem Zeitraum von zehn Jahren *so viele, so große und verwickelte Thatsachen, eine so rasche Folge der außerordentlichen Veränderungen, eine so rastlose Bewegung und so gehäufte Umwandlungen zusammengedrängt, noch nie hat eine so außerordentliche Menge handelnder Personen an den öffentlichen Vorgängen Theil gehabt.* Einem neuen, ganz ungewöhnlichen Aggregatzustand des Politischen muss jede Geschichtsschreibung in praktischer Absicht jetzt gerecht werden, in den Tumultuarien der Pariser Volksversammlungen wurde er greifbar – rhetorische Entscheidungsschlachten coram publico, die Offenheit und Kontroversität aller Machtvollzüge, staatliche Souveränität mutiert zu Straßenszenerien einer entgrenzten Bürgerrevolte, und das vor der Kulisse einer paralysierten französischen Monarchie. All dem kann der Zeitinterpret nicht mithilfe eines willkürlichen Dafür oder Dawider gerecht werden.

Schon von der historischen Unvermeidlichkeit dieses Ereignisses könne nicht die Rede sein, denn trotz aller Schwächen und Ungerechtigkeiten ihres Gemeinwesens seien die meisten Franzosen Jahrhunderte lang treue Anhänger der bourbonischen Monarchie gewesen. Nein, nur der Geist einer sich politisch hysterisierenden Aufklärungskultur sei Schuld daran gewesen, dass dem gemeinen Mann menschenrechtliche Grillen in den Kopf gesetzt wurden. Gentz will pointiert nachweisen, dass die Französische Revolution keine *nothwendige und bestimmte Folge des Zustandes von*

Frankreich war [...], und dass der ruhige Übergang zu einer verbesserten Lage, nicht bloß möglich, sondern [...] natürlich und wahrscheinlich war. Wie sehr die Revolution sodann eine Folge der defizitären Regierungspraxis der alten Eliten Frankreichs gewesen ist, deren Schwäche, Inkonsequenz und Planlosigkeit geradezu beispiellos erscheinen, stellt Gentz in vertrauter Weise detailliert dar. Revolutionen werden hervorgetrieben, so abermals seine Erkenntnis, wenn politische Bedingungen und Akteure in *Wirrsal* zueinander stehen, wenn *keine Einheit, kein Charakter, kein System, so wenig im Angriff als in der Vertheidigung das Staatshandeln prägen,* wenn der Kairos politischer Klugheit nicht erkannt und wahrgenommen wird. Gentz weiß, warum er von *Regierungskunst* spricht. Sie allein wäre in der Lage gewesen, die Vorzüge und Schwächen jenes alten zivilisierten Europa gleichsam organisch in eine bessere Zukunft zu führen, ohne Weltverbesserungshysterien, *ohne Mordbrand und Verderben, ohne Revolution.* Es ist und bleibt für Gentz eine eminent praktische Aufgabe, den guten Geist der alten Welt in die Zukunft hinüber zu retten, das als willkürlicher Zivilisationsbruch durchschaubar gewordene Ereignis von 1789 könnte dann vielleicht zum Ferment einer menschlicheren Wirklichkeit werden.

Falsche Freiheit und höhere Politik

Natürlich wird im ‚Historischen Journal‘ auch dokumentiert und untersucht, wie sich die Revolution der Franzosen nach dem Sündenfall der frühen Jahre weiter entwickelt, wie sich ihre kriegerischen Eruptionen über ganz Europa ausgedehnt haben. (A. Schumann 2001). Napoleon Bonaparte gerät nun zum ersten Mal systematisch in den Blick. Spott ergießt Gentz über den allgemeinen Enthusiasmus für den französischen Usurpator und das europaweite Interesse an seinem Ägyptenfeldzug. Wie ein rechtmäßiger Regent Frankreichs spielt sich dieser Feldherr auf, der doch jetzt schon deutliche Züge eines Gewaltherrschers zeigt. Das wird spätestens beim 18. Brumaire des Jahres 1799 erkennbar, dem jüngsten Revolutionsschub in Frankreich. Gentz hält diesen Staatsstreich für illegitim, doch die besondere Rolle des Korsen dabei spielt er bewusst herunter. Obwohl der Vorgang unblutig verlaufen sei, habe die Menschheit wohl noch nie eine Revolution mit so wenig *äußerem Anstand und äußerer Würde* zustande gebracht wie diese. Könnte eine zeitlich begrenzte Diktatur solcher Art die Hoffnung begründen, dass sich nach zehn Jahren revolutionärer Umbrüche endlich wieder der Friede und die innere Konsolidierung Frankreichs einstellen? Zweifel bleiben, denn die zu erwartende Konstitution müsste sich wesentlich von den vorangegangenen unterscheiden, um Ordnung und Ruhe auf Dauer zu sichern. Voraussetzung wären eine stabile Exekutive, die Verstetigung der öffentlichen Ämter und die Abschaffung der Permanenz des Legislationsapparats. Eine solche Verfassung müsste im Idealfall der englischen wenigstens ähneln.

Doch die Ernüchterung folgt bald, schon die ersten Regierungsmonate des Ersten Konsuls machen die Grenzen einer Beendigung der Revolution erkennbar. Die Konsulatsverfassung vom Dezember 1799, ihren Inhalt bildet im Wesentlichen die Wiederherstellung der Monarchie, stellt die letzte Möglichkeit für die Franzosen dar, ihr Land zu konsolidieren. Aber keineswegs liegt hierin so etwas wie die Vollendung der Revolution, sondern es handelt sich um nicht weniger als die fragwürdige Umkehrung alles bisher im republikanischen Frankreich Gültigen: *Jetzt ist alles Weisheit geworden, was von 1789 bis 1799 Thorheit, alles Unsinn und Tirannei, was in diesen zehn Jahren höhere Politik und Freiheit hieß*. Gentz glaubt wahrgenommen zu haben, dass die Franzosen nun froh sind, ihre *lästige Souveränität Los zu seyn: es fragt nach dem Ursprunge seiner Regierung so wenig wie nach dem Ursprunge der Welt: es giebt sein gerühmtes Wahlrecht ohne einen Seufzer hin*.

Gleichwohl könne man nicht absehen, ob eine solche Verfassung von Dauer sei. Zwar trage diese Konstitution nicht zwingend den Kern des Scheiterns in sich, dennoch drohten weiterhin Krieg und jakobinische Gefahr. Der Erste Konsul ist den Beweis noch schuldig, dass er nicht nur Überkommenes abzureißen, sondern auch Neues zu bauen und Gutes zu stiften vermag. Gibt es überhaupt so etwas wie eine Friedenspolitik Napoleons? fragt Gentz. In jedem Fall seien die Franzosen mittlerweile ausgesprochen revolutions- und kriegsmüde und hofften auf die Stabilität der neuen Verfassung: *die herrschende Empfindung aller Classen von Menschen ist der Hass gegen die Revoluzion*. Aber von den Friedensabsichten des Konsuls zeigt sich das ‚Historische Journal' an keiner Stelle überzeugt, bei Napoleons Verhandlungsangeboten handele es sich nach aller Erfahrung zumeist um *Krieges-List*. Auch wenn der Erste Konsul von Freiheit, Gleichheit und Volkssouveränität spricht, ist doch immer *Sclaverei* gemeint, nachdem Frankreich jahrelang alle Länder mit Blut gedüngt, alle Meere mit Blut getränkt hat. Ein wirklicher Friede mit dem Land der Revolution erscheint erst möglich, wenn dort die alte Monarchie im konstitutionellen Gewand wiederhergestellt ist. England sollte das Vorbild dafür abgeben, das vergisst Gentz nicht zu betonen.

Überhaupt wird England jetzt immer deutlicher als Kontrastbild der französischen Staatsdilemmata herausgestrichen. Britannien bilde die letzte Hoffnung und den Trost jedes aufgeklärten Freundes der Ordnung, der Gerechtigkeit und der gesellschaftlichen Glückseligkeit in Europa, schreibt Gentz, die Folgen eines weiteren napoleonischen Siegeszugs hingegen wären zerstörerisch für den gesamten Kontinent. Die Schifffahrt und der überseeische Handel, derzeit allein von den Engländern am Leben erhalten, würden zusammenbrechen und die Weltmeere wieder zum Eldorado von Piraten. Gentz steht nicht an, die Politik der konservativen Regierung Pitt zu verteidigen, der zufolge die Fortsetzung des Krieges gegen Frankreich notwendig und legitim erscheint. Ebenso wenig kann es überraschen, dass die Option für den Standpunkt Englands, der Seele des allgemeinen Widerstands, auf den Protest preußischer Regierungskreise stoßen muss. Der Herausgeber des ‚Historischen Journals' wird das bald zu spüren bekommen, auch wenn er die preußische, rein monarchische Regierungsform als denkbar beste propagiert.

Der Geschichtsschreiber der Französischen Revolution bleibt auch hier ein Lehrer der politischen Klugheit und Wirklichkeitsbesinnung, seine ‚Beiträge zur Berichti-

gung einiger Ideen der allgemeinen Staatswissenschaft' stellen vertraute Deutungs-
imperative vor, die den öffentlichen Meinungswildwuchs der Zeit- und Revolutions-
wahrnehmung neu inspirieren sollen. Besonders deutlich möchte er machen, dass
Politik sich niemals in der (Staats- und Verfassungs-)Theorie erschöpft, sondern dass
sie eine *praktische complizirte Wissenschaft [darstellt], eine Art von Technik, zu deren
Vervollkommnung sich tiefes Nachdenken mit großer Erfahrung vereinigen muss.* Mit
Pope gesprochen, es komme letztlich mehr auf die Qualität des praktischen Staatshandelns an als auf die der jeweiligen Verfassungsform.

Alles hängt ab von der vernünftigen Repräsentation der politischen Macht. Will
man eine *constituirte Anarchie* vermeiden, so bietet sich am ehesten das Praxismodell
des englischen Konstitutionalismus an. Von hierher beantworten sich auch jene fana-
lischen Rufe nach Freiheit und Gleichheit von selbst, die nicht zuletzt in Deutschland immer noch Widerhall finden. Politische Freiheit kann nur eine Existenz unter
dem Recht bezeichnen, und politische Gleichheit sei eine wahnhafte Vorstellung, die
auf einer *Verwechslung der Materie des Rechts mit der Form desselben beruht.* Vehement
wie selten zuvor verteidigt Gentz die Ungleichheit der Geburt und des Ranges wider
das *Geschrei gegen die Ungleichheit und den blutigen Kampf gegen sie.* Ungleichheit
besteht für Gentz schon vor jedem gesellschaftlichen Vertrag als Grundlage einer
staatlichen Gemeinschaft, eine *objektive* Egalität könne es niemals geben, denn die
führe notwendigerweise zum blanken Revolutionswahn. Insofern sei es vollkommen
falsch zu behaupten oder zu fordern, dass alle Menschen vor dem Gesetz eines zivilisierten Staates gleich seien: *Das Gesetz erkennt die Ungleichheit ihrer Rechte in ihrem
ganzen Umfang an; aber insofern, als es diese an sich ungleichen Rechte trifft, behandelt
es sie alle gleich. Die Gleichheit ist in dem Gesetz, nicht vor demselben.* Kein Staat ist
dazu da, die Ungleichheit der Menschen untereinander auszugleichen, vielmehr obliegt ihm die Pflicht, solche Ungleichheiten zu verhindern, die *aus der Rechtsverlet-
zung* entstehen. Ansonsten aber, schreibt Gentz, sei es das ausdrückliche Recht jedes
Staates, *Distinktionen des Ranges* zu stiften, also gleichsam funktionale Ungleichheiten herzustellen.

Zwar muss nicht alles, was der Staat beschließt, auch gerecht sein, wohl aber rechtmäßig und rechtlich bindend: *Die bloße Existenz vom Souverän geschaffner oder sank-
tionierter Unterschiede ist schon der unmittelbare Beweis ihrer äußeren Rechtmäßigkeit.*
Wollte man es anders sehen, käme dies einem Angriff auf die staatliche Souveränität
gleich. Für Gentz wird weder eine Monarchie, noch eine Republik jemals existieren
können, in der nicht die politische Ungleichheit der Bürger einen *Fundamentalartikel*
darzustellen hätte. Welch ein Affront gegenüber der Aufklärungskultur seiner Zeit,
die den Anspruch auf die objektive Gleichheit der Menschen(-Rechte) so vehement
verteidigt. Mehr noch, Gentz wirft ihrem *Indifferentismus der Vernunft* abermals vor,
mit der Idee vom Wohl des Volkes als dem höchsten Gesetz nichts als Missbrauch zu
treiben. Noch einmal sollen den Aufklärern die mores einer höheren Gerechtigkeit,
der *moralischen Autorität* des Staates beigebracht werden: *Das Recht ist die oberste
Bedingung der gesellschaftlichen Existenz, und die oberste Regel der Staaten. Das allge-*

meine Wohl ist ein großer, aber, mit dem Rechte verglichen, ein untergeordneter Gesichtspunkt. Auch deshalb plädiert Gentz für die *Vorzüge des Ranges und der Geburt,* denn beide steuerten zuverlässig der *Alleingewalt* des Geldes und dem Einflussfuror der öffentlich agierenden *Talente.*

Ganz in diesem Geist zerpflückt er auch noch einmal die Erklärung der Menschen- und Bürgerrechte von 1789, ein *Werk der blinden Arroganz, dies denkwürdige Moment der menschlichen Thorheit, das voll falscher Lehren und unphilosophischer Begriffe stecke und für die blutige Zerstörung der französischen Monarchie verantwortlich* sei. Besonders Artikel 11 der Deklaration wird hervorgehoben, der die freie Mitteilung von Gedanken und Meinungen hat garantieren wollen. Gentz hält nun vehement dagegen: *Mit einer unbegränzten Pressfreiheit kann nirgends ein Staat bestehen, und unter keiner Regierungsform bestehen.* Aber hat er nicht vor drei Jahren in seinem Sendschreiben an den König noch für die uneingeschränkte Pressefreiheit geworben?

Der Gentz des ‚Historischen Journals‘ ist ein anderer geworden, am radikalen politischen Urteil lässt er es immer weniger fehlen. Auf Preußen und seine *natürlichen* Koalitionspartner sieht er allzu gravierende politische Probleme zukommen. Oft genug würden die Verbrechen der Revolution als Einzeltaten entschuldigt und die Verantwortung für den Terror der äußeren Bedrohung Frankreichs zugeschrieben. Für Gentz hingegen ist der Schoß fruchtbar noch, sind die Gefahren des Umbruchs von 1789 für Preußen, Deutschland und Europa nach wie vor nicht gebannt.

Kein Zweifel, der Herausgeber des ‚Historischen Journals‘ erzeugt Wirkung in Preußen und weit darüber hinaus. Und viele sagen, dass dieses antirevolutionäre Publikationswerk im Kern lobenswert zu nennen sei. Aber was Gentz sich im Einzelnen leistet an selbstbewusstem Auftreten und riskanter Meinungsfreiheit, die doch auf das politische und diplomatische Interessenkonzert des gesamten Kontinents abstrahlt, verfällt bald der zensurierenden Beobachtung. Sein Eintreten für eine neuerliche antifranzösische Koalition unter maßgeblicher Beteiligung Preußens und Österreichs, zudem seine Huldigung der englischen Regierung und ihrer aggressiven Haltung gegenüber Napoleon fügen sich immer weniger in die vorsichtige Neutralitätspolitik Friedrich Wilhelms III. Mehr und mehr gerät der renommierte Kriegsrat, der manchem preußischen Spitzenbeamten ohnehin ein Dorn im Auge ist, in die Defensive. Dass bald die Änderung der Erscheinungsform des Periodikums ins Haus steht, verrät ein hintergründiges Rumoren gegen den Herausgeber. Dann ist klar, es wird zur Fortsetzung der ‚Historischen Zeitschrift‘ nicht mehr kommen, König Friedrich Wilhelm III. hat die Beendigung der vormals durch Minister Schulenburg angeregten Finanzhilfe für das Blatt beschlossen. (A. Schumann 2001/B. Dorn 1993).

Noch einmal Kant – der Krieg und der ewige Frieden

Idealistische politische Philosophie versus ausgenüchtertes Staatshandeln in akuter Entscheidungssituation – so nimmt Friedrich Gentz die geschichtliche Grundspannung seiner Auseinandersetzung mit Immanuel Kants berühmtem Aufsatz ‚Vom ewigen Frieden' wahr, der seit Beginn der preußischen Neutralitätsära 1795 eine Flut an Diskussionsbeiträgen hervorgerufen hat. Der Schüler des Königsberger Philosophen wendet sich einer Gipfelleistung der Aufklärungsdebatte über Moralkultur und Politikräson zu, um an zentraler Stelle ein weiteres Mal seinen Deutungsanspruch zur Geltung zu bringen. Recht gibt er Kant und allen Diskutanten darin, dass der ewige Frieden kein *Hirngespinst* sei, sondern eine *überschwänglich-große Idee, eine bestimmte Aufgabe, sogar eine Forderung der Vernunft, ein nothwendiges Resultat der fortschreitenden Entwicklung unserer Begriffe von Recht und Ordnung und Sittlichkeit in dem großen Ganzen der Menschen-Verbindung.* Dennoch geht es auch darum, zu zeigen, dass diese Idee bei aller Vernunftnotwendigkeit nur ein *ewiges Ideal* sein kann, ein letztes Versprechen gleichsam, dass die sittliche Weltordnung bewahrt werden könne.

Freilich darf Gentz, um diese komplizierten Fragen zu klären, nicht den Standpunkt des reinen kategorischen Imperativs beziehen, sondern muss den philosophischen Blick öffnen für die tatsächlichen Probleme der Völker- und Staatengemeinschaft. Wie sollen die je unterschiedlichen Nationen und politischen Gemeinwesen zueinander ins Verhältnis treten – als absolute Vereinigung, in absoluter Sonderung, oder als freiwillige Organisation eines gesellschaftlichen Ganzen? Diese Möglichkeiten werden nun systematisch durchdekliniert. Die Idee einer *Universal-Monarchie* ist nicht erst seit Napoleons Anspruch politisch obsolet geworden, Gentz verwirft sie vollkommen. Nicht einmal Europa könnte sinnvoller Weise einen Einheitsstaat bilden, Kulturverfall, permanente Freiheitskämpfe, Tyrannei und Anarchie wären die Folge in einem Massenstaat von mehr als hundert Millionen Menschen. Und doch sieht Gentz erhebliche zivilisatorische Vorteile in der historischen Entwicklung großflächiger politischer Gebilde, ganz im Gegensatz zu Rousseaus kleinstaatlicher Demokratievorstellung. Ein höherer Kulturstatus der Völker führt zur stärkeren Angleichung der Lebensverhältnisse, der Werte und Erwartungshaltungen und damit auch zu verbesserten Möglichkeiten, übernationale Strukturen zu entwickeln. Gentz spricht von dem immer aussichtsreicher werdenden *Reunions-Prinzip.* Wo es mehr Chancen zur Integration gibt, sinkt auch die Zahl der Konflikte. Die Hälfte aller Kriege in den vergangenen drei Jahrhundert sei auf kleinstaatliche Interessenkämpfe zurückzuführen, schreibt er, vieles spricht also für die erhöhte Vergesellschaftung inmitten der Nationenvielfalt.

Scharf lehnt Gentz deshalb die Fichtesche Idee des geschlossenen Handelsstaates ab, ein solcher Autarkismus sei widervernünftig und unausführbar. Nein, ohne Vergemeinschaftung geht es nicht in der modernen Welt, es muss folgender Grundsatz gelten, wenn man über die Bedingungen und Möglichkeiten der Friedensidee am

Ende des 18. Jahrhunderts nachdenkt: *Die durchgängige Gemeinschaft unter den Bewohnern dieser Erde ist die oberste Bedingung aller wahrhaft menschlichen Cultur. So wie diese Gemeinschaft fortschritt, entwickelten sich auch die edelsten Kräfte unsers Wesens.* Gentz vergisst nicht die zivilisierende Wirkung von Schifffahrt und (See-)Handel zu erwähnen, überhaupt sei die gesamte Kulturdynamik der avancierten Völker auf dem Globus vor allem durch ihren gegenseitigen Austausch befördert worden: *Ein unwiderstehlicher Trieb zieht alle Nationen an einander. In seiner Befriedigung liegt das ganz Geheimnis der Cultur, das ganze Geheimnis der höheren cosmopolitischen Erziehung; je mannichfaltiger die Berührungs-Punkte, desto gebildeter, desto vollendeter, und desto menschlicher der Mensch.*

Und dann nähert sich Gentz seinem Kernthema, er kommt auf die Idee eines *freien Bundes der Völker* zu sprechen, einer organisierten *Föderativ-Verfassung* unter den Staaten. Die Problematik einer solchen Vorstellung liegt zu Tage. Wie lässt sich die Existenz einer Vereinigung souveräner Staaten auf Dauer absichern? Dazu bedürfte es einer obersten Gewalt, die berechtigt und in der Lage wäre, Zwang auszuüben, doch es kann in einer derartigen Vereinigung nur eine gesetzgebende und eine richtende, aber niemals eine vollziehende Macht geben, folglich auch keine Bestandsgarantie des Ganzen. Wie also kommt man der Problematik näher? Gentz erinnert an die alten Zeiten einer natürlichen Föderativverfassung in Europa, sie trug den Namen des politischen *Gleichgewichts*. Obwohl dieses Prinzip des friedlichen Ausgleichs unter relativ gleich starken Vertragspartnern in der Vergangenheit oft genug gebrochen und schamlos ausgenutzt wurde, scheint es auch in der Gegenwart der einzig verbliebene Zufluchtsort der prekären Utopie vom ewigen Frieden zu sein.

Natürlich, diese Idee sei bei vielen nicht gut angesehen. Aber wie soll man das bei der Unsittlichkeit und Frevelhaftigkeit dieses Zeitalters auch erwarten? Das ganze Dilemma hat mit dem moralischen Verfall der Staatsklugheit am Ende des 18. Jahrhunderts zu tun, was umso schwerer wiegt, als die Idee des politischen Gleichgewichts nur auf *Mäßigung* und wechselseitiger *Beschränkung, auf Genügsamkeit und Haltung* aufbauen kann. Doch welcher Politiker verfügt noch über dieses Maß an Staatsklugheit und Herrschaftsmoral? Heute wird die Staatsweisheit allenthalben als *Grille verlacht*, klagt Gentz. Für ihn hingegen fallen Wissenschaft und Kunst in einer hohen Auffassung von der pragmatischen Staatsklugheit zusammen. Allein die Idee des politischen Gleichgewichts sei als praktische nur jenseits jeder Technik der *falschen Schlauigkeit, der unwürdigen Hinterlist, und der verworfenen Kabalen* zu verwirklichen. Ohne idealistische Beschwörung geht es also auch bei Gentz nicht. Im Konzept einer friedenssichernden Politik nach außen und nach innen möchte er den Inbegriff einer guten Herrschaft festschreiben.

Doch damit ist der Kontrahent der Kantschen Friedensutopie seinem Thema noch nicht gerecht geworden. Die letzte und wichtigste Frage des Aufsatzes lautet deshalb: *Kann es unter souveränen Staaten die Möglichkeit einer förmlichen völkerrechtlichen Verfassung [geben], in welcher gesetzgebende, richtende und vollziehende Gewalt, in irgend einem obersten Organ des gemeinschaftlichen Willens vereinigt wäre?* Das klingt plausibel, ist aber eine Schimäre, denn selbst der allgewaltigste Föderativstaat wäre niemals in der Lage, eine stabile Friedensordnung herzustellen und zu garantieren, schon deshalb nicht, weil jedes unvermeidliche Zuwiderhandeln Zwangsmaßnahmen auslösen müsste, und das bedeutete in aller Regel Krieg. Nein, es gibt keinen Plan, der zum ewigen Frieden führen könnte, resümiert Gentz, nicht einer hält der Wirklichkeit stand: *Dies niederschlagende Resultat scheint nicht blos die Menschheit, sondern gewissermaßen sogar die Welt-Regierung anzuklagen. Aber ist so etwas wie eine Weltregierung überhaupt denkbar? Es müsste ja die ganze Erde Ein Staat seyn, wenn das Recht unter den Menschen eine absolute und vollständige Garantie erlangen sollte.* Die Idee des ewigen Friedens verleitet zu derartigen Projektionen, in der historischen Wirklichkeit jedoch hat es jede Zivilisation mit Menschen zu tun, die keine reinen Vernunftgeschöpfe, sondern Naturwesen sind, die sich ungesellig verhalten, feindselige und aggressive Triebe ausbilden und die Ordnung, zu der sie berufen sind, fortwährend stören oder verderben: *Indem die Natur diesen Universal-Vertrag durch die Schranken der menschlichen Kräfte unmöglich macht, erklärte sie auch den ewigen Frieden für ein Unding.* Mit der humanen Gattung ist also per se kein Friedenszustand herstellbar. Welch ein Affront gegen den alten Lehrer, der die Universalität seiner sittlich fundierten Rechtsidee in der Politik hier so ausgekühlt falsifiziert sehen soll.

Doch Gentz radikalisiert sein Argument noch um einige Grade, denn die Idee des politischen Gleichgewichts ruht auf ernüchterten Erfahrungsgrundlagen. Staaten und Nationen können untereinander nicht in einem gemeinschaftlichen, nach verbindlichen Gesetzen organisierten Zustand leben, schreibt er, sondern nur in einem unvollkommenen Status, einer Art *Naturzustand*, der dem von Individuen vor der Stiftung einer bürgerlichen Gesellschaft entsprechen mag. Wo anarchische Zustände strukturell nicht ausrottbar sind, ist der Krieg nur provisorisch, niemals aber definitiv aus dem Zusammenleben der Menschen zu verbannen. Und nun hebt Gentz an zu einer Apologie des Krieges als eines zivilisatorischen Gutes, die seine aufgeklärten Zeitgenossen über die Maßen provozieren wird. Der in seinem Sendschreiben an den preußischen König vor drei Jahren noch das Hohelied auf die Friedenspolitik gesungen und vom guten Herrscher eine pazifistische Gesinnung erwartet hat, schreibt jetzt: *Ohne Krieg wäre kein Friede auf Erden.*

Was Gentz meint, ergibt sich wiederum aus einer umfassenden zivilisationsgeschichtlichen Perspektive. Dadurch, dass sich großräumige, gut organisierte Staaten gebildet haben, wird der Krieg gleichsam aus dem *Inneren der Gesellschaften abgeleitet und auf die Gränzen gepflanzt*, zwischen den Staaten tobt sich aus, was die einzelnen Gemeinwesen in sich selbst zum Bersten gebracht hätte. Gewaltfreiheit anzunehmen, die Absenz jeglichen Krieges zu beschwören, sei also vollkommen naiv, schreibt er, keine Staatsverfassung der Welt könnte beides jemals garantieren: *Die bürgerliche Gesellschaft ist immer nur ein mehr oder weniger gelungner Versuch, die Herrschaft des Rechts zu gründen.*

Jede legitime Rechtsordnung besteht im Kern aus Zwängen, verkörpert also ihrerseits eine Art Kriegszustand. Diesen Tatbestand will Gentz nicht nur negativ sehen.

Wie die Gesellschaften im Inneren, so könnten sich auch die Staaten untereinander auf eine höhere Sittlichkeit zubewegen, selbst Regierungen seien potentiell der moralischen Veredlung fähig. Auf diese Entsprechung legt er den größten Wert. Werden Staaten nach innen rechtschaffen regiert, sind sie auch positiver Föderativeigenschaften fähig, das Ideal des ewigen Friedens fällt also mit dem Ideal des vollkommenen Staates zusammen. Aus all dem folgt, dass der Krieg nur sehr bedingt ein Übel sei. Selbst aus den größten Dilemmata der Menschheitsgeschichte können am Ende noch positive Wirkungen hervorgehen, nicht anders sei es auch um den Krieg bestellt: *Einige der schönsten unter den menschlichen Tugenden, Entschlossenheit, Beharrlichkeit, Ruhe in der Gefahr, Standhaftigkeit im Unglück, die auch für das friedliche Leben, und selbst für das individuelle Glück vom höchsten Werth sind, konnten nur im Gewühl der Kriege, ihren wahren Schwung, ihre vollständige Entwicklung gewinnen.* Der Krieg hat sogar barbarische Nationen zur Kultur gebracht und zivilisierten Nationen zum Bewusstsein und zur energischen Entwicklung ihrer Kräfte verholfen, alles in allem bedeutet er immer auch einen Fortschritt in der zivilisatorischen Entwicklung. Auf absehbare Zeit ist er der Preis dafür, dass die Menschen in einer gesetzlichen Verfassung leben können. Natürlich gebietet die Vernunft, *dass kein Krieg mehr sei unter den Menschen*, konzediert Gentz, aber die nüchterne Einsicht in seine Fortexistenz ist dennoch vereinbar mit der regulativen Idee einer weisen Welt-Regierung. Der lange Menschheitsweg dorthin verläuft per aspera ad astra.

Wie wird das Ergebnis der gegenwärtigen *Crisis* aussehen? Haben die Menschen am Ende des 18. Jahrhunderts berechtigte Hoffnungen auf Frieden? Zu der Zeit, als die Revolution ausbrach, hatte Europa einige bedeutende Schritte auf dem Weg zu einer *Völker-Verfassung* getan, Gentz hebt ostentativ die Entdeckung der *wahren* Grundsätze der politischen Ökonomie in England hervor. Eine *aufgeklärte, wohltätige und liberale Ansicht der wahren Bedürfnisse und Interessen der Nationen* habe die alte, auf blutige Eroberungen erpichte Staatsräson abgelöst, die wirtschaftspolitische Kompetenz der Regenten wachsen lassen und sie einsehen gelehrt, dass Frieden und Wohlfahrt unter Nachbarnationen allemal einträglicher seien als jeder kriegerische Raubzug. England und Amerika stehen als historische Vorbilder hinter einem solchen Argument.

Doch dem Zuwachs an Moral und Theoriewissen in der Politik habe die sittliche Bildung der europäischen Kulturen nicht zu entsprechen vermocht. Als dann die Französische Revolution über die Welt hereinbrach, schienen sich die Wünsche und Pläne einer menschenfreundlichen Politik im utopischen Überschwang zu erfüllen, durch Kühnheit und Gewalt glaubte man von heute auf morgen grundstürzende Veränderungen der condition humaine verwirklichen zu können. Aber gerade weil die Revolutionäre wähnten, *alle Völker der Erde in einem großen, cosmopolitischen Bunde zu vereinigen*, schufen sie am Ende den grausamsten Weltkrieg, der je die Gesellschaft erschütterte und auseinander riss. Diese Revolution ist es, die das Verhältnis der Völker Europas zum Krieg in seiner Substanz tief verändert hat, schreibt Gentz, durch sie ist ein in der Gegenwart womöglich unauflösbares Gewaltsyndrom hervorgerufen worden. Nicht nur hat sie die gesellschaftlichen Verhältnisse auf dem Kontinent erschüttert und zerrüttet, sie hat im Grunde jede vernünftige Staatskunst außer Funktion gesetzt, weil jetzt nur noch die Gewalt einen Ausweg aus dem gegenwärtigen Chaos weisen kann: *Noch viele Kriege sind nothwendig, um uns nur auf einen Punkt zu führen, wo ein Friede von einigen Jahren möglich wird.* Das Schwert also wird in nächster Zeit über das Schicksal der Nationen entscheiden, für Staatsklugheit scheint jetzt kein Raum mehr übrig. Aber noch in einem anderen Sinne hat der Krieg die Welt der Politik und des Militärs verändert. Eine völlig neue Form der Kriegsführung ist entstanden, viel großräumiger ist sie geworden, Technik und Massenmobilisierung haben den Krieg so beträchtlich erleichtert, dass er nicht mehr als Ressourcenverschwendung und Erschöpfung wahrgenommen wird, sondern gleichsam als ökonomische Produktivkraft der Nationen, als Vervielfältigung ihrer Kräfte.

Aber wenn der Krieg als ein Ferment der sozialen Dynamik wirksam ist, kann dann jemals ein Klima entstehen für aussichtsreiche Friedenspolitik? Nein, sagt Gentz mit realpolitischem Timbre, denn die Dinge lägen ja noch um einiges schlimmer. Insgesamt kommt ihm die Zivilisation vor wie vom Bazillus der *Dekadenz* befallen. Die Missachtung des Rechts, die Gewöhnung an Umsturz, Usurpation und allgemeine Aggressivität in den Gesellschaften lassen die einen mutlos werden, während andere ihre Anmaßung auf die Spitze treiben. Nichts scheint allseits noch Ehrfurcht einzuflößen außer der Gewalt: *Dies ist nicht die Stimmung, die den Frieden unter den Menschen begünstigt. Wenn aber Aggressivität und Krieg in Europa unvermeidbar sind, und selbst der bloße Gedanke an Frieden weit entfernt ist, dann muss der süße Wahn einer Vervollkommnung des Menschengeschlechts sich selbst überlassen bleiben*, schreibt Gentz provozierend an die Adresse der Aufklärer. Den Krieg als movens der Zivilisation hätten sie nie auf der Agenda ihrer *hochmüthigen Philosophie* gehabt.

Aber soll man deshalb keinerlei Wohltaten des Glücks, keine wunderbare Revolution des Weltenschicksals mehr erhoffen? Auf einen pessimistischen Diskurs will Gentz sich keinesfalls einlassen. Denn das Unvermutete darf nicht ausgeschlossen werden, schon weil Europa vor der Revolution so eindrucksvolle Fortschritte in der Zivilisierung von Gesellschaft und Staat gemacht hat: *Es kann sich aus dem Gewühl der Kriege eine neue Völker-Verfassung, schneller, als wir sie zu erwarten berechtigt sind, entwickeln, und eine friedlichere Ordnung der Dinge, auf bessere Maximen gestützt, kann unvermuthet die Menschheit erfreuen.* Aber diese prekäre Wahrheit muss jetzt Appell werden, wider die verderbliche Sorglosigkeit aller aufgeklärten Idealisten, aber mehr noch an die Hochmögenden in den Kabinetten Europas: *Man kann sie nicht oft und nicht laut genug in den Vorhöfen der Staatskunst ausrufen, damit sie wisse, wie schwer ihr Geschäft, wie groß ihre Bestimmung geworden ist, damit sie ihren Willen, ihren Muth und ihre Kräfte verdopple, um endlich einen Weg zum Heil oder wenigstens eine Gränze des Übels zu finden.*

So gerät im Dezember 1800, als Beschluss des ,Historischen Journals', der Gentzsche Friedensdiskurs zu einer Art philosophischem Kriegsaufruf, es geht um nichts Geringeres als die gewaltsame Befreiung von den Folgen der Französischen Revolution. Mit guten Gründen könnte man dies auch einen Skandal nennen. Von der bündnispolitischen Schwächeposition Preußens in Deutschland und Europa her gesehen, liegt hier eine eklatante Brüskierung vor – anders ist das Bekenntnis zum Krieg und die Parteinahme für das Politikmodell Englands mitsamt dessen scharfer Konflikthaltung gegenüber Napoleon kaum zu interpretieren. Mit dem ‚Historischen Journal' hat sich Friedrich Gentz in Preußens Regierungskreisen kaum Freunde gemacht, doch am Ende wohl noch weniger bei seinen aufgeklärten Geistesvätern, den Beschwörern des ‚vernünftigen' Fortschritts- und Friedensgedankens in der Politik. (J. Dülffer 1990/A.v. Hase 1980/81/A. u. W. Dietze 1989/G. Kronenbitter 1990).

Verrat an Preußen?

Zurückhaltung ist für Gentz nicht die erste Bürgerpflicht, weiß er doch, dass jener *Indifferentismus der Vernunft*, den seine aufgeklärte Generation sich zu eigen gemacht hat, endlich einem diskursiv gerüsteten Staatsbewusstsein weichen muss. An der Polemik zwischen ihm und dem ‚Genius der Zeit' des Eutiner Publizist und Beamte August von Hennings wird dies drastisch erkennbar. (Genius der Zeit 1792/F.C. Wittichen 1909, 1). Der altgediente Aufklärer hat in den Gentzschen Invektiven die *Sturmglocke zur Störung der Harmonie [vernommen], die bisher aus der allgemeinen Unparteilichkeit floss*, und macht sich in seiner Zeitschrift zum Anwalt des pazifistischen Aufklärerwesens. *Unsittlich und pflichtwidrig* seien allein die Äußerungen Gentz' zur Frage der Parteinahme des Schriftstellers. Hennings zögert nicht, Gentz in der brieflichen Fortsetzung des Streites mitzuteilen, er kenne *keine schädlichere, dem Wohl der Menschheit entgegnere, dem wahren Interesse der Regierung gefährlichere, der richtigen und wenigstens von Ihrem Hofe beobachteten Politik widersprechendere und mehr auf Anarchie und Auflösung alle Staatsverfassungen hinarbeitende Tendenz* als die seines ‚Historischen Journals'.

Erbost wie er ist, geht Hennings an anderer Stelle noch weiter. Man solle doch jeden, der zum Krieg rate, öffentlich als *Verräter der Menschheit und seines Vaterlandes anreden und laut ausrufen: Ruhe, Ruhe aller führt zur Besonnenheit und Ordnung zurück*. Damit ist das Stichwort vom ‚Verräter' endlich gefallen, kein Wunder, dass sich der Aufklärer auch weiterhin unerbittlich zeigt gegenüber Gentz, so pflichtschuldig dieser sich auf seine Zuverlässigkeit als Historiker und auf seine Meinungsfreiheit berufen mag. Dass sein ‚Historisches Journal' offen den *Krieg predige und politisches Mistrauen* gegenüber der preußischen Regierung, ja gleichsam Anarchie gesät habe, kann der Herausgeber nicht auf sich sitzen lassen. Doch es fällt ihm schwer, dieser publizistischen Falle zu entkommen, denn Hennings tritt rigoros für das Verbot der Gentzschen Zeitschrift ein: *Warum soll die Kritik nicht den zum Schweigen bringen, dessen Reden sie für schädlich hält?*

Was für eine politische Konfusion. Ein landläufiger Aufklärer darf sich erdreisten, öffentlich das Verbot der Zeitschrift eines staatstreuen preußischen Beamten zu verlangen? Hennings schlägt den Bellizisten Gentz, meint aber den Intellektuellen, der die Moralautonomie der aufgeklärten Vernunft an die staatliche Gewaltäräson preiszugeben droht. Der Angegriffene ist nicht weniger konsterniert: *Wie kommen Sie, ewiger Verteidiger der Toleranz, der Pressfreiheit dazu, sich einer so schmählichen Inkonsequenz schuldig zu machen? Da Sie als Schriftsteller eine ganze Zeitschrift auf einmal beseitigen wollen, so würden Sie sie natürlich als Machthaber verbieten. Beides hat, moralisch betrachtet, einen und denselben Wert.* Entschieden, aber nicht ohne Verunsicherung wehrt sich Gentz gegen den Vorwurf, ein Kriegstreiber zu sein. Seit 1794 habe er aus *Hass gegen den Krieg unverrückt für den Frieden gesprochen*, in keiner Weise könne man dem ‚Historischen Journal‘ einen Angriff auf die preußische Neutralität vorwerfen, es sei immer nur um gewisse Schriftsteller gegangen, die an Preußens Bündnispolitik zu kritteln hätten. Dass Gentz behauptet, immer gegen intellektuelle Fehden gewesen zu sein, wird Hennings ihm kaum abgenommen haben, und dass keiner sie weniger fürchten müsse als er, scheint in der Tat noch nicht ausgemacht. Jedenfalls fühlt sich Gentz durch den ‚Genius der Zeit‘ ungerecht behandelt und an den Pranger gestellt, er spricht vom *Missbrauch der Kritik*, weil Hennings aufgrund eines einzigen Artikels sogleich zum Mittel der politischen Denunziation gegriffen habe.

Könnte das zu disziplinarischen Schwierigkeiten für den preußischen Beamten führen? Es klingt zunächst wie ein Versuch der Beschwichtigung und gütlichen Einigung, wenn Gentz an seinen Widersacher schreibt: *Ihre wirklich undelikaten Äußerungen über den vermeintlichen Kontrast meiner Grundsätze mit den Grundsätzen meiner Regierung würden mich zu einer Rechtfertigung zwingen, die mir zwar, da Ihr ganzer Vorwurf sich auf eine leere Hypothese gründet, sehr leicht sein könnte, die mich aber in gewisse Erklärungen über Gleichheit oder Ungleichheit meiner Grundsätze mit denen meiner Regierung ziehen würde, denen ich herzlich gern ausweiche.* Gentz weiß genau, warum er diesen Streit nicht forcieren sollte, und so hofft er sehnlich auf seine Beendigung. Niemals, heißt es in seinem Gegenbrief, würde er Publikationen des August von Hennings derart schnöde behandelt haben wie dieser die seinen zu traktieren beliebe. Aber Gentz hat kein Glück, denn Hennings wird fortan nicht aufhören, seinem Gegner politische Verfehlungen nachzuweisen, da der Angegriffene seinerseits die polemische Tinte nicht halten kann. Umso nachhaltiger bleibt der Vorwurf der Parteilichkeit und Tatsachverzerrung, des *Factionswesens und der Feueranblasung* im Raum.

Für Hennings ist Gentz eine Art staatsgebundener Sektierer und Aufrührer, also einer jener Intellektuellen, welche man als die *größten Beförderer der Barbarei und der Zerstörung aller vernünftigen Cultur* zu betrachten habe. Ist dieser preußische Beamte und Publizist wirklich ein *machiavellistischer Polterer*, ein Wortknecht der Kriegsfurie? Die pazifistische Aufklärungskultur sieht sich in der Person des Friedrich Gentz einer waffengeneigten Staatsräson gegenüber und gerät damit an die Grenzen ihres Welt- und Wertverstehens. Der ewige Frieden hat keine Wirklichkeit, aber er bildet ein höchst streitbares Problem, seine Polarisierungsenergie unter den Intellektuellen ist evident. Gibt es nun keinen Brückenschlag mehr zwischen dem herzensguten Vernunftgeist der Aufklärer und der Staatsberedsamkeit eines Friedrich Gentz? Eine paradoxe Situation stellt sich ein. Der Aufklärer August Hennings dringt coram publico darauf, dass der preußische Legitimist der Repression durch seinen eigenen Staat überantwortet werde: *Ob aber die öffentliche Verletzung der Sittlichkeit und des Anstandes, deren Beobachtung jedermann, insonderheit aber der gebildeten Stände, und den Staatsbeamten obliegt, eine Züchtigung oder Weisung verdiene, stelle ich mit der pflichtmäßigsten Ehrerbietung einem erhabenen, und die Wichtigkeit des öffentlichen Charakters in den edelsten Verfügungen anerkennenden Könige, und der unter seiner Leitung auch ohne meinen Antrag auf alles, was der rechtlichen und bürgerlichen Ordnung gemäß ist, wachsamen Polizei anheim.* Liegt das bonum commune aufseiten eines verantwortungslosen Vernunftglaubens, oder in der Gewalt einer klugen Staatsbewahrung?

Neutralität und Staatskrise

Die Friedens-, bzw. Kriegsdebatte, wie Gentz sie ausgelöst hat, entspricht der spannungsgeladenen Neutralität Preußens seit dem Separatfrieden von Basel im Jahre 1795. Im Verlauf der vorangegangenen Kriegsentwicklung, zumal nach der zweiten und dritten Teilung Polens, hatte Friedrich Wilhelm II. seine Gebietsansprüche im Osten mehr als erfüllen können, Preußen wurde etwa um ein Drittel größer, seine Bevölkerung wuchs von fünfeinhalb auf nahezu neun Millionen Einwohner. Dennoch war das Land materiell und moralisch ausgezehrt, der Friedensschluss mit Napoleon nur der letzte Rettungsanker. Gravierende Spätfolgen konnten nicht ausbleiben. Zwar hatte Friedrich Wilhelm seine Verbündeten im Stich gelassen, aber die Verteidigung des Heiligen Römischen Reiches Deutscher Nation war ihm dennoch nicht gleichgültig. Vielmehr sahen er und die politischen Eliten des Landes neben den Kriegsfolgen zunehmend die Abwehr der rettungslosen Überschwemmung Preußens und Deutschlands durch die *exaltation des esprits à Paris* als unverzichtbar an. (L. Kittstein 2003).

Natürlich erlitt die seit der Deklaration von Pillnitz (1791) erreichte Verständigung mit Österreich wiederum einen schweren Schlag, so dass Preußens Situation in der Folge zerbrechlicher war als es zunächst scheinen konnte. Das Land stand nicht nur finanziell vor dem Ruin, sondern war nun auch politisch weitgehend isoliert. In den letzten Jahren hatte sich Friedrich Wilhelm II. mit nahezu jeder europäischen Macht verbündet und sie bei Bedarf wieder allein gelassen. Seine Vorliebe für Geheimdiplomatie, für undurchsichtige Doppelspiele und schwankende Koalitionsentscheidungen waren es, die den preußischen Monarchen schließlich zur einsamen Figur auf dem diplomatischen Parkett Europas werden ließen. Sein Sohn, der als Friedrich Wilhelm III. 1797 den Thron besteigt, ist bei aller Distanz zur väterlichen Praxis ein Anhänger von Ruhe und Bequemlichkeit, der vor klaren politisch-militä-

rischen Entscheidungen zurückschreckt. Die großen Linien der preußischen Außen-
und Bündnispolitik ändern sich daher wenig.

Zwar kann die um den Berlin-Potsdamer Hofkreis gescharte Friedenspartei in
diesem Klima der Konfliktvermeidung gegenüber Frankreich nach wie vor reüssieren, aber die Krisenwahrnehmung in Regierung und Verwaltung verschärft sich im
Lauf der Jahre zunehmend. Ein Mann wie der Freiherr vom Stein hat die preußische
Neutralität von 1795 nie gut geheißen und sie immer als Verrat an Deutschland begriffen, weshalb die Entschiedenheit der britischen Anti-Napoleon-Politik in bestimmten Kreisen seit längerem Konjunktur gewinnen kann, Gentz steht ihnen naturgemäß nahe. Aber noch um 1800 besitzt die Kriegspartei trotz des preußischen
Beinahe-Kriegseintritts von 1799 nicht die politische und publizistische Oberhand,
und der Herausgeber des ‚Historischen Journals‘ vertritt keineswegs eine breite Op-
positionsgruppierung im Lande. Während in der Regierung die Furcht grassiert, die
Franzosen könnten ganz Europa revolutionieren, findet die Neutralitätspolitik auch
in der Öffentlichkeit nach wie vor Zustimmung, was nicht zuletzt mit dem immer
noch weithin positiven Erscheinungsbild Napoleons zusammenhängt.

Es wird einige Jahre dauern, bis der Freiherr vom Stein, Hardenberg und Johannes
von Müller mutige Denkschriften an den König richten, um ihm Verantwortungslo-
sigkeit gegenüber Deutschland, politische Unglaubwürdigkeit und einen Herrschafts-
wildwuchs der Kumpane und Günstlinge vorzuhalten. Dass im Kriegsjahr 1806 sogar Mitglieder der königlichen Familie wie Prinz Louis Ferdinand und die Prinzen
Heinrich und Wilhelm das Manifest Müllers unterzeichnen, sollte den Monarchen
nur umso stärker dem internen wie dem öffentlichen Druck aussetzen. Der Kriegsaufruf gegen den französischen Usurpator und die radikale Reformanmahnung gehen
damals ineinander über, es kommt ein politisches Konfliktpotential zum Austrag, das
durch die Publizistik von Friedrich Gentz seit einigen Jahren befeuert worden ist.
(T. Stamm-Kuhlmann 1992/Clark 2008/J. Klosterhuis/W. Neugebauer 2008).

Will man die Funktion und die intellektuelle Physiognomie des preußischen Mi-
nisterialbeamten Gentz im Berlin der späten neunziger Jahre beleuchten, so bietet
sich jenes Memoire an, das er im Sommer 1800 unter dem Titel ‚Schreiben an einen
vertrauten Freund‘, möglicherweise in englischem Auftrag, verfasst hat. (P. Wittichen 1902; 1903/H. Hüffer 1891). Der Text enthält die politische Konfession eines
ehrgeizigen und begabten Sechsunddreißigjährigen, der in einem biographischen Paradox befangen ist. Auf der einen Seite agiert er im Korsett einer preußischen Beam-
tenlaufbahn, andererseits führt er das Leben eines Grandseigneurs und berühmten
Schriftstellers. Da kann sich etliches nicht zusammenfügen, so etwas wie ein norma-
ler Lebenslauf will sich nicht einstellen, doch Gentz' Aufmerksamkeit für die politischen Zeitläufte hat das nur gesteigert. Er besitzt einen klaren Blick nicht nur für die
Revolutionsverhältnisse in Frankreich, sondern auch für die innen- und außenpolitischen Kalamitäten des neutralen Preußen.

Natürlich hatte schon König Friedrich Wilhelm II. sein besonderes Interesse erregt. Der war als Kronprinz bereits von rosenkreuzerischen Günstlingen umgeben

gewesen, die Minister Johann Christoph von Wöllner und der einflussreiche Theologe Johann Rudolf von Bischoffswerder besaßen später zu jeder Zeit einen direkten Zugang zu ihrem Monarchen, sie überspielten auf diese Weise die Kabinettsregierung und die Ministerien und konnten gleichsam hinterrücks bestimmen, welche politische Agenda vor die Augen und Ohren des Herrschers gelangte. Ein Minister wie Ewald Friedrich von Hertzberg, der solch unzuverlässiges Vasallentum durch eine konsistente Staatspolitik ersetzt sehen wollte, büßte den entsprechenden Reformversuch mit seiner Entmachtung. Friedrich Wilhelm III. hingegen, treuer Ehemann seiner vom Volk geliebten Gattin Luise, ist kein Freund einer ausufernden Günstlingswirtschaft. Schon zur Kronprinzenzeit hat er sich durch den Kabinettsrat Mencken unterweisen lassen, ihm vertraut er nun auch die königliche Beratung an. Menckens Vorschläge zur Stärkung der Kabinettsregierung haben indes mit anders lautenden Eingaben zu konkurrieren, unter anderem mit dem Vorhaben einer Art Premierministerfunktion oberhalb des Kabinetts. Um 1800, als Gentz seine Denkschrift verfasst, scheint mit der Stärkung der Kabinettsregierung unter Friedrich Wilhelm III. ein vergleichsweise neuer Geist der *Ruhe, Klarheit und Mäßigung* eingetreten zu sein. An manche älteren Überlegungen wird auch Gentz anknüpfen, insgesamt sollte er ein ungewöhnlich scharfes und ernüchterndes Bild des preußischen Staatswesens während der Jahre seiner Neutralität zeichnen. (B. Meier 2007/D. Kemper 1996/T. Stamm-Kuhlmann 1992/H.M. Sieg 2003).

Die Frage, was angesichts der tiefen Krise Europas in und von Preußen politisch überhaupt noch zu erwarten sei, bildet den Kern seiner Problemdarstellung. Gentz verknüpft die Analyse der aktuellen bündnispolitischen Entscheidungssituation Preußens mit der seines maroden Herrschaftsapparats. Die imperialen Franzosen triumphieren über den Kontinent, und Preußen bezieht eine Position der verantwortungslosen Zurückhaltung und Mutlosigkeit, Neutralitätspolitik genannt. Am Anfang des Gentzschen Textes steht deshalb ein rhetorischer Paukenschlag. Was haben die Fürsten, Minister und Feldherren getan gegen die allgemeine Auflösung in Europa? Wie haben sie das ihnen anvertraute *heilige Depositum* der gesellschaftlichen Ordnung verwaltet und gesichert? So gut wie nichts haben sie geleistet, zürnt er, aus *Sorglosigkeit, Kleinmut und durch ihren egoistischen Todesschlaf.* Damit trügen sie mittlerweile genauso viel Schuld an dem gemeinschaftlichen Unglück Europas wie diejenigen, die es durch ihren Fanatismus und ihre Verruchtheit herbeigeführt haben.

Welch ein Affront gegen die Mächtigen seines Landes. Aber vor allem – welch eine *absolute Nicht-Politik unsres Hofes. Kommt Preußen jemals wieder heraus aus diesem unbegreiflichen Schlummer [...] einer eingebildeten Sicherheit?* Doch wie immer in der Politik, hat auch diese *Nichtigkeit* des Vaterlandes, diese radikale Krankheit des preußischen Staates ihre erkennbaren Ursachen. Es sind nicht irgendwelche Irrtümer, oder zufällige Umstände im Spiel, es geht auch nicht um die allgemeine Fehlerhaftigkeit im Regierungssystem, oder nur um den Verzicht auf eine wirkliche Politik gegenüber den auswärtigen Mächten. Nein, das preußische Dilemma ist eine Folge des gesamten administrativen Zustandes und ohne eine *Total-Veränderung in der innern*

Organisation unseres Regierungs-Systems nicht behebbar. (T. Stamm-Kuhlmann 1992/J. Klosterhuis/W. Neugebauer 2008/L. Kittstein 2003).

Es handelt sich, genau genommen, um das Grundproblem der Organisation der oberen Staatsbehörden und das *eigenthümliche Verhältnis, welches bei uns zwischen dem Monarchen und den höchsten Staats-Beamten obwaltet.* Damit schließt sich Gentz einer Reihe preußischer Regierungskritiker an, die allesamt das so genannte *Geheime Cabinet* beklagen, das als *unselige Intermediär-Behörde zwischen die Minister und den Monarchen tritt, um derart das Spiel der gesamten politischen Maschine zu paralysieren.* (H.M. Sieg 2003/R. Straubel 1998). Es gerieten damit oft genug Personen in machtvolle Funktionen, die eigentlich bloße Sekretäre seien und für das Wohl und den Ruhm des Staates weder Verantwortung noch Interesse zeigten. Gleichwohl konzentriere sich bei solchen *Cabinetts-Räthen die ganze Fülle der eigentlichen Regierung im Staate*, denn als veritable *Principal-Minister* kämen sie daher. Wie wenig dagegen ein *Nominal-Minister* bewirken kann, ist für Gentz im höchsten Maß kritisierenswert, denn der vermag keine Maßregel von einiger Bedeutung zu beschließen, ohne die Zustimmung des entsprechenden Kabinettsrats eingeholt zu haben. Und nur dieser besitzt das Ohr des Monarchen. Kein Wunder, dass sogar in dem politisch so bedeutsamen auswärtigen Departement den Kabinettsmitgliedern die ausschließliche Leitung aller Geschäfte obliege. Diejenigen mithin, die alles bestimmten, seien gleichwohl immer entschuldigt, wenn gewisse Maßregeln und Entscheidungen fehlschlügen, sie können sich jederzeit hinter der formalen Verantwortung der Minister verschanzen: *Dieses grundverderbliche Misverhältnis macht eine Cabinets-Regierung [...] fast noch gefährlicher als eine Favoriten-Regierung.*

Friedrich II. sei noch mit dem eigenen Kabinett identisch gewesen, seine Räte habe er als bloße Schreiber beschäftigt. Aber dann sei es unter Friedrich Wilhelm II. wegen seiner Abhängigkeit von Günstlingen wie Wöllner, Bischoffswerder und Ritz zu einer administrativen Aushebelung des Kabinetts gekommen, und der Graf Haugwitz, die Gräfin Lichtenau und der Monarch hätten die auswärtigen Angelegenheiten in Eigenregie ausgeklügelt. Das änderte sich erst mit dem Regierungsantritt Friedrich Wilhelms III., der zwar keine Favoriten begünstigt, aber auch nicht nach dem Vorbild seines großen Oheims zu regieren vermag, schreibt Gentz. Also sei dem jungen König nichts anderes übrig geblieben als die Wahl zwischen einer Ministerial- oder einer Kabinettsregierung. Da jedoch nach wie vor keine Männer von Geist und Charakter zur Verfügung stünden, die als verantwortliche Minister das Staatsschiff führen könnten, sei der König bei Mencken und Haugwitz, also gewissermaßen in der vertrauten Machtclique befangen geblieben: *In kurzer Zeit theilte sich der Vortrag beim Könige und die ganze obere Direction der Geschäfte zwischen Menken und dem General-Adjudanten; das Cabinett setzte sich auf den Thron. Vier effektive Personen umfasst dieses mittlerweile alles beherrschende Kabinett – Köckeritz, Zastrow, Beyme und Lombard.* Gentz stellt sie der Reihe nach in kritischen Analysen vor.

Der General-Adjutant von Köckeritz, einer der wichtigsten Vertrauten des Königs, ist für Gentz ein Offizier von der *eingeschränktesten, gemeinsten Klasse, eine Null im eigentlichen Verstande des Wortes,* doch an ihm gelangt niemand vorbei zur Staatsspitze. Herr von Zastrow, der veritable Chef der preußischen Armee, ist ebenso reich an geschenkten Gütern wie bei allen Untergebenen als Tyrann verhasst, nicht zufällig erscheint er als *eitel, rachgierig, parteiisch, eifersüchtig, intolerant.* Der Kabinettsrat Beyme, gleichfalls mit dem König vertraut und eigentlich jetzt der wichtigste Mann im Staate, ist viel eher Jurist als Politiker und vermag von den anstehenden Staatsgeschäften nur das Nötigste zu begreifen. Noch verderblicher erscheint seine Neigung zu der so genannten Aufklärung. Dieser philosophierende *Halb-Gelehrte,* der die Französische Revolution vehement verteidigt, sei *unersättlich ehrsüchtig, dreist, arrogant, illiberal und voller Gewinnsucht,* Männer wie er hätten alles Unglück über die gegenwärtige Welt gebracht. Bliebe noch der Kabinettsrat Lombard, dieser *verschlagene Mann,* dem es nach und nach gelungen sei, das Wohlwollen des preußischen Königs zu erschleichen. Lombard ist zu jeder Zeit der Meinung dessen, dem die Gewalt im Staate gegeben ist, schreibt Gentz, sein Charakter stelle eine Mischung aus *unerhörtem Leichtsinn, grober Unsittlichkeit und empörender Falschheit* dar, unendlich träge sei er, äußerst vergnügungssüchtig und sein Credo bestehe darin, die höchste Neutralität als den Gipfel aller politischen Weisheit zu predigen.

Vier ungeeignete Kabinettsräte und ein junger unerfahrener Monarch also, der seiner großen Aufgabe nicht gewachsen sein kann, ja die *fürchterliche Crisis* der bürgerlichen Gesellschaft, in der er auf den Thron gelangte, nicht einmal versteht, stehen an der Spitze des Staates. Gentz' politische Bilanz ist niederschmetternd – unfähige, engherzige, kurzsichtige, geist- und charakterlose Männer haben im Vaterland aller Preußen das Heft in der Hand: *Das ganze vermeintliche Regierungs-System dieser unseligen Cabinets-Räthe besteht in der Kunst, aus einigen tief in der Seele des Monarchen liegenden, vielleicht an und für sich weder falschen noch unbrauchbaren Grundsätzen alles das Übel zu ziehen, womit sie früher oder später ihn selbst und den Staat zu Grunde richten werden. Dies ist ihre innere, dies ist ihre auswärtige Politik.* Gentz steht nicht an, diesen politischen Kräften verderbliche *Partheilichkeit und Freigeisterey* vorzuwerfen, längst habe die in Berlin virulente Revolutionsgesinnung auch entscheidende Teile des Regierungs- und Verwaltungssystems erreicht, wo permanent über fragwürdige pädagogische Reformen geschwatzt würde. Die Hauptstadt Preußens sei überhaupt zum Sammelplatz aller möglichen *unruhigen Köpfe, aller gefährlichen Neuerer* von Deutschland geworden, namentlich nennt er Fichte, Johann Benjamin Erhard, Garlieb Merkel und die Brüder Schlegel. Sie alle nährten die Öffentlichkeit mit dem Gift der Neutralität Preußens, sie seien es, die das Land zur *Nullität* herabgewürdigt und der Verachtung ganz Europas preisgegeben hätten, indem sie ihre Abneigung gegen jede *Theilnahme an einem gemeinschaftlichen Operazions-Plane zur außenpolitischen Leitlinie schlechthin* erklärten.

Preußen insbesondere also hat den Kontinent außer Gleichgewicht gebracht. Gentz sieht die wahren Motive dieser Politik der Selbstaufgabe nicht in ernsthaften strategischen Überlegungen des auswärtigen Departements, sondern in der *Furcht, Schwäche und Ungeschicklichkeit* der Verantwortlichen, die sich zuvörderst auf ihren Posten be-

haupten wollten. Mehr noch, im Grunde trachteten sie danach, die Revolution der
Franzosen weiterhin zu begünstigen. Aber auch Friedrich Wilhelm III., der von seinen engsten Mitarbeitern umschmeichelt und mit hinterhältiger Schonung behandelt
werde, bleibt von Kritik nicht ausgespart: *Es ist leider wahr, dass der König ebenfalls
keine große Neigung zu wichtigen diplomatischen oder militärischen Operationen hat,
dass er die Geschäfte nicht sehr liebt und die auswärtigen unaussprechlich hasst, dass er
seine häusliche Ruhe und den stillen Genuss der mechanischen Manoeuvres seiner Soldaten
allen anderen Glückseligkeiten vorzieht, und dass es ihm am liebsten wäre, wenn er von
Kriegen und Unterhandlungen und Mediationen und allen Angelegenheiten Europas forthin gar nichts mehr hören dürfte.* Friedrich Wilhelm III. sei im hohen Maß verantwortlich für das bündnispolitische und militärische Chaos auf dem Kontinent.

Was bleibt zu tun am Ende dieser niederschmetternden Analyse? Die Quelle aller
unserer *Krankheiten* liegt zutage, schreibt Gentz, sie war und ist zu suchen in der inneren Organisation des preußischen Regierungssystems. Für dessen vorsichtige und
kluge Reform macht er nun einige Vorschläge, wohl wissend, dass in krisengeschüttelten Zeiten nichts gefährlicher sein kann als eine drastische Veränderung in der
Staatsverwaltung. Gentz' Überlegungen nehmen vorweg, was der Freiherr vom Stein
in seiner Denkschrift von 1806 mit scharfer Polemik ebenfalls einfordern wird. Wenn
der berühmteste Vertreter der bürokratischen Opposition in Preußen zornentbrannt
von *Arroganz, Dogmatismus, Ignoranz, physischer und sittlicher Schwäche, Seichtheit,
grausamer Sinnlichkeit, verräterischem Verhalten, schamloser Lügen, Engstirnigkeit und
übler Nachrede* bei den Kabinettsräten Friedrich Wilhelms III. sprechen wird, so ist
die geistige Genealogie erkennbar, die Gentz mit ihm verbindet.

Im Übrigen hatte auch Hardenberg schon Jahre vor dem preußischen Desaster
von 1806 den Gedanken eines entscheidungsfähigen Staatsrats in Vorschlag gebracht. (C. Clark 2008). Gentz formuliert sein Konzept einer Präliminar-Reform
also in guter Tradition. Diese Reform muss so aussehen, schreibt er, dass das *Kabinett
umgehend aufhört, die oberste Regierungsbehörde zu sein, und dass seine Mitglieder zu
nichts als Privatsekretären des Monarchen herabgestuft, oder einfach entlassen werden.*
An die Stelle der alten Institution hätte sodann ein *wahrer Staats-Rath zu treten, be-
stehend aus drei verantwortlichen effektiven Ministern für innere, auswärtige und militärische Angelegenheiten, die mit dem König nicht nur correspondiren, sondern unmittelbar conferiren.* Allein dieser Staatsrat, verbunden mit der Autorität des Monarchen,
hätte fortan über alle hohen Amtsgeschäfte zu befinden, Gentz sieht mit der Einführung transparenter Herrschaftsstrukturen wenigstens die Möglichkeit einer guten
Regierung gegeben.

Doch allein vom Machtwort des Königs sei diese glückliche Wendung in der
künftigen preußischen Politik abhängig, er muss verbindlich erklären, dass er die
alten Verhältnisse nicht mehr will. Dann endlich bekäme der Monarch nicht mehr
die *Winkel-Vorträge* eigensüchtiger Räte zu hören, sondern die Expertisen von Ministern, die mit ihm gemeinsam die Staatsverantwortung tragen wollten und auch
könnten. Erst dann würde wieder *richtig regiert* werden. Die *moralische Administrazi-*

on Preußens liegt zutiefst im Argen, schreibt Gentz und hebt die Notwendigkeit hervor, wieder *Gehorsam, Vertrauen, Zufriedenheit, Harmonie, wahre Aufklärung und wahre Charakter-Bildung* zu sichern und zu fördern. All dies würde untergraben durch die revolutionär gesinnten Schriftsteller, Klubs und Logen, die nicht nur Einfluss auf das Erziehungssystem nähmen, sondern mit ihren Vorstellungen weit in die allgemeine Staatszerrüttung hinein reichten. Gentz fragt allen Ernstes, *ob wol ein Staat, in welchem nach einem sehr gemäßigten Überschlage 9/10 aller öffentlichen Beamten entschiedene Revoluzionärs sind, lange bestehen kann?*

Doch hier Abhilfe zu schaffen, obliegt dem Monarchen, darauf weist der preußische Beamte unverblümt hin, von keinem der jetzigen Minister und Räte könne man ein offenes Wort gegenüber Friedrich Wilhelm erwarten. Er selbst muss die Größe der Gefahr und das Gewicht seiner historischen Aufgabe wahrnehmen. Andernfalls sieht Gentz im Zeichen von 1789 eine finstere Zukunft auf das Land zukommen: *Die gesellschaftliche Ordnung in Europa ist ein für allemal in ihren Grundvesten erschüttert. Die erste große Revoluzion ist gelungen: es wäre unsinnig zu hoffen, dass sie die letzte seyn wird. Der Abgrund ist unter allen Staaten geöffnet: und wenn uns nicht eine radikale Umschaffung der Grundsätze, der Formen und der Menschen rettet, so muss der preußische Staat eins der nächsten Opfer sein, die er verschlingen wird.* Gentz gesellt sich auf seine Weise dem Chor der Berliner Kreise zu, die um 1798/99 zunehmend in antirevolutionäre Stimmung geraten, scheinen doch über die innerstaatlichen Dilemmata hinaus die *relations solides et utiles* mit Frankreich hoffnungslos verloren gegangen. Man steht mit der eigenen politischen Kraftlosigkeit einem unkalkulierbaren Feind gegenüber, dessen *Haupt Kunstgriff es ist, alle wilden Leidenschaften der Menschen in Bewegung zu setzen.* Die Krise Europas zeigt ein zwiespältiges Gesicht – hier tobt nicht nur ein Kampf gegen die Influenza des Demokratiegedankens, sondern auch einer um die Grundlagen der zivilisierten Staatlichkeit. (T. Stamm-Kuhlmann 1992/J. Klosterhuis/W. Neugebauer 2008/L. Kittstein 2003).

Europa im Erneuerungskampf

Wenige Monate nach dem Ende des ‚Historischen Journals‘ erscheinen im Jahre 1801 zwei Bücher von Friedrich Gentz‘, das eine trägt den Titel ‚Von dem politischen Zustande von Europa vor und nach der Revolution‘, das andere ‚Über den Ursprung und Charakter des Krieges gegen die Revolution‘. Beide Werke, sie sind mit finanzieller Unterstützung aus England entstanden, stehen thematisch in direkter Nachfolge seiner Zeitschrift. Schon das erste Werk erregt *besonders in der itzigen Epoche* die Aufmerksamkeit der preußischen Zensur, zumal der Verleger Frölich nicht das Manuskript, sondern die fertigen Druckbögen zur Prüfung eingereicht hat. Bei Kabinettsminister von Alvensleben fragt die Zensurbehörde an, ob man dennoch Imprimatur erteilen dürfe, doch der hält es für ratsam, sich umgehend beim König selber kundig zu machen. Die Entscheidung wird am Ende zwiespältig ausfallen. Da Gentz das *Vorurtheil für sich hat, dass er nichts schreiben wird, was einem monarchischen Staat wie der Preußische zum Nachteil gereichen könnte,* belegt man allein den Verleger mit einer Geldbuße, der Autor hingegen wird von Strafe freigestellt.

Das Buch darf erscheinen, doch werden Gentz einige Verdrießlichkeiten zugemutet, er muss etliche Stellen des Buches streichen oder verändern. Eigentlich hätte das Berliner Kammergericht gegen den Autor einschreiten müssen, da in seiner Schrift *Äußerungen enthalten [sind], die wir nach den Gesetzen für strafbar halten, aber das erhebliche Renommé des Autors und die preußische Staatsräson, nach der ein repressives Gebaren zu vermeiden* ist, erheischen am Ende einen diplomatischen Umgang mit dem Fall. Und zwar umso mehr, als das Werk nicht nur von der ,Jenaischen Allgemeinen Literatur-Zeitung' in den Rang *classischer Schriften* erhoben worden ist, sondern auch in England und Amerika Furore gemacht hat. Die ,Edinburgh Review' reiht den Autor ein *among the first political writers of the age,* und bis 1804 erlebt das Werk nicht weniger als sechs Auflagen. Aus gutem Grund also wollen die preußischen Behörden dem Gentzschen Buch keine besonders *schädliche Absicht* zuerkennen, doch mit staatlichem Segen erscheint es keineswegs. (A. Schumann 2001/A. Fournier 1880/A.v. Hase 1972/1980/1981).

Das kann nicht verwundern bei der allgemeinen Lage in Europa, die nach wie vor kaum Aussichten bietet auf eine Lösung der hin- und herwogenden militärischen Auseinandersetzungen. Seit dem Frieden von Basel haben die Truppen Bonapartes triumphale Erfolge gefeiert, in Campo Formio musste Österreich einen schmachvollen Frieden akzeptieren, in dem es seine belgischen und oberitalienischen Besitztümer verlor und die Cisalpinische Republik sowie einen ergebnislos verlaufenen Rastatter Friedenskongress hinzunehmen hatte. Selbst die Engländer verließ gegen Napoleon oft genug die Kriegsfortune, zumal ihre Flotte bei Abukir jüngst entscheidend geschlagen worden ist. Nahezu zeitgleich wurden die Römische und die Helvetische Republik gegründet und Ägypten erobert, bis es 1799 endlich zu einer weiteren Koalition gegen den französischen Usurpator kommen konnte. Doch gerade dieser hoffnungsvolle zweite Koalitionskrieg mit seinen Friedensschlüssen von Lunéville (1801) und Amiens (1802) sollte es sein, der kraft des von Napoleon erzwungenen Reichsdeputationshauptschlusses von 1803 die endgültige Demontage des Heiligen Römischen Reiches Deutscher Nation einleitet.

Im Grunde haben Kaiser und Fürsten schon 1801 in die Abtretung des linken Rheinufers an Frankreich eingewilligt, woraufhin alle betroffenen Monarchen im rechtsrheinischen Deutschland entschädigt werden sollen, was wiederum eine erhebliche territoriale Umgestaltung des gesamten alten Reiches bedeuten wird. Selbst England muss zu diesem Zeitpunkt seine Eroberungen an das siegreiche Frankreich zurückgeben. Nach all dem ist inmitten des Heiligen Römischen Reiches Deutscher Nation eine politisch-militärische Gemengelage entstanden, die sich im Blick auf die Regensburger Reichsfriedensdeputation (1801) für viele Zeitgenossen als schändlicher Menschen- und Länderschacher darstellt. Europa und das deutsche Reichsgebilde bieten ein Bild der Zerstörung und Selbstauflösung.

Gelingt es Friedrich Gentz, diesem Konflikt- und Interessenchaos so etwas wie eine politische Verständigungsordnung abzugewinnen? Nach wie vor ist für ihn die Klärung der kaum noch überschaubaren Umsturzprozesse seit 1789 vorrangig. In diesem Sinne konzipiert er seine beiden Bücher. Bei dem ersten handelt es sich um eine Replik auf die in Frankreich erfolgreiche Schrift des Grafen Alexandre Maurice d'Hauterive ‚Vom Zustande Frankreichs zu Ende des achten Jahres', die für ihn von besonderem Reiz ist, da sie sich kritisch mit seinen eigenen Thesen auseinandersetzt. Der preußische Schriftsteller wird im Land der Revolution ausdrücklich wahrgenommen, sogar von einem Sprecher Bonapartes, das erfordert einen besonderen Diskurszuschnitt des eigenen Buches, es geht um nicht weniger als die große Perspektive des europäischen Gleichgewichtssystems. D'Hauterive scheut sich nicht, Gentz den wohl *geschicktesten und einflussreichsten Verteidiger der englischen Politik, ja deren Beauftragten, vielleicht Bezahlten* zu nennen. Natürlich kann der Beschuldigte nicht hinnehmen, dass man ihn als bestochenen Parteigänger der Briten bezeichnet. Doch ernsthaft und in der Polemik maßvoll ist der Ton, den Gentz in seinem Buch anschlägt. Darf man sich mit der grassierenden These abfinden, der gegenwärtige Krieg sei entstanden, weil im vorrevolutionären Europa eine unheilbar zerrüttete politische Verfassung geherrscht habe? fragt er, um mit seiner ganzen Beredsamkeit den Nachweis zu führen, dass es die Revolution gewesen ist, die *eine cum grano salis befriedete Machtordnung im alten Europa zerstört* hat. Die Frage nach Natur und Ursprung des Revolutionskrieges hält Gentz für eine Kernfrage nicht nur der Verständigung über die Lage der Nationen, sondern der praktischen Politik selber, wenn anders sie in einem *unauflöslichen Labirinth von widersprechenden, schwankenden, verworrnen, verkehrten Begriffen zu Grunde* gehen soll.

Genau dies aber ist es, was eine veränderte Haltung des Zeithistorikers erfordert. Gentz schreibt: *Da ich die ausdrückliche Absicht hatte, einen Beitrag zur Beurteilung des politischen Systems von Europa zu liefern, so musste ich mich nothwendig auch von allem, was Nazional-Parteilichkeit heißt, so viel es mir nur möglich war, loszumachen versuchen. Ich habe in diesem Werk wechselweise, als Preuße, als Österreicher, als Engländer u.s.f. gesprochen.* Als Europäer also hat sich der preußische Beamte Gentz nun vernehmlich gemacht, nicht als nationaler Protagonist, auch nicht als Diener seines Brotherrn. Ist das nicht eine Unverfrorenheit gegenüber dem eigenen Vaterland? Wo bleibt da der preußische Patriot und ergebene Staatsbeamte? Doch Gentz will nach bestem Wissen und Gewissen unparteiisch urteilen. Da er als Europäer auch im *wahren Interesse* der Revolutionsnation aufgetreten sei, schreibt er, dürfe man ihn sogar als einen Fürsprecher Frankreichs betrachten. Freilich will er sich hiermit nicht von der Kritik am französischen Imperialismus dispensieren. Einst haben die Franzosen zum gut organisierten europäischen Föderativsystem gehört, erst infolge von Revolution und Krieg sei der Kontinent in den Zustand der Zerrüttung übergegangen, hätte Frankreich das funktionierende Gleichgewichtssystem gewaltsam zerschlagen. Hierauf legt Gentz den größten Wert – der Krieg ist ein Resultat der französischen Totalrevolution und damit *schuld an den jetzigen verschrobnen Verhältnissen auf dem Kontinent.* Keinesfalls sei er erklärbar aus irgendwelchen Dilemmata des alten Machtverteilungssystems in Europa, ebenso wenig aus der vermeintlichen *Commerzial-Superiorität* der Briten.

Dass die Franzosen nach Überwindung der Revolution wieder ins Konzert der europäischen Gleichgewichtskräfte zurückkehren werden, ist für Gentz unabweisbar, im Moment allerdings kann er allen *Freunden der Ordnung und des Friedens* keinerlei Hoffnungsperspektive bieten. Der Krieg scheint unausweichlich. Doch wo realiter kein Trost und keine Zuflucht mehr möglich sind, wo Europa in *Hülflosigkeit* dasteht, klammert sich dieser Autor an einen Gedanken, der ein gutes Jahrzehnt später historische Bedeutung erlangen wird. Friedrich Gentz erträumt einen Zusammenschluss *ausgezeichneter Köpfe, und großer hervorragender Charaktere, die mit selbstständiger, siegreicher Kraft über die Krankheiten ihres Zeitalters Meister* würden und dem ganzen politischen Körper eine *neue Gestalt, neue Haltung, neue Festigkeit, und neues Leben* verliehen. Damit ist alles andere gemeint als die Reichsfriedensdeputation von 1801 in Regensburg, sondern hier nimmt der Wiener Kongress, auf dem Gentz selbst eine so exquisite Rolle spielen wird, geistige Konturen an. Wird er zu einer Unternehmung von *Rettern der Menschheit* werden?

Die Insistenz auf dem Abwehrkrieg gegen das revolutionäre Frankreich und die Statusaufwertung der alten Gleichgewichtsordnung in Europa, die erheblich besser gewesen sei als ihr Ruf – das sind die beiden politischen Markierungen, die Gentz nun in der zerstrittenen Meinungslandschaft seiner Zeit befestigen möchte. Und dies tut er in umfassenden historischen Erkundungen, die immer wieder in den Fokus der akuten politischen Entscheidungssituation gerückt werden. Ausführlich zeigt Gentz, dass Europa spätestens seit dem Westfälischen Frieden trotz vielerlei Gefährdungen ein politisch funktionierendes Völkerrecht besessen habe, dass Preußen bei allem Eigeninteresse immer ein Garant dieser Gleichgewichtsordnung gewesen sei, und dass England keineswegs zur ökonomischen Knebelung des Kontinents, sondern zu seinem wirtschaftlichen und kulturellen Flor beigetragen habe. Mitnichten sei die Französische Revolution aus der *Krisis eines verderbten und lebensunfähigen alten Europa* hervorgegangen, denn nur weniger vernünftiger Reformen hätte es bedurft, um den desaströsen Umbruch von 1789 zu vermeiden. Vielmehr ist die Revolution für Gentz ein Produkt der hypertrophen Zivilisierung des Menschengeschlechts gewesen, aus den Fortschritten zum Besseren habe sie sich in fataler Dialektik heraus entwickelt: *unser rühmlicher Ehrgeitz führte unsre Demüthigung herbei.* Und das gelte für alle europäischen Kulturnationen. Viel Lob fällt auf Preußen und Österreich, diesen erhabenen Modellen von Ordnung und Fleiß, von Kultur und Bürgerfreiheit, aber auch auf etliche andere Länder, die allesamt nur durch die Revolution daran gehindert worden seien, ihre positiven Entwicklungen fortzusetzen. Sogar auf Frankreich treffe dies zu, ein Land, das eigentlich durch seine Übertreibung und Übereilung des Guten den Umsturz verursacht habe.

Es fällt immer wieder auf, wie mild und abgemessen Gentz nun die alten Feudalordnungen Europas beurteilt, kaum ein Wort noch über ihre Marodie, über die politischen Fehler ihrer Eliten vor der Revolution, sondern immer stärker verlagert sich sein Interesse auf die gesamteuropäische Perspektive, auf die Apologie der überkommenen Gleichgewichts- und Föderativordnung: *Es gab, in jedem vernünftigen Sinne des Wortes, ein Föderativ-System, es gab ein politisches Gleichgewicht, es gab ein Völker-Recht in Europa.* Was im Kontrast dazu heißen soll, die Französische Revolution war das intellektuelle Kunstprodukt, ja die Fehlgeburt einer gleichsam überzüchteten zivilisatorischen Evolution. Von der historischen Notwendigkeit oder von der Organik ihrer Erscheinung kann Gentz zufolge nirgendwo die Rede sein, vielmehr hätte ohne sie in der Politik Europas alles seinen ruhigen Gang nehmen können: *Vor der Revolution wurde es sogar von Tage zu Tage sichtbarer, dass eine Periode des Friedens, der Verträglichkeit, des ungestörten Fortgangs im Guten, eine Periode verbesserter Staats-Maximen und eines verbesserten Völker-Rechts herannahte.* Sogar die Kriegsproblematik habe zu dieser Zeit vor einer Lösung gestanden, denn Kriege seien in der öffentlichen Meinung schon damals höchst unpopulär gewesen. Doch all diese guten Keime der europäischen Politik habe die Französische Revolution zerstört.

Da es auf keinen Fall bei der Meinung bleiben darf, die Revolution sei eine *heilsame Krisis*, also eine unvermeidliche Veränderung von einem Übel zum Besseren, muss noch mehr Aufklärungsarbeit über die Zeitgeschichte geleistet werden. Dem widmet sich Gentz im zweiten Teil seines Buches. Dass der jetzige Krieg Ausdruck einer allgemeinen Agonie des zerrütteten Europa sei, also auch ohne die Revolution hätte entstehen können, findet er schlechthin absurd. Frankreich sei vor 1789 ein zivilisierter Staat inmitten eines geordneten europäischen Föderativsystems gewesen, hier habe keinerlei Anlass zu gegenseitiger Aggression bestanden. Auch war nicht England verantwortlich für den Ausbruch des Krieges, und schon gar nicht sei der eine Folge der ersten Koalition gewesen, die Gentz kaum eine solche nennen will. Nein, es bleibt bei der alleinigen Kriegsverantwortung der revolutionären Franzosen. Worauf Gentz nun großen Wert legt, ist die Begründung und Rechtfertigung der Intervention durch die Koalitionsstaaten. Im Fall der Revolution konnte und kann der Grundsatz der Nichteinmischung nicht gelten, denn hier muss das wohlverstandene *Völker-Recht* gewahrt werden, was sogar die Pflicht zum gewaltsamen Einschreiten beinhaltet, um Frankreich von jener *monströsen Gemeinschaft* der Revolutionäre zu befreien. Nichts als dieses Interesse habe die Verbündeten geleitet, keine Rache an Frankreich, keine Zerstörung seiner Existenz sei ihnen in den Sinn gekommen.

Wobei Gentz allerdings scharf kritisiert, dass sich nicht gleich zu Beginn der Revolutionskriege eine schlagkräftige Koalition zusammen gefunden hat, um der Gefahr dieses Umsturzes vorzubeugen. Im Gegenteil, die beteiligten Mächte vermochten ihre *nothwendige Inferiorität* nicht wahrzunehmen, und sie haben immer noch nicht verstanden, welcher Furor ihnen in Gestalt der revolutionären Massen gegenüber steht. Einen *schwachen, in sich zerrissenen Widerstand* habe man den Franzosen entgegen gesetzt, keine tatkräftige Koalition war hier am Werk, sondern bloß ein *widerstrebendes Aggregat von schlecht vereinigten Bestandtheilen.* Gentz weiß genau, warum die Koalitionäre nahezu jeden Krieg gegen die Franzosen verlieren mussten, sie haben es nicht gelernt, *revoluzionäre Mittel und revoluzionäre Waffen zu bekämpfen*. Stattdessen waren und sind sie zerstritten, unentschlossen und planlos, arm an Gedanken wie an Phantasie, ihrer historischen Aufgabe nicht gewachsen.

Das gesamte europäische Gleichgewichtssystem ist zerstört, diesen Befund will Gentz durch die wissenschaftliche Analyse der *Real-Verhältnisse*, also jenseits aller *künstlichsten und scharfsinnigsten Calkuls des Zeitgeistes, in seinen politischen Ursachen und Folgen auseinander legen*. Anstelle der alten Ordnungsformation hat sich Frankreich als ein Herrschaftsmonstrum breit gemacht, das in seiner *jetzigen Lage eigentlich gar keine Gränzen mehr kennt*. Alle europäischen Staaten stehen der Angriffsdrohung durch den immer noch zur politischen Anarchie neigenden Hegemon schutzlos gegenüber, jeder Tag kann bestehende Ordnungen umstoßen, und keine Macht ist auf dem Kontinent sichtbar, die den französischen Militärmoloch in die Schranken weisen könnte. Was bleibt also noch zu tun? Gentz stellt ein wesentliches politisches und militärisches Strategem in den Mittelpunkt seiner Darstellung – die koalitionäre Potenz Preußens und Österreichs. Weder Russland noch England könnten zu tragenden Säulen einer künftigen Befreiungspolitik gegenüber Napoleon werden, allein die zwei avancierten, miteinander ausgesöhnten Großmächte im Norden und im Süden Deutschlands wären dazu in der Lage: *eine Österreichisch-Preußische Coalizion ist auf eine oder die andre Weise allemal eine Coalizion von Europa*.

Aber auch diese Perspektive ist durchaus prekär. Denn nur weil im Moment die bilaterale *Allianz* gegen Frankreich nicht denkbar ist, muss auf dem *immer misslichen, und immer gefahrvollen Wege einer Coalizion das einzige Gegen-Gewicht zum französischen Usurpator* gefunden werden. Gentz weiß um die wechselvollen Gefahren von Koalitionen zwischen den Staaten, weshalb seine Zielvorstellung für den Kontinent weit darüber hinaus geht. Doch so lange Europa auf der einen und Frankreich auf der anderen Seite das bleiben, was sie derzeit sind, so lange Furcht und Hass gegeneinander aufbauen, wird es *keine feste völkerrechtliche Verfassung, kein wahres Föderativ-System, kein Gleichgewicht der Macht und keinen sichern und dauerhaften Frieden geben*. Europa ist und bleibt von einem Zustand der politischen Anarchie und eines immerwährenden Krieges gekennzeichnet, resümiert Gentz. Das gesamte Föderativsystem sei heruntergekommen auf die bewaffnete Opposition gegen Frankreich, ein erbärmlicher Aggregatzustand, in dem sich alle Staatskunst derzeit bewegen muss.

Nur das auf dem Kontinent oft geschmähte England tritt noch militärisch selbstbewusst gegen Frankreich auf, Gentz geht am Ende des Buches zu einer Apologie Britanniens über, um das ökonomisch starke Land vom Vorwurf der anti-europäischen *Präponderanz und Commerzial-Superiorität* zu befreien. Nicht nur England, auch die übrigen Staaten des Kontinents hätten überseeische Besitzungen in Beschlag genommen und internationalen Handel betrieben, überhaupt werde Europa in Zukunft der zunehmenden Globalisierung seiner Kultur- und Geschäftbeziehungen nicht entgehen. Man müsse den Briten eben kluge wirtschaftliche Konkurrenz machen und den eigenen Industrien zu größerer Leistungsstärke verhelfen. Im Übrigen legt Gentz Wert auf die Feststellung, dass die Engländer zu keiner Zeit die Gewinner und eigensüchtigen Beförderer des Krieges gewesen seien, vielmehr wurden etliche Länder gerade durch die Revolution daran gehindert, eine den Briten vergleichbar erfolgreiche Wirtschaftsentwicklung zu initiieren.

Britische Prosperität und Wirtschaftsrationalität haben sich auch in der schweren Krisensituation durchsetzen können, für den Smithianer Gentz sind sie auch deshalb von europäischer Vorbildlichkeit. England ist in mancher Hinsicht der Inbegriff des zivilisatorischen Fortschritts in das 19. Jahrhundert hinein: *Die Entkräftung von England [wäre] die Entkräftung von Europa. Die Industrie und der Reichtum dieses Landes gehört allen Nazionen an. […] Europa wird steigen, ohne dass England herabsinken dürfte.* Gentz empfiehlt den Europäern denn auch, ein neues politisches System der *commerziellen Verhältnisse à la Britannien* zu begründen. Nicht allein auf die Verbesserung der inneren Staatsadministration käme es dann an, sondern auf eine *weise und liberale Gesetzgebung, erhöhte Aufmerksamkeit auf das Interesse des Handels und der Industrie und sorgfältige Benutzung der Quellen, aus welchen die ächte Nazional-Wohlfarth fließt.* Die Reform des ökonomischen Systems von Europa rückt nun für Gentz ganz nach oben auf der Prioritätenskala, am britischen Wesen könnte der Kontinent genesen. Insgesamt gesehen, wird aber nicht der englisch-französische Kampf um die Weltherrschaft die kommende Geschichte bestimmen, glaubt er, sondern die Dialektik einer prekären zivilisatorischen Evolution, welche die gesamte Menschheit über potentiell vernünftige Interessen-, Waren- und Kulturtauschprozesse tiefer mit sich selbst in Beziehung bringen dürfte als gegenwärtig denkbar. Einstweilen jedoch tobt in Europa, wenn auch mit gelegentlichen Ermüdungsphasen, der alles zerstörende Krieg.

Krieg, Schuld, Vergeltung

Auch in seinem bald folgenden Buch ,Über den Ursprung und Charakter des Krieges gegen die Französische Revolution' (1801) tritt Gentz noch einmal als staatspolitisch ambitionierter Kritiker und strategischer Meinungsmacher hervor. Keinesfalls darf es den Mächten Europas gleichgültig sein, schreibt er, ob man ihre Verbindung gegen Frankreich für ein *rechtmäßiges oder für ein frevelhaftes Unternehmen, für eine Maßregel erlaubter und nothgedrungner Verteidigung,* oder, wie man sie gewöhnlich darstellt, für einen *muthwilligen Angriff gegen die Unabhängigkeit eines schuldlosen Volkes* hält. Umfangreiche historische und politisch-juristische Fragen sind hier zu klären, aber Gentz zögert nicht, das Prinzip der Souveränität, bzw. der Nichteinmischung in die inneren Angelegenheiten der Staaten ein weiteres Mal im Sinne des völkerrechtlichen Pragmatismus zu relativieren. Kommt es zu einer *constituirten Anarchie, nimmt also ein Gemeinwesen die Umkehrung aller rechtlichen Verhältnisse zur Maxime und überzieht ein bestehendes Föderativsystem mit militärischer Gewalt, so erlöschen gleichsam die Souveränitätsrechte des Verursachers und den geschädigten Staaten fällt das Recht auf Gegenwehr zu.*

Als Folge der Ereignisse von 1789 sei es mitten in Europa zu einem Angriff gegen die Sicherheit und Existenz der bürgerlichen Gesellschaft schlechthin gekommen, weshalb nur die *heroische Kur* eine so *eingewurzelte Krankheit* wieder beheben konnte. Von Seiten der alliierten Mächte habe es sich daher immer um einen *Verteidigungs-Krieg* gehandelt, im wohlverstandenen Interesse Gesamteuropas. Gentz zeichnet kontrastiv dazu das illusionslose Bild eines sozial und politisch marodierten Frankreich, seiner *ungroßmüthigen Feindseligkeit und Dekadenz*, um den Rechtsanspruch der alliierten Intervention zu begründen und die Verursachung des Krieges auf die Revolutionsnation zu schieben. Zwar verteidigt er abermals die hehren föderativen Absichten der Interventionsstaaten, aber an Kritik gegenüber den untätigen und seichten Politikern Preußens und ihrem *falschen und übertriebnen Neutralitäts-System* lässt er es auch hier nicht fehlen. Was Gentz zum Lobe Preußens zu bemerken hat, betrifft vor allem die Beendigung der *alten Eifersucht* zwischen seinem Vaterland und Österreich, gehörig wird neben Friedrich Wilhelm II. deshalb auch Kaiser Franz herausgestrichen, die sich beide, wenngleich schwankend und zögerlich, der französischen *Terroristen-Bande* mit Mut entgegen gestellt hätten. Kein europäischer Monarch sei dabei so würdevoll und zurückhaltend in Erscheinung getreten wie Franz II., nur die Aggressivität der französischen Außen- und Militärpolitik habe am Ende auch sein Reich in die Koalition zwingen müssen.

Es ist kein Zufall, dass Gentz in diesem Zusammenhang noch einmal auf England und seine Rolle im Revolutionskrieg zu sprechen kommt. Haben die Briten teilgehabt am Ausbruch des Krieges, oder am Zustandekommen der ersten antifranzösischen Koalition, wie weithin behauptet wird? Keineswegs, sagt Gentz, denn die Feindseligkeiten hätten ja längst begonnen, als die Briten überhaupt auf der Kriegsbühne erschienen seien. Auch irgendwelche geheimen Machinationen und obskuren Verhandlungen mit Frankreichgegnern würden ihnen zu Unrecht vorgeworfen, schließlich habe Paris den Briten den Krieg erklärt und nicht umgekehrt. Alles andere seien nur heillose Fabeln. Der Freund Österreichs und Englands und der vorsichtige, bisweilen auch harte Preußenkritiker geben einander in diesem Buch die Stafette in die Hand. Es ist wirklich in erster Linie der Europäer Gentz, der sich hier zur Geltung bringt, mit beredten Empfehlungen an die hohe internationale Politik.

Das sieht man schon an seiner für die allgemeine Öffentlichkeit abermals provozierenden Apologie des Krieges, der man so etwas wie eine staatsmännische Verve kaum absprechen kann. Dass der Krieg das größte aller Übel sei, hält Gentz für einen der *Fundamental-Irrthümer* seiner Zeit. Zunächst einmal muss man sich doch klarmachen, schreibt er, *dass die Revolution den Krieg, nicht aber der Krieg die unselige Revolution geboren* hat. Allerdings habe der Krieg sodann die Funktion übernommen, die Revolution viel schneller als erwartbar auf ihren höchsten Reifegrad zu bringen und bei den anderen europäischen Nationen entsprechende Gegenkräfte zu mobilisieren. Nur hierdurch konnte in die Welt kommen, was Gentz den *gezwungnen Propagandismus* nennt, also der medial reich instrumentierte Kampf für die *Rückkehr zur Mäßigung, zur Ordnungsliebe, zur Zufriedenheit mit dem Erreichten, und zur heil-*

samen Furcht vor dem Unbekannten und Unversuchten. War der Krieg insofern nicht auch ein Segen, ein fester Damm gegen den Fortschritt des Übels?

Nicht der Krieg an und für sich sei also verderblich, sondern der von den Alliierten so unklug und erbärmlich geführte, nur er habe Schmach und Verderben über Europa bringen können. Und noch einmal wettert Gentz gegen die politischen und militärischen Fehler der ersten Koalition, die – Preußen keineswegs ausgenommen – eine *wohl combinirte, mit Entschlossenheit ausgeführte Unternehmung zur Aufrechterhaltung der Monarchie hätte sein müssen.* Nicht ein planlos verzögerter Verteidigungskrieg, sondern ein frühzeitiger Angriffskrieg mit allen verfügbaren Kräften wäre das richtige militärische Konzept gewesen, weiß Gentz. Denn mit defensiven Mitteln kann man keine kriegerisch auswuchernde Revolution bekämpfen, hier scheiterte die alte Staatskunst von Europa vollkommen. Und nur dadurch konnte auch der Wahn entstehen, der Krieg gegen die Revolution werde weiterhin keine großen Schwierigkeiten bereiten. Diese *willkührliche Geringschätzung* des Feindes aber habe sich über Jahre hin bitter gerächt, gegen den Einspruch jener im Übrigen, welche die Revolution mit *wahrem Ernste studirt und mit wahrem Geiste beurtheilt* hatten. Gentz bringt das Dilemma auf eine scharfe Pointe – die Koalition führte einen *unkoordinierten, schwächlichen Verteidigungskampf und der Furor der Revolution blieb davon vollkommen unberührt, sie wuchs und gedieh, und consolidirte sich durch den Krieg.* Welch ein groteskes militärisches und politisches Versagen der europäischen Mächte, auch für Preußen wird hier kein Pardon gegeben.

Gentz glaubt schon früh wahrgenommen zu haben, was im Lauf der neunziger Jahre zum Ereignis werden sollte, die unbändige Kraft des revolutionären Enthusiasmus schwemmt alle politischen Widerstände und mentalen Gegenkräfte der alten Ordnung Europas hinweg. Was vermag nicht die *höllische Erfindungskraft* der politischen Phantasie mit ihren Zauberformeln, ihrem allgemeinen Rausch der Freiheit gegen die nüchterne Verteidigung von Recht und Ordnung? Und natürlich zeigt sich die überlegene französische Armee viel länger von solch revolutionärer *Magie* erfüllt als die Normalbürger, noch Jahre nach dem Staatstreich des Direktoriums glaubt sie für Freiheit und Menschenrechte zu kämpfen. Um Frankreich insgesamt steht es freilich ganz anders, die Politik unterdrückt die Bürger und zehrt sie schamlos aus, und die Armee lässt sich vom *Enthusiasmus des Ruhms* fortreißen zu immer neuen Triumphzügen. Gentz möchte ein differenziertes Bild vermitteln vom Siegestaumel der Franzosen, wobei General Napoleon Bonaparte als Person wieder kaum ins Blickfeld tritt.

Gentz will versuchen, aus der Ursachen- und Folgenanalyse des Revolutionskrieges heraus die Handlungschancen künftiger antifranzösischer Koalitionen zu kalkulieren. Fragen wie die folgenden drängen sich auf. Was kann es bedeuten, dass nun französische Generale die *Meister und Schiedsrichter* von Europa sind? Wie muss man gegen ein Volk vorgehen, das neben der *systematischen Unsittlichkeit* den *soldatischen Geist* gleichsam als Bürgertugend eingesogen hat? Wie ist den ungeheuren Ressourcen Frankreichs, also der gewaltsamen Menschenrekrutierung, dem inflationär vervielfachten Geld und dem Raubbau an fremdem Reichtum militärisch und politisch zu begegnen? Wie ist die Wirksamkeit der in Europa immer noch einflussreichen Freunde und Aktivisten des Revolutionsgedankens einzuschätzen?

All dies sind Probleme, die Gentz noch einmal aufnimmt, um zu erklären, worum es derzeit gehen muss, um einen *ächten, lebhaften, und entschlossenen Patriotismus*, der begeisternd genug gewesen wäre, um *jeder revoluzionären Triebfeder das volle Gegengewicht* zu halten. In dem Maße, wie die Franzosen ihren triumphalen Krieg durch die Kraft der öffentlichen Meinung erzeugt und gelenkt haben, hätte man deren massenpsychologische Wirkung auch als Gegenmittel einsetzen müssen. Die *Entzündung eines andern Enthusiasmus* wäre die Losung der Stunde gewesen. Es hätte gegolten, eine der wesentlichen Triebfedern der Staatsumwälzung gegen sie selber zu wenden. Doch der hinreißenden Popularität des Revolutionsgedankens hatten und haben die Alliierten nichts entgegen zu setzen, behauptet Gentz, einzelne Flugschriften und Proklamationen, die den Wahnsinn und die Verruchtheit der Franzosen anprangern, seien bei weitem nicht genug: *Man musste die dunkeln, träumerischen Gefühle, in denen die Schwärmerei und die Leidenschaft sich so wohl gefällt, durch eine klare lebendige Einsicht in die Unweisheit frevelhafter Staatsexperimente, und in die Größe und Kostbarkeit dessen, was ihnen zum Opfer gebracht wird, verdrängen.*

Es ist das Gentzsche Publizistikprogramm, das hier als gleichsam verschmähtes Desiderat einer bündigen Strategie der Gegenrevolution erscheinen soll. Die aber ist eine öffentlich zu verhandelnde Staatsangelegenheit ersten Ranges, das Gegenteil jeder *kleinlichen, kurzsichtigen, zerstückelten, nervenlosen Politik*. Die Krieg führenden Mächte, schreibt Gentz, haben völlig vergessen, dass der Kampf, in dem sie stehen, wesentlich einer mit *bewaffneten Meinungen* ist, sie nehmen immer nur die Schlachtfelder in den Blick, vergessen aber die außerordentliche mentale Mobilisierungskraft der Revolution als solcher. Nur so aber sei die *kaltsinnige und bedenkliche Neutralität Preußens zu erklären, damit zu guten Teilen auch die Erfolglosigkeit der alliierten Defensiv-Coalizion, dieses politischen Undings.*

Gentz wagt sich nicht nur weit vor in der Kritik an Preußens Neutralitätshaltung, sondern er plädiert zudem für eine Militärstrategie, deren Skrupellosigkeit kaum ein aufgeklärter Kopf seiner Zeit mit ihm geteilt haben dürfte. Die unvergleichliche Stärke der revolutionären Armeen bestehe in ihrer vollkommenen *Immoralität*, schreibt er, während die alliierten Mächte an vielerlei humane, vertragliche und politische Einschränkungen und Interessen gebunden seien. Aber gegen eine gewaltige Kampfkraft wie die der französischen Revolutionssoldaten muss auch eine Armee zivilisierter Staaten etwas aufzubieten haben. Gentz antwortet auf dieses Dilemma mit der Apologie eines Machtrigorismus, der jeden Verdacht der *Ungerechtigkeit und Gewaltthätigkeit* bereitwillig auf sich nimmt: *Eine edle und kraftvolle Politik lässt in der Stunde der Not die herrschenden Meinungen, wenn sie sie nicht für ihre Plane gewinnen kann, ohne alle Bedenken hinter sich, und erwartet ihre Rechtfertigung am Ziel,* schreibt er. Eine Militärstrategie dieser Coleur hat ihren Erfolg *ohne Anstand und Rückfrage* zu suchen, denn nur in so außerordentlicher Weise könnten die zerstörerischen Kräfte der Revolution gebrochen werden, jedes moralische Bedenken sei dem gegenüber zu vernachlässigen. Die alte Ordnung muss sich, um ihrer Selbsterhaltung willen, bedenkenlos in die Schanze schlagen, das *war und bleibt ein hohes und schwindelndes Spiel*, heißt es auf den letzten Seiten des Buches. Rücksichtslose Gewalt ist ein legitimes Mittel zur politischen und militärischen Bekämpfung der Totalrevolution, das will Gentz sagen, aber sofort erheben sich auch wieder Zweifel.

Welcher geniale Feldherr in Europa vermöchte jemals eine Armee von so enthusiasmierten Menschenrechtskämpfern wie die französische zu besiegen? Nur selten taucht in Gentz' Buch die Erscheinung des Napoleon Bonaparte auf, umso überraschender gerät dessen Gestalt am Ende zum kritischen Kontrastbild der alliierten Misere. Auf der einen Seite eine zerstrittene Notkoalition, die keine entschlossene *föderative Diktatur* zustande bringt, auf der anderen Seite ein beständig an Ruhm und Glanz gewinnender Hegemon: *Jener abentheuerliche romantische Geistesschwung, jene wahrhaft revoluzionäre Energie, wodurch der jetzige Beherrscher von Frankreich den Gipfel der Macht erstieg, von da aus er sein Fußgestell zerschmettert, und der Revolution ihre Gränze gesetzt hat, war vielleicht allein dazu gemacht, die Ungewitter unsrer Zeit zu beschwören.* Nein, Gentz ist im Jahre 1801 kein Verehrer Napoleons, aber wohl immer noch ein skeptischer Bewunderer, den die kalkulierte Sehnsucht nach einem ‚anderen‘ politischen Genius seiner Zeit umtreibt. Doch woher könnte der kommen? Am wenigsten scheint er in Preußen erwartbar zu sein, mit dieser Einsicht wird der Leser des Gentzschen Buches entlassen. Und noch einmal, wenn auch ohne Nennung von Ross und Reiter, wirft der Autor den Politikern seines Vaterlandes vor, dass schon seit ihren Separatverhandlungen mit Frankreich im Jahre 1795 die Stärke des alliierten Bundes gebrochen und das Koalitionsvertrauen nachhaltig zerstört worden sei.

Wie man es dreht und wendet, Preußen steht am Pranger der Gentzschen Publizistik. Und wenn die beiden Bücher dieses Staatsschriftstellers den Wirren des Revolutionszeitalters so etwas wie eine Verständigungsordnung abgewonnen haben, dann ist sie verbunden mit einer zwiespältigen Provokation. Gentz stößt der friedenswilligen Aufklärungskultur mit seiner Apotheose des ungezügelten Machtkrieges vor den Kopf, und beschuldigt zugleich den preußischen Obrigkeitsstaat einer *kleinlichen, kurzsichtigen, zerstückelten, nervenlosen Politik.* Will dieser Mann allen Ernstes einen publizistischen Zweifrontenkrieg führen? Das scheint auf einen unlösbaren Widerspruch hinaus zu laufen. Friedrich Gentz hat einen biographischen Scheitelpunkt erreicht, sein mentaler Spannungszustand zwischen mediokrem Beamtendasein und kontinentalpolitischer Ambition drängt zur Entscheidung.

Abschied vor offenem Horizont

Hat Friedrich Gentz nach dem turbulenten Jahr 1801 am thüringischen Musenhof Erholung und Einkehr finden wollen? Drei Jahre später schreibt er an Brinckmann: *Ich war damals in einer der furchtbarsten Krisen meines Lebens, alle meine Verhältnisse strebten zur Auflösung hin; ich ahndete schon in meinem Innern die neue Freiheit, die mir durch das Zerschlagen derselben zuteil werden sollte.* (F.C. Wittichen 1910, 2). Es ist eine Zeit des Aufbruchs und des Abbruchs gleichermaßen. Mitte November fährt Gentz zusammen mit seinem Bruder Heinrich, der als Architekt am Weimarer Schlossbau tätig ist, in die Gefilde der poetischen Dioskuren. Humboldt hat ihn Goethe gegenüber wärmstens empfohlen. Umgehend erreicht ihn in Weimar die Einladung der Frau von Wolzogen, in deren *reizender* Gesellschaft er Schillers Gattin und bald auch den seit langem bewunderten Dichter selbst kennen lernt. Böttiger wird mehrfach aufgesucht, man begegnet Goethe auf einer *beinahe langweiligen* Abendgesellschaft, auch Wieland und Kotzebue, schließlich sogar Herder. Vor allem mit Schiller ergeben sich tiefsinnige Gespräche, und selbst Herzog Carl August und Herzogin Amalie lassen freundlich zu Hoftafel und ausführlicher Plauderei bitten.

Gentz zeigt sich hier wie dort als äußerst redegewandter und geselliger Gast, man sieht ihn allenthalben gern in Weimar, sei es beim Staatsminister von Voigt, bei Maler Meyer oder Friedrich Bertuch, oder im Kreis der Schönen, der Karoline Jagemann, Luise von Göchhausen oder Amalie von Imhof. Mehrfach besucht Gentz auch das Weimarer Theater, wo man eigens für ihn ‚Wallensteins Tod‘ gibt, er sitzt in der Loge neben Schiller, später sieht er ‚Nathan den Weisen‘, die ‚Brüder‘ von Terenz, schließlich sogar den Goetheschen ‚Bürgergeneral‘. Doch Weimar wird für Gentz schon bald im Zeichen der jungen attraktiven Dichterin und Schauspielerin Amalie von Imhof stehen, leidenschaftlich verliebt er sich in die begabte Dame, nicht nur als Jungfrau von Orleans macht sie eine hinreißende Figur. So viele Stunden wie möglich verbringt er mit ihr und genießt eine wunderbare Zeit. In Berlin wird er sie bald darauf in einer grandiosen Iffland-Inszenierung wiedersehen, von einer *Total-Revolution* in seinem Inneren ist schon bei der Abreise aus Weimar in seinem Tagebuch die Rede: *Aber meine Liebschaft mit Fräulein Imhof – wozu konnte, wozu sollte sie führen?* Obwohl ihm Amalie Vorhaltungen wegen seines verschwenderischen Lebenswandels macht und Gentz offenbar Besserung gelobt hat, kommt es am 23. Dezember 1801 wieder zur Katastrophe. An diesem Tag, notiert er in sein Tagebuch, *verlor ich alles was ich hatte im Hazardspiel, so dass ich den ganzen folgenden Tag herumlaufen musste, um einige Taler zu Weihnachtsgeschenken aufzubringen.* Kein Wunder, dass auch die rasende Leidenschaft zu Amalie nicht lange vorhält, im Januar 1802 lernt Gentz die Berliner Schauspielerin Christel Eigensatz kennen, sie wird jetzt zur Gefährtin seines Berliner Treibens, bis auf weiteres. (E. Guglia 1898/GS 12,1/J. Baxa 1965/W. Müller-Seidel 2010).

Die Jahre 1802 und 1803 bringen Gentz' Leben in kräftige, kaum absehbare Turbulenzen. Wie die ‚Neue Deutsche Monatsschrift‘ ist auch das ‚Historische Journal‘ gescheitert, das *äußerste Geld-Derangement* des Herausgebers hat sich auf beängstigende Weise verschärft. Seit dem Londoner Regierungswechsel von Pitt zu Addington sind die englischen Zahlungen ausgeblieben, und Gläubiger sollen den säumigen Schuldner regelrecht durch Berlin jagen. Schutz findet er vorübergehend in Rahel Levins Etablissemenet. Schon kurz darauf verlässt die Ehefrau voller Enttäuschung den genusswütigen Gatten, die eigene Familie ist entsetzt, mit dem Vater gibt es ein herzzerreißendes Gespräch, und die berufliche und politische Situation des preußischen Beamten wird alles in allem unerträglich.

Natürlich kommt er mit einem unzugänglichen Minister wie Otto von Voss immer weniger zurecht, und etlichen Mitgliedern des preußischen Kabinetts ist seine pro-englische und anti-neutrale Haltung ohnehin längst ein Dorn im Auge. Könnte der Herausgeber des ‚Historischen Journals' zu einem Sicherheitsrisiko werden? Seine Zeitschrift wird als eine Art Speerspitze der Kriegspartei in Preußen wahrgenommen, bis in die Wiener Hofkreise hinein dringt ihr Ruf, und der frei publizierende Staatsdiener Gentz macht keine Anstalten, in Zukunft kleinlauter zu werden. Im Gegenteil, er hat gerade zwei Bücher veröffentlicht, die sich beileibe nicht im preußischen Sinne mit der aktuellen Kriegssituation Europas befassen. Und das alles geschieht unter den Augen und mit offizieller Besoldung der obersten Staatsinstitutionen. Hat Gentz den Bogen endgültig überspannt?

Seine Beschäftigung im westfälischen Departement endete im Lauf des Jahres 1798, vom südpreußischen Departement ließ er sich 1799 dispensieren, beide Mal ohne die Absicht, je wieder in Beamtendienste solcher Art zurück zu kehren. Das kann nicht ohne Probleme abgehen. Bis zum Frühjahr 1802 lässt ihn der keineswegs immer kleinliche Minister von Voss gewähren, dann aber ist das Maß voll. Der Kriegs- und Domänenrat Gentz, seit etlichen Monaten von der Dienstpflicht zugunsten seiner schriftstellerischen Arbeit freigestellt, bittet seinen Vorgesetzten um einen Urlaub von mehreren Monaten, um eine Reise nach Leipzig, Weimar, Gotha, Göttingen, Dresden und Karlsbad machen zu können. Er habe dort *merkantilische Verhältnisse* aller Art in Ordnung zu bringen, für ein großes Werk über die neuere Geschichte zu recherchieren und sei gezwungen, seine Gesundheit zu erneuern. Im Übrigen habe er während all der Jahre im königlichen Dienst *noch nie [...] einen Urlaub von einigem Belange* erbeten.

Das ist freilich des Guten zu viel. Von Voss schreibt seinem Untergebenen einen geharnischten Brief zurück. Im Grunde sei es belanglos, ob Gentz in seinem Amtszimmer sitze oder abwesend sei, beides sei gleichermaßen nutzlos, und er fordert ihn auf, sein Dienstverhältnis mit dem preußischen Staat zu kündigen und nur noch als Schriftsteller zu arbeiten. Gentz hört, was die Uhr geschlagen hat, er sieht seine Position in diesem Moment durchaus gefährdet, und so muss er einen Rückzieher machen und sich entschuldigen, da von einer anderen Berufsperspektive noch nicht die Rede sein kann. Stillschweigend habe er vorausgesetzt, dass ihn das Department bei Bedarf zurückbeordern würde, nur deshalb sei er dem Dienst fern geblieben, versucht er sich zu rechtfertigen, nicht ohne nochmals um Urlaub zu bitten. Und der wird ihm von Friedrich Wilhelm III. aus *Allerhöchsteigener Bewegung* tatsächlich gewährt, jedoch verbunden mit der Aufforderung an den zuständigen Minister: *Nach Ablauf dieses Urlaubs müsst Ihr mit Ernst darauf halten, dass der Gentz seinen Dienstpflichten überall ein Genüge leiste.*

Vielleicht ist dem preußischen König manches von den *bedenklichen Gerüchten* zu Ohren gekommen, die in Berlin über das Treiben des Beamten Friedrich Gentz umgehen. Dass ihn die Gattin verlassen hat, dass die Familie entsetzt ist über das Gebaren des Sohnes, der Vater sogar einen Schwächeanfall erleiden musste, und dass dieser Gentz trotz allem wohl an seinem Lotterleben festhalten will. Der Gescholtene hat das in seinem Tagebuch mit wünschenswerter Offenheit eingestanden: *Unterdessen geht die Geschichte mit Christel ihren Gang; bald im Frieden, bald im Krieg, aber immer Christel und Christel! Nach unendlichen Wortwechseln bleibe ich endlich in der Nacht vom 17. zum 18. Juni bei ihr. Und – heißt es – 'après cette nuit céleste, il ne me restait qu'à me jeter entièrement dans les préparatifs du voyage'. – Und doch spiele ich an dem nämlichen Abend auf dem Casino Hazardspiele und verliere eine große Summe. An eben dem Tage hatte ich von meinen Eltern und Schwestern Abschied genommen! Am 19. nehme ich von meiner Frau Abschied – und am 20. früh um 3 Uhr fahre ich mit Adam Müller von Berlin, um es nie wieder zu sehen.* (GS 12, 1). Zu diesem Zeitpunkt weiß noch niemand, wie das Ergebnis des leidigen Dienstvorgangs aussehen wird, nur ist Gentz zutiefst entschlossen, Preußen hinter sich zu lassen, weil es nach Verhandlungen andernorts begründete Aussichten auf ein erfolgreiches Fortkommen gibt, im kaiserlich-katholischen Wien.

Die erste, *sehr rohe Idee* einer Reise nach Wien stammt laut Tagebuch aus dem Juli 1800. Wenn es an gleicher Stelle später heißt, er kenne die eigentliche Geschichte dieser Anstellung selber nicht, so ist das eine zumindest doppelbödige Formulierung. Zum einen weiß Gentz recht genau, wem er dieses berufliche Avancement zu danken hat, zum anderen bleibt aber wohl selbst ihm verborgen, wie es letzten Endes gelingen konnte, einen protestantischen preußischen Intellektuellen mit Neigung zu politischer Streitbarkeit ausgerechnet ins habsburgische Machtzentrum zu holen. Die Kaiserstadt jedenfalls ist das Ziel seiner Begehrlichkeiten, für Österreich und seine Mission im europäischen Staatenbund und für die Aussöhnung mit Preußen habe er als *Volontair* schon oft geworben, mit dynastischem Herkommen und religiöser Tradition zeigt er sich nun prinzipiell ausgesöhnt.

Seit einiger Zeit ist ihm auch das Karriereglück wieder hold. Etliche Bekanntschaften und Freundschaften verbinden ihn mit hohen Vertretern der europäischen Aristokratie, aus England gehen seit Juni 1800 stattliche, wenn auch ab und an gefährdete Geldzahlungen ein, in der russischen, österreichischen und britischen Gesandtschaft ist er bestens akkreditiert. Schon der kaiserliche Gesandte in Berlin Baron von Thugut hatte unlängst dafür gesorgt, dass Gentz' Zeitschrift 'Historisches Journal' in Österreich erscheinen durfte, unterstützt durch eine emphatische Empfehlung Johannes von Müllers an den Kaiser. Aber auch die Gesandten Fürst von Reuß und Graf Philipp von Stadion beehren ihn seit einiger Zeit mit ihrer Freundschaft, und bald stellt sich eine Verbindung her zum österreichischen Minister des Äußeren Ludwig Graf von Cobenzl. Der wird Kaiser Franz II. schließlich von dem Gedanken überzeugen, den beamteten Autor aus Berlin als Propagandisten der österreichischen Sache nach Wien zu holen. Doch vorerst reist Gentz in die Kaiserstadt, ohne zu wissen, ob es ihm gelingen wird, hier eine neue Ära seines Lebens beginnen zu lassen.

Wien – ein politisches Abenteuer?

Die beste Feder Deutschlands

Da die Dinge abgewartet werden müssen, ist alles noch nicht besonders eilig. Für einige Wochen hält es Gentz im schönen Dresden, wo er erstmals mit dem österreichischen Gesandten Metternich zusammentrifft, der seine Wiener Pläne wohlwollend unterstützt, und es sich gemeinsam mit dem preußischen Gefährten in den vornehmen Kreisen der Stadt wohl sein lässt. Danach fährt Gentz mit einem weiteren Freund, dem Grafen Frohberg, nach Teplitz, wo man in der Gesellschaft polnischer Adliger allerlei Lustbarkeiten frönt, nichts als vornehme Bekanntschaften macht und *Diners, Soupers, Landparthien und Spiel* genießt. Schließlich erreichen beide am 27. Juli Wien, diese *enge, klösterlich-verbaute Stadt* mit ihrem permanenten Gestank. Der erste Eindruck von der kaiserlichen Metropole scheint für Gentz eine arge Enttäuschung gewesen sein. Ungenießbar sei das Essen, langweilig der Prater, schreibt er an Brinckmann, es gebe nur *drei oder vier mittelmäßige Theater, bis zum Ekel abscheuliche Kaffeehäuser und etliche tausende, triviale, graudumme, frostige, durchaus unbrauchbare Freudenmädchen.* Ganz anders allerdings werden die Briefe an Metternich lauten, denn seiner Fürsprache muss Gentz unbedingt sicher sein. Wie auch immer, Wien soll es sein, hier will er den Atem der großen Politik verspüren, hier soll seine leidenschaftlich bewegte Jugend enden, wie er an Rahel Levin schreibt, aber nicht so, dass er sie *wie ein Lumpenhund langsam auslaufen ließ, sondern im höchsten Rausche [...] ‚vom Tisch des Lebens, ein gesättigter Gast, mich erhob‘.* Vorerst bleibt vieles Wichtige zu klären.

Die Audienz bei Franz II. verläuft ergebnislos und in frostiger Atmosphäre, der Monarch traut dem selbstbewussten Protestanten aus Berlin nicht, schon dessen *geschnaufte, geschwollene Rederei* kommt ihm verdächtig vor. Ginge es allein nach dem Kaiser, dieser Gentz würde wohl nie in den österreichischen Staatsdienst aufgenommen worden sein. Doch der besitzt derweil einflussreiche Fürsprecher, sogar den Kanzler Ludwig Graf von Cobenzl, der sich in der Sache Gentz folgendermaßen an seinen Kabinettsminister Colloredo wendet: *Nur zu sehr haben wir den Einfluss der öffentlichen Meinung auf die Politik erprobt. Deshalb dürfen wir die Mittel nicht vernachlässigen, nun unsererseits diese öffentliche Meinung zu bearbeiten [...]. Wir müssen trachten, alle Welt gegen die Übermacht des Berliner Hofes und seiner Parteigänger*

*wachsam zu erhalten. Möchte uns das doch ebenso wohl gelingen wie Jenen gegen uns!
Gerade dafür wird uns Gentz nützlich sein können. [...] Gentz ist ohne Widerrede die
beste Feder Deutschlands. Wenn er inmitten von Berlin antirevolutionär und antipreu-
ßisch sein konnte, wie wird er nicht erst sein, wenn wir ihn besolden.* Cobenzls und
seines Ministerkollegen Graf Colloredo Vortrag beim Kaiser in der Sache Gentz ist
vollständig überliefert, hinreichend offen erläutert der Text das mit der Berufung
eines solchen Mannes verknüpfbare Staatsinteresse. Auch dem Allerhöchsten Hof sei
es unverzichtbar, heißt es, dass er sich durch Anbindung *einiger weniger, aber um so
gewichtigerer und vortrefflicher Federn denjenigen Einfluss auf die öffentliche Meinung
und die politische Schriftstellerei verschaffe, der nach Umständen diensam sein kann, um
von Zeit zu Zeit schädliche Ausfälle und Verdrehungen ab- und zurecht zu weisen.* Ausdrücklich wird das mutige ‚Historische Journal‘ eines Herausgebers und Autors gelobt, den die preußische Politik immer stärker eingeschränkt habe, und der nun ver-
ständlicherweise ein neues Wirkungsfeld suche.

Doch Seine Majestät zeigen immer noch wenig Neigung und wird sich auch später nicht wirklich für den preußischen Protestanten erwärmen können. Erst die
durch den Kriegsrat Fassbender erbetene Fürsprache Erzherzog Karls, ein nochmali-
ges Ersuchen Cobenzls und die Mithilfe des Gesandten Metternich führen dann
wirklich zum Erfolg, Gentz erhält am 6. September 1802 den Ratstitel und eine
jährliche Pension von 4000 Gulden zugesprochen. Cobenzl erachtet es zwar grundsätzlich *nicht für gut, die Literaten zu tief in die Politik eindringen zu lassen,* aber am
11. September wird Gentz das folgende Schreiben zugestellt: *Seiner Kais. Königl. Majestät wird es angenehm sein, einen Schriftsteller, wie Euer Wohlgeboren, dessen seltene
Einsichten und Geschicklichkeit von dem rühmlichen Eifer für die Erhaltung der Regierungen, Sitten und Ordnung begleitet werden, in Ihren Staaten auf den Fall zu behalten,
dass Sie die Entlassung von Ihrer dermaligen Dienstleistung überkommen. [...] Fahren
Sie fort, durch Ihre dem Wohl unsers deutschen Vaterlandes gewidmeten Schriften den
Dank der Zeitgenossen und der Nachwelt zu verdienen, und empfangen Sie die Versicherung der vollkommenen Hochschätzung.*

Der Brief ist von Cobenzl selbst unterschrieben, der Kanzler knüpft große Erwartungen an diese Berufung, wohl wissend, mit wem er es bei Gentz zu tun hat. Der
frisch gekürte kaiserliche Rat werde die *strenge Aufsicht* seines Ministers zu gewärtigen haben, Gentz spricht in seinem Tagebuch sogar von *Misstrauen und Eifersucht*
ihm gegenüber. Besonders von Cobenzl sei er mit *immer gleicher Zärtlichkeit und
Falschheit* behandelt worden. Und schon eröffnet sich ein neues Problem, denn noch
ist Gentz' altes Dienstverhältnis in Kraft. So muss er also um die Erlaubnis bitten,
nach Berlin reisen zu dürfen, um seine beruflichen Angelegenheiten endgültig zu
regeln. Aber wird Friedrich Wilhelm III. diesen unbotmäßigen Kriegsrat in Ehren
aus der Amtspflicht entlassen? Das ist des Kaisers Bedingung, zu einer politischen
Verstimmung mit Preußen, gar zur Staatsaffäre darf die Angelegenheit nicht führen.

England – ein erster politischer Triumph

Gentz erhält die Erlaubnis in großzügiger Weise und verlässt Wien schon Mitte September, um über Prag und Teplitz erst einmal nach Dresden zu reisen. Sein Tagebuch spricht offenherzig vom *Schnickschnack*, den er hier mit exquisiten Menschen habe treiben wollen, womit vor allem die polnischen Aristokratenkreise, der Zirkel um Metternich und der englische Botschafter Hugh Elliot gemeint sind. An gemeinschaftlichen Belustigungen lässt man es wiederum nicht fehlen. Und dann macht Elliot seinem Freund Gentz wohl nicht ohne Hintersinn den Vorschlag, mit ihm nach England zu reisen, was den Verehrer Burkes und der britischen Staatsverhältnisse in wahre Begeisterung versetzt. Nur ist vorher seine leidige Berliner Angelegenheit zu klären, ohne dass er eigens in die Heimatstadt zurückfahren müsste.

Gentz bleibt nichts anderes übrig, als einen ergebenen Brief an den preußischen Monarchen zu richten und um Verständnis zu bitten für seine außerordentliche Situation. Da seine *Dispensation* in Berlin bald gänzlich aufgehoben sein werde, könne er nur schmerzhaften Abschied von seinem Vaterland nehmen, schreibt er, denn der Kaiser habe ihm eine lebenslängliche und sehr bedeutende Pension angeboten, mit der *einzigen Bedingung, dass ich mich in Wien niederlassen, und dort meine bisherigen schriftstellerischen Arbeiten ungestört fortsetzen möchte.* Wien werde ihm alle Wünsche erfüllen, die ihm in Berlin verweigert würden, wo nur eine *beschränkte Sphäre von Dienstgeschäften* auf ihn warte und keine günstigere Dienstlaufbahn in Sicht sei, die seinen Fähigkeiten und seinem Eifer für das Gute genügen könne. Auf seine Ansprüche und seinen Ruhm als Schriftsteller weist Gentz ausdrücklich hin, darin sieht er seine eigentliche Aufgabe und seine Verdienste. Entschlossen zeigt er sich, auch künftig die Grundsätze von Recht und Ordnung zu verteidigen, ohne die kein Staat und keine Gesellschaft existieren könnten. In Anbetracht solcher Lauterkeit bittet er den König schließlich um einige Worte der *Huld und Gnade*, damit sein neuer Dienstherr ihn in Ehren aufnehmen könne. Tatsächlich nimmt die Angelegenheit eine gute Wendung.

Am 4. Oktober 1802 wird, vermittelt durch Kabinettsrat Lombard und Staatsminister von Voss, per Ordre Friedrich Wilhelms III. das *Dimissoriale* für Friedrich Gentz ausgefertigt, mit dem *Beifügen Ihrer Majestät, dass Sie in Absicht der Schätzung seiner schriftstellerischen Verdienste dem allgemeinen Beifall beitreten, den er sich dadurch so rühmlich erworben* habe. Irgendwelche administrativen Leistungen des Gentz bringt Preußens Monarch nicht zum Ausdruck, aber behindern möchte er sein berufliches Glück ebensowenig. Der preußische Außenminister von Haugwitz soll zu dem gesamten Vorgang süffisant bemerkt haben: *Jetzt kann Österreich zufrieden sein. Immer wollte es Schlesien zurück. Jetzt hat es Ersatz. Preußen hat ihm Gentz gegeben. Genügt ihm der Ersatz nicht, so könnte man Fichte und Schlegel hinzufügen. Das sind auch polemische Schriftsteller, die Berlin mit ihrem Geschwätz langweilen. Aber sie sind bescheidener als Gentz und erheben nicht den Anspruch, die Welt regieren und den Pygmäenstaat Frankreich vernichten zu wollen.* (Kurt Groba 1926/GS 8, 5/A. Fournier 1880/1908/B. Dorn 1993/G. Mann 1995).

Der einstige preußische Kriegs- und Domänenrat befindet sich zu diesem Zeitpunkt schon auf dem Weg nach England, erst Wochen später wird er in Dresden, kurz vor der Rückkehr nach Wien, von dem freundlichen Bescheid seines alten Dienstherrn erfahren. Aber zunächst liegt ihm etwas anderes auf der Seele. Wie bestreitet man eine kostspielige Reise auf die britische Insel ohne Barschaft? Wie so oft ist Gentz dreist und verschlagen genug, seine aristokratischen Freunde und Gönner um Hilfe anzugehen. Von Metternich, dem *wahren Weltmann*, vom schwedischen Gesandten Gustav Moritz Baron von Armfelt und sogar von Herzog Carl August von Sachsen-Weimar erhält er finanzielle Unterstützung: *solche Leute sind jetzt meine Leute*! In der Stadt Goethes und Schillers kann er noch ein paar glückliche Tage in Gesellschaft des Fräulein von Imhof verbringen und reist dann gemeinsam mit Hugh Elliot über Frankfurt, Koblenz, Brüssel und Calais in das gelobte Land.

Natürlich geht auch dies nicht ohne Probleme ab, denn Cobenzl ist wenig erbaut von dieser plötzlichen Abreise inmitten wichtiger Verhandlungen, Gentz soll ja *ohne Autorisation durch seine Vorgesetzten nichts Außergewöhnliches unternehmen*. Auch Minister Stadion muss für ein solches Vorhaben erst einmal gewonnen werden. Cobenzl warnt Gentz deshalb davor, den Bogen zu überspannen und ersucht den Gesandten Wiens in London, er möge dem *deutschen Gast anraten, in seinem dortigen Betragen eine große Behutsamkeit zu beobachten*. Vor allem gegenüber Frankreich ist man am Wiener Hof in Sorge, Gentz darf auf keinen Fall als eine Art österreichischer Emissär erscheinen, wie es hier und dort schon in der Presse zu lesen ist. Gentz verwahrt sich gegenüber seinem Vorgesetzten strikt vor irgendeiner Mission in England und scheint auch selber einiges getan zu haben, um dergleichen Gerüchte zu dementieren. (C. Westermann 1919/A. Thürheim 1886).

Er reist nun also auf die britische Insel. Endgültig zurück bleibt die Heimatstadt: *erst außer Berlin sieht man ein, was Berlin eigentlich wert ist, […], ich fühle in seinem ganzen Umfange, was ich verliere*. Kaum im Aufbruch, ist das Heimweh nach den Freunden und Freundinnen, nach der Familie schon groß. Doch nun steht etwas womöglich viel Wichtigeres bevor, die *schnellen Lebensrevolutionen* des Friedrich Gentz lösen einander nur so ab. England – das ist nicht nur ein Fixstern des Gentzschen Politikprogramms, es wird zum Inbegriff der faszinierendsten Begebenheiten in seiner bisherigen Karriere. Diese Reise werde die *glücklichste, die gelungenste und die ruhmvollste meines Lebens*, heißt es bald in einem Brief an Brinkmann. Dem englischen König Georg III. und der Königin, einer mecklenburgischen Prinzessin, wird Gentz in London exklusiv vorgestellt, er sitzt höfisch gewandet im House of Lords, respektvoll reicht man ihn unter den politischen Honoratioren herum, man lobt und feiert diesen *celebrated writer*, bezeichnet ihn als einen *zealous, able, and voctorious advocate* gegen das napoleonische Frankreich, denn überall ist der Herausgeber des ,Historischen Journals‘ und Autor famoser Schriften bekannt, der die englischen terms of politics and economy so ermutigend wie sachkundig propagiert hat.

Der ,Morning Chronicle‘ schreibt am 22. Dezember 1802: *He has been treated by all parties with merited distinction; by the Members oft the old and new Ministry, and of the old an new opposition. Indeed, this civility is nothing more than a greatful return for the service which this author has done to the English nation.* Die reizende Königsgattin nennt ihn einen bedeutenden und berühmten Schriftsteller, der sich große Verdienste um England erworben habe, wie überhaupt der Empfang im Zentrum der britischen Monarchie dem Ruhm des Friedrich Gentz die Krone aufsetzt. Nicht nur im Europa der Diplomatie ist endgültig ein neuer Stern aufgegangen, der des *eigentlichen Schriftstellers der Gegenrevolution,* so der französische Gesandte in Berlin Bignon gegenüber Außenminister von Haugwitz.

Wie im Traum ziehen die glanzvollen Ereignisse in England an Gentz vorbei, *mit Ehre gesättigt* fühlt er sich wie nie zuvor. Doch schon während der Weihnachtstage muss er die Insel wieder verlassen, die Wiener Pflicht ruft: *Seit 6 Monaten sind Welten in mir unter- und Welten in mir aufgegangen – Über Paris wäre ich gar gern zurückgekehrt; aber meine Freunde in London fanden es, aus triftigen Gründen, nicht ratsam.* Für viele deutsche, ja europäische Zeitgenossen wird sich nun die Fama vom *agent de Pitt* endgültig verfestigen, ist doch längst ruchbar geworden, dass nicht nur der britische Premier die Expertisen des preußischen Publizisten mit größtem Wohlgefallen zu lesen pflegt. Das wird sich noch oft genug herumsprechen und in klingender Münze auszahlen. Gentz ist euphorisiert: *England gehört mir jetzt,* prahlt er in seinen Briefen, ich kenne *alle Quellen der unmittelbaren Instruktion und habe hundert Verbindungen, wodurch ich mir in jedem einzelnen Fall die zuverlässigsten Nachrichten verschaffen kann.* England sei die einzige Nation, die bis dato existiere, das einzige gut durchorganisierte Gemeinwesen in Europa: *Wie sollte ich in England nicht glücklich sein! In diesem Paradies von Europa, diesem Garten Gottes, dieser letzten Freistätte der wahren bürgerlichen Wohlfahrt, der Sittlichkeit, der harmonischen Kultur, der gesunden Begriffe und der echten Humanität.*

Wie nötig sei ihm die unmittelbare Anschauung der *alles umfassenden und in alles eingreifenden Konstitution* der Briten gewesen, Gentz zeigt sich begeistert von dem *entzückenden Schauspiel der praktischen Staatsweisheit und tief verwurzelten Glückseligkeit* in England. In Hochstimmung verlässt er das Inselreich, allerdings ist ihm bewusst, dass sowohl sein Übergang nach Wien, als auch die Reise nach Britannien ein gefundenes Fressen für seine Gegner und ihre *Klätschereien* darstellt. Den Wechsel nach Österreich habe man ihm leicht verziehen, weil man glaubte, dieser Übergang werde eher ein *Fall als eine Erhebung* sein. Aber die Reise ins gelobte England, seine Erfolge dort und die Tatsache, dass er nun etliche Schulden habe begleichen können, seien *Freveltaten,* die man ihm nicht verzeihen wolle.

Über Brüssel, Lüttich, Aachen, Köln, Bonn, Koblenz, Wiesbaden, Frankfurt, Weimar, Dresden und Prag kehrt Gentz nach Wien zurück, in seinem Besitz befinden sich etliche Geheimdokumente, Aktenstücke und Parlamentsberichte, die man ihm in England anvertraut hat. Auf der Reise in die neue Heimat, wo er am 16. Februar 1803 eintreffen wird, erhält er in Weimar die Nachricht vom Tod seiner Frau Minna, die ihn tief betrübt. Der Schuld gegenüber seiner Frau ist sich Gentz wohl bewusst. Und doch verlebt er hier noch einmal Tage voll intensiver Gespräche, mit

Goethe und Schiller, mit seinem Bruder Heinrich, mit Böttiger und der Jagemann. In Dresden trifft er dann neben dem verehrten Metternich endlich wieder auf Adam Müller. Im Tagebuch heißt es: *Mit Adam hatte ich hier mehrere denkwürdige Gespräche; ich selbst war in tiefbewegter Stimmung, kräftig, lebendig religiös, und doch auch zur Ausschweifung sehr geneigt und sehr fähig.* (Briefwechsel 1857/B. Dorn 1993).

Der Mann am Hofe

In Dresden, in Prag und überall, wohin er kommt, stehen ihm jetzt die vornehmsten Häuser offen. Nahezu jede publizistische Sendung und jede politische Karriere scheint möglich zu werden. Erbittert, vereinsamt und doch voller Hoffnungen hat er Berlin hinter sich gelassen, er hätte sich dort *im höheren Sinne des Wortes ewig für einen Krüppel* halten müssen, schreibt er an Garve. Aber wird Gentz in Wien dem Syndrom einer zu engen Bürgerlichkeit entkommen? Im Tagebuch heißt es, man behandle ihn hier zwar *mit großer Achtung, aber der Schauplatz wahrer Thätigkeit [sei ihm] noch nicht eröffnet.* Auch in der Kaiserstadt erwartet ihn keineswegs der Glanz von Haupt- und Staatsaktionen, sondern vor allem der Grauschleier der Neutralitätspolitik, denn Franz II. und Cobenzl haben zu dieser Zeit ihren prekären Frieden mit Napoleon gemacht. Ähnlich wie Berlin will jetzt auch der Wiener Hof alles vermeiden, was den Löwen in Paris reizen könnte, weshalb es für einen Friedrich Gentz in der Kaiserstadt momentan nicht viel zu tun gibt. Sein publizistisches Talent darf keinesfalls zur Gefahr für die österreichische Staatsräson werden. Cobenzl prägt ihm dies bei allem Wohlwollen unmissverständlich ein, Gentz muss sich in seinen *ferneren politischen Schriften der Leitung Eurer Majestät auswärtigem Ministerium unterziehen.* Dem kaiserlichen Kriegsrat kann das nur bitter aufstoßen. Die wirkliche Funktion des Friedrich Gentz in Wien ist das eine, die Außenwahrnehmung seiner Person etwas anderes.

Der Übergang von Berlin in die habsburgische Metropole wird für den Achtunddreißigjährigen zu einer Zeit der Irrungen und Wirrungen. Natürlich nehmen seine Freunde aufmerksam zur Kenntnis, dass er die Heimat verlassen hat, um in kaiserlich-katholische Dienste zu wechseln. Rahel Levin vermisst nun ihren *holden, geliebten, schwachen, aufrichtigsten, liebenswürdigen, geliebten, dummen lieben Gentz sehr, in der preußischen Hauptstadt gehe unter den Freunden und Bekannten nichts Würdiges [vor] ohne sein Andenken,* schreibt sie. (R. Levin Varnhagen 2011). Auch Gentz will die lebhafte Erinnerung an Rahel nicht missen, diese einzige Jüdin, die er je geliebt habe. In einem Brief an Brinckmann spricht er von dem *mir unleugbar verderblichen Umgang mit einem so mächtig entfesselnden, so durchaus desorganisierenden Genie wie das der Levy damals war.* Dieses große, *kühne, göttlich-teuflische Geschöpf* habe ihn, der doch in Weimar den milden Einfluss Amaliens genoss, vollends über die Stränge schlagen lassen. An Rahel selbst schreibt er: *Sie sind ein unendlich produzirendes, ich bin ein unendlich empfangendes Wesen; Sie sind ein großer Mann; ich bin das erste aller*

Weiber, die je gelebt haben [...]. Nie habe ich etwas erfunden, nie etwas gedichtet, nie etwas gemacht; bemerken Sie diese Sonderbarkeit: aus mir allein ziehe ich nicht den lumpigsten Funken heraus; ich bin unelektrischer als Metall: aber eben darum ein Ablei-ter der Elektrizität wie kein Andrer. Meine Empfänglichkeit ist ganz ohne Gränzen. Der Brief endet mit der bezeichnenden Wendung: *Grüßen Sie alle meine Lieben! Ich ver-diene das Konzert von Liebe, wovon Sie sprechen, weil – Sie wissen es ja – niemand so schmeichelbar ist als ich.* Gentz und Rahel werden über Jahrzehnte eine intime Freundschaftsbeziehung pflegen, ob es jemals zu einem *ordentlichen, vollständigen* Liebesverhältnis gekommen ist, lässt sich schwer ausmachen.

Anders liegt der Fall bei Amalie. Obwohl sie ihm zur Entfesselung von all seiner *Raserei* zu verhelfen scheint, kann Gentz nicht an ihrer Seite bleiben, der *Höllensturz* hat mit der bizarren Liebe zu Rahel begonnen, um schon bald darauf durch die hef-tige Leidenschaft für Christel Eigensatz überlagert zu werden. Damit endet abrupt das Verhältnis zu Fräulein von Imhof. Welch ein Verwirrspiel der Gefühle. Allein der Abschied von seiner Frau und von Berlin, schreibt er, habe in ihm diesen *wilden und ungezügelten Trieb, mich allen Lebensgenüssen mit neuer Fülle und Heftigkeit zu über-lassen, entzündet.* Ein solcher Abgrund an fieberhafter Konfusion und Raserei sei ei-ner Frau wie Amalie niemals zuzumuten gewesen, mit Recht habe man sie vor ihm gewarnt, am Ende hätten beide nur Abstand von einander nehmen können. Auf der Rückreise von England nach Wien hat Gentz seine Geliebte zwar noch einmal gese-hen und ihre Leidenschaft genossen, aber von Wien aus wird er ihr nie wieder schrei-ben. *Frevel und Hochverrat* wäre es gewesen, heißt es in einem Brief an Brinckmann, wenn er diese Frau jemals hätte ehelichen wollen. Später sollte Gentz die beiden schönen Aktricen Amalie von Imhof und Christel Eigensatz auf den Bühnen Wiens wieder sehen, doch seine Leidenschaft und seine Geschäfte werden zu diesem Zeit-punkt andere sein, er will sich dann nur noch für *Staatsangelegenheiten, für große Objekte in Bewegung* setzen. Für ihn wird die Freundschaft zu Adam Müller, den er als eine Art Ziehsohn betrachtet, zu einem immer dringlicheren Bedürfnis, diesen Jungphilosophen empfindet er als einen der *Reinen und Genialischen, die seiner zu-nehmenden Steifigkeit, Erkaltung und Blasirtheit heilsame Dienste* erweisen könnten. (G. Schlesier 1838, 1/Briefwechsel 1857/F. Kemp 1967/J. Baxa 1965/G. Mann 1995).

Gentz' Abreise von Berlin ist nicht nur in der Damenwelt bemerkt worden. Schon im Oktober 1802, er ist gerade zwischen Wien und England unterwegs, zeigt sich auch der preußische Gesandte in Rom Wilhelm von Humboldt von dem Übertritts-spektakel bestens unterrichtet. *Frappirt* habe ihn das Verhalten seines Freundes, der nun offenkundig zum *politischen Abentheurer herabzusinken* drohe, und womöglich bald unter der *Clique der ewigen Kriegsverkündiger in Zeitungen erscheinen* werde. Humboldt missbilligt diesen Übertritt ausdrücklich, ihr beiderseitiges Verhältnis kommt ihm nun ganz *zerrissen* vor. Er befürchtet ein schlimmes Ende für den Schwe-renöter Gentz, dem man seine Schwächen in Wien nicht so leicht verzeihen dürfte wie in Berlin. Bald werde er finden, dass *nicht einmal in England die heilenden Kräu-ter für die Wunden Europens blühen.* Ist denn im konservativen Österreich mehr Geistespolitik möglich als im aufgeklärten Preußen? fragt Humboldt. Vor allem aber, Gentz drohe sein eigentliches Metier, die Schriftstellerei, der kruden Machtobsession zu opfern. Schlimm sei es ohnehin, dass dieser brillante Kopf so leicht von einem Zustand in den anderen überwechsle, dass ihm Wissenschaften, Poesie und Kunst so wenig bedeuteten, und dass er diese *Leere* immer wieder mit Sinnlichkeit, Eitelkeit und Projektemacherei zu kompensieren versuche. Aber dem alten Freund ist anscheinend nicht zu helfen.

Im Januar 1803 heißt es in einem Brief Humboldts an Brinckmann: *Gentz innerste Seele ist rein an alle Futilitäten des Lebens verkauft, und man rettete sich leichter aus der Hölle, als daraus.* Schon wieder hat er sich mit geborgtem Geld auf die Reise gemacht und verbrannte Erde hinter sich gelassen, wie Humboldt zu wissen glaubt, und er scheint drauf und dran, seinen gesamten bisherigen Ruhm beim *Anzünden der Kriegsflamme aufs Spiel zu setzen.* Auch Humboldt nimmt den Freund wahr im Horizont der Friedens- und Kriegsproblematik, die zu dieser Zeit als eine Art moralischer Sprengstoff empfunden wird. Wie viele Menschenschicksale sollen noch in die blutigen Wirren dieser Zeit gerissen werden? Mag Humboldt auch hoffen, dass sich bei Gentz bald eine *Besserung* einstellen könnte, weil er von ihm einen zutiefst nachdenklichen Brief aus Wien erhalten hat, doch die geistige und politische Heimat des verehrten Freundes wird die alte Kaiserstadt bleiben, hier sollte er endgültig den Nimbus eines *Schriftredners der Restauration* erwerben. (A. Leitzmann 1939).

Ich, der ich auch eine Macht bin

Hat Gentz in Wien wirklich als eine Art Volontär begonnen? Der Argwohn des Kaisers gegen ihn ist nicht zu leugnen und auch Cobenzl lässt manche Reserve erkennen, er hält das Metier der praktischen Staatskunst nicht für ein Eldorado sprachmächtiger Intellektueller. Aber öffentlichen Nutzen soll Gentz der österreichischen Staatsräson sehr wohl einbringen, und auch dieser selbst ist in hohem Maße gewillt, seine publizistischen Fähigkeiten politisch auszumünzen. Nach nur wenigen Monaten scheint der zugereiste Rat recht gut Tritt gefasst zu haben in der monokratischen Behörde des Kaiserstaates und in der guten Gesellschaft Wiens, zumindest lassen seine brieflichen Bekundungen darauf schließen. Tränenreich denke er nach wie vor an seine Eltern, die er so oft gekränkt und beunruhigt habe mit seinem *wilden, aufstrebenden, nach Genuss und Taten dürstenden Gemüt*, große Hoffnungen, gute Vorsätze und viel Reue wegen der begangenen Sünden trieben ihn nun um, schreibt er. Doch das ist nur die eine Seite der Gentzschen Selbstdarstellung, die andere hört sich ermutigender an: *Es ist kein Kleines, wenn ich Ihnen sage, dass ich jetzt die Triebräder der österreichischen Monarchie und alles, was Regierung in dieser Monarchie heißt, so kenne wie die Straßen von Berlin [...]. Ich habe – nicht viel Erfreuliches und Tröstliches, aber viel, unendlich viel gelernt; jetzt eigentlich weiß ich, wie tief die Wunden von Europa gehen, aber auch, wo die heilenden Kräuter zu suchen sind – und wenn Sie wüssten, was ich in Wien Gutes gestiftet, was ich in diesen zwei Monaten für Ratschläge gegeben, für Maßregeln vorbereitet, für Gemüter elektrisiert habe – Sie würden staunen.*

Ginge es nach seinen Briefen, man könnte glauben, Gentz stehe im Mittelpunkt des kaiserlichen Herrschaftsapparats. Seine Stunde habe geschlagen, heißt es, wenn jetzt irgendwo in Europa ein Krieg ausbräche, dürfe man sicher sein, er, Friedrich Gentz, habe ihn *angezündet*. Lieber solle die Welt doch in Flammen stehen, als im *tödlichen Marasmus* der napoleonischen Universalmonarchie zu versinken. Der kaiserliche Rat scheint sich selbst und seiner Politikobsession treu bleiben zu wollen. Und doch finden sich immer wieder auch andere Töne in den Briefen. Die Laufbahn seiner unruhigen Jugend sei nun abgeschlossen, heißt es dann, er werde künftig auf die Fülle des Lebensgenusses verzichten und zu ernsteren Tätigkeiten übergehen, nur noch um den *Ehrgeiz auf wahren Ruhm* sei es ihm zu tun: *Ich werde fortan ein kälteres, unschmackhafteres, aber, ich hoffe es stark, ein gleichförmigeres, harmonischeres Leben führen.*

Wie sieht die Situation in Wien tatsächlich aus? Schon die ersten Briefe nach seiner Ankunft in der Kaiserstadt, er schreibt sie im Vertrauen an Rahel Levin, klingen einigermaßen verwirrend. Das langweilige Wien sei mit dem illustren Berlin nicht zu vergleichen, heißt es. Aber schon im März 1803 schreibt er an Böttiger: *Ich bin von allen Fesseln frei, über alle Schikanen erhaben, und werde in allen und jeden Rücksichten, wie ein Privilegierter behandelt. Es gibt daher weder Zensur, noch Polizei, noch Postaufsicht, noch irgend eine Beschränkung für mich. Wenn ich hier wirken könnte, wie ich wollte – da aber sitzt der Knoten – so wäre ich durchaus glücklich in Wien. Doch verzweifle ich an nichts, und sehe immer vorwärts – vorwärts.* An seiner fortune sollen die zurückgelassenen Freunde nicht zweifeln. Noch weniger darf dies ein Mann wie Metternich, dessen Einfluss auf die Wiener Politik beträchtlich ist. Berlin, schreibt Gentz an den österreichischen Gesandten, sei seit seiner *Abreise erheblich gesunken, die Stadt gleiche eher einem verwüsteten Dorfe,* Wien dagegen beherberge unendlich viele interessante Menschen und weit mehr gute Köche als die preußische Hauptstadt, und dann die *konzentrierte Lage der eigentlichen Stadt, das herrliche Steinpflaster, die Fiacres, die musterhafte Polizei und die unbegrenzte Freiheit.* Wien, das ist für Gentz nun einer der bedeutendsten *Vereinigungpunkte für die höhere gesellschaftliche Existenz,* die Karrieremetropole schlechthin. Metternich soll schließlich glauben, man habe den richtigen Mann an die richtige Stelle berufen. (F.C. Wittichen/E. Salzer 1913, 3).

Wenn Gentz von seiner Freiheit und Privilegierung spricht, ist er sich wohl bewusst, dass dies nicht Wirkungslosigkeit bedeuten darf. Er weiß um seine originäre Potenz und die bedeutet, sich jener *schrecklichen Opinion*, also der öffentlichen Medien zu bedienen, denn sie vor allem dynamisieren die moderne Politik, Herrschaft ist längst zu etwas anderem geworden als sie jener wohlgeborene, gleichsam interessefreie ,Dienst' am Staat einmal verkörpert hat. Seitdem der Furor von Öffentlichkeit in das praktische Regierungshandeln eingebrochen ist, hat der Interessendruck auf die Privilegien seiner Eliten erheblich zugenommen, von Adel zu sein, heißt nicht mehr, uneingeschränkt Recht behalten zu müssen. Überhaupt ist das politische Leben in einen enervierenden Ereignisprozess verwoben worden, dessen mediale Inszenierungen kaum noch kalkulierbare Folgen zu haben scheinen. Nur aufgrund dessen kann Gentz seine Stellung als Figur von öffentlichem Belang in den porös gewordenen Arkanmauern der Politik seine Stellung behaupten. Nur zu gern würde Herrschaft sich ihrer Durchsichtigkeit entziehen, aber das ist nun historisch überholt. Macht muss sich erklären, um in einer Welt der Diskurszwänge, des strategischen Konsensdrucks und der überschießenden Erwartungshaltungen bestehen zu können. Man kann für diese Zeit von einer grundlegenden Selbstverständniskrise der politischen Eliten sprechen, dies gilt mutatis mutandis für alle deutschen und europäischen Territorien. Denn um 1800 verschiebt sich nicht nur die politisch-moralische Tektonik der einzelnen Staatsordnungen, sondern das internationale System selber, zentrale Standards und Wegmarken der Außenpolitik wie Geostrategie und Gleichgewicht zerfallen vor den Augen ihrer mächtigsten Akteure. Friedrich Gentz sieht sich inmitten dieser allgemeinen Orientierungskrise, seine historisch-politischen Erkundungen nehmen die Eruptionen der Zeit seismographisch auf und suchen nach einer neuen Verständigungsordnung der kontinentalen Politik in praktischer Absicht (L. Kittstein 2003).

Doch es ist ein hartes Brot, im Umkreis des Wiener Hofes und der Staatsregierung eine originäre und zugleich wirkungsvolle Stellung zu behaupten, geht es doch darum, die europäische Politik im Widersatz zu all dem *losen Geschwätz von Denkfreiheit und Philanthropie* der Aufklärer mitzugestalten. Gentz' persönliche Bekundungen bleiben deshalb auch in der kommenden Zeit mehr als ambivalent. Auf der einen Seite die fortlaufende Beteuerung, in glanzvollen gesellschaftlichen Umständen zu leben, an allem Geistesverkehr in Europa teilzuhaben und über die aussichtsreichsten politischen Beziehungen zu verfügen, auf der anderen Seite zahllose Klagen über *Einsamkeit, Liebesverlust und zunehmende Steifigkeit.* Könnte dieser Friedrich Gentz jetzt sogar gleichgültig gegen die *physischen Reize der Weiber* geworden sein? Ende 1804 spricht er in seinem Tagebuch von *mehr Selbstbetrug als echter Überzeugung; denn ich fühlte mich in der That gar nicht so zufrieden, als ich mir glauben machen wollte, und es gab Stunden genug, wo das Ganze meiner Lage mir sehr ernsthaft missfiel.* Ihn bedrängen allzu viele Geschäfte und Sorgen gleichzeitig, besonders der drohende Krieg zwischen England und Frankreich hält alle Welt in Atem, dieser unkalkulierbare Konflikt scheint zeitweise jedes Räsonnement zu lähmen. Dabei ist Gentz keineswegs untätig, er hat regen Umgang und Briefverkehr mit englischen Politikern wie den Gesandten Arhur Paget und Nicholas Vansittart, sieht tagtäglich hohe Persönlichkeiten der österreichischen Politik, gelegentlich sogar Metternich und den Erzkanzler Dalberg, und er nimmt als Autor der ‚Allgemeinen Literaturzeitung' an den Scharmützeln auf dem deutschen Geistesparnass regen Anteil, den er wegen seiner Friedensseligkeit und seines naiven Erziehungsglaubens für weltverloren ansieht: *Ich lebe immerfort in der Politik. Was gibt es auch in der Literatur, dass es mich sehr von jener ableiten könnte,* schreibt er damals.

Natürlich ist dem Kriegsrat längst manche Sottise über seinen Wechsel nach Wien zu Ohren gekommen, zum Beispiel die, dass er sich in der dortigen Gesellschaft gewiss *nicht halten* werde. In einem Brief an Brinckmann heißt es, er möge *alle meine für mich dieserhalb besorgten Freunde und Freundinnen ergebenst benachrichtigen – dass diese Gefahr gewiss noch nie geringer gewesen ist, als gerade jetzt. – Ach, wenn mir nur alles, was ich wünsche, so gewiss wäre, als dieses.* Nein, Gentz will an seinem Glück nicht gezweifelt wissen, schon gar nicht in Berlin. Den Übergang nach Wien habe er niemals bereut und werde es auch künftig nicht tun. In der allerbesten Gesellschaft befinde er sich, glanzvoll klingen die Namen, die er aufzählt, um auch Brinckmann jeden Zweifel an seiner fortune in der Donaumonarchie zu nehmen, auch wenn die von *jämmerlichen Bestien [...] so nichtswürdig regiert* werde. Und muss er sich auch das ständige Umhertreiben von Diner zu Souper, und *von Koterie zu Koterie* gefallen lassen, er will im Umkreis des Wiener Hofes der selbstbewusste politische Kritiker bleiben, seine Repräsentanz als autonomer Intellektueller ist ihm unverzichtbar. Auf eine *Anstellung im gewöhnlichen Sinne* lasse er sich nicht mehr ein, schreibt er, *gegen alle Bureauarbeit ist mein feierlicher Protest niedergelegt.* Man ehre und belobige ihn vielmehr von allen Seiten, manchmal würden sogar seine Texte wahrgenommen. Mehr und anderes sei von ihm nicht zu erwarten: *In dem jetzigen System kann und will ich nicht mit irgendeiner Responsabilität arbeiten.*

Derweil betreibt der Hofrat *große Lektüren*, knüpft vielerlei politische Verbindungen, bald auch mit der polnischen und russischen Nobilität in Wien, und nimmt lebhaft teil an den öffentlichen Angelegenheiten. Aber keinesfalls gedenkt er eine Politik des Appeasements gegenüber den Franzosen mitzutragen. Auch er sei eine *Macht*, heißt es bald im Brustton der Überzeugung, das Zaudern und ängstliche Taktieren gegenüber dem Usurpator Napoleon, wie es schon in Berlin an der Tagesordnung war, macht ihm die österreichische Außen- und Bündnispolitik geradezu verabscheuungswürdig. Gentz beteiligt sich teils offen, teils verhohlen an Plänen zum Sturz der Regierung Cobenzl/Colloredo, was zur Überwachung seines Briefwechsels führt und fast auch noch seine Entlassung zur Folge gehabt hätte. Doch Cobenzl selber ist es, der dieses Ansinnen des Kaisers und Colloredos verhindert. Des Hofrats Reserve gegenüber den *Ultraroyalisten* dürfte dadurch einen neuen Schub erhalten haben. Weil er in einer solchen Spannungssituation lebt, soll die Gesellschaft, mag sie noch so reizvoll sein, nun in den *zweiten Rang gestoßen werden, wohin sie allemal gehört*. Die Wiener Sozietät, mit ihrem aristokratischen Kordon um das kaiserliche Machtzentrum, ist viel zu *groß und vollkommen zersplittert in verschiedenste Zirkel*, schreibt er, kaum gibt es irgend welche *Reunionspunkte*, wie sie in Berlin so vertraut gewesen sind.

Gegenüber dem Dresdener Gesandten Metternich freilich schlägt Gentz wieder einen anderen Ton an: *Gegen Wien ist Berlin einem verwüsteten Dorfe gleich zu achten*, schreibt er, und die Berliner Gesellschaft sei im Verhältnis zur Wienerischen nichts weiter als ein *Embryo*. Jeder Briefpartner erhält die ihm gemäße Information. (F.C. Wittichen/E. Salzer 1913, 3). Aber wer könnte diesem diplomatisch versierten Briefeschreiber schon auf die Schliche kommen? Geschäftiges Hin- und Herlaufen, ein *uninteressanter und unverständlicher Lärm* sei alles, was er in der Kaiserstadt an sozialer Kommunikation wahrnehme, heißt es wieder in anderen Schreiben. Allerdings seien etliche Damen außerordentlich liebenswert, die Männer hingegen viel weniger, Leere und Langeweile bei den Diners kämen ihm grenzenlos vor, ein *elendes Gemisch von unschmackhafter Sinnlichkeit und vornehmer Misere*. Und doch besitzt das Wiener Leben für Gentz einen unwiderstehlichen Reiz, *ungefähr von der Art, wie ihn gewisse narkotische Pflanzen oder Getränke haben*.

Wie ein Ausflug in schönere Welten kommt ihm da seine spätsommerliche Reise über Linz, Passau und Regensburg nach Eger, Karlsbad, Teplitz und Prag vor, auf der er manche herausragende Persönlichkeit der Zeit kennen lernt. Die Domizile der Macht, die Eremitagen der Adelsherrlichkeit öffnen sich ihm wiederum bereitwillig, das Dasein als Grandseigneur wird zum hohen Vergnügen. Und allenthalben zeigt sich – seine *Reputation ist fest gegründet* und er genießt als standesstolzer Intellektueller weitgehende Unabhängigkeit. Kokett schreibt er an Pauline Wiesel, die Geliebte seines Freundes Louis Ferdinand von Preußen: *Mir geht es persönlich ganz vortrefflich, Geld habe ich genug, und Freuden aller Art. Könnte ich die Politik vergessen, so wäre ich ganz glücklich.* Dies dürfte freilich auch die vorläufige Wirkungslosigkeit des politischen Publizisten Gentz dokumentieren. (GS 11, 2/G. Schlesier 1838, 1/R. Mühlher 1981).

Wider den mörderischen Theaterkönig

Natürlich befreit all das nicht von dem wachsenden Krisendruck, dem auch Österreich seit den Friedensschlüssen von Lunéville (1801) und Amiens (1802) und infolge des Reichsdeputationshauptschlusses (1803) ausgesetzt ist. Das Gebäude des Heiligen Römischen Reiches Deutscher Nation ächzt in allen Fugen, Preußen und einige Mittelstaaten erfahren erhebliche Macht- und Gebietszuwächse und mehr als einhundert Reichsstände werden beseitigt, darunter nahezu alle geistlichen Fürstentümer und vierundvierzig von fünfzig freien Reichsstädten. Gleichzeitig nehmen die Feindseligkeiten und Konflikte zwischen England und Frankreich an Schärfe wieder zu, Napoleon rüstet unverhohlen auf, um die britische Insel anzugreifen, mit strategischer Skrupellosigkeit lässt er das Kurfürstentum Hannover besetzen. Die englische Regierung bringt daraufhin unter größten finanziellen, militärischen und politischen Anstrengungen die dritte Koalition gegen Frankreich zusammen, der schließlich Russland, Schweden, Neapel und Österreich beitreten. Schon seit dem Frühjahr 1803 beginnt der Krieg zwischen den Briten und den Franzosen in eine heiße Phase zu treten, auch für Österreich können nun wieder unruhige Zeiten heraufziehen. Gentz nimmt dies als Krisis wahr, die wieder *sein ganzes Wesen in Bewegung gesetzt [hat], seit langer Zeit habe ich nicht so viel gedacht, geredet, und geschrieben, als in den letzten vierzehn Tagen.* Jetzt würde er gern mündlich mit Brinckman politisieren, lange schon sei er nicht mehr so *aufgelegt, so frei, so beweglich* gewesen, geht es doch um einen entscheidenden Augenblick für Europa, der weit gefahrvoller erscheint als der schmähliche Frieden von Amiens: *Indessen glaube ich Europa jetzt – so ziemlich zu kennen, und erträglich zu beurteilen; und meine Aussichten sind trübe.*

Obwohl ihn ein mehrwöchiges Fieber befallen hat, arbeitet der kaiserliche Rat in diesem Sommer des Jahres 1803 unermüdlich an mehreren Memoires über die Wahrscheinlichkeit eines Kontinentalkrieges und eines denkbaren Waffengangs zwischen England und Frankreich. Seine politischen Expertisen mögen bestellt sein, oder aus eigenem Antrieb entstehen, sie sind für ihn das letzte publizistische Heilmittel gegen die *ekelhaften Diatriben* Bonapartes, die europaweit mit rhetorischer Verve durch den ‚Moniteur‘ und sonstige Presseorgane Frankreichs verbreitet werden. Nun schreibt Gentz seine Texte zunehmend auf Französisch, in seiner zweiten Muttersprache, denn in deren von Napoleon genutzter Universalität liegt für ihn eine der Hauptursachen des politischen Debakels. Wer das Idiom der europäischen Diplomatie spricht und schreibt, ist im unvergleichlichen Vorteil, wenn es um die *Bearbeitung* der kontinentalen Öffentlichkeit geht. Man muss den Feind mit seinen eigenen Mitteln schlagen und all denen, die *unsre würdige Sprache nicht verstehen, so kraftvoll wie nur möglich die Wahrheit über Europa* sagen. Elend nimmt sich die Politik der wechselnden Alliierten aus gegenüber einem so *unternehmenden, so erbitterten und so verruchten Feinde.* Die Verachtung Napoleons, der sich bald Kaiser der Franzosen nennen wird, wird bei Gentz immer mehr zur Leidenschaft, gewaltig lodert nun sein *Hass gegen diesen treulosen, eiteln, kleinherzigen, durch die Infamie der Zeitgenossen erst bis zur Größe, dann [...] bis zum Wahnsinn der Größe hinaufgeschraubten, übermütigen, gotteslästerlichen, bübischen Usurpator.* Das ist mutig genug formuliert, aber einstweilen kaum von politischer Wirkung im Umkreis der Wiener Hof- und Staatskanzlei.

Keinesfalls wird in Kritiken solcher Art die schwankende Politik Londons geschont, auch wenn die wahre Sache von Europa letztlich vor allem von den Engländern vertreten werde. Seit November 1803 scheint die Invasion Napoleons in England zu drohen, fieberhaft liest Gentz alles, was an Zeitungen, Journalen und Büchern zu erlangen ist. *Weh und Fluch* über ein Europa, das diesem Angriff einem *Faustkampf* gleich zuschauen könnte, schreibt er. Doch groß ist zunächst seine Hoffnung, dass England nicht nur zurückschlagen, sondern *Tatsachen schaffen* wird, die endlich den Befreiungskampf Europas in Aussicht stellen. Gerade in dieser Zeit ist seine Korrespondenz mit britischen Gesprächspartnern äußerst rege, Gentz verfügt nicht nur über beste Informationsquellen, sondern seit seiner Englandreise auch über eine Fülle von einschlägigen Amtsakten und Dokumenten.

Welch eine Provokation bedeutet es inmitten dieser kriegsschwangeren Lage, dass sich Napoleon am 18. Mai 1804 zum Kaiser aller Franzosen küren lässt, auch dieses letzte aller *Bubenstücke* soll Europa noch widerstandslos hinnehmen. Werden sich die Großen des Kontinents tatsächlich einer so *bodenlosen Infamie, jener bluttriefenden Bestie* namens Napoleon, diesem *mörderischen Theaterkönig*, tatsächlich unterwerfen?

Gentz hat in dieser Situation sein ‚Mémoire sur la nécessité de ne pas reconnaitre le titre impérial de Bonaparte' verfasst und dem kaiserlichen Hof überreicht, um diese *staatlichen Kotseelen, diese Hunde endlich aufzuwecken und zu erschüttern: wenn Sie sehen könnten, wie man sich benimmt, um mich nur etwas zu beruhigen*, schreibt er in einem Brief an Brinckmann. Das scheint umso nötiger, als Gentz dieses Memoire auch an den im Warschauer Exil lebenden Bourbonenkönig Ludwig XVIII. geschickt und für ihn eine Protestnote gegen die Anmaßung Napoleons verfasst hat. Mit entscheidendem Einfluss auf die österreichische Politik rechnet Gentz nicht, aber Wirkung erzielt sein publizistischer Auftritt sehr wohl, dafür besitzt er Beweise. Und wenn dieses Schriftstück auch nur zur Verzögerung der österreichischen Anerkennung des schmählichen Kaisertitels beigetragen hat. Empört ist Gentz, als wenig später bekannt wird, dass Friedrich Wilhelm III. über den Marquis Lucchesini in Paris ein Gratulationsschreiben zu Napoleons Thronbesteigung hat überreichen lassen. So weit also ist es mit der Wehrhaftigkeit des Kontinents gegenüber dem französischen Despoten gekommen. Die politische Lage in Europa ist ein abgründiges Desaster, Österreich bildet da keine Ausnahme. Zwar entwickeln sich die Spannungen zwischen Russland und Frankreich weiter, aber auch den russischen *Genies in der Politik* ist keinesfalls zu trauen.

Und der deutsche Kaiser, der bald darauf zum Erbkaiser von Österreich mutieren wird? Gentz nennt dies eine *namenlose Erbärmlichkeit, einen Unsinn auf die verruchteste aller Usurpationen gepfropft! Das Gegenstück zu Bonapartes Kaisertum! Durch dieses mörderischen Theaterkönigs frechste Unternehmung gerechtfertiget!* Ein österreichischer Kaiser, schreibt er im August 1804 an Metternich, bleibt doch immer *nur ein dem deutschen Kaiser untergeordneter, weder diesem noch dem französischen wirklich im Range gleich – welch ein Ausmaß an Unpolitik.* (F.C. Wittichen 1913, 3). Dieser Monarch ist überhaupt ein *Schwächling*, klagt Gentz, *Stupidität, Verkehrtheit und Niedertracht* umgäben seinen Hof, nicht einmal mittelmäßig seien die verantwortlichen Minister, von schwankendem Charakter die meisten: *Alles ist tot und verfault.* Nicht einmal in Umrissen scheint eine mutige und schlagkräftige Allianz gegen den *irdischen Teufel* absehbar. Gentz ist in diesem Sommer des Jahres 1804 der Verzweiflung nahe: *Nein! Nein! Wir gehen zugrunde, und es ist auch ganz recht, dass wir zugrunde gehen. Ein wahrhaft sittlich gestimmtes Gemüt muss den politischen Untergang von Europa sehnlich wünschen.* Doch aufgeben will der kaiserliche Kriegsrat keineswegs, das ist er sich selber schuldig: *Ich will wirken und kämpfen, solange ein Atem in mir ist.*

Er hat Grund genug dazu, denn allmählich beginnt sich auch der Cobenzl/Colloredo-Kreis zu besinnen, man nähert sich Preußen und Russland in Geheimabkommen, von denen ihn der Außenminister bislang in *treuloser Unwissenheit* gelassen habe. Selbst in England sei er zu dieser Zeit als von *jedem Geheimnis ausgeschlossen* betrachtet worden, was seiner Reputation erheblichen Schaden hat zufügen müssen. Bald wird Gentz allerdings seinen *Irrthum über die fortdauernde Unthätigkeit unsres Kabinetts* einsehen können, Cobenzl erweist sich als keineswegs so borniert wie befürchtet. In dieser Zeit tut Gentz alles, um seine Freunde und Vertrauten in England zu bewegen, die Annäherung von Preußen und Österreich ebenfalls zu unterstützen. Dies wird nun die Perspektive seiner politischen Bemühungen – die beiden deutschen Erzkontrahenten sollen endlich auf einander zugehen, sie müssen zur Vorhut einer entschlossenen antifranzösischen Koalition werden.

Zu diesem Zeitpunkt trifft es sich gut, dass der König von Schweden dem österreichischen Kriegsrat Gentz das Ritterkreuz des ‚Nordsternordens‘ verleihen möchte, eine Distinktion, die den Geehrten sehr erfreut, die aber nicht ganz ohne diplomatische Schwierigkeiten vonstatten geht. Der verschlagene Cobenzl möchte den Chevalier de Gentz nicht zu offenkundig auf europäischer Bühne gefeiert sehen. Doch Anfang 1805 ist der Ritterschlag ins Werk gesetzt und die Neuigkeit macht weithin von sich reden. Dass Freunde ihn auffordern, er möge sich in einschlägigen Zeitungen huldigen lassen, lehnt Gentz schweren Herzens als bedenklich ab, *weil dies mich teils mit dem hiesigen Hofe sehr kompromittieren, teils auch überhaupt zu feindseligen Bemerkungen, und, wenn man nicht mit mehr als menschlicher Behutsamkeit zu Werke ginge, sogar zu Sarkasmen und Spott Gelegenheit geben könnte.*

Friedrich Gentz, der selbstbewusste Mann am Hofe, glaubt genau zu wissen, wer er ist und welche Bedeutung man ihm in seinen verschiedenen Wirkungskreisen zuerkennt. Der Brief an Brinckmann vom 18. Dezember 1804 zeigt dies in aller Klarheit. Den um seine Wiener Stellung besorgten Freund möchte Gentz mehr als beruhigen. Er werde in der Kaiserstadt von *allen geachtet, von vielen geliebt und von noch mehreren gefürchtet*, schreibt er, die bloße Drohung, er könne wieder gehen, öffne ihm mittlerweile Tür und Tor. *Niedrige, subalterne Kanaille* gebe es immer, aber jede Feindseligkeit ihm gegenüber sei mittlerweile *zur Wirkungslosigkeit verdammt, die Erzherzöge sind nicht fester im Sattel [...] als ich.* Der Kaiser hege ihm gegenüber zwar eine skeptische Meinung, aber kein einziger Minister lasse ein schiefes Wort fallen, keinerlei Verdacht werde wider ihn geschürt und das, obwohl er seinen *Gram über unsern Verfall allenthalben laut, laut und mächtig ausgesprochen* habe. Gentz hält sich zugute, *immer gegen die Amtspersonen, nie gegen die Menschen als solche gestritten* zu haben, schon gar nicht gegen die *schwachen, hülflosen in Wien.* Auf diese Weise sei ihm jetzt schon *viel Gutes gelungen,* und träten über kurz oder lang veränderte Grundsätze ein, *so wird vielleicht auch die Stunde meiner direkten Tätigkeit schlagen; ich sehne mich nicht danach, aber ich scheue sie auch nicht. Ich bin in dieser, wie in allen möglichen Rücksichten, mit mir selbst, und mit allen meinen Umgebungen, in tiefster Harmonie.*

Im Wartestand der Politik

Der Beamte und Intellektuelle Friedrich Gentz, der mittlerweile mit Madame Swoboda einen außerehelichen Sohn gezeugt hat, befindet sich im Wartestand der Politik, riefe man ihn in die direkte Verantwortung, er wüsste auf der Stelle, worum es nun zu gehen hat: *Es muss und soll eine Verbindung zwischen Österreich und Preußen zustande kommen; und ich sage, sie wird. Hieran arbeite ich seit 2 Monaten Tag und*

Nacht, öffentlich und insgeheim, mit der Feder und mit dem Munde. Gegen das verruchte, verächtliche und gotteslästerliche Frankreich muss es nun endlich mit geballten Kräften gehen, Deutschland soll eins werden – welch ein großer und glorreicher Gedanke! Aber Gentz setzt nicht allein die deutsche Perspektive in den Mittelpunkt, sondern zugleich die kontinentale, handelt es sich doch darum, das Ende der Unabhängigkeit von ganz Europa als Folge jener *scheußlichen Revolution* zu verhindern. Dies sei das derzeit höchste Staatsprojekt überhaupt, die *radikale und einzig richtige* Perspektive, damit für immer auch sein eigener *letzter Zweck*.

Mit Johannes von Müller scheint Gentz einen getreuen intellektuellen Partner gewonnen zu haben, einen, der weiß, dass durch den Wiener Hofrat viel gewirkt werden kann. *Wahre Deutsche, das wissen die beiden, sind alles andere als kleinliche Provinzialisten, sondern solche, die Preußen und Österreich einander näher bringen wollen, aus europäischer Verantwortung und durch kluge Einbeziehung von England und Russland.* (G. Schlesier 1840, 4). Mit dem Schweizer Historiker und Politiker hofft Gentz einen *brüderlichen Bund*, eine intellektuelle Allianz etablieren zu können, die durch *treue Gemein-Thätigkeit Gutes stiften* wird, und das im Widerstreit zu jener Klasse von Landsleuten, die *mich als einen Freiheits-Feind und Despoten-Fröhner verunglimpft*. Die Frontstellung ist also klar bezeichnet, der Kampf gilt allen falschen Aufklärern und seichten Humanitätspolitikern. Denn um reale Politik geht es, wenn die Überbleibsel von Humanität gerettet werden sollen, oder anders gesagt, um die *wahre Nationalität*, am ehesten nach englischem Vorbild. Deutschland sollte unter Österreichs Führung in *Einen Staatscörper* vereinigt werden, von hier aus würde das föderative Band um das Reich viel mehr bewirken als es ein konstitutionelles jemals vermöchte. Und weil das keine Sache der Theorie, sondern eine der praktischen Politik ist, fordert Gentz seinen Briefpartner auf, nicht nur grandiose Geschichtsbücher zu schreiben, sondern seinen *viel zu wenig anerkannten Talenten als Staatsmann* gerecht zu werden, so wie er es sich selber zutraut.

Als ein erster Schritt dazu mag die Übersendung seines Memoires für Erzherzog Johann gelten, in dem er die *Kleinheit der deutschen Nation* im europäischen Rahmen aus ihrer unseligen politischen Zerstückelung herleitet: *Wäre es Österreich irgendwann gelungen, die deutschen Provinzen in einem Staatskörper zu vereinigen, so stünden wir heute an der Spitze der civilisirten Welt*, heißt es darin, zugleich plädiert Gentz im Interesse aller Gemeinwesen und ihres Wechselverhältnisses für eine *vollständige und radikale Reform*. All das sieht Müller ähnlich wie der Wiener Freund, noch steht er entschieden zur Kampffront gegen den Welttyrannen und bekennt sich zum europäischen Gleichgewichtssystem. Doch bei aller Brillanz der gegenseitigen Kritik an den Dilemmata der Bündnis- und Militärpolitik Österreichs und Preußens, bei aller Klarsicht der europäischen Kriegsdesaster, eine *Gegenrevolution im höchsten Sinne des Wortes* werden Gentz, Johannes von Müller und Adam Müller, der Dritte in diesem Bunde, nicht vollbringen. Denn schon bald sollte Johannes von Müller in Gentz' Leben zu einer der großen Enttäuschungen werden, all ihre mitreißenden Pläne für eine geheime Verbrüderung in politicis zerfallen dann in Nichts.

Es bleibt die Frage, was sich Wirksames tun lässt im bündnispolitischen Dilemma der deutschen Staaten? Auch Gentz gehört zu denen, die ihre Hoffnungen auf Erzherzog Johann setzen, den relativ entmachteten Adjunkt seines Bruders Karl im österreichischen Kriegsdepartement. Dieser Mann sei gegenwärtig die *letzte, aber bedeutende Stütze des sinkenden Staates, zwar eine ängstliche und eher gewöhnliche Natur, zudem abhängig von verachtenswerten Leuten in seiner Umgebung, aber ein begnadeter Feldherr und sich des österreichischen Dilemmas vollkommen bewusst.* Ihm überreicht Gentz seine Denkschrift zur Lage Österreichs, in der er die dringliche Bündnisoption noch einmal in gestochenen Formulierungen vorträgt: *eine treue Verbindung zwischen Österreich und Preußen ist Deutschlands letzte und gleichsam sterbende Hoffnung.* Mehr noch, *eine permanent zusammen arbeitende europäische Mitte* muss es geben, Gentz' Gedanken weisen hier erstmals auf den Deutschen Bund voraus. Und kein gutes Haar lässt er wiederum an der österreichischen Ministerriege, deren Beseitigung staatspolitisch unerlässlich sei. (A. Stern 1900/P. Wittichen 1902/J. Baxa 1965/A.v. Hase 1981/82).

Für Gentz bleibt selbst im Blick auf die Schwächen des Erzherzogs eines unverzichtbar – *er muss zu unmittelbarer Wirksamkeit gelangen, denn mit ihm gemeinsam wäre es ein Kinderspiel, die erbärmlichen Wichte von Ministern innerhalb einer Viertelstunde abzuschlachten.* Wiederholt hat der kaiserliche Rat seine Verbindungen zur britischen Regierung zu nutzen versucht, um Cobenzl, Colloredo und ihre Wasserträger zu stürzen, aber dazu reicht sein Einfluss nicht aus. Auch sein scharfzüngiger Aufsatz ,Observations sur la Monarchie Autrichienne', in dem er die innenpolitische Lage des Wiener Herrschaftsapparats unter die Lupe nimmt, ändert daran nichts. All die Themen, die im Briefverkehr mit Johannes von Müller von Bedeutung sind, finden sich hier systematisch niedergelegt. Das unselige Nebeneinander von verantwortlicher Staatsregierung und chaotischem Kabinettsinteresse beklagt Gentz, die Verwässerung der Militärreformen, den überwuchernden Föderalismus, die Herrschaft der bürokratischen Routine und die mangelnde Qualifikation ihrer maßgeblichen Repräsentanten, zumal das Fehlen von Finanzfachleuten inmitten eines kaum effizienten Steuersystems.

Sein Fazit – Österreich ist wie die meisten älteren Feudalmächte in einem Verfallsprozess begriffen, der nur durch einschneidende politische Reorganisationen und komplementäre Wirtschafts-, Finanz- und Sozialreformen aufgefangen werden kann. Im Grunde will zwar auch der Kaiser eine entscheidende Veränderung im System der österreichischen Machtorganisation, glaubt Gentz zu wissen, aber es fehle ihm dazu an *Mut und Gewandtheit,* einen akzeptablen Gesprächspartner kann er im Staatsoberhaupt aller Österreicher nicht erkennen. Genau dass aber zeichne Erzherzog Johann aus. Wenn man Gentz' Briefen folgt, hat er verschiedene eingehende Besprechungen mit ihm gehabt und dabei unter vier Augen die hochrangigsten Themen erörtern können. Mit dem Erzherzog gemeinsam plant er eine Anhörung beim Kaiser, um die Bündnisfrage Österreichs noch einmal auf die Agenda zu heben, auch andere Probleme stehen an, die Vorsicht gegenüber Russland, die Dringlichkeit der Allianz mit Preußen und schließlich die anstehende Personalie Metternich als Gesandter in Paris. (P. Wittichen 1902). Friedrich Gentz, der Publizist, der Macht- und Koalitionsstratege, sieht sich selbst nach wie vor in der Position eines *Staatsweisen*, das kleine Häuflein der *wahrhaft Guten* möchte er zusammen rufen, um durch *unsre redliche, heilige, mutvolle, und besonders ewige Opposition die Welt vom Untergange zu retten.*

Aber wo liegen die Hilfsmittel gegen dieses verderbte Zeitalter? Gedanken an die eigene Religiosität treten auf einmal ins Licht, seitdem *Gott mir Anfang und Ende von allem geworden ist.* Vorher war das Leben *Stückwerk oder Traum, nun zeigt sich das wahre Dasein, indem wir Ihn, und den Er gesandt hat, erkennen.* Ist Gentz, womöglich von Adam Müller inspiriert, zu den politischen Romantikern übergegangen angesichts einer Welt, in der alle Waffen gelähmt, alle Regierungen mit *Blindheit geschlagen, alle äußre Hoffnungen so gut als vernichtet* sind? Auch er ruft jetzt nach der *heiligen Gemeinschaft mit [...] wenigen Auserwählten. Nie war die Neigung zu Egoismus und Fatalismus, zur Ergebung ins vermeintlich Naturnotwendige und zum Spielen mit dem Größten im Menschen verbreiteter als in der Gegenwart,* heißt es, die hoffnungslosen Bemühungen um eine neue antifranzösische Koalition lassen ihn oft verzweifeln.

Gentz reflektiert nicht nur die allgemeinen politischen, sondern immer wieder auch die intellektuellen Konstellationen seiner Arbeit am Wiener Hof, der so deutlich getrennt ist von jenem Deutschland, worin *gedacht und geschrieben* wird. Doch was er in dieser tiefen Krise Europas wahrnimmt, ist ja gerade die rettungslose Abkoppelung der öffentlichen Meinung vom anarchischen Gewalt- und Kriegsgeschehen in der politischen Welt. Nicht nur scheint die Geistergemeinschaft der Deutschen in sich selbst vollkommen zerstritten und zerklüftet, mehr noch, sie ist im ernstzunehmenden politischen Sinne *gänzlich schlafen gegangen.* Soll man sich in einer solchen Situation überhaupt noch als Schriftsteller zu Wort melden? *Von der öffentlichen Meinung ist in den großen Weltangelegenheiten die Rede nicht mehr; [...] drei oder vier Kabinetter entscheiden unbedingt über das Schicksal der Menschheit. Da kann der einfache Mann nur hoffen, dass zwischen den europäischen Mächten noch ein Mindestmaß an Gleichgewicht herrschen möge, wenn anders der Kontinent nicht von einem oder von zwei Weltdespoten geknechtet* werden soll. Und keinesfalls durch die öffentliche Meinung, schon gar nicht durch Bücher wären solche Tyrannen dann noch zu beeinflussen. Aber Gentz will seinen Anspruch als Intellektueller nicht aufgeben und bald auch wieder als Schriftsteller hervortreten. Weiß die so gutgesinnte deutsche Aufklärung und Romantik eigentlich noch, worum es geht und wovon sie spricht?

Wenn die Bündnisfrage gegenüber dem Ungeist der Zeit ins Haus steht, sieht sich Gentz besonders von den Romantikern, der Avantgarde deutscher Intellektualität, weniger enttäuscht als herausgefordert. Schon sein Freund und Adept Adam Müller gilt ihm als eines jener jungen Genies, denen man eine außerordentliche Karriere zutrauen kann, dieser *universale Kopf und wahre Prophet* scheint selbst noch den Gefährten seit Jugendzeiten, den großen Humboldt, in den Schatten zu stellen. Wenn der Geist in seiner *Totalität der Superiorität* etwas gegen den Verfall des Zeitalters

auszurichten vermag, dann am ehesten wohl in Gestalt solch seltener Knaben unter
den Leuchtfeuern der Romantik. Müller soll fraglos zu den *wenigen Auserwählten*
gehören, denen Gentz die künftige Meinungsführung in Deutschland und Europa
zutrauen möchte. Ja, manchmal scheint es ihm sogar, als sei unter den deutschen
Intellektuellen bereits ein *richtiges und lebendiges Gefühl für die Schrecklichkeit und
Trostlosigkeit unsrer politischen Lage, und ein Grad von Mut, dieses Gefühl auszusprechen,* entstanden. Könnte es nicht endlich zu einer allgemeinen Auferstehung aus
dem *Schlamm und Moder* kommen, in den die öffentliche Meinung versunken ist?
Anzeichen dafür gibt es, schreibt Gentz an Böttiger, denn gelegentlich wird selbst der
französische Tyrann mit merkwürdiger Freimütigkeit angegriffen. Zwischen Bangen
und Hoffen schwankt der kaiserliche Rat.

Auch deshalb ist es nach wie vor ein Mann wie Friedrich Schlegel, der ihn tief
beeindruckt. Sein Lessing-Buch liest er mit Begeisterung, schon die Zeitschrift ‚Europa' ist ihm aussichtsreich vorgekommen und nun fragt er, was dieser *große Kopf,*
wenn ihn die Zeit vollends von allen Schlacken gereinigt haben wird, nicht noch
hervorbringen kann. Schlegel hat recht gehabt, beteuert Gentz, als er unlängst dekre-
tierte, die Deutschen besäßen gar keine Literatur. Kaum mehr als *erschöpfte Spekula-
tivität* scheint sich noch in der kulturellen Öffentlichkeit zu tummeln. Aber wie steht
es um die Romantik selber? Beileibe ist Gentz kein Freund ihres Mystizismus, ihrer
Neigung, den deutschen public spirit mit einer Art *barbarischer Anarchie* zu überzie-
hen und den Zusammenhang von Schönheit, Ordnung und Moralität aufzuheben,
aber eine borniert Abqualifikation des Romantischen kommt ihm keinesfalls in den
Sinn. Denn die Schlegelsche Schule hat *große Erscheinungen hervorgebracht, vielleicht
noch größere vorbereitet, genau genommen, ist durch diese Geistererscheinung eine unendliche Menge neuer und großer Ansichten unter uns entstanden.*

Den Angriff der Romantiker auf die bodenständige deutsche Klassik muss man
freilich abwehren, konzediert Gentz, zu viele *verwirrte Ideen, unförmige Kompositionen und stilistische Mutwilligkeiten* sind hier im Spiel, aber trotz aller Exzentrizitäten
ist die Schlegelsche Schule nun einmal *die literärische Partei, auf welche sich jetzt
unsre besten Hoffnungen gründen müssen; wie grausam ist es also, diese auf solchen Ab-
wegen zu finden!* Es erweist sich aus der Wiener Perspektive als sinnvoll, die Entschla-
ckung dieser artistischen Irrlichtereien in Angriff zu nehmen, der romantische Spe-
kulationsgeist sollte sich in konkreten Ordnungsaufgaben zur Brauchbarkeit läutern.
Genau das wird bald die Absicht sein, wenn man den konservativ gewendeten Friedrich Schlegel nach Wien beordert, um ihn als Glanzlicht eines beredten Etatismus
unter die Fittiche zu nehmen. (H.-C. Kraus 1999/H. Zimmermann 2009).

Für Gentz sind die retrograden und katholisierenden Neigungen der Romantiker
allemal erträglicher als der in Berlin grassierende, weithin von den Juden inspirierte
Aufklärungsgeist. Der insbesondere habe ja den *Boden bereitet für alles Unglück in der
modernen Welt,* heißt es in einem Brief voll antijüdischer Invektiven: *Atheismus, Jakobinismus, Aufklärerei – der alte Fluch über die Juden* komme noch heute in solch in-
humanen Rationalismen zum Vorschein. Immer wenn sich die Berliner Bündnispo-

litik von der ersehnten Kampffront gegen Napoleon zu entfernen droht, scheint neben dem antipreußischen auch der judenfeindliche Furor bei Gentz ins Unabsehbare zu verfallen: *Berlin ist das eigentliche Zentrum aller verwüstenden Krankheiten dieser Zeit, und der Ort, wo von jeher die tödlichsten Waffen zum Untergang des ganzen wahren gesellschaftlichen Organismus geschmiedet wurden.* Deshalb kann Gentz im April 1806 angesichts der schwedisch-englischen Scharmützel und kurz vor der Katastrophe von Jena und Auerstedt nur hoffen, dass die *Verzweiflung Preußens noch größer wird, damit sein verfluchtes Kabinett endlich einen mutigen Beitrag zum Freiheitskrieg leistet.* Entweder es kommt zu einer levée en masse gegen Frankreich, also zum offenen Widerstand der Preußen und zur Liquidierung ihrer *feigen Ministerbande*, oder die Monarchie wird zerstört und dem Usurpator *in Fetzen vor die Füße geworfen*, schreibt er. Aber nicht nur das Ende Preußens scheint nahe. Schon wenig später wird sich Gentz wie jeder aufmerksame Zeitgenosse vor dem endgültigen Zusammenbruch des alten Reiches sehen.

Opposition in Eigenregie

Im April 1805 unterzeichnen England und Russland einen Bündnisvertrag, im Juli tritt auch Österreich dieser Koalition bei, am 8. September überschreitet das kaiserliche Heer den Inn und der Krieg mit Frankreich beginnt. Gentz ist Monate lang von Cobenzl, Colloredo und ihrem Kreis im Unklaren gehalten worden über den Wandel der österreichischen Außenpolitik, nun hat man ganz neue Tatsachen geschaffen. Endlich geht es gegen Frankreich und seinen vom *Teufel besessenen Despoten*, Europa scheint sich auf den Weg zu seiner Befreiung zu machen. Deshalb kann es am 14. September auch zur großen Versöhnung mit Cobenzl kommen und zu Gentz' Entschluss, *für Österreich die Feder zu ergreifen.* Das tut er umgehend. Mit Unterstützung Cobenzls entsteht in wenigen Wochen unter dem Titel ‚Fragmente aus der neusten Geschichte des politischen Gleichgewichts in Europa' eines seiner berühmtesten Bücher, es wird im Sommer 1806 erscheinen. Allerdings ist Gentz zu diesem Zeitpunkt schon von den Zeitläuften überholt worden, und so muss er dem publizierten Werk eine Einleitung voranstellen, die mit patriotischem Furor auf die inzwischen eingetretene Niederlage im Dritten Koalitionskrieg reagiert. Denn schon Mitte Oktober kommt es zur Katastrophe von Ulm, wo General Karl Mack von Leiberich mit dreiundzwanzigtausend Soldaten vor den Franzosen kapituliert und damit den massiven Gegenschlag Napoleons herausfordert, der am 2. Dezember zur Schlacht von Austerlitz und zum schmachvollen Pressburger Frieden führt. Was Außenminister Talleyrand immer hat verhindern wollen, die Zerstörung der europäischen Gleichgewichtsordnung und den Marsch in die *große Chimäre einer Universalmonarchie* – nun scheint beides immer wahrscheinlicher zu werden.

Für den geistesverwandten Talleyrands Friedrich Gentz ist die Katastrophe vollendet und jede Hoffnung auf eine künftige Koalition zerstört, das französische Heer besetzt die Kaiserstadt. Auch davor hatte Talleyrand seinen Kaiser gewarnt, Österreich, schreibt er, sei für das *künftige Wohl der zivilisierten Nationen unverzichtbar*. Metternich weiß von den guten Absichten des berüchtigten französischen Außenministers, aber der gewaltsame Eigensinn Napoleons ist nicht zu bändigen (J. Willms 2011/V. Hunecke 2011). Gentz ist untröstlich, nichts scheint mehr zu gelingen, die alte Welt geht unter und keinerlei Gegengewicht ist erkennbar: *Wir sind geschlagen und dahin meine herrlichsten Hoffnungen*, schreibt er an Adam Müller: *wie dieser Schmerz mich trifft, vermag ich Ihnen nicht zu sagen. So tief, so unmittelbar war ich noch nie mit den großen Staatsangelegenheiten verschwistert; diesmal fühle ich, was es heißt, und fühle es zum erstenmal, so in einer öffentlichen Sache persönlich verwendet zu werden.*

Schon am 8. November hat Gentz in finsterer Nacht und vollkommen niedergeschlagen Wien verlassen, um die Stadt für geraume Zeit nicht wieder zu sehen, wie ein *Leichenbegängnis* kommt ihm diese Flucht vor. Über Brünn, Wischau, Olmütz und Troppau zieht es ihn nach vielerlei illustren Begegnungen ins heimatliche Breslau und schließlich nach Dresden, unter panischer Furcht vor den Schergen Napoleons, auf deren *Proscriptions-Listen* er seinen Namen vermutet. Bestürzung und Hoffnung wechseln einander in seinen Briefen ab. Schon am 10. Dezember 1805 hat er an Böttiger geschrieben: *Ich – der ich auch eine Macht bin – schließe keinen Frieden, auch keinen Waffenstillstand, und je schlechter es geht, desto heiliger glaube ich mich verpflichtet, nicht zu weichen.* Der Hass auf Napoleon wächst nun, da ihm die Lebensgrundlage in Wien bis auf weiteres entzogen ist, ins Unermessliche: *Und diesen Götzen, diesen Baal, diesen Theater-König auf einem wirklichen – und welchem, Throne, sollen wir anbeten? Dem sollen wir dienen? Nein! Es geschieht nicht.*

An den österreichischen Gesandten in Dresden, Graf Metternich, schreibt Gentz im Januar 1806 programmatisch, es sei eine *nicht zu verkennende Wahrheit, dass gegen einen Feind, wie der, den die Revolution dem Zeitalter gebar, mit unsrer Kriegskunst und mit unsrer Staatskunst nicht mehr ausgereicht wird, und dass wir untergehen müssen und in ganz kurzer Zeit untergehen werden, wenn es uns nicht im Drange der höchsten Not und durch die furchtbarsten Anstrengungen gelingt, ganz neue Waffen auf den Kampfplatz zu bringen.* Wieder schweben ihm ein Bund aller deutschen und europäischen Staaten und die Begründung neuer *Anstalten* vor, die den einbrechenden liberalen *Wassermassen* Stand halten können. Das ist eine Erfahrung objektiver und subjektiver Verzweiflung gleichermaßen, denn Gentz weiß im Moment nicht, was aus ihm werden soll, ob er jemals nach Wien zurückkehren kann, nach England gehen, oder in die vollständigste Einsamkeit entschwinden muss.

Er ist auf der Flucht, unvermittelt hat das Schicksal den kaiserlichen Rat in einen *Emigrierten* verwandelt, zum ersten Mal in seinem Leben unterliegt er einer Art Vogelfreiheit. Kein Vorgesetzter hat ihm eigentlich erlaubt, die österreichischen Grenzen zu verlassen, diesem Leidenden an Europas und des Kaisers Misere, dem sein persönliches Dilemma zum Sinnzeichen wird für den objektiven Umbruch der Verhältnisse: *Die Welt ist verloren: Europa brennt nun ab, und aus der Asche erst wird eine*

*neue Ordnung der Dinge entstehen, oder vielmehr wird alte Ordnung neue Reiche beglü-
cken [...]. Eine Veränderung in der Form aller europäischen Staaten ist unvermeidlich;
sie wird, sie muss eintreten; und diesen totalen Umsturz werden wir erleben.* Doch
Gentz will nur bedingt verzweifeln, zum Glück gibt es doch Politiker wie Metternich, denen er in Wien künftigen Erfolg wünschen möchte. Nur, kann das Gute in
die Welt kommen, wenn man Männern wie ihm *größere Vorsicht in Reden und Schreiben als bisher* aufnötigen will? Eine solche Klausel dulde er nicht, weil sie mir *jede
Aussicht, auch nur auf eine mittelbare Weise tätig zu werden, abschneidet und ich es tief
unter meiner Würde finde, in Wien bloß toleriert zu sein und wissentlich zu einer Lage
zurückzukehren, worin mir nichts als einige persönliche Genüsse und keine Hoffnung, zu
wirken, übrig* bleibe. (F.C. Wittichen/E. Salzer 1913, 3).

In diesem Sinne mag man das Schreiben verstehen, mit dem sich Gentz im Mai
1806 bei seinem obersten Dienstherrn darüber beklagt, dass er *noch nie sein Vertrau-
en habe finden können und nicht in der kleinsten öffentlichen Angelegenheit gehört oder
gebraucht* worden sei. Dem Brief legt Gentz seine ‚Fragmente aus der neusten Geschichte des Politischen Gleichgewichts in Europa‘ bei als das *Beste, was ich darzu-
bringen habe.* Endlich will der für die gute Sache so engagierte politische Berater und
Publizist in seinem wahren, selbstgewählten Vaterland anerkannt werden, und seine
durch *Gefühl und Liebe erhöhte Anhänglichkeit an Ewr. Kayserl. Majestät ehrwürdiges
Haus* unter Beweis stellen. Österreicher im *vollen Sinne des Wortes* möchte er sein und
behauptet nun, seit je eine *tiefe, unüberwindliche Abneigung* gegen die Politik des
preußischen Hofes und ehrlichen *Widerwillen* gegen den Protestantismus und seine
bösartigen Tendenzen zu empfinden. Auf schmerzhafte Weise sei er vom Kaiser bislang zurückgesetzt und übersehen worden, nun bittet er inständig um ein *Wort der
Gnade und des Beyfalls,* wo doch sein Name auf den *Proscriptions-Listen des Feindes,
des unversöhnlichen, tödlichen Feindes aller Unabhängigkeit und Ruhe in Europa, gewiss
mit den schwärzesten Zügen eingegraben ist.* Dem kaiserlichen Rat Gentz mangelt es
an wirklicher Integration in das Machtgefüge der österreichischen Monarchie, noto-
risch engagiert für deren europäisches Schicksal wie kaum ein zweiter, kommt ihm
sein offizieller Rang immer noch vor wie eine ständische Marginalie. (C.v. Klinkowström 1870).

Zwar erhält Gentz bald freundliche Erwiderungsschreiben von Franz II. und seinem neuen Minister des Äußeren Philipp von Stadion, aber besondere Anerkennung
oder eine Rückberufung nach Wien, worauf er gehofft hat, kann er beiden Briefen
nicht entnehmen. Ist Stadion nur ein *etwas besser kostümierter* Cobenzl? Gentz bleibt
in Dresden, wo es ihm jedoch zunehmend besser ergeht. Karl August von Weimar
kommt für mehrere Tage zu Besuch, ebenso der eindrucksvolle Freiherr vom Stein,
der prominenteste der Gejagten Napoleons, mit Prinz Louis von Preußen unternimmt Gentz manche Vergnügungstour und selbst der russische Zar Alexander lässt
grüßen, er bezeugt seinem Berater die Reverenz in Gestalt eines kostbaren Geschenks
für geleistete politische Expertisen. Auch in seinem Exil ist Friedrich Gentz umgeben
von einflussreichen Freundeskreisen.

Kein Wunder, dass bald ein wahrhaft bedeutendes Ereignis eintritt. Der renommierte kaiserlich-österreichische Rat erhält vom preußischen Außenminister Haugwitz eine Einladung nach Naumburg, ins Hauptquartier der preußischen Truppen, wo neben Friedrich Wilhelm III. alles an Politik- und Militärpersonal versammelt ist, was in Berlin Rang und Namen besitzt. Ratlos sind die bedrängten Eliten Preußens, der avancierteste Politikverstand à la Gentz scheint in dieser Situation gerade gut genug. Da man Austerlitz ernst nehmen muss und ein neuerlicher Krieg Preußens gegen Frankreich wahrscheinlich wird, kann Gentz seine Unterstützung nur zusagen. Zumal er nun Friedrich Wilhelm eine glorreiche Rolle zusprechen möchte: *Er ist jetzt das Haupt der Christenheit wider den Erbfeind geworden. Gott segne seine Unterhandlungen oder seine Waffen!*

Geschichtsschreiber des Krieges

Auch in Preußen mutmaßen die führenden Köpfe, dass Gentz nach der zeitweiligen Separierung in Wien nun wieder von erheblichem politischem Einfluss sein dürfte. Man möchte sich dieses bedeutenden Mannes und seines Sachverstandes unbedingt neu versichern. Dafür sprechen auch Gentz' soeben erschienene Bücher, die in ganz Europa Aufsehen erregen. Es sind zwei historisch-politische Analysen, die zwar den Wettstreit mit der Aktualität des Kriegschaos verlieren, sich aber den Schneid einer Tiefendeutung der politischen Gegenwart nicht abkaufen lassen. Das gilt für die ,Authentische Darstellung des Verhältnisses zwischen England und Spanien vor und bei dem Ausbruche des Krieges zwischen beiden Mächten' ebenso wie für die erwähnten ,Fragmente aus der neusten Geschichte des politischen Gleichgewichts in Europa'. Im Dezember 1805, die Franzosen ziehen gerade in Wien ein, schreibt Gentz das Vorwort zu seiner ,Authentischen Darstellung'. Österreich ist zu diesem Zeitpunkt dem französischen Usurpator zwar unterlegen, aber endlich schicken sich die Preußen an, der guten Sache zum Sieg zu verhelfen. Gentz schreibt also ein Werk der getrogenen wie der erneuerten Hoffnung gleichermaßen.

Jetzt, wo deutsche Kernlande gegen den französischen Usurpator aufstehen, gelingt es ihm auch nach schwierigen Anläufen einen Verleger zu finden. Das endlich publizierte Buch stellt gewiss mehr dar als eine *Aktenpublikation* aus Dankbarkeit für englische Geldzuwendungen, es ist nicht weniger als *an elaborated apology for the Englisch course of action* aus europäischem Verantwortungsbewusstsein (P.R. Sweet 1941/A.v. Hase 1970). Vor allem aber begibt sich sein Autor mit Verve in den Kampf gegen die Propagandamaschinerie Napoleons, die immer wieder ihren Erzgegner England aufs Korn nimmt, um die Reputation des Inselreiches europaweit zu zerstören. Gentz hat von seinen britischen Gewährsleuten genügend Dokumente und Materialien erhalten, nun sollen sie zur Darstellung kommen und ein authentisches Bild der englischen Interessenposition vermitteln. Der Autor meint es ernst damit, als publizierenden Staatsmann sieht er sich, ja als *eigentlich-politischen Geschichtsschrei-*

ber. Bis in alle belegbaren Einzelheiten hinein soll nachgewiesen werden, dass England den Konflikt mit Spanien, der ja nur einen Nebenarm des umfassenden Krieges gegen Frankreich darstellt, keineswegs schuldhaft begonnen habe. Nur die *Bethörung des öffentlichen Urtheils durch Napoleons skrupelloses Strafgericht* über Britannien konnte ein derartiges Urteil im kontinentalen Publikum befestigen. Weshalb Gentz insbesondere wider den ‚Moniteur' streitet, jenen *neuerfundnen Missbrauch der Gewalt, dem die Straf- und Läster-Reden in dem Tageblatt der Französischen Regierung ihr Daseyn verdanken.*

Publizität als legalisierter Missbrauch der Staatsmacht – das ist eine historisch ebenso neue wie wirkungsmächtige Erscheinung, ein weiterer Damm gegen die Zügellosigkeit scheint damit gebrochen, der Meinungsmanipulation und Hysterisierung von Menschenmassen seien nun Tür und Tor noch weiter geöffnet. Wann hat sich je zuvor ein Souverän erlaubt, seine Gegner vermittels zahlloser publizistischer Mordbrenner politisch und persönlich gleichermaßen schmähen zu lassen? Seit der Revolution, bzw. seit ihrer Instrumentalisierung durch Napoleon besitzen *skrupellose Schreiberlinge geradezu einen gesetzlichen Antheil an der Regierung, schändliche Libellenschreiber wurden die Häupter des Staates; ihre fortdaurenden Feindseligkeiten gegen die fremden Regierungen hörten auf Privatsache zu seyn; ihre Lästerworte und Ausforderungen waren das Werk der Verwalter einer furchtbaren Macht, zwar nur einer anarchischen und rechtlosen, aber doch immer einer obersten, Niemand verantwortlichen Macht, in einem gewaltigen Staatsgebiete herrschend.* Worte sind zu Waffen geworden, wer wüsste das besser als der Staatschriftsteller Friedrich Gentz?

Umso unerträglicher erscheint die Tatsache, dass Napoleon diese gefährliche Verquickung der Gewalten noch verschärft, indem er als Souverän selber mit Zeitungsschreibern ins *Gefecht* geht, um einen verbalen Stellungskrieg ohnegleichen anzuzetteln. An den Widersprüchen und Zerrissenheiten der Artikel Napoleons im ‚Moniteur' glaubt Gentz nachweisen zu können, wie sehr dieser Diktator die Freiheit der Presse durch die *Herrschaft des Moments und der raschen leidenschaftlichen Stimmung* zu deformieren imstande ist. Seine kruden Herrschaftssprüche sind es, die das Öffentlichkeitswesen zum Unwesen machen. Einerseits wird in Frankreich die Pressefreiheit ausgehebelt, andererseits legitimiert der Staat jeden publizistischen Wildwuchs gegenüber anderen Nationen.

So kommt es dazu, dass die britische Regierung in offiziellen Verlautbarungen dem *Abscheu* der ganzen Welt ausgeliefert werden darf , so etwas habe es noch niemals gegeben. Wie matt und zahnlos, trocken und ohnmächtig stehen dem doch die ‚freien' Blätter Britanniens und des Kontinents gegenüber, nicht einmal ansatzweise sind hier die notwendigen Mittel zur Bekämpfung des jede Ordnung sprengenden Revolutionsfurors ins Bewusstsein getreten. Friedrich Gentz weiß, auch dieser *Zeitungs-Krieg* muss geführt werden, wenn anders die neue diplomatische Praxis der französischen Regierung zum völligen Ruin der europäischen Völkerverfassung führen soll. Deren Rechts- und Sittlichkeitsanspruch unterstellt er sein Buch, in dem er durch Bekanntmachung der ihm zugänglichen Aktenstücke die *Frage der Rechtmä-*

ßigkeit des Krieges analysieren und dokumentieren will: *Die Ehrenrettung Englands gegen den Vorwurf widerrechtlicher Maßregeln geht aber nicht nur allein die Britische Nazion, sondern das ganze noch unabhängige Europa an.*

Gentz schafft damit ein mustergültiges Werk der Diplomatie- und Politikhistorie des Kontinents, gemeint auch wohl zur Ehrenrettung europäischer Publizistik inmitten des blutigen Kriegstaumels. Freilich hat dieses Buch, das nicht nur in England aufmerksam wahrgenommen wird, schon bald seine Aktualität im Mahlsand der Kriegsgeschichte verloren, doch am publizistischen Ethos seines Verfassers erlaubt das keinen Zweifel. Lange Zeit war nicht bekannt, dass Gentz in England noch 1806 kurz vor seinen ‚Fragmenten‘ eine Schrift unter dem Titel ‚The Dangers and Advantages oft the Present State of Europe‘ veröffentlicht hat, *an address to the English Nation,* wie die Londoner ‚Morning Post‘ damals anmerkt. *Die Öffentlichkeit darf niemals als unheilbar betrachtet werden,* schreibt Gentz darin als Verehrer Edmund Burkes und versucht sich als Propagandist des bevorstehenden Sieges der Briten über ihren Erzgegner Napoleon, ein wenig *unworthy of his reputation,* wie ihm die Kritik daraufhin bescheinigt. (A. v. Hase 1978). Doch Friedrich Gentz, der Publizist in kontinentalpolitischer Verantwortung, ist und bleibt europaweit im Gespräch, auch in Frankreich ist sein Name längst zum Markenzeichen geworden. Das wird sich im April 1806 noch einmal bewahrheiten, beim Erscheinen der ‚Fragmente aus der neusten Geschichte des politischen Gleichgewichts in Europa‘.

Dieses Buch, ergänzt um ein aktualisierendes Vorwort, zeigt seinen Autor auf dem Höhengrat der politischen Rhetorik, in Hinsicht auf *Kraft, Fülle und Schönheit des Stils [sei es] unstreitig das beste größere Stück, das er je für die Öffentlichkeit geschrieben* habe. Ja, der Text scheint überall *selbst die Steine in Bewegung zu setzen,* schreibt er an Brinckmann: *Diesmal bin ich ganz entzückt von dem, was ich hervorbringe,* soll Adam Müller ihm glauben. Sogar Goethe ist des Lobes voll, durch Gentz sehe er sich zur *Kenntnis des gegenwärtig Politischen geführt,* notiert der Minister damals. Und Johannes von Müller meldet begeistert aus Berlin: *Man reißt sich um die Vorrede; wahres Bedürfnis.* Gentz hat den Nerv des kriegsbereiten Preußen präzis getroffen, nach mehr als zehn Jahren hin und her schwankender Neutralitätspolitik wird die antifranzösische Stimmungslage im Land täglich spürbarer. Dabei heizen die politischen Entwicklungen im restlichen deutschen Reich die preußischen Gemüter nur noch mehr an.

Im Juli 1806 haben sechzehn Staaten auf Geheiß Napoleons den Rheinbund gegründet, was ihren Austritt aus dem Heiligen Römischen Reich Deutscher Nation und die Bildung einer autonomen Konföderation mit Frankreich bedeutet. Formell wird das Reich am 6. August aufgelöst durch die von Napoleon geforderte Verzichterklärung von Franz II. auf die deutsche Kaiserkrone, eine Jahrtausendgeschichte geht ruhmlos und schmachvoll zu Ende. Welch eine Provokation auch für die geschundene Großmacht Preußen, das sich endlich wieder stark genug fühlt, der Anmaßung einer von Frankreich dominierten Universalmonarchie zu widerstehen. Dem Ultimatum an Napoleon, seine Truppen hinter die Rheingrenze zurückzuziehen, folgt am 9. Oktober 1806 die offizielle Kriegserklärung durch Preußen, und schon fünf Tage später kommt es zu den folgenreichen Schlachten von Jena und Auerstedt.

Das Gentzsche Buch bewegt sich im Vorfeld der Kriegs-, bzw. Siegeserwartung, seine Hauptteile sind Ende 1805 geschrieben worden, das Vorwort im April 1806. Auf die daraus resultierenden Mängel und Lücken, vor allem aber auf die *eigenthümliche Sprache* dieses patriotischen Manifests weist er das Publikum bereitwillig hin. Und dann zieht Gentz alle denkbaren Register des politisch beseelten Rhetors. Noch einmal macht er deutlich, dass jenes alteuropäische Föderativsystem in Blüte gestanden habe, als es durch die Franzosen gewaltsam zerstört wurde. Keinen Zweifel will er lassen an der Rechtmäßigkeit des Verteidigungskrieges der Alliierten und an der Legitimität ihrer Intervention sowie an der eindeutigen Kriegsschuld der revolutionären Franzosen. Beredt sind zugleich seine Klagen über die Zerrüttung und Ohnmacht des Reiches und die *Krankheit* seiner Mitgliedsstaaten, auch über die Mängel und Fehler der bisherigen Politik und Kriegführung gegen Napoleon. Doch dann schlagen Tonfall und Argumentationsgestus der Vorrede in eine staunenswerte Suada um: *Kein Deutscher hat das Recht, in Mutlosigkeit und dumpfen Privatismus zu verfallen*, schreibt Gentz, wie soll den Völkern geholfen werden, wenn sie nicht einmal mehr ihre Befreiung ersehnen? Jede Form solch frühzeitiger Selbstentwaffnung oder selbstverschuldeter Wehrlosigkeit gegenüber dem Aggressor ist ihm zuwider.

Hart geht er deshalb noch einmal mit der *einschläfernden, verräterischen Lehre* der pazifistischen Aufklärer ins Gericht, die sei eine der Ursachen für die gegenwärtige Misere, denn etliche politische und militärische Fehler der Alliierten seien aus diesem Geist geboren worden. Jene *Secte von politischen Scribenten* verbinde seit eh und je ihre *idealistisch verdrehten Kopfgeburten mit gränzenloser Unwissenheit über das wirkliche Leben*. Es geht um nicht weniger als die Freiheit Europas, weshalb die Schrecken der Gegenwart samt ihren *Vorrathskammern der Täuschungen* rückhaltlos ans Tageslicht gezogen werden müssten. Gentz eifert gegen den erschlaffenden Geist eines *absoluten politischen Indifferentismus, der gemeinhin unter der Larve der so genannten Unparteilichkeit auftritt*, oder *durch unverhohlne Liebe zur Französischen Alleinherrschaft* regiert. Es geht um die *deutsche National-Ehre*, wenn die Frage des politischen Gleichgewichts in Rede steht, und das sei alles andere als ein *Hirngespinst*. Nicht erst die verwirklichte Despotie bedeutet Sklaverei, schon die Resignation gegenüber ihrer Androhung hat fatale Folgen, wenn die edlern Gefühle der *Menschen erst gänzlich abgestorben sind. Alle Deutschen wären unfehlbar betroffen von einer Fremdherrschaft, ihr Besitz, ihre Freiheit und Sicherheit, ihre Familien, jedes Individuelle in ihrer Existenz wäre auf das Schlimmste gefährdet durch die bodenlose Willkühr einer napoleonischen Universalmonarchie.*

Deshalb bleiben nur der Gemeinsinn und die Solidarität aller Bürger, die Völker und Kabinette haben jetzt an einem Strang zu ziehen. Die Regierungen und die öffentliche Meinung seien *gemeinschaftliche, solidarisch verantwortliche Urheber unsrer heutigen, grausamen Lage*. Deutschland, Österreich, Preußen, alle Europäer müssen

ihre Freiheit jener entehrenden Krise entreißen und unter politischen Gleichgewichts-
bedingungen wieder zum aufrechten Gang finden: *Eures Nahmens würdige Deutsche,
– ermüdet, verzweifelt nur nicht!* schreibt Gentz. Die *Starken, Reinen und Guten* ruft er
auf zu einer unüberwindbaren Koalition gegen die Gewalt der Waffen. Doch gemeint
sind alle Patrioten deutscher Zunge, die am Ende des Textes denn auch als *Brüder*
apostrophiert werden: *In Euch steigt das Scheinbar-Gesunkene mit erneuerter Herrlichkeit wieder auf; in Euch ist das Scheinbar-Verlorne schon vollständig wieder gefunden; das
Vaterland, das Europäische Gemeinwesen, die Freiheit und Würde der Nationen, die
Herrschaft des Rechtes und der Ordnung, aller vergangnen Jahrhunderte Werke, blühen
fort in Eurem Gemüth.* Man könnte dies auch einen Schlachtaufruf nennen, eine rhetorisch brillierende Kriegserklärung an den Gewaltherrscher Napoleon: *Ihr müsst
streiten, so lange ihr athmet; dürft dem Feinde [...] keine Fußbreite des heiligen Gebiets,
das ihr zu vertheidigen bestimmt seyd, ohne Widerstand und Kämpfe dahingeben, keiner
Gefahr, keiner Schwierigkeit ausweichen [...]. Das ist das Gesetz Eures Lebens.* Auf deutschem Boden muss das eigentliche Befreiungswerk gegenüber Napoleon erfolgen, be-
tont Gentz emphatisch: *Europa ist durch Deutschland gefallen, es muss durch Deutschland wieder empor steigen.*

Noch nie hat man bei diesem Autor einen vergleichbaren Tenor deutsch-patrioti-
scher Einheitsbeschwörung erlebt, aber auch jetzt geht es keineswegs um bloße Kon-
fliktrhetorik, sondern zuvörderst um die (selbst-)kritische Analyse deutscher Politik.
Nicht Frankreichs oder der Revolution Gewalt habe die Welt letztlich aus den Angeln gehoben, sondern die unselige Zersplitterung, Eifersucht und Entfremdung der
deutschen Fürsten und Völker untereinander, die Erschlaffung ihres vaterländischen
Geistes und Gemeinschaftsgefühls. Also müssen sich die Deutschen endlich dazu
entschließen, Deutsche und einig sein zu wollen: *getrennt wurden wir niedergeworfen;
nur vereinigt können wir uns wieder erheben.* Darin liege auch für Europa die große
und zukunftsträchtige Tat. Sollen die *Staatskräfte in Deutschland* jemals eins werden,
so muss zuvor der National-Wille Eins seyn, schreibt Gentz, wobei er die *rechtmäßig-
constituirten Repräsentanten der Nation* vor Augen hat.

Aber kann eine europäische *Föderativ-Verfassung*, kann ein politisches Vorstel-
lungsgebilde namens Deutschland wirklich am preußischen, österreichischen oder
an einem sonstigen Landespatriotismus genesen? Die Bedingungen und Erschei-
nungsformen der Niederlage ganz Europas gegen den französischen Hegemon hat
Gentz in seinem Buch dargelegt, nun geht es um die unendlich verwickelte Ge-
schichtstat der wirklichen Befreiung, jetzt sind Klugheit und Mut von Politik und
Militär gefordert, nicht weniger als die praktische Kunst der Einsicht ins Unabsehbare.

Napoleonische oder merkantilische Universalmonarchie?

Natürlich gibt es damals streitbare Reaktionen auf die beiden Gentz-Bücher, vor allem die des Berliner Publizisten Friedrich Buchholz, er nimmt den pro-englischen
und strikt anti-französischen Bekenntniseifer des Friedrich Gentz mit Verve aufs
Korn. Schon Gentz' Vorrede entwickelt in Reaktion auf die vorangegangene Publizistik des *verruchtesten Sophisten* Buchholz eine scharfe Rhetorik. Denn schon Posselt
hatte in seinen ‚Annalen' gegen die *Sclaverei seitens der Briten* gewettert und die
Deutschen kritisiert, dass sie *vor der Stunde der Befreiung wie vor der Stunde des Todes
zittern und in unseren Rächern und Befreiern nur unsere Tyrannen und Würgeengel erblicken.* Wer also ist Freund und wer Feind? Der preußische Republikaner Buchholz
vermisst im politischen Diskurs der meisten Zeitgenossen, nicht nur bei Friedrich
Gentz, jeden Sinn für die transatlantische Dimension der europäischen Konfliktlage.
Alle Welt bewege sich ausschließlich am *Narrenseil der kontinentalen Gleichgewichtsidee.* Wie sonst könne man Frankreich als den Feind der Freiheit wahrnehmen, wo es
doch die Briten seien, die eine *merkantilische Universal-Monarchie* anstrebten, und
zwar mit den Mitteln ihres *See- und Handelsdespotismus.* Buchholz wirft politischen
Denkern vom Schlage Gentz vor, einer fehlgeleiteten Vorstellung von Napoleon und
seiner Einhegungspolitik aufzusitzen, dagegen soll im public spirit Deutschlands
nun endlich das zentrale Gegenparadigma in Stellung gebracht werden – die Zeit-
deutung unter dem Spektralblick des aufgeklärten Republikanismus.

Der Widerspruch bricht schon auf bei der historischen Beurteilung Napoleons.
Denn dem Franzosen sei die Ernte der Revolution zu verdanken, er habe die Entfeu-
dalisierung von Staat und Gesellschaft herbeigeführt und damit ein für den gesamten Kontinent vorbildliches Verfassungsmodell auf den Weg gebracht. Im Übrigen
sei es niemals Napoleons Absicht gewesen, die Grenzen Frankreichs gewaltsam zu
erweitern und andere Staaten zu versklaven, sondern seine Politik habe immer nur
den *Seedespotismus* Englands brechen und die Freiheit der Meere sichern wollen. Auf
diese transatlantische Perspektive kommt für Buchholz alles an, hier sieht er die uni-
versalhistorische Dimension jeder Verständigung über die politische Lage. Genau
betrachtet, habe sich Frankreich immer schon für ein Weltgleichgewicht stark gemacht, nun endlich müsse man die Identität der Interessen dieses Landes mit denen
der anderen Staaten zur Kenntnis nehmen. Aus dieser Perspektive stellen sich die
globale Konfliktsituation Europas und ihre politischen Lösungschancen für Buchholz ganz anders dar, als sie einem Friedrich Gentz vor Augen schweben.

Mit dem zu erwartenden Ende des britischen See- und Handelsdespotismus, dieser *Herrschaft von Geldmäklern und Kapitalisten,* das ist Buchholz' Überzeugung,
werden alle Kriegsursachen wegfallen und die Europäer in die Lage versetzt, ihre
Kräfte für den Ausbau ihrer Verfassungs- und Sozialordnungen und für die Entwicklung ihres wirtschaftlichen Lebens zu mobilisieren. Die Freiheit der Meere werde das Fundamentalgesetz dieser künftigen transatlantischen Friedensordnung sein.
Nur auf der Basis eines ungehinderten, aber rechtsförmig regulierten Welthandels

lässt sich der zivilisatorische Fortschritt in Europa und der übrigen Welt stabilisieren, denn Weltsicherheit und Nationalsicherheit gehören aufs engste zusammen. Der preußische Republikaner sieht vor allem in der napoleonischen Einhegungspolitik einen Meilenstein auf diesem schwierigen, aber Erfolg versprechenden Weg.

Allein der Kaiser aller Franzosen vermag dafür zu sorgen, dass man künftig zu einer *Vereinigung des Seerechts der neuen Universal-Monarchie mit dem Landvölkerrecht* gelangt und schließlich zur Anerkennung eines *vollkommenen Völkerrechts* als Fundament einer stabilen Weltfriedensordnung, glaubt Buchholz. Freilich komme alles darauf an, gemeinsam das Welthandelsmonopol der Briten zu brechen, dieses *Erzübel* wirke mit *unbezwingbarer Allmacht* auf die Staaten des Kontinents zurück. England ist für Buchholz zum Mittelpunkt der Welt geworden, zum *Zentralpunkt der Geldkraft*, jede politische Bewegung, jede Krise Europas nimmt von hier ihren *ersten und allgemeinsten Impuls* auf. Denn nach dem Willen der Briten sollen sich die Staaten gegenseitig *verbrauchen*, damit der Kontinent weltpolitisch neutralisiert werde, schreibt er, nur darin sei das wahre Interesse dieser *räuberischen Universalmonarchie* erkennbar. Ihre merkantilische Herrschaftsform, auch *Anleihesystem* genannt, erscheint Buchholz als eine riesige, auf Pump finanzierte Spirale, die den englischen Staat durch fortwährend neue Schulden zu immer weiteren kolonialen Eroberungen zwingt. Das ziele auf eine als Gleichgewichtspolitik verbrämte Kriegsstrategie zur Ausschaltung der gesamten europäischen Konkurrenz, die am Ende die unabsehbaren Zinslasten begleichen soll. In diesem Sinn entspreche dem überseeischen Imperialismus Englands eine forcierte Deindustrialisierungspolitik im kontinentalen Europa, die nur ein Ziel kennt – es zum Rohstofflieferanten herabzustufen. Während hier Handel, Gewerbe und Manufakturen blockiert würden, profitierten allenthalben die Feudaladligen und Großgrundbesitzer, der Merkantilismus entpuppt sich mithin als Sozialordnung der alten Privilegienträger, die jetzt auch noch den globalen Wirtschaftsraum beherrschen wollen.

Auch Gentz bemerkt die Krisendynamik des Welthandelskapitalismus sehr wohl, freilich weiß er, dass es *nirgend einen Handel gäbe, worin die Abhängigkeit der Nationen voneinander nicht wechselseitig wäre*. Merkantiler Geist und politische Vernunft müssen einander jedoch keineswegs ausschließen. Und weil dies so ist, sollte eine der *ersten Veranstaltungen in einem guten System des europäischen Staatenvereins* die größtmögliche Konkurrenz der zum Seehandel befähigten Staaten sein. Auf dieses Ziel, es ist wiederum eines der Gleichgewichtigkeit, muss man geduldig und besonnen zustreben, denn sonst würde nur die britische Merkantilhoheit gegen die französische Tyrannei eingetauscht. Im Übrigen schreibt Gentz allen Englandkritikern und Frankreichfreunden noch eines ins Stammbuch. Sollte England irgendwann zugrunde gerichtet werden, *so geht mit der Industrie und dem Reichtum von England sofort die Hälfte der Industrie und des Reichtums von Europa verloren. Der Fall des englischen Handels reißt alles, was nur Macht und Kredit in der kaufmännischen Welt hat, darnieder.* England, das sei welthistorisch betrachtet, stets ein *solider Hausvater* und wichtiger Bundesgenosse, eine Ordnungsgarantie für die europäischen Staaten gewesen,

Frankreich hingegen eine *Werkstätte des Angriffs*, ein kaum zu bändigender Unruhefaktor.

Der Wiener Hofrat hat vom ersten öffentlichen Auftreten des Friedrich Buchholz an gewusst, dass man es bei diesem *Chef der neuen revoluzionairen Schule* in Berlin mit einem *verwegenen Demagogen* zu tun hat. Wieder einmal ist auf der *Schandbühne* Publizität ein gefährlicher, ihm nahezu ebenbürtiger Protagonist in Erscheinung getreten, den man genau im Auge behalten muss. Dass Buchholz die geopolitische Struktur der Revolutionskriege eigensinnig beurteilt und den ökonomischen Grundkonflikt zwischen Frankreich und England in den Mittelpunkt seiner Zeitverständigung rückt, also napoleonische versus merkantilische Universal-Monarchie, mag als Außenseiterposition erscheinen, doch ohne Wirkung ist sie keineswegs. Buchholz und den Publizisten Christian von Massenbach nennt Gentz bald *eingefleischte Teufel, Henkersknechte und Bestien, die mit höllischer Wut das ganze künstliche, kostbare Gewebe des alten gesellschaftlichen Lebens Faden vor Faden auseinander reißen.*

Zumal Buchholz' scharfsinnige Gedanken über das Ende der europäischen Nobilität gehen der betroffenen Klientel spürbar auf die Nerven. Die *verdammte* Schrift ‚Untersuchungen über den Geburtstadel' (1806) habe ihn *erschreckt und geradezu außer Fassung gebracht*, notiert Gentz, weil das Buch mit *Klarheit, mit Ordnung, mit Uebersicht, mit großer Gewandtheit, in einem auffallend raschen, leichten, kurzen, belebten Styl, und, was ich weniger begreife als alles andere, mit einer gewissen Ruhe geschrieben ist, die aus einem tiefen Gefühl des Vertrauens auf den nahen und unvermeidlichen Sieg seiner Sache herzustammen scheint.* An Adam Müller schreibt er damals: *Sie haben keine Idee von der Consternation, in welche die Buchholz'schen Schriften die Denkenden unter dem alten Adel geworfen haben.* Müller soll umgehend alles dafür tun, dass solchen Aufrührern in der Öffentlichkeit massiv widersprochen wird.

Gentz hat unter den brillanten publizistischen Schlägen des Friedrich Buchholz sofort die Triftigkeit und Popularität dieser Thesen verspürt: was *aus unserem wirklich vorhandenen, alten Adel in Kurzem werden wird, schmerzt mich zu denken.* Nur zu gut weiß er, dass man diese *Edlen umso weniger mit gutem Gewissen vertheidigen kann, je näher man sie kennen gelernt hat.* Erhebt Buchholz also zu Recht den Anspruch auf politische Empirie und blamiert sich Gentz dagegen als bloßer *diplomatischer Rhetor*, wie der Berliner Publizist behauptet? Der Wiener Hofrat sei nichts als ein *gedungener Wortredner und salarirter englischer Agent, der sich einbilde, tief in die Materie der Politik gedrungen zu sein, in Wahrheit aber nicht eine einzige Erscheinung unserer Zeit ergründet habe*, schreibt Buchholz. Gentz ist darob nicht nur in seiner intellektuellen Eitelkeit gekränkt, er sieht seine gesamte staatspublizistische Repräsentanz in Misskredit gebracht: *Dies Buch von Buchholz, ob ich es gleich an und für sich keiner ernsthaften Antwort werth halten würde, wird mir noch viel böses Blut machen!* Die Gegenpositionen könnten schärfer nicht bezeichnet sein – hier der preußische Republikaner, der Napoleon das *Nothwendige mit Freiheit* vollziehen sieht, dort der Anwalt eines kaiserlichen Machtkondominats, der sich nicht scheue, den Skandal des britischen Imperialismus zu verschleiern.

Eine dritte publizistische Position, die der Romantiker à la Friedrich Schlegel mit seiner organologischen Vision einer *wahren Eidgenossenschaft* der europäischen Staaten, entwickelt sich zwar vor den Augen von Gentz und Metternich, gelangt aber nicht auf die Ebene des ernsthaft wahrgenommenen politischen Diskurses in Deutschland. Schlegel kritisiert so entschiedene *Diplomatiker* wie Gentz als ihrer selbst *unbewusste Jakobiner*, denn sie gingen von einem *falschen Begriff des Souverains* aus und schürten mit der Gleichgewichtsidee in Wahrheit den politischen Antagonismus, ein bellum omnium contra omnes, sie wirkten also *revoluzionär und anarchisch*, ohne es zu beabsichtigen. Schlegel denkt zuvörderst von der Gesellschaft und ihren religiösen Kultivierungskräften her. Doch weder Metternich noch Gentz wollen sich auf einen politisch-religiösen Fundamentalismus gleich welcher Coleur einlassen, bei aller Würdigung der romantischen Definitionsarbeit am public spirit des kaiserlich-österreichischen Gemeinwesens. Es ist Adam Müller, Friedrich Schlegel nahe stehend, der gelegentlich Reaktionen wie die folgende bei Gentz provoziert: *Mein Geist strebt nach Gleichgewicht und Ruhe; und jetzt soll ich erst recht in ein Meer von Umwälzungen, von rückgängigen Bewegungen, von Phantasien und Paradoxien geschleudert werden, wo alle Karten und alle Sterne mich verlassen. Ich soll z.B. lernen, dass der Friede der Welt, die Bürgschaft der Staaten, die Verbesserung der gesellschaftlichen Verfassungen etc. einzig und allein von einer lebendigen Erkenntnis – der Menschwerdung Gottes abhängt!*

Die intellektuelle Brillanz der politischen Romantiker macht man sich zur historischen Überhöhung des Status Quo nutzbar, doch im Kern beweist sie nur ein weiteres Mal die geistig-moralische Zerrüttung einer Zeit, der man keine fromme Resignation, kein Glaubensphantasma von der organischen Staatseinheit, sondern nur die Klarheit politisch-militärischer Direktiven entgegen stellen kann. Von einer *Hinneigung zum Hyperkatholizismus* der Friedrich Schlegel, Adam Müller und Zacharias Werner, die in Wien nicht nur Caroline Pichler beklagt, kann bei Gentz und Metternich keine Rede sein. Worum es dem Wiener Hofrat unverbrüchlich geht, ist ausgekühlte Realpolitik. (Briefwechsel 1857/Anonymus: Gentz 1918/H.v. Srbik 1954, 1/W. Gembruch 1990/I.-M. D'Aprile 2009/2011/G. Seibt 2010/E. Guglia 1901/G. Schlesier 1838, 1/B. Dorn 1993/C. Aspalter 2006/H. Zimmermann 2009/G. Kronenbitter 1994/2000/2009).

Preußische Verwirrungen

Bevor sich die Geschicke Preußens wenig vorteilhaft erfüllen, ist der politische Sachverstand des kaiserlich-österreichischen Kriegsrats noch einmal dringend gefordert. Es geschieht etwas ebenso Überraschendes wie Ehrenvolles, Friedrich Gentz erhält eine Einladung des preußischen Außenministers von Haugwitz nach Naumburg, ins militärische Hauptquartier seiner Majestät Friedrich Wilhelm III. Der König und sein Kabinett wissen um dieses Ersuchen und billigen es ausdrücklich. Gerade hat

Gentz in Dresden noch Besuch erhalten von Prinz Louis Ferdinand, der bald sein Leben in der Schlacht lassen muss, da wird er selbst zu Konsultationsgesprächen mit den versammelten Größen des preußischen Staatsregiments gebeten. Das macht neugierig, ist ehrenhaft und spektakulär gleichermaßen, Gentz sagt zu und reist am 2. Oktober nach Naumburg. Kurze Zeit später wird er einen ‚Beitrag zur geheimen Geschichte des Anfangs des Krieges von 1806' zu Papier bringen, ein Tagebuch, das *gewiss eins der interessantesten Stücke zur Kenntnis jener unglücklichen Epoche* darstellen dürfe, wie er selber sagt. (G. Schlesier 1838, 2/A. Wolf 1860/F.C. Wittichen 1910, 2/T. Stamm-Kuhlmann 1992). Wie der Repräsentant einer Großmacht wird der Wiener Hofrat von Außenminister Haugwitz empfangen, der sich bemüht, dem Gast die jahrelange preußische Schaukelpolitik gegenüber Napoleon verständlich zu machen. In dieser Situation spitzt sich nun vielerlei zu.

Nicht nur die Berliner Koalitionsverweigerungen stehen zur Rede, sondern ebenso das Hin und Her um eine künftige französisch-preußische Allianz, von Talleyrand lanciert und noch vom Ersten Konsul Frankreichs als Verhandlungslockmittel eingesetzt, das eine völlige Verkehrung der europäischen Fronten hätte mit sich bringen können: *Frankreich und Preußen zusammen hätten ein Europa des Rationalismus und des kapitalistischen Geschäftsgeistes aufbauen können, ein ganz anderes Europa als das der Heiligen Allianz und der 1813 gestifteten antikonstitutionellen, dynastisch-legitimistischen Solidarität der drei Ostmächte.* (T. Stamm-Kuhlmann 1992/J. Willms 2011). Das aber scheint im Jahre 1806 alles andere als realistisch, denn Preußen befindet sich nach wie vor in einer Art widerspenstigem Stillhalteverhältnis gegenüber Frankreich und zudem in der Allianz mit Russland. Gentz weiß, dass er jetzt einer Entscheidungssituation der Weltpolitik beiwohnt, die infolge einer Eskalation des Misstrauens unter den beteiligten Staaten heraufbeschworen worden ist. Vor allem, weil Friedrich Wilhelm bisher weder eine anti-, noch profranzösische Politik betrieben, vielmehr sein Glück zuletzt beim russischen Zaren gesucht hat. Nun sieht man sich unmittelbar vor der entscheidenden Schlacht gegen das revolutionäre Frankreich: *der Federkrieg hat bereits begonnen – es wird nicht mehr lange dauern, so haben wir auch den Krieg mit Kanonen.*

Wie ein Defilé der politischen Elite Preußens vor dem berühmten Gast aus Wien mag erscheinen, was nun zwischen den Lagern in Naumburg, Auerstedt und Erfurt vor sich geht, Gentz wird huldvoll empfangen und konferiert mit den wichtigsten Entscheidungträgern der Berliner Regierungs- und Verwaltungsspitze. Es sind verwirrende Eindrücke, die er zu gewärtigen hat. Zunächst die große Frage nach dem plötzlichen Umbruch der preußischen Haltung hin zur Kriegsentscheidung, Gentz vermag vorderhand nicht an ihre *Aufrichtigkeit und Realität* zu glauben. Und dann die tiefe Erfolgsskepsis des Generals Adolph Friedrich Graf von Kalckreuth, dem nicht geheuer ist, dass Preußen ohne jeden Verbündeten ins Feld zu ziehen bereit sei, und der alles für eine Vermeidung dieses Konflikts gäbe. Andere hohe Offiziere hingegen sind zuversichtlicher, es ist schwer, ein klares Bild der preußischen Kriegsaussichten zu gewinnen.

Auch die Kabalen durch und gegen den Herzog von Braunschweig, Preußens obersten Heeresführer, tragen nicht gerade zu Gewissheit und Optimismus bei. Wichtige Männer der Politik und des Militärs sprechen von der *Mittelmäßigkeit, Unentschlossenheit, Treulosigkeit, Scheinheiligkeit, Eitelkeit und übertriebenen Ehrsucht des Herzogs*, der sich die oberste Befehlsgewalt auf intrigante Weise erschlichen habe. Eingehend informiert sich Gentz über Entscheidungs- und Kommandostrukturen, Stimmungslagen und Machtkämpfe im Heer und in der politischen Exekutive, alles in allem ergibt sich daraus kein beruhigendes Bild. Sogar der König selber scheint Verwirrung zu stiften, er benehme sich wie ein *volontaire étranger*. Mehr noch, mancheiner glaubt zu wissen, dass er nicht einmal kurz vor der Schlacht von der Notwendigkeit des Krieges überzeugt sei: *Es ist eine Konfusion, die ihresgleichen sucht*, wird wenig später der Oberst von Kleist zu Protokoll geben.

Außenminister von Haugwitz mag ahnen, welchen Eindruck die preußische Situation auf Gentz machen muss, er beeilt sich umso mehr, diesen Mann der höchsten preußischen Wertschätzung zu versichern: *der Hauptpunkt ist der, dass Sie unser Freund werden*. Immer wieder versucht der Minister die angebliche Doppelsinnigkeit der Berliner Frankreichpolitik zu erklären, man habe jahrelang eine *falsche Friedensmaske* aufsetzen müssen, sei in Wahrheit aber schon seit geraumer Zeit zum Krieg entschlossen gewesen. Sogar offizielle Vertragswerke werden Gentz zur Einsicht überlassen, Haugwitz möchte mit offenen Karten spielen. Gentz hält bei diesen Diskussionen mit seiner Meinung keineswegs zurück, wie er in seinem Geheimbericht schreibt. Von tiefer Enttäuschung angesichts der preußischen Politik spricht er, erwähnt noch einmal den schmachvollen Allianzvertrag mit Napoleon und die Okkupation Hannovers, macht aber auch klar, dass ihn die neuerliche Entschlossenheit der Berliner Politik eher optimistisch stimme, und er sich für die gute Sache einsetzen werde. Für das Verhältnis der Preußen gegenüber Wien will Gentz indes keine festen Zusagen machen, zu lange schon lebt er weit entfernt von der kaiserlichen Machtzentrale und darf sich auch nicht in wichtige Geschäfte mischen, aber an gutem Willen soll es künftig auch hier nicht fehlen.

Inmitten des turbulenten Lebens im Heereslager findet Gentz sogar die Zeit, einen Plan zu entwerfen für ein erneuertes Deutschland als vereinigte Konföderation, die von einer *immerwährenden Allianz Preußens und Österreichs* geführt werden sollte. Nicht zuletzt deshalb bittet ihn Haugwitz, einen Artikel im Sinne der preußischen Sache zu veröffentlichen und die Abfassung eines offiziellen Manifests mit Rat und Tat zu unterstützen. Kabinettsminister Lombard, von Gentz Jahre zuvor als Franzosenfreund geschmäht, hat einen entsprechenden Text verfasst, der gemeinsam mit dem Wiener Gast diskutiert und korrigiert werden soll. Ein hartnäckiger Streit um die Abfassung des Manifests entspinnt sich, der bis zum Eklat einer Abreisedrohung führt. Doch Gentz bleibt und kann sich am Ende durchsetzen, er sorgt auch noch für die Übertragung des Textes ins Französische. In der Stunde der Not müssen sich die Gegner von einst mit dem berühmten Publizisten arrangieren. (A. Wolf 1860/K. Mendelssohn-Bartholdy 1867).

Inzwischen ist Gentz auch mit dem ehemaligen preußischen Gesandten in Paris Marquis Lucchesini zusammen getroffen, der einst so lavierend und ergeben mit Napoleon verhandelt hat, doch gerade von ihm erhält er manchen Aufschluss über die Interessenhintergründe der preußischen Außen- und Militärpolitik. Nach wie vor zittert Gentz bei dem Gedanken, dass sich Preußen allein in diesen *gigantischen*, *furchtbaren* Kampf einlassen will, auch weil die diplomatischen Beziehungen zu Russland und England so unklar erscheinen, und die Konfusion bei Politikern und Militärs im Lager so beunruhigende Ausmaße angenommen hat. Derweil steht der Feind vor der Tür, aber selbst über dessen genaue Position und Angriffsstrategie ist man nur unzureichend informiert. In dieser Situation wird Gentz gebeten, im Namen des preußischen Königs eine Proklamation an die Armee zu verfassen, den *Plan und Charakter des Krieges betreffend*, sowie eine zweite an die Bevölkerung der preußischen Monarchie, überdies noch ein öffentliches Gebet zur Verlesung in verschiedenen Kirchen. Doch Gentz scheint nur die Proklamation an die Armee formuliert zu haben, ansonsten wahrt er die Distanz eines selbstbewussten Staatsmannes.

Dass seine Skepsis gegenüber dem preußischen Politikwechsel nicht völlig ausgeräumt ist, wird noch einmal deutlich, als er einen persönlichen Besuch beim Herzog von Braunschweig macht, dem auch er nach all den unguten Gerüchten mit Vorbehalten begegnet. Viel Affektation, etwas *Unbefriedigendes, Machtloses, Unheil Verkündendes* glaubt er in des Herzogs Verhalten wahrzunehmen. Der soll während des Gesprächs geseufzt haben: *Ach! Ich kann kaum für mich stehen! Wie können Sie verlangen, dass ich für Andere bürgen soll?* In Gentz' Augen ist das eine unziemliche Redeweise für den militärischen Oberbefehlshaber der preußischen Truppen. Wie anders ist doch der Eindruck, den er von der jungen Königin Luise gewinnt, die Audienz bei ihr vermag ihn ein wenig zu beruhigen. Als genaue Kennerin des bisherigen Schlachtenverlaufs erweist sich die schöne, vom Volk geliebte Monarchin, sie nimmt regen Anteil an dem, was der Skeptiker Gentz über Preußen und seine Kriegsfortune zu sagen hat. Geradezu dankbar ist der Wiener Hofrat für ihre Tränen angesichts des harten Schicksals der geschlagenen Österreicher, ihm wie vielen anderen scheint die Anwesenheit dieser liebenswürdigen Königin im Heereslager von größtem Gewicht.

Und dennoch sind seine Zweifel an Preußens möglichem Kriegsglück nicht auszuräumen, immer wieder setzt er die militärisch isolierte Situation des Landes ins Verhältnis zu dem defizitären Machtpersonal, das zur Verfügung steht. Erst am Ende seines Aufenthalts weiß Gentz genau, welche Interessen tatsächlich hinter der überraschenden Kriegsentscheidung Preußens stehen. Der König ist unfreiwillig in diesen Entscheidungszwang gebracht worden, er würde den Krieg, wenn irgend möglich, sofort und um jeden Preis vermeiden, für seine Minister aber gelten andere Entscheidungsgründe – *erstens aus Furcht, welche ihnen die ewigen Anstrengungen ihrer Gegner und die allgemeine vorherrschende Aufregung einflößten; zweitens aus Überzeugung von der Treulosigkeit der französischen Regierung, und weil sie nicht länger die Opfer solcher Schändlichkeiten sein wollten; und endlich verleitet durch trügerische Hoffnungen auf einen erfolgreichen Ausgang.* Welch eine armselige Bilanz, welch erbärmli-

cher Status der politischen Klugheit und Moral angesichts einer alle Werte umstürzenden Hegemonialpolitik der Franzosen.

Die Schmach von 1806 und der Neubeginn

Genauso undiszipliniert und kopflos wie befürchtet sollten die kommenden Schlachten
zwischen den Franzosen und den Preußen tatsächlich verlaufen, die preußische Kom-
mandostruktur wird sich zunehmend auflösen, und irgendwann weiß niemand mehr,
wer den Oberbefehl in der Hand hat. Der Herzog von Braunschweig und Prinz Louis
Ferdinand fallen an der Front, der König selbst wird hilflos von Ort zu Ort getrieben,
er muss am Ende gedemütigt von Napoleon und mit Groll auf sein unfähiges und mut-
loses Militär in Richtung Ostpreußen fliehen. Ausgerechnet in Weimar erfährt Gentz
bald von der Niederlage des Generals Tauentzien bei Schleitz und vom Heldentod Louis Ferdinands bei Saalfeld, das endgültige Desaster scheint unausweichlich: *vor meinen
Füßen öffnete sich im Geist, ein tiefer, dunkler Abgrund.* Als er schließlich am 17. Oktober
1806 nach abenteuerlicher Fahrt Dresden erreicht, brechen die entsetzlichsten Nachrichten über ihn herein, die preußischen Schlachten sind verloren, die Hoffnungen für
Deutschland und den Kontinent scheinen unwiderruflich am Ende. An diesem Tag
lässt der Graf von der Schulenburg in Berlin die Deklaration anschlagen: *Der König hat
eine Bataille verlohren. Jetzt ist Ruhe die erste Bürgerpflicht. Ich fordere die Einwohner
Berlins dazu auf. Der König und seine Brüder leben!* Die Niederlage ist nun amtlich be-
glaubigt. In einem Brief an den Fürsten Joseph Franz Lobkowitz schreibt Gentz: *So
ward dieser ewig schreckliche Feldzug in sieben Tagen, wenngleich nicht geendigt, doch
entschieden. Ich ehre die Rathschlüsse Gottes, auch wenn er straft; was er aber jetzt mit
Europa im Sinne hat, wird wohl kein Sterblicher errathen.* (A. Wolf 1860).

Vom kampflos besetzten Berlin aus lässt Napoleon am 27. Oktober ein Bulletin
verbreiten, in dem die Kontinentalblockade gegen England verkündet wird, vor der
wiederum Talleyrand seinen Dienstherrn gewarnt hat, doch der Minister wird solche
Aufsässigkeit mit seiner zunehmenden Marginalisierung bezahlen müssen. Unter anderem ist in dem Schriftstück von einem *misérable scribe, nommé Gentz, un de ces
hommes sans honneur qui se vendent pour de l'argent* die Rede. Man hat in Erfahrung
gebracht, dass der ominöse Wiener Publizist Mitverfasser des preußischen Manifests
gegen die französische Armee gewesen sei. Das bleibt nicht ohne Konsequenzen, und
ab sofort sieht sich der kaiserliche Beamte offiziell auf die Liste der gefährlichen Subjekte im Geisterreich des Kontinents gesetzt. Kein Wunder, dass man ihn derzeit
nicht einmal in Wien sehen möchte, also wird er sich künftig in Acht nehmen müssen vor den Schergen des französischen Kaisers. Da selbst Dresden nicht mehr sicher
ist, zieht es ihn bald nach Teplitz, Mitte November dann ins einigermaßen kommo-
de Exil nach Prag.

Weit entfernt lebt Gentz nun vom Debakel des Königreichs Preußen, dessen Regierung sich unter dem Gespött Napoleons weit in den Osten ihres verbliebenen

Staatsgebietes zurückgezogen hat. Diese berühmte Militärmacht erscheint jetzt als ein *Land, in dem es Untertanen und Gendarmen, aber keinen Willen zu staatlicher Existenz, keinen Widerstand, keine Ehre gab*, schreibt Golo Mann. 1806 – welch ein desaströses und doch auch hoffnungsträchtiges Datum für die künftige preußische Geschichte. Fast hätte der schmachvolle Frieden von Tilsit (1807) zur gewaltsamen Auflösung des preußischen Staates überhaupt geführt, wenn nicht Zar Alexander für seinen gedemütigten Bündnispartner ins Mittel getreten wäre. Dennoch, das Königreich wird gnadenlos bis auf seine Kernlande zurückgestutzt. Nicht einmal die Aufwartung durch die reizvolle Königin Luise hat den französischen Kaiser zu einer milderen Politik umstimmen können, zu mächtig ist sein Zorn auf den einst verehrten Friedrich Wilhelm und seine unzuverlässige Bündnispolitik. Nun steht die politische Ordnung des alten Preußen zutiefst in Frage, mehr noch, das gesamte Land befindet sich im Zustand des Bankrotts, die unmäßigen Kriegsentschädigungsforderungen Frankreichs tun ein Übriges. (J. Klosterhuis/W. Neugebauer 2008).

Aber sieht die Lage Österreichs ermutigender aus? Nicht nur Preußen hat um 1806, zumal infolge der kriegsbedingten Einführung des Papiergeldes und der galoppierenden Inflation, vielfach an Kreditwürdigkeit verloren, auch Österreich befindet sich schon seit Jahren an der Schwelle zum Staatsbankrott. Beides ist kein Geheimnis, es liegt zutage in einer aufmerksamen Öffentlichkeit, die keinen bloßen Resonanzboden staatlicher Aktivitäten und Dilemmata mehr darstellt, sondern längst selber zum politischen Faktor geworden ist. Das eine ist das Problem der brüchig gewordenen Legitimität der alten Mächte, das andere eine tiefe Generationsruptur von 1806, die Umwälzung eines vertrauten Erfahrungs- und Kommunikationshorizonts im alten deutschen Reich. (W. Burgdorf 2006/V. Press 1993). Erschütternde Zeitbeben, ja eine allgemeine Bestürzung erfasst die deutschen Staaten und ihre Bevölkerungen nun geradezu massenhaft, wenn auch in verschiedenen Intensitäten. Endzeiterfahrung und Desorientiertheit, Hilflosigkeit und Zukunftsangst sind weit verbreitet. Das Klima von Apathie, Resignation und Verunsicherung bis hin zum aktiven Engagement für eine neue Ordnung, die Wahrnehmung eines bruchartigen Strukturwandels und rigoroser Ereignisbeschleunigung, die neu aufkeimende Reichssehnsucht und die Hinwendung zu (National-)Geschichte, Patriotismus und Religion – in all dem dokumentiert sich das Welt- und Lebensgefühl einer Ära unter starkem politischen Veränderungsdruck. Goethe spricht damals vom *Incalculablen der Zustände* und vom *Wechsel wandelbarer öffentlicher Schicksale*. Die deutsche Welt sei *jetzt so zerrissen und zerstückelt, dass es Zeit braucht, bis sich selbst die, die sich suchen und zusammen gehören, wieder finden.* (R. Paulin 1993).

Freilich liegt darin nicht nur eine ‚kulturelle Enteignung‘, sondern auch ein Zugewinn an neuen Fragestellungen, Problemwahrnehmungen und Handlungsenergien, vor allem die mit dem Jahr 1807 einsetzenden Reformen in Preußen sind ein beredtes Beispiel dafür. Hier entsteht bald ein neuer Führungskader aus Ministern und Beamten, die Strukturen des Regierungshandelns verändern sich entscheidend, das Militär wird reformiert, Wirtschaft und Agrarökonomie werden dereguliert, man bemüht sich um ein neues Verhältnis von Staat, Gesellschaft und Öffentlichkeit. Nun endlich sieht sich das alte Kabinettssystem abgeschafft zugunsten einer zentralen Exekutive aus fünf Ministerien mit fest etablierten Kompetenzen, ein bürokratisches Gefüge aus Verantwortlichkeiten und Rechenschaftspflichten entsteht, das insbesondere auf den Militärbereich ausstrahlt. Auch hier setzt sich die Professionalisierung von Planung und Führung durch, Scharnhorst, Gneisenau, von Boyen, Grolmann und Clausewitz versuchen aus den Trümmern der alten preußischen Armee eine neue militärische Formation zu schmieden. Dazu wird die überkommene Militärführung gründlich durchforstet, es kommt zu zahlreichen Entlassungen und Suspendierungen, aufgehoben ist die Exklusivität des Offizierskorps, jetzt sollen sich Armee und Nation unter dem Fanal eines kämpferischen Patriotismus endlich nahe kommen. Nicht zuletzt bereiten die allgemeine Wehrpflicht unter Bürgersoldaten und der Primat der Politik auf die Bedingungen vor, die durch Napoleons großen Krieg heraufbeschworen worden sind. Mit der versuchten Bauernbefreiung, mit Bildungs- und Wissenschaftsreformen, einer neuen Städteordnung mitsamt garantierter Gewerbefreiheit, ja mit einigen Anfangsbemühungen um die öffentliche und repräsentative Beteiligung des Volkes am politischen Geschehen möchte man den notwendig gewordenen Wandel des Untertanen zum Bürger befördern. Große Ziele, die das feudalaristokratisch Preußen entscheidend verändern, in mancher Hinsicht aber auch zu enttäuschenden Ergebnissen führen sollten.

In Österreich blühen die Veränderungsphantasien auf eigene Weise, der Geist des Wandels wird hier auf lange Zeit wenige Sympathien wecken. Friedrich Gentz hingegen hat an der preußischen wie an der österreichischen Staats- und Geisteswelt zutiefst Anteil genommen, überhaupt denkt und empfindet er nun immer stärker in europäischer Verantwortung. Vor allem deshalb soll ihn die Herrschaft des *Bösen* auch nicht zur Verzweiflung bringen, es kann keine Zeit geben, in der das Übel absolut und auf immer zu triumphieren vermöchte: *Es wird und muss besser werden, und wir können es besser machen, wenn wir wollen*, schreibt er an Adam Müller. Gentz sind die teils entsetzten und hilflos verzweifelten, teils gleichgültigen Reaktionen der Wiener und der Österreicher auf das Ende des Reiches und der alten Kaiserwürde nicht verborgen geblieben. Die Schmach von Austerlitz erweist sich als das entscheidende Ereignis, seither sieht man das eigene Land im beklagenswerten Niedergang, das Jahr 1806 scheint nur eine Folge davon zu sein. Dass Wien in der kommenden Zeit dennoch als ein Hort von politischen Hoffnungen betrachtet werden kann, verdankt sich auch der publizistischen Wirksamkeit eines Friedrich Gentz, dessen antinapoleonischer Furor wahr machen wird, was er seit Jahren versprochen hat: Verzweifeln sei *unerlaubt, unnatürlich, ja unmöglich*, schreibt er an Müller, es richte sich gegen alle Grundgesetze der Moral und dagegen, dass eine *große alte Welt so vor unsern Augen untergehen sollte, ohne dass irgendeine Maschine, irgendein inneres oder äußeres Gegengewicht sie aufzuhalten, wenigstens den Fall zu verzögern vermöchte. Ich glaube, es gibt noch Mittel; aber sie sind gewiss von einer ganz neuen, bisher noch kaum geahndeten Art.* Immer werde er einer der ersten sein, die jenes Neue erkennen, begrüßen und befördern.

Große Worte über Gefühle, über Glauben und Hoffnung in der Staatenwelt, aber Gentz gibt damit nicht seinen pragmatischen Politikverstand preis. Schon während der Desaster des Jahres 1806 sind ihm so nüchterne wie erwartungsvolle Gedanken zur politischen Zukunft Österreichs gekommen: *Ich werde jetzt einen Plan zur Stiftung einer neuen österreichischen Monarchie ausarbeiten. Der Kaiser muss das Reichsregiment mit Würde niederlegen; Wien muss aufhören, Residenz zu sein; die deutschen Staaten als Nebenländer, Grenzprovinzen betrachtet; der Sitz der Regierung tief in Ungarn aufgeschlagen.* Das sollten bloße Theorien bleiben, dennoch verweisen sie darauf, dass die Dialektik des Geschichtsprozesses für Gentz auch nach den Ereignissen von 1806 keineswegs aufgehoben ist, außerdem habe man diese verhängnisvolle Entwicklung ja vorausgesehen: *Steht die Welt auf einem unseligen Punkt still? Treibt ihr ewiger Umschwung nicht mit jedem Tage neue Kombinationen und neue Hoffnungen hervor?* fragt er Adam Müller. Nein, dieser kaiserliche Hofrat, der vor seiner Wiener Zeit noch ein *Stümper in der Politik* gewesen ist, und den die Zeit nun zum *Manne geschmiedet* hat, will weiter kämpfen, Napoleon wird sein verdientes Ende finden, und er selbst das Vaterland Österreich künftig nicht als historische Marginalie im Auge haben, sondern als veritable Großmacht. Sie soll den chaotisch wechselnden Staatenbeziehungen den Segen der Gleichgewichtswahrung spenden. (F.C. Wittichen 1910, 2).

Exil auf Abruf

Am 12. November 1806 reist Gentz von Dresden in Richtung Prag, Napoleons Bulletin hat ihm Angst gemacht und in Wien will man ihn jetzt auf keinen Fall sehen. Ein berühmter Exilant unterwegs vor offenem Horizont, oder doch ein *privilegierter Müßiggänger*, ein *elender Grillenfänger, der nichts mehr wirken kann?* Große Pläne und Hoffnungen beschäftigen ihn, doch sein jetziges Leben nimmt sich bescheiden aus. In Prag kommt zunächst nur ein schlechtes Quartier in Frage, denn der kaiserliche Rat ist wieder einmal nahezu mittellos, vierhundert Papiergulden sind alles, was er momentan aufbringen kann, doch verzagen will er nicht: *Was weiter aus mir wurde, wusste ich nicht. Jede Zeitung brachte die schrecklichsten Nachrichten von den Fortschritten der Franzosen, der gänzlichen Trennung Englands vom Kontinent u.s.f. Gleichwohl war ich fast durchgehends in der herrlichsten Stimmung, trieb mich den ganzen Tag in den besten Gesellschaften umher.*

Wenn das Glück der Politik versiegt, kann die Liebeslust vielleicht weiterhelfen. Gentz vernarrt sich in die schöne Herzogin Jeanne von Acerenza, geborene Prinzessin von Kurland, aber diese Schwingungen der Leidenschaft halten nicht lange vor, wir wissen wenig darüber, denn alle näheren Aufzeichnungen wie so manches andere hat er später verbrannt. In Prag geht es ihm also nicht wirklich schlecht, bald treffen auch wieder Zahlungen aus England ein, und er kann sich einen neuen Hausstand leisten. Ansonsten wird dieses Leben bestimmt durch *endlose Frivolitäten und Genüs-*

se besonders unter emigrierten russischen Aristokraten, zwischen Prag, Karlsbad und Teplitz. Gute zwei Jahre, bis zum Februar 1809 wird diese erste Phase seines Exils dauern, erst dann wird er Wien wieder sehen und sich irrtümlich vor der größten aller Epochen wähnen, dem endgültigen Sieg über Frankreich. Bis dorthin aber heißt es, ein unstetes, von Lustbarkeiten und Arbeitsfron, von Verlorenheit und Ruhm, von Depressionen und Hoffnungen durchströmtes *Leben in Nichtigkeit* zu führen: *Die Idee, dass meine praktische Laufbahn für lange Zeit, wo nicht für immer geschlossen ist, trägt viel zu dieser Stimmung bei.*

Friedrich Gentz ist politisch kaltgestellt, doch der ihn umgebende Nimbus spricht eine andere Sprache, allein in der deutschen Presse ist vielfach von seinen vermeintlichen oder tatsächlichen Umtrieben die Rede. Nur so ist es erklärbar, dass der preußische Außenminister von Haugwitz ihn im Januar 1807 schon wieder als Unterhändler in Beschlag nimmt, um die schließlich scheiternde Absicherung einiger preußischer Festungen in Schlesien durch österreichische Truppen ins Werk zu setzen. Da dies ohne Wissen Graf Stadions und des Kaisers geschehen ist, hätte das ganze Unternehmen zu einem diplomatischen Eklat gegenüber Napoleon führen können. Doch das Schlimmste bleibt aus.

Fast ebenso gravierend ist, was Adam Müller seinem Freund Gentz in Hinsicht auf ihren gemeinsamen Bündnisbruder Johannes von Müller mitzuteilen hat. Der sei mittlerweile abtrünnig geworden und das nach einer persönlichen Audienz bei Napoleon. In der Berliner Akademie habe Müller eine Rede gehalten, die nichts als eine blanke Huldigung des französischen Kaisers darstelle, und sogar zum schmählichen Rheinbund sei ihm *Günstiges* über die Lippen gekommen. Gentz ist empört, in seinem berühmten Brief an Johannes von Müller vom 27. Februar 1807 spricht er als *Streiter für eine geheiligte Sache* diesem Verräter ein unerbittliches *Verdammungs-Urteil*. Allein dass Müller im besetzten Berlin geblieben sei, beweise schon seine Verfallenheit an das Böse. Gentz schreibt: *Die gehässigste, schmählichste, frechste, verkehrteste, nichtswürdigste, unerträglichste aller Neuerungen unsrer Zeit hat an Ihnen einen Lobredner gewonnen. In diesem meuchelmörderischen Attentat, wodurch der fremde Usurpator einer fremden Regierungsgewalt alles, was noch national bei uns war, unter die Hufe seiner Pferde gestampft hat, in dieser Schimpf- und Spott-Constitution […], in diesem verworfenen Machwerk der Tyrannei konnte der lorbeerreiche Herold helvetischer und germanischer Freiheit den ,Keim einer trefflichen Verfassung' und Stoffe und Anlagen finden, die es jedem Deutschen wert machen müssen, in seinen Kreisen zu leben. Wie ist eine solche Metamorphose zu erklären, wie kann man ein Leben als immerwährende Kapitulation führen?* fragt Gentz. Doch er weiß um die Gerechtigkeit in der Geschichte, die gesetzliche Ordnung kommt zurück, Napoleon wird fallen, Deutschland wieder frei und glücklich emporblühen. (J. Baxa 1965/G. Schlesier 1840, 4).

Ist der Fall Müller nur ein weiterer Beweis für die politische Insuffizienz der aufgeklärten Intellektuellen in Deutschland? So sehr ihm die Gesellschaft aristokratischer Kreise behagt, so lustvoll es ihn umtreibt in ihren endlosen Genüssen und Frivolitäten, Gentz ist auch über die literarischen Entwicklungen und geistigen Aus-

einandersetzungen in Deutschland gut informiert, und oft genug besuchen ihn oder
trifft er illustre Köpfe, sei es in Prag oder in den böhmischen Bädern. Zu dem Predi-
gerdichter Zacharias Werner nimmt er distanzierten Kontakt auf, dessen emphati-
scher Protestantismus mag in manchem seiner Wertschätzung des Katholischen als
Moralstütze von Sozietät und Regierung entsprochen haben. Später wird Werner
konvertieren. Etwas anderes gilt für Heinrich von Kleist, mit dem gemeinsam Adam
Müller die Kunstzeitschrift ,Phöbus' herausgibt. Obgleich Gentz dieses Periodikum
nicht besonders schätzt, ist er zumal von Kleists ,Amphitryon' vollkommen begeistert. Denn zugleich *so Molière und so deutsch zu sein, ist wirklich etwas wundervolles,
das Stück sei ein wirklich Shakespearesches Lustspiel*, und seinem Verfasser attestiert er
wenig später, dass sein *großes Talent allzeit sich und seiner Nation gewiss bleiben* werde.
    Womöglich hätte ihm Madame de Staël in dieser Hinsicht zugestimmt, er lernt sie
im Mai 1808 in Teplitz kennen, in Begleitung ihres Freundes August Wilhelm Schlegel. Es kommt zu einer aufregenden Begegnung. Nicht nur ist Gentz von der Leichtigkeit des Umgangs mit dieser Frau und von ihrer Bildung begeistert, vielmehr
scheinen beide Feuer füreinander gefangen zu haben. Von ihren geistreichen Schmeicheleien, die einen leidenschaftlichen Charakter angenommen hätten, berichtet er
Müller und von der Eifersucht ihrer beiden Begleiter ihm gegenüber. Madame de
Staël nennt Gentz bald darauf *le premier homme de l'Allemagne*. Das kann ihn nur
begeistern, gern würde er eine *Ewigkeit mit ihr durchsprechen*, aber ihre Wege trennen
sich bald wieder. An weiteren Begegnungen mit attraktiven hochgestellten Damen
wird es auch im Exil nie fehlen. Gentz' Berühmtheit zieht weiteste Kreise. Dass er
mit Madame de Staël vertraut sei, bringt damals sogar der französische Kaiser in
Erfahrung: *Diese Verbindung könne nur schädlich sein und müsse gehindert werden.* (E.
Guglia 1901).
    Gentz mangelt es nicht an Umtrieben und Korrespondenzen, an Besuchen und
Gegenbesuchen, an absichtsvoller intellektueller Informations- und Beziehungsar-
beit. Politisch befindet er sich in einer komplizierten Situation. Er hält es mit Österreich und England, will mit Russland nicht brechen, weiß aber nur zu genau, wie
konfliktreich das Verhältnis der drei Staaten untereinander und dann auch noch gegenüber Frankreich sich darstellt. Dass er es schafft, sich mit keiner der antifranzösischen Parteien zu überwerfen, spricht abermals für seine politische Intelligenz. Immer noch beauftragt man ihn mit Memoires für stattliche Honorare, Geschenke und
Kredite, auch lernt er wieder die interessantesten Herren und Damen aus der europäischen Staats- und Diplomatiewelt kennen, geheime Emissäre aus London, die über
französische Verluste im Kampf gegen die Aufständischen in Spanien berichten, oder
Wiener Vertriebene, die von geheimen Kriegsvorbereitungen Österreichs schwärmen. In seinem Umkreis zwischen Teplitz, Karlsbad und Prag versammle sich eine
zahlreiche Gesellschaft von Preußen, Exilierten und Napoleonhassern, schreibt
Gentz in seinem Tagebuch, es sind einflussreiche Männer und Frauen, die dem Wiener Hofrat ihr Vertrauen als Vermittler und Sprachrohr schenken. Dazu gesellen sich
sein alter Kollege, der preußische Kabinettsrat Lombard, die Prinzessin von Solms,

Herzog Carl August von Weimar und bald auch der Freiherr vom Stein. Ihm begegnet Gentz im Januar 1809 in Prag, wo beide einige Wochen lang täglich miteinander konferieren.

ACHTES KAPITEL

Die Nationen erwachen

Patriotischer Aufschwung

Der Blick auf Deutschland und Europa im Jahre 1808 ist mehr als ernüchternd, die Kriegs- und Bündnissituation verwickelter denn je, und noch nie hat das napoleonische Imperium trotz der jüngsten Niederlage in Spanien ruhmreicher da gestanden. Doch der Kaiser der Franzosen sieht die zunehmenden Kriegsvorbereitungen Österreichs mit Sorge. Dass er sich der Unterstützung Russlands versichert, um Wien in Schach zu halten, erscheint politisch unverzichtbar, ein Bündnisvertrag mit Österreich, wie Talleyrand ihn nach wie vor dringend empfiehlt, kommt für Napoleon nicht in Frage. Aber auch sein Verhältnis zu Alexander I. ist seit dem Freundschaftsvertrag von 1807 nicht wirklich ungetrübt, die Erwartung des Zaren, von Frankreich im Kampf gegen das Osmanische Reich unterstützt zu werden, hat getrogen und die Teilnahme an der Kontinentalsperre gegen Großbritannien wirkt sich für Russland ungünstig aus.

Vor diesem Hintergrund lädt Bonaparte vom 27. September bis zum 14. Oktober 1808 zu einem Monarchenkongress in die französische Exklave Erfurt ein. Die deutschen Rheinfürsten erscheinen zahlreich, und so kann es die Versammlung zu einer glanzvollen Macht- und Freundschaftsdemonstration Napoleons im Interesse der außen- und militärpolitischen Koordination bringen. Gewiss, es geht vor allem um den Versuch, mit Russland zu einer längerfristigen Vereinbarung gegen England, Österreich und Preußen zu kommen, aber was Bonaparte darüber hinaus an Illumination seines Kaiserkultus und an intellektuellen Leuchtfeuern entzünden kann, ist damals von unerhörter Wirkung. Keine Geringeren als Goethe, Wieland und Johannes von Müller gehören zu den Gästen des Kongresses und nicht zu vergessen, die Crème des Pariser Theaters: *Ich will Deutschland durch Pracht und Glanz in Erstaunen setzen und dem Land höhere Begriffe von Moral beibringen*, das ist dem Kaiser der Franzosen auf seine Weise durchaus gelungen. Kein Wunder, dass ein solcher Affront zu heftigen patriotischen Reaktionen bei Politikern und Intellektuellen in den malträtierten Ländern führt. (G. Seibt 2008). Napoleon steht im Zenit seines Ruhmes, und doch zeigt sein Imperium etliche Risse und Verwerfungen. Dazu gehört auch, dass der französische Außenminister Talleyrand, dieser *ewige Österreicher*, wie Bonaparte ihn schilt, von seinem Brotherrn mehr und mehr Abstand gewinnt und sich in

Erfurt sogar zu geheimdiplomatischen Verabredungen mit Zar Alexander trifft. Der wiederum bleibt Österreich im Wort, wovon Metternich und womöglich auch Friedrich Gentz sehr wohl unterrichtet sein dürften. Sind die politischen Auspizien also doch günstiger als mancheiner denkt?

Anfang 1809 geschieht etwas ebenso Überraschendes wie Bedeutsames. Schon im August 1808 hat Außenminister Stadion in einem Brief an Gentz angedeutet, dass der Zeitpunkt seiner Rückkehr nach Wien unter Umständen nah sein könne. Am 18. Februar 1809 ist es so weit, der kaiserliche Rat wird in bedrohlicher Lage offiziell zurückbeordert, die größte aller Epochen scheint vor der Tür zu stehen und Gentz ist voller Tatendrang, die bisherige Krise sei ja nur eine unter vielen gewesen: *Der 1. Oktober, wo ich von Dresden nach Naumburg ging, hatte einige Ähnlichkeit mit dem heutigen Tage. Aber gegen das Gewicht der jetzigen Stunde scheinen mir alle vorhergehenden nur federleicht*, schreibt er an Adam Müller. Der Krieg gegen Frankreich ist beschlossene Sache und Gentz bezieht jetzt ein Zimmer in der Wiener Staatskanzlei, um an Ort und Stelle politisch tätig zu werden, vor allem um das kaiserliche Manifest zu formulieren. Innerhalb von vier Wochen ist es fertig und findet den schmeichelhaften Beifall des Außenministers. Am 10. April 1809 bricht der Volkskrieg tatsächlich aus, ein neuer *ungeheurer Aufschwung des Nazional-Geistes* ist Wirklichkeit geworden, er wird abermals eingeläutet durch ein staatsrhetorisches Glanzstück, das die Legitimität dieser Entscheidung aus einem weiten bündnispolitischen Horizont heraus begründet.

Alle Kränkungen und Zumutungen, alle Vorwürfe, Drohungen und Feindseligkeiten Bonapartes gegenüber Österreich werden aufgeführt. Immer habe Kaiser Franz ein gutes Auskommen mit dem Imperator finden wollen, doch am Ende sei ihm nichts anderes übrig geblieben, als die Neutralität Österreichs aufzugeben und sein Existenzrecht im Rahmen der europäischen Föderativordnung zu sichern: *Seine Majestät ergreifen die Waffen, weil die Pflicht der Selbsterhaltung Ihnen untersagt, die Bedingung, von welcher das französische Kabinett die Fortdauer des Friedens abhängig gemacht hat, Verzichtleistung auf ihre rechtmäßigen Verteidigungsmittel, einzugehen; weil Sie nicht länger zögern dürfen, die Ihnen von Gott anvertrauten Länder und Völker gegen einen lange beabsichtigten, mehr denn einmal ausdrücklich angekündigten Angriff zu decken, weil sie mit den Gedanken und Wünschen Ihres Volkes hinlänglich vertraut sind, um zu wissen, dass keiner darunter zu finden ist, der nicht die äußerste Anstrengung seiner Kräfte einer unwürdigen Selbstvernichtung durch freiwillige Unterwürfigkeit vorzöge.* (G. Schlesier 1840, 2/A. Fournier 1907/E. Guglia 1901/B. Dorn 1993).

Während das allgemeine österreichische Kriegsmanifest von Gentz zu Papier gebracht wird, geht der Hofsekretär Friedrich Schlegel dem Erzherzog Karl an der Spitze der Armee mit mehreren Schlachtaufrufen zur Hand. Jene damals berühmte Losung: *Die Freiheit Europas hat sich unter Österreichs Fahnen geflüchtet*, dürfte eine seiner Formulierungen gewesen sein. Jetzt gilt es, die patriotische Kampfkraft der österreichischen Nation gegen den auswuchernden Hegemonialanspruch Bonapartes heraufzurufen.

Doch das Kriegsglück ist den Österreichern nicht hold, gegen die napoleonische Armee scheint immer noch kein militärisches Kraut gewachsen, zumal jede Hilfe durch die ‚Deutschen' ausbleibt. Schon Anfang Juni, mitten im Schlachtenlärm, schreibt Gentz an Wessenberg: *Jetzt wird vielleicht das allgemeine Verderben noch größer. Doch es sey darum. Je verwickelter, je wilder, desto besser! Die Welt ist einmal aus ihren Angeln gehoben; je mehr Elemente der Gährung jetzt in einander wirken, desto größer werden doch auch die Chancen der Wiedergeburt.* (A. Fournier 1907). Nach anfänglichen Erfolgen, zumal in der Schlacht bei Wagram, die zu einem prekären Waffenstillstand führt, werden die Erzherzöge Karl und Johann in mehreren Gefechten geschlagen, noch bis zum 16. Oktober, an dem der Vertrag von Schönbrunn geschlossen wird, ziehen sich endlose und verlustreiche Kämpfe hin. Auch Gentz schwankt damals für einige Zeit zwischen der Kriegs- und der Friedensoption. Als Napoleon unmäßige Forderungen stellt, flammen die Kämpfe erneut auf, Kaiser Franz will nicht einlenken.

Jetzt entwirft Gentz einen Plan, wie der bevorstehende Verzweiflungskampf am Ende vielleicht noch gewonnen werden könnte, durch eine Volkserhebung – auf die Unterstützung durch die norddeutschen Länder käme dann alles an. In diesem Sinne schreibt der Hofrat einen Brief an den patriotischen Meisteragitator, den Freiherrn vom Stein: *Die beiden einzigen großen Elemente einer solchen Diversion sind also – eine englische Landung und Volksaufstände.* Letztere hätte der Freiherr zu organisieren, der über Jahre hin versucht hat, mit englischer Hilfe eine Rebellion gegen den französischen Usurpator ins Werk zu setzen. Nicht gern stellt Gentz dergleichen Überlegungen an, aber er scheint diesen Plan wenigstens für einige Wochen ernsthaft verfolgt zu haben, Briefe an den Grafen Stadion, an den Prinzen von Oranien und an die englische Regierung verfasst er, um ein breites Bündnis gegen Napoleon zustande zu bringen.

Doch es sollte ganz anders kommen, von einer *Volksrebellion* ist bald schon keine Rede mehr, Bonaparte wird den Friedensschluss von Schönbrunn vielmehr mit *Lug und Betrug gewaltsam* durchsetzen. Dieser Vertrag entbehre jeder völkerrechtlichen Grundlage, wird der neue Außenminister Metternich vergeblich klagen. Er weiß nur zu gut, dass Napoleon die Großmacht Österreich langfristig schwächen will. Nun hat das Land in der Tat schwere Gebietsverluste hinzunehmen, Teile Polens, Salzburg, das Innviertel, Berchtesgaden, Illyrien und Triest. Außerdem muss es der Kontinentalsperre gegen England beitreten, seine Armee auf hundertundfünfzigtausend Mann reduzieren und die Riesensumme von fünfundachtzig Millionen Franken Kriegsentschädigung leisten.

Schon Anfang Mai muss Gentz die österreichische Hauptstadt fluchtartig wieder verlassen, Napoleon ist im Anmarsch auf Wien. Selbst diese Demütigung will er dem Kaiser von Österreich noch antun, nachdem auch Berlin jetzt französisch besetzt ist. Gentz' Reisewege folgen dem Linienverlauf des österreichischen Schlachtenunglücks, von Wien nach Ofen und nach Hatvan, dann nach Pest, Tyrnau, Totis, wieder zurück nach Ofen und schließlich nach Prag. In Totis, wo für längere Zeit das kaiserliche Hauptquartier aufgeschlagen wird, konferiert der Hofrat täglich mit Außenminister Stadion, zu dem er jetzt ein freundschaftliches Verhältnis gewinnt. Noch ein weiteres Kriegsmanifest schreibt Gentz auf Bitten seines Ministers, doch bald sieht sich Stadion von aller politischen fortune verlassen und gibt demoralisiert sein Amt auf. Am 26. September 1809 übernimmt Graf Metternich die Funktion des österreichischen Außenministers. Da auch der neue mächtige Mann für Gentz keine überzeugende Verwendungsmöglichkeit in Aussicht stellt, hält es ihn weiter in Prag. Abgeschnitten von allem und hilflos fühlt er sich. Er habe die Katastrophe der österreichischen Armee mit *unerschütterlicher Gewissheit* vorausgesehen, schreibt er, und glaubt nun ihre heillose Maschinerie endgültig zu durchschauen, das *wüste Chaos von Widersprüchen, Inkonsequenzen, Planlosigkeit, Hülflosigkeit, Jammer und Elend ohne Gränzen.* (C.v. Klinkowström 1870).

Doch so groß das Übel des Friedensschlusses auch sein mag, er ist für Gentz *tausendmal besser* als der Wiederausbruch des Krieges. Wie man es dreht und wendet, die Aussichten Österreichs seien schlecht, denn die Monarchie bestehe *heute nur noch aus der Armee, alles übrige ist schon todt. Wird diese Armee geschlagen, so ist der Staat ipso facto aufgelöst.* Gentz ist dafür, die von Napoleon geforderten Reparationszahlungen vollständig zu leisten, zumal der Franzose gewisse Zugeständnisse gemacht hat. Offensiv sollte der Außenminister mit Napoleon verhandeln, rät er, bis ein harter, aber erträglicher Friedensschluss erreicht sei, jedes materielle Opfer könne Österreich bringen, nur nicht die *sacrifes de principes et de système politique.* Manchmal grenzt es für den Wiener Hofrat an ein Wunder, dass überhaupt noch etwas von der kaiserlichen Monarchie übrig zu bleiben scheint: *Es ist ein großes Ensemble von Irrthümern, Verblendung und falschen Berechnungen, das uns zugrunde gerichtet hat.* Der *entsetzliche* Friedensschluss habe das Land einer *traurigen Blöße* ausgesetzt und ihm selber jede Chance genommen, etwas für Österreich, Deutschland und Europa zu tun. In einem Brief an den britischen Gesandten in Wien Robert Adair beschwört Gentz nun die britische Regierung, ihm eine Stellung zu verschaffen, denn seine bisherige Rolle auf dem Kontinent sei *ausgespielt.* Wieder einmal ist die Verzweiflung des Kriegsrats groß, und dennoch schreibt er Ende 1809 an den Freiherrn vom Stein, sein Glaube habe sich trotz allem verstärkt, dass der Tyrann untergehen werde: *Der Stoff zum Widerstand bleibt und der Geist hat eher gewonnen.* (E. Guglia 1901).

Was für ein Jahr liegt hinter ihm? Begonnen hat es mit höchsten Erwartungen, in Trostlosigkeit und mit winterlicher Kälte nimmt es seinen Ausgang, da können auch die Lustbarkeiten in den vertrauten Adelshäusern nicht viel Heiterkeit auslösen. Gentz ist in schlechter Verfassung, wie so oft, wenn sich der dräuende Schatten der napoleonischen Universalmonarchie über Europa senkt: *Meine politische Laufbahn dürfte wohl ihr Ende erreicht haben,* hat er schon im Oktober 1809 an den Grafen Kollowrat geschrieben. Soll er jetzt nicht lieber zu seiner *Hausfamilie,* zu seinen Freunden und sich selber zurückkehren? In dieser Einsamkeit formuliert Gentz eine Denkschrift unter dem Titel ‚Gedanken über die Berechtigung der Urteile des Publikums von den österreichischen Bankozetteln‘, die in den hitzigen Streit um die heillose Finanzkrise der Wiener Monarchie eingreift. Wenn er programmatisch formuliert, dass alles das *wahres Geld [sei], was der Staat gesetzmäßig dafür erklärt*, so ist das nicht nur von fiskalischer Bedeutung, sondern soll den zum Teil hysterischen Protest der Österreicher gegen das ominöse Papiergeld auf Verständigungsmaße herunter bringen. In der Frage der Staatsverschuldung hat die politische Elite Habsburgs ein handfestes öffentliches Problem, Gentz beweist auch in dieser Hinsicht das richtige Gespür für seinen Einfluss auf die res agenda seines Vaterlandes. Er sollte Recht behalten.

Im Februar 1810 wird er im Zusammenhang seines viel debattierten Memoires vom österreichischen Finanzminister nach Wien gebeten, eine Reise, die der Hofrat widerwillig antritt, weil sie mit nichts anderem als einer finanzpolitischen Beratertätigkeit verbunden ist. Und noch missmutiger wird er angesichts der Vermählung der Erzherzogin Marie Louise mit dem Kaiser der Franzosen. Einen dermaßen sinistren Schachzug hätte er Metternich, dem neuen starken Mann in Wien, niemals zugetraut. Ist der ein bloßer *Minister der Neutralität* geworden? Er habe geweint wie ein Kind, heißt es in Gentz' Tagebuch, dies sei einer der *trübsten, melancholischen Tage seines Lebens* gewesen, ein psychosomatischer Krankheitszustand befällt ihn für Wochen. Seine Bewunderung für Metternich hatte während dessen Pariser Botschafterjahre ohnehin schon gelitten, denn in der französischen Metropole war der *Stern der Gesellschaft des Kaiserhofes als [...] Lebemann und glatter Höfling* aufgetreten, und schien jetzt der verhängnisvollen Kriegsneigung des Kaisers immer noch nahezustehen. Diesem *leichtsinnigsten aller Menschen* im Amt des österreichischen Außenministers kann Gentz noch lange nicht vertrauen.

War es da nicht bedenklich, dem kritischen Freund Humboldt so unverblümte Einsicht zu gewähren in die eigene Befindlichkeit? *Ich fühle mich selbst wie vertrocknet, ausgesaugt und vernichtet. Mit der Vergangenheit beschäftige ich mich ungern, weil ich allenthalben dem Gespenst meiner eigenen Irrtümer und Fehler begegne. Die Gegenwart ist natürlich ohne allen Reiz, und von der Zukunft kenne ich nur das einzige demütige Datum, dass sie sich in jedem Fall ganz anders gestalten wird und muss, als ich es mir in meiner kurzsichtigen Weisheit vorgestellt hatte [...]. Sinnliche Genüsse haben [...] einen großen Teil ihres ehemaligen Reizes für mich verloren. Das sonst so wichtige Essen und Trinken spielt kaum noch eine Nebenrolle in meinem Leben [...]. Die sogenannte Sozietät ist mir dergestalt zuwider geworden, dass sie mich durch ihre Gewöhnlichkeit, durch ihre Einerleiheit erdrückt und verjagt. Dass ich mich zu keiner Arbeit entschließen kann, darf ich, nach dem bisher Gesagten, kaum noch hinzufügen.* Humboldt, der skeptische Freund aus alten Tagen, hat auf dieses Bekenntnis nicht gerade verständnisvoll reagiert. Gentz, den er in Wien getroffen habe, sei *tief gesunken, sein Geist schwach geworden und ohne Zentrum, nur noch die alte Hyperbelform sei ihm zu eigen*, höchst unzufrieden erscheine er und habe sich in den Mystizismus zurückgezogen, schreibt Humboldt an Caroline. Sieht Gentz wirklich mit klaren Augen in den Abgrund? Kaum ein freundliches Wort, nichts über die möglichen Umstände der Gentzschen Depression. Umgekehrt beurteilt der österreichische Rat den alten Berliner Gefährten doch ein wenig nachsichtiger, auch wenn wieder einmal von dessen *eiskalter Seele und von überlegener Sophisterei* die Rede ist. Klug, amüsant und dämonisch wie gewohnt kommt ihm Humboldt vor, doch gewiss habe er in den Jahren ihrer Bekanntschaft manches an *Genuss und Bildung* durch ihn hinzu gewonnen. Andere Freunde und Bekannte mutmaßen, Gentz' Wiener Aufenthalt habe mit seiner Absicht zu tun, zum Katholizismus überzutreten. Auch hier eher Unterstellungen und Häme als Interesse oder Anteilnahme.

Da wird des Hofrats Entscheidung verständlich, Wien bald zu verlassen und auf eine Lustreise mit den Gebrüdern Stadion zu gehen, nach Horzin, nach Teplitz und später nach Karlsbad. Überall trifft er wieder auf Freundinnen und Freunde aus der Hocharistokratie, des Kaisers dritte Gemahlin ist darunter, die Prinzessin von Solms, in die er sich verliebt, vermögende Adlige aus Polen, Ungarn und Russland. Aber auch der berüchtigte Fichte und der Philologe Friedrich August Wolf und selbst ein *erträglicher* Goethe stellen sich ein, ihnen allen zeigt sich der österreichische Rat intellektuell gewachsen, sein Erscheinungsbild ist bald wieder das eines Grandseigneurs, er ist der Chevalier de Gentz. In diesem Sommer 1810 kehrt also doch noch eine aufgeräumte Gemütsstimmung zurück, getrübt nur durch die Nachricht vom plötzlichen Tod der preußischen Königin Luise, die auch Gentz sehr geschätzt hat, andererseits beflügelt durch einen Brief der alten Freundin Rahel Levin, die ihn immer noch anbete, mit der er es jedoch nie zur *ordentlichen, vollständigen Liebe* gebracht habe. Von mehr Erfolg gekrönt zeigt sich die Verbindung mit zwei Damen der allerbesten Gesellschaft, der schönen Prinzessin von Solms und der göttlichen Gräfin Voss, durch die Gentz in Teplitz einige genussreiche Wochen zu Teil werden. Erfüllt von exquisiten Vergnügungen geht der Sommer 1810 zu Ende.

Die Völker und die Signale

Schon Anfang November kommen andere Zeiten auf Gentz zu, er wird umgehend nach Wien beordert, wo er am Kohlmarkt eine standesgemäße Wohnung beziehen kann. Aber nach wie vor scheint es Metternich, diese *Porzellan-Natur*, mit einer verbindlichen Aufgabenzuteilung nicht eilig zu haben. Zunächst bleibt der kaiserliche Kriegsrat auf sich allein gestellt, und dies führt ihn unversehens wieder hinein in das Leben der glamourösen Wiener Gesellschaft. Die Fürstin Bagration, die Gräfin Lanckoronska, die Herzogin von Sagan, der Graf von Ligne öffnen ihm bereitwillig ihre Häuser, Gentz trifft den preußischen Gesandten Humboldt und seine Frau wieder, er verkehrt mit den Gebrüdern Stadion und zahllosen anderen illustren Persönlichkeiten der Zeit. Nur mit Metternich ergeben sich – bei freundlichem Umgang – weiterhin kaum nähere Kontakte, der Außenminister muss die diplomatische Contenance wahren unter der französischen Besatzung, zumal bei der militärischen Unterlegenheit gegenüber den Heerscharen Napoleons. Metternich schreibt damals an den Kaiser: *Wir müssen also vom Tage des Friedens an unser System auf ausschließen-*

des Lavieren, auf Schmeicheln beschränken. So allein fristen wir unsere Existenz vielleicht bis zum Tage der allgemeinen Erlösung. Gentz, der sich mit allerlei Dissidenten aus dem In- und Ausland regelmäßig im ,Anti-Bonapartischen Klub' trifft, befindet sich weit entfernt von der Wiener Beschwichtigungspolitik gegenüber dem französischen Usurpator. Dennoch tritt er offiziell für den Frieden mit Frankreich ein, zum Ärger der fanatischen Wiener Kriegspartei. Der Hofrat geriert sich in Wien keineswegs als bloßer Zuschauer, sondern steckt seine Nase wiederum tief in die Politik, ohne sich zum *blinden Werkzeug* machen lassen zu wollen.

In der Tat kann er sich keineswegs über einen Mangel an Aktivitäten und Verbindungen beklagen, die Zusammenarbeit mit führenden Wiener Intellektuellen, Schriftstellern und Journalisten erschließt sich ihm abermals rasch, ja er gewinnt hier zunehmenden Einfluss. So etwa auf den 1810 gegründeten ,Österreichischen Beobachter', dessen literarischen Teil man zunächst einem anderen berühmten Deutschen anvertraut hat, dem kaiserlichen Hofsekretär Friedrich Schlegel. Da das Blatt bisher nicht reüssieren kann, wird es nun unter der Leitung des Metternich-Vertrauten Joseph Anton von Pilat als Tageszeitung herausgegeben und sich im Lauf der Jahre zu einem der bedeutendsten Periodika der Zeit entwickeln. (H. Eichler 1926/L. Günther 1956/S. Lechner 1977/C. Aspalter u.a. 2006/G. Kronenbitter 1994). Von seinem Publikationsprofil her ist der ,Österreichische Beobachter', der den 1808 begründeten ,Vaterländischen Blättern für den österreichischen Kaiserstaat' nachfolgt, ein ambitioniertes Unternehmen: *Das Gute, Große und Gemeinnützige sollen gefördert, die Verdienste seiner Majestät um Volkswohl und Volksglück hervorgehoben, und mit Klugheit dem Zeitgeiste und der öffentlichen Meinung in Beziehung auf die österreichische Staatsverwaltung eine bessere Richtung vermittelt* werden. Um Liebe, Ehrfurcht und Vertrauen gegenüber der Obrigkeit also geht es, darum, das Entscheidungsmonopol und die moralische Autorität der Regierung gleichsam zu retten gegenüber dem Anspruch auf *Urteil, Kritik und letztlich Mitentscheidung* seitens der bürgerlichen Protagonisten auf dem Meinungsmarkt.

Von Anbeginn ist der ,Österreichische Beobachter', nach der Formulierung Metternichs, als ein *halb officielles Organ* zu verstehen, gewissermaßen als verdecktes Sprachrohr der Staatsmacht. Politisches und publizistisches Interesse sind hier zwar nahezu identisch, aber genau das soll nach außen nicht erkennbar werden. Dazu gehört, dass die Zeitung nicht die unmittelbare, gleichsam paritätische Meinungskonkurrenz in der Öffentlichkeit sucht. Noch 1826 wird Gentz über die kaiserliche Publizitätspolitik schreiben: *Wir sind weder Diener einer Partei, noch Werkzeuge einer despotischen Willkühr; wir stehen im Dienste einer Sache; und in dem jetzigen furchtbar zerrissnen moralischen Zustande der Welt hat diese Sache für unser Gefühl den vollen Werth einer politischen Religion. Wir müssten unsre Stellung, unsern Beruf, unser Interesse seltsam verkennen, wenn wir je von diesem uns gegenwärtigen Standpuncte in den Kampfplatz wilder Leidenschaften herabsteigen wollten, auf welchem heute die meisten politischen Tageblätter ihr Spiel treiben.*

Zumal die Wiener ,Jahrbücher der Literatur' werden diese Programmatik von 1818 an erneut aufnehmen als *Privat-Unternehmen* von Gelehrten, das *keinerlei poli-*

tische Fahnen aufpflanzen, sondern nach Recht und Wahrheit, den moralischen Grundlagen der österreichischen Herrschaft entsprechend, mäßigend auf Kultur und Zeitgeist einwirken soll. Selbst Kritiker Österreichs und des Deutschen Bundes werden hier zu Wort kommen. Publizität hat in Wien mittlerweile einen hohen staatspolitischen Rang eingenommen, freilich ohne dass damit jemals irgendein Mitbestimmungsanspruch des Publikums verbunden wäre. Außerdem nehmen Metternich und Gentz auf die in Augsburg bei Cotta erscheinende ‚Allgemeine Zeitung‘, auf Adam Müllers ‚Deutsche Staats-Anzeigen‘ und auf einige andere Blätter mehr oder minder direkten Einfluss. Und insbesondere wird die freie Reichsstadt Frankfurt mit dem Sitz des Bundestages, wo der Legationsrat Friedrich Schlegel vor und hinter den Kulissen meinungsbildend tätig ist, zu einem der wichtigsten publizistischen Strategiezentren des Wiener Systems. Man befindet sich im Grunde ständig im *Meinungskrieg.*

Endlich hat sich Kaiser Franz von Stadion und von Metternich davon überzeugen lassen, dass die höfisch gebundene ‚Wiener Zeitung‘ nicht ausreicht, um das Misstrauen der Österreicher gegen die Grundsätze der Regierung in bezug auf *Publizität und Freimütigkeit zu zerstreuen*, der Staat hat nur dann eine Chance auf *patriotisches Gehör*, wenn er mit einer moralisch einnehmenden und argumentativ überzeugenden Agenda vor das Publikum tritt. Die Zeiten sind vorüber, in denen die Macht ausschließlich handelt, ohne sich zu erklären. Schlegel hatte schon 1809 mit einem Armeeblatt, der ‚Österreichischen Zeitung‘, die Probe aufs Exempel gemacht, wie man publizistisch zur Pflege von Kriegsbegeisterung und Siegeshoffnung beitragen kann. Wenn der Feind *Armeen auf dem Papier und in Worten marschieren lässt*, dann muss dieser neuartigen militärischen Beredsamkeit etwas Wirksames entgegen gesetzt werden: *Die historischen und politischen Schriftsteller werden jetzt als eine Macht und ein Werkzeug gebraucht, Macht muss gegen Macht aufgestellt werden.* Eine Haltung, die Friedrich Gentz ausdrücklich befördert, der nun gegenüber Metternich für ein möglichst mildes, liberales Zensurreglement eintritt, damit im Widerspruch zu den napoleonischen Zwangsinstrumentarien die *Popularität* der österreichischen Regierung wesentlich gesteigert werde.

Auch der Minister selbst hat sich schon Jahre zuvor mit den Möglichkeiten eines regierungsamtlichen Pressewesens beschäftigt, wie sonst wollte man die Gesellschaft mobilisieren und den *Kampf Volksmasse gegen Volksmasse* jemals bestehen können? Adam Müller, dieser *Radicalreformator im umgekehrten Sinn*, wie Gentz ihn nennt, hat die Botschaft genau verstanden, auch er will die *Anarchie der Meinungen* in Deutschland beenden und alles *Böse* vernichten, das in der *Chimäre eines souverainen Volkes und in dem unseligen Gedanken von der todten Einheit des deutschen Staatskörpers* liegt. Um den *Gedankenfrieden* im Lande geht es Müller und seinen Wiener Auftraggebern. Man mag sich vielleicht über das gemeine Volk erheben, aber die öffentliche Meinung zu missachten, sei mindestens so gefährlich wie die Ignoranz gegenüber den moralischen Grundsätzen der Gesellschaft schlechthin, hatte Metternich schon 1808 an Außenminister Stadion geschrieben. Denn der sah noch bis vor kurzem im Pressewesen eine unerträgliche Herausforderung des sozialen Gleichgewichts. (S. Lechner 1977/H. Zimmermann 2009).

Gentz, Adam Müller, Josef Anton Pilat und Schlegel bilden nun eine so heterogene wie famose Fraktion staatsorientierter Publizistik, die es in dieser Effizienz noch nie gegeben hat. Das ist nicht nur spektakulär, es führt auch zu konkreten Erfolgen. Bereits im Mai 1809 hatte die ‚Wiener Zeitung‘ formuliert: *Die Gränzen sind schon mit Proklamationen und Flugschriften aller Art überschwemmt. Neben Genz und Stein nennt man auch einen Hrn. Schlegel.* Und der ‚Eipeldauer aus Wien‘ macht sich bald darauf lustig mit einem ins Karnevaleske stilisierten Bild der beiden *Armee-Dichter Gänsschlegel.* Dorothea Schlegel schreibt zu jener Zeit an ihren Mann: *Lass es Dir an's Herz gelegt sein, mein geliebter Friedrich, sieh zu, dass Du einen Einfluss auf die Armeeberichte erhältst. Auch Dein persönlicher Ruf ist sehr dabei compromittirt, da es jetzt in allen ausländischen Zeitungen steht, dass Du und Gentz bei der Armee seid.* (H. Zimmermann 2009). Das ist in der Tat der Fall. Die ‚Gazette Nationale ou Le Moniteur Universel‘ z.B. rechnet in ihrem Artikel vom 23. Mai 1809 Schlegel und Gentz zu den schlimmsten *Intriganten* und *Abenteurern,* die immer wieder *Zwietracht* gesät und diesen *unsinnigen und gotteslästerlichen Krieg zum Ausbruch gebracht* hätten. (K.K. Polheim 1981). Zwei revolutionsgeneigte Intellektuelle von einst, gewandelt zu bekränzten Apologeten der alten Feudalwelt, wer solchermaßen zum Objekt politischer Pamphletistik wird, der kann als öffentliches Markenzeichen gelten.

All das steht nach wie vor unter dem Eindruck der französischen Pressepolitik, auch in Wien gilt es nun als dringendstes Zeitbedürfnis, die *niedergedrückte öffentliche Meinung zu beleben und auf ein höheres Niveau* zu bringen. Man darf das Publikum, so Graf Stadion, nicht in der *völligen Ungewissheit aller Begebenheiten* lassen, nur ein informierter Bürger kann zum Patrioten erzogen werden. Es müsse endlich eine wirksame Möglichkeit geschaffen werden, der wirkungsvollen Meinungsmanipulation durch die Franzosen paroli zu bieten, also den *feindlichen Schmäh- und Trugschriften allen Glauben zu benehmen und den, bei dem gänzlichen Stillschweigen und bei der Ungewissheit, in welcher sich alles befindet, zu Grabe gehenden Mut der Nation zu beleben.* Wer über keine effektiven öffentlichen Medien verfügt, der droht nicht nur dem eigenen Volk gegenüber, sondern vor allem in der Bündnis- und Militärpolitik ins Hintertreffen zu geraten, denn sicher würde man im In- und Auslande unser *Stillschweigen als einen Beweis unserer gänzlichen Vernichtung und Hingebung ansehn.* Schlimmer als die politische Wirklichkeit selbst kann ihre verzerrte Fama in der Öffentlichkeit sein. Wer wüsste das besser als Friedrich Gentz, der sich nun immer prononcierter von jener *Rotte von Schriftstellern* abheben will, welche die *großen Katastrophen, die wir erleben,* noch zusätzlich verschlimmert durch *unzeitige und ohnmächtige Exaltation.* Seine Toleranz sei jetzt vollkommen erschöpft, man könne an der geistigen noch mehr als an der politischen *Auferstehung* Deutschlands verzweifeln, schreibt er an Böttiger. Das *Feld der Politik* dürfe diesem *Gelichter* auf keinen Fall überlassen bleiben.

Hier liegt auch der Grund dafür, dass der berühmte Publizist Gentz sich bald weigern wird, sowohl an Friedrich Perthes' Zeitschrift ‚Vaterländisches Museum‘, als auch an Heinrich Ludens 'Nemesis' als Autor mitzuwirken. Beide Herausgeber haben alles versucht, um die *beste Feder Deutschlands* für sich zu gewinnen. Doch der Hofrat sperrt sich. Zum einen will er nicht teilhaben an der *Erbärmlichkeit* und Lügenhaftigkeit der gegenwärtigen politischen Schriftstellerei, zum anderen sei es ihm grundsätzlich nicht mehr möglich, in eine geistige Distanz zum praktischen Staats- und Politikgeschäft zu treten. Gentz spricht zwar nicht davon, dass er Anteil habe an der realen Herrschaftsausübung in Wien, aber er fühlt sich ihr so nah, dass es ihm als Insider der Macht nicht mehr gegeben sei, *wohltätig* auf das Publikum zu wirken: *Ich habe durch einen Zusammenfluss von Umständen das Innre der großen Geschäfte, den geheimen Gang der Politik, den Geist und Charakter fast aller Hauptpersonen auf dem Weltschauplatz unsrer Zeit, den wahren Sinn und Gehalt der meisten öffentlichen Verhandlungen, und die Gebrechlichkeit, Trüglichkeit, und Eitelkeit fast alles dessen, was aus einer gewissen Ferne gesehen, verdienstvoll oder imposant erscheint, dergestalt kennen gelernt, dass ich durchaus keiner Illusion mehr fähig bin*, schreibt er im März 1814 an Heinrich Luden.

Das ist gewiss nicht ohne machtkritische Implikationen gedacht, aber der Wiener Rat sieht sich nun so sehr in den Politikalltag, in den *Schmutz und Rost des wahren praktischen Lebens, des Welt- und Geschäftsganges* verwoben, dass er nie wieder als Verkünder irgendwelcher Aufklärungs- und Erziehungsprogrammatiken in Erscheinung treten zu dürfen glaubt. Intellektualität und Realpolitik – schon in der Zeit des heraufziehenden Wiener Kongresses wird sich Friedrich Gentz manches Mal in den Fallstricken des eigenen Wirkens befangen sehen. Ist jemand verantwortlicher Teilhaber an den Haupt- und Staatsaktionen wie er, also in eine *direkte Tätigkeit* eingebunden, kann er kein *tüchtiger, entschlossner, und begeisterter politischer Schriftsteller* mehr sein, auch wenn er sich das manchmal wünschen mag. Denn gerade das *Anziehendste, das Wichtigste von dem, was ich weiß, kann ich nur selten dem Publikum mitteilen, weil es mir unmöglich ist, Personen zu kompromittieren, die große Rollen auf dem Schauplatz der Welt spielen oder spielten*. Wer also ist dieser Mann am Wiener Hof – Realpolitiker, publizierender Machtbüttel oder intellektuelles Subjekt? Gewiss alles andere als eine *Nischenexistenz mit Zuträgerdiensten*. (F.C. Wittichen 1909, 1/G. Barudio 1995).

Doch zurück in das Jahr 1810. Auch wenn der beargwöhnte Metternich seinem Hofrat immer noch kein bestimmtes Wirkungsfeld anweisen kann oder will, schält sich bald heraus, wo es seiner dringend bedarf, bei der vielfältigen *Bearbeitung der Öffentlichkeit*. In diesem Sinn macht der Kriegsrat seinem Minister sogleich den Vorschlag, der 'Wiener Zeitung' eine verbesserte Gestalt zu geben. Was für Gentz allerdings heißt, sie durch zwei neue Periodika zu ersetzen, durch eine 'Hof-Zeitung' und ein 'politisches Blatt'. Erstere hätte alle nötigen offiziellen Verlautbarungen, aber keine politischen Neuigkeiten zu präsentieren und die Funktion der bisherigen Intelligenzblätter zu übernehmen. Die zweite würde nach dem *Modell der besten politischen Zeitungen geordnet*, unter einem einfachen, anspruchsvollen Titel, von der *Regierung befördert, controllirt und geleitet, ohne dass sie sich öffentlich dazu bekennen* dürfte. Die

Augsburger ,Allgemeine Zeitung' Cottas gibt ein gutes Beispiel dafür ab, *allerdings unter Beachtung der besten Blätter, die aus England und Frankreich herüber kommen.* Gentz möchte die Wiener Presselandschaft endlich zu mehr europaweiter publizistischer Schlagkraft aufrütteln, naturgemäß besitzt er dafür die besten Voraussetzungen. (C.v. Klinkowström 1870).

Nicht nur gesellschaftlich, auch intellektuell ist er immer besser vernetzt, mit dem Historiker Joseph von Hormayr etwa, mit dem Schriftsteller Heinrich von Collin, mit Friedrich Schlegel ohnehin, bald auch wieder mit Adam Müller, mit den Humboldts, innerhalb kurzer Zeit lassen sich Franz von Baader, Madame de Staël, August Wilhelm Schlegel, Alexander von Humboldt und der junge Eichendorff in Wien sehen. Obwohl unter fremder Botmäßigkeit wird die kaiserliche Metropole, schillernd zwischen Aristokratenpracht und Modernitätseinbruch, immer mehr zur kulturellen Attraktion. Gentz legt es darauf an, gerade hier die Häupter der avanciertesten Intellektualität in Erscheinung treten zu lassen. Bald wird er dafür sorgen, dass Friedrich Schlegel und Adam Müller splendide öffentliche Vorlesungen mit politisch-patriotischer Intention halten dürfen. Ihr Erfolg weit über die Grenzen Wiens hinaus sollte ihm Recht geben.

Es scheint also kaum übertrieben, wenn der Hofrat in einem Brief an den *Heiden* Goethe von einem *Schlaraffenleben* in der österreichischen Hauptstadt spricht. Der Bildungsstand sei hier erheblich gestiegen, *jedes Mädchen von siebzehn oder achtzehn Jahren kenne jetzt den ,Faust' und die ,Iphigenie'.* Doch von reiner Goetheverehrung kann bei Gentz nicht die Rede sein. Macht es die Nähe von Adam Müller, Friedrich Schlegel und der katholischen Intellektuellenkreise, dass er nun religiös zu werden scheint, dass er das *Christentum als eigentlichen Mittelpunkt der Welt* betrachte, wie er an Rahel Levin schreibt? Goethe findet er seit einiger Zeit gottlos, allein seine Arbeit über Winckelmann zeige einen so *bitteren, tückischen Hass auf das Christentum,* dass es ihn noch einmal überrascht habe, nachdem er längst *viel Böses von ihm ahndete.* Dennoch wird Gentz es den Kombattanden Friedrich Schlegel und Adam Müller keineswegs gleichtun und zum Katholizismus übertreten, sein Herkommen aus der protestantischen Aufklärung hat er nie in Abrede gestellt.

Galanter Ritter und streitbarer Fürstenfreund

Das gilt auch dann, wenn der *dikke erschrecklich galante Ritter Gentz mit seinem Nordsternorden in Wien die honneurs der besten Gesellschaft* entgegen nimmt, so beobachtet es der junge Eichendorff. In den österreichischen Adelsstand hat Kaiser Franz seinen Hofrat niemals erhoben, er selber scheint dies auch nicht angestrebt zu haben, und dennoch will er nun offiziell die Würde eines Ritters von Gentz in Anspruch nehmen, die Wiener Sozietät der Napoleonverächter kommt ihm hierin bereitwillig entgegen. Wenn sich der Napoleonhasser Gentz als veritablen *Oppositions-Chef aus warmer Liebe zur Sache und treuer Anhänglichkeit an Österreich* versteht, so soll kein

Zweifel mehr daran erlaubt sein, dass er zu den Trägern der etablierten Fürstenmacht gehört. Das wird an der Intention seiner publizistischen Arbeit kurz vor dem Krieg gegen Frankreich noch einmal deutlich, der er nun das *weit größre Bedürfnis voranstellt, die öffentliche Meinung zu beherrschen oder zu reformieren, als Gesetze von ihr anzunehmen*. So wie die Publizität derzeit funktioniert, darf sie nicht bleiben: *Es muss wieder geglaubt, es muss wieder gehorcht, es muss tausendmal weniger als jetzt räsoniert, oder es kann nicht mehr regiert werden. Dies Übel hat eine Riesengestalt angenommen und bedroht uns mit radikaler Auflösung.*

Gentz will den publizistischen Schreiern und Aufwieglern von jetzt an kein Pardon mehr gewähren, diesem *usurpirten Tribunal, vor welchem nun auch keine, keine Maßregel der Regierung mehr besteht.* Die staatliche Zensur werde sich als zivilisatorische *Wohltat* erweisen, denn ein *Gift* sei zu bekämpfen, welches das *öffentliche Leben und Privat-Leben der Nazion* zerstöre. Der Wiener Rat ist endgültig zum Mann des Systems geworden, heißt das. Die ihm bevorstehende schwierige Aufgabe versucht sein Freund Adam Müller auf Begriffe zu bringen: *Wer aus so edlen und großen Absichten Schweigen gebietet, der muss selbst etwas ganz Überschwengliches und dabei Positives zu sagen und zu lehren haben. Ein Vacuum kann nicht seyn: sollen die unteren Kräfte verstummen, so müssen die oberen reden.* Allerdings hat Gentz sich nie als Künder irgendeiner Weltanschauung hervorgetan, sondern seinen Ruhm erworben als Vertreter eines gouvernementalen Reformkonservatismus.

Für seinen Wandel zum publizierenden Herrschaftsträger spricht, dass ihn seit einiger Zeit die Finanzpolitik, der Zentralbereich allen Regierungshandelns, intensiv beschäftigt. Schon seine Abhandlung über das österreichische Papiergeld hat unlängst von sich reden gemacht. In ausführlichen Studien, auch in seinem ‚Historischen Journal‘, war Gentz den Verwicklungen des französischen und britischen Finanzsystems nachgegangen und hatte sich als Experte empfohlen, nun gilt es, die akute österreichische Finanzmisere in Augenschein zu nehmen, die weite Teile der Öffentlichkeit als erhebliche Bedrohung empfinden. Am 15. März 1811 erscheint das Finanzpatent des Hofkammerpräsidenten Joseph von Wallis, wodurch die bisherigen Bankozettel Österreichs auf zwanzig Prozent Teil ihres Nennwertes reduziert werden, was von der Mehrheit der Bevölkerung als Raubbau an ihrem Eigentum verstanden und als fahrlässiger Staatsbankrott mit hasserfüllten Reaktionen quittiert wird. Landesweit verfluchen die Zeitgenossen den Grafen Wallis, der Wiener Hof sieht sich einer veritablen Revolution gegenüber. Jetzt erhebt sich die *gemeine Öffentlichkeit wider die Macht*, der Bürger droht den Gehorsam zu verweigern, bis ins ferne Ungarn hinein macht man mobil gegen die Wiener Finanzpläne. In dieser kritischen Situation ersucht Wallis den regierungsnahen und publizistisch versierten Hofrat um Unterstützung, er möge sich als Verteidiger des injurierten Finanzkonzepts zur Verfügung stellen. Gentz lehnt höflich, aber rundheraus ab und das im guten Einvernehmen mit Metternich, der von Wallis nichts hält und dessen Ablösung teils publizistisch, teils hinter den Kulissen betreibt. Im Streit gegen den Hofkammerpräsidenten und seine insuffiziente Finanzpolitik tritt Gentz wohlverstanden an die Seite Metternichs, schon ein Jahr später wird Wallis gestürzt, weil er die Papiergeldvermehrung zu Rüstungszwecken um fünfundvierzig Millionen Gulden strikt verweigert. Ein Sieg für den Außenminister, aber auch einer für Friedrich Gentz.

Die Beziehungen zu Metternich intensivieren sich nun. Das hat auch mit den wiederum wachsenden Spannungen zwischen Österreich und Frankreich zu tun und mit mancherlei bündnispolitischen Auspizien. Im Frühjahr 1810 hat der Hofrat die kaiserliche Hauptstadt noch gern in Richtung Prag wieder verlassen, seit Beginn des Jahres 1812 ändert sich sein Verhältnis zu Wien entscheidend. Des Öfteren treffen Gentz und Metternich nun in der Hof- und Staatskanzlei zusammen, auch bei auswärtigen Gesellschaften, etwa in Baden, wo der Rat wiederum ein Gespräch mit der Kaiserin führen darf, oder bei einem glanzvollen Diner des Grafen Palffy in Hernals. Am 30. September 1812 dringen hierher die ersten Meldungen über den Einmarsch der Truppen Napoleons in Moskau. Sollte der Universalmonarch wirklich den Sieg über das russische Riesenreich davon tragen? Doch schon Mitte Dezember verändert sich die Nachrichtenlage drastisch, von der Flucht Bonapartes ist nun die Rede, die Meldungen überstürzen sich, endlich kann man wieder hoffen, Metternich weiß Genaueres als er zugibt, aber mit offenen Karten will er immer noch nicht spielen. Die Zeit scheint indes für Österreich und seine Koalitionsinteressen zu arbeiten. Ende Juni 1813 wird in der Schlacht von Vitoria die französische Herrschaft über Spanien gebrochen, eine Volkserhebung gegen den Usurpator ist endlich von Erfolg gekrönt. Das ist ein europaweit wahrgenommenes Fanal, Napoleon abermals schwer geschlagen, neue Hoffnungen machen auch in Wien die Runde.

Inzwischen ist noch ein bemerkenswertes Ereignis eingetreten. Der mächtige Außenminister, in Kenntnis der fortwährenden Gentzschen Finanznöte, verschafft seinem Untergebenen eine über Jahre hin *sprudelnde, reiche Einnahmequelle*. Es wird ihm gestattet, diplomatische Berichte zu verfassen für den neuen Fürsten der Walachei, den Hospodar Janko Caradja. Viertausend Dukaten pro Jahr sind ein guter Lohn für politische Expertisen aus Wien, die im Interesse Österreichs allerdings diplomatisch abgewogen sein müssen. Der Vorgang ist bemerkenswert und Gentz dürfte sich der Tragweite dieses ministeriell überwachten Arrangements bewusst gewesen sein. Seit jener Zeit verändert sich das Verhältnis zu Metternich erkennbar. Einerseits kommen die beiden einander persönlich näher, Gentz spricht gelegentlich von *edler und liebenswürdiger Offenheit und von seinen hoffnungsvollen Träumen*, andererseits könnte die Autonomie des Intellektuellen aber auch Schaden leiden. Damals schreibt Gentz in sein Tagebuch: *Zugleich ließ er mich tief in seine Besorgnisse und Hoffnungen schauen; und so dunkel und chaotisch auch alles noch um mich her liegen mochte – so tat sich doch gerade am Schlusse dieses Jahres eine neue Welt vor mir auf.* Es ist gewiss unzureichend, in diesem Zusammenhang von einer *unverbindlichen, höchstens halbamtlichen Stellung* des Hofrats Gentz zu sprechen. In einer Zeit, in der die Politik ihren Aggregatzustand so erheblich verändert, dass sie diskursiver und publizistischer Wirkungsmittel nicht mehr entraten kann, ist der von Gentz ausgeübte Einfluss zur Herrschaftsfunktion geworden.

Die neue Vertrautheit mit Metternich ist gewiss ein Faszinosum, aber begibt sich Friedrich Gentz jetzt nicht in ein Vasallenverhältnis zu dem allmächtigen Minister? Die Dinge nehmen ihren Lauf. Nach und nach kommt es zu jener Allianz zweier Männer, die so viel trennt und so viel verbindet, dass sie über zwei Jahrzehnte hinweg eine höchst streitbare politische Aktionseinheit zu entwickeln und durchzuhalten vermögen. Metternich geht bald dazu über, seinen Hofrat nahezu täglich von den Vorgängen in der österreichischen Politik zu unterrichten und seine Expertise zu den *questions du moment* einzuholen. Was er ihm hier und da verschweigen zu müssen glaubt, erfährt Gentz oft genug durch die Gesandten anderer Mächte, mit denen er auf gutem Fuß steht. Keineswegs werden sich der Außenminister und der Hofrat künftig in allen Bereichen der Politik einig sein, manchmal zeigt sich eine *grelle Dissonanz unserer politischen Meinungen,* und oft genug komme sein *eigenes System [...] nicht zur Sprache und kann nicht zur Sprache kommen,* schreibt Gentz an Pilat, doch ihr wichtigster Einigungspunkt sei stets die Wahrung der Monarchie. Der Hofrat will den Außenminister darin bestärken, Österreichs Stellung als Bollwerk der europäischen Mitte, des kontinentalen Staatengleichgewichts und der Bewahrung des monarchischen Prinzips zu festigen, deshalb darf die so genannte *aktive Neutralität* nicht noch weiter zur Anbiederung an das französische Hegemonialsystem führen. In diesem Sinne erweist sich Gentz als klug genug, um mit Metternichs heimlichem Einverständnis wieder zum Haupt der antibonapartistischen, *englischen Partei* in Wien zu werden. Das lässt ihn bei den Briten weiterhin als wertvollsten Verbindungsmann auf dem Kontinent erscheinen. (B. Dorn 1993).

Metternich wird den Genius und die Prinzipienfestigkeit seines Beraters in Zukunft hochschätzen, ihn aber nach wie vor mit einem gewissen *Makel des unpraktischen Gelehrten* behaftet sehen. Verbürgt ist aber auch umgekehrt, dass Gentz zunehmend selbstbewusst, in späteren Jahren immer heftiger gegen seinen Minister auftritt, im Tagebuch ist dann zumeist von *lebhaften* Konferenzen die Rede. Grillparzer, der scharfzüngige Gentz-Verächter, schreibt diesem sogar zu, er habe ein *neues Agens, nämlich die Idee vom System [...] wie einen schweren Bodensatz in [Metternichs] champagnerartig aufsprühende Gedanken gemischt,* durch den so dekadenten wie raffinierten Hofrat seien dem eitlen Minister *Prinzipien* erschlossen worden, *von denen er bisher nichts geträumt hatte.* Vermag Gentz seinem Dienstherrn tatsächlich mehr als nur politischen Stil, sondern einen *philosophischen Begriff der Staatskunst* beizubringen, ohne die der Politiker *nie etwas Bessers als ein empirischer Pfuscher* sein könne? Stimmt es also, was man später behauptete: *Metternich handelte, Gentz dachte?* Der Außenminister wird sich oft als unzugänglich und hochfahrend erweisen, nicht selten vertraut er dem eigenen Gespür für das Mögliche mehr als den Einsichten seines Beraters, andererseits ist er dann auch souverän genug, um Gentz die unverzichtbaren Freiräume zu gewähren. Sein Biograph Varnhagen von Ense schreibt später: *Einem gewissen Freiheitssinn, einem Anspruch auf Selbständigkeit, einem Bedürfnisse der Untersuchung und Prüfung, einem höchsten Rechte der Vernunft und der Wahrheit hat Gentz niemals abgesagt, und wer ihn für einen Verteidiger knechtischer Unterwürfigkeit und schnöder Willkür halten konnte, hat ihn nie gekannt oder verstanden.*

Metternich und Gentz bilden in der Wiener Hof- und Staatskanzlei den Kern eines konfliktreichen, paritätisch inspirierten Aktionszentrums, das sich bei allen politischen Turbulenzen in konzeptiver Hinsicht für etliche Jahre auf der Höhe der Zeitdebatten halten kann. Freilich, im Brennpunkt des habsburgischen Machtkosmos herrscht nur selten sonniges Wetter. Wenn Wilhelm von Humboldt damals an Caroline schreibt: *Metternichs Vertrauen besitzt Gentz mehr wie einer*, dann beleuchtet das nur die glanzvolle Seite der Medaille, aber auch ihre Kehrseite wird sich bald erweisen. Schon in der Anfangsphase des Wiener Kongresses sollte Gentz in seinem Tagebuch von einer bedenklichen Wendung in der Zusammenarbeit mit dem Minister sprechen: *ich musste die Ehre, Vertrauter und Vermittler in diesen Verhältnissen zu sein, oft theuer bezahlen.* Metternich und Gentz – werden diese beiden eigensinnigen Politikergestalten künftig in der Lage sein, ein faires *Geschäftsverhältnis* untereinander zu entwickeln? (F.C. Wittichen 1907/GS 12, 1/H.v. Srbik 1925, 1/G. Kronenbitter 1999/G. Barudio 1995/B. Dorn 1993).

Am Anfang war der Federkrieg

Doch jetzt steht Krieg ins Haus, den viele Landsleute erhoffen und den Metternich so lange in *unserer Anschmiegung an das triumphierende französische System* zu vermeiden gesucht hat. Die Vermählung der Kaisertochter Marie Louise mit dem Usurpator hat er in die Wege geleitet, immer wieder die Fiktion der diplomatischen und politischen Neutralität des Kaiserstaates inszeniert, und dabei das Land in aller Stille zum schlagkräftigen Alliierten einer neuen Koalition fähig gemacht. Hinzu kommt, dass Bonaparte alle der Kriegsvermeidung dienenden Vermittlungsvorschläge in sträflicher Unterschätzung seines Gegners abgewehrt hat. In Österreich sind weder Staat noch Nation seit den letzten Schlachten untätig gewesen. Schon im Juni 1808 ist durch das „Landwehr-Patent" die allgemeine Wehrpflicht für die Zeit des Krieges eingeführt worden, der Kaiser Franz II. mit einem Appell an die Vaterlandsliebe seiner Untertanen die höheren Weihen verliehen hat. Zusätzlich hat man die Armee reorganisiert und Freiwilligenbataillone ausgehoben. Als Vorbild der gesamten Unternehmung gilt nach wie vor Spanien, das mit seinen Guerilleros neue Formen aufständischer Kampfführung demonstriert und in seinem *Federkrieg* durch Flugschriften, Proklamationen und Zeitungen in ganz Europa Unterstützung gefunden hat. Freilich wird es in Österreich keine levée en masse geben, keinen *Griff ins Zeughaus* der Revolution, wie viele preußische Patrioten es sich vorstellen, sondern das stehende Heer, dieses Zentralinstitut absolutistischer Herrschaft, soll durch die *Volksbewaffnung* allenfalls unterstützt werden. Und dennoch erscheint vielen deutschen Patrioten das kaiserliche Österreich, das mit einem propagandistischen Amalgam aus älterem Reichspatriotismus und neuem Nationalgefühl für sich wirbt, als letzter Rettungsanker gegenüber der napoleonischen Usurpation. Sogar einen Heinrich von Kleist zieht es damals ins habsburgische Wien. (W. Gembruch 1990/V. Press 1993).

Österreich hat sich in eine bessere militärische Form gebracht, nun kann es mit neuem Mut auf seine politischen Interessen sehen, und das führt zu der geheimen Konvention von Reichenbach mit Preußen und Russland, die sich bereits wieder im Krieg mit Frankreich befinden. Die vorangehenden Konsultationen werden im böhmischen Ratiborschitz abgehalten, Metternich und Gentz nehmen an den Konferenzen teil. Es fällt dem Hofrat zunächst schwer, die martialische Politik Österreichs mitzutragen, er protestiert sogar gegen den Krieg und plädiert für eine Friedenspause von mindestens vier oder fünf Jahren, die Neutralität des Habsburgerreiches müsse unbedingt gewahrt werden. Gentz glaubt nicht daran, dass eine gewaltsame Auseinandersetzung das derzeitige Ungleichgewicht im politischen Europa positiv verändern kann, und abermals sieht er sich dazu *verdammt, in einer beständigen Opposition zu leben*. Erst nach vielerlei Expertisen und Invektiven kann der Hofrat sich bereit erklären, der Metternichschen Politik zuzustimmen. Doch es dauert nicht lange und die weitere diplomatische Entwicklung macht ihm zusehends Mut: *Die Allianz zwischen Russland und Preußen war das entscheidende Signal. Seitdem ist alles in einem Sinne gegangen, der wirklich das Größte erwarten lässt. Unsre Verbindung mit Russland und Preußen haben sich unglaublich ausgedehnt und befestigt*, meldet er damals seinem Freund Wessenberg. Und selbst die Württemberger, die Bayern und die Sachsen bewegen sich bald auf Österreich und die neue Allianz zu. Jetzt kann man sich endlich wieder klar entscheiden zwischen der Partei der *Zitterer* und der *Kriegslustigen*.

An Rahel Levin, die im böhmischen Exil weilt und sich bei ihm gemeldet hat, schreibt Gentz: *Von der Bewegung, in welcher ich seit einigen Wochen lebe, haben Sie keinen Begriff. In einer solchen Zeit würde ich in Wien bleiben!! Ich weiß alles; kein Mensch auf Erden weiß von der Zeitgeschichte, was ich davon weiß; denn in so tiefer Intimität mit soviel Hauptparteien und Hauptpersonen zugleich, war niemand, und kann nicht leicht ein Anderer wieder sein.* Das ist nicht gelogen, denn Metternich, Stadion, Humboldt, Hardenberg, die bedeutendsten russischen Diplomaten, sie alle gehen ein und aus neben Friedrich Gentz, man sah drey *Wochen nichts mehr als regierende Häupter, Premier-Ministers, diplomatische Conferenzen, Couriers u.s.f. In diesem Augenblick*, notiert Gentz, sieht man *Paris, Wien, Berlin und Petersburg in nichts versinken gegen Gitschin, Reichenbach, Ratiborschitz, Opotschna.* (F. Kemp 1967).

Doch schon wenig später in Prag die große Enttäuschung, Gentz muss noch einmal erfahren, was er für nicht mehr möglich gehalten hat – Metternich stellt ihn hintan. Der kaiserliche Hofrat darf an dem großen Friedenskongress nicht direkt teilnehmen, der zum letzten Mittel der Kriegsvermeidung erklärt wird, und auf dem man mit hochrangigen französischen Generälen zu verhandeln hat. Gleichsam versteckt wird Gentz vor den Franzosen, *bei denen ich gar schlecht angeschrieben sein musste*, selbst zu einem persönlichen Diner im Quartier Metternichs darf er nicht erscheinen. Das ist schmerzlich, andererseits wird klar, dass der Wiener Hofrat zu einer Zelebrität in der antinapoleonischen Streiterschar Europas geworden.

Seine Ausladung ändert auch nichts daran, dass der Außenminister mit ihm und Humboldt lange Spaziergänge durch das nächtliche Prag unternimmt und um ihre

Meinung bittet. Glaubt der preußische Gesandte letzten Endes an die Vernunft der Völker und rät dringend zur Kriegsvermeidung, sind *wir beide, Metternich und ich, gegen Humboldt in den Waffen*, notiert Gentz in sein Tagebuch. Erst in diesen Nächten habe er *begriffen, wie einem Mann, der handeln und regieren soll, eigentlich zumute ist*, schreibt er an Pilat, nachdem er die *großen Elemente [der Politik] in der Nähe gesehen, erforscht, sich darüber halb zu Tode gedacht habe.* Gibt es überhaupt noch so etwas wie ein *System* in der praktischen Machtausübung? Oder nurmehr die politische Kunst, im gegebenen Augenblick *seines Instruments am meisten Herr* zu sein? Welch eine Lehrstunde der Realpolitik: *In der Nähe des thätigen Schauplatzes, wo die Gewalt der Wirklichkeit den Menschen nahe berührt, schwinden die Träume schneller, kühlt die übermäßige Hitze sich leichter ab.* Womöglich ist die Politik wirklich nie etwas anderes gewesen als ein erlesenes *Handwerk*, und er selbst, der Intellektuelle in staatlicher Verantwortung, befindet sich auf einer *Höhe, wo wenigstens keine der gemeinen Illusionen mich mehr erreichen kann.*

Noch ist der Krieg nicht erklärt, nach wie vor wird an militärischen Strategien und politischen Projekten gearbeitet, um mit dem Trauma der napoleonischen Usurpation endlich fertig zu werden. Ein *für alle Seiten annehmbarer Frieden oder erbarmungsloser Krieg* lautet die Devise. Talleyrand dringt insgeheim auf eine scharfe Deklaration der Alliierten gegen Bonaparte, Gentz folgt ihm darin, aber der Vorschlag lässt sich nicht durchsetzen. Was Wunder, dass der Wiener Hofrat inmitten der bedeutendsten Haupt- und Staatsaktionen in eine tiefe Krise gerät, zumal auch sein Verhältnis zum Außenminister wieder problematisch zu werden scheint, abermals stellt sich ein Auf und Ab der Emotionen ein. Wird er bald voller Stolz sagen: *Ohne mich gab es keinen österreichischen Krieg*, so hat er kurz zuvor an Rahel Levin noch geschrieben: *Der innre Sinn, die Empfänglichkeit ist abgestumpft. Sie leben; ich bin tot,* seine Jugend sei auf schmerzhafte Weise vergangen. Es sind gewaltige historische und politische Eindrücke, die der irritierte Friedrich Gentz, die rechte Hand Metternichs, in diesen Monaten verarbeiten muss. Rahel hat ihn damals in Prag beobachtet und einen präzisen Blick entwickelt für den Intellektuellen im Banne der Macht: *er müsste erst wieder kurze Zeit unter eben so Klugen leben, als er ist: die Salons haben ihn engourdirt. Er braucht ein weniges sich zu entrosten.*

Und doch wird der Krieg den kaiserlichen Rat jäh aus der melancholischen Stimmung reißen, Metternich beauftragt ihn mit der Abfassung des obligatorischen Manifests. Wieder entsteht in kurzer Zeit ein Gentzsches Meisterwerk, eine *Staatsschrift vom allerersten Rang*, wie Rahel an Pilat schreibt, sie wird am 17. August 1813 veröffentlicht. Kaiser Franz I. ist es zufrieden und Zar Alexander von diesem Dokument so entzückt, dass er Gentz einen wertvollen Brillantring zum Geschenk macht. (G. Schlesier 1840, 2). Eine Woche vorher, am 10. August 1813, um Mitternacht hat Österreich den Franzosen den Krieg erklärt, unter dem Beifall der anderen am Krieg beteiligten Mächte. Das österreichische Manifest illuminiert den Auftakt eines neuerlichen Volkskrieges, er macht Furore in ganz Deutschland und abermals bewundert man die diplomatische Beredsamkeit dieses Schriftstellers im Staatsornat. Sogar

Humboldt schreibt an Caroline: *Gentz ist göttlich. Er transpiriert eigentlich Frieden durch alle Poren, an denen sein Körper reich ist. Aber zugleich schreibt er das Manifest und ist daher immer einige Stunden des Tages so energisch, dass Metternich viel streicht.* Auch Friedrich Schlegel meldet sich am Ende begeistert, und Gentz selbst glaubt nun die *große Aufgabe meiner noch übrigen Lebenstage* gefunden zu haben, sein *Triumph* sei einer der Sprache, in ihr reflektiere sich der *wahre, der handelnde Furor* der großen Politik.

Gerechtigkeit und Ordnung, schreibt Gentz in dem Manifest, seien die maßgeblichen Interessen eines Monarchen, der nun für die Lebensinteressen Österreichs und seiner befreundeten Staaten eintreten müsse. Die *wehrlose Untätigkeit* von einst sei endgültig vorüber, nachdem Bonaparte alle Friedensbemühungen desavouiert habe. Krieg heißt die Losung des Tages. Doch der Kaiser ergreife die Waffen *ohne persönliche Erbitterung, aus schmerzhafter Nothwendigkeit, aus unwiderstehlich-gebietender Pflicht, aus Gründen, welche jeder treue Bürger Seines Staates, welche die Welt, welche der Kaiser Napoleon selbst in einer Stunde der Ruhe und Gerechtigkeit erkennen und billigen wird.* Dieser Krieg sei im Herzen jedes Österreichers und jedes Europäers ohne jeden Zweifel gerechtfertigt. Welchen Nimbus der österreichische Rat Gentz mittlerweile erworben hat, zeigt sich damals in Aufrufen zum deutschen Volkskrieg oder zum heiligen Krieg, die fälschlicherweise unter seinem Namen publiziert werden. Solchen Kompilationen aus Arndtschen und Kotzebueschen Textversatzstücken, ganz unter dem Einfluss der russischen Kriegspropaganda, wird freilich nicht nur von Gentz selber widersprochen, sie werden in Österreich aus diplomatischer Vorsicht, aber auch aus politischer Überzeugung umgehend verboten. Für einen vom Franzosenhass erfüllten deutschen Freiheitsmythos sind weder Metternich noch Gentz zu gewinnen. (G. Kronenbitter 1994/P.R. Sweet 1970/O.W. Johnston 1990).

Der Minister reist wenige Tage nach der Publikation des Manifests in die Hauptstadt und lässt Gentz in Prag zurück, eben das wird für den kaiserlichen Rat Gentz nun zu einem Großereignis. Nach elf Jahren Arbeit in Österreich zieht man ihn zum ersten Mal als politisch Verantwortlichen heran, er wird nicht nur *Redacteur en chef* der österreichischen Kriegsberichterstattung, sondern zu einer *Art oberster Censur- und fast von geheimer Polizei-Behörde.* Alle Autoritäten der Stadt müssen bei ihm vorstellig werden, und für mehrere Monate ist er der entscheidende Mittelsmann zwischen Wien und dem Hauptquartier der Armee. Gentz ist zum zentralen Akteur unter allen ein- und ausgehenden Diplomaten und Politikern avanciert, er sei nun gleichsam das *Evangelium, das Orakel, fast möchte ich sagen, der Schutzgott von Prag* geworden, schreibt er. Kein Wunder, dass Kaiser Franz ihn bald zum Hofrat ernennt und ihm ein Geschenk von zweitausend Gulden überreichen lässt: *Alles ging nach Wunsche,* notiert Gentz damals in sein Tagebuch, *meine Gesundheit vortrefflich, mein Name war groß geworden. Geld hatte ich im Überfluss; ich war mehr als je zum großen Herrn gestempelt, und in Prag hoch geehrt [...]. Meiner Geschäfte waren freilich viel; jeden Tag eine Expedition nach Wien und eine nach Töplitz; zahlreiche Korrespondenzen; die Zensur der Prager Zeitung, für welche ich die militärisch-politischen Artikel*

selbst redigierte. Meine Wohnung war ein förmliches Büro und von Besuchern nie leer.
Außerdem lebe ich mit allen vornehmen Familien in Prag. Der Kaiser hat sich von der
praktischen Brauchbarkeit seines Hofrats überzeugen können, und auch von Metternich wird er nun bei allen anstehenden Geschäften ins Vertrauen gezogen, einer
politischen *Karriere* in Wien scheint nichts mehr im Wege zu stehen.

Sorgfältig achtet Gentz darauf, wie die Presse in Wien und Prag über den Fortgang des Krieges berichtet, die ,Prager Zeitung' und der ,Österreichische Beobachter'
werden in strenge Regie genommen, denn er verspürt deutlich das *Murren aller Klassen über den gänzlichen Mangel an authentischen Nachrichten und sichern Direktionslinien.* Auf keinen Fall darf der Ruhm der koalitionären Armeen durch *elende Pamphletisten* zerstört werden, denn die setzen *ungezügelt das tollste Zeug in die Welt und*
bringen die abscheulichsten Dissonanzen in den schönen harmonischen Gang und Ton,
den die Regierung in diesem großen Augenblicke angenommen hat, schreibt er an Metternich. Und natürlich müssen auch die französischen Berichte über die Kriegsereignisse genau wahrgenommen werden, die ihn *martern und stechen,* hier hat man für
ein wirksames *Gegengift* zu sorgen. Immer noch provoziert und entrüstet ihn das
Diktum Napoleons, die *Meinung der Welt [werde] von Frankreich oder England bestimmt.* Gentz will gegen die Macht der napoleonischen Großdemagogie ein Doppeltes setzen, sowohl authentische Aufklärung über den Verlauf des Krieges, als auch die
Reflexion von dessen moralischen Bedingungen und Folgen, damit die *Leute, da nun*
einmal alles räsonieren will, wenigstens einen Faden hätten, der ihnen aus dem Labyrinth hülfe. In dem jungen Redakteur Joseph von Pilat besitzt er einen fleißigen,
manchmal allerdings über die Stränge schlagenden Mitarbeiter, tagtäglich wechselt
er mit ihm ebenso harsch dienstliche wie schwelgend persönliche Briefe, in den
Usancen und Nuancen der Bearbeitung von Öffentlichkeit erweist sich Gentz als
wahrer Meister. Einem *ungerechten, blinden, leidenschaftlichen und unkultivierten Publikum* sieht er sich gegenüber, das auschließlich *beherrscht, erzogen, tyrannisiert* werden muss, aber niemals als *Censor* anerkannt werden darf. (K. Mendelssohn-Bartholdy 1868).

Leipzig 1813 – der Sieg und der Ultraliberalismus

Der Krieg lässt sich nicht gut an, Ende August werden die Verbündeten bei Dresden
empfindlich geschlagen und müssen sich zurückziehen, bald darauf hagelt es Gerüchte, die Franzosen marschierten auf die Grenze Böhmens zu. Auch die russischpreußischen Truppen erleiden zunächst Verluste, doch zunehmend gelingt ihnen die
Konzentration aller Kräfte, so dass sie die Franzosen bei Großbeeren von der Besetzung Berlins abdrängen können. Schon wenige Wochen später nehmen die Dinge
einen ganz anderen Verlauf. Anfang Oktober fallen die Bayern von Napoleon ab, sie
schließen sich den Alliierten an, und ganze zwei Wochen später am 21. Oktober ist
der Sieg in der Völkerschlacht bei Leipzig errungen, Napoleon und die Drohung ei-

ner paneuropäischen Autokratie scheinen am Ende. Der Diktator und seine restlichen Truppen müssen sich nach Frankreich zurückziehen.

Gentz lässt noch in der Nacht Extrablätter der ‚Prager Zeitung' drucken und ordnet die Festbeleuchtung der Stadt sowie ein öffentliches Tedeum an. Er strahlt vor Glück und Genugtuung, nie sei er in seinen *Grundsätzen und Gesinnungen wankend gewesen*, heißt es im Tagebuch, Napoleon habe ihn persönlich dafür gehasst, aber nun ist der ersehnte Triumph endlich eingetreten: *Die Umstände machten mich zu einem der ersten Organe, welche diese große Wende des Glückes verkündigten.* Nicht nur wird er vom Kaiser zum Hofrat ernannt, eine Ehre, die er sich seit Jahren insgeheim schon angemaßt hat, zu gern hätte er auch noch den Roten Adlerorden Preußens verliehen bekommen, was Humboldt jedoch hintertreiben wird. Aber am Ende gelingt ihm, was nur wenigen kaiserlichen Hofräten glückt, er darf eine dem *mir gnädigst verliehnen Range entsprechende Uniform* tragen.

Über all dies soll allerdings nichts in die Zeitungen gesetzt werden. Gentz will es öffentlich nicht zu erkennen geben, aber er ist zu dieser Zeit besonders erpicht auf seine ständische Rangerhöhung, das harsche Auftreten in den politischen Verhandlungen, auch gegenüber Metternich, unterstreicht diese Obsession noch. Kurz vor der Paraphierung der Schlussdokumente des Kongresses bittet der Hofrat seinen Chef, mit der Titulatur *Premier Secrétaire au Congrés de Vienne* zeichnen zu dürfen. Mehr noch, es wäre ihm am liebsten gewesen, der Kaiser hätte ihm jetzt schon den Rang eines *Staatsrats* verliehen: *Der Charakter eines Staatsrats setzte mich im In- und Auslande auf mein wahres Niveau.* Dazu aber wird es nicht kommen. Ob Staatsrat oder nicht, Friedrich Gentz schreibt seit dieser Zeit Geschichte – als erster Sekretär Europas. (F.C. Wittichen/E. Salzer 1913, 3).

Der Hofrat wäre nicht er selbst, wenn sein geschichtlicher Sinn nicht auch die politischen Ambivalenzen des Sieges über die französische Weltherrschaft zu erahnen vermöchte. Die bisher größte Schlacht der Weltgeschichte mit mehr als einer halben Millionen Soldaten und über einhunderttausend Toten kann keinen denkenden Zeitgenossen unbeeindruckt lassen: *Der Krieg ist eine böse Sache. Er besudelt alles, sogar unser Denken. Deshalb arbeite ich für den Frieden, trotz der Proteste von Dummköpfen und Narren. Ich möchte einen raschen und guten Frieden*, hat selbst Metternich nach dem Ritt über das Schlachtfeld von Waterloo geschrieben. Mancher kluge Zeitgenosse beurteilt die deutsche Befreiungseuphorie damals durchaus skeptisch. Zum Beispiel der Freiherr vom Stein. Drei Wochen vor dem Sieg von Leipzig kommt er in Prag an, und der kaiserliche Hofrat hat wie immer ausführliche Gespräche mit ihm, sein Tagebuch ist zum Resonanzraum ihrer wechselweisen Reflexionen über die Zeitläufte geworden. Wenn es einen Kämpferpolitiker gegen Napoleon gegeben hat, der den Freiheitsgeist der Deutschen auf radikale Weise zu mobilisieren vermochte, dann ist es der knorrige Reichsfreiherr. Gentz notiert: *Ich hatte viele und wichtige Gespräche mit ihm, besonders über die deutschen Angelegenheiten, deren künftiges Schicksal ein schwieriges Problem war. Der Geist, der durch den allgemeinen Widerstand in Deutschland erwacht, durch die Stein'schen Proklamationen mächtig gesteigert, besonders von*

Preußen aus dergestalt gewachsen war, dass der Befreiungs-Krieg einem Freiheits-Kriege
nicht unähnlich sah – gab zu ernsten Betrachtungen und Besorgnissen über die Zukunft
Anlass; und die Idee, dass der Sturz eines auf die Revolution gegründeten Despotismus
wohl, anstatt einer wirklichen Restauration abermals zur Revolution zurückführen
könnte, wurde in jenen Gesprächen von mir besonders lebhaft angeregt.

Zum ersten Mal fällt bei Gentz das Wort von der *Restauration*, das er hier dem
Revolutionsprinzip als Ordnungsmodell entgegen setzt. Dennoch, die spätere Lo-
sungsformel für das Zeitalter Metternichs kann schon jetzt nicht darüber hinwegtäuschen, dass eine neue Antinomie in der Politik aufgebrochen ist. Soeben hat man den
fanatischen Patriotismus der Nationen noch benötigt, um die französische Fremdherrschaft abzuschütteln, und schon ist damit zu rechnen, dass sich dieses Souverä-
nitätsbewusstsein in naher Zukunft seiner selbst bewusst wird: *Deutsche Einheit, das*
ist ihr Schrei, ihre Doktrin, ihre Religion, die sie mit wahrem Fanatismus bekennen […].
Wer kann die Folgen berechnen, wenn eine Masse wie die deutsche, zu einem einzigen
Ganzen gemischt, aggressiv würde? schreibt der französische Außenminister Talleyrand bald an den Bourbonenkönig Louis XVIII. Er rührt damit nicht nur an das
Metternichsche Angsttrauma vom *Ultraliberalismus*, sondern auch an dasjenige des
Friedrich Gentz. Ist das erhoffte Europa der rechtsförmigen Staatsbürgergesellschaf-
ten jetzt schon mit seinem eigenen Janusantlitz konfrontiert – der Fratze eines Ungeheuers, geboren aus dem Geist der Freiheitssehnsucht, jener so genannten Willensgemeinschaft der Völker?

NEUNTES KAPITEL

1814/15 – ein Europa der Ordnung und des Friedens?

Die klägliche Politik

Vier Wochen nach der Leipziger Schlacht beruft man Gentz von Prag ins österreichische Hoflager nach Freiburg im Breisgau. Metternich, den Kaiser Franz soeben in den Fürstenstand erhoben hat, nimmt seinen Hofrat freundlich in Empfang. Bei diesem Ministertreffen geht es um nicht weniger als die siegreiche Beendigung des Krieges und vor allem darum, die politischen Perspektiven des Kontinents in der nachnapoleonischen Ära zu klären. Mit allem, was in der hohen Diplomatie Europas Rang und Namen besitzt, parliert und konferiert Gentz nun wieder einmal und das einige Wochen lang, mit Staatskanzler Hardenberg, dem Gesandten Humboldt und dem Grafen Stadion, mit den russischen Diplomaten Nesselrode und Rasumowski, dem englischen Außenminister Lord Castlereagh, den Lords Aberdeen und Cathcart sowie etlichen hohen Generälen aus mehreren deutschen Staaten. Noch ist das Problem Napoleon nicht bewältigt, es gibt weiterhin kriegerische Auseinandersetzungen und langwierige Verhandlungen, vorerst aber bis zur Besetzung von Paris keinen Friedensvertrag. Die bonapartistische Herrschaft soll gänzlich gebrochen werden, zumal immer klarer wird, dass Napoleon eine gleichgewichtige europäische Föderativordnung unter keinen Umständen akzeptieren wird. Die Kernfragen der Zeit sind unabweisbar – was kann in Zukunft aus dem einst imperialen Frankreich werden? Soll man mit dem Usurpator einen Friedenskontrakt abschließen? Und wie ist mit dem Herrscherhaus der Bourbonen zu verfahren? Noch ein steiniger Weg liegt vor den Verträgen von Chaumont und Fontainebleau, die Napoleon zur Abdankung zwingen und die Regentschaft der Bourbonen wiederherstellen werden.

Gentz soll sich, wie Wilhelm von Humboldt an Caroline schreibt, im *kaiserlichen Lager nicht besonders wohl fühlen, weil dieser Ort seiner Weichlichkeit und Bequemlichkeit zur Arbeit nicht entgegen* komme, doch der kaiserliche Rat erlebt keine schlechte Zeit in Freiburg. Schon am 2. Januar 1814 erhält er von Zar Alexander den ‚Sankt Annenorden‘ zweiter Klasse verliehen, womit der russische Herrscher ein weiteres Mal sein Wohlwollen gegenüber diesem *Ritter von Europa* bekundet. Und selbst Lord Castlereagh, der Außenminister Britanniens, nimmt sich stundenlang Zeit, um mit dem berühmten Publizisten zu debattieren, von Metternich ganz abgesehen, der ihn per Briefwechsel oder in Audienzen noch intensiver zum Vertrauten macht, bis hin zu Vermittlungsdiensten als *postillon d'amour* in seinen diversen Liebschaften. Ende Januar 1814 kehrt Gentz schweren Herzens nach Wien zurück, in Prag und Freiburg ist er eine der bedeutendsten politischen Persönlichkeiten gewesen.

In Wien verkehrt er wiederum in den Kreisen der höchsten Adelsgesellschaft, das Bewusstsein des Erfolges und der Zugehörigkeit zu den Mächtigen, Bedeutenden und Reichen scheint ihm gerade in dieser Zeit besonders gut zu tun. Schon bald erklärt er sich zum *eingefleischten Österreicher*, zu einem Mann von altem Charme und Korn. Nun treibt es ihn nicht mehr in die Nähe von Personen wie der in Prag weilenden Caroline von Humboldt. Dies sei aber nicht überraschend, schreibt Wilhelm an seine Frau, weil Gentz in der *Wahl der Gesellschaft vorzüglich der [folgt], die er außer seinem Hause sucht*. So kommt es einige Monate später auch nur zu einer halbherzigen Versöhnung zwischen Caroline, ihrem Mann und dem Hofrat. Und kurze Zeit darauf, kaum hat der Kongress in Wien begonnen, wird sich ein tiefer Graben öffnen zwischen den Preußen und dem *Stock-Österreicher*. Gentz ist und bleibt ein aufreizendes Thema für Wilhelm und Caroline von Humboldt, aber eines hätten sie ihm nicht vorwerfen können, dass er unaufrichtig gewesen sei.

Nein, dieser kaiserliche Rat hat selten ein Hehl gemacht aus seinen Krisen und Depressionen, seinen Vorlieben und Abneigungen, seinen Schwächen und Allmachtphantasien. Rahel bestätigt das mehr als einmal in ihren Briefen, Gentz besitze zwar das *Bedürfnis, mir alles zu sagen, was er weiß; und besonders was ihn betrifft, aber –* und auch das gehöre zu ihm – *er fragt mich nach nichts. Kurz, hat kein Gedächtnis im Herzen. Kennt keine Welt mehr, als die aus Koterien vornehmer Leute besteht; kennt also das wahre Gewicht auch davon nicht.* (R. Levin Varnhagen 2011). Gern sucht Gentz seit je Hilfe und Verständnis bei anderen, viel seltener hat er dergleichen selber zu bieten. Im April 1814 bekennt er gegenüber Rahel Levin wieder einmal, wenn auch nicht Ironie, seine *Weltverachtung* und seinen *Egoismus*, wobei narzisstische Selbststilisierung und authentischer Leidensausdruck ineinander fließen: *Ich beschäftige mich, sobald ich nur die Feder wegwerfen darf, mit nichts als der Einrichtung meiner Stuben, und studiere ohne Unterlass, wie ich mir nur immer Geld zu Meubles, Parfüms und jedem Raffinement des sogenannten Luxus verschaffen kann. Mein Appetit zum Essen ist leider dahin; in diesem Zweige treibe ich bloß noch das Frühstück mit einigem Interesse. Lesen möchte ich manchmal sehr gern; ich weiß aber auf der Welt kein Buch mehr, das Reiz für mich hätte. Dabei bin ich doch nicht missvergnügt, als nur immer, insofern ich mich krank fühle. Stände man mir nur für die Gesundheit, ich triebe dies Leben gern noch dreißig Jahre.*

Stellen sich bei Gentz nun Züge von Selbstgefälligkeit ein, leidet er am Überdruss von Erfolg, Bedeutsamkeit und Wohlleben? Manches scheint dafür zu sprechen, nur die wenigsten Zeitgenossen finden ihn wie Rahel *kindisch bis zum Küssen. Und ungeheuer aufrichtig.* Caroline Humboldt zum Beispiel hat für den kaiserlichen Hofrat nun gar keinen Sinn mehr, besonders weil er sein *persönliches Glück über die Gerechtigkeit unsrer heiligen Sache, der Sache der Menschheit* gestellt habe. Gentz ist hochberühmt, reich und mächtig und gibt sich leidend, das kann nicht jeden überzeugen.

Solche Stimmungslagen begegnen bei ihm immer wieder, auf einen Nenner lassen sie sich nicht bringen, zumal hinter derartigen Gemütsschwankungen oft die Maladien der Politik und der Karriere verborgen liegen.

Auch in der Zeit des Wiener Kongresses, als endlich das Lebensziel dieses bedeutenden Streiters wider Napoleon erfüllt zu sein scheint, häufen sich Gentz' melancholische und depressive Anwandlungen, doch sind sie auch dann nicht nur endogener Natur: *Kein Mensch hat jemals in so tiefer Intimität mit so vielen Hauptparteien und Hauptpersonen der politischen Geschichte zusammen gelebt und gearbeitet*, schreibt er an Rahel Levin, und doch verspüre er keine Lust mehr, all diese bedeutenden Dinge im Interesse der Nachwelt aufzuschreiben. Er sei kein Schriftsteller mehr, der an das Rechte und Gute im Weltenkampf glaube, vielmehr habe er nun jede Illusion verloren. Gentz will jetzt – und dies nicht zum ersten Mal – einen klaren Trennungsstrich zwischen dem Intellektuellen und dem Politiker ziehen. So wichtig es sei, dass es in der Politik eine *Klasse von Schriftstellern gebe, welche ein gewisses Ideal des höchsten politischen Gutes unverrückt im Auge behalten*, so unverzichtbar erscheint es ihm, dass diese Menschen dem *inneren Räderwerk der ganzen Maschinerie nicht zu nahe* kommen. Wer Politiker wird, kann zum autonomen Schriftsteller nicht mehr taugen, so sieht Gentz im Zenit seiner politischen Karriere die eigene Situation.

Und doch laufen solche Gedanken keineswegs auf eine Apologie der Machtbetriebsamkeit oder auf so etwas wie Elitenverehrung hinaus. Nur wenige Menschen seiner Zeit rechnet Gentz zu den wirklich Großen, sein Tagebuch übernimmt dafür die Zeugenschaft. Inmitten der vielen offiziellen Verhandlungen und abendlichen Vergnügungen gehe ihm oft die Nichtigkeit der menschlichen Dinge auf, *die Schwäche der Individuen, welche das Schicksal der Welt in Händen hielten, auch meine eigene Überlegenheit, aber all das halb ohne Bewusstsein, und wie in einen Nebel getaucht, den das leere Gewäsch dieser Herren um mein Gehirn legte. Mittelmäßig und traurig, elend und dumm* – die öffentlichen Dinge erscheinen ihm dann genau so deplorabel wie ihre Akteure, *klägliche Geschäfte, verantwortet von mesquinen Menschen, die die Welt regieren*. Wird das Großereignis des Wiener Kongresses daran etwas ändern können?

Es ist aber nicht nur die Schwäche der Eliten, sondern immer wieder das Chaos der Verhältnisse überhaupt, das dem Zeitdiagnostiker zu schaffen macht, das Anwachsen des Nationalismus und die Mobilisierung des Volkswillens zwischen Teutomanie und Jakobinismus, die Schmierereien in der politischen Presse, der *vielstimmige Hassgesang, vor allem die gräulichsten Diatriben* gegen Napoleon, wobei man noch gar nicht wisse, wie das künftige Herrschaftsproblem in Frankreich überhaupt zu lösen sei. Gewiss, man hat die Ära Napoleon zu beenden, aber darf das die Rückkehr zur bourbonischen Machtherrlichkeit bedeuten? Es muss in der *Totalität unserer Lage irgend etwas sein […], was nicht gesund ist*, schreibt Gentz an Metternich. Und das sei vor allem der *blinde Egoismus* der verhandelnden Staaten, denn kaum ist Napoleons Vasallensystem vernichtet, da werden alle Regierungen für sich ein politisches Optimum aus der Konkursmasse herausholen wollen.

Welch ein Wirrwarr der Optionen ist nun entstanden. Der Freiherr vom Stein würde Napoleon am liebsten den Garaus machen, Frankreich auf lange Zeit am Boden halten und einen mächtigen deutschen Nationalstaat dagegen setzen. Andere denken ausschließlich opportunistisch oder gewinnorientiert, wieder anderen ist unklar, was überhaupt noch an Perspektiven einer gleichgewichtigen Staatenordnung zu erwarten ist. Gentz gehört im Grunde zu ihnen, doch bald wird er in Reaktion auf den allwaltenden Staatenegoismus zu einem *Erz-Österreicher*. Bis zum Hass zeigt er sich dann manchmal eingenommen gegen politische Losungen wie ‚Europa' und ‚Weltbefreiung', auf keinen Fall möchte er an die Stelle des alten imperialen Frankreich ein System der revolutionären Nationalität setzen. Friedrich Schlegel nennt ihn deshalb einen *halbfranzösischen Diplomatiker*, der Verachtung und Widerwillen gegen die deutsche Sache hege und die Völker von Herzensgrund hasse. (H. Zimmermann 2009).

Doch Gentz hasst nicht die Völker, sondern misstraut ihrem Gewaltfuror, ihrem potentiellen Anarchismus. Bis zu den Verhandlungen des Wiener Kongresses will er sich, Talleyrand vergleichbar, nicht auf eine bestimmte Position festlegen lassen. Gleichwohl entwickelt er schon im November 1813 gegenüber Metternich seine Ideen für das künftige System einer *freien, bloß aus Bündnissen erwachsenden Föderativverfassung* in Europa. England, Russland und Österreich sollten vor allen Wiener Verhandlungen die Kernfrage schon entschieden haben, wie in Zukunft das Gebiet von Deutschland unter die verschiedenen Mächte verteilt werden oder bleiben soll. Danach hätten England und Russland einer Allianz von Preußen und Österreich das politische Feld zu überlassen, gleichsam als *Grundlage aller Substitute für das, was andre unter dem Titel einer deutschen Verfassung begehren* wollen. Diese beiden Staaten, keineswegs die Gemeinschaft aller Alliierten, würden auf dem Kongress in Wien sodann die Neuordnung Deutschlands bewerkstelligen, wobei Österreich unbestritten als *erster* deutscher Staat, nicht jedoch als *oberster* zu agieren hätte. Kein gemeindeutsches Reich könne es jemals mehr geben, ein Streben danach wäre desaströs, sondern nur eine *fest verbundne Masse unabhängiger und glücklicher deutscher Staaten in Europa*. Bedeutsam ist die Tatsache, dass Gentz in dieser Zeit zu einer Neueinschätzung des französischen Imperators und seiner legitimen Herrschaftsnachfolge gelangt.

Wider die ultraroyalistischen Narren

Napoleon Bonaparte, welch eine historisch unvergleichliche Figur stellt doch dieses *sonderbare Mittelding zwischen Größe und Kleinheit* dar, ein Mann, der auch in der tiefsten Krise sich selbst immer gleich geblieben ist, der sein Leben lang mit den Franzosen und mit Europa nichts als ein militärisches Planspiel getrieben hat, schreibt Gentz an Metternich. Und doch bittet er den Außenminister, die Absetzung Bonapartes zu verhindern, ja er wünsche ihn geradezu mit *Edelmut und Délicatesse* behandelt zu sehen. Das ist für viele damals sehr überraschend, aber Gentz glaubt triftige Argumente vortragen zu können. Die Kaiserwürde darf man diesem Mann nicht mehr aberkennen, seitdem man sie ihm 1804 offiziell zugestanden hat. Sie zurücknehmen zu wollen, wäre ein unrechtlicher und unwürdiger Schritt, denn die souveränen Fürsten hätten Napoleons Herrscherwürde einvernehmlich anerkannt. Sie trügen folglich ein gutes Stück politischer Mitverantwortung für die fortune Bonapartes.

Worin bestand das historische Phänomen Napoleon, worauf haben sein Erfolg und seine Faszinationskraft beruht? Die Quelle aller großen Irrtümer und Leiden der Zeit war, dass man Napoleon entweder für einen *Halbgott oder für ein Ungeheuer,* oder allenfalls für beides hielt. Früher meinten viele, wenn ein so *außerordentliches Genie in der Welt aufträte, müsse alles ruhig den Nacken beugen; heute ist der Tod des Ungeheuers die allgemeine Losung. Die Frage, ob man mit Napoleon politisch leben, auf dem Fuße der Unabhängigkeit und Gleichheit leben könne,* sei nie auch nur aufgeworfen worden. Gentz entfaltet jetzt, nicht ohne wiederholte Schmeicheleien für das Ingenium Metternichs, ein Bild der vergangenen Kriegsjahre, das immer wieder an die gesamteuropäische Mitverantwortung für das Phänomen Bonaparte gemahnt. Wäre Metternich vor 1805 Minister von Europa gewesen, Napoleon hätte nicht einmal daran denken können, irgendein Land außerhalb der französischen Grenzen zu okkupieren. Dass er dies dennoch mit so großem Erfolg vermochte, habe daran gelegen, dass die Europäer ihn *zu tragisch genommen und vor Verzweiflung den Kopf verloren* hätten.

Napoleon war auch ein Phantasiekonstrukt, eine Angst- oder Bewunderungsprojektion Europas, ja ein *Monstre de génie et de scéleratesse,* die Bedrohung durch die französische Universalmonarchie habe sich der Kontinent deshalb zu guten Teilen selbst zuzuschreiben. Auch in Wien ist die Furcht vor dem Autokraten trotz des *ungeheuren Glückswechsels immer noch grenzenlos,* bemerkt Gentz, das gewohnte *Frondieren, Klagen, Zweifeln und Schimpfen* sei schon wieder an der Tagesordnung. Doch wie man es dreht und wendet, Bonaparte ist nach wie vor Kaiser der Franzosen, nur politische Phantasten können daran zweifeln. Die Haltung der Alliierten gegenüber Napoleon sei insgesamt schief und unhaltbar, *die Welt denkt und sagt, wie Kleist im Jahr 1809: Schlagt ihn tot! – das Weltgericht / Fragt euch nach den Gründen nicht.*

Sinniert Gentz über die Alternativen zu Napoleon, fallen ihm keine ernsthaften anderen Möglichkeiten ein. Nicht die Kaisertochter Marie Louise, kein anderer General, auch nicht das diskreditierte Direktorium kann der künftige Machtträger Frankreichs sein. Etwas später wird er für den Herzog von Reichstadt votieren, den Sohn Bonapartes und der Erzherzogin Marie Louise. Der Gedanke ist und bleibt ihm nicht geheuer, dass es in Frankreich zu einer bourbonischen Restauration kommen könnte. Auch wenn Talleyrand seit einiger Zeit geheime Kontakte zu dem im Londoner Exil weilenden, späteren Louis XVIII. pflegt, um dessen mögliche Regentschaft in die Wege zu leiten, noch ist die Stunde der aristokratischen Hauptnutznießer der französischen Staatskrise nicht gekommen. Und erst die konfliktgeladene

Unentschiedenheit der Alliierten wird es am Ende sein, die zur Rückkunft des alten französischen Herrscherhauses führt, denn die Bourbonen, so hofft man, dürften einem raschen Friedensschluss den geringsten Widerstand entgegen setzen.

England tritt seit Ende 1814 immer entschiedener für diese Haltung ein, Preußen verhält sich eher indifferent und will vor allem seine verlorenen Gebiete zurückgewinnen, Russland wäre auch mit einer vernünftig eingerichteten Republik zufrieden, und Österreich unter Metternichs Leitung geht wegen Napoleons Intransigenz nach anfänglicher Konzessionsbereitschaft immer stärker zu der Position Britanniens über. Metternich will unter allen Umständen vermeiden, dass dem französischen Volk die Absetzung des Imperators überlassen bliebe, oder dass sich die Alliierten zu einer solchen Konzession bereit finden könnten. Wenn Napoleon sich jedoch nicht *retten* lassen will, bleibe am Ende kaum etwas anderes übrig, als für die Rückkunft der Bourbonenherrschaft zu votieren. Dieser Meinung ist Gentz keineswegs, weiterhin erhebt er seine *cassandrische Stimme*, ihn graust es vor hasserfüllten und rachedurstigen Politikern aus dem Kreis der Emigranten, die in den vergangenen zwei Jahrzehnten keinerlei Verdienste um die Befreiung Frankreichs erworben hätten und fraglos wieder die altfeudale Machtherrlichkeit etablieren würden. Das wäre nicht nur ein Akt der Willkür und der Gewalt, sondern die schlimmste der Revolutionen, denn sie wird von *allen schlechten Köpfen und allen Narren, zumal auch der Wiener royalistischen Partei, gewünscht: Man gebe mir Europa zurück, wie es im Jahre 1789 war.*

Gentz als Kritiker des Restaurationsgedankens, vor kurzem wäre das noch unvorstellbar gewesen. Er trägt neben den politischen auch staatsrechtliche Argumente für seine Haltung vor. Man löst das Empire nicht einfach dadurch auf, dass man Napoleon absetzt, schreibt er, sondern dieses Herrschaftssystem besitzt eine eigene Macht- und Rechtsdignität, zumal der Usurpator ja innen- wie außenpolitisch legitimiert worden sei. Angeblich habe die französische Nation nun den König zurückgerufen, heißt es in einem Brief an Metternich, aber wer sei denn hier zurzeit das Volk, wo seine rechtmäßigen Organe und Repräsentanten? In einem Land, das solchermaßen vom revolutionären Kahlschlag getroffen worden ist wie Frankreich, von einem *Nationalwillen* zu sprechen, hält Gentz für verkehrtes Denken. Im Übrigen wäre ein Selbstbestimmungsrecht der Franzosen, also ein anerkanntes Recht zur Rebellion gegenüber ihrem alten Herrscher dann auch übertragbar auf andere europäische Völker. Dem Gewaltfuror der Volkssouveränität würde man Tür und Tor öffnen, die Revolution rückwirkend noch einmal in ihrer Legitimität bestätigen.

Gerade deshalb muss das monarchisch-republikanische Empire als solches, auch wenn seine autokratische Deformation zu verwerfen ist, eine angemessene politisch-juristische Beurteilung erfahren. Es muss zu einer *politischen Wiedergeburt* Frankreichs kommen, die Rückkehr des Landes zu fester und dauerhafter Ordnung ist ein Grunderfordernis der europäischen Friedensordnung. Schon der Gedanke, der Bewältiger der Revolution und Initiator des ‚Code Napoleon' solle ernsthaft durch die Insuffizienz eines bourbonischen Greisenregiments ersetzt werden, erscheint Gentz unzulässig. Auch dem wahren Interesse Österreichs sei die Wiederherstellung der bourbonischen Herrschaft in keinem Sinne dienlich. Natürlich kann es am Ende nicht um die *Erhaltung* Napoleons gehen, das Gebot der Stunde lautet ganz anders. Man muss Bonaparte auf dem Verhandlungswege dazu bringen, Frankreich in seine *ehemaligen Gränzen* zurückzuführen, und sodann ist unter Österreichs Leitung ein renoviertes kontinentales Gleichgewichtssystem herzustellen – das ist für Gentz die wünschenswerteste Lösung in diesem Konflikt, die zunächst auch noch von Metternich geteilt wird. Gelingt dies nicht, sieht der Hofrat *schreckliche Zerstörungs-Projekte* auf Europa zukommen, etwa eine Allianz der Bourbonen mit Russland und/oder England.

Nur ein Friedensschluss mit Napoleon als neu legitimiertem Herrscher kann das Schlimmste verhindern, auch im Kampf gegen einen Feind wie ihn verletzt man nicht ungestraft die Vorschriften der Gerechtigkeit, man darf in dieser Situation nicht auf das *alte kontinentale Spiel des wechselseitigen Misstrauens, [der] Zwietracht und Planlosigkeit zurückgreifen, sondern muss der Zeit bis auf einen gewissen Punkt entgegen gehen, oder zuvor eilen*, nichts anderes heißt für Gentz in dieser Lage kluge Politik machen. Vehement warnt er deshalb vor zwei Kräftegruppen, die derzeit gegen Napoleon ins Feld zögen – die nach wie vor *unverbesserlichen Jakobiner und die ultraroyalistischen Narren*, beide gingen nolens volens ein verderbliches Zweckbündnis miteinander ein: *Nicht für uns, das ist meine schwarze Ahnung, sondern für unsere ärgsten Feinde werden wir gesiegt haben. Ein neuer Krieg, schwerer und gefahrvoller als der napoleonische, bedroht uns, und vielleicht ganz in der Nähe. Und ich fürchte, wir haben – in bezug auf diesen Krieg – unsern besten Alliierten totgeschlagen*, heißt es in einem Brief an den Staatskanzler. Zurzeit gehört viel mehr Mut dazu, für Napoleon zu schreiben, als noch vor wenigen Jahren dazu nötig war, sich gegen ihn auszusprechen, weiß Gentz. Er jedenfalls will sich eine allzu emotionale Haltung gegenüber dem Gewaltherrscher von gestern versagen, viel zu wichtig erscheint ihm die abermals gefährdete Idee einer ausgewogenen Föderativverfassung in Europa.

Noch weit über Waterloo hinaus wird Gentz an dieser bedachtsamen Haltung gegenüber dem Casus Bonaparte festhalten. Hellsichtig nimmt er vorweg, was bald eintreten wird. Sollten die alliierten Truppen bis Paris vordringen und Napoleons Herrschaft vollständig niederringen, wird nichts auf Erden den Kaiser von Russland, die Preußen und die Engländer abhalten, in Gemeinschaft mit den *Anhängern der Bourbons die Gegenrevolution sogleich zu versuchen. Wenn sie auch zehnmal unserm Neutralitätssystem beizutreten vorgeben, wer kann sie hindern, durch tausendfältige Machinationen einen sogenannten Nationalwunsch hervorzulocken, zu bilden, allenfalls zu erdichten, und dann zu erklären, das Volk der Hauptstadt habe sich ausgesprochen und seiner Stimme müsse Gehör gegeben werden?* Nicht selten, schreibt Gentz in einem seiner beschwörenden Briefe an Metternich, vergehe ihm alle Lust, ein Europäer zu sein.

Der gerechte Frieden, den die Monarchen dem jubelnden französischen Volk im besiegten Paris bald versprechen werden, sollte kaum mehr bedeuten als die Rückkunft des leicht modifizierten überkommenen Systems, ein erster Schritt zur Grund-

legung der allgemeinen Restauration wird damit getan sein. Für Gentz ist und bleibt
dies ein keineswegs unausweichlicher Vorgang. Doch Napoleon selbst kann am Ende
nicht einmal durch die Großmut und das Verhandlungsgeschick Metternichs überzeugt werden, er habe sich, wie Golo Mann schreibt, tatsächlich nicht *retten* lassen
wollen. Im März 1814 gibt man ihm in Chatillon die letzte Chance, seine Herrschaft
unter renovierten Bedingungen zu bewahren, aber auch diesen Kairos vermag er
nicht zu erkennen, geschweige denn politisch wahrzunehmen. Am Ende wird unabweisbar, *dass sich mit Napoleon nicht leben lasse*, notiert Gentz jetzt.

Insofern muss man die nun anhebende Restauration, also die Selbstbestärkung
der mächtigsten kontinentalen Staaten aus der Erbmasse des zerriebenen französischen Großreiches, auch als eine Spätfolge des Bonapartismus begreifen. Napoleons
Unversöhnlichkeit gegenüber dem europäischen Gleichgewichtsanspruch hat für
Metternich den Ausschlag gegeben, der Rückkunft des Bourbonensystems das Wort
zu reden. Freilich ist damit zugleich mehr geschehen als er politisch intendiert hat.
Schon bald werden die Kriegsgewinner ernst machen mit ihren Machtegoismen,
auch wenn sie sich nach konfliktreichen Verhandlungen auf einen föderativen Bund
einigen. Dass es eine Zukunftschance für ein geordnetes und friedliches Europa geben muss, ist die feste Überzeugung des Hofrats Friedrich Gentz, er wird dies
manchmal vergessen, aber nie ganz aus den Augen verlieren. (G. Mann 1975/H.v.
Srbik 1925, 1/B. Dorn 1993).

Das Wiener Spektakel und die tanzenden Verhältnisse

Die Schlussbestimmung des Pariser Friedensvertrags vom 30. Mai 1814 besagt, dass
sich die alliierten Staaten binnen zweier Monate in Wien zu Beratungen versammeln
sollen. Doch dies wird von den vier Großmächten zunächst nur auf sich selbst bezogen, was bei den kleineren Staaten zu erbitterter Gegenwehr und schließlich zur Ver-
tagung des Kongresses auf den 1. Oktober 1814 führt. Die Interessengegensätze zwischen den Regierungen sind erheblich, ihre wechselseitigen Vertrauensbeziehungen
fragil, auf der Londoner Konferenz vom Juni/Juli 1814 tritt dies mit Vehemenz zutage. Der Wiener Kongress als Prachtkulisse für eine Begegnung der großen Vier – eine
derartige Schwundform europäischer Verständigung lässt sich im Jahre 1814 nicht
mehr durchsetzen. Auch Schweden, Spanien, Portugal und weitere Staaten wollen
gleichberechtigt den Verhandlungen beiwohnen. Und bald gelingt es dem Geschick
Talleyrands, sogar Frankreich wieder in das Konzert der bedeutenden Mächte zurückzuführen. Im Pariser Vertrag ist von der Einladung *aller* an den Revolutionskrie-
gen beteiligten Mächte die Rede. Das sind rund zweihundert europäische Staaten,
Herrschaften, Körperschaften und Städte.

Welch ein riesenhaftes Szenario der kontinentalen Selbsterneuerung – ein *politisches Wesen von ganz neuer und eigner Art* erhofft sich der Wiener Legationsrat Friedrich Schlegel damals von den Wiener Verhandlungen. Was Gentz angeht, so hat er

nicht ahnen können, dass man ihn zum Protokollführer des Kongresses ernennen würde, doch Ende September erbringen die Vorgespräche zwischen Metternich, Castlereagh, Hardenberg, Humboldt und Nesselrode genau dies als einhelligen Beschluss. An Müller schreibt Gentz im Oktober unter erhebenden und zugleich marternden Gefühlen: *Ich bin in der That eine Art von Mittelperson zwischen fünf oder sechs Ministern vom ersten Range, die in einem der entscheidendsten Augenblicke der Weltgeschichte über Angelegenheiten von ungeheurem Gewicht sich vereinigen sollen!* Welch eine Ehre für den kaiserlichen Beamten bürgerlicher Herkunft, der nun bald hochgemut von der Verantwortung der Mächtigen für die Wiederherstellung der Ordnung und die Erhaltung des Friedens in Europa spricht: *Der österreichische Hofrat stand sichtbar weit über diesem äußeren Rang und genoss eines europäischen Ruhmes und Ansehens,* schreibt Varnhagen von Ense später. Endlich hat Gentz Prag verlassen und nach Wien zurückkehren können, in der Hoffnung, Metternich werde nun viel Größeres aus ihm machen als einen *unthätigen Zuschauer.* Der Hofrat tritt in der Kaiserstadt an, um *den Ereignissen einen Stil zu geben.* Und in der Tat bedeutet seine Protokollführung alles andere als ein bloßes Reagieren und Registrieren der politischen Debatten- und Entscheidungsvorgänge, sondern der Wiener Hofrat ist direkt an den Problemlösungen beteiligt, er betreibt an der Seite Metternichs und der europäischen Machtelite konzeptive Regierungspolitik. (B. Dorn 1993).

Von einem Kongress aller Beteiligten kann in den kommenden Monaten allerdings keine Rede sein, denn in erster Linie wird der so genannte Achterausschuss das Bild der Verhandlungen bestimmen. Gentz schreibt Anfang November an den Fürsten der Walachei Caradja: *Allein die allgemeine Einberufung wird jedenfalls nur eine Maßregel der Form und Zeremonie sein, eine Art feierliche Sanktion, denn der Kongress als solcher [kann] die großen Interessen Europas nicht entscheiden, dazu [muss] man unter sich bleiben.* Von einem allgemeinen Kongress zu sprechen, habe nur zu irrtümlichen Erwartungen im Publikum geführt. Neben den Verhandlungen des Achterausschusses finden Separat- und Geheimkonferenzen einzelner Gremien statt, die deutschen Angelegenheiten werden an das ‚Deutsche Komitee‘ verwiesen. Die Vertreter von England, Russland, Preußen, Österreich, Spanien, Portugal, Schweden und Frankreich tagen im Palais am Ballhausplatz, dem Amtssitz von Metternich, der Österreich als Präsidialmacht repräsentiert. Ihm zur Seite treten zeitweilig der Diplomat Johann Philipp von Wessenberg und auf Dauer der Sekretär des Kongresses Friedrich Gentz. Der Buchhändler Carl Bertuch schreibt während der Wiener Monate in sein Tagebuch: *Zu übergehen ist G[entz] nicht, und gilt alles bei dem Fürsten Metternich.*

In keinem der Wiener Gremien sind die Kräfteverhältnisse gleichgewichtig verteilt, oder als wirklich autonom zu verstehen. Bis hin zur Schlussakte vom 9. Juni 1815 werden es die Repräsentanten der vier Großmächte sein, die das künftige politische Bild Europas bestimmen. In Frankreich, dem Ursprungsgebiet des gesamten Revolutionsdilemmas, wird es zwar keine vorbehaltlose Rückkehr zu den alten Verhältnissen geben, aber vor allem in den übrigen europäischen Staaten kommt es zur

Bestärkung des monarchischen Prinzips und zur Zurückdrängung der Souveräni-
täts- und Konstitutionsforderungen des anwachsenden Liberalismus. Und dennoch
erwartet Europa nun eine der längsten Friedensperioden, die der Kontinent je erlebt
hat, der Wiener Kongress bildet einen Meilenstein auf dem Weg zu einer Föderativordnung, die in der Staatenwelt ein beachtliches Maß an politischem Gleichgewicht
zu realisieren vermag.

Das im September 1814 beginnende Treffen der Mächtigen entwickelt sich bald
zu einem europäischen Großereignis, in all seinem Festglanz und Herrschaftsgepränge,
seiner zunehmenden Schwerfälligkeit und Ergebnisunklarheit. An die einhunderttausend Gäste beherbergt die österreichische Hauptstadt nun, die Mietpreise
und Lebenshaltungskosten schießen in die Höhe, spektakuläre Galas und Diners,
Bälle, Aufmärsche, Theater- und Opernaufführungen verbreiten beispiellosen Gla-
mour und verschlingen eine Unmenge öffentlicher Gelder. Die Gesellschaften im
Hause des Hofrats Gentz sollen zu dem Auserlesensten gehört haben, was der regierenden Welt Europas damals geboten wird. *Die Stadt Wien bietet gegenwärtig einen
überraschenden Anblick dar; alles was Europa an erlauchten Persönlichkeiten umfasst, ist
hier in hervorragender Weise vertreten*, schreibt der Hofrat Ende September. Dies alles
erzeuge eine *Bewegung und eine solche Verschiedenheit von Bildern und Interessen, dass
nur die außerordentliche Epoche, in der wir leben, etwas Ähnliches hervorbringen konnte. Die politischen Angelegenheiten, welche der Hintergrund dieses Bildes sind, haben
indessen noch keinen wirklichen Fortschritt gebracht.* Selbst jemand wie Friedrich
Schlegel genießt das *herrlichste Leben* in der Kaiserstadt, er spricht aber auch vom
Schauplatz einer *kämpfenden Welt*. Hoffen und Bangen liegen damals nicht weit auseinander.

Unter Volksjubel, Glockengeläut und Geschützdonner treffen am 23. September
1814 die drei Großen, Zar Alexander von Russland, Kaiser Franz I. von Österreich
und König Friedrich Wilhelm III. von Preußen an der Wiener Taborbrücke aufeinander und umarmen sich herzbrüderlich. Machtherrlichkeit zu demonstrieren, haben
die siegreichen Monarchen nicht verlernt. So viel politisch Bedeutsames scheint in
Aussicht zu stehen, die Erwartungen an das Ereignis steigern sich rasch ins Immense,
doch wird die aufgeräumte Stimmung im Verlauf der zähen Verhandlungen mancherlei Ernüchterung und Enttäuschung weichen. Es dauert nur eine Weile, dann
ersehnen viele wieder das Ende des Kongresses. (A. Fournier 1913/H.-D. Dyroff
1966/B. Dorn 1993). Berühmtheit sollte das Wort des Fürsten de Ligne erlangen,
wonach der Kongress *zwar tanzt, aber nicht vorwärts kommt*. Ist das ganze wirklich
nichts als der *Jahrmarkt in einer kleinen Stadt, wo jeder sein Vieh hintreibt*, wie der
vierschrötige General Blücher sich vernehmen lässt?

In der Tat streben die Ziele und Machtstrategien der stärksten Verhandlungspart-
ner weit auseinander. Metternichs Vorstellung ist ein von Österreich geführtes, föde-
rativ geordnetes Mitteleuropa, das ein Gegengewicht zu den Flügelmächten Frankreich und Russland bildet. Preußen geht es zuvörderst um lukrative und strategisch
bedeutsame Gebietszuwächse, das Zarenreich unter Alexander I. hofft auf den Zuge-

winn des größten Teils von Polen, die Briten wollen einen insgesamt konservativ gestimmten Kontinent, vor allem eine Minderung des russischen Einflusses, und Frankreich bekämpft alle verstärkten deutschen Einigungsbestrebungen, um seinen renovierten Großmachtstatus nicht zu gefährden. Besonders der Streit um Polen und Sachsen zwischen Österreich, Preußen und Russland entspinnt sich bald so heftig, dass zeitweise mit dem Abbruch des Kongresses, ja mit einem Krieg zwischen den ehemals Verbündeten gerechnet werden muss. Es kommt zu einem gegen Preußen und Russland gerichteten Geheimabkommen zwischen England, Österreich und Frankreich, dem auch die Niederlande, Bayern und Hannover beitreten, ein Vorgang, der aufgrund von Talleyrands diplomatischem Geschick zur allmählichen politischen Wiederaufwertung Frankreichs führt. Nur durch die Verlagerung des Konflikts von Polen auf das zu teilende Sachsen, das Preußen gern vollständig annektiert hätte, gelingt am Ende die Entschärfung des Streites.

Österreich wird sich nach den Beschlüssen des Wiener Kongresses aus dem deutschen Nordwesten weitgehend zurückziehen, es verzichtet auf seine niederländischen und oberrheinischen Ansprüche und Besitzungen und gewinnt in Italien einen deutlichen Gebiets- und Machtzuwachs. Auch Preußen erfreut sich erheblicher Raumgewinne, obwohl es einige alte Territorien auch preisgeben muss. Es wächst um die Rheinprovinz und die Provinz Westfalen, um Teile Sachsens, um die Provinzen Posen und die Stadt Danzig, es erhält Teile von Schwedisch-Pommern und Rügen. Das Königreich Preußen wird hiermit gleichsam zum Schutzwall gegenüber der Großmacht Frankreich, von nun an sollte es immer stärker nach Deutschland hineinwachsen und zum Motor seiner ökonomischen, politischen und kulturellen Entwicklung werden.

Schon der erste Pariser Friedensschluss vom 30. Mai 1814 hat im Artikel 6 das fundamentale Prinzip festgehalten: *Die deutschen Staaten sollen unabhängig, aber zugleich durch ein föderatives Band vereinigt bleiben.* Der Wiener Kongress will damit ernst machen, ohne zugleich das Heilige Römische Reich Deutscher Nation wieder erstehen zu lassen, auch wenn dem der Freiherr vom Stein das Wort redet. Aber wie kann eine politische Ersatzkonstruktion für die einundvierzig Staaten und freien Städte Deutschlands aussehen? Für Metternich und Gentz ist klar, dass vor allem die Verklammerung von Nationalität und Territorialität abgewehrt werden muss, die Bonaparte, darin der Exekutor des Revolutionsgedankens, auch den Völkern der Habsburgermonarchie gepredigt hat. Die Suggestionsformel des napoleonischen Imperialismus, wonach den (Kultur- und Sprach-)Nationen eine urtümliche Souveränität und Freiheit zukommt, bildet immer noch den gefährlichsten Sprengstoff für die europäische Staatenwelt. Als Außenminister eines multinationalen Gemeinwesens hält Metternich dem sein Konzept des *föderativen nationalen Bandes* entgegen. Ihm zufolge soll das gemeinsame Interesse der Landesteile und Ethnien im *unverbrüchlichen Schutz der Mindermächtigen* voreinander liegen, verknüpft durch das in der habsburgischen Dynastie verkörperte Ganze. Und genau dies ist für ihn auf ganz Deutschland und Europa übertragbar. Nur wenn der künftige Deutsche Bund und die europäische Föderation mit diesem Gleichgewichtssystem übereinkommen, wird der Kontinent nicht mehr von innen her gesprengt werden können, das ist Metternichs Verhandlungsmaxime. So wie das Kaiserreich deutsch, habsburgisch und österreichisch gleichermaßen sein muss, soll auch die Wesenheit des deutschen Bundes als eines mit einem *gemeinschaftlichen Nationalbande verbundenen Staatenvereins* in die Welt gesetzt werden. (B. Dorn 1993/W. Siemann 2010/H.A. Winkler 2009).

Zunächst bewegen sich die Verhandlungen um zwei bundesstaatliche Ordnungskonzepte mit starken Zentralorganen, wobei Preußen und Österreich die kleineren Staaten hätten majorisieren können. Das führt nicht nur zu deren erheblichem Widerstand, sondern bei Metternich und Gentz zur Preisgabe des Plans, mit den auf Expansion versessenen Preußen überhaupt so etwas wie eine Doppelhegemonie anzustreben. Eine Allianz zwischen Österreich und Preußen, mag sie der Krieg gegen Napoleon zeitweise ermöglicht haben, ist jetzt wieder so prekär wie eh und je. Geschaffen wird in Wien schließlich ein loser Bund souveräner Staaten mit Österreich als Präsidialmacht an der Spitze. Als eine Art Verfassung dieser Föderation verabschiedet man am 8. Juni 1815, nach der maßgeblichen Redaktionsarbeit der Herren Humboldt und Gentz, die deutsche Bundesakte, deren erste elf Artikel zu Bestandteilen der Wiener Kongressakte (9.6.1815) werden, wodurch sich der Bund unter den Schutz aller europäischen Signatarstaaten gestellt sieht. Ausdrücklich lehnt die Gemeinschaft eine Rechtsnachfolge des deutschen Reiches ab, die neue Ordnung der einundvierzig Staaten und freien Städte unterscheidet sich von dem alten Herrschaftsgebilde vielmehr deutlich. Verzichtet wird auf eine starke Exekutive, auf eine gemeinsame Außenpolitik und ein oberstes Bundesgericht, etabliert werden soll eine Bundesversammlung in Frankfurt als Gesandtenkongress ohne jede repräsentative Funktion, und man einigt sich auf einen defensiven Charakter der Föderation, die nur der inneren und äußeren Sicherheit Deutschlands im Rahmen einer europäischen Gleichgewichtsordnung dienlich sein darf. Ergänzt wird die Bundesakte um die Bestimmung, dass sich jeder deutsche Staat eine landständische Verfassung geben möge. Dem kommen einige Länder nach, ausgerechnet Preußen und Österreich aber werden bis 1848 keine geschriebene Verfassung zulassen.

Kurz nach dem Ende des Wiener Kongresses ist in Europa nicht mehr von politischer Freiheit, Gleichheit und Brüderlichkeit die Rede, sondern von einer christlichen Fraternität im Geist der Heiligen Allianz, die bald zum Wesensausdruck der Ära Metternich mutieren sollte. Der skeptische österreichische Außenminister wird es dann allerdings sein, der Zar Alexanders beseelte Formel vom *Bündnis der Völker und Heere* in ein nüchternes *Bündnis der Herrscher* umdeutet, auf dass kein Zweifel bleibe am restaurativen Charakter der neuen Staatenordnung. Talleyrand, dem seit je alles verdächtig erscheint, was zu sehr nach einer starken Allianz der europäischen Großmächte ausschaut, soll damals alternativ vorgeschlagen haben, in Wien eine Art ständiges europäisches Sekretariat zu errichten, seinen Vorsitz hätte ein Mann seines Vertrauens führen sollen – Friedrich Gentz. Der Wiener Hofrat wird dem französischen Politiker dafür bis zu seinem Tod, bei mancher Kritik im Einzelnen, ein ehrendes Andenken bewahren. Während der Kongressmonate haben sie einander nahezu täglich besucht, Talleyand soll wiederholt versucht haben, Gentz zur Übersiedlung nach Paris zu bewegen, um ihn in die Dienste König Ludwigs XVIII. aufzunehmen.

Zur Errichtung eines europäischen Sekretariats wird es schon deshalb nicht kommen, weil die Heilige Allianz die mächtigeren Fürsprecher besitzt. Freilich könne man die eine *politische Nullität* nennen, schreibt Gentz, sie sei *ohne realen Gegenstand, ohne wirklichen Sinn; eine Theaterdekoration, welche missverstandene, mindestens sehr übel ausgedrückte Frömmigkeit, wo nicht gewöhnliche Eitelkeit erdacht hat.* Diese Allianz werde in den künftigen Annalen als Denkmal *menschlicher und fürstlicher Sonderbarkeit* prangen. Nichtsdestoweniger, die Heilige Allianz ist eine Tatsache. Europa und Deutschland stehen nun unter machtpolitisch verordneter Ruhe, denn die Pentarchie aus England, Russland, Preußen, Österreich und Frankreich geht alles in allem gestärkt aus dem Wiener Verhandlungsprozess hervor.

Auch wenn hier einige wegweisende Beschlüsse gefasst worden sind, etwa die Ächtung der Sklaverei, die Freiheit der internationalen Schifffahrt und die Regelung des Gesandtschaftsrechts, hat doch die absolutistische Gebietsschacherei im Vordergrund gestanden. Man wollte den lukrativen Rückgewinn der französischen Kriegseroberungen, ergänzt um möglichst viel neues Herrschaftsgebiet, und die nachhaltige Revision des revolutionären Doktrinarismus auf dem gesamten Kontinent. Seit 1815 leben die Deutschen und die Europäer in Machtgebilden der leicht renovierten Aristokratenherrlichkeit, den nationalen und liberalen Oppositionsgeist wollen die Staatslenker von jetzt an gewaltsam und mit ermutigtem Legitimitätsbewusstsein zurückdrängen.

Der österreichische Sekretär, die Preußen und Europa

Die großen politischen Verwerfungen und die kleinen Konflikte während des Wiener Kongresses spiegeln sich impulsiv und vielfältig wider im Gentzschen Briefwechsel dieser Monate. Niemand ist so vertraut mit dem Prozedere der offiziellen Verhandlungen und so vernetzt mit zahllosen Interessenvertretern und Meinungsmachern innerhalb und außerhalb der Beratungszirkel wie der Wiener Hofrat, der erste Sekretär Europas. Was Politik bedeutet und was sie von ihren Akteuren erheischt oder erzwingt, erfährt er hier in allen nur denkbaren Variationen und Abgründigkeiten. Regierungshandeln kann nicht anders, als klug abgewogenen, spezifischen Interessen zu folgen, das hat er gelernt. Vor allem deshalb wird dieser Denker in kontinentalen Maßen bald zu einem scharfzüngigen Repräsentanten der kaiserlichen Sache, zum *Erz-Österreicher.*

Schon Ende September 1814 heißt es in einem Brief an den Fürsten Caradja, Franz von Österreich werde *auf keinen Fall die niedergelegte deutsche Kaiserkrone wieder aufnehmen, um mit einem leeren Titel ohne wirklichen Wert eine schlechte politische Komödie zu spielen.* Auch verwahre sich Österreich dagegen, die Leitung der gemeinsamen Angelegenheiten Deutschlands zwischen ihm und Preußen zu teilen, das könne nur die gefährlichsten Folgen haben. Für ein allgemeines Föderativsystem wollen die Österreicher streiten, beteuert Gentz, dem er zu dieser Zeit noch eine mehr oder weniger republikanische oder repräsentative Form zuspricht, die Leitung der gemeinsamen Angelegenheiten solle man *fünf, sieben oder neun der hervorragendsten Mitglieder des Bundes* anvertrauen. Früh zeichnet sich der Antagonismus gegenüber Preußen ab, dessen politisches Einverständnis mit Österreich zunächst als *caput rerum gerendarum*, sogar als Garantie des ewigen Friedens, erschienen ist.

Auf diesen Bruch reagieren die Berliner Freunde bitterböse, insbesondere Caroline und Wilhelm von Humboldt. Bereits Ende November 1814 spricht Caroline vom schlechten Ruf, den Gentz unter den preußischen Delegationsmitgliedern genieße, er sei einer ihrer eifrigsten Widersacher, *rein eklig* kommen ihr seine *rhetorischen Floskeln* vor, dieser *Bombast*, und dann heißt es in einem Brief an Wilhelm: *Sieht er nicht eigentlich aus wie ein Gespenst? Man kann alt werden, das meine ich nicht, aber wie eine hohle Schale sieht er aus! Traue ihm nicht! Und hat er nicht unlängst erklärt, die Preußen auf dem Kongress hinters Licht führen zu wollen? Er liebt die Unsren nicht, unsre Preußen.* Vor allem habe Gentz den *Geist der Nation* nicht erkannt, weil er die *Liebe* nicht erkenne. Wilhelm kann seiner Frau nur recht geben, auch er beobachtet viel Feindschaft gegenüber dem alten Freund, sogar der Freiherr vom Stein habe ihm jüngst versichert, dieser Gentz sei ein Mensch von *vertrocknetem Gehirn und verfaultem Charakter*. Stein möchte eine Erneuerung des Heiligen Römischen Reiches mit Österreich als Träger der Kaiserkrone, und er will eine machtvolle Vergrößerung Preußens, um das deutsche Staatenkonglomerat letzlich unter die Dominanz der Hohenzollern zu bringen. Doch mit einer solchen Föderationsperspektive kann sich der kaiserliche Rat unmöglich einverstanden erklären, hier darf es kein freundschaftliches Abwiegeln geben, denn Österreich muss der *erste deutsche Staat [werden] – primus inter pares*. Caroline erbost dergleichen ungemein, sie will erfahren haben, dass sogar Gentz' Bruder ihn mittlerweile für einen *verworfenen Menschen* halte.

Welch eine neue und ungewöhnliche Konstellation, der Antipreuße Friedrich Gentz, sich nun *weit über* Humboldt fühlend, tritt auf dem Wiener Kongress in geharnischte Aktion. Schon lässt er sich folgendermaßen vernehmen: *Preußen brachte zum Kongress bloß den einen unbändigen Wunsch mit, seine Besitzungen auf Kosten von jedermann ohne Rücksicht auf Recht und Schicklichkeit auszudehnen.* Den Enthusiasmus ihrer Nation, der dem Ungeist der *Teutodemagogen* verwandt sei, wollen die Preußen demnach nur ausnutzen, um früher oder später den größten Teil Norddeutschlands in ihre Gewalt zu bringen, Österreich außer Gefecht zu setzen und an die Spitze von ganz Deutschland zu gelangen. Der Erz-Österreicher Friedrich Gentz redet sich in Zorn, kein Wunder, dass auch die Humboldts immer gereizter reagieren. Der letzte Krieg habe der *Masse überlaut gesagt, was sie vermag*, schreibt Caroline, in Zukunft sei der Geist der Zeit deshalb nicht mehr aufzuhalten. Rückschrittliche Staaten wie Österreich ignorierten zu ihrem eigenen geschichtlichen Nachteil, dass die *Völker an sich gut seien, nur begegne man ihnen nicht würdig genug.* Und selbst

Rahel meldet sich erzürnt aus Wien: *Schlegel, Gentz und Konsorten denken auf deutsches Kaiserthum und möchten uns fressen.* Für einen Moment scheint sie sogar entschlossen, Gentz nie wieder zu schreiben, diesem *österreichischen Blasebalg, der ‚Preußen' sagt, wie ich nicht ‚Indien' sage!* Allen Grund hat sie, dem alten Freund gram zu sein, denn der hätte seine Beziehung zu der kleinen Berliner Jüdin vor der guten Gesellschaft Prags am liebsten verheimlicht. Fatal nur, dass Rahel sich in ihrem böhmischen Exil mit der Geliebten Metternichs, der Herzogin Wilhelmine von Sagan, innig befreundet hatte: *Wenn das Gentz wüsste,* der sie doch *vor lauter Verleugnen [am liebsten] in die Erde gesteckt* hätte. Karl August Varnhagen soll Gentz damals, inmitten dieser turbulenten Debatten einen *Verräther* genannt haben. (R. Levin Varnhagen 2011, 3/G. Schlesier 1838, 1/F. Kemp 1967/G. de Bruyn 2010).

Tatsächlich hat der Hofrat schon im März 1814 an Metternich geschrieben: *Meine Politik wird täglich egoistischer und stock-österreichischer. Das Wort Europa ist mir ganz zum Greuel geworden. Eine gemeinschaftliche Sache gibt es nicht mehr. Die Koalition begraben zu sehen, ist vorderhand mein größter Wunsch.* So sehnlich er einen politisch maßvollen Friedenvertrag mit Frankreich wünschen mag, der Europäer Gentz lässt sich seine Rolle als Agent kaiserlich-österreichischer Interessen nicht mehr ausreden. Ist es nur Wortklauberei, oder doch eine sinnnvolle Unterscheidung, dass Gentz nun vom Apologeten des ‚Wiener Systems' zum Verfechter der ‚Wiener Odnung' mutiert sei? (A. Doering-Manteuffel 1991/2010/B. Dorn 1993). Viele seiner preußischen Freunde können ihm die jüngste Geisteswende jedenfalls nur verübeln. Andere Zeitgenossen zeigen sich weniger entrüstet, aber auch sie glauben in der Kaiserstadt einen Mann wahrzunehmen, der sich immer bedenkloser an die kaiserliche Macht verkauft.

Dieser Gentz, schreibt ein Chronist der Wiener Ereignisse, hat *alle Geheimnisse Europas in Händen: er wird auch bald alle europäischen Orden besitzen. Er ist eines von den Organen des schweigsamen Wesens, das man die österreichische Regierung nennt. Vielleicht ist er mit seinen Manifesten, seinen Journalartikeln und seinen Proklamationen Napoleon ebenso verderblich gewesen als Russlands Eis. Aber Ehren und Orden sind ihm nicht alles. Die Souveräne wissen, dass er auch das Geld liebt; und sie geben es ihm zur Genüge. Von Arbeiten und Geschäften erdrückt, abgestumpft gegen alle Vergnügungen, sucht er sich zu betäuben, indem er sich in den Strudel der Welt stürzt. Dort wird er auch das Glück nicht finden.* Tatsächlich hat Gentz während der Kongresszeit erhebliche Einnahmen an Honoraren, Belobigungen und Ehrengeschenken, man schätzt die Summe auf siebzehntausend Dukaten. Er soll Maskenbälle für sein zahlreiches Hauspersonal veranstaltet und üppige Geschenke verteilt haben, oft schon hat man gehört, dass sich sein Leichtsinn und seine Spendierfreude als Großzügigkeit gegenüber den ihm anvertrauten Menschen niederschlügen. Wie auch immer, der Fall Gentz gehört damals zu den interessantesten Gesprächsthemen in Wien. Karl von Nostiz, der ehemalige Adjutant des Prinzen Louis Ferdinand, der den Wiener Hofrat noch aus preußischen Zeiten kennt, schreibt viele Jahre später in sein Tagebuch: *Der Gentz von Berlin war ein anderer als der von Wien.* (G. de Bruyn 2010).

Gegen Ende der Kongresszeit scheint sich ein neues Image des Hofrats abzuzeichnen, der gegenüber Rahel unlängst bekannt hat, er sei *unendlich alt und schlecht* geworden. Tatsächlich scheint er jetzt durch nichts mehr zu entzücken, sondern nur noch *kalt, blasirt, höhnisch, von der Narrheit fast aller Andern, und meiner eigenen – nicht Weisheit – aber Hellsichtigkeit, Durch-, Tief- und Scharfsichtigkeit, mehr als erlaubt ist, durchdrungen, und innerlich quasi teuflisch erfreut, dass die sogenannten großen Sachen zuletzt solch ein lächerliches Ende nehmen.* Weltverachtung und Egoismus lauten in jenen Monaten die beiden Bekenntnisformeln gegenüber Rahel. Und nicht nur ein Augenzeuge berichtet damals von einem *ergrauten und gebeugten Mann in ewigem Fieberfrost vor moralischer und physischer Erkältung,* von seinem eingezwängten Diplomatendasein und vom Erschrecken gegenüber den eigenen Jugendideen. Nun sei Gentz vollends zum *Philister und Verschwender* geworden, *alles Freie von ihm gewichen – mit seiner trippelnden Weisheit wird er nichts Großes mehr schaffen.* Schon im Sommer des gleichen Jahres nimmt Gentz allerdings ein Gutteil seiner Klagen wieder zurück: *im März und April war ich recht elend,* oft genug besitzen seine Jeremiaden einen derart flüchtigen Zeitkern. (K. Mendelssohn-Bartholdy 1867/E. Guglia 1901/G. Schlesier 1838, 1).

In allen deutschen Staaten soll eine *landständische Verfassung stattfinden,* heißt es in der Deutschen Bundesakte, diesem Versprechen wollen Metternich und Gentz am Ende des Kongresses immer weniger zustimmen. Obwohl beide Verehrer der gelebten englischen Konstitution sind, kommt für sie eine Verfassung, gar eine republikanisch-repräsentative Staatsentwicklung weder für Österreich, noch für den Deutschen Bund und Europa in Betracht. Allein die Konstitutionalisierung Österreichs würde zum Kampf aller Nationalitäten unter einander führen, dekretiert Metternich, niemals dürfe man in der Politik dem Urteil des Volkes trauen und nach qualitätslosen Mehrheiten entscheiden. Dem hat Gentz wenig hinzu zu fügen. Und so muss es auf dem Kongress zum scharfen Meinungsstreit mit Wilhelm von Humboldt kommen, der auf eine deutsche Verfassung und auf den baldigen Zusammentritt der Bundesversammlung dringt: *Nur ist Metternichs Trägheit und Lauheit dabei ein entsetzliches Hindernis.* In dieser werde er vermutlich durch Gentz' *Furchtsamkeit* bestätigt, schreibt Wilhelm, der Gentz eigentlich *zu meinen Zwecken gebrauchen* wollte, resignierend an seine Frau. Denn als der Hofrat die von Humboldt formulierte Note für den Achterausschuss gelesen hat, schlägt er die Hände über dem Kopf zusammen und ruft aus, das sei ein *entsetzliches Wagestück.* Riskieren wollen die politischen Dioskuren Metternich und Gentz in dieser Hinsicht so wenig wie möglich.

Jakobiner, Alarmist, müßiger Zuschauer?

Bald schon hat der Kongress ein ganz anderes Problem – was soll mit dem triumphal von Elba nach Paris zurückgekehrten Napoleon Bonaparte geschehen? Am 7. März 1815 trifft diese Schreckensnachricht in Wien ein und löst nicht wenig Verunsicherung aus. Darf man Bonaparte jetzt schon als tot betrachten, wie Metternich behauptet? Gentz meint es nach all den vorangegangenen Gerüchten und Mutmaßungen besser zu wissen, in einem Billett an Pilat schreibt er: *Ich glaube, wir werden zum dritten Mal betrogen. Erst hieß es: nicht einmal die Armee, viel weniger das Volk macht gemeinschaftliche Sache mit ihm. Dann wieder: nur die Armee; aber das Volk und der Civilstand sind gesund. Endlich rückte man mit den Jakobinern heraus. Und zuletzt wird sich wohl ergeben, dass die ganze verfluchte Nation [...] Ein Kuchen und Ein Brei mit ihm ist.* Ein weiteres Mal könnte die politische Situation in Europa sehr gefährlich werden, der Glutkern des Revolutionsfurors ist immer noch nicht erloschen. Viel zu milde sei die Verweisung Napolons nach Elba gewesen, heißt es nun, womöglich habe man seine *fortune* und seinen Einfluss auf die Masse der Franzosen weit unterschätzt. Doch Talleyrand, der einstige Ziehvater Bonapartes, glaubt daran seit langem nicht mehr, jetzt werde der Mann, der nicht mit einer Tragödie enden wollte, sein Dasein eben mit einer Farce beschließen. Der ehemalige französische Außenminister will sich als einer der ersten an der Ächtung des Diktators beteiligen.

Die wird in der Deklaration vom 13. März schriftlich niedergelegt und der europäischen Öffentlichkeit kundgetan, ihr Text stammt von Friedrich Gentz. Noch einmal tritt er gegen einen *verbrecherischen und verhassten Mann* auf, der über Europa so viel Unheil gebracht hat, nun aber zu einem *wesenlosen Schatten* geworden sei. Doch Bonaparte als Feind und Störer des Weltfriedens zu verurteilen, ist das eine, das andere ist die Frage, wie man staatsrechtlich und machtpolitisch mit dem verbliebenen Empire in Zukunft verfahren soll. In dieser Hinsicht nimmt Gentz, zunächst noch im Einvernehmen mit Metternich, nach wie vor eine ausgesprochen konträre Haltung ein, und das bis über die schmachvolle Niederlage des Diktators bei Waterloo am 21. Juni 1815 hinweg. Noch anfang Juli dieses Jahres schreibt er an Adam Müller: *Wie wird das enden? Unter allen Stürmen der Sitzungen vom 21. und 22., wie groß auch der Konflikt der Meinungen war, erhob sich doch nicht eine Stimme für Ludwig XVIII.! Keine Bourbons! Darüber sind sie einig. Nun, und wir haben nur die einzige Saite auf unserer Leier.* Gentz kann sich zu diesem Zeitpunkt eine Regentschaft des Napoleon-Sohnes, des Herzogs von Reichstadt, im Einvernehmen mit dem Kaiser und der Erzherzogin Marie Louise, durchaus vorstellen. Aber wer überhaupt an Verhandlungen mit Bonaparte denkt, hat in der hocharistokratischen Gesellschaft Wiens kaum noch Verständnis zu erwarten. (J. Willms 2011/J. Baxa 1965/K. Mendelssohn-Bartholdy 1868, 2/G. Schlesier 1840, 2/B. Dorn 1993).

Als *Jakobiner* verschreit man den Hofrat und Chevalier de Gentz neuerdings, selbst ein Mann wie Humboldt nimmt das nicht ohne Beifall zur Kenntnis. Als die Preußen dem alten Freund unlängst den Roten Adlerorden verleihen wollten, habe er dies hintertrieben, gesteht er Caroline, weil Gentz in der Causa Sachsen nicht für Berlin tätig geworden und immer noch von der *Größe des Phänomens Bonaparte, ja von der tiefsten Weisheit in dieser Regierung* überzeugt sei. Zwischen den einstigen Berliner Freunden scheint nun auf lange Zeit jedes Wohlwollen aufgebraucht und kaum noch eine Vermittlung denkbar. Varnhagen von Ense hat ein Gespräch überliefert, das er 1815 mit Gentz in Paris geführt habe: *Er sprach mit entschiedener Geringschätzung von Humboldt und sagte, wenn die Andern ihn bewunderten, könne er sich nur über ihn verwundern, dass er mit so vielem, was er habe, doch so wenig sei. ,Er weiß recht gut, dass ihm was fehlt und wo es ihm fehlt, und er sucht es mit raffinirter Sophisterei zu verdecken, denn so wenig er ist, spielen kann er alles'. Ich weiß nur zwei Menschen, die ihn durchschauen, ich und ihre Frau [= Rahel], er weiß es, und hasst uns dafür.* (R. Levin Varnhagen 2011, 6).

Die Ereignisse wälzen sich voran, aufzuhalten ist die Bourbonenherrschaft in Frankreich nicht, der Egoismus und die Zerstrittenheit der Großmächte lassen für eine politisch produktive Neuordnung der französischen Staatsverhältnisse keinen Raum. Bald wird auch Gentz die Zeit nicht mehr haben für weiträumige Föderativüberlegungen, denn Mitte Juli 1815 ruft ihn Metternich nach Paris, wo die Waffenstillstandsverhandlungen im Gefolge von Waterloo stattfinden sollen. Am 1. August reist der Hofrat ab und gelangt über Regensburg, Nürnberg, Würzburg, Frankfurt, Koblenz, Bonn, Köln und Brüssel am 15. August in der französischen Hauptstadt an. Auf der Fahrt dorthin liest er mit Begeisterung Voltaires ,Geschichte Karls XII.' und mit einiger Reserve den ,Rheinischen Merkur', in dem Joseph Görres die deutsche Nachkriegsordnung als eine *jämmerliche, unförmliche, missgeborene, ungestaltete* bezeichnet hat, sie sei *vielköpfig wie ein indisches Götzenbild, ohne Kraft, ohne Einheit und Zusammenhang.* Auf Görres wird Gentz später noch gebührend zurückkommen, er weiß, dass derzeit niemand *erhabner, furchtbarer und teuflischer* zu formulieren vermag als dieser jakobinische Professor.

Aber erst einmal erwarten ihn in Paris bis Ende November vier ereignis- und erfahrungsreiche Monate, in denen er an zahllosen Konferenzen zur Vorbereitung des zweiten Friedensvertrags teilnimmt. Vor allem Gentz formuliert die von den alliierten Mächten an die französische Regierung gerichteten Noten, sein Wort hat Gewicht im Kreis der Hochmögenden und vieles spricht dafür, dass er sich nun erst recht als Mitglied der großen Welt der Politik zu verstehen beginnt. Paris begegnet er zunächst mit Skepsis als einer *monstruosen Stadt,* dann aber auch mit Staunen und Bewunderung, er konferiert und diniert abermals in den höchsten Kreisen und genießt das mondäne Kulturleben in vollen Zügen, vom Versailler Prachtschauspiel ist er begeistert. Doch schon bald machen ihm der Lärm und die Unruhe, das *Gute und Böse, das Herrliche und Schreckliche so unmittelbar nebeneinander* zu schaffen: *Hier schwimmt Alles so durcheinander, dass man nichts recht unterscheiden kann.* Diese Stadt und die *schwatzhaften Franzosen* will er nach wenigen Wochen so schnell wie möglich wieder verlassen, von Paris sei er *vollauf gesättigt.*

Und dennoch, Gentz lernt in der französischen Metropole den konstitutionellen Staatsbetrieb kennen und zum Teil auch schätzen, er staunt über manches Talent in der liberalen Politikergarde und nimmt mit großem Vorbehalt die Umtriebe der Ultraroyalisten zur Kenntniss, die das französische Verfassungsgebäude und mit ihm die Grundlagen aller Kultur am liebsten zerstören würden. Ludwig XVIII. ist kein starker Monarch, sondern entscheidungsschwach und beeinflussbar, oft genug der *parti de la Cour* hilflos ausgeliefert. Auf die politische Entwicklung in Frankreich kann man also nicht wirklich vertrauen, zumal auch die Kammern keinen Konsens herzustellen in der Lage sind. In allen Pariser Institutionen spielen sich immer wieder *ungeheure Szenen* ab. Es gibt Gärungen und Spaltungsprozesse unter den Politikern, ganze Ministerien treten auf einmal zurück, Furcht vor gewaltsamen Explosionen geht um, dabei könnte jede dieser Verwirrungen eine neuerliche Revolution auslösen, als Zeitzeuge befinde man sich hier immer in einer *Art von Taumel*.

Mit diesem krisengeschüttelten Frankreich wollen, ja müssen die Alliierten eine neue europäische Friedensordnung aufbauen. Ohne Frage ist sie den Versuch wert, doch muss der König jeden Anschein von Reaktion und Konterrevolution strikt vermeiden und die von der Mehrheit der Franzosen bejahte konstitutionelle Verfassungsordnung respektieren. Versöhnung zwischen den politischen Gruppierungen ist das Losungswort für Gentz, nur auf der Basis der ‚Charte constitutionelle' besitzt Frankreich nach seiner Überzeugung eine Chance zur inneren und äußeren Normalisierung, vor allem auch im Interesse der europäischen Gleichgewichtsordnung. Eine derart konzessionsbereite Liberalität kann im konservativen Wien nur auf Unverständnis stoßen.

Welch eine Schule der Realpolitik bedeutet das alles für den Intellektuellen Friedrich Gentz. Abermals erfährt er, dass die meisten Entwicklungen in der Geschichte durch *Torheit, Schwäche und Eitelkeit* der Menschen erzeugt werden. Mehr noch, die überwältigende Nähe zu dem geschichtlichen Großereignis nährt in ihm neue Irritationen, ja eine tiefe Skepsis gegenüber dem, was er bislang für seine politische Profession gehalten hat. Nun sei etwas zur Reife gekommen, schreibt er an Pilat, das in ihm seit langem gäre: *Sie können sich nicht vorstellen, wie ekelhaft mir alle Diskussionen geworden sind, seitdem ich nun endlich bis zur Evidenz erkannt habe, dass im Grunde Niemand Recht hat, und dies für mich die Summa aller Lehre geworden ist.* In Zukunft will Gentz zu *keiner Fahne mehr schwören, sondern meinen Meinungen selbst Richtung und Gesetz geben.* Und zwar vor allem, weil kein wirkliches System, keine ernstzunehmende Sinngebung und Moralbindung in der Politik mehr vorhanden sei, sondern allenfalls das Raffinement und die Rigorosität des Aushandelns disparatester Interessen. Hier reicht nichts mehr über den Zwang zur situativen Entscheidung hinaus, pure Materialität statt Idealität beherrscht die Staatskunst. Für Gentz klafft zwischen dem politisch Notwendigen und dem politisch Erreichbaren nach den Pariser Erfahrungen eine noch schmerzhaftere Lücke als er sie je wahrgenommen hat: *Ich habe diesmal in den Verhandlungen eine thätigere und größere Rolle gespielt, als zuvor; und doch bin ich nur für wenige Resultate moralisch verantwortlich.*

Manches mag dafür sprechen, dass Gentz hier in gewisser Hinsicht von seinem intellektuellen Herkommen eingeholt wird, jenem aufklärerischen Diskurs, der letzten Endes auf moralgeleiteten Konsens zielt und dem Gemeinspruch des Vernünftigen nicht entraten will. Denn der banale Relativismus der ausgekühlten Interessendurchsetzung, die Realpolitik par exellence also, hat den Kantschüler nie wirklich befriedigen können. Für ihn besitzt die so genannte *Friedensepoche* nach dem Wiener

Kongress etwas *Widriges*, in Wahrheit sei sie kaum mehr als ein bellum omnium contra omnes. Selbst Philosophie, Politik und Geschichte hätten für ihn nun kein Interesse mehr, heißt es, mit Problemen der Kirche und des Staates wolle er sich nie wieder beschäftigen, schon gar nicht auf der *Schandbühne* Öffentlichkeit.

Der Wiener Hofrat steht vor der peinigenden Erfahrung, dass in der Politik *alle Parteien Unrecht haben; wie sollte ich nun Worte finden, um dies auszusprechen?* Später lautet ein undatiertes Billett sogar, ihn habe seit dem *Jahre 13 der Ekel vor der inneren und äußeren Welt* erfasst, seitdem habe er in der *höheren Vernunft, der reinen Vernunft nämlich, meine einzige Zuflucht* gefunden. Gentz bleibt in seiner *ziemlich hohen Sphäre* nach wie vor ein Intellektueller der aufgeklärten Provenienz. Dringen nun seine kantianischen Wurzeln wieder durch? Zumindest ist absehbar, dass er schon zu dieser Zeit am Rationalitäts- und Moralverlust des Politischen zu leiden beginnt, und das mit signifikanten Spätwirkungen. Ein im Briefwechsel mit Pilat aufgefundenes undatiertes Billett trägt den Eintrag: *Es drängt mich aus Deutschland. Hier finde ich Niemanden mehr, der meines Glaubens wäre. Die einen ziehen nach Rechts, die andern nach Links, und die Praxis ist in zu schwachen Händen, um die Mittelstraße zu retten.* (K. Mendelssohn-Bartholdy 1868, 2).

Wird jetzt sein Ton gegenüber dem Staatskanzler noch schärfer, wenn er immer wieder für einen Friedensschluss mit Napoleon eintritt, oder sich boshaft über die schwelgende Aristokratie im *Caput mortuum* Wien, diese *Huren-Gesippschaft*, auslässt? Ein Brief Metternichs an seinen Stellvertreter Hudelist aus jenen Monaten lässt ein gewisses Spannungsverhältnis zwischen dem Außenminister und seinem illustren Mitarbeiter erkennbar werden: *Er ist wie alle Gelehrte – unpraktisch. Sie müssen ihn stets leiten und ihm unverhohlen den Punkt unterschieben, welchen er verfolgen soll. Dass er für sich selbst divagiert, weiß ich sehr wohl; deswegen muss man ihn nie sich selbst überlassen, aber stets brauchen.* Der rheinische Altadlige Metternich zweifelt nicht daran, dass auch dieser ehrgeizige Intellektuelle aus dem protestantischen Schlesien letzten Endes zu jenem gebildeten *Proletariat der Beamten-, Professoren- und Literatenkasten [gehört], welche zusammengenommen den Vernunftstaat bilden und deren Führung in Preußen liegt, und nichts anderes als aufgeklärte Demgagogie [ist] und der Demokratie den Weg bahnt. Bei Menschen dieses Schlages bleibt also immer Vorsicht geboten. Die Classe des echten Volkes*, notiert der Minister, das sind die *Hausväter und Besitzer*, denen gegenüber steht die zu allen Zeiten *gefährliche Klasse der Unbeschäftigten, Nichtbesitzenden und fast stets zum Aufstand bereiten Menschen*. Nicht, dass Metternich seinen Berater Gentz für einen potentiellen Aufrührer hielte, aber er und sein Stellvertreter Hudelist werden einen Grundverdacht gegenüber diesem agilen Kopf nie ganz überwinden.

Wie ein *Alarmist* werde er von den Wiener Polizeibehörden behandelt, klagt Gentz nicht ohne Grund gegenüber Metternich, allenthalben beobachte und verdächtige man ihn. Und tatsächlich zeigt der amtliche Briefwechsel, wie genau man Gentz' publizistische und politische Aktivitäten im Auge hat. Er trete *höchst undelikat und anmaßend* gegenüber dem Fürsten Metternich auf, heißt es hier, er schwanke *zwi-*

schen extremen Gefühlen und Urteilen und verbreite im Publikum *abträgliche Stimmung, Furcht und Bangigkeit*. Ausgerechnet dieser kaiserliche Zensor untergräbt demnach allen guten Glauben an die offiziellen Kriegsnachrichten. Nicht ohne Grund spricht Gentz von einer veritablen *Denunziationsgeschichte* zwischen der Ober-Polizeidirektion, ihren *Auflaurern* und ihm, man versuche mit *allen Mitteln, mich etwas mehr zu diplomatisieren*, will aber nicht wahrhaben, welchen publizistischen Kampf er zu führen versuche für eine genuin Metternischsche Politik.

Überall in Wien zeigen sich Bourbonisten und politisch blinde Napoleon-Hetzer: *Ich befinde mich in einer höchst seltsamen Lage, weil ich für meine Ansichten auch nicht einen einzigen Vertrauten habe, und aus hundert Gründen alles vermeiden muss, was auch nur von fern einem Missfallen an dem endlichen Siege der Lieblingsideen der Zeit ähnlich sehen könnte*. Zu einem *müßigen Zuschauer, zu toter Nichtigkeit* sieht er sich infolge all dieser Auseinandersetzungen herabgewürdigt, gerade sein guter Wille und sein Eifer hätten ihn zunehmend in eine stumme Rolle gezwungen, schon seit langem traue er sich *keine scharfen und schneidenden Urteile* mehr zu. Damals wird dem Kaiser eine Bemerkung der Gräfin Fuchs zugetragen, wonach kein österreichischer Patriot noch mit Gentz Umgang haben sollte – *der Kerl verrät noch die ganze Monarchie*. (F.C. Wittichen/E. Salzer 1913, 3/A. Fournier 1907).

Es schwingen viel Desillusion und Enttäuschung mit, wenn Gentz in einem Brief an den liberalen Freund Wessenberg schreibt: *Hören wir nie auf, für den Triumph des Guten, der wahren Freiheit und alles dessen uns zu verschwören, was die Menschennatur ehrt und erhebt!* Ein solches Bekenntnis deckt sich keineswegs bruchlos mit den politischen Erträgen des Wiener Kongresses und seinen Nachfolgevereinbarungen. Doch Friedrich Gentz kann sich derartige Äußerungen womöglich leisten, er spielt längst eine beachtliche Rolle auf dem Parkett der internationalen Politik und Diplomatie, Paris hat dies ein weiteres Mal bewiesen. Pflichtgemäß singt er im ‚Österreichischen Beobachter‘ bald darauf ein Loblied auf den zweiten Pariser Friedensabschluss: *Jetzt ist der Augenblick gekommen, wo die Aussicht auf ein goldenes Zeitalter in Europa nicht mehr unter die leeren Träume gehört!*

Freilich sieht er die Dinge in seinem Tagebuch und seinen Briefen ungleich illusionsloser. Eine freie Verfassung hätte es in Frankreich aufgrund kluger Verhandlungen mit Napoleon geben können, nun aber sei die *Contre-Revolution* der Bourbons durchgesetzt worden, und das unter den Bedingungen einer Deputiertenversammlung, die in die *Extreme* führen und weitere blutige Kämpfe provozieren könne. Als im Dezember 1818 ein liberales Ministerium den Vorsitz der Pariser Kammer übernimmt, ist Gentz einigermaßen zufrieden, *etwas mehr Freiheitsgeist* könne hier durchaus nicht schaden, schreibt er an Pilat. Dem Hofrat ist seit einiger Zeit klar geworden, dass man die Französische Revolution durchaus nicht als reines Übel bezeichnen kann, sondern dass sie dieses Land in gewisser Hinsicht auch *glücklicher, gesetzter, häuslich-besser und achtungswürdiger* gemacht hat.

Die politische Entwicklung in Frankreich wird ihn, wie nicht zuletzt sein Tagebuch beweist, fortwährend beschäftigen als ein Problem der Reorgansation zukunftsfähiger Herrschaft und als Frage nach der Bündnisverpflichtung des Landes in Europa. Hingegen schreien alle Wiener Ultras laut auf, sie sehen in Paris schon wieder den *Demokratismus* triumphieren. Vor allem deshalb hat der Hofrat die Kaiserstadt nach seiner Paris-Reise beträchtlich *dümmer gefunden als zuvor*, kein Wunder, dass ihm die Rückkunft schwer gefallen ist. Bald wird er es für eine *unaussprechliche Torheit* halten, die französische Hauptstadt überhaupt verlassen zu haben. Alles kommt ihm jetzt so trist und eintönig vor, ein *Bodensatz von Missmuth* lässt ihn an eine entschiedene Veränderung seiner Situation in Wien denken.

Ganz nebenbei ist noch die publizistische Auseinandersetzung Görres aufzunehmen, der sich in seiner Aburteilung der Ergebnisse des Wiener Kongresses direkt auf Gentz bezogen hat. Dass der Wiener Hofrat die Pariser Verhandlungen als *Vollendung eines großen und allseits gerechten Friedenswerkes* bezeichnet und ein goldenes Zeitalter in Europa angekündigt hat, hält der Patriot Görres für vollkommen abwegig. Das deutsche Volk sei in Wahrheit zutiefst enttäuscht von diesem Friedensschluss, vor allem bemängelt Görres die Tatsache, dass man die angestammten Provinzen Elsass und Lothringen nicht von Frankreich zurückgeholt habe. Gentz repliziert mit einem Aufsatz unter dem Titel ,Gegen Görres‘, in dem er die Position der Alliierten emphatisch verteidigt. (G. Schlesier 1840, 2).

Die seien nicht gekommen, um Frankreich zu *zerstückeln oder aufzureiben*, sondern um es mit Europa zu versöhnen und zu einer dauerhaften Ordnung zurückzuführen. Niemals wäre den Bourbonen im eigenen Land die *Losreißung* von Elsass und Lothringen verziehen worden, und gewiss hätte dieser Verlust künftig zu neuen Kriegen geführt. Das nicht wahrhaben zu wollen, die politische Lage Deutschlands vielmehr als Anarchie bezeichnet und in demagogischer Weise mit dem *eingebildeten Bedürfnis* einer Konstitution vermengt zu haben, wirft der Wiener Hofrat seinem Kontrahenten vor. Nun sei ein lang anhaltendes Friedenssystem in Europa gesichert worden, und die deutsche Intelligenz mache immer noch mit abstraktem Unruhegeist mobil. Gentz glaubt den einflussreichen Schriftsteller mit dieser Argumentation am Ende *ganz entwaffnet* zu haben, als Staatsmann plädiere er ja seit je für eine *höhere Politik, für Mäßigung, Anstand und Würde im Ausdruck*. Ganz anders hingegen wird er in Teilen der deutschen Öffentlichkeit wahrgenommen, hier befindet er sich in tiefster Verdammnis: *doch sprechen sie von mir mit einer Art von geheimem Respect, nicht etwa aus persönlicher Achtung, sondern weil sie mich für mächtig halten.*

Versagte Standesehren und die großen Phrasen

Friedrich Gentz betrachtet sich inmitten des brüchigen europäischen Föderativsystems, für das er so lange geworben und gekämpft hat, als einen genuinen Vertreter der österreichischen Sache: *Meine Reputation ist gemacht, meine Verhältnisse sind gegründet.* Das gilt trotz der politischen Spannungen und der Scharmützel, die mit den adligen Ultras auszufechten sind, und ungeachtet der *mürrischen Stimmung, die bei jedem kleinen Übel höchst rege* wird, aber das *größte Gute* kaum zur Kenntnis nehmen will. Es mag überraschen, doch gerade in diesen Jahren verdichten sich Gentz' Beziehungen zu den besten Kreisen von Sozietät und Politik in Wien außerordentlich, nicht wenige Amouren spielen dabei wieder eine Rolle. Hartnäckig und mehrfach dringt der Hofrat jetzt in den Staatskanzler, er möge beim Kaiser um eine Belohnung für seine persönlichen Verdienste auf dem Wiener Kongress einkommen, mehr noch, er sehnt abermals den Titel eines Staatsrats herbei, *erst eine solche Ehre setzte mich im In- und Auslande auf mein wahres Niveau.* Nicht um *Eitelkeit, nicht um Kreuze und Bänder* gehe es ihm, sondern um die Anerkennung seiner diplomatischen Leistung und seiner politischen Bedeutung im Wiener Herrschaftsapparat. Sollte es einen *Titular-Staatsrat* nicht geben können, möge ihn der Kaiser ersatzweise zum wirklichen Staats- und Konferenzrat ernennen: *Bin ich dazu nicht hinreichend geeignet? Würde es denn ein so großes Übel sein, wenn ich in der Tat einmal zu Rate gezogen würde? Könnte ich nicht in der Staatskanzlei selbst einen sehr nützlichen Wirkungskreis erhalten?* Das bezeichnet genau den Punkt. Der Hofrat Gentz ist seit Jahren mit großem Erfolg unmittelbar beteiligt an der Definition und Exekution von Machtpolitik und dennoch wird sein Name nicht einmal im so genannten *Schematismus,* im offiziellen Ranggefüge der kaiserlichen Staatsbeamten, aufgeführt. Gentz weiß, dass der Monarch ihm nicht wohlgesonnen ist, aber nun besteht er darauf, dass etwas zu seiner *Beruhigung* geschehen muss.

Zunächst einmal kommt ihm der Staatskanzler entgegen, der verfügt, dass diejenigen *Hofräte in der Hof- und Staatskanzlei, die nicht wirklich angestellt seien, nicht permanente Referate hätten und den Titel als Geh. Staatsoffizialen nicht trügen, künftig als eine eigene Klasse von Staatsbeamten unter dem Hauptrubrum die Geh. Hof- und Staatskanzlei betreffend mittels der Bezeichnung ,im außerordentlichen Dienste' einzuführen* seien. Aber darin kann Gentz keine Lösung seines Problems sehen, am liebsten würde er dem Kaiser selber eine Petition vorlegen, dem scheint Metternich aber nicht zugestimmt zu haben. Es sollten noch zwei Jahre ins Land gehen, der Kongress von Aachen muss den Hofrat Gentz erst noch einmal im Glanz seiner staatsrhetorischen Kunst zeigen, bis sich in seiner Angelegenheit wieder etwas zu bewegen beginnt. Abermals ist er dann bei Metternich vorstellig und jetzt endlich reagiert sogar Kaiser Franz. Zunächst einmal erlaubt er, dass Gentz den russischen Annenorden Erster Klasse annehmen darf. Zum Zweiten zeigt sich er sich huldvoll und verleiht ihm das Kleinkreuz des Stephansordens, zum Dritten bescheidet er seinen Kanzler und damit auch seinen Hofrat folgendermaßen: *Stets bereit, die zweckmäßige Verwendung Meiner Diener zu berücksichtigen, kann ich jedoch nicht in das Gesuch des Hofrat Gentz willigen. Staatsratscharakter als solcher besteht bei Mir nicht. Sie haben indessen dem Hofrate Gentz Meine Zufriedenheit zu beweisen und Mir wegen seiner einen anderen angemessenen Vorschlag zu machen.*

Damit ist klar, das kaiserliche Wien setzt einen dezidierten Unterschied zwischen dem zugereisten Hofrat, diesem *bürgerlichen Pair der Vornehmen,* wie man später sagen wird, und dem Rang- und Bedeutungsgefüge der aristokratischen Herrschaft.

Umgekehrt muss Gentz lernen, dass die intellektuelle Zurüstung der Politik trotz ihrer Notwendigkeit noch keineswegs die eigene ständische Noblesse garantiert. Eigentlich kann ihn als Mitglied jener kleinen Elite, die in die Staatskunst eingeweiht ist, nur die Urteils- und Geltungsparität aller hoheitlichen Entscheidungsträger überzeugen. Aber genau daran gebricht es, denn der gesellschaftliche Gliederbau der habsburgischen Monokratie sieht einen Bürgerlichen in derart hohem Rang nicht vor. Schon in seinem ‚Historischen Journal‘, vor fast zwei Jahrzehnten, hatte Gentz seinem Phantasiebild vom Machtpolitiker freien Lauf gelassen: *Das Glück, in einer großen Sphäre thätig zu seyn, das Glück, Gesetze zu geben und zu regieren, der selige Genuss, auf einem großen und freien Schauplatz durch Einsichten, oder Beredsamkeit zu glänzen, – das allein ist jenes Wesentliche, welches den Enthusiasmus so vieler Menschen angefacht hat, und ihn vielleicht ewig unterhalten wird.* Das lässt seither auch bei ihm nicht gerade auf ständische Bescheidenheit schließen. (F.C. Wittichen/E. Salzer 1913, 3/G. Kronenbitter 1994).

Kein Wunder, dass von einer vorbehaltlosen Identifikation des kaiserlichen Hofrats mit der hohen Gesellschaft, mit der Macht- und Ämterhierarchie des Habsburgerreiches nicht die Rede sein kann. Schon die lückenlose Überwachung seiner brieflichen Kommunikation durch die Wiener Polizeihofstelle hat immer wieder seinen Zorn erregt, obgleich er mit den Behörden seit je auf gutem Fuß zu stehen bemüht ist. Aber seit dem Wiener Kongress perfektioniert sich das österreichische Spitzelwesen in aberwitziger Weise, hier verformt und verkrustet sich ein überaltertes System immer mehr. Diese Welt verteidigen zu wollen, hat er nicht gemeint, wann immer von seiner *altgläubigen Halsstarrigkeit* die Rede gewesen ist, vielmehr will er auch in schweren Zeiten für die *Kultur* bis zum *Märtyrertum* arbeiten. Ist der kaiserliche Hofrat und Intellektuelle Friedrich Gentz nun dabei, eine Art Ketzer zu werden, wenn er den Großherzog von Baden in dem Vorhaben bestärkt, seinem Land eine Verfassung zu gewähren? Wenn er sich äußerst abfällig gegen die Heilige Allianz äußert und die europäischen Höfe schilt, sie besäßen eine *fatale Wasserscheu vor allem, was nur an liberale Ideen und Formen erinnert*? Oder wenn er nun wiederholt davon spricht, die Französische Revolution habe ihrem Ursprungsland auch positive Errungenschaften gebracht? (G. Schlesier 1838, 1/A. Fournier 1913/S. Lechner 1977).

Die Liebe und der Lebens- und Naturgenuss im Elysium von Weinhaus bilden das eine Reservat des Friedrich Gentz, als Fluchtversuch und/oder Leidensentschädigung, die andere Ausweichmöglichkeit liegt in seinem Tagebuch, dem Zentrum aller intimen Selbstbewahrung und -reflexion. In ihm hält er fest, wenngleich später zensuriert und teilweise verbrannt, was offiziell nicht zur Sprache kommen darf, etwa *abgesonderte politische Journale, die ich später zu vernichten für gut hielt.* Dennoch heißt es etwa zu den Nachwirkungen des Wiener Kongresses: *Die großen Phrasen von der ‚Wiederherstellung der gesellschaftlichen Ordnung‘, von der ‚Gesundung der europäischen Politik‘, von ‚dauerhaftem, auf gerechte Verteilung der Kräfte gegründetem Frieden‘ usw. bot man feil, um die Massen zu beruhigen und der Versammlung einen Schein von Größe und Würde zu geben; der wahre Sinn des Kongresses aber war der, dass die*

Sieger unter sich die Beute verteilten, die sie dem Besiegten abgenommen. Von der Unfähigkeit und Torheit der Politiker, dieser *kleinlichen Wesen, welche die Welt regieren*, ist
unumwunden die Rede, Gentz kann über sie nur grimmig lachen.

Könnte der mit so großen Erwartungen etablierte Frankfurter Bundestag zu einer
Trödelbude [werden], die in zwei Jahren das Gespött von Europa darstellt? Diesen Vorwurf wird er dem Außenminister und späteren Staatskanzler des Öfteren machen
müssen, der Fürst – als Europas glanzvollster Politikmediator – kümmere sich zu
wenig um die deutschen Angelegenheiten. Etwa darum, dass der Bundestag schon
nach wenigen Jahren eine Art Repräsentativorgan der liberalen Kräfte, ein *Foyer der
öffentlichen Anklage und Diskussion verfassungs-, wirtschafts- und auch außenpolitischer
Fehler und Missstände* im Zentrum Deutschlands geworden sei. Gentz sieht am Ende
noch eine offene Konfrontation ausbrechen zwischen Frankfurt und Wien, längst
werde Österreich fortlaufend beschimpft und kompromittiert, und immer noch näh-
re Metternich den *thörigten Wahn*, er werde den *Bund führen können, wie es ihm be-
liebt*. Auch dies gehört zur ungelösten Problemmasse der Beschlüsse von 1814/15,
noch auf dem Kongress von Verona 1822 wird der Hofrat den Staatskanzler daran
erinnern. (B. Dorn 1993).

Gentz, der nach außen als kluger Öffentlichkeitsarbeiter die Segnungen der Wiener Beschlüsse hervorhebt, ist nach innen ihr schärfster Kritiker, das fällt auch seinem Kanzler auf: *Niemand hat über den Kongress mehr losgezogen als Sie und nun
legen Sie uns eine Sprache in den Mund, als wenn wir der Erde das goldene Zeitalter
zurückbringen wollten*. Tatsächlich sieht der Wiener Hofrat sein großes Ziel einer
Pazifikation von Europa und einer *umfassenden Reform des politischen Systems* weitgehend verfehlt, der Kongress habe kaum mehr hervorgebracht als territoriale *Zurück-
erstattungen*, aber keinen *Akt höherer Natur, keine große Maßregel für die öffentliche
Ordnung oder für das allgemeine Wohl*. Eines rationalen, *echten Patriotismus* bei den
einzelnen Nationen bedürfe es nun, um Europa zu einer neuen Friedensordnung zu
führen, dem Bund müsse *gemeinschaftliche Sanction und vertragsmäßige Festigkeit*
verliehen werden. Gentz glaubt, dass die in Europa durchgesetzten Teilungen und
der Despotismus der großen über die kleineren Länder den Zusammenbruch der
europäischen Staatenordnung herbeigeführt haben, dieser Prozess sei im Grunde
nur fortgesetzt worden, von einem *immerwährenden Frieden* könne nach wie vor
keine Rede sein. Auch Österreichs Stellung als *Grundlage der Ruhe und Unabhängigkeit aller Staaten und unter diesem wesentlichen Gesichtspunkte das wahre Hauptinte-
resse* sei im Streit der Mächtigen nicht angemessen gesichert worden, sagt er nicht
ohne kritischen Bick auf das Metternichsche Versäumnis, das Wiener Interessengehader durch eine am Gleichgewichtsinteresse Habsburgs ausgerichtete Verhand-
lungsvorgabe zu steuern.

Nicht nur ein Zeitanalytiker, sondern ein zutiefst ernüchterter Intellektueller lässt
sich hier vernehmen. Weder überzeugt ihn die Rolle des unabhängigen Schriftstellers, noch kann er sich vorbehaltlos als Akteur der Machtelite Österreichs verstehen.
Wien sei ein Ort, an dem *gar nichts geschieht*, die Politik scheint zur Leblosigkeit er-

starrt, und er selbst führe eine *unschmackhafte und armselige Existenz, zu der ich hier (intellektuell und moralisch) verdammt bin.* Und wie abscheulich findet er es jetzt, in *irgend einer Gestalt persönlich vor's Publikum geschleppt zu werden.* (G. Schlesier 1838, 1). Ist der leidenschaftliche Kämpfer Gentz am Ende seiner Kraft und Weisheit? Das Politische, so unverzichtbar es um des zivilisatorischen Fortschritts in Europa sein mag, erscheint ihm wieder einmal als abgründiges Phänomen, in dem sich alles an Defiziten, Miserabilitäten und Desastern austrägt, was dem geschichtlich handelnden Menschenwesen unausrottbar zukommt. Schon kurz nach dem Wiener Kongress ist dieser seit längerem sich andeutende Gesinnungswandel besonders evident geworden. Ein großes, *aber ohnehin vergängliches Unrecht* sei nun abgeschafft, schreibt er damals an Metternich, aber was an dessen Stelle gesetzt worden ist, kommt ihm vor wie ein *Übel von permanenter Bösartigkeit, woran unsre Urenkel noch bluten werden. Lieber hätte ich Napoleon selbst mit der Rhein- und Alpengrenze behalten, als unter dem täuschenden Scheine der Wiederherstellung der Bourbons den vollständigen Triumph aller falschen und verderblichen politischen Grundsätze erlebt.* Gentz denkt nach dem Wiener Ereignis keineswegs in den Bahnen der Restauration, sondern im Sinne einer zukunftsfähigen Politik des Habsburgerreiches.

Will der Kaiser an der herrschaftlichen *Verfassung des Landes etwas ändern, oder möchte er die rein-monarchische Form, so wie sie bisher bestand, aufrecht erhalten?* Davon hängt in Zukunft alles ab. Entweder man gibt in freier, wohlerwogener Entscheidung und bis zu einem gewissen Grad dem Strom der Zeit nach, oder aber man stellt sich ein auf die Erhaltung des alten Systems und damit auf den *notwendigen Sieg über die zahllosen Feinde, die uns umringen.* Entweder relatives Nachgeben oder hartnäckige Konfrontation – einen gütlichen Ausgleich zwischen beidem scheint Gentz immer weniger für möglich zu halten. Für ihn, den an der offiziellen Politik jetzt so leicht Irritierbaren, besitzt die mit dem Wiener Kongress entstandene Herrschaftssituation auf dem Kontinent einen hohen Grad an politischer Offenheit und Optionalität, nun könnte das System der alten Feudalwelt Europas mit kluger Behutsamkeit in eine aussichtsreiche Zukunft geführt werden. Längst überfällige administrative und legislative Reformen ließen sich einleiten, ein Ausgleich zwischen Traditionalität und Rationalität herstellen, der endlich aus der *schmutzigen Routine* des überkommenen Machtegoismus herausführen könnte.

Friedrich Gentz, der später so oft als Verräter an der preußisch-deutsch-nationalen Sache erscheinen wird, ist nach dem Wiener Kongress keineswegs ein willenloses Werkzeug der Metternichschen Restauration, sondern ein selbstbewusster politischer Denker, der die Revolution ebenso scharfsinnig verwirft wie jede Konterrevolution. Die sozialen und politischen Fortschritte im konstitutionellen Frankreich hat er sehr wohl bemerkt, die Verkrustungen und die borniere Schwerfälligkeit des habsburgischen Kaisertums jedoch nicht weniger, er hätte in seinem Vaterland am liebsten eine moderne, aus Frankreichs jüngsten Erfahrungen entwickelte und den österreichischen Verhältnissen angepasste Staats- und Verwaltungsreform verwirklicht gesehen. Doch der Hofrat wagt es letzten Endes nicht, sich noch stärker den Verdächtigungen und der Verfolgung durch die *versteinerten oder halbverfaulten Puristen* der Wiener Aristokratie auszusetzen. Mit seinen Überzeugungen steht er in der Kaiserstadt nahezu allein da, aber sie sollten sein Gespür für die besseren Möglichkeiten des politisch Notwendigen nie mehr ganz verlassen. (F.C. Wittichen/E. Salzer 1913, 3/B. Dorn 1993).

Papiergeld oder Der Mann des Systems

Gentz gilt jetzt nicht mehr als intellektueller Protagonist in Hofnähe, als Schriftsteller im Staatsauftrag, er hat sich der äußeren Erscheinung nach zum Funktionär der kaiserlichen Realpolitik entwickelt. Die Macht des Wortes ist zum Wort der Macht mutiert, reflexive und rhetorische Kompetenz sind Elemente der Herrschaftsausübung in einer zur Öffentlichkeit hin entgrenzten Staatenwelt geworden. Wo wäre dieser Funktions- und Bedeutungswandel des Politischen besser zu studieren als auf dem Minengelände des Fiskalwesens, der permanenten, zumeist kriegsbedingten Finanzkatastrophen. Auch hier hat sich der Hofrat seit einigen Jahren erhebliche Meriten erworben, schon das ‚Historische Journal' ist einst berühmt gewesen für die finanzwissenschaftlichen Expertisen und Thesen seines Herausgebers. Seither haben sich die Geld- und Währungsprobleme, die auf eine völlige *Kursanarchie* hinauslaufen könnten, kontinuierlich verschärft. Auch das kriegsgebeutelte Österreich ist um 1815 wie viele andere deutsche Staaten in höchster Wirtschaftsnot. Die so genannten *Bankozettel* haben das Münzgeld weitgehend aus dem Markt gedrängt, zum Sinken der allgemeinen Kaufkraft und zur abermaligen Steigerung der Staatsausgaben geführt. Seit Jahren ist die Empörung darüber groß, Abhilfe nun dringend geboten. (G. Kronenbitter 1994/A. Fournier 1907/G. Schlesier 1839, 3).

Kaum aus Paris zurückgekehrt, konferiert Gentz mit Finanzminister Stadion über neue finanzpolitische Perspektiven, insbesondere geht es um die Gründung einer ‚Österreichischen Nationalbank'. In dieser Zeit wird Gentz immer mehr zum Experten, den englischen Finanzplatz als Vergleichsmaßstab kennt er ohnehin gut, jetzt studiert er die aktuellen Broschüren zur französischen Haushalts- und Finanzpolitik des Jahres 1816 und wird bald zu allerlei *Volontärdiensten* beim Finanzministerium in Wien herangezogen. Gerade die Finanzpolitik ist es, die das Lebensinteresse der Gesellschaft unmittelbar berührt, sie ist ein eminent öffentliches Problem, das haben auch die maßgeblichen Politiker in Wien verstanden. Bis hinauf zum Kaiser ist sich die administrative Elite Österreichs einig, dass man im Interesse des so unverzichtbaren öffentlichen Kredits das Vertrauen der Bevölkerung zu erringen und zu sichern habe. Einerseits ist das über den Markt vermittelte Publikum mächtig genug, um überzeugt werden zu müssen, andererseits weiß Gentz auch, dass Finanzprobleme weder einen populären, noch einen theoretisch leicht zugänglichen Gegenstand darstellen. Es herrscht allenthalben blinde Aversion, ja eine Art Hass gegen das Papiergeld, dessen öffentliche Beurteilung erscheint so leidenschaftlich wie diffus. Doch will Gentz von der Hoffnung nicht lassen, dass jene *absolute Verwirrung und Anarchie*, die heute in Ansehung aller legislativen, politischen, religiösen Fragen obwaltet, im Finanzmetier vermeidbar ist – in staatswirtschaftlichen Materien lässt sich leichter eine *anständige Ruhe behaupten*.

Schon vor sechs Jahren hat er in seinen ‚Gedanken über die Berichtigung der Urteile des Publikums von den österreichischen Bankozetteln' geschrieben: *In einer Sache, die fast ganz auf der Meynung beruht, die Meynung nicht zu ziehen, nicht aufklären, nicht leiten, wohl gar ausschließen zu wollen, ist ein offenbar widersinniges Beginnen.* Beim Streit um das Finanzpatent des Hofkammerpräsidenten Joseph von Wallis im Frühjahr 1811 konnte er einschlägige Erfahrungen sammeln. Weil es ein Kernproblem staatlicher Glaubwürdigkeit und Effektivität ist, dass man der Verunsicherung des Volkes mit Information und Problemtransparenz zu begegnen hat, geht es darum, die Wunschvorstellungen von der Abschaffbarkeit des Papiergeldes vermittels einiger *principes simples et incontestables* zu entkräften. Doch die Finanzadministration, schreibt Gentz, sei kein mechanisches Handwerk, sondern eine Wissenschaft im ganzen Umfang des Wortes, in England könne man sie am eindrucksvollsten studieren, wo sie ihre größte theoretische und praktische Ausbildung erhalten habe. Gentz will auf den Wirtschaftsliberalismus Smithscher Prägung nichts kommen lassen, aber die Verhältnisse in Österreich scheinen noch nicht reif für eine moderne Finanzpolitik.

Genau hierin sucht der Gentzsche Aufklärungsimpetus seinen Angriffspunkt: *Ein österreichischer Banco-Zettel ist, wie alles Papiergeld, oder besser, wie alles Geld überhaupt, ein vom Staate sanctionirtes Repräsentations-Zeichen des Tauschwerthes aller käuflichen Objecte*, schreibt er. Die Österreicher sollen begreifen, dass die Erfindung des Papiergeldes einen der wichtigsten Fortschritte in der Entwicklung der gesellschaftlichen Verkehrsverhältnisse darstellt, und dass letzten Endes der Staat als Garant aller ökonomischen Wertschöpfungen und Wertsetzungen verstanden werden muss: *Die Sanction des Staates allein gibt allem Gelde, aus welchem Stoff es auch bestehe, seinen legalen, seinen cirkulationsfähigen Charakter, und so wie sich, ohne die Einwirkung einer höhern Autorität überhaupt kein Geld denken lässt, so kann man auch mit Zuversicht behaupten, dass alles das wahres Geld ist, was der Staat gesetzmäßig dafür erklärt.* Nicht das Wachstum der Währungsmenge hält Gentz für das Kardinalproblem der Finanzpolitik, dies kann über die Eingrenzung der Kursschwankungen des Papiergeldes reguliert werden. Nein, die Spekulationsgeschäfte der profitorientierten Privatleute, vermittelt durch die selbstherrlich agierenden Börsen, sind es, die den Staaten und Gesellschaften zu schaffen machen: *In einem Staate, wo das Papiergeld das herrschende, ja das einzige Zirkulationsmittel geworden ist, kann eine von der Regierung unabhängige Macht (wie die Börse), die über den jedesmaligen Wert dieses Papiergeldes nach eignen, oft phantastischen, oft durch bloßes persönliches Interesse geleiteten Grundsätzen entscheiden will, durchaus nicht geduldet werden.* Vom Staat verlangt Gentz, dass er das Wirtschafts- und Bankensystem auf der einen Seite weitgehend sich selbst überlässt, und auf der anderen Seite eine Politik der kontrollierten Geldemission betreibt. Zu einer derartigen Finanzpolitik will er sein Möglichstes beitragen.

Für die Gründung der Nationalbank sind Patente zu konzipieren und auszufertigen, Gentz beschäftigt sich intensiv damit, so dass am 1. Juli 1816 die Nationalbank tatsächlich gegründet werden kann. An Adam Müller schreibt er kurz vorher: *Meine Theorie des Papiergeldes ist unverändert geblieben. Das Zeitalter ist noch nicht reif für ein solches Kunstwerk, und die Sache ist fast in allen Ländern zu schlecht angefangen worden, als dass sie hätte gedeihen können. In Österreich aber war die gänzliche und definitive Vertilgung des Papiergeldes die Bedingung sine qua non einer gänzlichen Reform im Geldwesen. [...]. Zur der Vertilgung des Papiergeldes durch eine Bank zu gelangen, war ein großer und bei uns kühner Schritt. Diese Bank so zu konstituieren, wie man getan hat, war eine fast wundervolle Unternehmung. [...]. Ich glaube, diese Maßregeln werden im Auslande einen großen und guten Effekt machen.* Adam Müller ist begeistert von dem neuen Unternehmen, die Gründung der Nationalbank von Österreich sei das Ereignis des Jahres und mache so *große Sensation, dass in diesem Augenblick alle Handelsplätze des außerösterreichischen Deutschlands mit Wien beschäftigt sind und dass die meisten Kapitalien dorthin magnetisieren.*

Doch bei aller Aufmerksamkeit für die spektakulären Wiener Finanzoperationen, das Nationalbank-Projekt wird keineswegs zu einem Befreiungsschlag führen, vielmehr folgt die Krise dem Gründungsereignis auf dem Fuß. Die Österreicher können nicht umgehend von allem Papiergeld erlöst werden, wie zunächst versprochen und wie viele es fordern, sondern es kommt zu einer teilweisen *Konservation des verhassten Zahlungsmittels.* Die Bank teilt im Tausch mit der Papierwährung besondere Noten aus, die wiederum in Metallmünzen eingewechselt werden können. Das Publikum ist empört, denn das neue Nationalinstitut kann dem Ansturm der Interessenten nicht gerecht werden, und die Umtauschaktion wird kurzerhand suspendiert.

Derweil entwickelt sich die wirtschaftliche Lage in Österreich nicht gerade zum Besseren. Fehlerhafte Umsetzung der Maßnahmen, die Gier der Spekulanten, die Dummheit und das Misstrauen des Publikums führen nach Gentz' Einschätzung zum Fortdauern der Finanzkrise: *Das Papiergeld hat eine neue Welt in der Finanzverwaltung eröffnet; mit Gold und Silber können auch Stümper wirtschaften; mit Papier nur Künstler,* heißt es in einem Brief an Metternich. Gentz kann nur hoffen, dass die Papierwährung zuletzt doch wohl mächtiger sein möchte als alle seine Feinde, vorerst aber lässt sie sich allenfalls schrittweise aus dem Verkehr ziehen. Freilich entsteht damit auch die Gefahr, dass die Edelmetallwährung vermehrt zur Schatzhortung bei investitionsunwilligen Großspekulanten genutzt wird und allmählich ihre Funktion als Zirkulationsmittel einbüßt. Je differenzierter und arbeitsteiliger eine Volkswirtschaft, desto ungeeigneter ist das Metallgeld, schreibt Gentz, wo sich doch *im Wesen des Geldes uns die Natur der bürgerlichen Gesellschaft offenbart, denn im tiefsten Grunde ist der Staat das alleinige rechte Geld.* Die substanzlos erscheinende Papierwährung ist vielmehr Ausweis und Ferment der Modernisierung einer vitalen Wirtschafts-

und Staatsbürgergesellschaft, das können oder wollen damals nicht alle Zeitgenossen begreifen.

Friedrich Gentz weiß es besser, und so wird er zu einem der maßgeblichen Akteure und Meinungsbildner an der finanzpolitischen Reformfront im kaiserlichen Österreich. Was Freiheit der (Finanz-)Märkte und was Autonomie des Staates bedeutet, zeigt für ihn das Beispiel England, es bietet in Theorie und Praxis den reichsten Anschauungsunterricht. Das Konkretum Geld, das kann man hier lernen, verdankt sich seinem Wesen nach zwar einem abstrakten politischen Übertragungsvorgang, gleichsam einem öffentlichen Glauben, aber dennoch ist der Staat damit keineswegs Herr über alle vorhandenen Geldvermögen. Denn er muss schon um seines eigenen Kredits willen die Autonomie des Finanzsystems jederzeit respektieren, wie auch umgekehrt die Zirkulationsströme in Gesellschaft und Wirtschaft gesetzlicher und politischer Regulierung nicht enthoben sein dürfen. Worum es geht, ist also ein wohldosierter Staatsinterventionismus. Will das kaiserliche Österreich jene Modernität unter Beweis stellen, die ihm mittlerweile coram publico abverlangt wird, muss es jedweder Finanzautokratie entsagen und dennoch seiner fiskalischen Verantwortung gerecht werden. Gentz bemüht sich deshalb, das Vorurteil von der Fürstenwillkür in Gelddingen zu entkräften, welches besagt, dass ein *solches Privatinstitut [wie die Nationalbank] in einem monarchischen Staate die nöthige Selbstständigkeit und Unabhängigkeit nicht erlangen, ja dass die erwünschte Sicherheit und Wirksamkeit der Bankfonds nur unter repräsentativen Verfassungen erreicht und erhalten werden könne.*

Ein Staatswesen auf der Höhe der Zeit respektiert die Gesellschaft und ihre autonom agierenden Wirtschaftsbürger, das ist Gentz' Überzeugung, es verbietet sich zumal jedes *willkührliche Eingreifen in die Institutionen der Bank*, denn sein eigenes Überlebensinteresse hängt wesentlich von deren Kräftekonstellationen und Befindlichkeiten ab. Dass sich die Nationalbank und damit das österreichische Staatsfinanzsystem in den kommenden Jahren relativ stabil entwickeln können, sieht Gentz wiederum als einen wichtigen Schritt auf dem Weg zur Sicherung der politischen Autonomie des kaiserlichen Gemeinwesens. Es beweist, dass nicht nur die oft beschworenen republikanischen und repräsentativen Systeme der Selbstveränderung fähig sind, sondern dass auch die alte Welt vernünftig und rechtsförmig reformierbar ist. Und das kann er um des Fortschritts der politischen Kultur willen nicht genug loben. Die hätte in Europa seit 1789 auch dem Demokratismus verfallen können.

Einige Jahre nach dem Höhepunkt der finanzpolitischen Krise kann Gentz feststellen, dass die *Constitution, vor der wohl Keiner mehr zittern kann, als ich, wenn sie nicht von andren Seiten dereinst über diesen Staat ausbricht, durch Staatschuld und Banknoten auf keinen Fall erzwungen wird.* (G. Kronenbitter 1994). Die Autonomie der Politik gegenüber den so vielfältig anbrandenden gesellschaftlichen Interessen, Ansprüchen und Obsessionen der Zeit scheint bewahrt. Für Gentz und auch für seinen Dienstherrn wird eine mögliche konstitutionelle Entwicklung Österreichs und Deutschlands, eine Repräsentation des ungezügelten Volkswillens, mehr und mehr zur Schreckensvorstellung.

ZEHNTES KAPITEL

Karlsbad und die Folgen

Radikale Burschen, journalistische Finsterlinge

Auch nach den spektakulären Ereignissen des Wiener Kongresses bleiben die Zeiten bewegt, in den deutschen Ländern hat man zwar politische Ruhe verordnet, aber nicht wirklich durchgesetzt. Der hochgemute Geist unter den dermals gegen Napoleon kämpfenden Patrioten ist keineswegs erloschen, bürgerstolze Forderungen nach einem liberalen Einheitsstaat, nach Verfassungen, Freiheits- und Mitbestimmungsrechten wollen nicht mehr verstummen. Am 18. Oktober 1817 treffen sich die deutschen Burschenschaften zum Wartburgfest, um für ihre Überzeugungen öffentlich einzustehen. Das ganze ist nicht ohne Ambivalenz, denn Katholiken und Juden sind bei dieser nationalen Feier wie selbstverständlich ausgegrenzt, das Ereignis nimmt Züge der Selbstinszenierung eines nahezu militaristisch auftretenden Männerbundes an, der Bücher verbrennt und die Satisfaktionsfähigkeit der niederen Klassen für obsolet hält. Heine hat früh vor dieser Art *teutscher* Mentalität gewarnt.

Dabei sind etliche Ideen und Forderungen der ‚Jungdeutschen' keineswegs unberechtigt. Haben nicht vor allem die Jungen und die Kriegsfreiwilligen das Vaterland von der französischen Fremdherrschaft befreit? Kein Geringerer als Friedrich Gentz nimmt sich im ‚Österreichischen Beobachter' dieser neuerlichen Erscheinung des Oppositionsgeistes an. Die Reden dieser Heranwachsenden seien *unausgegoren, überspannt und gespickt mit Irrtümern und Wahnvorstellungen, sie stammten eher aus der dichterischen Einbildungskraft*, schreibt Gentz. Als Burschen sollten sie sich nicht *unberufen in die Politik mischen, sondern erst einmal tüchtige Staatsbürger und Geschäftsmänner werden. Die Regierenden, ihre Staatsmänner und ihre Heere* seien es in Wahrheit gewesen, die das Größte verrichtet, den französischen Usurpator geschlagen hätten, jene Kräfte also, die von den Demagogen als *Geißel der Menschheit* verketzert würden. Dennoch will Gentz den jungen Menschen zugute halten, dass sie ein *lebendiges und löbliches Gefühl für das Gute und Rechte, eine begeisterte Vaterlandsliebe, und eine Gesinnung [besäßen], die richtig geleitet und durch Zeit und Nachdenken gereift, die heilsamsten Früchte tragen, so wie, bei einer falschen Richtung die verderblichsten Folgen über ganze Generationen verbreiten könnten.* Aber der nun immer stärker aufbegehrende Liberalismus, diese *Riesenkraft* der womöglich noch vom *Phantasma einer allgemeinen Volksbewaffnung* inspirierten Menge, lässt sich nicht mehr beschwichtigen, Gentz wird das von jetzt an mit wachsender Unruhe zur Kenntnis nehmen.

Schon die Invektiven der oppositionellen ‚Bremer Zeitung' vom Juni 1818 fordern seinen Zorn heraus. Frankreich sei nach dem Wiener Kongress mächtiger denn je und Deutschland in achtunddreißig Teile zerrissen worden, angeblich drohten neue Unglücke und die Menschen litten nun unter einem noch größeren Gefühl der Unsicherheit, liest man in dem norddeutschen Blatt. Darin kann Gentz nur eine gezielte Verunsicherungskampagne entdecken, in Regie genommen von einigen *selbstgeschaffnen Regenten* der öffentlichen Meinung. In Wahrheit sei es gegenwärtig viel schwieriger, die Staatenruhe zu brechen als sie aufrecht zu erhalten, denn das Vertragswerk von Wien habe das Vertrauen aller Freunde des Vaterlandes gefunden und einen friedensträchtigen Bund monarchischer Gemeinwesen geschaffen. Gentz vergisst nicht, dabei die herausgehobene Rolle Österreichs gegen die Anfeindungen der *journalistischen Finsterlinge* zu verteidigen. Nicht einmal zwei Jahre nach dem Wartburgfest werden sich in Karlsbad die zuständigen Minister der deutschen Staaten zu einer Konferenz treffen, um dem Treiben der Patrioten in Vereinen und Schulen, in Universitäten und im Pressewesen ein Ende zu bereiten.

Nur noch selten treibt es den gealterten Gentz über die Grenzen Österreichs hinaus. Im Sommer 1818 allerdings trifft er in Dresden unvermutet auf Joseph Fouché, den ehemaligen Polizeipräsidenten von Paris, der aus Frankreich verbannt worden ist und Asyl auf österreichischem Territorium genießt. Fouché wird noch immer von vielen geächtet, weil er 1793 der Hinrichtung Ludwigs XVI. zugestimmt hat, Gentz ist sich dessen natürlich bewusst, nur das Diner bei diesem *Königsmörder* sei exquisit gewesen, man könne ihn fast für einen *unbescholtenen, vortrefflichen Mann* halten, schreibt er an Pilat. So schnell geht die Zeit über erschütternde Schicksale und Ereignisse hinweg. Kurz darauf weilt Gentz wieder in Karlsbad, wo er längere Zeit freundschaftlich mit Goethe verkehrt und mit dem Weimarer Minister gelegentlich sogar verwechselt worden sein soll. Bei dem polyglotten Hofrat aus Wien scheint manchmal unklar, ob er eigentlich deutscher oder französischer Zunge sei, so wortgewandt funkeln seine Selbstempfehlungen in der guten Gesellschaft.

Doch bald ruft wieder die Pflicht. Ende August 1818 macht sich der Wiener Hofrat nach Frankfurt am Main auf, um sodann über Koblenz, Bonn, Köln und Jülich nach Aachen zu reisen, wo ein deutsches Minister- und Diplomatentreffen stattfinden soll. In Frankfurt lernt er den Bankier Bethmann kennen und während eines Diners in dessen Haus den Philanthropen Robert Owen, der bedeutende Sozialeinrichtungen unterhält für die frühkapitalistisch ausgebeuteten Proletarier in England. Gentz ist freilich nicht zu bekehren: *Wir wünschen nicht, die Masse wohlhabend und abhängig zu sehen. Wie könnten wir sie alsdann regieren!* entgegnet er dem Idealisten aus Britannien. Überhaupt, das Thema soziale Armut und Entrechtung hat keines zu sein in Österreich und Deutschland. Gentz und Metternich sind gleichermaßen empört darüber, dass der Redakteur Pilat kurz vor der Aachener Tagung einen Artikel in den ‚Österreichischen Beobachter' aufgenommen hat, der sich anteilnehmend mit dem blutigen Streik der Baumwollarbeiter in Manchester befasst. Sarkastisch hatte Pilat sogar noch hinzugefügt, *solcher Glücklichen gebe es 15.000.* Wie konnte der Mann nur dieses *verdammte Schreiben* abdrucken? schäumt Gentz: *Berechneten Sie gar nicht, welchen Eindruck dies auf das Volk von Wien machen muss? Und wie wenig es uns ziemt, solche (vielleicht ganz grundlose) Klagen verbreiten zu helfen?* Wenn Robert Owen oder Romantiker wie Adam Müller von der Gefahr einer sozialen Erhebung in Europa orakeln, fehlt dem kaiserlichen Hofrat dafür jedes Verständnis.

Auf dem Zenit des Ruhms

Seine Sorge ist nun der Kongress von Aachen, auf dem über den Abzug der Okkupationsarmeen aus Frankreich, die Wiederaufnahme des Landes in den Bund der fünf Großmächte und über dessen weitere politische Durchorganisation beraten werden soll. Die Beteiligung aller anderen Staaten und mancherlei Optionen, etwa die Beschwerden liberaler Gruppen wegen der uneingelösten Verfassungsversprechen, sind dagegen von vornherein abgewehrt worden. Mühsam wird es am Ende gelingen, den erfolglosen Streit der Großmächte um die Garantie der bestehenden Herrschaftsverhältnisse mitsamt einem allseitigen Interventionsrecht hinter einer *Fassade der Harmonie* verschwinden zu lassen. Dies sollte das genuine Meisterwerk des Öffentlichkeitsarbeiters Gentz sein. An Pilat berichtet er, die zwei Monate in Aachen seien der *Kulminationspunkt meines Lebens [gewesen]; denn etwas Glänzenderes gibt es nun nicht mehr, und mein Glück muss doch auch seine Grenzen finden, wie alles in der Welt.* Ohne ihn könne ein derartiger Kongress gar nicht mehr stattfinden, hätten die versammelten Fürsten und Staatsminister versichert.

Der kaiserliche Hofrat, Chevalier und vielfache Ordensträger befindet sieht sich jetzt auf dem Zenit einer einzigartigen Karriere, Aachen ist zu einem triumphalen diplomatischen Feldzug ohnegleichen geworden: *Ich bin das Werkzeug und vielleicht ist es nicht übertrieben stolz zu sagen, das Band von fünf hier versammelten Cabinetten, zwischen welchen es nicht ein einziges Geschäft giebt, das nicht auf eine oder die andere Art durch meine Hände ginge.* Dass die fünf Großmächte vor der europäischen Öffentlichkeit noch einmal politische Einigkeit und Handlungsfähigkeit demonstrieren, hält Gentz im Hinblick auf den anschwellenden Ungeist der *Aufrührer und Neuerer* für eminent wichtig. In die unmittelbare zeitliche Nachbarschaft des Aachener Kongresses fällt der Mord an Kotzebue durch den studentischen Fanatiker Carl Ludwig Sand, ein Ereignis, das dem verängstigten Hofrat wie ein *Erdbeben* vorkommt. Soeben hat er noch dem Ausgleich zwischen traditionellen und liberalen Reformperspektiven das Wort geredet, nun zieht sich sein Politikerherz wie Leder zusammen, und er sollte für einige Jahre zum Ordnungsfanatiker und Demokratenhäscher werden.

Auf dem Aachener Kongress ist es nicht nur um politische und militärische Grundsatzentscheidungen gegangen, sondern auch um viel Geld. So muss Frank-

reich etwa zur Abdeckung seiner Kriegsverbindlichkeiten innerhalb von vier Monaten eine Billion neuer Schuldpapiere auf den Markt werfen, Stoff genug für streitbare
Krisendebatten. Hier ist nicht nur der Politiker Gentz gefordert, er bekommt es auch
mit den bedeutendsten Wirtschaftsvertretern Deutschlands und Europas zu tun, insbesondere erhält er nun freundschaftlichen Zugang zu der jüdischen Bankiersfamilie
Rothschild, diesen *großen Mäklern aller Staatsanleihen*, wie Ludwig Börne bald mit
skeptischem Erstaunen schreiben wird. Gentz hingegen verehrt die fünf Rothschild-
Sprösslinge, die über ganz Europa verteilt hochkarätige Finanzgeschäfte abwickeln,
sie gewähren ihm eine *ergötzliche Erfahrung*, wie er an Pilat schreibt. *Gewöhnliche
und unwissende Juden* seien die Rothschilds, von *gutem Anstand und doch ohne jede
Ahnung von einem höheren Zusammenhang der Dinge*, dafür aber begabt mit einem
unglaublichen Geschäfts- und Vorteilsinstinkt, der sie immerzu Erfolg haben lasse.
Einige Jahre später wird Gentz einen biographischen Aufsatz schreiben über die Ge-
schäfts- und Familiengemeinschaft von fünf erfolgreich kooperierenden Brüdern,
einem *Gestirn erster Größe, das durch wohlverstandnen Unternehmungsgeist aufgegangen* sei. (G. Schlesier 1840, 5/K. Mendelssohn-Bartholdy 1868). Als beispielhaft für
einen besonnenen, die Grenzen des Vernünftigen achtenden Kapitalismus würdigt er
das Familienunternehmen. Statt der *Profitanarchie* zu huldigen, sei es für die Rothschilds immer schon selbstverständlich, bei *keinem Unternehmen nach übertriebenem
Gewinn zu trachten, jeder ihrer Operationen bestimmte Schranken anzuweisen*. Gentz
zeichnet mit Sympathie den Aufstieg der Rothschilds zu *erstrangigen Krediteuren* der
europäischen Machtwelt nach, die es in der Gegenwart zu wahrer und verdienter
Popularität gebracht hätten.

In dieser Zeit hat er insbesondere zum Oberhaupt der Familie Karl Rothschild
enge Beziehungen aufgenommen, und er wird dem Riesenvermögen des Clans künftig vielerlei Wohltaten und Hilfestellungen zu verdanken haben. Aber auch schon in
Aachen hat man sich seiner Finanzbedürftigkeit auf hohem Niveau erinnert. Von
Russland erhält er den St. Annenorden, der preußische Staatskanzler Hardenberg
überreicht ihm den Roten Adlerorden zweiter Klasse, und an Geschenken gewährt
man ihm insgesamt sechstausend Dukaten, wovon fast ein Drittel schon vorab für
seine Wiener Anvertrauten ausgegeben worden ist. Wenig später huldigt ihm der
ungarische Staatskanzler auch noch mit dem Kreuz des Stephansordens, wofür Gentz
sich in einer Audienz bei Kaiser Franz pflichtschuldig bedanken darf. Kein Geringerer als der Prinzregent von England gibt zu dieser Zeit das Porträt des Chevalier de
Gentz in Auftrag, das nach Bekunden des Gemalten in *großer Ähnlichkeit und Vollkommenheit gelungen* sei.

Doch so sehr die Zusammenkunft von Aachen zu einem Ruhmesblatt im Leben
des Wiener Hofrats geworden sein mag, im Umkreis dieses Ereignisses sieht er sich
als politischer Publizist doch abermals heftig herausgefordert. Als Sekretär der Konferenz hat er alles dafür getan, damit das Publikum nicht durch vorzeitig durchsi-
ckernde Informationen desorientiert wird, jetzt sind die entsprechenden Aktenstücke
und die offizielle Deklaration publiziert, und die Reaktion der Öffentlichkeiten wird

spaßhaft genug zu hören und zu lesen sein. Doch schon bald hört für Gentz das Vergnügen auf. Durch die *unselige Verbreitung erdichteter politischer Neuigkeiten* soll es an einigen Orten in Deutschland zu *künstlichen Teuerungen* gekommen sein, umso eindringlicher weist er nun darauf hin, dass es in Aachen nicht um Frieden oder Krieg, also nicht um die *Erschütterung* des Bestehenden gegangen sei, und dass auch an keine Fortsetzung der Machtkämpfe des Wiener Kongresses gedacht werden müsse, sondern dass hier ein gut aufgestellter Deutscher Bund weiter an seiner friedlichen Konsolidierung in Europa zu arbeiten hatte. Nach dem Rückzug der alliierten Truppen aus Frankreich sei in Aachen der *Schlussstein zum kontinentalen Friedenswerk* gelegt worden, beteuert auch die Deklaration vom November 1818. Im Interesse der Völker würden hier nunmehr *Gerechtigkeit, Eintracht und Mäßigung* und damit ein langfristiger Frieden zwischen den souveränen Staaten gesichert: *Ad mandatum der Herren Minister und Bevollmächtigten, Gentz*, ist das Dokument unterzeichnet.

Dem muss der Wiener Hofrat noch einmal Nachdruck verleihen in der Auseinandersetzung mit der französischen Zeitschrift ‚Minerva‘ und dem Autor de Pradt, der ein spektakulär negatives Bild der Aachener Konferenz gezeichnet hat. Vor allem den Vorwurf des Konspirativen und der heimlichen Machenschaften unter dem Deckmantel diplomatischer Kunststücke weist Gentz zurück, hier sei alles andere als ein *Winkelzug* fürstlicher Arkanpolitik vollführt, sondern eine bedeutende *Sicherheitsmaßregel* im Interesse ganz Europas getroffen worden. Schon deshalb habe sich die Konferenz keineswegs gegen Frankreich richten können, sondern es sei die *unbedingte Aufnahme dieses Staates in die Gemeinschaft des europäischen Bundes, mit ehrenvoller Anerkennung der ihm gebührenden Stelle, mit vollkommener Gleichheit der Rechte und Verpflichtungen besiegelt* worden. (G. Schlesier 1839, 3.).

Die Moral der Autorität und der mörderische Zeitgeist

Freilich geht das Leben des Friedrich Gentz nicht immer so glanzvoll weiter, allein der Briefwechsel mit Metternich füllt sich nun mit sorgenvollen Gedanken. In Frankreich ist die politische Lage nach wie vor prekär, am Bosporus sind bedrohliche Wolken aufgezogen und auch in Deutschland sieht man, mit welcher furchtbaren Schnelle die *revolutionären Gewässer heute vordringen, sobald einmal die ersten Schleusen geöffnet* sind. Die Reden auf der Wartburg hat man in Wien als Symptom einer gemeineuropäischen revolutionären Konspiration wahrgenommen. Immer größer werde die Frechheit der Zeitungsschreiber, klagt Gentz: *von welcher Wut diese Höllengeister besessen sind.*

Ein letztes Angebot zur Besänftigung des politisch erregten Zeitgeistes machen die von Metternich inaugurierten ‚Jahrbücher der Literatur‘, noch einmal wollen sie die *Besseren* in den deutschen Ländern von der Wahrheit überzeugen, man könnte auch sagen, sie wollen zur Entpolitisierung der gebildeten Öffentlichkeit beitragen. Doch davon hält Gentz gar nichts, und schon sein berühmter Aufsatz über die ‚Pressfreiheit in England' im ersten Band der Zeitschrift wird nicht weniger vorbereiten als die argumentative Grundlegung der Karlsbader Beschlüsse. (G. Schlesier 1840, 2). Am deutschen Liberalismus lässt der Text kein gutes Haar: *alles was die Frucht und die Zierde einer guten Verfassung seyn sollte, wird unter den Händen dieser Harpyen-Rotte verfälscht, verkümmert, zerrieben und aufgelöset* – damit soll das stärkste Argument gegen die Zensurpläne im Deutschen Bund, der Verweis auf das gelungene englische Vorbild, mit Verve um seinen Kredit gebracht werden. Missbräuche und mancherlei Verderbnisse drohten selbst in einem geordneten Machtsystem wie dem britischen, vollends aber dort, wo Unmoral und Meinungswillkür Tür und Tor geöffnet würden, schreibt Gentz. Immer schon und überall sei das Pressewesen durch *Censur-Anstalten und Strafgesetze* reguliert und im Konfliktfall als Störung des öffentlichen Friedens geahndet worden. Vollkommen unbeschränkte *Pressfreiheit* sei ein *Unding*, heißt es, erstmals soll dieser naturrechtlich verbrämte Anspruch einer aus *Thatsachen geschöpften Aufklärung* zugeführt und als *metapolitische Spekulation* entlarvt werden.

Das in der Wirklichkeit komplizierte Zusammenspiel von Gesetzesfunktion, Rechtsauslegung und gerichtlicher Prozedur in der Pressefrage entwickelt Gentz in brillanter Kasuistik, von einer einfachen Übertragung englischer Verhältnissse auf die deutschen könne die Rede nicht sein. Schon bald finden sich im Konzert der Gegner und Befürworter der Gentzschen Darlegungen nicht wenige, die davon sprechen, dass *allen Verächtern der Zensur nun endgültig die Appellation an die Erfahrung abgeschnitten* sei. Der Text wird nicht ohne Grund in mehrere Sprachen übersetzt und in etlichen deutschen und europäischen Staaten als Basis ihrer Pressepolitik genutzt. Kein Wunder, dass die Wiener ,Jahrbücher der Literatur' sogleich dem Verdacht ausgesetzt sind, ein verbrämtes regierungsabhängiges Kampforgan zu sein. Heute weiß man, dass sie aus jenem arkanischen Fond der Wiener Staatskanzlei finanziert worden sind, der auch für die Geheime Ziffernkanzlei und das Konfidentenwesen zuständig war. Gewusst haben das die Zeitgenossen nicht genau, aber aus guten Gründen geahnt, und so sieht sich das Österreich- und Metternich-Bild trotz widerstrebender Beteuerungen bald abermals dem Vorwurf der Geistfeindlichkeit ausgesetzt. Joseph Hormayr spricht von den *zwei großen Tartuffen* Friedrich Schlegel und Adam Müller, die *mit Gentz verbunden so viel Geistesdruck und so bittere Verfolgung in Wien organisiert* hätten.

Solche oder ähnliche Vorwürfe kommen nicht nur aus der Kaiserstadt, sondern aus ganz Deutschland, die *Erfindsamkeit der Lügenhändler scheint allseits unerschöpflich* zu sein, wird Gentz später sagen. Zumal im Umkreis der Cottaschen und Brockhausschen Periodika erzeugt man Missstimmung gegen das reaktionäre Österreich, immer wieder wird das litaneihafte Beschwören des *Gespenstes* der Revolution und die permanente Klage wider die *moderne Constitutionssucht* aufs Korn genommen, insgesamt soll die Habsburger Monarchie als *chinesischer Staat mitten in Deutschland* erscheinen, dessen geistige Substanz an wachsender Auszehrung leide: *Auf Allem, was die österreichischen Litteratoren unternehmen, liegt im übrigen Deutschland ein Fluch. Niemand glaubt, dass das aufrichtig gemeynt ist, was gesprochen wird, eben weil jeder-*

mann glaubt, dass die Litteratoren nicht sprechen dürfen, was sie aufrichtig meynen. [...] Bei diesen Jahrbüchern ist es noch schlimmer. Man weiß, dass sie das Werk einer Staatsparthey sind, um gewisse Lehren zu predigen, zu verbreiten und ihnen Autorität zu geben. Staatsrecensionen sind aber noch zu keiner Zeit in Credit gestanden.

Noch eine Weile wird es den ,Jahrbüchern' gelingen, etliche renommierte, selbst gegnerische Autoren aus allen Teilen Deutschlands als Mitarbeiter zu gewinnen, aber die Skepsis gegenüber dem Periodikum sollte schnell zunehmen, innerhalb weniger Jahre gerät das publizistische Unternehmen zum Ausweis der Isolation Österreichs vom Rest des Bundes. Deutlich nimmt die Entfremdung innerhalb der deutschen Gelehrsamkeit und Kritik dann noch zu, die Politik Metternichs und der alles *Positive* verkörpernde Katholizismus in Deutschland erscheinen als fatale *Einheit*, die publizistische Ikone namens Friedrich Gentz sei darin zutiefst verstrickt. Der allerdings will seinen Kampf für das *moralische Übergewicht der Autorität über alle individuellen Störungen* unverdrossen fortsetzen. (G. Kronenbitter 1994/S. Lechner 1977).

Doch zurück in das Jahr 1819. Ende März erschüttert ganz Deutschland die Nachricht von der Ermordung des Schriftstellers August von Kotzebue durch den Studenten Carl Ludwig Sand. Ein revolutionäres Fanal ist über den Zeitläuften aufgegangen, der teutomanische Geist nun mit Blut getränkt. Bricht sich das *unbedingte politische Wollen* in Deutschland jetzt *mörderische Bahn*, wie schon Edmund Burke befürchtete? Ist dieses Land etwa noch stärker in Auflösung begriffen als Frankreich? An der Universität Heidelberg wird Gentz jener fanatisierten Burschen direkt ansichtig, seine Reaktion strotzt vor Empörung: *Der einzige Fleck im Gemälde sind die grotesken und widerlichen Figuren, die in schmutzigen altdeutschen Trachten, Gott und den Menschen ein gerechter Greuel, mit Büchern unterm Arm die falsche Weisheit ihrer ruchlosen Professoren einholen gehen. Durch fünfhundert solcher Studenten könnte einem freilich das Paradies verleidet werden.*

Kotzebue haben die Teutomanen als eine Ausgeburt des feudalen Restaurationssystems liquidiert, könnte der berüchtigte Wiener Hofrat Gentz ein Nachfolgeopfer werden? Tatsächlich erhält er einen anonymen Brief, in dem man ihn mit dem Tod bedroht. Wörtlich heißt es in dem Schreiben: *Kotzebues Schicksal warne Dich. Er starb durch den Dolch, Du wirst durch Gift fallen.* Was für eine Ungeheuerlichkeit. Gentz informiert umgehend den Vizepräsidenten der Wiener Polizeihofstelle, er ist zutiefst erregt und bangt um sein Leben. In Wien geht damals das Gerücht um, der berühmte Hofrat habe vor Angst acht Tage lang im Bett gelegen. Dem widerspricht Gentz vehement, aber bald sollte sich das Ganze als unguter Scherz eines befreundeten Militärs erweisen.

Jedermann ist damals klar, dass dieser Fall über sich hinausweist. Die in ganz Europa virulente Bedrohung durch den politischen Attentismus ist nicht zu verkennen, wie viele Anschläge sind allein auf Napoleon und andere Politikergrößen unternommen worden. So schreibt Metternich aus Rom an Gentz: *Der Liberalismus geht seine Wege, es regnet Mörder.* Und: *Es scheint ganz sicher zu sein, dass der Mörder Kotzebues als Emissär [...] der Jenenser Feme handelte.* Sogar der österreichische Minister, der die

Situation von 1789 gegenüber der jetzigen doch als geradezu gesund bezeichnet hat, fühlt sich und sein politisches System durch die jüngsten Mordanschläge zutiefst bedroht. Den akademischen Irrlehren der Zeit vor allem legt er sie zur Last. Aber hätte der Geist deutscher romantischer Tathandlung, wie er in Jena und an anderen Universitäten noch immer gepredigt werde, tatsächlich ein solches Verbrechen auslösen können? Metternich ist davon überzeugt, er bleibt über Jahre hin ein Anhänger der Verschwörungstheorie und des Geheimbundglaubens in der Politik, seine öffentlichen und verdeckten Maßnahmen zur polizeilichen Sicherung und Überwachung sind außerordentlich, von der Auslandsspionage und verstärkten Grenzkontrollen, über neu eingerichtete Informations-Bureaus, bis hin zur Wiener Geheimen Ziffernkanzlei, die der umfassenden Ausspionierung des privaten Kommunikationsverkehrs dient.

Der Mord an Kotzebue soll das *Gute* erzeugen, dem Ultraliberalismus endlich den Garaus zu machen: *Die Welt ist sehr krank, Freundin; nichts Schlimmeres gibt es als den missberatenen Durst nach Freiheit. Er tötet alles und zuletzt sich [selbst]. Eines Tages wirst Du mich am Ende auch sandisiert sehen. [...] Vielleicht erwartet mich so ein Student irgendwo dort, um mich à la Kotzebue zu behandeln. [...] Seit diese Gauner in Deutschland im Namen von Tugend und Vaterland Morde begehen, werde vielleicht auch ich umgebracht werden*, schreibt der Staatskanzler aus Rom an Dorothea Lieven. Und Gentz notiert in einem Brief an seinen Dienstherrn: *Ich glaube selbst nicht, dass Sand ein Bösewicht war; desto schlimmer aber für die, die ein an und für sich gutes und edles Gemüt bis zum ärgsten Verbrecher exaltieren konnten.*

Das Beängstigende an dem Fall Sand-Kotzebue ist die öffentliche Verklärung und Heroisierung dieses spektakulären Tötungsakts, der Attentäter wird teilweise mit Timoleon, Brutus und Tell verglichen, oder zum Märtyrer und Gotteskrieger erkoren, er habe den freien Heldentod erwählt zu des Vaterlandes Heil. Barthold Georg Niebuhr ist es damals, der die *unsinnige Verrücktheit* dieser Tat in ihrer geschichtlichen Dimensionen zu deuten versucht: *Den Deutschen sind nach und nach die alten Majestäten Kaiser, Reich und Altar zerbröckelt und zerbrochen worden. Das Surrogat dafür, die Bundesversammlung, ist locker hingestellt und man tut alles, um den Glauben des Volks und besonders die öffentliche Meinung davon abzuwenden. Die Masse des Volks und besonders die Jugend will etwas Positiv-Nationales, und da sie dies nicht findet, steigert sich der Hass gegen das Negative, aus Mangel eines Punktes für die Vaterlandsliebe.* Doch Metternich nimmt den liberalen Zeitgeist nurmehr als deutsche Revolution wahr, die er zu schlagen gedenkt, *wie ich den Eroberer der Welt besiegt habe.* Bis zum letzten Atemzug will er gegen die Umsturzgefahr kämpfen, seine Reaktion droht wahnhafte Züge anzunehmen. Im vertrauten Kreis versteigt er sich zu der These, der Großherzog von Weimar selbst sei in die *Sand'sche Geschichte verwickelt*, ja man habe künftig mit den schlimmsten Folgen jenes *rein demagogischen Grundsatzes des Paktierens zwischen Regenten und Volk* zu rechnen.

Was kann da helfen, wenn nicht die Interpretation des *reinen Sinnes* von Artikel 13 der Bundesakte, der einen scharfen Gegensatz formuliert habe zwischen landständischem und repräsentativem Verfassungsanspruch, wodurch Prinzipien wie Volkssouveränität und Gewaltenteilung noch einmal im Grundsatz entlegitimiert seien. Selbst Forderungen wie Ministerverantwortlichkeit, Öffentlichkeit der Verhandlungen und unbeschränktes Petitionsrecht gelten für Metternich als unvereinbar mit den Bedingungen einer monarchischen Regierungsform und als Ausdruck *ungeschichtlicher und naturwidriger Nivellierungssucht.* Österreich soll nach seinem Willen ein Hort der Bewahrung der guten alten Kontinentalordnung sein, auf Mahner und Warner wie Friedrich Perthes, Joseph Görres oder Wilhelm von Humboldt will er nicht einen Augenblick hören. Humboldt, der Metternich-Hasser, schreibt: *Alles bloß polizeiliche Treiben verfehlt allmählich seinen Zweck, es macht das Übel in seiner Wurzel immer schlimmer und kommt nie dahin, alle Ausbrüche zu hemmen, ja nur zu entdecken.*

Von Adam Müller, der damals in Leipzig tätig ist, lässt sich der Hofrat Gentz eingehend informieren über Absichten und Aktivitäten jener, die im Interesse der Staatssicherheit beobachtet werden müssen – *die 40 bis 50 der gefährlichsten Menschen, welche man entweder durch eine unmittelbare Veränderung ihrer Lage zu deroutieren oder durch Hoffnung zu gewinnen oder durch die Kraft zu schrecken [...]; kurz, sie auf eine geschickte Weise zu entwaffnen* hat. Müller übermittelt Gentz nicht nur Überlegungen und *faktische Daten* zur Presse- und Universitätsaufsicht, sondern auch eine genaue Expertise zu den wichtigsten *Personalien, die Beobachtung verdienen.* Ausdrücklich wünscht Metternich, dass Gentz diese *Liste aller deutschen schlechten Zeitungsschreiber* nach Karlsbad mitbringt. Keiner der identifizierten Aufrührer soll der strengen Staatsaufsicht entgehen.

Dabei kommt für Gentz die besondere Schwierigkeit hinzu, dass der politische Fanatismus vieler junger Menschen zunehmend von einem *religiösen Mystizismus* überlagert werde. Dieser ganz besonderen Form von Dissidenz widmet der Hofrat einlässliche Gedanken. Wie kann man die mystischen Spekulationen der Jugend unter ein *haltbares Prinzip der Einheit und Ordnung, ja der intellektuellen Subordination zurückführen?* Überall in Deutschland grassiert die *falsche Freiheit* unter dem Deckmantel der geistigen Selbständigkeit und des Meinungsstreits im Wahrheitsinteresse. Ist damit nicht *jede künftige Revolution zum voraus unterschrieben und besiegelt?* Es muss ein neuer *Vorrang der positiven gegenüber den philosophischen und kritischen Wissenschaften durchgesetzt* werden, schreibt Gentz, wenn anders die Universität nur ein *Vorspiel der wilden Anarchie [sein soll], in welcher heute alles politische Leben sich umhertreibt.*

Dem stimmt Metternich vorbehaltlos zu, auch er sieht auf den Hochschulen in Zukunft eine ganze Generation von Revolutionären heranwachsen, zumal wegen der Professoren, dieser *Konspirateurs*, während das *alberne Puppenspiel* der Burschenschaften für sich genommen keinesfalls schuld sei an dieser Misere. Doch als größtes gegenwärtiges Übel erscheint auch dem Staatskanzler das *Gesindel* der Zeitungsschreiber, das einer alle *Regierungen untergrabenden Partei zu Diensten* sei. Hier vor allem werde die Parole von der Nationalität virulent gemacht, jene wahnhafte Vorstellung von einer *Vereinigung Deutschlands in einen einzigen, nicht in seinen inneren*

Bestandteilen getrennten Körper. Mittlerweile ist sie zur Leuchtspur der Verbrüderung aller deutschen *praktischen Revolutionärs* geworden. Kein Wunder, dass längst die philosophischen Grundlagen der Staatswissenschaften *morsch* sind, sekundiert Adam Müller in einem Brief an Gentz, die *Abgötterei mit dem Positiven könne am Ende so verderblich werden wie der notorische Liberalismus selber.* Dem stimmt der Hofrat nachdenklich zu. Aber wird man mit *Polizei-Maßregeln [die] Kankheiten der hohen Schulen heilen* können? (F.C.Wittichen/E. Salzer 1913, 3/H.v. Srbik 1925, 1/W. Siemann 2010).

Goliath und die retrograde Politik

Aus einem solchen Angstsyndrom heraus sind die bald verordneten ‚Karlsbader Beschlüsse' ins Werk gesetzt worden. Abermals sollte Friedrich Gentz, der seinen Namen auf allen Proskriptionslisten der *Fanatiker und Bösewichter* wähnt, die entscheidenden Formulierungsdienste leisten. Im Vorfeld der Verhandlungen dürfe nichts an die Öffentlichkeit dringen, mahnt er den Staatskanzler, da man sonst wieder mit dem Vorwurf des *Hochverrats an der Deutschheit* rechnen müsse. Zuerst müssten sich alle deutschen Staaten darauf einigen, dass rigorose Maßnahmen zu treffen seien, dann solle man in einer konzertierten Aktion gegen das *pestilenzialische Fieber* losschlagen. Also nicht dem Frankfurter Bundestag sei die Inititative zu überlassen, sondern Österreich tue gut daran, dessen Beschlussfassungen sorgfältig und ohne jedes öffentliche Aufsehen vorzubereiten und in die richtigen Bahnen zu lenken. Die schlimmsten Katastrophen in der politischen und moralischen Welt können heilsam sein, schreibt Gentz, wenn sie nur die richtigen Entschlüsse wecken und mutige Maßnahmen befördern.

Am 22. Juli trifft er in Karlsbad zur Ministerkonferenz im Schatten der Krise ein, um nach vier Monaten Trennung wieder mit Metternich vereint zu sein. Auch Adam Müller ist zugegen, es werden arbeits- und diskussionsreiche Wochen bis zur Schlusskonferenz am 1. September. Der Wiener Hofrat ist es, der unter Beihilfe seines Leipziger Informanten die Entwürfe zu jenem Gesetzes- und Verordnungswerk formuliert, das später unter dem Titel ‚Karlsbader Beschlüsse' berühmt und berüchtigt werden sollte. Einschlägig dafür sind seine Denkschrift ‚Über den Unterschied zwischen den landständischen und Repräsentativ-Verfassungen', sein Entwurf zum ‚Pressgesetz', die Erklärung zum Artikel 13 der Wiener Bundesakte, schließlich seine Erläuterung der Beschlüsse zum deutschen Universitätswesen. Gentz ist davon überzeugt, dass *die Frage der Universitäten nicht isoliert behandelt, dass sie von den Fragen, welche die Pressfreiheit betreffen, und gewissermaßen von den Verfassungsfragen nicht getrennt werden darf.* Am Ende der Konferenzwochen steht er wieder einmal als maßgeblicher Inspirator und Verfasser bedeutender staatlicher Aktuarien da.

Die Karlsbader Konferenz schließt sich seiner Interpretation des Artikels 13 der Bundesakte an, wonach es in Deutschland keine Einführung einer Verfassung nach englischem oder französischem Vorbild geben könne, also keine jener *konstitutionellen Farcen, sondern ausschließlich eine landständische gemäß deutschem Rechtsbegriff und deutscher Geschichte.* Auch seine Gedanken zum Schul- und Unterrichtswesen gehen weitgehend in den ,Provisorischen Beschluss der Bundesversammlung vom 20. September 1819 über die in Ansehung der Universitäten zu ergreifenden Maßregeln' ein, und werden ihn noch stärker zum Hassgegner aller vormärzlichen Jung- und Altliberalen machen. Jeder Hochschule wird künftig ein landesherrlicher Kurator mit Maßregelungsfunktion vorangestellt, unbotmäßige Professoren dürfen relegiert und an keiner anderen deutschen Hochschule mehr angestellt werden, und insbesondere sind geeignete Überwachungsmaßnahmen auch auf die Burschenschaften auszudehnen.

Gentz ist spätestens seit dem Sandschen Attentat zu einer Art *Todfeind* der Studentenvereinigungen geworden, denn die seien im *höchsten und furchtbarsten Sinne des Wortes revolutionär.* Er denkt dabei an aufsässige Erscheinungen wie den Jenenser Privatdozenten Karl Follen, den Führer der ,Unbedingten', der auch den Kotzebue-Mörder zu den Seinen gezählt hat und bei vielen Konfidenten als *deutscher Robespierre* gilt. Schon die Idee der Einheit Deutschlands, die im Kern immer eine politische gewesen sei, ist Gentz hochverdächtig, denn was man auch theoretisch oder historisch von der gegenwärtigen Verfassung der deutschen Staaten denken mag, jene *Einheit, nach welcher die wahren vollendeten Jakobiner seit sechs Jahren ohne Unterlass streben, kann ohne die gewalttätigsten Revolutionen, ohne den Umsturz von Europa nicht realisiert werden. [...]. Die Burschenschaft kann, in ihrer jetzigen Bedeutung, schlechterdings nicht bestehen, sie muss entweder völlig aufgelöst werden oder einen ganz veränderten, unschuldigen Charakter annehmen.*

Am gravierendsten ist freilich, was Gentz gegen den *Missbrauch* der Presse ersonnen und formuliert hat, seine Gedanken gehen weitgehend in das ,Pressgesetz, auf fünf Jahre festgesetzt durch Beschluss der Bundesversammlung vom 20. September 1819' ein, und machen noch mehr Furore als die Maßnahmen gegen die Hochschulen und Burschenschaften. Eine unverhältnismäßig scharfe Zensur wird nun verhängt, der zufolge Schriften, die als tägliche Blätter oder heftweise erscheinen und nicht über zwanzig Bogen stark sind, nicht ohne Vorwissen und Vorabgenehmigung der Landesbehörden zum Druck befördert werden dürfen. Besonders perfide nimmt sich der Artikel sieben des Pressegesetzes aus: *Wenn eine Zeitung oder Zeitschrift durch einen Ausspruch der Bundesversammlung unterdrückt worden ist, so darf der Redakteur derselben binnen fünf Jahren in keinem Bundesstaate bei der Redaktion einer ähnlichen Schrift zugelassen werden.*

Zeter und Mordio schreien die Journalisten, Publizisten und Schriftsteller dawider, mancher Fluch fällt wiederum auf den Namen des Mannes, der sich endgültig an die Spitze einer rhetorisch brillierenden Politik der Reaktion gesetzt hat. Joseph Görres wird mit seinem Buch ,Deutschland und die Revolution' bald das erste Opfer der neuen Pressepolitik sein, unerbittlich verfolgt man ihn und jagt ihn aus dem Land. Gentz hegt Bedenken gegen diese Maßnahme, doch im Grundsatz ist er zu jener Zeit so autoritär gestimmt wie nie zuvor oder danach: *Revolution und Gegenrevolution [sollten] in Schlachtordnung gegeneinander gestellt werden*, schreibt er: *Jeder Feudalismus, selbst ein sehr mittelmäßig geordneter, soll mir willkommen sein, wenn er uns nur von der Herrschaft des Pöbels, der falschen Gelehrten, der Studenten und der Zeitungsschreiber befreit.* Dieser Feind sei zwar nicht endgültig geschlagen, aber *demontirt und deroutirt [...]. Wenn wir zusammenhalten und fortschreiten, werden wir bald mehr Terrain gewinnen.* Das scheint schwierig genug, wenn man etwa von dem Studenten-Tumult in Berlin hört, bei dem sogar Jahn, Schleiermacher und Savigny verhaftet worden sein sollen, was sich dann aber als Irrtum herausstellt. Doch die Absichten all dieser Feinde, das weiß Gentz, zielen auf *Meuchelmord und den totalen Umsturz der Gesellschaft.* Ihnen sagt er den Krieg an, wenn anders die *Lebenskraft Europas an der Freiheit der Presse verbluten* soll. Damals erscheint der Wiener Hofrat nicht wenigen Zeitgenossen als *Riese Goliath der retrograden Politik.*

Der Hofrat reagiert umso enervierter, als es nun sowohl im Inland wie im Ausland heftige negative Reaktionen hagelt auf die Beschlüsse des Frankfurter Bundestages, wieder erringen schamlose Libellisten publizistisches Aufsehen mit jenem *kolossalen Gespenst* des spätfeudalen Despotismus. Deutschlands Völker seien nun ihrer letzten Hoffnung beraubt, schreiben sie, jetzt drohe vollends die Sklaverei, Verfassungsversprechen habe man gebrochen, die Pressefreiheit zerstört und ein förmliches Inquisitionsrecht über die Universitäten verhängt. Gentz ist empört, Karlsbad soll ein *freiheitsmörderischer Winkelkongress* gewesen sein, mit der alleinigen Absicht von Willkür und Unterdrückung? Es sei vielmehr eine faire, von allen deutschen Staaten freiwillig und souverän ausgerichtete Konferenz gewesen, die zudem keineswegs unter dem Dominat von Österreich stattgefunden habe.

Der sanktionierte Artikel 13 der Bundesakte, er sei *bedeutsamer als der Tag von Leipzig*, habe nicht die unbedingte Verheißung einer repräsentativen Ständeverfassung ausgesprochen, sondern sie unter die Maßgabe gestellt, der *Aufrechterhaltung des monarchischen Prinzips, und der Aufrechterhaltung der Bundeseinheit nicht [zu] widersprechen.* Je nach den Gegebenheiten in den einzelnen souveränen Staaten sollten die Ständeverhältnisse künftig geregelt werden, keinen Sinn also machten abstrakte und egalisierende Verfassungsforderungen, mahnt Gentz. Ebensolches müsse auch für die Presse gelten, die in den letzten Jahren sehr *gemissbraucht* worden sei. Zur Gefahr für jede Staatlichkeit hätten sich die öffentlichen Medien entwickelt, und dennoch gehe es keineswegs um die Abschaffung der Pressefreiheit, sondern um ihre sorgsame Beschränkung im Sinne einer staatspolitischen *Wohltat.*

Nun beschwört Gentz sogar die *zähmende Macht* der Religion, die allerdings politisch abgesichert werden müsse, und verurteilt den Protestantismus als *erste, wahre und einzige Quelle aller ungeheuren Übel, unter welchen wir heute erliegen.* Damit erneuert sich auch eine jahrelange Debatte zwischen ihm und Adam Müller, der den Wiener Hofrat gern zu seiner Idee einer liebenden und gläubigen Vernunft katholischer Provenienz bekehren würde. Zwar weiß auch Gentz um jenes *höhere Gesetz, das nur in der Religion zu finden* ist, aber ohne rechtliche Verankerung vermöchte weder der Glaube noch die Kirche in der Welt feste Wurzeln zu schlagen. Kirche und Staat müssen *streng von einander getrennt bestehen, und sie dürfen immer nur sich selbst reformiren; das heißt, jede wahre Reform muss von den in beiden constituirten Autoritäten* ausgehen. Der Himmel behüte den Staat vor einer Melange aus Offenbarungsglauben und Politik, vor einer Heilserwartung im Sinne der Mystifikation des alten wohlgeordneten Feudalismus, wie er Müller vorzuschweben scheint. Am lebendigen Fortschritt des politischen Protestantismus, *der nichts bauen, sondern immer nur zerstören kann*, glaubt Gentz dieses historische Debakel beobachtet zu haben: *Die rechtmäßigen Gewalten athmen kaum mehr. Das Blut gerinnt einem in den Adern, wenn man in die Zukunft blickt und denkt, dass das höchste Ideal des Staates in den Augen aller unserer Aufgeklärten – die Republik der nordamerikanischen Heiden darstellt.*

Weder die Religions- und Nationalbeschwörungen der politischen Romantik, noch die Souveränitätsidee des Liberalismus werden die Überlebensprobleme der Zivilisation bewältigen können. Im Zeitalter ihrer neuerlichen *Krisis* sieht Gentz seinen reflektierten *Starrsinn* ein weiteres Mal herausgefordert. Und dennoch hat dem Intellektuellen auch die Karlsbader Konferenz schwer auf der Seele gelegen, nur äußerst beschränkte Resultate erwartet er zunächst und will froh sein, wenn nicht ganz verkehrte Beschlüsse erfolgen. Illusionen über die Heilkraft, die angesichts schwerer sozialer *Krankheiten* von hier ausgehen könnten, dürfe man sich keinesfalls machen. Gleichwohl spricht Gentz am Ende von der *größten retrograden Bewegung, die seit 30 Jahren in Europa stattgefunden* hat.

Warme Freunde und entschiedenste Feinde

Der Wiener Hofrat steht in der politischen und diplomatischen Welt glanzvoll da. Und schon Ende November 1819 beginnt in Wien eine weitere Ministerkonferenz, die wichtige Bundesangelegenheiten unter seiner protokollarischen Betreuung erörtern soll. Endgültig wird nun festgelegt, was Gentz als Anspruch einer ständischen Verfassung nach deutschem Recht und Herkommen vorformuliert hat: *Die gesamte Staatsgewalt muss in dem Oberhaupte des Staates vereinigt bleiben und der Souverän kann durch eine landständische Verfassung nur in der Ausübung bestimmter Rechte an die Mitwirkung der Stände gebunden werden.* Ist damit nicht die vorrevolutionäre Ordnung hinterrücks wieder etabliert worden? Will der Hofrat Gentz jetzt nichts anderes mehr sein als der Siegelbewahrer einer überalterten Herrschaftswelt? Bei der Auseinandersetzung mit Friedrich Lists ‚Deutschem Handelsverein' und Friedrich August Brockhaus' pressepolitischen Invektiven könnte es so scheinen. Lists Idee eines deutschen Zollvereins, den es als konkretes Projekt erst 1833 geben wird, erscheint Gentz als *reines Hirngespinst, […] unpraktisch und unausführbar.* Schon die Rede von einem *Verein* lässt ihn argwöhnisch werden, deutet sich da schon wieder ein revolutionäres Unternehmen an? Führende Männer des deutschen Industrie- und

Handelsstandes haben den kaiserlichen Rat in einem offiziellen Schreiben gebeten, sich ihrer für Deutschland so bedeutsamen Sache anzunehmen, doch der verweigert strikt seine Mithilfe. Und das, obwohl List und die Wortführer des Deutschen Handelsvereins nach Wien kommen und mit ihm und Adam Müller eingehend konferieren. Aber mit dem mächtigen Staatsbeamten ist keine Verständigung möglich, umgekehrt hagelt es bald öffentliche Polemiken, List wird das Gentzsche Desinteresse später mit seinen Interessenbeziehungen zu England erklären.

Es sind seit längerem viele *lieblose Urteile* über den Staatsautor im Umlauf, und nicht nur die örtlichen Literaten wetzen öffentlich oder verdeckt die Messer wider ihn. Grillparzer beschreibt hasserfüllt die üppig ausgestattete Wohnung dieses Dandys, und Hebbel spricht von der *gewohnten Schamlosigkeit* eines fürstlichen Lohnschreibers. Überhaupt hat sich in der deutschen und europäischen Publizistik zunehmend eine Vorstellung vom *Zusammenhalt* der intellektuellen Reaktion in Wien herausgebildet, wie sie etwa Friedrich August von Stägemann beim Erscheinen der ‚Concordia‘ von Friedrich Schlegel satirisch auf den Punkt bringt: *Heil und Leben Kaiser Franzen! / Seines Reichs Chinesen nur / Woll‘ Er nicht zu uns verpflanzen, / Auszurotten Friedrichs Spur. / Adam Müller, Gentz und Werner, / Schlegel, Haller und so ferner, / Blühet frisch auf Oestreichs Flur.* Dabei ist Metternich von Schlegels Periodikum, diesem Sammelort aller namhaften Konservativen der Zeit, ganz und gar nicht erbaut. Man betrachte den Staatskanzler im Publikum als den *Stifter und Beschützer* der ‚Concordia‘ und schließe aus dieser *Hypothese mit Unwillen, dass man alles, was sie enthält, auf seine Rechnung setzen dürfe,* klagt Gentz. Nein, von einer Allianz Metternichscher Staatsräson mit der religiös imprägnierten Machtverklärung des Romantikerkreises kann die Rede nicht sein. An Adam Müller schreibt Gentz damals: *Wenn dieser Mann – Fürst Metternich – nun klagt, dass man ihn von allen Seiten verlässt, dass die, auf welche er am meisten gezählt hatte, sich in exzentrische Abwege verlieren, dass man ihm, statt reeller Hülfe, phantastische Vorschläge, statt wirksamer Schriften die Concordia darbietet etc. – verdienen diese Klagen nicht einige Rücksicht?*

Dass Müller in der Schlegelschen ‚Concordia‘ einen Aufsatz in theologisch-mystischer Sprache geschrieben habe, macht man ihm öffentlich zum Vorwurf. Auch Metternich ist der Fall nicht entgangen. In diesem Text sei auf despektierliche Weise von Eigentum, Besitz und aktueller Finanzpolitik die Rede, schneidend sei der Autor mit allen Regierungs- und Verwaltungssystemen ins Gericht gegangen und selbst auf Freunde habe er mit Keulen losgeschlagen. Kein Jakobiner könne *verächtlicher* über die allgemeine Lage sprechen, schreibt Gentz an Müller. Er warnt den jüngeren Freund eindringlich vor einer falsch verstandenen Opposition und einem Loyalitätsbruch gegenüber Österreich in schwerer Krisenzeit. Darin ist der Hofrat ganz und gar der Hüter des Interesses von Metternich, der in einem Brief an Pilat beklagt, dass *Niemand für ihn schriebe, [...] dass er nicht 5 oder 6 Pamphletisten zu seiner Disposition habe.* Das intellektuelle Klima ist auch in Wien zerstrittener und wetterwendischer als man im übrigen Deutschland glauben mag.

Dafür spricht auch die Überlegung des Hofrats Gentz, den berühmten Cotta-Autor und liberalen Präzeptor Ludwig Börne nach Wien zu holen, der damals aufgrund seiner ungesicherten Lebenssituation tatsächlich mit dem Gedanken spielt, sich in den *goldenen Käfig locken* zu lassen. Börnes Vater hätte seinen Sohn nur zu gern in einer festen kaiserlichen Anstellung gesehen, doch dessen fanatischer *Hass gegen das Wurzelwerk von aristokratischer Tyrannei* in Österreich lässt den jungen Mann am Ende Abstand nehmen von einer derartigen Entscheidung. Eine *Schande* für ihn selbst und die liberale Partei wäre es gewesen, in die Kaiserstadt zu gehen, schreibt er an Jeanette Wohl, man hätte ihn womöglich noch für einen Spion der österreichischen Regierung gehalten: *Wie ich die Dinge klar erkenne, wäre, mich zu gewinnen, für die Österreicher eine gewonnene Schlacht. Nicht zu gedenken, dass sie außer Gentz (der jetzt todkrank, vielleicht schon gestorben ist) keinen haben, der so gut schriebe als ich, ja dass ich in mancher Beziehung noch brauchbarer wäre, weil ich die Gabe des Witzes, wodurch man auf die Menge wirkt, besitze und ich besser als selbst die Ultras die schwache und lächerliche Seite der deutschen Liberalen kenne – so wäre in mir die ganze liberale Partei geschlagen.*
Nein, als bestallter Autor in Wien hätte ihm gewiss keine Wirkungschance als Intellektueller offen gestanden, mutmaßt Börne, auch wenn er weiß, dass der Kreis um Metternich von seinem Schreibgenie überzeugt ist. Österreich, dieses *europäische China*, hätte ihn eher in den Selbstmord getrieben. Dass Gentz anerkennend von ihm sprechen soll, hat Börne verschiedentlich gehört, aber mit dem Wiener Hofrat möchte er auf gar keinen Fall verglichen oder gar in Verbindung gebracht werden. Zwar sieht auch ein Börne den deutschen Liberalismus skeptisch, allzu fanatisch und käuflich erscheinen ihm dessen führende Geister, aber von Gentz, dem Mann am Hofe, möchte er niemals protegiert werden: *Man würde mir [in Wien] nie trauen, und ich lebte wie in ewiger Gefangenschaft. Gentz war zwar früher auch liberal, er aber konnte Bürgschaft geben seiner aufrichtigen Bekehrung, die ich nicht geben kann. Gentz war schon viele Jahre, ehe er in österreichische Dienste trat, an England verkauft. Er ist sinnlich, verschwenderisch, der lüderlichste Mensch im Lande, er lässt sich jeden Vormittag einen Bouillon von 15 Pfund Fleisch kochen. Ich bin nicht derart.*
Gentz und der Staatskanzler haben damals wenig Erfolg bei ihren Versuchen, Teile der prominenten Intelligenz Deutschlands in restaurative Dienste zu ziehen. Friedrich Schlegel und Adam Müller bleiben in dieser Hinsicht ihre bedeutendsten Errungenschaften. An Börnes Reaktion hinhegen wird noch einmal deutlich, wie sehr die Wiener Politik und das System Metternich den Nimbus der staatlichen Gängelung und Intellektuellenfeindlichkeit angenommen haben. Am kaiserlichen Wien scheiden sich die brillantesten Geister der Zeit, zumeist geht es dabei äußerst kontrovers zu, manchmal aber auch, wie im Fall des Gentzschen Karlsbader Gesprächspartners Goethe, *mit affectiertem Streben nach Neutralität.* (S. Lechner 1977/H. Börne 1977, 4/H. Zimmermann 2009/C. Aspalter 2006/F.C. Wittichen/E. Salzer 1913, 3/ Briefwechsel 1857/K. Mendelssohn-Bartholdy 1868/P.R. Sweet 1970).
Besonders erbittert nimmt sich Gentz' Konflikt mit dem Doyen des modernen deutschen Buchhandels aus, denn ein Mann wie Friedrich August Brockhaus weiß

auf der Klaviatur des Öffentlichkeitsbetriebes virtuos zu spielen. Und er trifft den
einstigen Berliner Aufklärer und nun amtierenden österreichischen Etatisten an einer sehr empfindlichen Stelle. Während Gentz auf einer neuerlichen Wiener Konferenz gerade die deutsche Presse unter seine Knute zwingt, veröffentlicht Brockhaus
noch einmal jenes Sendschreiben des Berliner Beamten an seinen jungen König aus
dem Jahre 1797, in dem er lauthals und mutig für die uneingeschränkte Pressefreiheit
eingetreten ist. Hat man es also bei dem ersten Sekretär Europas mit einem skrupel-
losen Wendehals zu tun? Die Sache ist blamabel genug, und tatsächlich haben die
Gentziana warme Freunde und die entschiedensten Feinde gefunden, schreibt damals
ein Mitarbeiter von Brockhaus, der indes noch einiges mehr zu berichten weiß. Arg-
los habe der Gentz-Vertraute Adam Müller unlängst auf einer Gesellschaft verraten,
dass jenes Sendschreiben Gentz immer noch quäle und diejenige politische Sünde
gewesen sei, die ihn einst zum Minister in Berlin hätte machen sollen. Tut Friedrich
Gentz seit jeher wirklich alles nur um der Macht willen?

Ein solches Stigma hätte der erboste Verleger dem verhassten Wiener Hofrat nur
allzu gern angehängt, an Gentz späterer Reaktion ist ablesbar, dass Brockhaus in
dieser Hinsicht auch einen trefflichen Streich geführt hat. In den Einband der ihm
zugesandten Schrift notiert Gentz eine harsche Selbstabrechnung mit seinem *Eigendünkel* und seiner *Unwissenheit* von damals, beides könne man heute nicht als *Ju-
gendstreich* abtun, sondern die Wiederveröffentlichung dieser *Missgeburt, dieses Pro-
dukts eitler Redseligkeit und frevelnder Anmaßung* sei letzten Endes als *wohlverdiente
Züchtigung* hinzunehmen. Gleichwohl erscheint ihm die Publikation selbst noch etliche Jahre später in der Sache selbst nicht obsolet zu sein: *Nicht als Recht der Menschheit oder Gebot des Zeitgeistes oder Interesse des Staates wird die Pressfreiheit in Schutz
genommen, nicht als wäre irgend etwas daran gelegen, ob tausend Schriften mehr oder
weniger das Licht der Welt erblicken, sondern bloß weil die Regierung zu erhaben sei, um
mit so kleinen Gegnern zu kämpfen.*

Gerade im Jahr von Karlsbad gilt Gentz' Sorge der moralischen Souveränität sowohl des Staates, als auch der bürgerlichen Ordnung. Denn beide seien nicht etwas
qua Vernunft zu *Erfindendes*, oder sich am Meinungsstreit erst *Entzündendes*, sondern ein *ohne unser Zuthun, durch Gottes Gnade Vorhandenes*, das unabhängig von
jeder subjektiven oder kollektiven Willkür entstanden sei und auch zu bleiben habe.
An einer souveränen Obrigkeit sei mehr gelegen als an allen Fortschritten von Wissenschaft und Aufklärung: *erst Freiheit (d.h. Sicherheit) für das Leben des Staates,
dann Freiheit für die Kirche, dann Freiheit für Alle, die sie gebrauchen können.* Deshalb
kann Gentz guten Gewissens auch mit dem widersätzigen Brockhaus die politische
Fehde aufnehmen. Im Oktober 1821 droht er ihm im Auftrag Metternichs mit dem
Verbot aller in seinem Haus erscheinenden Schriften, was den Verleger in heillosen
Schrecken versetzt und am Ende nur durch die Intervention Adam Müllers abgewendet werden kann. Hier ist zwischen Geist und Macht keine Verständigung mehr
möglich, in die Gegnerschaft zum aufgeklärten Öffentlichkeitsbetrieb haben sich
längst feindselige, ja gelegentlich hasserfüllte Töne eingeschlichen, doch Gentz

scheint um seinen Rufschaden in der intellektuellen Welt des deutschen Reiches nicht allzu besorgt zu sein. (A. Prokesch von Osten 1907/Briefwechsel 1857/K. Mendelssohn-Bartholdy 1868).

ELFTES KAPITEL

Das Fortleben der Revolution

Spanien und Italien brennen oder Der Wahn des Nationalwillens

Die 1820er Jahre lassen vor allem im Süden und Südosten Europas neue Krisenherde entstehen, in die Österreich mehr oder minder direkt einbezogen ist. Am 1. Januar 1820 bricht in Spanien die Revolution aus, König Ferdinand VII. wird gezwungen, die außer Kraft gesetzte liberale Verfassung der Cortes wieder einzuführen und feierlich zu beschwören, es beginnt nun ein dreijähriges konstitutionelles Zwischenspiel voller politischer Unruhen. Nicht nur kommt es zur inneren Spaltung und zu Fraktionskämpfen der Liberalen, sondern auch zu heimlichen Verabredungen zwischen Ferdinand VII. und der Heiligen Allianz, die er zur Intervention in Spanien drängt. Der Einmarsch erfolgt schließlich nach dem Kongress von Verona im Herbst 1823. Das absolutistische System wird wieder hergestellt und brutale politische Säuberungen unter Militärs und Liberalen führen das Land in die *década ominosa*, in ein unheilvolles Jahrzehnt. Denn die Kompromisspolitik Ferdinands stößt nicht nur bei den Ultraroyalisten auf erbitterten Widerstand, sie führt vor allem unter der armen Bevölkerung zu Aufständen, die von der Armee blutig niedergeschlagen werden. In den kommenden Jahren wird das ohnehin seit langem marode politische Spanien noch weiter in die absolutistisch-klerikale Restauration absinken. (H.A. Winkler 2009, 1).

Aber nicht nur in Spanien und dann in Portugal, auch in Italien entwickeln sich revolutionäre Auseinandersetzungen. Im Juli 1820 proklamieren aufständische Truppen in Neapel mit Erfolg die aus Spanien entlehnte Cortes-Verfassung, wodurch das Königreich beider Sizilien wenig später unter Druck gerät, diese Konstitution gleichfalls anzunehmen. Und schon im März 1821 erheben sich rebellierende Militärs im Piemont. Wieder befindet sich Europa in schwerem politischem Gewässer und Metternich wie Gentz zeigen sich in großer Sorge. Das Monarchentreffen von Troppau am 20. Oktober 1820 beschließt in Anwesenheit von Kaiser Franz, Zar Alexander sowie Friedrich Wilhelm III. von Preußen einen Folgekongress in Laibach, der die notwendigen Kriegsvorbereitungen planen und auf den Weg bringen soll. Der dorthin berufene Sekretär heißt wiederum Friedrich Gentz.

Schon im Vorhinein ist die Wiener Hofkanzlei gegenüber der Revolution in Italien zur Waffengewalt entschlossen, falls in Laibach die Vermittlung durch den König von Neapel fruchtlos bleiben sollte. Das System seiner und Metternichs Politik sei das alte, notiert Gentz, die Maxime lautet *Gleichgewicht*. Lege man diesen Maßstab an, seien die Zustände in Spanien und Portugal zwar weit *grässlicher* als derjenige von Neapel etwa, aber die Situation Italiens mache es zur *doppelten Pflicht, das Unwesen in diesem letzten Lande, da wir es zum Glück erreichen können, nicht ungestraft zu lassen*. Nicht nur der Chef der Wiener Hofkanzlei, auch Gentz ist entschlossen, der Sache des deutschen Bundes und Europas gewaltsam zu ihrem Recht zu verhelfen, auch wenn das *vornehme Hundeleben unter diesen beständigen ambulierenden Kongressen* nicht mehr zu ertragen sei. Aber könnte er jemals ein anderes Leben führen? Nein, gewiss nicht, denn Gentz ist mit diesen Geschäften so verwachsen, dass ihm alles andere wie bloßer Stillstand vorkommen müsste: *Also mit Gott vorwärts!*

Dennoch befallen den Hofrat in Troppau die alten Skrupel gegenüber dem Geschäft der Politik, der öffentliche und der private Gentz scheinen dann kaum noch mit einander vergleichbar zu sein. Sein *System* komme gar nicht zur Sprache, also berührten ihn die Debatten in Troppau kaum, schreibt er jetzt, alles spiele sich *vor und neben mir* ab. Nun ist sogar von seiner *untergeordneten Rolle in so großen Geschäften* die Rede. Und wieder kommt ihm die einst belobigte Staatskunst vor wie eine *verworrene Maschine, in welcher keine leitende Hand durchgreift. Einer wird durch den andern gelähmt, kein großer Gedanke organisiere das Ganze.* Im Grunde wollten alle Beteiligten Troppau möglichst bald wieder verlassen und sich nach Wien verfügen. Derweil spielen die neapolitanischen Carbonari Revolution.

Und das Verhältnis zum Staatsminister? Der Fürst ist in einem *beständigen Kriege mit mir und versucht auch zuweilen, mich zu mystifizieren. Da das aber nie gelingt, und ich mich übrigens meiner Haut zu wehren weiß, so bleibt das Gespräch stets lebhaft, heiter, und oft interessant.* Das ist gegenüber dem Redakteur Pilat offenherzig und diplomatisch zugleich formuliert, interessanterweise verrät Gentz, dass er in jenen Wochen keine einzige Abendeinladung Metternichs angenommen habe. Der erste Sekretär Europas waltet seines Amtes, aber seine konträren Gedanken und inneren Vorbehalte bleiben nicht verborgen. Wie wird das erst auf dem eigentlichen Kongress in Laibach werden?

Am 7. Januar 1821 bricht er von Wien auf und trifft fünf Tage später in Laibach ein, beträchtliche Geldzusagen ermöglichen ihm den Erwerb eines geschlossenen Reisewagens für die winterliche Fahrt. Im verschneiten Laibach kommt man rasch zur Sache. Nach stürmischen Debatten um das österreichische Interventionsrecht, stets in der Sorge, die Carbonari-Aufstände in Italien könnten zum patriotischen Flächenbrand und zur Gefahr für das europäische Föderativsystem werden, entwirft Gentz schließlich die offizielle Deklaration. Freilich kann er für Frankreich und England nicht sprechen, beide Staaten haben das Invasionsrecht der Kongressnationen strikt abgelehnt. Dennoch treten am 7. März die österreichischen Truppen bei Rieti der neapolitanischen Armee entgegen. Innerhalb kurzer Zeit sind die Aufständischen rettungslos geschlagen. Der Wiener Hofrat wird kurz darauf in der ‚Allgemeinen Zeitung' einen Artikel veröffentlichen über die *Farce* jenes groß angekündigten Befreiungskampfes. Ein furchtbares Trauerspiel, aufgeführt von *Guerillasbanden als neuen Herrschern der Welt*, hat man angekündigt, eine an Lächerlichkeit grenzende Niederlage, umsäumt von den Schmähungen durch das eigene Volk, ist die Konsequenz. Für Gentz liegt darin eine Art historisches Sinnzeichen für die Irrealität der gesamten liberalen Bewegung.

Und dennoch, das neapolitanische Scharmützel löst Anfang März auch im Piemont einen Militäraufstand aus, der gleichfalls die Einführung der Cortes-Verfassung zum Ziel hat. König Viktor Emanuel ist gezwungen worden, die Krone niederzulegen und für kurze Zeit hält eine liberale Junta die Macht in Händen. In dieser Situation greift der österreichische Feldmarschall-Leutnant Bubna, ein alter Freund von Gentz, gemeinsam mit den königstreuen Truppen von Novara bravourös in diesen Konflikt ein und schlägt binnen weniger Tage die gesamte Revolution nieder. Gentz ist während der ganzen Zeit in kriegsbereiter Stimmung, an Pilat schreibt er: *Im Fleisch muss die Revolution bekämpft werden; die moralischen Waffen sind vor der Hand ganz ohnmächtig. In geharnischten Gliedern, aufmarschirt in Massen, mit Kanonen und Kosaken von einer Seite, und Brand-Raketen und Volontairs von der andern, müssen endlich die beiden Systeme auf Leben und Tod kämpfen, und wer stehen bleibt, dem gehört die Welt.* Man sollte, heißt es in einem Folgebrief, mit den *Bestien nicht Krieg führen, sondern sie blos erdrücken und todt schlagen,* die alliierten Mächte müssten *mit Gerechtigkeit und Weisheit furchtbar* erscheinen, *alle Gegner vor ihnen erzittern.* Steht nun der endgültige Triumph über den *Feind im Großen* bevor?

Der Wiener Hofrat, dieser *eingeweihte Zeuge und brauchbare Handlanger,* wie er sich selber nennt, befindet sich in Laibach in einem Wechselzustand von teilweise krankheitsbedingter Übellaunigkeit und haltloser Euphorie, jetzt sieht er sogar im konstitutionellen England das *böse Reformationsprinzip* am Werk, und glaubt diesen europaskeptischen Alliierten mehr fürchten zu müssen als alle Revolutionen in Italien. Im Kopf führt Gentz nun sogar *Krieg* gegen Britannien, überhaupt sei ihm der Krieg mittlerweile zur *Profession* geworden. Solche momentanen Gemütsaufwallungen und Blicktrübungen kennen wir von Friedrich Gentz, niemand ist aber auch so sehr dem Informations- und Meinungsdruck der eingehenden Depeschen, Akten, Protokolle, Direktiven und Presseberichte ausgesetzt wie dieser seit Wochen übernächtigte Öffentlichkeitsarbeiter. Gentz gratuliert den österreichischen Militärs zu ihrer Ruhmestat gegen die verhassten Aufständler Italiens, so *hoch* wie jetzt habe das Land noch nie gestanden. Dabei hilfreich gewesen zu sein, betrachtet er als die *Krone meines diplomatischen Lebens.* (K. Mendelssohn-Bartholdy 1886, 2).

Laibach sei nunmehr der *eigentliche Licht-Punkt von Europa,* schreibt Gentz, hier hat sich nach seinem Verständnis eine Art improvisierte europäische Regierung eingerichtet, die eine kontinentale Ordungspolitik unter österreichischer Dominanz sinnfällig werden lasse. Endlich sei es gelungen, der so genannten *Opinion* eine entscheidende Niederlage zu bereiten, dieser *Pest,* diesem *gespenstischen Feind, der nach wie vor auftritt, als ob er in kurzer Zeit siegen würde, siegen müsste.* Und noch einmal greift Gentz zur Feder, um – neben harscher Kritik an der Interventionsverweigerung Englands und auch Frankreichs – die Solidarität und Handlungsfähigkeit der drei Ordnungsmächte Russland, Preußen und Österreich zu feiern.

Vor allem geht es darum, die in der europäischen Presse umstrittene Legitimität dieses gewaltsamen Vorgehens zu begründen. Rechtmäßigkeit gibt es nur in der Zivilgesetzgebung und im Staatsrecht als diejenige des Besitzes der höchsten Gewalt nach Erbfolge- und anderen Fundamentalgesetzen, schreibt Gentz. Hingegen könne niemals von einer Legitimität der Sachen, der Nationen, oder der Nationalität die Rede sein. Die Intervention Österreichs in Italien sei daher alles andere als ein Verbrechen gegen die Legitimität gewesen: *Dass ein Volk oder Völker, die eine und dieselbe Sprache reden – denn Gleichheit der Abkunft, der Religion, einzelner Charakterzüge u.s.f. sind theils unsichre, theils sehr lose Vereinigungs-Punkte – dadurch das unverlierbare Recht, ein und dasselbe Ganze zu bilden, erwerben sollten, – dieser Satz war dem Staatsrecht bisher unbekannt.*

Nach wie vor bildet das so genannte Naturrecht für Gentz ein politisches *Unding*, denn die staatlichen Entwicklungen folgen nicht irgendwelchen kulturellen Gegebenheiten, sie sind nicht das Werk menschlicher Willkür, sondern *Thatsachen, und Verknüpfungen von Thatsachen, die man anerkennen, und denen man, gern oder ungern, sich unterwerfen muss.* Daher sei es die *Pflicht der präponderirenden Mächte* gewesen, Italien im Sinne der europäischen Gleichgewichtsordnung eine veränderte Gestalt zu geben. Aber wie sich bald zeigen sollte, ist mit der Befriedung Italiens nur ein Feuer unter mehreren gelöscht worden. Am 7. März beginnt noch während der Kämpfe im Piemont in den Donaufürstentümern der Aufstand der Griechen gegen das Osmanische Reich, ein neuer Brandherd lodert auf, der in den nächsten Jahren für erhebliche politische Turbulenzen sorgen wird.

Alles steht vortrefflich und Geld über Geld

Die werden bald im persönlichen Interessenbereich des Hofrats Gentz spürbar, denn nun versiegen für zwei lange Jahre seine beträchtlichen Geldzuflüsse aus dem Fürstentum der Walachei und neue Quellen sind schwer zu beschaffen. Zwar erhält er für seine Arbeit in Troppau und Laibach von Kaiser Franz, von Zar Alexander und von Friedrich Wilhelm von Preußen je tausend Dukaten und von England ein Geschenk von dreihundert Pfund, aber wie lange soll das reichen? Friedrich Gentz möchte die Rechnung von jetzt an möglichst nicht mehr ohne die Rothschilds machen, die Bekanntschaft mit diesen legendären Finanzgenies ist ihm unendlich wertvoll. Karl Rothschild, der Chef des Hauses in Neapel, zeigt sich zunächst spröde und knauserig, aber auch er weiß bald, mit wem man es bei dieser kaiserlich-österreichischen Zelebrität zu tun hat und wird bereitwillig seine Schatullen öffnen. Noch besser versteht sich Gentz mit dem Bruder Salomon Rothschild, der ihm in reeller Freundschaft verbunden ist, oft weilt er in Gentz' Villa in Weinhaus und man sieht sie gemeinsam in Rothschilds Theaterloge. Das macht Sensation und dürfte den schillernden Ruf des Metternich-Vertrauten weiter befestigt haben.

Vor allem in finanzieller Hinsicht kann der Staatsrat jetzt nicht mehr klagen: *Alles steht vortrefflich und Geld über Geld*, wird er bald voller Genugtuung an Pilat schreiben, denn soeben sind ihm dreitausend Dukaten über das Haus Rothschild aus Neapel als Gratifikation des Königreiches beider Sizilien für seine Laibacher Arbeit zugeflossen. Und kurz darauf erhält er von Karl Rothschild noch einmal zweitausend Dukaten, nachdem ihm zuvor schon eintausend als Vorschuss gewährt worden sind. Bald wird Gentz in Verona auch James Rothschild kennen lernen, der eigentlich in Paris residiert, und er darf die drei Brüder für einige Tage in seiner Villa in Weinhaus begrüßen. Nicht nur die Mächtigen und Berühmten sind nun seine Partner, Gefährten und Gönner, sondern auch die Reichsten der Reichen, er genießt die Vorzüge der Politik auf höchstem Niveau.

Im September 1822 wird Gentz abermals zu einem Kongress gerufen, die europäischen Monarchen wollen sich in Verona treffen, es geht um die umstrittene Ermächtigung Frankreichs, die in Spanien ausgebrochene Revolution niederzuschlagen. Alle Potentaten und leitenden Minister der europäischen Staaten sind geladen, der Wiener Hofrat Gentz ist wiederum dabei als einer der maßgeblichen Repräsentanten Österreichs. Da ihm Kaiser Franz fünftausend Gulden Aufwandsentschädigung in Aussicht stellt, worum Metternich gebeten hat, kann Gentz am 29. des Monats aufbrechen. Bei prächtigem Wetter reist er in seiner vierspännigen Kalesche zusammen mit zwei Bediensteten gen Süden, in einer Droschke folgen sein Schreiber und sein Koch hinterdrein. Für ein Vierteljahr lebt der kaiserliche Staatsrat nun wieder unter den Hochmögenden des Kontinents, schon in Salzburg und dann in Innsbruck trifft er die Crème der europäischen Diplomatie, in freundlicher Atmosphäre werden die Probleme der Föderativordnung debattiert, man bereitet sich in aller Behaglichkeit auf Verona vor.

Kunst- und Naturgenuss beleben die geistreiche Geselligkeit, besonders entzückt ist Gentz von der Landschaft Tirols, die Weiterfahrt nach Verona hingegen behagt ihm weniger: *Wenn man aus Tyrol kommt, ist Italien doch gar zu kahl und unschmackhaft [...]. Verona ist ein Haufen von Ruinen, das italienische Volk eine hässliche, armselige, bald Mitleid, bald Ekel (nur nie Schrecken) erregende Menschenrace, die ich nie wieder zu erblicken wünsche. Es lebe Deutschland, die Alpen und die deutschen Alpenländer! – die Schweiz ausgenommen.* Eine Ausnahme allerdings muss Gentz machen, das Amphitheater in Verona erregt seine ungeteilte Bewunderung: *Der Anblick ist majestätisch und einzig und führt zu ernsten Reflexionen über die Zeiten und die Menschen, die solche Werke bereiten konnten. Die Freiheit war es wahrhaftig nicht, was sie schuf; die Gewalt der Herrschaft – die überhaupt das Altertum weit mehr auszeichnet als die eingebildete Kraft der Freiheit – die muss man bewundern.* Hier ist kein offenherziger Reisender unterwegs, der das Andere und Unvermutete in Augenschein nehmen möchte, sondern einer, der die Gravität von Herkommen, Tradition und Machtbewusstsein zum Maßstab einer exklusiven Weltwahrnehmung erhebt. (K. Mendelssohn-Bartholdy 1868, 2).

Aber Gentz besitzt nicht die Muße, sich weiter um die Schönheiten Italiens zu kümmern, wichtiger sind ihm die Begegnung mit den drei Rothschild-Brüdern in Verona, die Stunden mit Rossini in Venedig und sodann die Weihnachtstage im verschneiten Innsbruck. Am 5. Januar 1823 ist er zurück in Wien, und wieder kommt ein reicher Geldsegen auf ihn herab. Schon in Verona haben ihm die Engländer fünfhundert Pfund angewiesen, jetzt macht ihm der Bankier Eskeles ein Geschenk von eintausend Dukaten, die Russen lassen mit der gleichen Summe grüßen, der preußische Außenminister Graf Bernstorff legt noch ein üppiges Kongressgeschenk dazu, und bereits in den Tagen von Verona hat auch seine lukrative Expertenkorrespondenz mit dem Fürsten der Walachei wieder begonnen.

Wahrhaftig, es stünde alles zum Besten, wenn der Hofrat nicht schon wieder auf *schändliche Weise* zwölfhundert Gulden verspielt hätte und vor allem, wenn da nicht jene peinliche Auseinandersetzung mit Metternich wäre. Die allgegenwärtige Wiener Geheimpolizei hat neben seinen politischen und publizistischen Aktivitäten auch die Gentzsche Privatkorrespondenz ausgeforscht und dem Kaiser etliche Abschriften daraus, so genannte *Interzepte*, vorgelegt. Einige davon, insbesondere die an den Fürsten Ghika in Bukarest, den Nachfolger Caradjas, sind dem Monarchen anstößig erschienen und Metternich hat nun den Auftrag, diese Angelegenheit mit Gentz zu bereinigen. Das geht nicht ohne Peinlichkeit ab. Dabei muss der Untergebene vorsichtig sein, denn es handelt sich bei dem, was hier in Rede steht, um eine seiner wichtigsten Finanzquellen. (A. Fournier 1913).

Auch der Kongress von Verona im Herbst des Jahres 1822 steht im Zeichen der spanischen und italienischen Unruhen und ihrer unausweichlichen Befriedung, außerdem dräut im Hintergrund die so genannte ‚Orientalische Frage‘. Es handelt sich abermals um ein politisch-diplomatisches Riesenereignis, dessen interne Verhandlungen streng geheimgehalten werden. Wiederum scheiden sich die Geister an der Frage eines gewaltsamen Einschreitens in Spanien. England zeigt sich vollkommen interventionsunwillig, Russland hingegen muntert die Franzosen auf, den revolutionären Flächenbrand zu löschen, Österreich und Preußen würden den Konflikt am liebsten aussitzen. Letzten Endes kann sich der Kongress nicht einig werden, so dass Metternich und Gentz nurmehr eine Stratgie der repressiven Konfliktunterdrückung, bzw. der Schadensbegrenzung für möglich halten. Das erscheint dem Hofrat nicht wenig, denn eine unmittelbare Kriegsgefahr und ihre mögliche Ausweitung auf ganz Europa sind vorerst gebannt. Im Interesse der kontinentalen Friedensordnung ist es deshalb ermutigend, dass die allmähliche Konzessionsbereitschaft von Zar Alexander I. auch in der orientalischen Frage eine Deeskalation erwarten lässt. So macht die englisch-österreichische Mediation in der Orientfrage bald einen erfolgversprechenden Eindruck, zumal Metternich und Gentz alles dafür tun, dem griechischen Anliegen ein Forum für die *Narren in England, in Frankreich und Deutschland* zu verweigern. Wie eine *Seifenblase* werde das Stillschweigen des Kongresses alle Hoffnungen der Hellenisten verpuffen lassen, weiß Gentz, denn es geht um die grundlegende Ordnungs- und Friedenspolitik für Europa, nicht um irgendwelche menschenrechtlichen Blütenträume. (B. Dorn 1993).

Der gefährliche Freiheitskampf der Griechen

Im Spätherbst 1809 zählt Gentz die Griechen neben zehn weiteren Staaten noch zum künftigen, besseren Europa, zwölf Jahre später, kaum haben sie – ausgelöst durch die erfolgreiche Erhebung der Serben – im März 1821 den Aufstand gegen das Osmanische Reich begonnen, erscheinen sie ihm nur noch *ekelhaft*, die alten wie die gegenwärtigen. Denn nun ist der so genannte Philhellenismus in ganz Europa zu einer nationaleuphorischen Bewegung angewachsen, zu einem Politikum, das *der Teufel in die Welt gesetzt* hat. Die Griechen kommen als Freiheitshelden daher, was Gentz und Metternich nur mit Sorge erfüllen kann. Schon deshalb, weil es bald Versuche gibt, auch in den angrenzenden Donaufürstentümern Moldau und Walachei Aufstände zu entfesseln. Das türkische Reich darf nicht zerfallen und die Russen muss man um jeden Preis daran hindern, nach Griechenland vorzudringen – es geht um die Rettung des politischen Gleichgewichts in Gesamteuropa, wie es im Wiener Kongress so mühsam etabliert worden ist.

Über viele Jahre hin haben Metternich und Gentz versucht, die Hohe Pforte aus ihrer selbstgewählten Isolation zu locken und sie an die Seite der europäischen Mächte zu führen, allein schon um dem russischen Expansionsstreben entgegen zu arbeiten. Sogar eine Bestandsgarantie des Osmanischen Reiches in der Schlussakte des Wiener Kongresses hatten sie sich 1814/15 vorstellen können. Doch alle direkten und indirekten Freundschafts- und Bündnisbemühungen sind letztlich am Desinteresse des Sultans gescheitert. Nach dem Ende der Koalitionskriege ist nun abermals eine bedrohliche Situation entstanden: *Für Russland war der Sturz Napoleons ein reiner und unbedingter Vorteil; für den Rest Europas, besonders für die an Russland angrenzenden Staaten, wurde er zum großen Teil durch den Kräftezuwachs wettgemacht, dessen es sich auf Kosten des allgemeinen Gleichgewichts versicherte. […] Es gibt für diese Macht so gut wie keine positive Gefahr mehr*, schreibt Gentz voll Sorge. Sollten die Russen den türkischen Staat angreifen, attackierten sie zugleich Österreich: *Das Ende der türkischen Monarchie könnte die österreichische nur um kurze Zeit überleben.* Für Gentz geht es zunächst wirklich um *Leben und Tod […] unseres politischen Systems.* Das sieht der Staatskanzler ganz ähnlich.

Es gibt in diesem machtpolitisch verschränkten Europa keine Peripherie mehr, jeder abseitige Krisenherd kann zur Gefahr für das Ganze werden. Anton Prokesch von Osten versorgt die Staatskanzlei damals mit den einlässlichsten Informationen aus Konstantinopel, auch Gentz selbst betrachtet sich seit Jahren als kompetenten Anwalt der Sache des Osmanischen Reiches im Konzert der europäischen Staatengemeinschaft. (A. Prokesch von Osten 1877). Doch in Wien teilen nur wenige politisch Verantwortliche die Sorge der Hof- und Staatskanzlei, nicht einmal der Kaiser nimmt *wahren Antheil*, klagt Gentz. Und das, obwohl ein Krieg etwa zwischen dem bündnisskptischen England und dem Kontinent einen *neuen Aufstand aller revoluzionären Parteien in Europa bedeuten* würde. Was zwischen 1822 und 1830 in Südosteuropa

geschieht, von der Verkündung der Unabhängigkeit des hellenischen Volkes, über die
Errichtung eines Nationalkongresses, bis hin zum Beschluss einer provisorischen
Verfassung, lässt hingegen alle europäischen Liberalen begeisterten Anteil nehmen.
Auch dies, nicht nur die Krise selber, stürzt die Strategen in der Wiener Hof- und
Staatskanzlei immer wieder in erhebliche Schwierigkeiten. Viele todesmutige Kämpfer gegen die türkische Tyrannei werden ihr Leben für den griechischen Freiheits-
kampf noch hingeben, Deutsche, Italiener, Franzosen, Briten, Lord Byron ist nur der
berühmteste unter ihnen. Wieder geht eine fanatisierende Ideenwelle über Europas
regsamste Geister hinweg, und abermals können die Staaten nach langem Interessengehader nur gewaltsam reagieren. Parteisucht und Hass der Griechen, das Dominieren des *Nationalen über das Rationelle* wirken wie Zunder im politisch erhitzten Klima Europas. Was die einen als Freiheitsutopie feiern, bedeutet für Metternich und
Gentz ein hochrangiges Sicherheitsrisiko innerhalb des kontinentalen Staatenver-
bundes. Einem solchen Problem kann man nicht tiefsinnig genug auf den Grund
gehen.

Wie immer will Gentz sich nicht nur von politischen Opportunitätserwägungen
leiten lassen, sondern reflektiert sein Thema auch als Historiker. Dabei interessiert
ihn das eigentlich *Orientalische*, zumal im Sinne des Indien-Buches von Friedrich
Schlegel, das ihn über die Maßen beeindruckt hat. Das Gentzsche Diarium beweist,
wie intensiv und vielfältig der Hofrat der Politik- und Kulturhistorie des osmanisch-
griechischen Raumes damals nachgegangen ist. Auch hierin besitze er sein *eigenes
System*, schreibt er an Pilat. Aus der Geschichte soll sich auf keinen Fall eine geistige
Suprematie des Griechentums ergeben, die stünde nur quer zu der Einsicht in die
gegenwärtige politische Konfliktsituation Südosteuropas.

Gentz ist sich klar darüber, dass die *entarteten* Griechen, diese *Halunken* und *Stra-
ßenräuber*, auf die Unterstützung des Zaren gegen die Türken hoffen, voll Sorge
blickt er daher auf die Begegnung der beiden Kaiser von Österreich und Russland im
Oktober 1823 in Czernowitz, die der orientalischen Frage gewidmet ist: *Es gilt nicht
bloß die Existenz oder Nichtexistenz des türkischen Reiches, sondern den Bestand oder die
Auflösung des ganzen politischen Systems. Unermessliche Interessen stehen hier auf dem
Spiel.* Vorerst ist die schlimmste Gefahr gebannt, aber eine Lösung des Konflikts
immer noch nicht erkennbar. Zar Alexander verlangt die Räumung der Donaufürstentümer von den restlichen türkischen Truppen, was die Hohe Pforte auch zusagt,
dennoch schwelt der Konflikt weiter, bis zum Londoner Protokoll vom Februar 1830,
das die völkerrechtliche Anerkennung der griechischen Autonomie bringen wird.
Und selbst damit sollte man sich in Wien nicht zufrieden geben. Diesen Vertrag
könne man für einen *Anfang, nicht aber für ein Ende* ansehen, schreibt Prokesch zu
jener Zeit an Gentz, schon wenig später ist die Rede von einem politischen *Ungeheuer*, ja von einer *Missgeburth*.

Noch ist eine ganze Ära revolutionärer Aufstände und Kriege in Südosteuropa zu
überstehen, Metternich und Gentz werden immer wieder hin- und hergerissen sein
zwischen Revolutionsfurcht und Friedenshoffnung, schließlich ist auch Frankreich

immer noch kein zuverlässiger Partner in der fragilen europäischen Föderativordnung, und selbst Spanien und Italien sind nur notdürftig befriedet worden. Das
Gentzsche Tagebuch spiegelt die unendlichen Kommunikationsbemühungen, Debatten und diplomatischen Kreuz- und Querzüge in der Hofkanzlei wider. Den Hofrat, der in alle Verhandlungen, Interventionen und Mutmaßungen in Sachen Südosteuropa eingeweiht ist, gewinnt zunehmend den Eindruck, dass die bisherige politische
Ordnungstruktur Europas einer unvermeidlichen Wandlung entgegen geht. Auch
die jüngsten Revolutionen werden *nicht von selbst sterben*, und sogar der Staatskanzler
muss 1825 die *leidigste Wahrheit* einbekennen, *dass wir so allein stehen*. Denn im Dezember dieses Jahres kommt Nikolaus I. auf den Zarenthron, der im Gegensatz zu
seinem Vorgänger eine Niederlage der aufständischen Griechen keinesfalls hinnehmen will. Am 6. Juli 1827 unterzeichnen Russland, England und Frankreich in London das so genannte Tripletraktat, in dem die drei Mächte der Hohen Pforte ihre
Vermittlungsdienste im griechisch-türkischen Konflikt anbieten und zugleich einen
Waffenstillstand verlangen, den sie nötigenfalls auch erzwingen wollen. Prokesch
von Osten sieht hier eine *unnatürliche Verbindung der drei Mächte zur Unterstützung
der Revolution und zur Entwurzelung des Schlusssteines von Europa* am Werk.
   Das europäische Allianzsystem, das von 1815 bis 1823 im Großen und Ganzen
gehalten hat, scheint nun hinfällig. (A. Prokesch von Osten 1881). Besonders fatal ist
daran für Metternich und Gentz, dass Österreich diplomatisch in der Tat ausgeschaltet ist und in der Griechenlandfrage isoliert dasteht: *Der Fürst ist nicht mehr gewohnt,
in irgend einer großen Angelegenheit nicht mehr der Leiter des Ganzen zu sein, eine Art
von Zuschauer abgeben zu müssen; dies beunruhigt und drängt ihn*, notiert Gentz in
sein Tagebuch. (GS 12, 3). Verärgert ist man zumal über die unsolidarische, von der
europäischen Föderatividee wie entfernte Haltung der Engländer, die Hofkanzlei
hofft dringend auf einen Umschwung der britischen Politik. Da erreicht Wien im
August des Jahres die Nachricht vom Tod des Premierministers Canning. Doch für
die weitere Entwicklung in der orientalischen Frage bedeutet das weiterhin nichts
Positives, denn die Zeit der *unbedingten Zuversicht* unter einem Premier Castlereagh
ist vorüber. Gentz' Englandbild hat sich seit einiger Zeit immer mehr ins Kritische
gewendet, zumal auch etliche Liberale in der Verfassungsfrage mittlerweile auf Britannien verweisen. Frankreich und vor allem England sind für den Hofrat die potentiellen Gefährder aller künftigen europäischen Ordnungs- und Föderativbemühun-
gen, ein günstigeres Licht fällt zunehmend auf Russland, das sich nach manchen
liberalen Anwandlungen nun wieder einhellig auf die Seite der Bewahrer des alten
Herrschaftssystems geschlagen hat. Allerdings darf sich das Zarenreich im Südosten
Europas nicht zu weit ausdehnen, Skepsis bleibt geboten.
   Bei Navarino wird im Oktober 1827 die türkische Flotte geschlagen, danach
kämpft man noch zwei Jahre zu Lande weiter, aber das Osmanische Reich gelangt
nicht mehr in die Offensive, wodurch der Weg der Griechen in eine verfassungsmä-
ßige, republikanische Unabhängigkeit geebnet ist. Im September 1829 werden im
Friedensvertrag von Adrianopel zudem neben den griechischen die Autonomierechte

Serbiens, Moldaus und der Walachei garantiert. Die beiden Donaufürstentümer sind nun halbsouveräne Staaten, de jure bleiben sie unter türkischem Protektorat, realiter stellen sie jedoch Stützpunkte des russischen Reiches im Kaukasus dar. Tritt Russland im Südosten nun doch als ernsthafte Konkurrenz zur Habsburgermonarchie und damit als europäisches Gefahrenmoment in Erscheinung? *Was man in Beziehung auf die Türkei die orientalische Frage nennt, ist nur eine Frage zwischen Russland und dem übrigen Europa. In der Türkei gibt es keine orientalische Frage*, hat Prokesch von Osten von Anbeginn erkannt. (A. Prokesch von Osten 1877). Gentz' Einschätzung des Zarenreichs ist nicht ohne Anspannung, wie der junge Ranke in Erfahrung bringt: *Von Russland bekommt man Erlasse, wie sie schlimmer von Napoleon nicht ausgegangen sind*, soll der Hofrat im vertrauten Gespräch bemerkt haben. Doch wird sich bald zeigen, dass die neue Hegemonialmacht in Südosteuropa nicht den gesamten Kontinent vor unkalkulierbare Risiken stellen will.

Bei all den Verwicklungen der Politik bleibt der Hofrat ein gewissenhafter Mitarbeiter der Wiener Hof- und Staatskanzlei. Unentwegt liest, interpretiert und formuliert er für Metternich den amtlichen Briefwechsel, entwirft diplomatische Schriftstücke, prüft Aktuarien, kümmert sich um den komplizierten politischen Informationsfluss und schreibt Memoires und Artikel. Mit Prokesch von Osten und Baron Ottenfels, dem anderen österreichischen Vertreter in Konstantinopel, steht er in einem an politischer Aufregung reichen Briefwechsel. Erst nach dem Frieden von Adrianopel am 14. September 1829 kann Gentz das *Ende der orientalischen Tragödie* konstatieren, aber selbst dann bleiben noch viele Fragen und Befürchtungen. Dieser Vertrag sei gewiss eine *große Wohlthat*, doch keineswegs gleichbedeutend mit der endgültigen Befriedung des gesamten Kontinents, schreibt Gentz an Prokesch. Nicht einmal das Ende des Krieges im Orient verspreche für die Zukunft Europas etwas Gutes: *Die Tripel-Allianz hat ihr trauriges Ziel erreicht; die große Allianz von 1814 und 1815 ist erloschen; die Mächte stehen nun wieder alle isolirt.* Der Brief endet mit der resignativen Bemerkung: *Was Constantinopel bevorsteht, wird immer nur der Rückschlag des allgemeinen politischen Bankrottes sein, der uns alle erwartet!*

Anders freilich muss Gentz argumentieren, wenn er in die Öffentlichkeit tritt. Einerseits ist nun eine neue Epoche in Sicht, die auch für ihn persönlich zum *Guten* ausschlagen kann. Damit meint er nicht zuletzt die Fortsetzung seiner lukrativen Korrespondenzbeziehung zu Südosteuropa, andererseits hat er im ‚Österreichischen Beobachter' als offizieller Interpret der Geschichte vor das Publikum zu treten. Nach dem Ende des Krieges im Orient sei man zu der Hoffnung berechtigt, dass dies ein glücklicher Ausgang sein werde, heißt es nun im Widerspruch zu seinem insgeheimen Argwohn, denn noch stünden die *Grundpfeiler des Systems, welches mit der innern Restauration Frankreichs begann, fest; und das Gebäude kann noch manchen Plan überleben, dem seine Trümmer zur Unterlage dienen sollten.* Zugleich will Gentz aber auch das Bewusstsein dafür wach halten, wie sehr die orientalische Frage, zumal die griechische Freiheitsbewegung, die Öffentlichkeit in Deutschland und Europa immer noch aufheizt. Viele Intellektuelle bemühten sich nach wie vor, durch die *boshaf-*

testen Erfindungen, die feindseligsten Verunglimpfungen den Samen des Misstrauens, der Eifersucht, der Zwietracht unter den Machthabern auszustreuen, schreibt er, sie würden den Geist der Revolution am liebsten über den ganzen Kontinent verbreiten. Aber die *Zauberformeln von der National-Ehre und den natürlichen Grenzen* seien längst durchschaut als Versuche, den *Aufstand der einen Hälfte Europas gegen die andre ins Werk* zu setzen. Kein Wunder, dass der Wiener Hofrat bei den *Gräcomanen* in Deutschland und Europa als reinster *Obskurant und Turkophile* gilt. (G. Schlesier 1838, 1).

Weil die hellenistische Verheißung noch immer wie ein Fanal in die Herzen des europäischen Liberalismus herüberstrahlt, will Gentz sein Vaterland Österreich noch einmal als Bollwerk der *Stärke und des Vertrauens aller Freunde des Rechtes und des Guten* in Szene setzen. Zwar handelt es sich nur noch um die *drei aufs enste verbundenen Staatskörper* von Österreich, Preußen und Russland, die wie eine *imposante Masse ruhender Kräfte [dem] gesamten übrigen, von Faktionen und Unordnungen aller Art zerrissnen Europa mehr als je gewachsen* seien, aber Gentz will die Veroneser Deklaration vom Dezember 1822 als einen großen diplomatischen Erfolg erscheinen lassen. In Wahrheit tief zerstritten, haben drei Großmächte nach außen noch einmal das Signal der Solidarität und Handlungsfähigkeit Europas gegenüber den revolutionären Kräften zu demonstrieren vermocht. Denn nicht allein die konfligierenden Staatenbeziehungen als solche sind das Problem, sondern vor allem die *offenen* Revolutionen und mehr noch die *ruhigen und besonders die überlegten*. Tag für Tag gehen die untergründigen Zerstörungsarbeiten der Presse weiter, die *usurpirte Autorität der revolutionären Schriftsteller und ihr nur zu fühlbares Übergewicht in der öffentlichen Meinung* seien von eminenter Zerstörungskraft.

Haben die Karlsbader Beschlüsse gar nichts bewirkt, sind die Zeitungen jetzt nur noch verwegener und schädlicher geworden? Welches positive Hilfsmittel lässt sich all dem noch entgegenhalten? Gentz verspürt damals empfindlicher als andere, wie sehr inmitten einer abbröckelnden europäischen Herrschaftssolidarität auch die politische und moralische Zurüstung des Systems Metternich von Fragen und Zweifeln, von Verunglimpfungen und Gefährdungen angekränkelt ist. Sollte man nicht endlich von Staats wegen so etwas wie eine *Aristokratie des Geistes* ins Leben rufen? fragt er. Inmitten all der Sorgen bekommt Gentz ‚Le Globe', die Zeitung der Saint-Simonisten, zu Gesicht, mit großem Erstaunen liest er darin und es entfährt ihm aus tiefer Seele das Menetekel – *die sinnreichste Quintessenz der Hölle*.

Hausvater und Diarist

Mitte August 1824 erhält der Wiener Hofrat einen umfänglichen Brief seines nun in Stockholm tätigen Freundes Brinckmann, der ausgerechnet mit ihm über Wohl und Wehe des politischen Phänomens Gentz sprechen möchte. Die in ganz Europa nach wie vor virulente Napoleonverehrung ist sein Ausgangspunkt, Brinckmann hält sie für eine so gefährliche Erscheinung, dass er unbedingt wissen möchte, warum ein

Mann wie Gentz sich darob in Schweigen hüllt: *Ich weiß [...], dass Sie noch leben und wirken, und das Rabengeschrei der Liberalen gegen Sie ,als den eigentlichen Beichtvater der heiligen Allianz' überzeugt mich ja zugleich, dass Sie wenigstens nicht wie tausend andre, sich zu einem ,nachgebornen Bonapartismus' haben bekehren lassen. [...] Warum schweigen Sie denn? Sie, der treuste und unbesiegte Verfechter ,of the good old cause'!* Brinckmann erinnert an die große Berliner Zeit des Friedrich Gentz, als er noch *gelacht, geliebt und geschwelgt, immer um den höchsten Lorbeer gekämpft und die glücklichsten Verbindungen besessen hat.* Dann kommt er auf die Wiener Karriere des Freundes zu sprechen: *Gelang Ihnen nicht alles nach Wunsch und über Erwartung? Haben Sie denn nicht unter den Mächtigsten geglänzt, mit den Edelsten wie Metternich, gemeinschaftlich gedacht und gehandelt? nicht Früchte geerntet von allem, was Ihr Geist je säete, und sind Sie nicht gewiss, Ihren Namen der Nachwelt zu hinterlassen?*

Um den ordensbekränzten Chevalier de Gentz sei es nach Meinung vieler aufgeklärter Köpfe in Deutschland ruhig geworden, was nicht heißt, dass Zweifel an seinem politischen Einfluss gehegt würden. Aber hat sich dieser Mann nicht tatsächlich zu einer grauen Eminenz entwickelt, zum Routinier der Macht, ist er nicht zu einem Monument des Restaurationssystems erstarrt? Natürlich antwortet Gentz dem Freund bereitwillig: *Ich bin in die großen Geschäfte tief verflochten*, schreibt er, Metternich schenke ihm *seit Jahren unbedingtes Vertrauen* und viele Stunden des Tages bringe er in Beratungen mit dem Staatskanzler, oder auch für ihn lesend und schreibend zu. Im Übrigen habe er sich ein *großes Geschäft zueigen gemacht, das Studium des Türkisch-Griechischen*, das er seit einigen Jahren als historisches und politisches Phänomen untersuche. Unterdessen sei aber nicht menschenscheu geworden, sondern einfach wählerischer im Umgang, nur noch diejenigen Menschen begrüße er in seinem Haus, welche ihm behagten: *Die Masse der sogenannten société aber ist mir so zum Ekel geworden, dass ich durchaus keinen Teil daran nehme.* Gentz kann den Eindruck seines Freundes Brinckmann nicht wirklich entkräften.

In der Tat führt er trotz seiner Bemühungen um Privatheit ein ereignis- und beziehungsreiches Leben, in seinem Tagebuch, das er seit dem Sommer 1825 einer Revision zu unterziehen beginnt, hat er manches darüber preisgegeben. Seine diversen Körper- und Seelenleiden, seine Ängste und Melancholien, seine nervöse Wetterfühligkeit und astrologischen Anwandlungen werden knapp benannt, wichtiger jedoch sind ihm seine geselligen Umtriebe und politischen Anstrengungen in turbulenter Zeit. Aber auch hier hat sich der Tagebuchschreiber eine unverkennbare Mäßigung auferlegt, offenbar ist manches, was ihn in ein schiefes Licht hätte rücken können, aus der Fülle der ursprünglichen Eintragungen zugunsten allgemeiner Mitteilungen herausgenommen worden, die Rede ist von *mehreren abgesonderten politischen Journalen*. Ende 1831 geht Gentz abermals an die *Revision, Anordnung und Vertilgung meiner ältern Papiere.* Besonders die Tagebücher seit den zwanziger Jahren würden demnach *leerer und einfacher* erscheinen, hebt er hervor. Erstaunlicherweise wird diese Revision der hofrätlichen Aufzeichnungen sogar im Metternich-Kreis wahrgenommen. Gentz wolle vermeiden, dass man *auf seinem Namen auch nur einen Flecken finden* könne, schreibt Melanie von Metternich in ihr Tagebuch, und auch ihr Mann glaubt, der Hofrat vernichte *alle kompromittierenden Briefe bezüglich einiger Spekulationsgeschäfte, denen er leider große Ausdehnung gab.* (GS 12, 1/A. Fournier/A. Winkler 1920).

Insgesamt scheint es, als wolle Gentz sein Diarium dadurch als überlieferungswürdiges Dokument bewahren, dass er es zu knapper Sachlichkeit verhält. Dennoch erfährt der Leser hier manches Interessante über das Alltags- und Arbeitsleben des Wiener Hofrats. Gelegentlich besucht er Madame Spengler, eine seiner außerehelichen Töchter und ihre Mutter, deren Name unbekannt bleibt. Sodann ist einmal von Madame Deny, einer Schauspielerin aus Pest, die Rede, welche *die Ehre hat, meine Tochter zu sein.* Über Jahre hin steht er aber auch mit Madame Swoboda, seiner ehemaligen Haushälterin, in enger Verbindung, sie hat ihm den Sohn Franz geboren, genannt Peppy, den er zeitlebens gut versorgt. Und selbst um seinen Diener Leopold und dessen Familie, um seinen Kutscher, seinen Koch und seinen Jäger, um das *gesamte Hausklientel* kümmert er sich großzügig, vor allem sorgt er für das *Wohl der Kinder, die ich kaum mehr lieben könnte, wenn sie mir selbst angehörten.* Diese und andere Beziehungen außerhalb seines Anwesens kosten ihn oft maßlos viel Geld.

Nicht weniger kostspielig ist sein Vergnügen an der erlesenen Präsentation von Haus und Garten, nicht zu vergessen das prachtvolle Pferdegespann vor der Villa. Deshalb geht es in diesem Tagebuch auch immer wieder um Schulden und um die Auseinandersetzung wegen beträchtlicher Verbindlichkeiten. Über die Jahre hin ist von Liebeleien mit reizvollen Damen die Rede, nicht selten aus dem *tiers-état* des Theatermilieus, mal heißen sie Suzette, Toni, Antoinette, Nannette, oder auch nur eine *hübsche Bäuerin,* später Nandine, Mademoiselle Belleville, Madame Claus, Henriette oder schließlich *zwei schöne Mädchen namens Fanny.* Die erotischen Vergnügungen kommen bei Gentz nie zu kurz. Ende November 1829 wird er schließlich die Liebe seiner späten Tage kennen lernen, Fanny Elßler, eine ebenso junge wie schöne Tänzerin am Kärntner-Thor-Theater. Diese *phantastische Geliebte* sollte ihn bezaubern und verjüngen, für eine kurze Zeit, das Tagebuch wird in geziemender Form über dieses erotische Glück berichten: *Mein jetziges Leben zu schildern, habe ich nicht den Mut; diese Blätter sprechen von selbst.* Aber Ruhe wird letzten Endes auch Fanny nicht in das hofrätliche Leben bringen.

Zwischen seiner Wiener Stadtwohnung, der Landvilla in Weinhaus und der Staatskanzlei zieht es den Hofrat, so gut es in seinen Körperkräften steht, kreuz und quer durch die Hauptstadt, Diners, Soirees, diplomatische Gesellschaften, gelegentliche Bälle, Theater- oder Opernbesuche, Kartenspielabende und Gesprächsrunden wechseln einander nahezu pausenlos ab. Viele Abende gehören nun aber der reizvollen Freundin: *Was für ein Leben ich führe!* Anderseits macht Gentz auch immer wieder kaum durchsichtige (Finanz-)Geschäfte, nicht nur mit den Rothschilds, und nach wie vor erhält er stattliche Geldanweisungen und Geschenke von Fürsten und Staatsmännern. Fortwährend ist im Diarium deshalb von Begegnungen mit hochmögenden Personen die Rede, Gentz kennt die gesamte aristokratische, die politische, diplomatische und wirtschaftliche Elite Österreichs und Europas und vice versa. Zu seinen regelmäßigen intellektuellen Gästen und Gesprächspartnern der letzten Jahre gehören Adam Müller, Joseph von Pilat, Friedrich Schlegel, gelegentlich der junge Leopold von Ranke und vor allem Anton Prokesch von Osten. In der Kaiserstadt findet der Hofrat die große Welt auf kleinstem Raum, an Kommunikationen mangelt es nie, pausenlos treffen neben den Zeitungsnachrichten, Amtsdepeschen und mündlichen Reports aus Europas Krisenherden zahllose Gerüchte und Mutmaßungen ein.

Klepperstall und Diplomatie

Das Leben des Hofrats hat sich im Laufe der 1820er Jahre tatsächlich stark verändert. Er versucht trotz aller beruflichen Belastungen und gesellschaftlichen Bindungen, dieser *immerwährenden Zeit-Versplitterung*, so etwas wie ein häusliches Dasein zu pflegen, und doch ist er nach wie vor politisch und intellektuell höchst präsent. Er liest viel und intensiv, hat Grillparzers Drama ‚König Ottokars Glück und Ende‘ unter seine *Censur-Fuchtel* zu nehmen, diese schrundige Napoleon-Parabel, die ihm arg missfällt, und er genießt mit großem Vergnügen Lord Byron und Walter Scott und vieles andere an europäischer und deutscher Literatur. Aber wirkliche Geruhsamkeit gewinnt sein Leben selten.

Am 20. April 1825 muss der Hofrat mit großem Bedauern die Heimatstadt Wien noch einmal verlassen, es steht ihm eine Reise nach Mailand bevor, wo er am Ende einer abermaligen Fahrt durch das schöne Tirol und die *hässliche* Vegetation Italiens am 5. Mai eintrifft. Das gesamte diplomatische Korps ist dort bereits versammelt, einige Tage später zieht auch Kaiser Franz mit seiner vierten Gemahlin feierlich in die Stadt ein. Wieder ist es ein Treffen der Staatsgewaltigen, wieder gibt es etliche Soiréen, Bälle und Festivitäten zu Ehren des Kaisers, in der Arena und in der ‚Scala‘, aber Gentz nimmt sie nicht wahr, diese ‚große‘ Welt ist ihm jetzt tatsächlich zuwider. Vielmehr zieht es ihn gemeinsam mit seinem Schreiber namens Schweitzer auf eine Exkursion in die amönen Gefilde des Lago Maggiore. Und schon gegen Ende des Monats kehrt er nach Wien zurück, denn es ist um seine Gesundheit nach wie vor nicht gut bestellt, die körperlichen Beschwerden sind arg. Am 1. September wird eine erneute Badereise nach Gastein nötig.

Auf der Rückfahrt von dort findet er zwei Briefe von Goethe vor. Der Weimarische Minister erbittet die Unterstützung des Wiener Hofrats bei der Beschaffung eines kaiserlichen Privilegs für die Gesamtausgabe seiner Werke. Wie sonst wäre die Goethesche Hinterlassenschaft vor dem Wildwuchs des illegalen Nachdrucks zu schützen? In großer wechselseitiger Ehrerbietung vollzieht sich dieser Briefwechsel, man weiß beiderseits genau, mit wem man es zu tun hat, und schon bald kann Goethe vermelden, er habe den *verehrlichsten Erlass von Ihro des Herrn Fürsten von Metternich Durchlaucht zu erhalten das Glück gehabt.* Beide versäumen es nicht, sich ihrer Tage in Karlsbad zu erinnern, wo sie *gern und in hochgebildeter Gesellschaft über die*

Angelegenheiten des Herzens und Geistes gesprochen haben. Gentz hat sich über das Ersuchen Goethes und die darin zum Ausdruck kommende Ehrenbezeugung gefreut, dieses Ereignis gehört zu den *erquicklichen* in jenen Monaten.

Mitte Dezember erfährt man vom Tod Zar Alexanders, kurz darauf macht der Dekabristenaufstand von sich reden, den Kaiser Nikolaus I. blutig niederschlägt. Anfang März 1826 erkrankt Kaiser Franz lebensgefährlich, was Gentz damals sehr erschüttert, aber der Monarch kann zum Glück innerhalb kurzer Zeit wieder genesen. Gentz arbeitet in diesen Monaten an einem biographischen Aufsatz über das Haus Rothschild, was ihm reichlich vergolten wird. Weniger erfreulich ist am 2. Mai der geharnischte Mahnbrief des ebenso renommierten wie begüterten Fürsten Esterhazy, der fast in die Katastrophe geführt hätte, aber Schuldner und Gläubiger können sich am Ende auf noble Weise einig werden. Das sind Turbulenzen eines Alltags, den Gentz nur mit zunehmender Mühe bewältigen kann, seine Gichterkrankung bereitet ihm oft so große Schmerzen, dass Ende August eine nochmalige Badereise nach Gastein notwendig wird. Dieses Mal bricht der Hausvater wieder mit großem Gefolge in den Kurort auf, elf Personen machen sich in drei Wagen auf den Weg, darunter sein zwanzigjähriger Sohn Peppy Swoboda.

Kleine und große, angenehme und beängstigende Ereignisse lösen einander in den folgenden Monaten nur so ab. Einerseits bemüht sich Gentz immer mehr um ein Privat- und Familienleben und meidet die Vergnügungswelt der Noblen, andererseits lässt ihn die große Politik keineswegs los. Erfreulich ist, dass der Hofrat den brasilianischen Orden vom Südlichen Kreuz verliehen bekommt, dass sein Freund Adam Müller in Wien als Hofrat im außerordentlichen Dienst angestellt wird, dass er selbst in seiner Villa in Weinhaus ein üppiges Fest mit allen Bediensteten und Getreuen zelebrieren kann, und dass Metternich ihn und einen Teil seiner Familie für mehrere Tage auf das böhmische Schloss Königswart einlädt. Doch die Weltpolitik und seine Krankheiten bereiten ihm nach wie vor große Sorgen. Zu den Gichtschüben haben sich schwere Brustkrämpfe gesellt, die ihm das Leben manchmal unerträglich machen. Dazu kommt die Nachricht vom Tod seines Bruders Ludwig und die Enttäuschung darüber, dass er keine Möglichkeit findet, seine beiden Schwestern in Teplitz wieder zu sehen.

Die Schicksalsschläge werden immer bedrohlicher, offenbar sieht man dem Hofrat das Leiden an: *Gentz scheint mir nach Ihren Äußerungen sehr herab zu sein!* schreibt Rahel an Pauline Wiesel im Juni 1826. Die Fama vom alt gewordenen Staatsmann spitzt sich in diesen Jahren zu, der junge Historiker Leopold von Ranke, den Gentz im September 1827 kennen lernt, wird sie später so umschreiben: *Der Hofrat Gentz leitete noch, wie man damals wohl sagte, vom Klepperstalle aus die Politik von Österreich und von Europa.* Doch hat Ranke in jenem Herbst einen liebenswürdigen Wiener Rat kennen gelernt, der dem jungen Historiker die Archive der Monarchie bereitwillig öffnen lässt.

Gentz reagiert auf die politischen Dilemmata seiner Zeit in der Tat mit zunehmenden psychosomatischen Leiden. Aber auch noch andere Kalamitäten machen ihm zu schaffen. So der abermals drohende Geldmangel, mit dem er nicht nur die Rothschilds und weitere Bankiers behelligen muss, sondern auch Metternich, den er bittet, wegen des Versiegens seiner Finanzquellen beim Kaiser um eine Kompensation einzukommen, was der Staatskanzler auch verspricht. Und dann sind da noch die verwickelten Liebesdienste für Metternich selbst, der eine schöne junge Frau aus bescheidenen Verhältnissen heiraten möchte und Schützenhilfe benötigt gegenüber den Schmähungen seitens der Wiener Aristokratie. Die beiden wissen, wovon sie reden.

All dies erfordert große Nervenstärke, aber mehr noch wird dann wieder die Politik zum Problem. Nach dem Kriegsausbruch im Südosten Europas, der die politische Dominanz Russlands in Aussicht stellt, schreibt Gentz an Adam Müller: *Im heutigen Beobachter finden Sie das russische Manifest. Ich war lang genug darauf vorbereitet, und dennoch erregte es mir gestern ein sonderbares Gefühl, das, was durch Monate und Jahre wie ein Schreckbild vor mir schwebte, nun in die Wirklichkeit eingeführt zu sehen. Mit diesem Tage fängt ein neuer, vermutlich der letzte Abschnitt meines Lebens an, und finsterer als die Aussicht in die Zukunft kann das Grab kaum sein.*

In dieser belastenden Situation ist die alte Freundin Rahel Levin Varnhagen wiederum seine engste Vertraute. Ihr gegenüber öffnet er sich nicht selten bereitwilliger als es seiner beruflichen Verantwortung Recht sein kann. Das Leben habe für ihn allen Reiz verloren, schreibt er, aber Sterben sei auch nicht in seinem Sinne. Die Dinge des Daseins habe er niemals klarer gesehen als jetzt, und doch *ist alles leer, matt und abgespannt um mich her und in mir.* Wie immer sei er nur an die Gegenwart *gebannt*, die Vergangenheit verschwimme vor seinen Augen wie etwas nicht zu ihm Gehöriges, und die Zukunft gemahne nur ans Sterben. Die Schriftstellerei und alles, was er im Leben geleistet hat, liegt nun in *verwischter Erinnerung hinter ihm.* Vielleicht hätte er einst den Illusionen der politischen Karriere entsagen sollen, vielleicht wäre es auch besser, die unvollkommenen intellektuellen Anstrengungen von ehedem zu vergessen. Trotz allem aber habe dieses Leben zu etwas *Eigenem und Bewahrenswertem* geführt, fällt Gentz sich selber ins Wort. So würde er niemals wieder ins nördliche Deutschland zurückkehren: *Berlin erscheint mir wie in dem düstern Lichte eines Panoramas.* Nicht nur sei Österreich seine Heimat geworden, Gentz verspürt nun so intensiv wie nie den *Zauber des Gegenwärtigen, die Lust an den Schönheiten und an der Mitmenschlichkeit* in diesem fragilen Dasein. Und das findet in der österreichischen Monarchie statt. Bei aller Betrübnis über die Vergänglichkeit des Lebens sei der *Geist, der in ihm altert, verwunderungswürdig jung geblieben,* schreibt er. (G. Schlesier 1838, 1).

Was für Rahel gilt, lässt sich verallgemeinern, es sind bezeichnenderweise Frauen, denen er einmal leidenschaftlich zugetan war, die ihm die Zunge lockern für außerordentliche Bekenntnisse. Als Amalie von Helvig, geborene von Imhof, die Geliebte aus Weimarer Tagen, einen herzlichen Brief an ihn schreibt und von dem *Griechenverächter* eine Art politisches Glaubensbekenntnis erbittet, lässt sich Gentz auch darauf ein. Lange sei er in Wien ein bloßer *Volontär* gewesen, obgleich er schon seit 1805 die einschlägigen Manifeste gegen Napoleon formuliert habe, doch erst 1812 habe

Metternich ihn in europäischer Verantwortung zu den großen Monarchen- und Minister-Kongressen von Wien bis Verona berufen. Gentz spricht von den *ewigen Übergängen in der Weltgeschichte vom Alten zum Neuen und von der notwendigen Verteidigung des Herkommens gegenüber dem Wahnwitz aller Umstürzler.* Als einen Soldaten im Kampf für die Zukunftsfähigkeit des Überkommenen sieht er sich, abhold jedem falschen Idealismus und begabt mit dem klaren Bewusstsein der historischen Dialektik des Politischen: *Ich war mir stets bewusst, dass der Zeitgeist zuletzt mächtiger bleiben würde als wir, dass die Presse ihr furchtbares Übergewicht über alle unsere Weisheit nicht verlieren würde, und dass die Kunst, so wenig die Gewalt dem Welttrade nicht in die Speichen zu fallen vermag.*

Gerade deshalb habe er immer treu zur Fahne der Staatsklugheit gestanden und sich von den Phantasmen des politischen Tageskampfes nicht irritieren lassen, schon gar nicht von jener Griechenidee, die im deutschen Klassizismus so poesievoll verklärt worden sei: *Ich, in die Sorgen und Schrecken einer traurigen Realität gebannt, sah in der griechischen Sache nichts als eine Episode in den furchtbaren politischen Verwicklungen des Zeitalters; das Schicksal eines uns so fremd gewordenen Volkes hatte für mich kaum das Gewicht eines Sandkornes auf der Waagschale, in welcher die alte und die neue Weltordnung lag; und die von mir längst vorausgesehene Zerrüttung, die dieses unselige Ereignis in alle europäischen Staatsverhältnisse warf, lag mir ohne Vergleich näher als die selbstverschuldete Not der entarteten Namensgenossen von Pindar und Epaminondas.* Nein, den nachdenklichen Wiener Hofrat treiben andere Sorgen um, als den Kopfgeburten eines frühgeschichtlich illuminierten Aufklärungsoptimismus zu huldigen, er muss vielmehr damit fertig werden, der Vertraute eines Ministers zu sein, dem die *liberale Partei in allen Ländern tödlichen Hass geschworen* hat. Wie oft ist ihm dies schon entfahren, es geht um nüchtern kalkuliertes Regierungshandeln und nicht um die moralische Erwärmung an schönen Denkbildern. Deshalb habe er *Ultrapraktiker* werden und die Politik mit *grimmigem Ernst* betrachten müssen. Gentz ist bewusst, dass sich ein solches Ethos gegen den Zeitlauf richtet, umso rigoroser will er sich seiner würdig erweisen. (G. Schlesier 1840, 5).

Doch das ist schwierig genug bei einem Lebenszuschnitt, der dem eines Grandseigneurs zu entsprechen hat. Anders gesagt, Gentz steckt auch in seinen späten Jahren in tiefen Schulden, das Einkommen reicht nicht hin, um die Lebens- und Repräsentationskosten des herrschaftlichen Hausstandes zu decken. Und doch wird der Wiener Hofrat nicht wirklich von seinem Glücksstern verlassen. Im November 1828 fließt wieder Geld aus Südosteuropa, auch das Haus Rothschild erweist sich noch einmal als großzügig, und am zweiten Weihnachtstag überreicht ihm Metternich ein kaiserliches Präsent von viertausendfünfhundert Gulden. Knapp ein Jahr später fließen aus England wieder Geldmittel, und sogar der preußische König gewährt ihm eine seit längerem erbetene Finanzhilfe. Der zur Begutachtung aufgeforderte preußische Außenminister Bernstorff soll seinem Schreiben an Friedrich Wilhelm III. die Bemerkung hinzugefügt haben: *Der Herr von Gentz ist ein sehr vornehmer, vielfach verwöhnter und bedürfnisreicher Bettler.* Es kommen in diesen beiden Jahren also beträchtliche Summen ins Haus, doch sie reichen immer nur wochen- oder monatswei-se, von Gentz' pekuniärem Wohl und Wehe hängen am Ende zu viele Menschen ab.

Aber die Geldsorgen sind nur das eine Problem, das Jahr 1829 wird nun zu einer Zeit des Abschieds und der Trauer. Es stirbt die junge Antoinette von Metternich im Wochenbett, es stirbt auf einer Vortragsreise in Dresden der Freund Friedrich Schle-gel, und es geht wenig später der Herzensvertraute Adam Müller dahin. Gentz ist über die Maßen erschüttert von so viel Ungemach, jetzt tritt bei ihm ein *beängstigen-der Gedankenstillstand ein, der jedoch bald wieder abgelöst wird durch einen sonderbar contrastierenden Gemütszustand [...], das Gefühl, aus einem großen Schiffbruch mit heiler Haut entkommen zu sein, war wohl der Hauptgrund dieser Erscheinung.* Auch die alte Neigung des Hofrats zu Krankheits- und Todesahnungen meldet sich in diesen Tagen vehement zurück. Und dennoch kümmert er sich intensiv um die Hinterblie-benen, für Dorothea Schlegel wird mit Hilfe Metternichs eine Witwenrente ausbe-dungen, und auch Adam Müllers Familie darf des Gentzschen Wohlwollens sicher sein. Mit Überzeugung sorgt der Fünfundsechzigjährige für das Wohl anderer, doch ihm liegt in dieser leidvollen Zeit auch an seiner eigenen Seelengesundheit. Und die scheint sich um 1830 überraschend gut auszunehmen.

Fanny – eine unverhoffte Liebe

Nun beginnen ihn abermals die Wiener Aktricen zu interessieren, das Theater und die Opernbühne werden neben der Lektüre Goethes, Byrons und Heines zu seinem Hauptvergnügen, manche erotische Begegnung überrascht und beflügelt ihn aufs Neue. Mit der reizvollen Fürstin Louise von Schönburg entwickelt sich eine kurze, turbulente Liebesbeziehung, er lernt auf Schloss Königswart im Kreise Metternichs und sodann in Marienbad die aparte Frau des preußischen Gesandten in Wien Hel-mut Freiherr von Maltzahn näher kennen, er huldigt der Damenwelt auf dem Mas-kenball bei Lady und Lord Cowley, dem englischen Vertreter in Wien, er lädt die schönsten Frauen zu Diners in seine Villa nach Weinhaus, und er verguckt sich heftig in die Aktrice Nandine Károly und die berühmte Burg-Schauspielerin Auguste Cre-linger, die ihn als ‚Iphigenie' und als ‚Phädra' fasziniert hat. Wie ein *Jüngling* beginnt sich der Fünfundsechzigjährige auf einmal wieder zu fühlen, alle Welt, schreibt er, bestätige ihm diese unverkennbare Verjüngung, nun ist er noch einmal voller Lei-denschaft, kommt sich leicht und heiter und erfrischt vor wie lange nicht: *Diese Epo-che ist eine der seltsamsten meines Lebens. Wohin sie führen wird, weiß ich nicht, mag nicht danach fragen, vergesse lieber Ostern und Pfingsten und schwimme – schwimme – so weit mich der Nachen trägt.* Gentz ahnt nicht, dass seine letzten Jahre im Zeichen einer tief beglückenden Liebesbeziehung stehen werden.

Es lebe der Leichtsinn! schreibt er an seinen Freund Anton Prokesch von Osten, denn sein einzigartiger Gemütszustand, diese Lust zu leben, die Frauen, die Literatur und die Künste zu genießen, hält länger an als erwartet. Ja, es sollte sich seit dem

25. November 1829 sogar noch eine Steigerung der neuen Vitalität, dieser schönen Lebensinbrunst einstellen, von deren Niederschlag im Gentzschen Tagebuch schon die Rede war. Denn am Abend jenes Tages sieht der Hofrat im Kärntner-Thor-Theater das Ballett ‚Die Fee und der Ritter‘ und darin zum ersten Mal die neunzehnjährige Tänzerin Fanny Elßler. Rossinis Musik und die Grazie der jungen Frau reißen ihn vollkommen hin, schon wenige Tage später erlebt er sie noch einmal in dem Tanzstück ‚Der Berggeist‘. Kunstbegeisterung und anschwellende Verliebtheit treiben sich von nun an wechselseitig in die Höhe, Gentz nimmt Anteil an allem, was Fanny betrifft. Schon am 1. Dezember reagiert er publizistisch auf einen empörenden Artikel über ihre Tanzkunst und wird bei ihrem Chef, dem Pächter des Theaters Wenzel Robert Graf Gallenberg, vorstellig. Nun beginnt zielgenau die persönliche Annäherung an die bewunderte junge Dame. Gentz lässt ihr Blumen übermitteln, macht ihr ein Neujahrsgeschenk und am 4. Januar kommt es zu einer ersten persönlichen Begegnung. Das Tagebuch hält den Eindruck von einer schönen jungen Frau fest, die *mich auf dem Theater so oft bezaubert hatte, in der Nähe aber den Eindruck eines gewöhnlichen hübschen Bürgermädchens macht, so dass der ganze theatralische Zauber gelöset war.*

Wie auch immer, Fannys natürlicher Liebreiz wird in der Seele des Friedrich Gentz eine ungeahnte Leidenschaft auslösen. Wieder und wieder besucht er ihre Vorstellungen, bald werden die Begegnungen im kleineren Kreis, dann auch mit ihr allein häufiger. Liebestrunken besorgt sich der Hofrat bei Salomon Rothschild einen Kredit über einhundert Gulden und macht Fanny ein beglückendes Geschenk. Dabei wird es nicht bleiben, in verschiedenen Boutiquen Wiens sieht man den Hofrat bald Präsente für seine angehende Geliebte einkaufen, *diese blühende Gestalt des feinsten Baues, fürwahr,* wie sein Freund Prokesch von Osten bestätigt. Gentz' Leidenschaft scheint immer grenzenloser zu werden, ebenso wie sein Finanzbedarf, der drohende Ruin wird nun erst recht zur Beschwernis seiner späten Tage.

Dabei stehen ihm immer noch großzügige Freunde und Gönner zur Seite und die Summen, die in unregelmäßigen Abständen einkommen, sind beträchtlich. Mit Rothschild, dem er als gut *besoldeter förmlicher Agent* zu Diensten ist, kann er über ein Sanierungsprojekt für seine gesamte Finanzsituation verhandeln, wodurch ihm bald dreitausend Gulden zufließen. Er bittet abermals seine preußischen Gewährsleute um Hilfe, ersucht Kaiser Franz um eine weitere Gehaltserhöhung, die ihm auch gewährt und durch eine außerordentliche Zulage von sechstausend Gulden angereichert wird, wobei man ihm sogar die Rückzahlung eines Vorschusses von viertausend Gulden erlässt. Sodann erhält er von dem Bankier Sina einen Kredit von dreitausend Gulden, und auch Salomon Rothschild verzichtet ein weiteres Mal auf ein Debit in gleicher Höhe. Man behandelt den Hofrat großzügig und doch reichen die vielen Gelder immer nur für den *morgenden Tag.*

Gentz hätte sein Schuldendesaster womöglich kaum ertragen, wäre ihm nicht diese *phantastische Geliebte* begegnet, hätte er sich nicht zu jener *unschuldigen Tollheit hinreißen lassen, von der ich mir kaum selbst Rechenschaft zu geben weiß.* Es dauert nicht lange und sein Tagebuch gibt Hinweise darauf preis, dass die erotischen Freuden des ungleichen Paares raschen Fortschritt machen, vom höchsten Genuss und vom Schwelgen in ihren Reizen ist unumwunden die Rede, allein durch die *Zauberkraft seiner Liebe* habe er diese Frau für sich gewonnen. Doch liest man ab und zu auch Einträge, die Ängstlichkeit vor so großem Glück offenbaren: *Der Zustand meines Gemütes ist zu unnatürlich, als dass er von Dauer sein könnte; und das Glück, dessen ich genieße, hat zu sehr einen convulsivischen Charakter, als dass es nicht mit schmerzhaften Nachwehen endigen sollte.* Manchmal ist Gentz voller Skepsis, dann zeigt er sich wieder ganz berauscht von Fanny Elßler, mit der er unvermutet das *glücklichste Recontre* hat. Prokesch wird zum engsten Freund des Paares, man verbringt viel Zeit miteinander, es entstehen huldvolle Stehgreifverse auf Fanny für Gentz. Der Hofrat tut alles für seine junge schöne Freundin, er hilft beim finanziellen Überleben ihres Theaters, er lässt sie und sich selber für eine stattliche Summe porträtieren, er sorgt für sie am Krankenbett und lädt ihre Familie zum Diner nach Weinhaus ein, er berät und unterrichtet Fanny, ja er verscherbelt zu ihren Gunsten sogar sein silbernes Tafelgeschirr. (A. Prokesch von Osten 1907/A. Fournier/A. Winkler 1920).

Gentz' Briefwechsel mit Rahel Levin Varnhagen ist in jener Zeit erfüllt von diesem Erlebnis. Der alten Freundin gegenüber offenbart er seine Seele wieder einmal ganz, seine *Freuden und Gelüste, seine Bangnis, Verwirrtheit und Scham.* Rahel verspricht ihm jede Unterstützung, als Fanny nach Berlin kommen will und sie hält ihr Wort. Geradezu entzückt wird sie sein von der jungen schönen Künstlerin: *eine Siegesgöttin, eine Amazone, eine Minerva, Muse, Königskind.* Es scheint wirklich eine Art von Wunder, was Friedrich und Fanny widerfährt, vielleicht ist es aber auch nur eine partielle *Verrücktheit*, die jedem Menschen jederzeit unterlaufen kann: *Wie, wenn die Philosophen und Theologen nicht zuweilen wahnsinnig, die Künstler keine Narren, die Helden nicht Tollköpfe und die Masse des Volkes nicht blödsinnig wäre, wo nähmen wir Weltgeschichte her? Wie, wenn alles vernünftig wäre! Gott bewahre uns!* Nein, mit bloßer Vernunft hat das alles nicht viel zu tun, es ist eine Erhebung des Gemüts, die einer *Andacht* gleicht, es ist Glück, wie es im Moment größer nicht sein kann.

Gentz betrübt es wenig, dass die hohe Gesellschaft Wiens von ihm, ihrem einstigen Liebling, abzurücken beginnt, während die Liaison als Skandalnachricht bis in französische Zeitungen vordringt, und der Kaiser Höhnisches über seinen Hofrat geäußert haben soll. Im Oktober 1830 kommt es mehrfach zur *ernsthaften Explication* mit dem Fürsten und Melanie, seiner Gattin. Nicht ohne Grund meidet Gentz fortan die Feste und Vergnügungen des Adels noch konsequenter, reichliche Entschädigung bieten ihm die Abende mit Fanny sowie die Freundschaft zu Prokesch und zum Herzog von Reichenbach, Napoleons einzigem Sohn: *So viel Ruhe in mir, mitten in der furchtbaren politischen Bewegung, ist allerdings ein höchst sonderbares Phänomen.*

Gentz und Fanny, zwischen ihnen hat sich eine kurze, aber tief empfundene Liebesbeziehung entwickelt, was immer der öffentliche Klatsch darüber ausgießen mag. Noch viele Jahre später, im August 1845, wird Varnhagen die folgende Bemerkung über Fanny Elßler zu Papier bringen: *Ihre Neigung für Gentz war aufrichtig und schön, sie hegt sein Andenken noch stets mit treuer Zärtlichkeit. Seine Briefe und einige Tagebücher, die sie von ihm hat, bewahrt sie wie einen Schatz. Oft schon hat man ihr diesen zu entlocken gesucht, der Fürsten von Metternich ihr große Summen dafür bieten lassen.* (G. Schlesier 1838, 1/F. Kemp 1967/R. Levin Varnhagen 2011/P.R. Sweet 1970).

Gentz befindet sich nach wie vor im Dienst Metternichs, auch wenn er abseits der großen Gesellschaft vielfach amourös engagiert ist, sich der Lektüre Justinus Kerners, Foscolos, Merimées, Hugos, Klopstocks, Goethes und eines gewissen Grabbe hingibt, oder immer wieder die neuesten Theater-, Opern- und Tanzaufführungen genießt. Viel zu tun hat er schon seit einiger Zeit mit der Redaktion des Memoirenwerks von Metternich, dessen ‚Denkwürdigkeiten‘, insbesondere dem Napoleon-Essay, noch heute die Stilprägung der Gentzschen Feder abzulesen ist: *wenn wir beide einst in der anderen Welt erfahren, dass in meinem Werke das Bild Napoleons das gelungenste ist, so werde ich Sie als den Verfasser proklamieren*, schreibt der Kanzler seinem Mitarbeiter. Morgens bearbeitet der Hofrat die Korrespondenz mit Konstantinopel, am Spätnachmittag wandelt er auf Freiersfüßen und kauft Preziosen für Fanny ein. Doch längere Ruhephasen sind ihm selten vergönnt.

Bald treffen beängstigende Nachrichten aus Belgien ein, und Ende Juli kommen auch aus Paris unheilschwangere Neuigkeiten, der ‚Moniteur‘ kündet zuerst davon, die revolutionären Beben in Europa wollen demnach kein Ende nehmen. Und dann sind da noch die diplomatischen Reisen des Staatskanzlers, die für Gentz nach wie vor zu den Verbindlichkeiten gehören. Mitte Juli 1830 muss er seinen Chef nach Böhmen begleiten, zum ersten Mal gilt es Abschied von Fanny zu nehmen, nie ist Gentz weniger zu einer Dienstfahrt aufgelegt gewesen als in diesen Tagen. Doch die Fülle zärtlicher Briefe, die das Paar nun auszutauschen beginnt, kann den Hofrat immer wieder entschädigen, die liebevollen Bekenntnisse dieser Autorin wecken in ihm alle Lebensgeister. Verfällt Gentz nun einem fatalen *Romantismus*, wie Metternich bald behaupten wird?

Gentz' Sehnsucht nach Fanny und seine Empfänglichkeit für ihre schöne Naivität erscheinen dem nüchternen Staatskanzler geradezu gefährlich. In einem Brief an Fanny berichtet der Hofrat von einem Souper in Gegenwart Metternichs und verschiedener Damen der Gesellschaft, während dessen der Fürst ihn damit zu necken versucht habe, dass er bedauerlicherweise keine Frau geworden sei: *Er zählte nun alle die Eigenschaften auf, die mich, wie er sagte, zu einer Frau bestimmt hätten, nämlich – mein reizbares Nervensystem – meine empfindliche Haut – mein weiches Gemüt – meine sanfte Stimme – und meine unbegrenzte Koketterie! Du kannst Dir denken, dass ich mich unter vielem Spaß und Gelächter, meiner Haut wehrte, so gut ich konnte.* Zu solchen Neckereien kommt es keineswegs zufällig, vielmehr zeugen sie von einer tiefsitzenden Symptomatik. Denn mittlerweile haben sich die persönlichen und politischen Beziehungen zwischen Metternich und Gentz substanziell verändert, ihre wechselseitige Reizbarkeit ist größer geworden, die Konsensfelder ihrer Überzeugungen und ihre Verständigungsmöglichkeiten schwinden zusehends. So muss man wohl auch des Staatskanzlers Invektive bewerten, Gentz' gesamtes Wesen bestehe in *Leidenschaft*, ohne die er wie ein *schlafender Gelehrter* erscheine. Die emotionale Intelligenz des Hofrats, aber vor allem seine zweifelnde Offenheit gegenüber den jüngsten liberalen Provokationen sind es, die den Chef der österreichischen Hof- und Staatskanzlei zunehmend irritieren. Und wo der politische Konsens von einst zu bröckeln beginnt, wird es leicht auch persönlich, der Hofrat gerät zunehmend als Individuum in den Blick des Staatskanzlers.

Während Metternich gegenüber Prokesch behauptet, Fanny betrüge den alten Gentz, und er diese Beziehung für eine flüchtige Liaison halten möchte, fühlt sich der Hofrat in einem einzigartigen Liebesverhältnis geborgen – auch wenn er *nie den törichten Anspruch erheben will, dass sie sich in mich verlieben könnte.* Wie froh ist er, wenn hochgestellte Damen und Herren Wiens freundlich über Fanny und ihn sprechen, nur zu gern möchte er deren gelegentlich bezeugte Billigung für bare Münze nehmen: *Meine Liaison ist so allgemein bekannt und anerkannt, und wird von denen, die mir wohlwollen und an deren Urteil mir allein gelegen ist, so wenig gemissbilligt, dass mir es niemand verdenken wird, wenn ich den Umgang mit ihr jedem andern vorziehe. Leben, und mit ihr leben, ist forthin nur eins für mich.* Der zunehmend isoliert lebende Sechsundsechzigjährige denkt nun sogar daran, seine Freundin zu heiraten, er möchte ihr das illegitime Verhältnis nicht länger zumuten, und womöglich wäre er um diesen Preis sogar zum Katholizismus übergetreten. Dass es dazu nicht kommen wird, hat vermutlich mit dem Zögern der lebenshungrigen Fanny zu tun. (J. Baxa 1965/A. Fournier/A. Winkler 1920).

Gentz irrt, wenn er das Wohlwollen der guten Gesellschaft zu besitzen glaubt. Sogar die ihm ansonsten gewogene Fürstin von Metternich zeigt sich mehr und mehr empört über eine *Liebschaft in so hohem Alter für die Elsler, wodurch er sich in der großen Welt sehr geschadet habe.* Liebe und Leid, Glück und Scham liegen dicht bei einander, doch Fanny wird für Gentz bis zuletzt die *einzige Stütze*, ja die *größte Wohlthäterin* sein. Als sie sich innerhalb kurzer Zeit zwei Mal entschließt, mehrmonatige Gastspiele in Berlin anzunehmen, kommt es im September 1830 und im November 1831 zu tränenreichen Abschiedsszenen, doch Gentz will der Karriere der jungen Künstlerin keinesfalls im Wege stehen. Immer wieder schwärmt er von ihr gegenüber Dritten, auch in der besten Gesellschaft, seine Briefe sind nach wie vor erfüllt von seinem Fanny-Erlebnis. Jetzt führt er sogar ein Separat-*Journal, welches meinen Umgang mit ihr zum Gegenstand hat.* Alles, was Fanny betrifft, ist von größter Bedeutung. In Berlin geht man bei all ihren spektakulären Erfolgen recht *barbarisch* mit der jungen Frau um, findet er und hofft auf ihre baldige Rückkehr nach Wien. Aber zum Glück lebt Rahel jetzt wieder in der preußischen Hauptstadt und kümmert sich auf das Schönste um die junge Frau. Gentz ist dankbar für diese *berauschende* Freundschaftserfahrung. Derweil feiert seine Geliebte wahre Bühnentriumphe.

Schöne Krisenblüten

Während all dieser Monate wechseln Liebesglück und politisches Ungemach einander ab, revolutionäre Ereignisse und ihre Nachwirkungen erschüttern Europa und seine notdürftig austarierte Staatenordnung nach wie vor. Gentz erlebt dies wiederum als tiefe Seelenkrise, wobei sich allmählich ein verstärkter körperlicher Verfallszustand bemerkbar macht. Gelegentlich kann er vor Schwäche kaum das Bett verlassen, anderntags geht es ihm leidlich wohl. Seiner Schwester Lisette gegenüber versichert er, dass ich *namentlich unter den heftigen Gemütserschütterungen, welche die furchtbaren Begebenheiten dieser Zeit in mir bewirkten, unausbleiblich zu Grunde gegangen wäre, wenn sie nicht wie ein schützender Engel mir zur Seite gestanden, meinen Geist und mein Herz erfrischt und mich mit dem Leben versöhnt hätte.* Gentz ist dankbar für diese *Seelenheiterkeit* unter bösen Konstellationen, Fanny wirkt auf ihn immer noch wie eine *fast wundervolle Ressource.* Aber es gibt auch kummervolle Tage und Stimmungslagen, in die er nicht einmal seine Geliebte einweihen kann. Nur einer Freundin wie Rahel gegenüber vermag er von seiner fortschreitenden Gemütskrankheit zu sprechen, vom tiefen Gram über die Begebenheiten, *die uns immer mehr und mehr in die Enge treiben, von dem bitteren Bewusstsein, dass ich nichts dabei wirken kann, dass ich der neuen Gestaltung der Dinge täglich fremder werde, dass meine Rolle ausgespielt und die Frucht vierzehnjähriger Arbeit wie verloren ist.*

So kennt ihn die Berliner Freundin seit Jahrzehnten, er möchte bei ihr allen Jammer loswerden und hat selber doch niemals Trost zu bieten. Im März 1831, ein gutes Jahr vor seinem Tod, widmet sie dem Herzensfreund das folgende Gedicht:

Wo nimmst du den Muth zu so viel Feigheit,
Solch verbrecherischer Schlaffheit her? -
Könnte eine Freundin fragen,
Wäre Freundin dir sie noch.
Dein zerronnen Herze liebte niemand als dich selbst;
Und so hast du niemand denn geliebt.

Wie ein Kind zum Munde alles führet
So bist du geblieben kindisch;
Ganz im Anfang, dich erfühlend nur geblieben.
Überrindet, ausgehöhlet von den Jahren,
Die du hinter mit Genüssen schlürftest;
Fürchtend immer mehr des Überganges Dunkel.

Und mit Recht, möcht' ich fast sagen;
Weil du keine Beute machtest,
Zu dem Einsatz neuen Lebens. —
Hast das alte auch nur vor dir,

Bis du fleißiger geworden.
Böses altes Kind! –
(R. Levin Varnhagen 2011, 5).

Es ist eine Endzeiterfahrung, die Friedrich Gentz nun machen muss. Wie eine Krisenblüte bringt sie überraschende Symptomatiken hervor, zum Beispiel das Wiedererwachen seiner Genussfähigkeit für Literatur und Kunst: *Ich habe nur noch einzelne gute Stunden zu erwarten, und selbst das, was ich Glück zu nennen mich erkühne, ist nichts mehr als ein flüchtiger Strahl der untergehenden Sonne an einem umwölkten Himmel,* schreibt er im Juli 1830 an Prokesch, dessen Gesellschaft und Briefe ihm in dieser Lage wohl tun, und der ihn regelmäßig mit Poesie versorgt, dem *Besten auf Erden.* Noch zwei Jahre zuvor hat er an Rahel geschrieben: *Ich lese seit mehreren Jahren überhaupt keine Verse mehr, als allenfalls die von Virgil, Horaz und Lucan. Der einzige französische Dichter, den ich noch ertragen könnte, wäre Racine [...]. Die Dinge in der Welt haben, für mich wenigstens, eine zu ernste und tragische Gestalt angenommen, als dass Poesie und Imagination nicht in mir völlig erlahmt sein sollten.* Das empfindet der kranke Gentz nun vollkommen anders. In seinen schönsten Momenten will er von politischen Dingen nichts mehr wissen, *sie ekeln mich an und ich muss ohnehin genug davon hören und schreiben,* dann ist ihm nur noch das Ästhetische erträglich: *In meiner frischesten Jugend war ich nie so auf die Poesie versessen als heute.*

Neben den einstigen Lieblingsautoren verehrt er nun wieder den Schillerschen und Kleistschen Genius, goutiert Klopstock und Goethes ,Werther', Walter Scott, Lord Byron, Dante, Petrarca, Merimée, Racine, Hugo, einige der deutschen Romantiker und selbst Zacharias Werner. Aber dass nun auch noch so widersätzige Autoren wie Börne, Heine und der *tollschöne* Grabbe hinzu kommen, beweist eine neue Qualität seiner Selbst- und auch seiner Zeitwahrnehmung: *Die poetische Seite in meiner Natur, die sich zu keiner Zeit verleugnet hatte, ist von Ihrer Hand zärtlich gepflegt worden,* schreibt er an Prokesch, mit dem gemeinsam er wieder und wieder den *teuflischen* Heine liest. Auch Börne gehört seine tiefe Bewunderung, dessen Theaterkritiken seien das *Geistreichste, Witzigste,* was zurzeit geschrieben würde, heißt es in einem Brief an Rahel schon 1819, von Börnes politischen Meinungen will der Hofrat freilich weder damals, noch gegenwärtig etwas wissen. (A. Prokesch von Osten 1881/G. Schlesier 1840, 5).

Sind hier seit Jahren eingefrorene Vorlieben allmählich in einen verjüngenden Wärmestrom geraten? Öffnet sich nun wieder seine Empfänglichkeit für den Verheißungszauber der Künste inmitten des wachsenden Oppositionsgeistes? Gentz spricht jedenfalls von einer *wahren Revolution,* die sich in ihm ereignet habe. Im September 1830 schreibt er an Rahel: *Mit dem Sinne für Geselligkeit, für weibliche Schönheit – für Liebe [...] ist auch der Sinn für die Poesie in mir von neuem erwacht [...] Im vergangenen Jahr fielen mir die Reisebilder von Heine in die Hand. Sie können sich leicht vorstellen, dass ich in der politischen Gesinnung des Verfassers die meinige nicht wieder fand [...] Nichts desto weniger las ich die drei Bände mit vielem Vergnügen.* Mehr noch wird Gentz bald darauf das ‚Buch der Lieder' entzücken, das er jetzt erst zu Gesicht bekommt – welch ein unbeschreiblicher Zauber ist hier in sanft brillierende, ironische Versmelodien gegossen, er *badet stundenlang in diesen melancholisch süßen Gewässern* und verschlingt das Buch mit *wollüstiger Begierde.* Dem *Witz dieses Menschen widerstehe wer kann und dass er, in teuflischer Gesinnung und zu teuflischen Zwecken eine Menge unleugbarer Wahrheiten sagt, verkenne wer da will!*

Natürlich kann ein Mann wie Gentz in der Heineschen Poesie keinen ungetrübten Kunstgenuss finden, um wie viel mehr muss das für die zeitkritische Essayistik seiner ‚Französischen Zustände' gelten. Noch wenige Wochen vor seinem Tod beschwert sich der Wiener Hofrat bei Cotta, er habe bedenkenlos Heines schmähliche Artikel in die ‚Allgemeine Zeitung' aufgenommen. Verderblich seien solche Schriften schon deshalb, weil sich ein Großteil des Publikums nur an der *Frechheit und Bosheit von Unruhestiftern ergötze, die jeden Ordnungs- und Friedensgedanken in Misskredit* brächten: Was ein *verruchter Abenteurer wie Heine (den ich als Dichter gelten lasse, ja sogar liebe, und gegen den also kein persönlicher Hass mich bewegt) eigentlich will und wünscht, indem er die heutige französische Regierung in den Staub tritt, mag ich nicht weiter untersuchen.*

Nein, wo gute Literatur blüht, müssen noch lange keine vernünftigen politischen Zustände herrschen. Es bleibt bei Gentz' altem Vorwurf gegenüber dem liberalen Aufklärungs- und Oppositionsgeist, dass er weder eine Neigung, noch einen Begriff zu entwickeln imstande sei von so etwas wie staatsbürgerlicher (Mit-)Verantwortung. Dass in Paris um den Herzog von Orléans mittlerweile ein *Juste milieu* am Ruder ist, das noch zu wenige Vorzüge eines modernen Staatsregiments erfüllt, sollte man nicht als *Verrat* an der Sache der Freiheit und der Souveränität verwerfen, sondern als pragmatische Errungenschaft der kontinentalen Friedenssicherung begrüßen. Noch sechs Jahre zuvor hat Gentz eine *Herrschaft der Faktionen und der Demagogen, von einem eitlen Königsmantel bedeckt, für sehr viel schlimmer gehalten als eine wirkliche republikanische Verfassung.* Jetzt, im Jahre 1830 kann er sich mit dem französischen Konstitutionalismus als gleichgewichtiger europäischer Herrschaftsform einverstanden erklären, der Friede auf dem Kontinent sei dadurch nicht mehr gefährdet. Ja, Gentz geht noch einen Schritt weiter, indem er den einst behaupteten Antagonismus von Legitimität und Volkssouveränität nun in ein geradezu versöhnliches Licht setzt: *Im abstrakten Grundsatz stehen sich [die Systeme] freilich schroff gegenüber; in der Praxis aber verwischt sich die Differenz zusehends; die mit Recht gefürchtete Volks-Souveränität wird jetzt schon von den besten Köpfen Frankreichs so definirt und paraphrasirt, dass sie unvermerkt in eine neue Legitimität übergeht.*

Die konstitutionelle Ordnung Frankeichs hat neues, anzuerkennendes Recht gesetzt, mit dieser Tatsache muss die Staatengemeinschaft umgehen. Das schließt beim späten Gentz wiederum an grundsätzliche Überlegungen von einst an. Politik kann niemals in Voluntarismus oder in moralischem Wunschdenken aufhebbar sein, diese Maxime gilt für den Etatisten zwar nach wie vor unumstößlich, aber er sei deshalb *zu keiner Zeit ein Antirevolutionär* gewesen. Eben dies macht er ja vice versa seinem Freund Adam Müller zum Vorwurf: *Ich habe in dem revolutionären Gange der Zeit nie den natürlichen und verzeihlichen Wunsch, aus dem schlechten Zustand in einen besseren zu gelangen, wohl aber das einseitige und anmaßende Prinzip, die Welt vom Frischen wieder anzufangen, gehasst.*

Die Realität lässt sich nicht more geometrico ermessen und von Grund auf neu gestalten, nicht revolutionär, aber ebensowenig antirevolutionär, sondern man muss mit den Schwergewichten ihrer Kontingenz rechnen, mit den unkalkulierbaren Wechselfällen des Lebens, der Menschen, der Politik. Immer sehen sich die idealischen Wünsche und Pläne der Aufklärung mit der *harten, grellen, störrischen Natur der gegenwärtigen Übel* konfrontiert, schreibt Gentz, aus dieser Spannung kommt der moderne Zivilisationsprozess niemals heraus. Er weiß, erst wenn die Gravamina der humanen Daseinsvorsorge geregelt sind, ist eine Konvergenz des Ästhetischen mit dem moralisch Zuträglichen in der politischen Geschichte praktisch denkbar. Genau diese Dialektik aber wollen Geistesheroen wie Heine, Börne und Konsorten nicht wahrhaben, bei ihnen gibt es letztlich nur schönsprachigen, utopisch gleißenden Widersatz, *frivolisierende Ironie*, mithin abstrakte, politisch substanzlose Kritik. In diesem Sinne habe er es immer *verabscheut*, heißt es schon 1805 in einem Brief an Johannes von Müller, *neue Menschen zu cultivieren und sich nicht dafür bezahlt [geglaubt], es mit der Cultur zu halten, ich habe fast nur gelebt, um zu sehen, was sie Schreckliches hat.*

Auch wenn Kunst und Kultur der Realgeschichte nicht wirklich in die Speichen greifen können, sind und bleiben sie eminent wichtige Faktoren in der politischen Evolution. Denn nicht die *rohe Kraft der Menschenmassen*, sondern das *Übergewicht des Geistes und der organisierten Gewalt* regiert die Welt. (E. Guglia 1901/G. Mann 1995). Doch haben für Gentz die schönen Künste trotz ihres sinnlichen Verführungspotentials alles Schreckliche und Anmaßende längst verloren, das gilt besonders für ihre Ausnahmegestalten wie Heine etwa. Gleichwohl bleibt es bei seiner Aversion gegen jede apolitische Intellektualität. Man kann davon sprechen, dass der Wiener Hofrat in seinen späten Jahren zu einer Neueinschätzung der Evolution von Herrschaft, Staatlichkeit und Kultur in Europa gelangt.

ZWÖLFTES KAPITEL

Der Hofrat und der Staatskanzler

Drohender Völkerfrühling?

Im Februar 1831 macht Gentz in seinem Tagebuch eine bemerkenswerte Eintragung. Er beschreibt, wie er die Staatskanzlei betritt und dort den Kanzler im prachtvoll ausgeschmückten Gemach seiner jungen Frau vorfindet: Die trüben Gedanken über die Ungleichheit der menschlichen Schicksale, die sich mir beim Anblick dieses Zimmers aufdrängten, verließen mich den ganzen Tag nicht mehr. Plötzlich fallen Gentz die Differenzen des Preziösen, die Standesunterschiede wie Wundmale des Schicksals ins Auge, etwas vorher Selbstverständliches und Gewolltes scheint sich in sein Gegenteil zu kehren. Hier beginnen sich mancherlei, auch sehr persönliche Irritationen und Vorbehalte geltend zu machen. Vielleicht gehört in diesen Zusammenhang auch des Hofrats Weigerung, das Memoirenwerk Metternichs redaktionell zu betreuen. Zwar arbeitet Gentz für seinen Herrn den später gerühmten Essay über Napoleon aus, aber er ist nicht bereit, die gesamte schriftliche Hinterlassenschaft des Staatskanzlers in seine Obhut zu nehmen. (A. Prokesch von Osten 1909/H.v. Srbik 1925, 1/A. Fournier/A. Winkler 1920/N. Bonaparte 2010).

An den schärfer, ja unversöhnlich werdenden Auseinandersetzungen mit dem Metternichschen Starrsinn wird sich zeigen, dass die politischen Eruptionen und das wachsende Widerstandspotential in den Nationalkulturen des Kontinents das Gentzsche Denken erheblich sensibler und zweifelnder werden lassen als dasjenige des Chefs der Hof- und Staatskanzlei. Gegenüber Prokesch spricht Gentz von Metternich als einem *höchst liebenswürdigen, aber leichtsinnigen, nachlässigen, mutlosen, von dem größten Eigendünkel befallenen Mann, er glaube keines Menschen zu bedürfen, um die ganze Welt zu regieren,* sein Egoismus sei nicht zu überbieten. Auch die Unmutsäußerungen über die *ewige Zerstreuungssucht* des Staatskanzlers oder die *mitleiderregende Gestalt* von Kaiser Franz, die der Hofrat Gentz in der Öffentlichkeit fallen lässt, sprechen für das zunehmend angespannte Klima unter den wichtigen Akteuren im herrschaftlichen Wien.

Metternich ist in dieser neuerlichen Revolutionsphase der Jahre 1830/32 politisch über die Maßen elektrisiert, überall sieht er nach wie vor das erfolgreiche Wühlen finsterer Zirkel und Bünde am Werk. Als Anfang August 1830 Nachrichten, die am Ausbruch einer großen Rebellion in Frankreich keinen Zweifel mehr lassen, auf dem

fürstlichen Landsitz in Königswart eintreffen, ordnet der Staatskanzler den soforti-
gen Aufbruch seiner Entourage nach Wien an, zur heimlichen Freude von Gentz, der
bald seine Fanny wieder sehen darf. Metternichs erste Reaktion auf die Pariser Ereignisse lautet – Mobilisierung und Krieg, die abermalige Insurrektion in Frankreich
muss im Keim erstickt werden: *Hätte man gleich nach den Julitagen die Revolution
totschlagen können, so musste man es thun; man konnte es aber nicht, also muss man sie
auf sich beschränkt schalten und walten lassen; das ist das Schlimmste, was ihr geschehen
kann; sie muss in sich zerfallen. Das ist das Geheimnis meiner ganzen Politik,* wird der
Staatskanzler ein gutes Jahr später im Gespräch mit Gentz und Prokesch von Osten
sagen. (A. Prokesch von Osten 1909).

   Immer schon hat Metternich an der inneren Stabilität des restaurierten Bourbonensystems gezweifelt, doch dieses Mal beruhigen sich die Verhältnisse bald wieder,
es wird in Paris keine Republik ausgerufen, eine Staatsumwälzung steht nicht zu
befürchten. Die Inthronisation des Herzogs von Orléans zum Staatsoberhaupt von
Frankreich findet Gentz' Zustimmung, der auf einen *Sieg des Königs durch konstitutionelle Waffen* hofft, und widerwillig dann auch das Placet von Metternich. Der
Pariser Bourgeoisie ist es gelungen, den Bürgerkönig Louis Philippe unter den Augen
Europas sowohl gegen die reaktionären, als auch die revolutionären Kräfte und ihren
Barrikadenmythos aufzubieten. Es dauert nur kurze Zeit, dann trifft die offizielle
Versicherung der Friedensliebe Frankreichs durch Außenminister Molé in Wien ein,
deren Antwortdepesche in aller Form und frohen Herzens von Gentz formuliert
wird. Das Schlimmste scheint noch einmal abgewendet, es gibt keine Wiederholung
von 1789, doch wirklich beruhigte Verhältnisse nehmen sich anders aus.

   Viel politische Routinearbeit kommt wieder auf den kaiserlichen Hofrat zu, das
kontinentale Gleichgewichtssystem muss Mal um Mal neu austariert werden. Er reist
zweimal für mehrere Wochen nach Pressburg, einmal zur Inthronisation des Kronprinzen Ferdinand zum König von Ungarn, das andere Mal zu einer Session des
ungarischen Landtags. Das sind die üblichen Amtsgeschäfte, sie vollziehen sich fern-
ab von seiner geliebten Fanny. Jetzt erst recht bemerkt der Hofrat, dass die große
Politik wieder unberechenbarer geworden ist, es sei eine *wilde und finstere Zeit entstanden, ein Krieg Aller wider Alle, Freund und Feind lassen sich nicht mehr von einander trennen – nur Donnerschläge von oben und Erdbeben von unten [könnten dem] ein
Ende machen.* Der politische Verstand des Friedrich Gentz gerät um 1830 manchmal
sogar in Konfusion: *Man sollte glauben (zum Glück weiß es niemand als Sie) die Vernunft wäre ganz von mir gewichen, und doch fühle ich, dass, wo es auf's Raisonniren
ankömmt, ich besser raisonnire als alle die übrigen,* schreibt der oft bettlägerige Hofrat
an seinen Freund Prokesch. Vor *selbstsüchtigen Neigungen* und raffinierten *Schlangenwendungen* der Machtakteure ist man nirgendwo und niemals sicher, das hat der er-
fahrene politicus Gentz vor langer Zeit bei Immanuel Kant nachgelesen. Jetzt findet
er seinen Lehrer nicht nur immer wieder bestätigt, sondern nimmt ihn ernster als
dieser es jemals hätte ahnen können. Gentz laboriert am Ekel gegenüber der Politik,
aber sein Kopf ist hellwach.

Robert Owen, der Samariter des frühkapitalistischen Proletariats in England, ist Gentz vor einiger Zeit schon verdächtig vorgekommen, nun im Zeichen der französischen Julirevolution will ihm dessen Sozialprojekt geradezu apokalyptische Züge annehmen. An Pilat schreibt er im Oktober 1830: *Ich fürchte nur ein Einziges: Und das ist die wirkliche, dringende und vor der Hand unheilbare Not der untern Volksklassen, ihre Verzweiflung und die Ausschweifungen, zu welchen gottlose Demagogen sie verleiten können. Diese Gefahr ist groß; auch sie kann, ihrer Natur nach, immer nur vorübergehend sein; die Masse derer, die etwas zu verlieren haben, muss allemal siegen; aber es können Zwischenräume blutiger und scheußlicher Unordnungen eintreten; und in solchen Zwischenräumen kann allerdings auch uns ein Galgen erblühen. Indessen ist mir doch viel wahrscheinlicher, dass wir beide im Bette sterben.* Eine politische Angstvision des kaiserlichen Hofrats Gentz, dem in dieser Zeit nicht selten bange ist um die künftige Ordnungs- und Friedensaufgabe des Staates, dieses Garanten für die zivilisatorische Entwicklung der Menschheit, dessen moralische Dignität viele Zeitgenossen aufgrund ihrer falschen Vorstellung von legitimer Macht so sehr verkennen. Die Frage ist allerdings, wie und mit welchen Mitteln die politischen Eliten der am Geschichtshorizont erkennbaren industriellen Massengesellschaft begegnen werden.

Um einiges kurzsichtiger und aggressiver nimmt sich das Politik- und Machtverständnis eines Metternich aus, der zwischen dem vergehenden alten und dem noch nicht entwickelten neuen Europa nichts als ein *furchtbares Chaos* wittert, und deshalb im Gespräch mit Gentz militärische Planspiele gegen den Liberalismus entwickelt, die mit alliierten Truppenstärken von bis zu achthunderttausend Mann spekulieren. Der Staatskanzler Österreichs möchte wider alle denkbaren politischen Bedrohungen in Europa bestens gewappnet sein. Aber gegen wen soll sich so viel Waffengewalt tatsächlich richten? fragt sein Berater voller Skepsis. Kann man mit vernichtenden Militärschlägen gesellschaftliche und politische Konflikte befrieden? *Alles, was zu kriegerischen Operationen gehörte*, schreibt Metternich damals über Gentz, *stand außer dem Bereiche seines Fassungsvermögens; er scheute sich selbst vor dem Insaugefassen solcher Operationen, als fielen Schüsse auf dem Felde des Gedankens.* Ist dieser Hofrat wirklich noch Metternichs rechte Hand?

Im Mai 1830 notiert Prokesch in seinem Tagebuch zu Gentz: *Über die Lebenskräfte unserer Monarchie sieht er schwarz und eigentlich keine Rettung, als den Tod des Kaisers, insoferne bei der Schwäche des Kronprinzen dadurch die Möglichkeit einer Regierung brauchbarer Minister eröffnet ist. Hält die Revolution für nicht mehr abzuwenden und bewundert die Talente der Liberalen in Frankreich, deren Grundsätze er verwirft. Viel über den Fürsten, die Bourbons und für die Idee, dass man Napoleon auf dem Thron von Frankreich hätte lassen sollen.* Als im Dezember 1830 auch noch die Nachricht vom Ausbruch der polnischen Revolution in Wien ankommt, und ein Jahr später aus Italien wiederum bedrohliche Meldungen eintreffen, muss nicht nur politisch und militärisch gehandelt, sondern über das Realitätsprinzip und die moralische Dimension aller Staatsklugheit neu nachgedacht werden. Die polnischen

Revolutionäre, durch österreichische und preußische Truppen von den Landes-
grenzen her in Angst versetzt, werden von den Russen kurzerhand niedergemacht,
der italienische Aufstand innerhalb von zwei Wochen durch habsburgisches Militär
im Keim erstickt. Wie eine *Phantasmagorie* würden diese Revolutionen *in Rauch
aufgehen*, hat der Staatskanzler vorausgesagt – aber was sind die langfristigen Folgen?

Nach den philhellenischen sprießen nun die Polenvereine auch in Deutschland
aus dem Boden, wo der ‚Frankfurter Wachensturm' und das Allerdeutschenfest von
Hambach nach Metternichs Überzeugung das Werk einer *allgemeinen Umwälzungs-
partei Europas* gewesen sind. Der gesamte Kontinent ist von unterirdischen Adern der
Massensuggestion, des National- und Freiheitswillens durchzogen, der Oppositionsgeist vergesellschaftet sich immer weitläufiger. Polarisiert sich die Welt jetzt tatsächlich in die Bewahrer des Alten und die Kämpfer für das Neue? Kommt es nun unwiderruflich zu jenem *Völkerfrühling*, von dem Ludwig Börne schon 1818 gesprochen
hat? Zu dieser Zeit weiß der Hofrat, dass man gegen das konstitutionelle Prinzip
durchaus *nicht mehr in Kampf treten könne.* Im März 1830 notiert Prokesch in sein
Tagebuch: *In bezug auf das Fortschreiten der liberalen Ideen äußerte mir Gentz, er halte das Zusammenstürzen alles Bestehenden für unabwendbar.*

Repräsentation oder Monarchismus

Noch haben die Fürstenhäupter der europäischen Staaten das Zepter in der Hand. In
England protestieren die soeben zur Macht gekommenen Whigs vehement gegen
den Einmarsch der Alliierten im Süden und Osten Europas. Gentz muss noch einmal zur Feder, um insbesondere die österreichische Intervention offiziell als eine der
Klugheit und wahren Politik zu rechtfertigen. Doch im Herzmittelpunkt seiner
Staatskunstdoktrin hat er sich jetzt von der *immergleichen Politik der Gewaltnahme*
um einiges entfernt, Gentz will Frieden in Europa um nahezu jeden Preis. Ein Krieg
würde nur den Untergang der alten Ordnung beschleunigen, im Übrigen besitze
kein Staat in Europa eine fraglose Rechtsgrundlage zur Intervention. Dem widerspricht nicht, dass Gentz die Unterdrückung der polnischen Revolution zum Anlass
nimmt, um in der Augsburger ‚Allgemeinen Zeitung' seine ‚Betrachtungen über die
politische Lage von Europa. Nach dem Fall Warschaus' zu veröffentlichen, die eine
Art intellektuelles Testament darstellen. (G. Schlesier 1840, 5). Seine Meinung zum
Thema Polen hat sich seit einiger Zeit ins Gegenteil verkehrt, nun respektiert er – im
Widerspruch zu Metternich – den Freiheitswunsch des Landes durchaus und verurteilt die Okkupations- und Teilungspolitik seitens der europäischen Großmächte
scharf. Immer noch geht es nach seiner Überzeugung um den Kampf zweier entge-
gengesetzter Systeme, um die Frage also, *ob die Volks-Souveränität als die Quelle aller
Rechte im Staat sich geltend mache, oder ob das monarchische Prinzip, wie bisher, als die
bewegende Feder an der Uhr des Staatsleben erhalten werden* könne.

Doch nun setzt der Wiener Staatsmann einen wesentlichen Unterschied, denn er tritt für etwas ein, dass er das *wahrhaft constitutionelle* System nennt. Demnach sollen die Nationen im zivilisierten Europa über den Fall Polen hinaus jede Chance nutzen, den Frieden zu suchen und eine ihren jeweiligen Bedingungen angemessene und ausgewogene Staatsordnung zu errichten: *Wo sonach die repräsentative Verfassung gesetzmäßig eingeführt, wo solche in Übereinstimmung mit dem monarchischen Prinzip gebracht wurde, da wird sie geachtet und geschützt werden [...] Kein Krieg, sondern Schutz gegen Angriff, keine Zerstörung, sondern Erhaltung des Bestehenden – dies wird die Seele des europäischen Systems sein, wie solches von den Bedürfnissen der Staaten gefordert wird.* Kein Konflikt um nahezu jeden Preis also, kein Verwerfen des Repräsentationsprinzips ohne Wenn und Aber, sondern ein Geltenlassen bewährter Ordnungsstrukturen, ein vernünftiger Ausgleich der Systeme und Rechtsansprüche um der Ruhe und Sicherheit willen.

Das monarchische Europa, schreibt Gentz, kann *gelassen das Resultat abwarten, wenn in einem einzelnen Lande, auf dessen eigene Gefahr der kühne Versuch gemacht wird, eine ganz neue, bisher unbekannte Erfahrung auf ungebahntem Wege aufzufinden.* Auch die französischen Politiker hätten aus den Erfahrungen der Revolution von 1789 gelernt, mit Fug könne man von ihnen die Einhaltung der kontinentalen Föderativ- und Friedensordnung erwarten. Immer wieder nimmt Gentz das republikanische Frankreich nun in Schutz, es werde vollkommen zu Unrecht beschimpft als *lächerliches* juste milieu: *was denkt man denn an dessen Stelle zu setzen? Sollen dort vielleicht die Kosaken regieren?* Gentz wirft der *poetischen Politik* des Liberalismus vor, dass sie den in Frankreich gelungenen Stände- und Herrschaftskompromiss nichts als schlecht reden wolle. Noch in einem Brief an Cotta vom April 1832, wenige Wochen vor seinem Tod, beschwert er sich über Heines und Börnes herabwürdigenden und feindseligen Ton gegenüber einer französischen Regierung, die doch zu den letzten Bürgschaften des europäischen Friedens gehöre: *Wenn nun ein legitimes politisches System und mit ihm Angestellte, Banquiers, Gutsbesitzer, und Boutiquiers noch mehr perhorresziert werden, als die ehemaligen Fürsten, Grafen und Barone, wer soll denn zuletzt die Staaten regieren?* Gentz' Vorwurf lautet, dass diese Art der politischen Kritik sich an der Zukunft des zivilisierten Europa vergehe, und nichts weiter im Sinn habe als Anarchie und permanenten Sozialkrieg. Vor allem deshalb beteuert er immer wieder die Komplementarität des Fortschritts- und des Erhaltungsprinzips in der Politik, und beschwört die Regierungen Europas, *treu die ihren Völkern zugesicherten Verheißungen [zu] erfüllen.* Der Gentz des Jahre 1831 ist alles andere als ein Apologet der Metternichschen Restauration. (G. Schlesier 1840, 5).

Anton Prokesch von Osten, der vormalige Gesandte Österreichs in Konstantinopel, plädiert damals für die Etablierung eines Fürstentums in Griechenland unter dem Herzog von Reichstadt, dem Sohn Napoleons, Gentz aber schreibt dem Freund zurück: *Wozu einen Prinzen, wozu einen Souverain! Griechenland ist durch seine geographische Lage, durch seine physische Construction, durch den Charakter seiner Ein-*

*wohner, durch seine heutige Armuth, durch alle seine Antecedenzien zur Republik be-
stimmt; eine Verfassung wie die helvetische, nur mit dem Unterschiede, dass ein mit
großer, fast unumschränkter Gewalt bekleideter Präsident an der Spitze steht – das nenne
ich le Gouvernement grec.* Und auch wenn Prokesch darauf vertraut, dass die *Reformation* der Liberalen *unaufhaltbar emporgeschossen* sei, stimmt ihm Gentz ohne jede
Einschränkung zu. Mit dergleichen Ansichten hat sich der Hofrat auf provokante
Weise von der Restaurationshaltung Metternichs entfernt.

Abschied von der alten Welt

Im Oktober 1831 beklagt Gentz gegenüber Prokesch, dass der *Fürst seiner Zeit nicht
mehr gewachsen [...], dass sein Leichtsinn zu groß, seine Tatkraft zu klein* sei. Sogar das
Gentzsche Tagebuch der letzten beiden Jahre reagiert nun mit deutlichen Formulierungen. Von *stürmischen* Sitzungen in der Staatskanzlei ist öfter die Rede, von *Ver-
stimmungen und nichts als Jeremiaden, von alarmierenden [und] niederschlagenden
Äußerungen des Fürsten über die Gefahren der Zeit.* Vor allem, wenn es um die deutschen Angelegenheiten geht, stellt Gentz eine in *unsern Ansichten bestehende (oder von
ihm präsumirte) Divergenz* fest. In derartigen Auseinandersetzungen wird der Hofrat
nicht selten *missmutig und behandelt den Fürsten so schlecht, dass es mich nachher ge-
reute.* Aber auch Metternich lässt es nicht an harschen Tönen fehlen. Welch eine
Spannnungssituation. Auf der einen Seite der impulsive, oft kränkelnde, zu Melan-
cholie, Ängstlichkeit und vielfältigen Idiosynkrasien neigende Intellektuelle, auf der
anderen Seite ein Machtpolitiker von singulärer Gestalt, den Wilhelm von Humboldt aus intimer Anschauung beschreibt als *außerordentlich kalten und reservierten
Menschen, wenn er es sein will, mit einer unbedingten Herrschaft über sich selbst, der
keine Empfindung äußert oder sich ihr hinzugeben scheint, aber ganz sicher ist, in den
Zügen seiner Physiognomie immer dieselbe Leidenschaftslosigkeit zu äußern. Seine Haltung kann nur auf Berechnungen des Geistes beruhen.* Der Intellektuelle und der Politiker – diese Antinomie ist und bleibt nicht vermittelbar. Dass die Gentzschen Auf-
sässigkeiten in Wien und andernorts bemerkt werden, steht außer Zweifel.

Der Hofrat falle seinem Chef in den Rücken und paktiere mit dem Zeitgeist, wird
ihm zum Vorwurf gemacht, bald grassiert wieder das Wort vom *Revolutionär und
Jakobiner* Gentz. Umgekehrt beklagt der Hofrat abermals die *Borniertheit* und den
politischen *Fanatismus im hiesigen Adel.* Doch Streitereien solcher Art nähren am
Ende nur die schillernde Fama, die Gentz seit Jahren umgibt. Die Wahrheit steht auf
einem anderen Blatt. Gentz bleibt durchaus von den politischen Vorzügen des Monarchismus überzeugt, dies freilich im Sinne einer modernisierten Elitenherrschaft
und nicht als Bollwerk alteingesessener Dynastien des Blutadels. Wie sein Freund
Prokesch anmerkt, ist der Hofrat gegen Ende seines Lebens davon überzeugt, dass
den empor drängenden liberalen Reformkräften, resp. den Beteiligungsinteressen des
Wirtschaftsbürgertums politische Konzessionen gemacht werden müssen, wenn da-

bei nur ein als kompetent ausgewiesenes Monarchieprinzip erhalten werden kann. Damit ist zweifellos mehr gemeint als jene *Administrationsgebrechen* des Metternichschen Autokratismus: *Wenn das Repräsentativsystem nun einmal siegen soll, so muss es wenigstens von den Attributen gereinigt werden, mit welchen auf die Länge das monarchische unvereinbar* ist. Das müsste anders angefangen werden als von Kaiser und Staatskanzler in Österreich praktiziert. (GS 12, 3/A. Prokesch von Osten 1881).

Was man in Frankreich *le systéme du juste milieu nennt*, dürfte auch in Deutschland noch populärer werden als es ohnehin schon ist, Gentz wird sich bei derartigen Überlegungen auch an das einstige Reformdilemma des preußischen Machtapparats erinnert haben. Seine letzten politischen Bekundungen, etwa in der ,Allgemeinen Zeitung', dokumentieren den Wandel der Auffassungen des Wiener Hofrats auch in der offiziellen Publizistik. Von der notwendigen *Übereinstimmung des Geistes der Ordnung mit dem Geist des Jahrhunderts* redet er nun und davon, dass *alles Feindliche versöhnt* werden muss. Erst hierdurch würden die Staaten einen hohen moralischen Rang in der europäischen Republik erwerben.

Aber der österreichische Haus-, Hof- und Staatskanzler will von derlei Befriedungs- und Neuerungsgeschwätz bis zu seinem Sturz im Revolutionsjahr 1848 nichts wissen. Dass in Frankreich durch die Inthronisation des Herzogs von Orléans de facto parlamentarische Strukturen im Geist der Bourgeoisie etabliert worden sind, kommt für Gentz der Wahrung des monarchischen Prinzips gleich. Metternich hingegen sieht in dem neuen Herrscher nur einen unwillkommenen Usurpator, ausgestattet mit einer höchst fragwürdigen Legitimität durch die ,Charte constitutionelle', die vor allem auf den politisch labilen Interessen der Geldbürger basiere. Gentz weiß, wie leicht man im aristokratischen Wien als Anhänger des ungeliebten Louis Philippe verschrien ist, als solchen fühlt er sich jedoch keineswegs. Aber genauso wenig möchte er eine *aus Revolutionfuror und Krieg erwachsene, höchst gebrechliche Regierung noch mehr verunsichern, deren Scheitern zweifellos den Untergang Frankreichs nach sich ziehen* würde. Zwischen diesen beiden *Klippen*, der Skepsis gegenüber dem französischen Repräsentativexperiment einerseits, und der Hoffnung auf dessen fortune im Interesse der europäischen Friedensordnung andererseits, oszilliert die politische Gedankenwelt seiner letzten Lebensjahre.

Genau besehen, schreibt er an Pilat, sei Frankreich gar nicht auf dem Wege zu einer rein republikanischen Verfassung, vor der sich die Revolutionäre ebenso fürchteten wie die Royalisten, sondern es wünsche sich im Grunde eine *demokratische Monarchie, mit andern Worten eine Oligarchie, repräsentirt von einem Titular-Könige*. Die Theorie und die Praxis der Staatskunst müssen durch die noch so widrige Realität wirksam belehrt werden, darauf kommt der Hofrat jetzt mehr und mehr zurück. Das erwünschte monarchische Prinzip darf in seinen staatlichen Ausformungen nicht dogmatisch festgeschrieben, sondern muss mit der gelebten Wirklichkeit versöhnt werden, so gut es irgend geht. Das ist mehr noch als eine Frage der Theorie, sondern im Kern eine der Praxis, sie hat im alltäglichen politischen Geschäft schwerwiegende Konsequenzen.

Als im April 1832 die friedensvertragliche Herauslösung einer unabhängigen Republik Belgien aus dem Königreich der Vereinigten Niederlande beschlossen wird, sprechen Kaiser Franz und sein Staatskanzler von einem *schändlichen Aktenstück*. Gentz hingegen tritt für die Unabhängigkeit Belgiens ein und gratuliert Wessenberg, der als Vertreter Österreichs an der Londoner Konferenz teilgenommen hat, zu einem politischen Erfolg an der Seite der beteiligten liberalen Kräfte. Schon seit Wochen haben ihn die *Ungerechtigkeit und Schiefheit*, mit der man in Wien die Londoner Konferenz beurteilt hat, empört und seinen Krankheitszustand noch verschlimmert. Abermals wird ihm klar, dass Metternich nur noch solche Männer ins Vertrauen ziehen will, die seine *überspannten Ansichten* teilen, oder als *treuergebene und nur immer zum Applaudiren bereite Courtisane ihm nie widersprechen*. (K. Mendelssohn-Bartholdy 1886, 2/A. Fournier 1906).

Welch eine politische Halsstarrigkeit des österreichischen Haus-, Hof- und Staatskanzlers, dieser *unversöhnliche Hass gegen jede aus der Revoluzion entsprungne Regierung und das bittere Gefühl der Ohnmacht im Kampf gegen eine alles-richtende und alles-zertrümmernde Zeit*, klagt Gentz. Metternich wünscht jeglicher Reformkraft, jeder auf Veränderung drängenden Gesinnung den politischen Garaus. Noch immer scheint sich der Staatskanzler nicht im Klaren darüber zu sein, welche Veränderungsmächte allein in der Publizistik Europas und Deutschlands am Werk sind. Metternich glaubt, dass die *Sache der Ordnung nun viel besser [stehe] als vor zehn Jahren; damals habe der Feind Liberalismus geheißen, heutzutage aber habe er sich als Radikalismus entlarvt*, notiert Prokesch in sein Tagebuch. Das weiß Gentz besser, mit Sorge beobachtet er seit Jahren den wachsenden Einfluss der Publizität, beispielsweise den eines Autors vom Schlage Friedrich Buchholz. Ahnungsvoll wendet er sich an Prokesch: *Wenn die Liberalen so zu schreiben beginnen, werden wir Ihnen bald das Feld räumen müssen*. (I.-M. d'Aprile 2011).

Im April 1832 klagt der kranke Hofrat über schwere seelische Belastungen, die mit dem Verhalten des Staatskanzlers und der Politik im Allgemeinen zu tun haben: *Die Art, wie man mich seit Jahren behandelt hat, die absolute Gleichgültigkeit über mein Interesse und selbst meine dringendsten Bedürfnisse – daran bin ich zu sehr gewöhnt, als dass es mich noch affiziren könnte. Aber das Schauspiel der täglichen Behandlung der wichtigsten politischen Fragen, diese Einseitigkeit, diese Heftigkeit, diese blinde Intoleranz gegen die kleinste Nuance einer Abweichung von dem Standard des extremen Purismus, dieser riesenhafte Eigendünkel, der alle Weisheit der Welt in sich allein konzentriert glaubt – haben mir vielfältig das Herz zerrissen und mich zuletzt zur Verzweiflung gebracht. Ich mache jetzt möglichst gute Contenance. Früher habe ich oft Opposition versucht, und das Gefühl, allein zu kämpfen, [...] haben mir endlich ein Stillschweigen aufgelegt.*

Spätestens seit Beginn der revolutionären Unruhen um 1830 hat die seit Jahren zum Vorschein gekommene Gereiztheit zwischen Gentz und Metternich stark zugenommen, es geht jetzt immer öfter um die Frage, welche Maßregeln zur Wiederherstellung der politischen Ordnung in Deutschland nötig seien. Oder, mit der Fürstin von Metternich zu reden, um den so *peinlichen Todeskampf dieser traurigen Welt*. Gleichwohl ist Metternich bereit, seinem Mitarbeiter ein weiteres Mal aus der finanziellen Bredouille zu helfen. Er bittet den Kaiser, der seinen Hofrat am liebsten entlassen hätte, um eine spürbare Gehaltserhöhung für Gentz und um die Tilgung seines *dringenden Schuldenstands*. Des Kanzlers Argument: *Ein Mann, der einmal so tief wie Gentz in den politischen Gang eines großen Staates eingeweiht ist, kann nicht mehr freigelassen werden*.

Metternich und sein wichtigster Berater können in Heiterkeit ausbrechen bei der gemeinsamen Lektüre Heines, der in den ‚Reisebildern‘ und in der ‚Lutetia‘ ironisch und doch respektvoll auf den Staatskanzler zu sprechen kommt, aber in erster Linie streiten sie sich jetzt: *Clemens fand noch Zeit, sich mit Gentz zu zanken, der ihn schließlich immer ärgert*, notiert die Fürstin, die auf den Geist des Hofrats nichts kommen lassen möchte. (H. Heine 1973, 7, 12). Auch der rechnet sich allerdings nicht wenig *Mut und Beharrlichkeit* zu bei der Behauptung der eigenen Standpunkte. Metternich verteidigt seinen monarchischen Rigorismus, Gentz den Anspruch einer pragmatischen *Staats-Vernunft*. Dazu gehört auch die Einsicht in das politische Scheitern der Karlsbader Beschlüsse, was Metternich vehement bestreitet. Gentz ist strikt dagegen, die Repressionsmaßnahmen von 1819 im Jahre 1831 wieder aufleben zu lassen, doch der Staatskanzler versucht genau dies zu betreiben.

Für den Hofrat ist es Metternichs *Urlüge*, zu glauben, dass sämtliche Revolutionen auf freimaurerische Verschwörungen zurückzuführen sind, und dass die gewaltsame Unterdrückung von Repräsentativverfassungen und Pressefreiheit zu einem vernünftigen politischen Ergebnis führen kann. Vom Gegenteil vermag der Hofrat seinen Dienstherrn nicht mehr zu überzeugen. Prokesch notiert zu Gentz' Äußerungen: *Abends prophezeit er mir das Scheitern aller Schritte des Fürsten gegen Repräsentativverfassungen und Pressfreiheit in Deutschland und stellt den Satz auf: Glücklichmachung und Hebung des Volkes und völlige Abtrennung nach außen sei die wahre Aufgabe Österreichs*. Gentz glaubt nun tatsächlich den Untergang Metternichs vor Augen zu haben, den Leitstern von Österreich oder gar Europas Heil scheint dieser Mann nicht mehr verkörpern zu können – welch ein radikal veränderter Tonfall in der Zeitanalyse des Hofrats. Am 1. Januar 1832, wenige Monate vor Gentz' Tod, prophezeit der Staatskanzler, das *Jahr 32 würde noch böser sein, als das Jahr 30; da er aber im Cabinett Gottes nicht Sitz und Stimme hat, so konnte mich diese Ankündigung nicht sonderlich erschüttern*. Hier arbeiten zwei hochkarätige Politiker miteinander, die sich nur noch wenig zu sagen haben.

Wortkram, Heuchelei und Lüge oder Verlust der Mitte

Friedrich Gentz wagt sich in seinen Überzeugungen noch einen eklatanten Schritt weiter vor. Während Metternich starrsinnig am Kampf *zwischen dem Princip der Souveränität von oben und der doctrinellen Souveränität des Volkes* festhält, ist dem

Wiener Hofrat eines nur zu bewusst geworden – das politische System von 1814/1815 hat *restlos ausgedient*, die große Allianz von einst sei so gut wie zerstört und werde heute nur noch *von treulosen Freunden als Aushängeschild* benutzt, schreibt er an den Staatskanzler: *Ich sehne mich nach Wahrheit; auf dem jetzigen Wege finde ich nichts als Wortkram, Heuchelei und Lüge.* Und ist nicht sogar die gesamte kontinentale Politik gegenüber Napoleon ein *monströser Missgriff* gewesen? Prokesch notiert: *Gentz gestand mir, dass Napoleon gestürzt zu haben, ein Unglück für Europa und der größte Fehler der österreichischen Politiker war. Und vor allem: Metternich ist Revolutionär, weil er die Klugheit nicht hat, die Notwendigkeit der Revolution ferner hinausgerückt zu halten, weil er nur auf die Wirkungen, nicht auf die Gründe wirkt, nicht die Verpflichtungen der Regierungen beachtet und weil er der Zeit starr entgegensteht.*

Metternich als Revolutionär wider Willen – ein größerer politischer Abstand gegenüber der Zentralgestalt des österreichisch-deutschen Restaurationssystems scheint kaum denkbar. Der Sieg der alliierten Mächte über Napoleon ist nur durch Zugeständnisse an die Ideen und Kräfte von 1789 möglich gewesen, die gewaltsame Reaktion darauf bedeutet neuerliche Aussaat von Revolution – das hat Konsequenzen in vielfacher Hinsicht. Spätestens jetzt haben wir es bei diesem *Geschäfts- und Freundschaftsverhältnis* in der Wiener Hof- und Staatskanzlei mit einem *geschichtlich-unvergleichlichen Dioskurenpaar*, ja mit *zwei parallelen Systemen* zu tun. (A. Fournier 1906/H.v. Srbik 1925, 1/F.C. Wittichen 1929/G. Barudio 1995/G. Kronenbitter 1999).

Auch um 1830 steht die Geschichte nicht still, selbst wenn sich nun das Ende der Kunstperiode ereignen mag, vielmehr drängt alles sogartig in eine unbestimmte Zukunft. Dabei sind die wesentlichen Wirkungskräfte des kommenden Zeitalters in der Gegenwart längst absehbar. Von dieser Erfahrung zeigt sich das Denken des Hofrats Gentz mehr und mehr bestimmt, die zeitweilige Hermetik seiner politischen Philosophie wird durch die öffentlichen Meinungs- und Hoffnungsgewitter über den Kratern der fürstlichen Machtkämpfe mit wachsender Irritation aufgeladen, jetzt geht es ihm nur noch um die *Wahrheit*. Gewiss, Friedrich Gentz hat das alte Europa und mit ihm das aristokratisch behagliche Österreich geliebt, über Jahre hin will er Teil seiner Machtherrlichkeit sein, aber nun kann dieser Empiriker der politischen Klugheitslehre die Zeichen der sich wandelnden Zeit nicht länger in Abrede stellen.

Wie kaum jemand sonst hat Joseph Görres damals das Scandalon jener Nachkriegs-Ära als elektrisierendes Sprachgewitter aufleuchten lassen. Europa habe in den vergangenen Jahren nicht so furchtbare Stürme überstanden, schreibt er, *damit jenes Reich der Mittelmäßigkeit [...] sich wieder zusammenfinde, in dem jede Kraft ein Missklang, jedes Talent eine gefährliche Gewalt, jede Idee als eine Plage gilt, und jede Erhebung und Begeisterung als eine gefährliche Narrheit behandelt wird.* Die Wirklichkeit der nachnapoleonischen Zeit hat sich zu einem Raum der Gründe und der vielfältigsten sozialen Intentionen gewandelt, die Politik ist gleichsam in die Gesellschaft zurückgenommen und kommunikativ verflüssigt worden, von hier aus schießen unabsehbare Gefühls-, Phantasie- und Hoffnungsenergien in sie ein. Und allesamt haben sie eines gemeinsam – sie wollen die neue Zeit vorbereiten. Und die soll von souveränen Nationen unter Rechts- und Verfassungsgarantien bestimmt sein. Noch der betagte und kranke Gentz verfolgt all das mit gespannter Aufmerksamkeit.

Die von der Wiener Hof- und Staatskanzlei verkörperte *Ordnung besitzt nur Gewalt zum Zerstören, aber keine, durchaus keine zum Wiederaufbauen*, das ist vielleicht die bitterste der späten Einsichten eines hohen Beamten, der nun freimütig zu Protokoll gibt: *Ich werde mit Metternich stehen und fallen, aber heutzutage ist er der Narr. Schriebe ich die Geschichte der letzten fünfzehn Jahre, so würde sie eine zusammenhängende Anklage gegen Metternich sein.* Jenes alte kaiserlich-bürokratische Machtkondominat und mit ihm der Staatskanzler sind ihrer Zeit nicht mehr gewachsen, das ist Gentz nur zu bewusst. Man kann nicht – wie Metternich – dem *ewigen Drang, den Feind an der Gurgel zu packen*, nachgeben. Schon Talleyrand hatte den Dynasten auf dem Wiener Kongress ins Stammbuch geschrieben: *Europa muss für alle Zeit von dem Glauben Abschied nehmen, dass Rechte allein von Eroberung abhängen.* Gerichtet war das zumal gegen Metternichs Anspruch auf die *heilige Legitimität* des monarchischen Prinzips. Auch Gentz wagt die nun mit Verve in Zweifel zu ziehen. Schon sein alter Lehrer Kant hatte hier vom *Erbwahn* der absolutistischen Dynasten gesprochen. Gentz schreibt in einem Brief an Adam Müller: *Das Prinzip der Legitimität, so heilig es sein mag, ist in der Zeit geboren, darf also nicht absolut, sondern nur in der Zeit begriffen, und muss durch die Zeit, wie alles Menschliche, modifiziert werden. Für einen neuen Ausfluss oder einen geoffenbarten Willen der Gottheit hielt ich es nie. Die höhere Staatskunst kann und muss unter gewissen Umständen diesem Prinzip kapitulieren.*

Die Staatenwelt muss also zu einer neuen Legitimität finden, ja sie muss in eine andere Zukunftsordnung hinüber gerettet werden, aber niemand weiß oder vermag zu bestimmen, in welche? Der *bloße nackte Kampf für die Aufrechterhaltung der bestehenden Macht und gegen die revolutionären Bestrebungen hat etwas Unbefriedigendes, Beengendes, Einseitiges usf. Von der andern Seite ist es jedoch sehr gefährlich, in einem Zeitpunkt wie dem jetzigen mit einiger Bestimmtheit anzugeben, was denn nun eigentlich zwischen das großer Modifikationen und neuer oder zu erneuernder Stürze höchst bedürftige Alte und das schlechthin verwerfliche Neue treten soll? Schwer ist es, diese Frage auch nur theoretisch zu beantworten, denn tote, materielle Rückkehr zu irgendeiner früheren Form ist offenbar unmöglich.* Das gilt nicht nur für die innerstaatlichen Ordnungsverhältnisse, sondern auch für den Zusammenhalt der europäischen und überseeischen Völkergemeinschaft, wobei die einzige Sanktionsmöglichkeit der internationalen Vertragsverhältnisse in ihrer wechselseitigen Moralität besteht. Und hier liegt für Gentz die Crux aller politischen Evolution: *Die Staaten, ihre Regenten und Bürger, müssen Gerechtigkeit lernen: discite justitiam! Auf diesem Wege allein ist, wenn nicht der ewige Friede, doch die Verminderung der Kriege zu suchen. Jedes andere Bestreben ist entweder chimärisch oder verderblich.*

Aber wie soll die politische Moral in der Welt heimisch werden, wenn jetzt sogar von der Friedensgemeinschaft Europa, vom Geist des Wiener Kongresses immer weniger und kleinlauter gesprochen wird? Hat Gentz sein Leben in dieser vom Oppositionsgeist zerfurchten Ära einer verlorenen Sache geweiht? An den Vetter Ancillon schreibt er damals, er könne *bloß noch das Positive ertragen*, mit dem kontinentalen Frieden als Inbegriff, hingegen sei ihm die *Vermittlung der unendlich schwierigen Antithesen in Öffentlichkeit und Politik* nicht länger möglich, denn in der *Mitte von einst finde man heute keine Rettung mehr*. Damit greift Gentz in kritischer Absicht einen Terminus Friedrich Schlegels auf, der eine Glaubensrevolution ersehnt, und aus der christlich-organischen Mitte heraus die Überschreitung der säkularen durch eine neue heilige Zeit menschlicher Erfüllung prognostiziert hat. Das aber ist für Gentz blanker (Staats-)Mystizismus. Auch aus einem solchen Verlust der Mitte kann er nur realpolitische Folgerungen ziehen, aber die sind von erheblicher Bedeutung. (C. Aspalter 2006/H. Zimmermann 2009/H.-C. Kraus 1999).

Gentz' Weltbetrachtung öffnet sich nun immer vorbehaltloser dem Grundkonflikt von Fortschritt und Reaktion in der Gleichgewichtsordnung Europas. Der so versehrte und weiterhin gefährdete Kontinent kehrt in zunehmend klarem Licht auf seine historische Agenda zurück. Aber besitzt die kaiserliche Monarchie darin noch eine politische Zukunft? *Der Zeitgeist [wird] zuletzt mächtiger sein als die Politik, und die Presse [...] ihr furchtbares Übergewicht über alle unsere Weisheit nicht verlieren*, notiert Gentz jetzt. Und: *Die von uns verteidigte Sache wird untergehen, ich weiß es wohl, und ich weiß auch, warum.* Aber nicht bloße Resignation bekundet sich in dem Gefühl, *geschlagen* und zur *eigenen Rettung unfähig* zu sein, sondern immer noch so etwas wie ein transitorisches Bewusstsein. Man kann nicht nur von der Entmutigung des Wiener Hofrats sprechen, obgleich er nicht mehr hoffen mag, *noch etwas Gutes zu stiften* in der Welt und an ein besseres Menschendasein kaum zu denken wagt. Denn Gentz weiß, dass die alte Welt sich nicht einfach organisch in eine bessere Zukunft transformieren lässt. Niemals sei er von der *Ewigkeit unseres Systems der Erhaltung überzeugt* gewesen, schreibt er in jenen späten Tagen, seinen *Zweck habe es zwar erreicht, aber bei all seiner Macht nicht den ewigen Frieden zu begründen vermocht, und es dürfe wohl beim ersten Stoß der Geister zu einer Tradition werden. (H. Bock/W. Heise 1986).*

Der Menschheit wird etwas Besseres blühen als das Gewesene. Dem Wiener Hofrat ist schon seit längerem eines bewusst geworden – der wachsende Autonomie- und Bildungsfortschritt unter den Menschen, vermittelt und verstärkt durch einen nicht mehr einhegbaren public spirit, wird in Zukunft ebenso unverzichtbar wie unumkehrbar sein. Was der Politiker Gentz immer verhindern wollte, und wofür er doch selbst das schlagendste Beispiel verkörperte, tritt unaufhaltsam in die Geschichte ein – Politik ist nicht mehr das *Privileg einiger Einzelnen, die nach ausschließender Herrschaft ringen*, sondern ihre Souveränität wird abhängig sein vom *Ehrgeiz unendlich vieler, die sich zur Mitwirkung bey den Staats-Geschäften berufen glauben*. Zwar dürfte auch deren Eitelkeit die Geschicke aller künftigen Machtausübung mitbestimmen, aber diese Menschen können dann nur noch durch die *Superiorität ihrer Talente* regieren, der öffentlichen Inspiration des Gemeinwesens sei Dank. Einem geistverlassenen Etatismus scheint endgültig keine Zukunft mehr versprochen.

Rahel Varnhagen hat diese innere Bewegtheit bei ihrem alten Freund wohl am sensibelsten verspürt, noch kurz vor seinem Tod möchte sie ihn zur politischen Umkehr bewegen. Endlich soll er wieder auf seine außerordentlichen Kräfte vertrauen, schreibt sie, und nicht so sinn- und weltverlassen daherreden. Nichts sei *verloren*, nur die Wirklichkeit verändere sich, der Geist der *Zeit sei jedesmal allgemein gewordene Überzeugung. Horchen Sie dahin: agieren Sie mit der, durch die*. Für den genialen Redner und Meinungsführer Gentz muss die Politik wieder zum Instrument werden: *Überwinden Sie den Abscheu: kommen sie ihr zuvor: Lenker bedarf eine jede*. Einst habe Gentz den Deutschen Bund geschaffen: *Damals war der gut. Erfinden Sie wieder etwas. Ich zweifle nicht. Verzweifeln Sie nicht: und alles ist noch gut*. Den Menschen gehören doch die Staaten, es sind Menschen, welche die Regierungen bilden, beschwört Rahel den verzagten Freund: *Sie können alles zu allem überreden. Wagen Sie das Neuste, die neuste Behauptung. Sie sollen mal sehen!*

Vierzig Jahre Arbeit haben bei Gentz zu nichts weiter geführt als Reichtum, Glanz und Macht, aber die *wahre Sache der Menschheit* ist dabei ins Hintertreffen geraten – Umkehr heißt nun das Gebot der Stunde: *Sehen Sie nicht nur die Unordnung, sondern [...] was die in der Zeit sich folgenden Menschen nun jetzt zu wollen haben. Denken Sie nicht an das, was Menschen ewig wollen sollten: sondern fassen Sie in's Auge, was Weltwirrwarr, alte Sünden, längst Verfehltes nun erlaubt, und wohin dies drängt. [...] Behalten Sie das Heft in Händen! Seien Sie großartig*. (R. Levin Varnhagen 2011, 5). Wird der malade Gentz an dieser so liebevollen wie brillant formulierten Krisentherapie noch einmal genesen?

Der Tod und kein Ende

Der Wiener Hofrat ist im Frühjahr des Jahres 1832 bei schlechter Gesundheit. Ermüdung, Trägheit und Ohnmachten befallen ihn immer wieder, das Bett kann er kaum verlassen, es häufen sich Todesahnungen. Aber noch will der aufgeweckte Kopf dem Ende widerstehen: *Geist und Gemüt des Jünglings im Körper des Greises! Trauriges Missverhältnis. – Die Weltgeschäfte ekelten ihn an, desgleichen die Menschen. Er seufzte nach mir*, notiert Prokesch damals in sein Tagebuch. Nun liegt Gentz wirklich im *Klepperstalle* und hat nur noch gelegentlich, so gut es geht, Anteil an der Regierungsarbeit in der Hof- und Staatskanzlei. Doch seine Kräfte schwinden zusehends, die Nachrichten über seinen Zustand klingen Mal um Mal düsterer, seit März 1832 hat er das Vorgefühl seines Endes. Einer der zugezogenen Ärzte, Doktor Türkheim, hält das Erbrechen und den Schwindel des Patienten für einen Fall von Cholera, der andere, Doktor Frank, führt beim Ehepaar Metternich Beschwerde darüber, dass der Hofrat Gentz die ordentliche Einnahme seiner Medizin verweigere. Aber der, heißt es im Tagebuch, will sich *nicht der Niedertracht schuldig machen, alt zu werden*. Das unaufhaltsame Verkümmern des hofrätlichen Leibes ist die eine Beschwernis, die andere liegt in der beständigen *dunklen trüben Reue über die Vergangenheit*. Für

Gentz ist das Leben gelebt, aller Hoffnungsvorrat aufgebraucht und so vieles revisionsbedürftig geworden, seine Existenz schrumpft nun auf das Unmittelbare zusammen. Schließlich versiegt in ihm sogar die Liebe zu Fanny. Auch dies muss er sich kurz vor dem Ende noch eingestehen.

Am Morgen des 9. Juni 1832, wenige Wochen nach dem mit Schrecken aufgenommenen Tod Goethes, stirbt der kaiserliche Hofrat achtundsechzigjährig in seiner Villa in Weinhaus. Beim Hinscheiden des Weimarers ist er entsetzt, dass dieses *Weltereignis*, diese *abgebrochene Lebensgenossenschaft* so gut wie keine öffentliche Betroffenheit auszulösen scheint. In Wahrheit hat er sie nur nicht mehr wahrnehmen können. Aber auch sein eigenes Sterben vollzieht sich in merkwürdiger Stille. Friedvoll im eigenen Bett, weder am Galgen napoleonischer Häscher, noch vor dem Revolverlauf eines anarchistischen Attentäters, wie lange befürchtet, vollzieht sich dieses Ableben. Der *Teufel des Revolutionsprinzips* hat ihn, den vermeintlichen Apostel von Restauration und Heiliger Allianz, nicht geholt. Vielmehr gewährt ihm das katholische Wien nun ein protestantisches Ehrenbegräbnis, dessen Kosten von der österreichischen Staatskanzlei übernommen werden. Therese Elßler beschreibt Gentz' letzte Stunden in ihrem Kondolenzbrief an seine beiden Schwestern: *Vor sechs und sieben Tagen fühlte er sich noch ganz leidlich, wiewohl schon sehr schwach und krank. Die Ärzte gaben eben nicht alle Hoffnung auf. Seit vier Tagen verschlimmerte sich sein Zustand bedeutend, die Schwäche nahm zu, – Fanny hoffte noch immer, da sie sich diesen Verlust nicht als eine Möglichkeit vorstellen konnte, – weshalb sie auch der Schlag seines Verlustes so betäubend zu Boden drückt! – Diesen Morgen neun Uhr führte ihn ein sanfter Schlummer in eine bessere Welt!*

Friedrich Gentz ist, wie sich bald zeigen sollte, in exquisiter Armut gestorben. Eine Barschaft von fünf Gulden und wenigen Kupferkreuzern findet man in den Taschen des Hingegangenen, die dreitägige Versteigerung aller Besitztümer kann den immensen Schuldensaldo des Hofrats bei weitem nicht decken. Zu erben sei nichts, schreibt Prokesch an Lisette Gentz. Und das bei einem Grandseigneur der europäischen Politik, dessen verdientes, erborgtes und erbetteltes Einkommen nicht selten jede Vorstellung überstiegen hat, und den ein Bankier wie Salomon Rothschild als ebenso einzigartigen wie teuren Freund verehrt: *Er hat mich große Summen gekostet, man glaubt es nicht, wie große Summen, denn er schrieb nur auf einen Zettel, was er haben wollte, und er bekam es gleich; aber seit er nicht mehr da ist, seh' ich erst, was uns fehlt, und dreimal so viel möcht' ich geben, könnt' ich ihn ins Leben zurückrufen.* Umstritten, leichtlebig und geehrt hat Friedrich Gentz seine irdischen Tage zugebracht, er war ein anstrengender Freund, Wilhelm von Humboldt erinnert sich seiner mit bissigem Wohlwollen: *Gentz behauptete immer, man wäre kein recht ordentlicher Mensch, wenn man nicht gehörige Schulden hätte.*

Es ist wirklich *nur die Liebe, die singt*, wie Joseph de Maistre vor Zeiten geschrieben hat, ein Epitaph in schönster Sprachmusik setzt dem *bösen alten Kind* nun die trauernde Freundin Rahel. In Vergebung all seines Egoismus und seiner Selbstverliebtheit gedenkt sie dieses *unvergleichlichen Kinderherzens*. Die Gentzschen *Perfidien*

– er übte sie reichlich gegen mich – sind anders, als der Andern ihre: er gleitete wie in einem Glücksschlitten fliegend auf einer Bahn, auf der er allein war; und niemand darf sich ihm vergleichen; auf diesem Wege dann, sah er, nicht mehr wie auf der Erde, weder rechts, noch links: hatte er Schmerz, litt er Widerspruch, dann war er nicht mehr auf dieser Bahn; und dann verlangte er Hülfe und Trost; die er nie gab. Nun aber, im Angesicht seines Todes verzeiht sie dem Freund alles – *es bleibt mir nur reine, lebendige Liebe. Dies sei sein Epitaph! Er reizte mich immer zur Liebe: er war immer zu dem aufgelegt, was er als wahr fassen konnte. Er ergriff das Unwahre mit Wahrheitsleidenschaft, [...] und nie wird er bei mir sterben.* Bewundert, verehrt, ja geliebt hat sie den Unvergessenen, vor den Kopf gestoßen und enttäuscht wurde sie von ihm wie von wenigen Menschen, und doch hat das Faszinosum Gentz in ihrem Herzen über Jahrzehnte nicht an Gefühlskraft verloren.

Freilich vernimmt man in ihrem Trauerbrief noch ein ganz anderes Memento. Es ist das einer aufgeklärten Preußin, der die politische Karriere des Freundes wie eine vertrackte Passion für das *Unwahre* vorkommt. Wahrheitsleidenschaft ist für Rahel nicht mit Wahrhaftigkeit gleichsetzbar. Hat Gentz, dem als Individuum nun alles verziehen ist, sein offizielles Leben für eine geschichtlich falsche, eine verlogene Sache hingegeben? Musste er ein Dasein ohne Liebe fristen, verlassen und sich selbst entfremdet, weil er einem unvernünftigen, rückwärtsgewandten Machtsystem gefügig war? Rahels Ehemann Karl August Varnhagen von Ense hat das Phänomen Gentz in einer Lesart zu erklären versucht, die aus der Wirrsal seiner Missdeutungen herausführen sollte. In Gentz' letzten Lebensjahren, schreibt er, hätten sich *die tiefen Verbindungsfäden zum Liberalismus wieder verstärkt, die er bei erklärtestem Widerwillen, bei Drang und Gefährde jeder Art, die ihm die Erneuerung der Revolution brachte, immer noch in der Seele hegte und die ihm zu dem Befeindeten einen Bezug ließen, wie ihn kein anderer hegte.* Demnach ist das im politischen Bewusstsein des Hofrats gleichsam verharschte Aufklärungsbekenntnis am Ende wieder aufgetaut und virulent geworden. Genau dies aber haben ihm seine Gegner und Verächter, die enttäuschten Liberalen wie die distanzierten Aristokraten, nie zugute halten wollen. (K. Mendelssohn-Bartholdy 1867/J. Baxa 1965/G. Mann 1995/R. Levin Varnhagen 2011, 5/Varnhagen v. Ense 1994/H.v. Srbik 1925,1/P.R. Sweet 1970/R. Haym 1854).

Im Fall des Friedrich Gentz hat sich kein Lebensprojekt zur Fülle von Wohlbabenheit und Würde gerundet, aber die Fama vom berüchtigten Metternich-Vertrauten wird jetzt noch einmal ungeahnte Strahlkraft entfalten. Sogleich nach seinem Tod feiert sie im Kreis der Kollegen und Freunde fröhliche Urständ. Der Hof- und Staatskanzler selbst kondoliert den Gentzschen Schwestern offiziell, indem er die ausgezeichneten Dienste eines *Unersetzlichen* markiert, der ebenso durch sein *eminentes Talent als Schriftsteller und Publizist wie durch die edelsten und liebenswürdigsten Eigenschaften des Geistes und Herzens* hervorgeleuchtet habe. Aber gerade mit dem Geist und dem Herzen seines Untergebenen ist Metternich in letzter Zeit nur noch sehr bedingt zu Rande gekommen. Inoffiziell lauten die Bekundungen über den Seligen denn auch ganz anders. Die Fürstin Metternich, sie hat oft genug den erregten De-

batten zwischen Gentz und ihrem Gatten beigewohnt und sich in manches eingemischt, notiert kurz nach dem Tod des Hofrats in ihr Tagebuch: *Nun liegt der arme
Mann im Grabe, und schon sind nur wenige noch seiner eingedenk; wenige vermissen,
niemand beweint ihn, und dennoch gibt es für ihn keinen Ersatz.*

Zur gleichen Zeit schreibt der Staatskanzler einen Brief an Prokesch, in dem er das
desillusionierende Bild seines langjährigen Weggefährten zeichnet: *Sein wahres Leiden war eine gänzliche Erschöpfung der Lebenskräfte. Das Öl war versiegt,* heißt es im
Verfügungston eines Politikers, der sich berechtigt fühlt, Vita und Psyche seines Untergebenen von Innen nach Außen zu kehren. Das Liebesverhältnis zu seiner untreu-
en Fanny müsse man der charakterlichen Fehlentwicklung des alten Gentz zuschrei-
ben, außerdem sei die Leidenschaft zu der kleinen Person seit längerem in ihm
erloschen gewesen. Wörtlich schreibt Metternich über seinen Hofrat, das Persönliche
mit dem Politischen vermengend: *Das Ändern in den Menschen ist stets ein schlechtes
Zeichen. Sie haben Gentz nicht so lange gekannt als ich ihn kannte. Unser intimes Verhältnis umfasst beinahe dreißig Jahre. Ich habe demnach die Abstufungen in seinem Leben zu beobachten die volle Gelegenheit gehabt. Gentz war der Mensch, welcher von jeder
Art von Romantismus am fernsten stand. Vor fünf bis sechs Jahren erwachte eine Art
desselben in ihm; er bildete sich seit seiner Bekanntschaft mit Fanny bis zu hohem Grade
aus. Diese romantische Liebe bei Greisen nützt den Geist bald ab und führt das Ende
herbei. Ein seltener Umfang des ausgezeichnetsten Talents, wahrer Genius ist mit dem
Verewigten zu Grabe gegangen. Die Stelle, welche er einnahm, kann nicht ausgefüllt
werden, und obgleich mir Gentz seit ein paar Jahren nur mehr Fantasiedienste leistete, so
geht er mir in den wichtigsten Beziehungen ab.*

Wenn ein hoher Beamter seinem Kanzler nur Phantasiedienste leistet, ist er offenkundig nicht (mehr) tauglich für das politische Hauptgeschäft, die Konservierung
der alten Verhältnisse. Ist Gentz am Ende der *poetischen Politik* des Liberalismus
verfallen? Hat er tatsächlich *die Mächtigen der Welt viel zu hoch* und die Völkermas-
sen auf dem *magischen* Revolutionsschauplatz zu *phantastisch* wahrgenommen? Der
Wiener Hofrat ist in seinen letzten Lebensjahren zu einer Art Dissident im System
der Wiener Restaurationspolitik geworden, aber das wissen damals nur seine Vertrauten und die Insider der Macht. Etliche andere Zeitgenossen wie Grillparzer, Hormayr oder Hebbel wollen davon nichts hören, sie geben kein Pardon, wenn es gilt,
den *sybaritischen* und *sardanapalischen* Metternich-Günstling seiner *gewöhnlichen
Schamlosigkeit* zu überführen. Gentz verkörpert für sie eine jener obskuren *Großwür-
den der Unterdrückung.* Verdikte dieser Art sollten sich bald auch in der wissenschaft-
lichen Publizistik als meinungsbildend erweisen. Nicht zuletzt deshalb konnten die
Deutschen so nachhaltig von Vorwürfen der reaktionären Machtbesessenheit und
Unmoral des Wiener Hofrats eingenommen sein, oder ihn völlig vergessen.

BIBLIOGRAPHIE

Quellen[*]

Albrecht, Wolfgang (Hg.): Um Menschenwohl und Staatsentwicklung. Textdokumentation zur deutschen Aufklärungsdebatte zwischen 1770 und 1850. Stuttgart 1995

Allgemeine deutsche Real-Encyclopädie für die gebildeten Stände: Conversations-Lexikon. Bd. 4. Leipzig 1827, S. 597-598

Allgemeines Landrecht für die Preußischen Staaten von 1794. Hg. von Hans Hattenhauer. Neuwied u.a. 1994[2]

Anonymus: Einige Bemerkungen über den königl. Preuss. Kriegsrath Friedr. Genz und sein Historisches Journal. In: Allgemeiner litterarischer Anzeiger. August 1799, Sp. 1321-1323

Anonymus: Neue Antwort auf eine von dem Frager selbst schon beantwortete Frage. In: Allgemeiner litterarischer Anzeiger. August 1799, Sp. 1323-1326

Anonymus: Ueber des Kriegsraths Genz Anpreisung der Preßfreiheit in der dem Könige bei seiner Thronbesteigung überreichten Schrift. In: Eudämonia oder deutsches Volksglück 6 (1798). [Reprint: Nendeln 1972], S. 239-255

Antiquariat Stenderhoff: Friedrich von Gentz. Leben und Werk. Zeit und Zeitgenossen (Katalog 443). Münster 1990

Aus dem Nachlasse Varnhagens von Ense. Tagebücher von Friedrich von Gentz. Bd. 1-4. Hg. von Ludmilla Assing. Leipzig 1873/74

Aus Metternich's nachgelassenen Papieren. Hg. von dem Sohne Fürsten Richard Metternich-Winneburg. Bd. 1-8. Wien 1880/1884

Bailleu, Paul (Hg.): Preußen und Frankreich von 1795 bis 1807. Bd. 1-2. Leipzig 1881/1887

Baxa, Jakob (Hg.): Adam Müllers Lebenszeugnisse. Bd. 1-2. München u.a. 1966

Bergk, Adam / Ewald, Johann Ludwig / Fichte, Johann Gottlieb u. a.: Aufklärung und Gedankenfreiheit. Fünfzehn Anregungen, aus der Geschichte zu lernen. Hg. von Zwi Batscha. Frankfurt/Main 1977

Bienert, Michael (Hg.): Berlin 1806. Das Lexicon von Johann Christian Gedicke. Berlin 2006

Bittner, Ludwig (Hg.): Gesamtinventar des Wiener Haus-, Hof- und Staatsarchivs. Wien 1938

Blätter für literarische Unterhaltung. Bd. 1. Leipzig 1840, S. 65-79

Bluntschli, Johann Caspar: Geschichte des Allgemeinen Statsrechts und der Politik. München 1864, S. 438-454

Börne, Ludwig: Sämtliche Schriften Bd. 1-5. Dreieich 1977

Brandt, Hartwig (Hg.): Restauration und Frühliberalismus 1814-1840. Quellen zum politischen Denken der Deutschen im 19. und 20. Jahrhundert. Darmstadt 1979

Briefe von Christian Garve an Christian Felix Weiße und einige andere Freunde. Breslau 1803

Buchholz, Friedrich: Der Neue Leviathan. Tübingen 1805 [Reprint 1970]

Buchholz, Friedrich: Über den gegenwärtigen Charakter der politischen Parteien in Europa. In: Europäische Annalen. Bd. 1. Heft 3 (1806)

---

[*] Für Reproduktionen aus der Autographen-Sammlung des Kölner Politikers und Historikers Günter Herterich zu Friedrich Gentz danke ich der Universitäts- und Stadtbibliothek Köln.

Buchholz, Friedrich: Über das alte System des Gleichgewichts und über das neue Föderativ-System. In: Europäische Annalen. Bd. 3. Heft 8 (1806)

Buchholz, Friedrich: Rom und London oder über die Beschaffenheit der nächsten Universal-Monarchie. Vom Verfasser des neuen Leviathan. Tübingen 1807

Buchholz, Friedrich: Gallerie preußischer Charaktere. Berlin 1808 [Reprint Frankfurt/Main 1982]

Büchner, Alexander (Hg.): Briefe des Prinzen Louis Ferdinand von Preußen an Pauline Wiesel. Nebst Briefen von Alexander von Humboldt, Rahel Varnhagen, Gentz und Marie von Méris. Leipzig 1865

Burke, Edmund: Betrachtungen über die Französische Revolution. In der deutschen Übertragung von Friedrich Gentz. Bearbeitet und mit einem Nachwort von Lore Iser. Frankfurt/Main 1967

Dietze, Anita und Walter (Hg.): Ewiger Friede? Dokumente einer deutschen Diskussion um 1800. München 1989

Dippel, Horst: Die Anfänge des Konstitutionalismus in Deutschland. Texte deutscher Verfassungsentwürfe am Ende des 18. Jahrhunderts. Frankfurt/Main 1991

Erhard, Johann Benjamin: Über das Recht des Volks zu einer Revolution und andere Schriften. Hg. von Helmut G. Haasis. München 1970

Fichte, Johann Gottlieb: Schriften zur Revolution. Hg. von Bernard Willms. Frankfurt/Main u.a. 1973

Fichte, Johann Gottlieb: Beitrag zur Berichtigung der Urteile des Publikums über die französische Revolution. Erster Theil. Zur Beurteilung ihrer Rechtmäßigkeit (1793). Beigefügt die Rezension von Friedrich von Gentz (1794). Hg. von Richard Schottky. Hamburg 1973

Fichte, Johann Gottlieb: Ausgewählte Politische Schriften. Hg. von Zwi Batscha und Richard Saage. Frankfurt/Main 1977

Fournier, August (Hg.): Gentz und Wessenberg. Briefe des Ersten an den Zweiten. Wien und Leipzig 1907

Fournier, August (Hg.): Österreich am Vorabend der Befreiungskriege. Drei Briefe von Friedrich Gentz. In: Österreichische Rundschau 34 (1913), S. 365-373

Fournier, August/Winkler, Arnold (Hg.): Tagebücher von Friedrich von Gentz (1829-1832). Zürich u.a. 1920

Freiherr vom Stein: Briefwechsel, Denkschriften und Aufzeichnungen. Hg. von Erich Botzenhardt. Bd. 1-7. Berlin 1931/1937

Garber, Jörn (Hg.): Kritik der Revolution. Theorien des deutschen Frühkonservativismus 1790-1810. Kronberg/Ts.1976

Garve, Christian: Popularphilosophische Schriften über literarische, ästhetische und gesellschaftliche Gegenstände. Hg. von Kurt Wölfel. Bd. 1-2. Stuttgart 1974

Gedike, Friedrich / Biester, Erich (Hg.): Berlinische Monatsschrift (1783-1796). Auswahl. Hg. von Peter Weber. Leipzig 1986

Gentz, Friedrich (Hg.): Neue Deutsche Monatsschrift. Bd. 1-6. Berlin 1795/1796

Gentz, Friedrich (Hg.): Historisches Journal. Bd. 1-6. Berlin 1799/1800

Gentz, Friedrich: Von dem Politischen Zustande von Europa vor und während der Französischen Revolution. Eine Prüfung des Buches: De l'état de la France á la fin de l'an VIII. Berlin 1801

Gentz, Friedrich: Ueber den Ursprung und Charakter des Krieges gegen die Französische Revolution. Berlin 1801

Gentz, Friedrich: Authentische Darstellung des Verhältnisses zwischen England und Spanien vor und bei dem Ausbruche des Krieges zwischen beiden Mächten. St. Petersburg 1806

Gentz, Friedrich: Fragmente aus der neusten Geschichte des Politischen Gleichgewichts in Europa. St. Petersburg 1806

Gentz, Friedrich: Briefe an Christian Garve (1789-1798). Breslau 1857

Gentz, Friedrich: Dépeches inédites du Chevalier de Gentz aux Hospodars de Valachie pour servir à l'historie de la politique européenne (1813 à 1828). Paris 1876/77

Gentz, Friedrich (von): Über die Französische Revolution. Betrachtungen und Abhandlungen. Hg. von Hermann Klenner. Berlin 1991

Gentz, Friedrich: Gesammelte Schriften. 12 Bände in 24 Teilbänden. Hg. von Günther Kronenbitter. Hildesheim 1997-2004 [zit. als GS]

Gentz, Friedrich: Revolution und Gleichgewicht. Politische Schriften. Hg. von Hans Jörg Hennecke. Waltrop und Leipzig 2010

Gentz, Josef: Friedrich Gentz und die heutige Politik. Wien 1861

Gentz, Josef: Über die Tagebücher von Friedrich Gentz und gegen Varnhagen's Nachwort. (Ein Nachtrag zu der Schrift Friedrich Gentz und die heutige Politik). Wien 1861

Grillparzer, Franz: Sämtliche Werke. Ausgewählte Briefe, Gespräche, Berichte. Bd. 1-4. München/Darmstadt 1964/69

Gross, Felix (Hg.): Immanuel Kant. Sein Leben in Darstellungen von Zeitgenossen. Berlin 1912 [Neudruck: Darmstadt 1993]

Günther, Horst (Hg.): Die Französische Revolution. Berichte und Deutungen deutscher Schriftsteller und Historiker. Frankfurt/Main 1985

Guglia, Eugen (Hg.): Eine ungedruckte Denkschrift von Gentz aus dem Jahre 1822. In: Historische Vierteljahresschrift N.F. 3 (1900), S. 500-519

Hase, Alexander von (Hg.): Eine Denkschrift von Gentz für Lord Harrowby (16. November 1804). In: Kurt Töpner (Hg.): Wider die Ächtung der Geschichte. Festschrift zum 60. Geburtstag von Hans-Joachim Schoeps. München u.a. 1969, S. 157-168

Haym, Rudolf: Friedrich von Gentz. In: Allgemeine Encyklopädie der Wissenschaften und Künste. Bd. 58. Leipzig 1854, S. 324-392 [Reprint: Graz 1972]

Hebbel, Friedrich: Sämtliche Werke. Historisch-kritische Ausgabe. Hg. Von R.M. Werner. Bern 1970

Hegel, Georg Wilhelm Friedrich: Politische Schriften. Hg. von Jürgen Habermas. Frankfurt/Main 1966

Heine, Heinrich: Historisch-kritische Gesamtausgabe der Werke. Hamburg 1973 ff.

Hennings, August: Etwas über den politischen und diplomatischen Ton. In: Der Genius der Zeit. Mai 1799, S. 118-132

Hennings, August: Ueber die Mäßigung. In: Der Genius der Zeit. September 1799, S. 118-140

Hennings, August: An den Kriegsrath Genz. In Anleitung seiner Erklärung gegen mich im Oktober-Stücke des Historischen Journals. In: Der Genius der Zeit. November 1799, S. 393 ff.

Herz, Henriette: Ihr Leben und ihre Erinnerungen. Hg. von Joseph Fürst. Berlin 1850

Herz, Henriette: Berliner Salon. Erinnerungen und Portraits. Hg. von Ulrich Janetzki. Berlin 1984

Humboldt, Wilhelm von: Wie weit darf sich die Sorgfalt des Staats um das Wohl seiner Bürger erstrecken? In: Friedrich Schiller (Hg.): Neue Thalia. Bd. 2. Leipzig 1793, S. 131-169 [Reprint: Bern 1969]

Humboldt, Wilhelm von: Gesammelte Schriften. Bd. 1-17. Hg. von Albert Leitzmann u.a. Berlin 1967/68 [Reprint von 1903/1936]

Humboldt, Wilhelm von: Ideen zu einem Versuch die Grenzen der Wirksamkeit des Staats zu bestimmen. Stuttgart 1967

Humboldt, Wilhelm von: Werke in fünf Bänden. Hg. von Andreas Flitner und Klaus Giel. Darmstadt 2010

Hundt, Michael (Hg.): Quellen zur kleinstaatlichen Verfassungspolitik auf dem Wiener Kongress. Die mindermächtigen deutschen Staaten und die Entstehung des Deutschen Bundes 1813-1815. Hamburg 1996

Kant, Gentz, Rehberg: Über Theorie und Praxis. Einleitung von Dieter Henrich. Frankfurt/Main 1967

Kapp, Friedrich: Aktenstücke zur Geschichte der preußischen Censur- und Preß-Verhältnisse unter dem Minister Wöllner. In: Archiv für Geschichte des Deutschen Buchhandels. Bd. 4. Leipzig 1879, S. 138-214; Bd. 5 (1880), S. 256-306

Kemp, Friedhelm (Hg.): Rahel Varnhagen im Umgang mit ihren Freunden (Briefe 1793-1833). München 1967

Klinkowström, Clemens von (Hg.): Aus der alten Registratur der Staatskanzlei. Briefe politischen Inhalts von und an Friedrich Gentz aus den Jahren 1799 bis 1827. Wien 1870

Leitzmann, Albert (Hg.): Briefwechsel zwischen Schiller und Wilhelm von Humboldt. Stuttgart 1900[3]

Leitzmann, Albert: Ein Empfehlungsbrief Wilhelm von Humboldts für Friedrich Gentz. In: Festschrift für Alexander Cartellieri. Weimar 1927, S. 72-76

Leitzmann, Albert (Hg.): Politische Jugendbriefe Wilhelm von Humboldts an Gentz. In: Historische Zeitschrift 152 (1935), S. 52-89

Leitzmann, Albert (Hg.): Wilhelm von Humboldts Briefe an Karl Gustav von Brinkmann. Leipzig 1939

Levin Varnhagen, Rahel: Familienbriefe. Hg. von Renato Buzzo und Mágari Barovero. München 2009

Levin Varnhagen, Rahel: Rahel. Ein Buch des Andenkens für ihre Freunde. Bd. 1-6. Hg. von Barbara Hahn. Göttingen 2011

Massenbach, Christian von: Historische Denkwürdigkeiten zur Geschichte des Verfalls des preußischen Staates. Frankfurt/Main 1979

Mendelssohn-Bartholdy, Karl: Friedrich von Gentz. Ein Beitrag zur Geschichte Österreichs im 19. Jahrhundert. Leipzig 1867

Mendelssohn-Bartholdy, Karl (Hg.): Briefe von Friedrich von Gentz an Pilat. Ein Beitrag zur Geschichte Deutschlands im 19. Jahrhundert. Bd. 1-2. Leipzig 1868

Metternich-Winneburg, Richard Fürst von (Hg.): Oesterreichs Teilnahme an den Befreiungskriegen. Ein Beitrag zur Geschichte der Jahre 1813 bis 1815 nach Aufzeichnungen von Friedrich von Gentz nebst einem Anhang: ‚Briefwechsel zwischen den Fürsten Schwarzenberg und Metternich‘. Wien 1887

Mohl, Robert von: Die Geschichte und Literatur der Staatswissenschaften. Bd. 2. Erlangen 1859, S. 488-511

Müller, Adam: Die Elemente der Staatskunst. Sechsunddreißig Vorlesungen. Meersburg am Bodensee u.a. 1936

Müller, Adam: Kritische, ästhetische und philosophische Schriften. Hg. von Walter Schroeder und Werner Siebert. Bd. 1-2. Neuwied u.a. 1967

Napoleon Bonaparte: Maximen und Gedanken. Ausgewählt und mit einem Vorwort von Honoré de Balzac. Berlin 2010

Neue Österreichische Biographie ab 1815. Größe Österreicher. Bd. 1-16. Wien u.a. 1923/1965

Oellers, Norbert (Hg.): Der Protestantismus und die Romantik. Zur Verständigung über die Zeit und ihre Gegensätze. Ein Manifest von Theodor Echtermeyer und Arnold Ruge. Halle 1839/1840 [Reprint: Hildesheim 1972]

Die Österreichische Zentralverwaltung. Abteilung 1. Veröffentlichungen der Kommission für Neuere Geschichte Österreichs. Bd. 5-7. Wien 1907

Österreichisches Biographisches Lexikon 1815-1950. Hg. von der Österreichischen Akademie der Wissenschaften. Graz und Wien 1957/1988

Paine, Thomas: Die Rechte des Menschen. Hg. von Theo Stemmler. Frankfurt/Main 1973

Perthes, Clemens Theodor: Politische Zustände und Personen in Deutschland zur Zeit der französischen Herrschaft. Gotha 1862[2]

Perthes, Clemens Theodor: Politische Zustände und Personen in den Länden des Hauses Oesterreich von Carl VI. bis Metternich. Gotha 1869

Politische Paradoxien des Kriegsrath Genz. Ein Lesebuch für den denkenden Staats-Bürger. Berlin und Wien 1800

Prokesch-Osten, Anton Graf von (Hg.): Aus dem Nachlasse Friedrichs von Gentz. Bd. 1-2. Wien 1867/1868

Prokesch-Osten, Anton Graf von (Hg.): Zur Geschichte der orientalischen Frage. Briefe aus dem Nachlasse Friedrichs von Gentz 1823-1829. Wien 1877

Prokesch-Osten, Anton Graf von (Hg.): Aus dem Nachlasse des Grafen Prokesch-Osten. Briefwechsel mit Herrn von Gentz und Fürsten Metternich. Bd. 1-2. Wien 1881

Quarg, Gunter (Bearb.): Handschriften und Autographen aus der Sammlung Otto Wolff (1881-1940). Schriften der Universitäts- und Stadtbibliothek Köln. Bd. 1. Bonn 1971

Rahel. Ein Buch des Andenkens für ihre Freunde. Berlin 2010

Ranke, Leopold von: Tagebücher. Hg. von Walther Peter Fuchs. München/Wien 1964

Raumer, Kurt von (Hg.): Ewiger Friede. Friedensrufe und Friedenspläne seit der Renaissance. Freiburg und München 1953

Rotteck, Carl von/Welcker, Carl: Das Staats-Lexikon. Enzyklopädie der sämmtlichen Staatswissenschaften für alle Stände. Bd. 5. Altona 1847, S. 573-602

Salzer, Ernst: Ein Fragment aus Gentz' Tagebüchern (August 1823). In: Mitteilungen des Instituts für österreichische Geschichtsforschung 33 (1912), S. 521-526

Schlegel, Friedrich: Kritische Friedrich Schlegel Ausgabe. Hg. von Ernst Behler unter Mitwirkung anderer Fachgelehrter. Paderborn u.a. 1958 ff.

Schlesier, Gustav (Hg.): Friedrich von Gentz. Schriften. Ein Denkmal. Bd. 1-5. Mannheim 1838-1840

Schlesier, Gustav (Hg.): Mémoires et lettres inédites du Chevalier de Gentz. Stoutgart 1842

Schmidt-Weissenfels, Eduard: Friedrich Gentz. Eine Biographie. Bd. 1-2. Prag u.a. 1859

Schmitz, Rainer (Hg.): Henriette Herz in Erinnerungen, Briefen und Zeugnissen. Leipzig u.a. 1984

Seidel, Siegfried (Hg.): Der Briefwechsel zwischen Friedrich Schiller und Wilhelm von Humboldt. Bd. 1-2. Berlin 1962

Siemann, Wolfram (Bearb.): Restauration, Liberalismus und nationale Bewegung (1815-1870). Akten, Urkunden und persönliche Quellen. Darmstadt 1982

Sieyés, Emmanuel: Abhandlung über die Privilegien. Was ist der dritte Stand? Hg. von Rolf Hellmut Foerster. Frankfurt/Main 1986

Spiel, Hilde (Hg.): Der Wiener Kongress in Augenzeugenberichten. Düsseldorf 1966

Stägemann, Elisabeth: Erinnerungen für edle Frauen. Nebst Lebensnachrichten über die Verfasserin und einem Anhange von Briefen. Hg. von Wilhelm Dorow. Bd. 1. Leipzig 1846

Steffens, Henrich: Was ich erlebte. Hg. von Willy A. Koch. München 1956

Stein, Karl Freiherr vom: Briefe und amtliche Schriften. Bd. 1-10. Hg. von Walter Hubatsch. Stuttgart u. a. 1957/1974

Steinmann, Friedrich: Mefistofeles. Revue der deutschen Gegenwart in Skizzen und Umrissen. Bd. 1. Kassel 1842

Steinmann, Friedrich: Friedrich v. Gentz als Journalist, Publizist und im activen Staatsdienste. In: Minerva 1 (1845), S. 414-464; Minerva 2 (1845), S. 1-57, 177-221

Stern, Alfred (Hg.): Eine Denkschrift von Friedrich von Gentz über die erste Baierische Ständeversammlung. In: Deutsche Zeitschrift für Geschichtswissenschaft 10/II. (1893). S. 331-339

Stern, Alfred (Hg.): Briefe von Friedrich Gentz aus den Jahren 1805-1808. In: Mitteilungen des Instituts für österreichische Geschichtsforschung 21 (1900), S. 107-154

Sydow, Adolf von (Hg.): Wilhelm und Caroline von Humboldt in ihren Briefen. Bd. 1-7. Berlin 1907/1916

Thürheim, A. Graf von (Hg.): Briefe von Friedrich von Gentz an den Grafen Louis Starhemberg. In: Mitteilungen des Instituts für österreichische Geschichtsforschung 7 (1886), S. 119-155

Thürheim, Gräfin Lulu von: Mein Leben. Erinnerungen aus Österreichs Großer Welt 1819-1852. Hg. von René van Rhyn. Bd. 1-3. München 1914

Treitschke, Heinrich von: Deutsche Geschichte im Neunzehnten Jahrhundert. Bd. 1-5. Leipzig 1927

Varnhagen von Ense, Karl August: Werke in fünf Bänden. Hg. von Konrad Feilchenfeld. Frankfurt/Main 1994

Wahl, Hans (Hg.): Prinz Louis Ferdinand von Preußen. Ein Bild seines Lebens in Briefen, Tagebuchblättern und zeitgenössischen Zeugnissen. Weimar 1917

Weick, Wilderich (Hg.): Friedrich von Gentz. Ausgewählte Schriften. Bd. 1-5. Stuttgart u.a. 1836/1838

Werner, Friedrich Ludwig Zacharias: Briefe des Dichters. Hg. von Oswald Floeck. Bd. 1-2. München 1914

Wiesel, Pauline: Liebesgeschichten. Briefwechsel mit Brinckmann, Prinz Louis Ferdinand, Gentz und anderen. Hg. von Barbara Hahn, Birgit Bosolt und Ursula Isselstein. München 1998

Wittichen, Friedrich Carl (Hg.): Briefe von Gentz an Ranke. In: Historische Zeitschrift 98 (1907), S. 329-336

Wittichen, Friedrich Carl/Salzer, Ernst (Hg.): Briefe von und an Friedrich von Gentz. Bd. 1-4. München u.a. 1909/1913

Wittichen, Paul: Das preußische Kabinett und Friedrich von Gentz. Eine Denkschrift aus dem Jahre 1800. In: Historische Zeitschrift 89 (1902), S. 239-273

Wittichen, Paul: Die Dritte Coalition und Friedrich von Gentz. Eine Denkschrift Gentz' vom Oktober 1804. In: Mitteilungen des Instituts für österreichische Geschichtsforschung 23 (1902), S. 461-480

Wolf, Adam (Hg.): Ein Brief von Gentz. Wien 1860

Wurzbach, Constant von (Hg.): Biographisches Lexikon des Kaiserthums Oesterreich. Wien 1856-1890

Literatur

Allmayer-Beck, Johann Christoph: Der Konservatismus in Österreich. München 1959

Andreae, Friedrich: Breslau um 1800. Breslau 1921

Anonymus: Friedrich von Gentz. Ein europäischer Staatsmann deutscher Nation. Ein Versuch. In: Deutsche Rundschau CLXXVI (1918), S. 14 ff., 196 ff., 339 ff.; Bd. CLXXVII, S. 52 ff., 326 ff., 371 ff.; Bd. CLXXVIII, S. 185 ff., 324 ff.

Arendt, Hannah: Rahel Varnhagen. Lebensgeschichte einer deutschen Jüdin aus der Romantik. München u.a. 1987 (7. Aufl.)

Aretin, Karl Otmar Freiherr von / Härter, Karl (Hg.): Revolution und konservatives Beharren. Das Alte Reich und die Französische Revolution. Main 1990

Aspalter, Christian / Müller-Funk, Wolfgang / Saurer, Edith / Schmidt-Dengler, Wendelin / Tantner, Anton (Hg.): Paradoxien der Romantik. Gesellschaft, Kultur und Wissenschaft in Wien im frühen 19. Jahrhundert. Wien 2006

Bailleu, Paul: Die Verabschiedung des Kriegsrats Gentz 1802. In: Forschungen zur brandenburgischen und preußischen Geschichte. Festschrift zu Gustav Schmollers 70. Geburtstag. Leipzig 1908, S. 237-251

Barudio, Günther: Falsche Freunde. Metternich & Gentz. In: Thomas Karlauf (Hg.): Deutsche Freunde, S. 127-158

Batscha, Zwi: Christian Garves politische Philosophie. In: Jahrbuch des Instituts für Deutsche Geschichte 14. Tel Aviv 1985, S. 113-155

Batscha, Zwi: Christian Garves Reflexionen über die Französische Revolution. In: Tel Aviver Jahrbuch für deutsche Geschichte 18 (1989), S. 249-270

Bauer, Frank: Napoleon in Berlin. Preußens Hauptstadt unter französischer Besatzung 1806-1808. Berlin 2006

Baumgart, Peter (Hg.): Kontinuität und Wandel. Schlesien zwischen Österreich und Preußen. Sigmaringen 1990

Baumgart, Peter: Schlesien als eigenständige Provinz im altpreußischen Staat (1740-1806). In: Norbert Conrads (Hg.): Deutsche Geschichte, S. 345-464

Baxa, Jakob (Hg.): Gesellschaft und Staat im Spiegel deutscher Romantik. Die staats- und gesellschaftswissenschaftlichen Schriften deutscher Romantiker. Jena 1924

Baxa, Jakob: Josef Anton von Pilat. Beiträge zu seiner Biographie aus seinem Nachlass. In: Jahrbuch der Österreichischen Leo-Gesellschaft 1929, S. 221-242

Baxa, Jakob: Adam Müllers Philosophie, Ästhetik und Staatswissenschaft. Eine Gedächtnisschrift zu seinem 100. Todestage. Berlin 1929

Baxa, Jakob: Adam Müller. Ein Lebensbild aus den Befreiungskriegen und aus der deutschen Restauration. Jena 1930

Baxa, Jakob: Friedrich von Gentz. Wien 1965

Baxa, Jakob: Romantik und konservative Politik. In: Gerd-Klaus Kaltenbrunner (Hg.): Rekonstruktion des Konservativismus. Freiburg 1972, S. 443-468

Becher, Ursula A.J.: Politische Gesellschaft. Studien zur Genese bürgerlicher Öffentlichkeit in Deutschland. Göttingen 1978

Beer, Adolf: Die Finanzen Österreichs im 19. Jahrhundert. Nach archivalischen Quellen. Prag 1877

Beidtel, Ignaz: Geschichte der österreichischen Staatsverwaltung 1740-1848. Bd. 2 (1792-1848). Innsbruck 1898 [Reprint: Frankfurt/Main 1968]

Below, Anton von: Der soziale Status der Akademiker in der preußischen Gesellschaft des 19. Jahrhunderts. Zur Entstehung und zum Wandel einer privilegierten Berufsschicht. Bonn 1977

Benna, Anna: Die Polizeihofstelle. Diss. phil. Wien 1942

Berding, Helmut / Ullmann, Hans-Peter (Hg.): Deutschland zwischen Revolution und Restauration. Kronberg/Ts. 1981

Berding, Helmut / Francois, Etienne / Ullmann, Hans-Peter (Hg.): Deutschland und Frankreich im Zeitalter der Französischen Revolution. Frankfurt/Main 1989

Berding, Helmut (Hg.): Nationales Bewusstsein und kollektive Identität. Studien zur Entwicklung des kollektiven Bewusstseins in der Neuzeit 2. Frankfurt/Main 1994

Berding, Helmut (Hg.): Mythos und Nation. Studien zur Entwicklung des kollektiven Bewusstseins in der Neuzeit 3. Frankfurt/Main 1996

Berghahn, Klaus L.: Grenzen der Toleranz. Christen und Juden im Zeitalter der Aufklärung. Köln u.a. 2001[2]

Berglar, Peter: Goethe und Napoleon. Die Faszination des Geistes durch die Macht. Darmstadt 1968

Berglar, Peter: Der romantische Aufstand. Zur Psycho-Historie des Zeitgeistes. In: Saeculum. Jahrbuch für Universalgeschichte 27. Freiburg und München 1976, S.197-210

Bertsch, Daniel: Anton Prokesch von Osten (1795-1876). Ein Diplomat Österreichs in Athen und an der Hohen Pforte. Beiträge zur Wahrnehmung des Orients im Europa des 19. Jahrhunderts. München 2005

Beßlich, Barbara: Der deutsche Napoleon-Mythos. Literatur und Erinnerung 1800 bis 1945. Darmstadt 2007

Birtsch, Günter (Hg.): Grund- und Freiheitsrechte im Wandel von Gesellschaft und Geschichte. Göttingen 1981

Birtsch, Günter (Hg.): Reformabsolutismus im Vergleich. Staatswirklichkeit – Modernisierungsaspekte – Verfassungsstaatliche Positionen. Aufklärung 9, 1. Hamburg 1996

Blanke, Tobias: Das Böse in der politischen Theorie. Die Furcht vor der Freiheit bei Kant, Hegel und vielen anderen. Bielefeld 2006

Blumenauer, Elke: Journalismus zwischen Pressefreiheit und Zensur. Die Augsburger ‚Allgemeine Zeitung' im Karlsbader System (1818-1848). Köln u.a. 2000

Bock, Helmut/Heise, Wolfgang: Leben und Ableben des Hofrats von Gentz. In: dies.: (Hg.): Unzeit des Biedermeiers. Historische Miniaturen zum Deutschen Vormärz 1830 bis 1848. Köln 1986, S. 88-95

Bödeker, Hans Erich: Zur Rezeption der französischen Menschen- und Bürgerrechtserklärung von 1789/91 in der deutschen Aufklärungsgesellschaft. In: Günter Birtsch (Hg.): Grund- und Freiheitsrechte, S. 258-286

Bödeker, Hans Erich / Herrmann, Ulrich (Hg.): Über den Prozess der Aufklärung in Deutschland. Personen, Institutionen und Medien. Göttingen 1987

Böning, Holger (Hg.): Französische Revolution und deutsche Öffentlichkeit. Wandlungen in Presse und Alltagskultur des achtzehnten Jahrhunderts. München u.a. 1992

Bohrer, Karl Heinz: Die Kritik der Romantik. Der Verdacht der Philosophie gegen die literarische Moderne. Frankfurt/Main 1989

Bohrer, Karl Heinz / Scheel, Kurt (Hg.): ‚Ideen zu einem Versuch die Grenzen der Wirksamkeit des Staats zu bestimmen'. Über Freiheit und Paternalismus. Sonderheft Merkur. Deutsche Zeitschrift für europäisches Denken. 64. Jg., Heft 9/10. Berlin 2010

Bonin, Henning von: Adel und Bürgertum in der höheren Beamtenschaft der preußischen Monarchie 1794-1806. In: Jahrbuch für die Geschichte Mittel- und Ostdeutschlands 15 (1966), S. 139-174

Borchmeyer, Dieter: Rhetorische und ästhetische Revolutionskritik. Edmund Burke und Schiller. In: Karl Richter/Jörg Schönert (Hg.): Klassik und Moderne. Die Weimarer Klassik als historisches Ereignis und Herausforderung im kulturgeschichtlichen Prozess. Stuttgart 1983, S. 56-79

Bormann, Alexander von (Hg.): Volk – Nation – Europa. Zur Romantisierung und Entromantisierung politischer Begriffe. Würzburg 1998

Bosl, Karl (Hg.): Der moderne Parlamentarismus und seine Grundlagen in der ständischen Repräsentation. Berlin 1977

Bosselmann, Klaus: Der Widerstand gegen die Repräsentativverfassung. Die Bemühungen um die Errichtung des Repräsentativsystems bis zu ihrer Absage durch den kk. Hofrath von Gentz (1819). Diss. phil. Berlin 1979

Botzenhart, Manfred: Metternichs Pariser Botschafterzeit. Münster 1967

Bourgoing, Jean de: Vom Wiener Kongress. Zeit- und Sittenbilder. München 1943

Brandt Hartwig (Hg.): Restauration und Frühliberalismus 1814-1840. Darmstadt 1979

Brandt, Hartwig: Europa 1815-1850. Reaktion – Konstitution – Revolution. Stuttgart u.a. 2002

Braune, Frieda: Edmund Burke in Deutschland. Ein Beitrag zur Geschichte historisch-politischen Denkens. Heidelberg 1917 [Reprint: Nendeln 1977]

Brenker, Anne-Margarete: Aufklärung als Sachzwang. Realpolitik in Breslau im ausgehenden 18. Jahrhundert. Hamburg 2000

Bringmann, Wilhelm: Preußen unter Friedrich Wilhelm II. Frankfurt/Main 2001

Bruckmüller, Ernst (Hg.): Europäische Dimensionen österreichischer Geschichte. Wien 2002

Bruer, Albert: Geschichte der Juden in Preußen (1750-1820). Frankfurt/Main u.a. 1991

Brunschwig, Henri: Gesellschaft und Romantik in Preußen im 18. Jahrhundert. Die Krise des preußischen Staates am Ende des 18. Jahrhunderts und die Entstehung der romantischen Mentalität. Frankfurt/Main 1976

Bruyn, Günter de: Als Poesie gut. Schicksale aus Berlins Kunstepoche 1789 bis 1807. Frankfurt/Main 2006

Bruyn, Günter de: Die Zeit der schweren Not. Schicksale aus dem Kulturleben Berlins 1807 bis 1815. Frankfurt/Main 2010

Büsch, Otto / Neugebauer-Wölk, Monika (Hg.): Preußen und die revolutionäre Herausforderung seit 1789. Berlin/New York 1991

Büsch, Otto (Hg.): Handbuch der preußischen Geschichte 2. Berlin/New York 1992

Büssem, Eberhard: Die Karlsbader Beschlüsse von 1819. Die endgültige Stabilisierung der restaurativen Politik im Deutschen Bund nach dem Wiener Kongress 1814/15. Hildesheim 1974

Burckhardt, Carl Jakob: Friedrich von Gentz. In: ders.: Gestalten und Mächte. Zürich 1961, S. 299-335

Burg, Peter: Kant und die Französische Revolution. Berlin 1974

Burg, Peter: Die Verwirklichung von Grund- und Freiheitsrechten in den preußischen Reformen und Kants Rechtslehre. In: G. Birtsch (Hg.): Grund- und Freiheitsrechte, S. 287-309

Burg, Peter: Der Wiener Kongress. Der Deutsche Bund im europäischen Staatensystem. München 1984

Burgdorf, Wolfgang: Ein Weltbild verliert seine Welt. Der Untergang des Alten Reiches und die Generation 1806. München 2008[2]

Burgdorff, Stephan / Pötzl, Norbert F. / Wiegrefe, Klaus (Hg.): Preußen. Die unbekannte Großmacht. München 2008

Burleigh, Michael: Irdische Mächte, göttliches Heil. Die Geschichte des Kampfes zwischen Politik und Religion von der Französischen Revolution bis in die Gegenwart. München 2008

Charle, Christophe: Vordenker der Moderne. Die Intellektuellen im 19. Jahrhundert. Frankfurt/Main 1997

Clark, Christopher: Preußen. Aufstieg und Niedergang 1600-1947. München 2007

Colliot-Thélène, Catherine: Demokratie ohne Volk. Hamburg 2011

Conrad, Hermann: Rechtsstaatliche Bestrebungen im Absolutismus Preußens und Österreichs am Ende des 18. Jahrhunderts. Arbeitsgemeinschaft für Forschung des Landes Nordrhein-Westfalen. Heft 95. Köln/Opladen 1961

Conrads, Norbert: Politischer Mentalitätswandel von oben. Friedrichs II. Weg vom Gewinn Schlesiens zur Gewinnung der Schlesier: In: P. Baumgart (Hg.): Kontinuität und Wandel, S. 219-236

Conrads, Norbert (Hg.): Deutsche Geschichte im Osten Europas. Schlesien. Berlin 1994

Consentius, Ernst: Die Berliner Zeitungen während der Französischen Revolution. In: Preußische Jahrbücher 117 (1904), S. 470 ff.

Corti, Egon Caesar Conte: Der Aufstieg des Hauses Rothschild 1770-1830. Leipzig 1927

Csendes, Peter / Oppl, Ferdinand (Hg.): Wien. Geschichte einer Stadt. Bd. 3. Von 1790 bis zur Gegenwart. Wien u. a. 2006

Dann, Otto/Klippel, Diethelm (Hg.): Naturrecht – Spätaufklärung – Revolution. Hamburg 1995

D'Aprile, Iwan-Michelangelo/Disselkamp, M./Sedlarz, C. (Hg.): Tableau de Paris. Beiträge zur ,Berliner Klassik' (1786-1815). Hannover-Laatzen 2005

D'Aprile, Iwan-Michelangelo: Die schöne Republik. Ästhetische Moderne in Berlin im ausgehenden 18. Jahrhundert. Tübingen 2006

D'Aprile, Iwan-Michelangelo: ,Wo der Pöbel vernünftelt...' Die Fehde zwischen Buchholz und Gentz. In: Zeitschrift für Ideengeschichte III/4. München 2009, S. 33-46

D'Aprile, Iwan-Michelangelo: Friedrich Buchholz und die Konstellation politischer Öffentlichkeit im frühen 19. Jahrhundert. In: R. Berbig u.a. (Hg.): Berlins 19. Jahrhundert. Ein Metropolen-Kompendium. Berlin 2011, S. 121-133

Davies, Roger / Moorhouse, Roger: Die Blume Europas. Breslau, Wroclaw, Vratislavia. Die Geschichte einer mitteleuropäischen Stadt. München 2002

Demel, Walter: Vom aufgeklärten Reformstaat zum bürokratischen Staatsabsolutismus. (Enzyklopädie deutscher Geschichte. Bd. 23). München 1993

Depkat, Volker: Angewandte Aufklärung? Die Weltwirkung der Aufklärung im kolonialen Britisch Nordamerika und den USA. In: Wolfgang Hardtwig (Hg.): Aufklärung, S. 205-241

Dietrich, Therese: Das gegenrevolutionäre Verdikt des Friedrich Gentz. ,Krieg im Reiche des Friedens'. In: Dialektik 15. Vernunft und Politik. Köln 1988, S. 198-207

Dietrich, Therese: Kant's Polemik mit dem absprechenden Ehrenmann Friedrich Gentz. In: Dialektik 17. Der Philosoph und das Volk. 200 Jahre Französische Revolution. Köln 1989, S. 128-136

Dietrich, Therese: Ideologie der Gegenrevolution. Ursprünge konservativen Denkens bei Friedrich Gentz 1789-1794. Diss. phil. Berlin 1989

Dietrich, Therese: Das Konzept einer ,wahren' Politik des Friedrich Gentz. In: Deutsche Zeitschrift für Philosophie 38 (1990), S. 346-353

Dittmer, Lothar: Beamtenkonservatismus und Modernisierung. Untersuchungen zur Vorgeschichte der Konservativen Partei in Preußen 1810-1848/49. Stuttgart 1993

Doering-Manteuffel, Anselm: Vom Wiener Kongress bis zur Pariser Konferenz. England, die deutsche Frage und das europäische Mächtesystem 1815-1856. Göttingen 1991

Doering-Manteuffel, Anselm: Großbritannien und die Transformation des europäischen Staatensystems. In: P. Krüger (Hg.): Das europäische Staatensystem im Wandel. Strukturelle Bedingungen und bewegende Kräfte seit der Frühen Neuzeit. München 1996, S. 153-170

Doering-Manteuffel, Anselm: Die deutsche Frage und das europäische Staatensystem 1815-1871. München 2010

Doerries, Heinrich: Friedrich Gentz' ,Journal de ce qui m'est arrivé de plus marquant ... au quartier-général de S.M. le Roi de Prusse' als Quelle preußischer Geschichte der Jahre 1805/06. Diss. phil. Greifswald 1906

Dorn, Barbara: Friedrich von Gentz und Europa. Studien zu Stabilität und Revolution 1802-1822. Diss. phil. Bonn 1993

Dreitzel, Horst: Absolutismus und ständische Verfassung in Deutschland. Ein Beitrag zur Kontinuität und Diskontinuität der politischen Theorie in der Frühen Neuzeit. Main 1992

Dross, Elisabeth (Hg.): Die Ära Metternich. Darmstadt 1999

Droysen, Johann Gustav: Geschichte der preußischen Politik. Fünf Teile. Leipzig 1868/1886

Duchhardt, Heinz: Gleichgewicht der Kräfte, Convenance, Europäisches Konzert. Friedenskongresse und Friedensschlüsse vom Zeitalter Ludwigs XIV. Bis zum Wiener Kongress. Darmstadt 1976

Duchhardt, Heinz / Kunz, Andreas (Hg.): Europäische Geschichte als historiographisches Problem. Mainz 1997

Duchhardt, Heinz/Schnettger, Matthias (Hg.): Reichsständische Libertät und Habsburgisches Kaisertum. Mainz u.a. 1999

Duchhardt, Heinz (Hg.): Städte und Friedenskongresse. Köln u.a. 1999

Duchhardt, Heinz / Teppe, Karl (Hg.): Karl vom und zum Stein. Der Akteur, der Autor, seine Wirkungs- und Rezeptionsgeschichte. Mainz 2003

Duchhardt, Heinz: Mythos Stein. Göttingen 2008

Duchhardt, Heinz: Freiherr vom Stein. Preußens Reformer und seine Zeit. München 2010

Dülffer, Jost: Joseph Görres und Friedrich Gentz – Modelle der Friedenssicherung in Deutschland seit der Französischen Revolution. In: ders. / Bernd Martin / Günter Wollstein (Hg.): Deutschland in Europa. Kontinuität und Bruch. Frankfurt/Main u.a. 1990, S. 52-72

Dülffer, Jost (Hg.): Kriegsbereitschaft und Friedensordnung in Deutschland 1800-1814. Münster und Hamburg 1995

Dülffer, Jost: Friedrich Gentz – Kampf gegen die Revolution und für das europäische Gleichgewicht. In: ders.: (Hg.): Kriegsbereitschaft, S. 39-56

Dufraisse, Roger (Hg.): Revolution und Gegenrevolution 1789-1830. Zur geistigen Auseinandersetzung in Frankreich und Deutschland. München 1991

Dyroff, Hans-Dieter (Hg.): Der Wiener Kongress 1814/15. Die Neuordnung Europas. München 1966

Eberlein, Hellmut: Die schlesische Aufklärung im Urteil bedeutender Zeitgenossen. In: Jahrbuch der schlesischen Friedrich-Wilhelms-Universität zu Breslau 2 (1957), S. 148-166

Echternkamp, Jörg: Der Aufstieg des deutschen Nationalismus (1770-1840). Frankfurt / Main und New York 1998

Echternkamp, Jörg / Müller, Sven Oliver (Hg.): Die Politik der Nation. Deutscher Nationalismus in Krieg und Krisen 1760-1960. München 2002

Eckardt, Hans von (Hg.): Friedrich von Gentz in der Zeit deutscher Not 1799-1813. Bd. 1-2. München 1921

Edmunds, Dina (Hg.): Immanuel Kant und die Berliner Aufklärung. Ausstellungskataloge der Staatsbibliothek zu Berlin – Preußischer Kulturbesitz. NF 38. Wiesbaden 2000

Eichler, Herbert: Zur Vorgeschichte des ‚Österreichischen Beobachters‘. In: Jahrbuch der Grillparzer-Gesellschaft 28 (1926), S. 170-181

Elm, Ludwig: Konservatives Denken 1789-1848/49. Berlin 1988

Epstein, Klaus: Die Ursprünge des Konservatismus in Deutschland. Der Ausgangspunkt: Die Herausforderung durch die Französische Revolution 1770-1806. Frankfurt/Main 1973

Erbe, Michael: Die Habsburger (1493-1918). Eine Dynastie im Reich und in Europa. Stuttgart u.a. 2000

Erbe, Michael: Revolutionäre Erschütterung und erneuertes Gleichgewicht. Internationale Beziehungen 1785-1830. Paderborn 2004.

Ernstberger, Anton: Eine deutsche Untergrundbewegung gegen Napoleon 1806/07. München 1955

Espagne, Michel / Werner, Michael (Hg.): Transferts les relations interculturelles dans l'espace Franco-Allemand. Paris 1988

Fahrmeir, Andreas: Revolutionen und Reformen. Europa 1789-1850. München 2010

Farge, Arlette: Lauffeuer in Paris. Die Stimme des Volkes im 19. Jahrhundert. Stuttgart 1993

Fehrenbach, Elisabeth: Vom Ancien Régime zum Wiener Kongress. München und Wien 1981

Fink, Gonthier-Louis (Hg.): Die deutsche Romantik und die Französische Revolution. Collection Recherches Germaniques 3. Straßburg 1989

Fischer, Pascal: Literarische Entwürfe des Konservatismus in England 1790 bis 1805. München 2010

Flad, Ruth: Der Begriff der öffentlichen Meinung bei Stein, Arndt und Humboldt. Berlin u.a. 1929

Förster, Wolfgang (Hg.): Aufklärung in Berlin. Berlin 1989

Forum für Philosophie (Hg.): Die Ideen von 1789 in der deutschen Rezeption. Frankfurt/Main 1989

Forum für Philosophie (Hg.): Die Europaidee im deutschen Idealismus und der deutschen Romantik. Bad Homburg 1993

Foucault, Michel: Die Ordnung der Dinge. Eine Archäologie der Humanwissenschaften. Frankfurt/Main 1997

Fournier, August: Gentz und Cobenzl. Geschichte der österreichischen Diplomatie in den Jahren 1801-1805. Wien 1880

Fournier, August: Gentz kontra Metternich. Briefe an Wessenberg aus den Jahren 1831 und 1832. In: Deutsche Revue 31 (1906), S. 101-111

Fournier, August: Beiträge zu einer Gentz-Biographie. In: ders.: Historische Studien und Skizzen. Wien u. a. 1908

Fournier, August: Friedrich Gentz und das Geheime Kabinett. In: Deutsche Revue 35 (1910), S. 68-74

Fournier, August: Gentz und Bellio. Eine Episode vom Wiener Kongress. In: Deutsche Revue 37 (1912), S. 321-327

Fournier, August: Die Geheimpolizei auf dem Wiener Kongress. Eine Auswahl aus ihren Papieren. Wien und Leipzig 1913

Franke, Elisabeth: Metternich und die politische Tagespresse von 1809-1813. Diss. phil. Wien 1919

Frevert, Ute: Eurovisionen. Ansichten guter Europäer im 19. und 20. Jahrhundert. Frankfurt/ Main 2003

Frevert, Ute: Gefühlspolitik. Friedrich II. als Herr über die Herzen. Göttingen 2012

Furet, Francois / Ozouf, Mona (Hg.): Kritisches Wörterbuch der Französischen Revolution. Bd. 1-2. Frankfurt/Main 1996

Garber, Jörn: Drei Theoriemodelle frühkonservativer Revolutionsabwehr. Altständischer Funktionalismus, spätabsolutistisches Vernunftrecht, evolutionärer ,Historismus'. In: Jahrbuch des Instituts für deutsche Geschichte 8. Tel Aviv 1979, S. 65-101

Garber, Jörn: Politisch-soziale Partizipationstheorien im Übergang vom Ancien régime zur bürgerlichen Gesellschaft (1750-1800). In: Peter Steinbach (Hg.): Probleme politischer Partizipation, S. 23-56

Garber, Jörn: Geschichtsphilosophie und Revolution. Spätaufklärerische Geschichtstheorie im Einflussfeld der Französischen Revolution. In: Jürgen Voss (Hg.): Deutschland, S. 168-193

Garber, Jörn: Die ,europäische Triarchie' (Deutschland, Frankreich, England) als transnationales Deutungsmuster der Nationalgeschichte. In: Michel Espagne / Michael Werner (Hg.): Transferts, S. 97-161

Garber, Klaus: Kulturgeschichte Schlesiens in der Frühen Neuzeit. Bd. 2. Tübingen 2005

Gatter, Nikolaus: ,Gift, geradezu Gift für das unwissende Publikum'. Der diaristische Nachlass von Karl August Varnhagen von Ense und die Polemik gegen Ludmilla Assings Editionen (1860-1880). Bielefeld 1996

Gaus, Detlef: Geselligkeit und Gesellige. Bildung, Bürgertum und bildungsbürgerliche Kultur um 1800. Stuttgart und Weimar 1998

Geier, Manfred: Die Brüder Humboldt. Eine Biographie. Reinbek bei Hamburg 2009

Gembries, Hartmut: Das Thema Preußen in der politischen Diskussion Englands zwischen 1792 und 1802. Diss. phil. Freiburg 1988

Gembruch, Werner: England und Kontinentaleuropa im politischen Denken von Friedrich Buchholz. Ein Beitrag zur Diskussion um die Freiheit der Meere und kolonialer Expansion in der napoleonischen Ära. In: ders.: Staat und Heer. Ausgewählte historische Studien zum Ancien régime, zur Französischen Revolution und zu den Befreiungskriegen. Hg. von Johannes Kunisch. Berlin 1990, S. 277-305

Gerhardt, Alfred: Romantische Elemente in der Politik- und Staatsanschauung Friedrich Gentz'. Diss. phil. Leipzig 1907

Gerhardt, Volker (Hg.): Kant und die Berliner Aufklärung. Akten des 9. Internationalen Kant-Kongresses. Berlin u.a. 2001

Gerhardt, Volker: Partizipation. Das Prinzip der Politik. München 2007

Giesen, Bernhard: Die Intellektuellen und die Nation. Eine deutsche Achsenzeit. Frankfurt/ Main 1993

Göcken, Gunther: Friedrich von Gentz. Eine Studie zu seiner Staatsauffassung und zu seinem Kampf um das monarchische Prinzip. Diss. phil. Bonn 1962

Goldschmidt, Werner: Friedrich Gentz – vom ,aufgeklärten Menschenfreund zum Ultrapraktiker' im Kampf gegen die Revolution. In: Arno Herzig / Inge Stephan / Hans G. Winter

(Hg.): ‚Sie, und nicht wir‘. Die Französische Revolution und ihre Wirkung auf das Reich. Bd. 2. Hamburg 1989, S. 439-467

Gollwitzer, Heinz: Europabild und Europagedanke. Beiträge zur deutschen Geistesgeschichte des 18. und 19. Jahrhunderts. München 1964²

Griewank, Karl: Der neuzeitliche Revolutionsbegriff. Entstehung und Geschichte. Frankfurt/Main 1973

Groba, Kurt: Friedrich von Gentz. In: Schlesische Lebensbilder 2. Breslau 1926, S. 132-156

Groh, Andreas: Die Gesellschaftskritik der Politischen Romantik. Eine Neubewertung ihrer Auseinandersetzung mit den Vorboten von Industrialisierung und Modernisierung. Bochum 2004

Groh, Dieter: Cäsarismus, Bonapartismus, Führer, Chef, Imperialismus. In: Otto Brunner u.a. (Hg.): Geschichtliche Grundbegriffe. Historisches Lexikon zur politisch-sozialen Sprache in Deutschland. Bd. 1. Stuttgart 1972

Gruner, Wolf D. (Hg.): Gleichgewicht in Geschichte und Gegenwart. Hamburg 1989

Gruner, Wolf D.: Die deutsche Frage in Europa 1800-1900. Zürich 1993

Guglia, Eugen: Die ersten litterarischen Gegner der Revolution in Deutschland (1789-1791). In: Zeitschrift für Geschichte und Politik 5. Stuttgart 1888, S. 764-794

Guglia, Eugen: Friedrich von Gentz und die katholische Kirche. In: Jahrbuch der Österreichischen Leo-Gesellschaft für das Jahr 1899, S. 73-91

Guglia, Eugen: Friedrich von Gentz. Eine biographische Studie. Wien 1901

Guilhaumou, Jacques: Sprache und Politik in der Französischen Revolution. Vom Ereignis zur Sprache des Volkes (1789-1794). Frankfurt/Main 1989

Gumbrecht, Hans Ulrich: Funktionen parlamentarischer Rhetorik in der Französischen Revolution. München 1978

Habermas, Jürgen: Theorie und Praxis. Sozialphilosophische Studien. Frankfurt/Main 1971

Habermas, Jürgen: Heinrich Heine und die Rolle des Intellektuellen in Deutschland. In: ders.: Eine Art Schadensabwicklung. Kleine Politische Schriften VI. Frankfurt/Main 1987, S. 25-54

Habermas, Jürgen: Strukturwandel der Öffentlichkeit. Untersuchungen zu einer Kategorie der bürgerlichen Gesellschaft. Frankfurt/Main 1990

Habermas, Jürgen: Das utopische Gefälle. Das Konzept der Menschenwürde und die realistische Utopie der Menschenrechte. In: Blätter für deutsche und internationale Politik. Heft 8. Berlin 2010, S. 43-53

Haberkern, Ernst: Limitierte Aufklärung. Die protestantische Spätaufklärung in Preußen am Beispiel der Berliner Mittwochsgesellschaft. Marburg 2005

Häusler, Wolfgang: ‚Europa bin ich – nicht mehr eine Stadt‘. Die Haupt- und Residenzstadt Wien als Schauplatz des Kongresses 1814/15. In: Heinz Duchhardt (Hg.): Städte und Friedenskongresse, S. 135-158

Haikala, Sisko: ‚Britische Freiheit‘ und das Englandbild in der öffentlichen deutschen Diskussion im ausgehenden 18. Jahrhundert. Jyväskylä 1985

Hamann, Brigitte (Hg.): Die Habsburger. Ein biographisches Lexikon. Wien 1998

Hammer, Helmut: Österreichs Propaganda zum Feldzug 1809. Ein Beitrag zur Geschichte der politischen Propaganda. München 1935

Hardtwig, Wolfgang (Hg.): Die Aufklärung und ihre Weltwirkung. Göttingen 2010

Hase, Alexander von: Friedrich (von) Gentz: ‚Von dem politischen Zustande vor und nach der französischen Revolution‘ (1801). Analyse und Interpretation. Nürnberg 1968 [Teildruck]

Hase, Alexander von: Friedrich Gentz gegen Lord Archibald Hamilton. Ein Beitrag zur Bildung des Zweiten Ministeriums Pitt 1804. In: Archiv für Kulturgeschichte 51 (1969), S. 339-346

Hase, Alexander von: Friedrich (v.) Gentz. Vom Übergang nach Wien bis zu den ‚Fragmenten des Gleichgewichts‘ (1802-1806). In: Historische Zeitschrift 211/213 (1970), S. 589-615

Hase, Alexander von: John Quincy Adams als Kritiker von Hauterive und Gentz (1801). Ein Beitrag zu einem europäischen Gespräch. In: Historische Zeitschrift 215 (1972), S. 33-48

Hase, Alexander von: Die Jugend eines Englandenthusiasten. Friedrich Gentz (1764-1793). In: Ernst Heinen/Julius H. Schoeps (Hg.): Geschichte in der Gegenwart. Festschrift für Kurt Kluxen zu seinem 60. Geburtstag. Paderborn 1972, S. 87-100

Hase, Alexander von: Das konservative Europa in Bedrängnis. Zur Krise des Gleichgewichtspublizisten Friedrich (v.) Gentz (1805-1809). In: Archiv für Kulturgeschichte 29 (1978), S. 385-405

Hase, Alexander von: Im Zeichen wachsender Gefahr. Friedrich (v.) Gentz als Verteidiger des alten Mächte und Kritiker ihres Systems (1801-1805). In: Archiv für Kulturgeschichte 62/63. Köln und Wien 1980/1981, S. 271-301

Hauser, Oswald (Hg.): Preußen, Europa und das Reich. Neue Forschungen zur brandenburgisch-preußischen Geschichte 7. Köln/Wien 1987

Heer, Friedrich: Europa. Mutter der Revolutionen. Stuttgart u.a. 1964

Heidenreich, Bernd (Hg.): Politische Theorien des 19. Jahrhunderts. Konservatismus, Liberalismus, Sozialismus. Berlin 2000[2]

Heidenreich, Bernd / Kroll, Frank-Lothar (Hg.): Macht- oder Kulturstaat? Preußen ohne Legende. Berlin 2002

Heimann, Heinz-Dieter: Die Habsburger. München 2009

Hellmuth, Eckhart: Naturrechtsphilosophie und bürokratischer Werthorizont. Studien zur preußischen Geistes- und Sozialgeschichte des 18. Jahrhunderts. (Veröffentlichungen des Max-Planck-Instituts für Geschichte 78). Göttingen 1985

Hellmuth, Eckhart: Der Staat im 18. Jahrhundert. England und Preußen im Vergleich. In: Günter Birtsch (Hg.): Reformabsolutismus, S. 5-24

Hellmuth, Eckhart / Meenken, Immo / Trauth, Michael (Hg.): Zeitenwende? Preußen um 1800. Festgabe für Günter Birtsch zum 70. Geburtstag. Stuttgart 1999

Hentschel, Volker: Die Staatswissenschaften an den deutschen Universitäten des 18. und frühen 19. Jahrhunderts. In: Berichte zur Wissenschaftsgeschichte 1 (1978), S. 181-200

Hermsdorf, Klaus: Literarisches Leben in Berlin. Aufklärer und Romantiker. Berlin 1987

Herrmann, Ludger: Die Herausforderung Preußens. Reformpublizistik und politische Öffentlichkeit in napoleonischer Zeit (1789-1815). Europäische Hochschulschriften. Reihe 3. Bd. 781. Frankfurt/Main 1998

Herz, Deborah: Die jüdischen Salons im alten Berlin. Rankfurt/Main 1991

Heyck, Eduard: Die Allgemeine Zeitung 1790-1898. Beitrag zur Geschichte der deutschen Presse. München 1898

Heyen, Erk Volkmar (Hg.): Vom normativen Wandel des Politischen. Berlin 1984

Hillgruber, Christian: Über die Legitimität von Revolutionen. Zu Friedrich von Gentz’ vergleichender Betrachtung der amerikanischen und der französischen Revolution. In: Burkhardt Ziemske (Hg.): Staatsphilosophie und Rechtspolitik. Festschrift für Martin Kriele zum 65. Geburtstag. München 1997, S. 1085-1101

Hirschmann, Albert O.: Denken gegen die Zukunft – die Rhetorik der Reaktion. München 1992

Hobsbawm, Eric J.: Nationen und Nationalismus. Mythos und Realität seit 1780. Frankfurt/ Main und New York 1991

Hochedlinger, Michael: Abschied vom Klischee. Für eine Neubewertung der Habsburgermonarchie in der Frühen Neuzeit. In: Wiener Zeitschrift zur Geschichte der Neuzeit. Jg. 1. Heft 1. Wien 2001, S. 9-24

Hocks, Paul / Schmidt, Peter: Literarische und politischen Zeitschriften 1789-1805. Von der politischen Revolution zur Literaturrevolution. Stuttgart 1975

Hokkanen, Kari: Krieg und Frieden in der politischen Tagesliteratur Deutschlands zwischen Baseler und Lunéviller Frieden (1795-1801). Tekijä 1975

Hoefer, Frank Thomas: Pressepolitik und Polizeistaat Metternichs. Die Überwachung von Presse und politischer Öffentlichkeit in Deutschland und den Nachbarstaaten durch das Mainzer Informationsbüro (1833-1848). New York u. a. 1983

Höffe, Otfried (Hg.): Immanuel Kant: Zum ewigen Frieden. Berlin 1995

Hölscher Lucian: Öffentlichkeit. In: Otto Brunner/Werner Conze/Reinhart Koselleck (Hg.): Geschichtliche Grundbegriffe. Bd. 4. Stuttgart 1978, S. 413-467

Hörisch, Jochen: Die andere Goethezeit. Poetische Mobilmachung des Subjekts um 1800. München 1992

Hofmeister-Hunger, Andrea: Pressepolitik und Staatsreform. Die Institutionalisierung staatlicher Öffentlichkeitsarbeit bei Karl August von Hardenberg (1792-1822). Göttingen 1994

Hohendahl, Peter Uwe: Öffentlichkeit. Geschichte eines kritischen Begriffs. Stuttgart und Weimar 2000

Holtz, Bärbel (Hg.): Krise, Reformen – und Kultur. Preußen vor und nach der Katastrophe von 1806. Berlin 2010

Houben, Heinrich Hubert: Der gefesselte Biedermeier. Literatur, Kultur, Zensur in der guten, alten Zeit. Neudruck Hildesheim 1973

Hubatsch, Walter: Die Königsberger Universität und der preußische Staat. In: Jahrbuch der Albertus-Magnus-Universität zu Königsberg/Pr. 17 (1967), S. 63-79

Hüffer, Hermann: Die Kabinettsregierung in Preußen und Johann Wilhelm Lombard. Ein Beitrag zur Geschichte des preußischen Staates vornehmlich in den Jahren 1797 bis 1810. Leipzig 1891

Hüffer, Hermann: Die Beamten des älteren preußischen Kabinetts von 1713-1808. In: Forschungen zur brandenburgischen und preußischen Geschichte 5 (1892), S. 157-190

Hüffer, Hermann: Der Rastatter Gesandtenmord mit bisher ungedruckten Archivalien. Bonn 1896

Hufeld, Ulrich: Der Reichsdeputationshauptschluss von 1803. Eine Dokumentation zum Untergang des Alten Reiches. Köln u.a. 2003

Hunecke, Volker: Die Niederlage der Gemäßigten. Die Debatte über die französische Verfassung im Jahr 1789. In: Francia 29/2 (2002), S. 75-128

Hunt, Lynn: Symbole der Macht. Macht der Symbole. Die Französische Revolution und der Entwurf einer politischen Kultur. Frankfurt/Main 1989

Ilsemann, Alexandra: Die Politik Frankreichs auf dem Wiener Kongress. Talleyrands außenpolitische Strategien zwischen Erster und Zweiter Restauration. Hamburg 1996

Jäger, Hans-Wolf (Hg.): ,Öffentlichkeit' im 18. Jahrhundert. Göttingen 1997

Jaeschke, Walter (Hg.): Der Streit um die Romantik (1820-1854). Hamburg 1999

Jansen, Christian (Hg.): Der Bürger als Soldat. Die Militarisierung europäischer Gesellschaften im langen 19. Jahrhundert. Ein internationaler Vergleich. Essen 2004

Jaumann, Herbert (Hg.): Rousseau in Deutschland. Neue Beiträge zur Erforschung seiner Rezeption. Berlin/New York 1995

Jeismann, Michael: Das Vaterland der Feinde. Studien zum nationalen Feindbegriff und Selbstverständnis in Deutschland und Frankreich 1792-1918. Stuttgart 1992

Johnston, Otto W.: Der deutsche Nationalmythos. Ursprung eines politischen Programms. Stuttgart 1990

Kaltenbrunner, Gerd-Klaus (Hg.): Rekonstruktion des Konservativismus. Freiburg 1972

Kammerer, Frithjof: Die Pressepolitik Metternichs. Versuch einer Gesamtdarstellung. Diss. phil. Wien 1958

Karlauf, Thomas (Hg.): Deutsche Freunde. Zwölf Doppelporträts. Berlin 1995

Kersting, Wolfgang: Wohlgeordnete Freiheit. Immanuel Kants Rechts- und Staatsphilosophie. Berlin/New York 1984

Kersting, Wolfgang: Die politische Philosophie des Gesellschaftsvertrages. Darmstadt 1994

Kircheisen, Friedrich M.: Die Schriften von und über Friedrich von Gentz. Eine bibliographische Übersicht. In: Mitteilungen des Instituts für österreichische Geschichtsforschung 27 (1906), S. 91-146

Kissinger, Henry A.: Das Gleichgewicht der Großmächte. Metternich, Castlereagh und die Neuordnung Europas 1812-1822. Zürich 1986

Kittstein, Lothar: Politik im Zeitalter der Revolution. Untersuchungen zur preußischen Staatlichkeit 1792-1807. Stuttgart 2003

Klar, Samuel: Moral und Politik bei Kant. Eine Untersuchung zu Kants praktischer und politischer Philosophie im Ausgang der ‚Religion innerhalb der Grenzen der bloßen Vernunft'. Würzburg 2007

Kleßmann, Eckart (Hg.): Deutschland unter Napoleon in Augenzeugenberichten. München 1976

Klippel, Diethelm: Politische Freiheit und Freiheitsrechte im deutschen Naturrecht des 18. Jahrhunderts. Paderborn 1976

Klosterhuis, Jürgen / Neugebauer, Wolfgang (Hg.): Krise, Reformen – und Finanzen. Preußen vor und nach der Katastrophe von 1806. Berlin 2008

Klueting, Harm: Die Lehre von der Macht der Staaten. Das außenpolitische Machtproblem in der ‚politischen Wissenschaft' und in der praktischen Politik im 18. Jahrhundert. Historische Forschungen 26. Berlin 1986

Koch-Schwarzer, Leonie: Popularphilosophie und Volkskunde. Christian Garve (1742-1798). Diss. phil. Hamburg 1997

Koehler, Benedikt: Ästhetik der Politik. Adam Müller und die politische Romantik. Stuttgart 1980

Köhler, Ruth / Richter, Wolfgang (Hg.): Berliner Leben 1806 bis 1847. Berlin 1954

Köster, Udo: Litararischer Radikalismus. Zeitbewusstsein und Geschichtsphilosophie in der Entwicklung vom Jungen Deutschland zur Hehelschen Linken. Frankfurt/Main 1972

Körber, Esther-Beate: Görres und die Revolution. Wandlungen ihres Begriffs und ihrer Wertung in seinem politischen Weltbild 1793-1819. Husum 1986

Kondylis, Panajotis: Konservativismus. Geschichtlicher Gehalt und Untergang. Stuttgart 1986

Koselleck, Reinhart: Preußen zwischen Reform und Revolution. Allgemeines Landrecht, Verwaltung und soziale Bewegung von 1791-1848. Stuttgart 1967/1975²

Koselleck, Reinhart: Revolution, Rebellion, Aufruhr, Bürgerkrieg. In: Otto Brunner u. a. (Hg.): Geschichtliche Grundbegriffe. Bd. 5. Stuttgart 1984, S. 653-788

Koselleck, Reinhart / Reichardt, Rolf (Hg.): Die Französische Revolution als Bruch des gesellschaftlichen Bewusstseins. München 1988

Koselleck, Reinhart: Vergangene Zukunft. Zur Semantik geschichtlicher Zeiten. Frankfurt/Main 1989

Kraus, Hans-Christof: Die deutschen Konservativen, England und der Westen. In: Rainer Zitelmann u.a. (Hg.): Westbindung. Chancen und Risiken für Deutschland. Frankfurt/Main und Berlin 1993, S. 61-102

Kraus, Hans-Christof: Politisches Denken der deutschen Spätromantik. In: Literaturwissenschaftliches Jahrbuch 38 (1997), S. 111-146

Kraus, Hans-Christof: Die politische Romantik in Wien. Friedrich Schlegel und Adam Müller. In: Robert Rill/Ulrich E. Zellenberg (Hg.): Konservativismus, S. 35-70

Kraus, Hans-Christof: Gegenaufklärung, Spätromantik, Konservativismus – zu einigen neueren Veröffentlichungen. In: Historische Zeitschrift 269 (1999), S. 371-413

Kroll, Frank-Lothar (Hg.): Neue Wege der Ideengeschichte. Paderborn u. a. 1996

Kroll, Frank-Lothar (Hg.): Preußens Herrscher. München 2006

Kronenbitter, Günther: Wort und Macht. Friedrich Gentz als politischer Schriftsteller. Berlin 1994

Kronenbitter, Günther: Trüffeln oder Erdäpfel. Friedrich Gentz und die politische Sprache. In: Archiv für Kulturgeschichte 77. H. 2. Köln 1995, S. 383-403

Kronenbitter, Günther: Gegengift. Friedrich Gentz und die Französische Revolution. In: Christoph Weiß/Wolfgang Albrecht (Hg.): Von ‚Obscuranten‘ und ‚Eudämonisten‘. Gegenaufklärerische, konservative und antirevolutionäre Publizisten im späten 18. Jahrhundert. St. Ingbert 1997, S. 579-608

Kronenbitter, Günther: Friedrich von Gentz und Metternich. In: Robert Rill / Ulrich E. Zellenberg (Hg.): Konservativismus, S. 71-87

Kronenbitter, Günther: Friedenserklärung. Gleichgewicht und Konsens in den internationalen Beziehungen in Europa um 1815. www.europa.clio-online.de (2009)

Kronenbitter, Günther: ‚Freiheit‘ und ‚Ordnung‘ bei Friedrich Gentz. In: Helmut Rumpler (Hg.): Bernard Bolzano und die Politik, S. 89-104

Kronenbitter, Günther: Friedrich von Gentz (1764-1832). In: Bernd Heidenreich (Hg.): Politische Theorien, S. 93-108

Kronenbitter, Günther: Deutsche Romantik und österreichische Außenpolitik 1806 bis 1829. In: Christian Aspalter u. a. (Hg.): Paradoxien, S. 186-201

Kunicki, Wojciech (Hg.): Aufklärung in Schlesien im europäischen Spannungsfeld. Traditionen – Diskurse – Wirkungen. Wroclaw 1996

Langendorf, Jean-Jacques: Pamphletisten und Theoretiker der Gegenrevolution 1789-1799. Berlin 1989

Langewiesche, Dieter: Europa zwischen Restauration und Revolution 1815-1849. München 1985

Langewiesche, Dieter: Nation, Nationalismus, Nationalstaat in Deutschland und Europa. München 2000

Langewiesche, Dieter: Reich, Nation, Föderation. München 2008

Lapter, Dorothea: Die Wiener politische Journalistik unter Metternich. Diss. phil. Wien 1950

Lechner, Sylvester: Gelehrte Kritik und Restauration. Metternichs Wissenschafts- und Pressepolitik und die Wiener ‚Jahrbücher der Literatur‘ (1818-1849). Tübingen 1977

Leffmann, Gustav Hermann Benno: Gentz und Nesselrode. Ein Beitrag zur diplomatischen Geschichte des Jahre 1813 bis zum Waffenstillstand. Diss. phil. Greifswald 1913.

Leidinger, Hannes / Moritz, Verena / Schippler, Bernd: Schwarzbuch der Habsburger. Die unrühmliche Geschichte eines Herrscherhauses. Innsbruck und Wien 2010

Leopold, Günther: Friedrich von Gentz im österreichischen Staatsdienst. Unter besonderer Berücksichtigung seiner Verdienste um das österreichische Pressewesen. Diss. phil. Wien 1956

Liesegang, Torsten: Öffentlichkeit und öffentliche Meinung. Theorien von Kant bis Marx (1780-1850). Würzburg 2004

Lieven, Dominic: Russland gegen Napoleon. Die Schlacht um Europa. München 2011

Lottes, Günter: Das revolutionäre Frankreich als Trauma der deutschen Konservativen. Zur Verschränkung von Wahrnehmungsprozessen und politiktheoretischen Diskussionen in der ersten Hälfte des 19. Jahrhunderts. In: Hans-Jürgen Lüsebrink / János Riesz (Hg.): Feindbild und Faszination, S. 13-24

Lottes, Günter: Die Französische Revolution und der moderne politische Konservativismus. In: Reinhart Koselleck / Rolf Reichardt (Hg.): Französische Revolution, S. 609-629

Ludwig, Roland: Die Rezeption der Englischen Revolution im deutschen politischen Denken und in der deutschen Historiographie im 18. und 19. Jahrhundert. Leipzig 2003

Lübbe, Albert: Friedrich von Gentz und Heinrich von Sybel. Ein Beitrag zur Geschichte der neueren Historiographie. Diss. phil. Göttingen 1913

Lüdtke, Wilhelm: Preußen und Frankreich vom Bastillesturm bis Reichenbach (1789-1790). In: Forschungen zur brandenburgischen und preußischen Geschichte 42 (1929), S. 230-262

Lüdtke, Wilhelm: Friedrich Wilhelm II. und die revolutionäre Propaganda (1789-1791). In: Forschungen zur brandenburgischen und preußischen Geschichte 44 (1932), S. 70-83

Hans-Jürgen Lüsebrink / János Riesz (Hg.): Feindbild und Faszination. Vermittlerfiguren und Wahrnehmungsprozesse in den deutsch-französischen Kulturbeziehungen (1789-1983). Frankfurt/Main 1984

Lüsebrink, Hans-Jürgen (Hg.): Das Europa der Aufklärung und die außereuropäische koloniale Welt. Göttingen 2006

Lützeler, Paul Michael: Die Schriftsteller und Europa. Von der Romantik bis zur Gegenwart. München 1992/1998²

Lutz, Heinrich: Zwischen Habsburg und Preußen 1815-1866. Berlin 1985

Mager, Wolfgang: Das Problem der landständischen Verfassungen auf dem Wiener Kongress 1814/15. In: Historische Zeitschrift 217 (1974), S. 296-346

Magris, Claudio: Der Habsburgische Mythos in der modernen österreichischen Literatur. Wien 2000

Maier, Hans: Die Lehre der Politik an den deutschen Universitäten vornehmlich vom 16. bis 18. Jahrhundert. In: Dieter Oberndörffer (Hg.): Wissenschaftliche Politik. Eine Einführung in Grundlagen ihrer Tradition und Theorie. Darmstadt 1966, S. 59-116

Maier, Hans / Schmidt, Eberhard (Hg.): Wie eine Revolution entsteht. Die Französische Revolution als Kommunikationsereignis. Paderborn 1988

Malsch, Wilfried: ‚Europa'. Poetische Rede des Novalis. Stuttgart 1965

Mannheim, Karl: Das konservative Denken. Soziologische Beiträge zum Werden des politisch-historischen Denkens in Deutschland. In: Hans Gerd Schumann (Hg.): Konservativismus, S. 24-75

Mannheim, Karl: Aufklärung und öffentliche Meinung. Studien zur Soziologie der Öffentlichkeit im 18. Jahrhundert. Hg. von Norbert Schindler. Stuttgart 1979

Mann, Golo: Gentz und die Französische Revolution. In: Maß und Wert. Zürich 1938/39, S. 52-77 [Reprint: Nendeln 1970]

Mann, Golo: Friedrich Gentz, der Sekretär Europas. In: Die Wandlung. Jg. 1. Heidelberg 1945/46, S. 787-793

Mann, Golo: Friedrich von Gentz. Gegenspieler Napoleons, Vordenker Europas. Frankfurt/Main 1995

Marcowitz, Reiner: Kongressdiplomatie 1815-1823. Frankreichs Rückkehr in das europäische Konzert. In: Francia 24/3 (1997), S. 1-22

Markov, Walter: Revolution im Zeugenstand. Frankreich 1789-1799. Bd. 1. Aussagen und Analysen; Bd. 2. Gesprochenes und Geschriebenes. Frankfurt/Main 1987

Martens, Wolfgang: Der patriotische Minister. Fürstendiener in der Literatur der Aufklärungszeit. Weimar u. a. 1996

Marx, Julius: Die Zensur der Kanzlei Metternich. In: Österreichische Zeitschrift für öffentliches Recht. N.F. 4 (1952), S. 170-237

Marx, Julius: Metternich als Zensor. In: Jahrbuch des Vereines für Geschichte der Stadt Wien 11 (1954), S. 112-135

Matis, Herbert (Hg.): Von der Glückseligkeit des Staates. Staat, Wirtschaft und Gesellschaft in Österreich im Zeitalter des aufgeklärten Absolutismus. Berlin 1981

Maurer, Michael: Aufklärung und Anglophilie in Deutschland. Göttingen u.a. 1987

Mayr, Josef Karl: Geschichte der österreichischen Staatskanzlei im Zeitalter des Fürsten Metternich. Wien 1935

Mayr, Josef Karl: Wien im Zeitalter Napoleons. Staatsfinanzen, Lebensverhältnisse, Beamte und Militär. Wien 1940

Mazohl-Wallnig, Brigitte: Vom Heiligen Römischen Reich zu Österreich. Zur staats- und verwaltungsrechtlichen Neuorganisation Mitteleuropas am Wiener Kongress. In: Jahrbuch des italienisch-deutschen historischen Instituts in Trient 23 (1997), S. 209-231

Mazohl-Wallnig, Brigitte: Zeitenwende 1806. Das Heilige Römische Reich und die Geburt des modernen Europa. Wien u.a. 2005

Medick, Hans: Naturzustand und Naturgeschichte der bürgerlichen Gesellschaft. Die Ursprünge der bürgerlichen Sozialtheorie als Geschichtsphilosophie und Sozialwissenschaft bei Samuel Pufendorf, John Locke und Adam Smith. Göttingen 1973

Meier, Brigitte: Friedrich Wilhelm II. König von Preußen. Ein Leben zwischen Rokoko und Revolution. Regensburg 2007

Meinecke, Friedrich: Weltbürgertum und Nationalstaat. München 1963

Meridies, Wilhelm: Friedrich Gentz. In: Große Deutsche aus Schlesien. Hg. von Herbert Hupka. München 1969, S. 80-89

Merziger, Patrick (Hg.): Geschichte, Öffentlichkeit, Kommunikation. Festschrift für Bernd Sösemann zum 65. Geburtstag. Stuttgart 2010

Meyer, Annette/Zwierlein, Cornel (Hg.): Machiavellismus in Deutschland. Chiffre von Kontingenz, Herrschaft und Empirismus in der Neuzeit. Historische Zeitschrift. Beiheft 49. München 2009

Meyring, Diethild Maria: Politische Weltweisheit. Studien zur deutschen Lehrform der Politik des 18. Jahrhunderts. Diss. phil. Münster 1965

Möckl, Karl (Hg.): Hof und Hofgesellschaft in den deutschen Staaten im 19. und beginnenden 20. Jahrhundert. Boppard am Rhein 1990

Möller, Horst: Primat der Außenpolitik. Preußen und die Französische Revolution 1789-1795. In: Jürgen Voss (Hg.): Deutschland und die Französische Revolution. München 1983, S. 65-81

Mühlhäuser, Josef: Die Geschichte des ‚Österreichischen Beobachters‘ von der Gründung bis zum Tode Friedrich von Gentz 1810-1832. Diss. phil. Wien 1948

Müller, Jürgen: Der Deutsche Bund 1815-1866. München 2006

Müller-Funk, Wolfgang / Schuh, Franz (Hg.): Nationalismus und Romantik. Wien 1999

Müller-Seidel, Walter: Friedrich Schiller und die Politik. München 2009

Münchow-Pohl, Bernd von: Zwischen Reform und Krieg. Untersuchungen zur Bewusstseinslage in Preußen 1809-1812. Göttingen 1987

Münkler, Herfried: Die Deutschen und ihre Mythen. Berlin 2009

Münkler, Herfried: Mitte und Maß. Der Kampf um die richtige Ordnung. Berlin 2010

Naef, Werner: Zur Geschichte der Heiligen Allianz. Bern 1928

Nagler, Heribert: Regierung, Publizistik und öffentliche Meinung in Österreich in den Jahren 1809-1815. Diss. phil. Wien 1926

Neugebauer, Wolfgang: Hof und politisches System in Brandenburg-Preußen. Das 18. Jahrhundert. In: Jahrbuch für die Geschichte Mittel- und Osteuropas 46 (2000), S. 139-169

Neugebauer, Wolfgang: Zur Geschichte des preußischen Untertanen – besonders im 18. Jahrhundert. In: Forschungen zur brandenburgischen und preußischen Geschichte 13 (2003), S.141-161

Neugebauer, Wolfgang / Holtz, Bärbel (Hg.): Kulturstaat und Bürgergesellschaft. Preußen, Deutschland und Europa im 19. und frühen 20. Jahrhundert. Berlin 2010

Neugebauer-Wölk, Monika: Verfassungsideen in praktischer Absicht? Entwürfe für eine deutsche Republik 1792-1799. In: Comparativ 4 (1992), S. 62-84

Neumüller, Michael: Liberalismus und Revolution. Das Problem der Revolution in der deutschen liberalen Geschichtsschreibung des 19. Jahrhunderts. Düsseldorf 1973

Nipperdey, Thomas: Deutsche Geschichte 1800-1866. Bürgerwelt und starker Staat. München 1983

Oster, Uwe A.: Preußen. Geschichte eines Königreichs. München und Zürich 2010

Osterhammel, Jürgen: Die Verwandlung der Welt. Eine Geschichte des 19. Jahrhunderts. München 2009

Osterkamp, Ernst: Neue Zeiten – neue Zeitschriften. Publizistische Projekte um 1800. In: Zeitschrift für Ideengeschichte. Heft I/2. München 2007. S. 62-78

Otte, Wiebke: Arndt und ein Europa der Feinde? Europagedanke und Nationalismus in den Schriften Ernst Moritz Arndts. Marburg 2007

Palmer, Alan: Glanz und Niedergang der Diplomatie. Die Geheimpolitik der europäischen Kanzleien vom Wiener Kongress bis zum Ausbruch des Ersten Weltkriegs. Düsseldorf 1986

Pape, Matthias: Johannes von Müller. Seine geistige und politische Umwelt in Wien und Berlin 1793-1806. Bern u.a. 1989

Paulin, Roger: 1806/07 – ein Krisenjahr der Frühromantik? In: Kleist-Jahrbuch 1993, S. 137-151

Pelzer, Erich (Hg.): Revolution und Klio. Die Hauptwerke zur Französischen Revolution. Göttingen 2004

Peter, Klaus (Hg.): Die politische Romantik in Deutschland. Eine Textsammlung. Stuttgart 1985

Petersdorff, Dirk von: Mysterienrede. Zum Selbstverständnis romantischer Intellektueller. Tübingen 1996

Pflüger, Martin: Koalitionspolitik. Gentz und Metternich 1804-1806. Erster Teil. Die diplomatischen Verhandlungen. Hamburg 1913

Philippson, Martin: Geschichte des preußischen Staatswesens vom Tode Friedrich des Großen bis zu den Freiheitskriegen. Bd. 1. Leipzig 1880

Pick, Albert: Papiergeld. Braunschweig 1967

Pirler, Philipp: Friedrich von Gentzens Auseinandersetzung mit Immanuel Kant. Frankfurt/Main 1980

Plachta, Bodo: Damnatur-Toleratur-Admittitur. Studien und Dokumente zur literarischen Zensur im 18. Jahrhundert. Tübingen 1994

Planert, Ute: Der Mythos vom Befreiungskrieg 1792-1841. Paderborn u.a. 2007

Plessner, Helmuth: Die verspätete Nation. Über die politische Verführbarkeit bürgerlichen Geistes. Frankfurt/Main 1974

Polheim, Konrad: Friedrich Schlegel und Österreich. In: Aurora 41. Würzburg 1981, S. 75-91

Portmann-Tinguely, Albert: Romantik und Krieg. Eine Untersuchung zum Bild des Krieges bei deutschen Romantikern und ‚Freiheitssängern': Adam Müller, Joseph Görres, Friedrich Schlegel, Achim von Arnim, Max von Schenkendorf und Theodor Körner. Fribourg 1989

Preisendörfer, Bruno: Staatsbildung als Königskunst. Ästhetik und Herrschaft im preußischen Absolutismus. Berlin 2000

Press, Volker: Das Ende des alten Reiches und die deutsche Nation. In: Kleist-Jahrbuch 1993, S. 31-55

Pröve, Ralf / Kölling, Bernd (Hg.): Leben und Arbeiten auf märkischem Sand. Wege in die Gesellschaftsgeschichte Brandenburgs 1700-1914. Bielefeld 1999

Pyta, Wolfram (Hg.): Das europäische Mächtekonzert. Friedens- und Sicherheitspolitik vom Wiener Kongress 1815 bis zum Krimkrieg 1853. Köln u.a. 2009

Rademacher, Ingrid: Legitimation und Kompetenz. Zum Selbstverständnis der Intelligenz im nachrevolutionären Frankreich (1794-1824). Frankfurt u.a. 1993

Raif, August Friedrich: Die Urteile der Deutschen über die französische Nationalität im Zeitalter der Revolution und der deutschen Erhebung. Berlin und Leipzig 1911

Ranftl, Gertrude: Gentz und England. Diss. phil. Wien 1947

Rantzau, Johann Albrecht von: Friedrich von Gentz und die Politik. In: Mitteilungen des Instituts für österreichische Geschichtsforschung 43 (1929), S. 77-112

Rasemann, Walter: Die nationalen und traditionellen Elemente in der Publizistik des Friedrich von Gentz. Diss. phil. Köln 1935

Reichardt, Rolf: Die Stiftung von Frankreichs nationaler Identität durch die Selbstmystifizierung der Französischen Revolution am Beispiel der ‚Bastille‘. In: Helmut Berding (Hg.): Mythos und Nation, S. 133-163

Reichardt, Rolf / Schmitt, Eberhard (Hg.): Die Französische Revolution als Bruch des gesellschaftlichen Bewusstseins. München 1988

Reichardt, Rolf: ‚Freymüthigkeit, doch kein Sans-Cülotismus…‘. Transfer und Transformation der Französischen Revolution in Verdeutschungen französischer Revolutionsschriften 1789-1799. In: Michel Espagne / Michael Werner (Hg.): Transferts, S. 273-326

Reichardt, Rolf / Schmidt, Rüdiger / Thamer, Hans-Ulrich (Hg.): Symbolische Politik und politische Zeichensysteme im Zeitalter der Französischen Revolution (1789-1848). Münster 2005

Reinalter, Helmut (Hg.): Revolution und Gesellschaft. Zur Entwicklung des neuzeitlichen Revolutionsbegriffs. Innsbruck 1980

Reinalter, Helmut: Die Französische Revolution und Mitteleuropa. Frankfurt/Main 1988

Reinalter, Helmut: Österreich und die Französische Revolution. Wien 1988

Reincke, Olaf: Zur Wirkung von Edmund Burkes ‚Betrachtungen über die Französische Revolution‘ auf die literarischen Fronten in der Debatte um eine klassische deutsche Nationalliteratur am Ausgang des 18. Jahrhunderts in Deutschland. In: Siegfried Streller / Tadeusz Namowicz (Hg.): Literatur zwischen Revolution und Restauration, S. 29-49

Riedl, Peter Philipp: Das Alte Reich und die Dichter. Die literarische Auseinandersetzung mit einer politischen Krise. In: Aurora 59 (1999), S. 189-224

Rill, Robert / Zellenberg, Ulrich E.: Konservativismus in Österreich. Strömungen, Ideen, Personen und Vereinigungen von den Anfängen bis heute. Graz und Stuttgart 1999

Rintelen, Michael von: Zwischen Revolution und Restauration. Die Allgemeine Zeitung 1798-1823. Frankfurt/Main 1994

Rößler, Hellmuth: Österreichs Kampf um Deutschlands Befreiung. Die deutsche Politik der nationalen Führer Österreichs 1805-1815. Bd. 1-2. Hamburg 1940[2]

Rogalla von Bieberstein, Johannes: Die These von der Verschwörung 1776-1945. Philosophen, Juden, Liberale und Sozialisten als Verschwörer gegen die Sozialordnung. Frankfurt/Main 1976

Rosenstrauch, Hazel: Varnhagen und die Kunst des geselligen Lebens. Eine Jugend um 1800. Berlin 2003

Rosenstrauch, Hazel: Wahlverwandt und ebenbürtig. Caroline und Wilhelm von Humboldt. Frankfurt/Main 2009

Rumpel, Hubert: Friedrich Gentz. In: Große Österreicher 11. Wien 1957, S. 41-53

Rumpel, Hubert: Friedrich Gentz. In: Neue Deutsche Biographie 6. Berlin 1964, S. 190-193

Rumpler, Helmut (Hg.): Deutscher Bund und deutsche Frage 1815-1866. Wien und München 1990

Rumpler, Helmut: ‚Justitia Regnorum Fundamentum‘. Friedrich von Gentz und die Idee des Rechts in der internationalen Politik. In: Éva Somogyi (Hg.): Verbürgerlichung in Mitteleuropa. Festschrift für Péter Hának zum 70. Geburtstag. Budapest 1991, S. 143-154

Rumpler, Helmut: Österreichische Geschichte 1804-1914. Eine Chance für Mitteleuropa. Bürgerliche Emanzipation und Staatszerfall in der Habsburgermonarchie. Wien 1997

Rumpler Helmut (Hg.): Bernard Bolzano und die Politik. Staat, Nation und Religion als Herausforderung für die Philosophie im Kontext von Spätaufklärung, Frühnationalismus und Restauration. Wien 2000

Ruppel, Edith: Das Generaldirektorium unter der Regierung Friedrich Wilhelms II. mit Berücksichtigung der interimistischen Instruktion von 1798. Würzburg 1937

Sadowsky, Thorsten: Reisen durch den Mikrokosmos. Berlin und Wien in der bürgerlichen Reiseliteratur um 1800. Hamburg 1998

Safranski, Rüdiger: Romantik. Eine deutsche Affäre. München 2007

Sauter, Christina M. : Wilhelm von Humboldt und die deutsche Aufklärung. Berlin 1989

Schad, Martha (Hg.): Die Habsburger. Macht und Mythos. Die großen Dynastien. Augsburg 2000

Schäfer, Frauke: Die Französische Revolution im Spiegel deutscher Aufklärungssprache. In: M. Kossok / E. Kross (Hg.): 1789 – Weltwirkung einer großen Revolution. Bd. 1. Vaduz 1989, S. 163-184

Schäfer, Rütger: Friedrich Buchholz – ein vergessener Vorläufer der Soziologie. Eine historische und bibliographische Untersuchung über den ersten Vertreter des Positivismus und des Saint-Simonismus in Deutschland. Bd. 1.2. Göppingen 1972

Schattenmann, Marc: Wohlgeordnete Welt. Immanuel Kants politische Philosophie in ihren systematischen Grundzügen. München 2006

Scheuner, Ulrich: Der Beitrag der deutschen Romantik zur politischen Theorie. Opladen 1980

Schieder, Wolfgang / Dipper, Christof: Propaganda. In: Otto Brunner u.a. (Hg.): Geschichtliche Grundbegriffe. Bd. 5. Stuttgart 1984, S. 69-112

Schildt, Axel: Konservatismus in Deutschland. Von den Anfängen im 18. Jahrhundert bis zur Gegenwart. München 1998

Schlegelmilch, Arthur: Die Alternative des monarchischen Konstitutionalismus. Eine Neuinterpretation der deutschen und österreichischen Verfassungsgeschichte des 19. Jahrhunderts. Bonn 2009

Schlenke, Manfred (Hg.): Preußen. Beiträge zu einer politischen Kultur. Preußen. Versuch einer Bilanz. Bd. 2. Hamburg 1981

Schlenke, Manfred (Hg.): Preußen. Politik, Kultur, Gesellschaft. Bd. 1. Hamburg 1986

Schlitter, Hans: Aus den letzten Lebensjahren von Gentz. In: Mitteilungen des Instituts für österreichische Geschichtsforschung 138 (1892), S. 320-326

Schlösser, Manfred: Berlin zwischen 1789 und 1848. Facetten einer Epoche. Berlin 1981

Schlumbohm, Jürgen: Freiheitsbegriff und Emanzipationsprozess. Zur Geschichte eines politischen Wortes. Göttingen 1973

Schmidberger, Hilde: Carl Gustav von Brinckmann. Diss. phil. Wien 1925

Schmidt-Biggemann, Wilhelm: Politische Theologie der Gegenaufklärung. Saint Martin, de Maistre, Kleuker, Baader. Berlin 2004

Schmitt, Carl: Politische Romantik. Berlin 1968[3]

Schmitt, Eberhard: Repräsentation und Revolution. Eine Untersuchung zur Genese der kontinentalen Theorie und Praxis parlamentarischer Repräsentation aus der Herrschaftspraxis des Ancien Régime in Frankreich (1760-1789). München 1969

Schneider, Franz: Pressefreiheit und politische Öffentlichkeit. Studien zur politischen Geschichte Deutschlands bis 1848. Neuwied u.a. 1966

Schroeder, Paul W.: The Transformation of European Politics 1763-1848. Oxford 1994

Schuck, Gerhard: Rheinbundpatriotismus und politische Öffentlichkeit zwischen Aufklärung und Frühliberalismus. Stuttgart 1994

Schulin, Ernst: ,Historiker, seid der Epoche würdig!' Zur Geschichtsschreibung im Zeitalter der Französischen Revolution – zwischen Aufklärung und Historismus. In: Tel Aviver Jahrbuch für deutsche Geschichte 18 (1989), S. 1-28

Schultz, Helga: Berlin 1650-1800. Sozialgeschichte einer Residenz. Berlin 1992[2]

Schultze, Johanna: Die Auseinandersetzung zwischen Adel und Bürgertum in den deutschen Zeitschriften der letzten drei Jahrzehnte des 18. Jahrhunderts (1773-1806). Berlin 1925 [Reprint: Vaduz 1965]

Schulz, Gerhard: Die deutsche Literatur zwischen Französischer Revolution und Restauration. Zweiter Teil. Das Zeitalter der napoleonischen Kriege und der Restauration 1806-1830. München 1989

Schulz, Matthias: Normen und Praxis. Das Europäische Konzert der Großmächte als Sicherheitsrat 1815-1860. München 2009

Schumann, Axel: Berliner Presse und Französische Revolution. Das Spektrum der Meinungen unter preußischer Zensur 1789-1806. Diss. phil. Berlin 2001

Schumann, Hans Gerd (Hg.): Konservativismus. Köln 1974

Schurig, Arthur (Hg.): Das galante Preußen gegen Ende des 18. Jahrhunderts. Berlin 1910

Schwalm, Georg: Studien zu Friedrich von Gentz. Gelnhausen 1930

Schwartländer, Johannes / Willoweit, Dietmar (Hg.): Meinungsfreiheit – Grundgedanken und Geschichte in Europa und USA. Kehl am Rhein 1986

Schwartz, Paul: Der erste Kulturkampf in Preußen um Kirche und Schule (1788-1798). Berlin 1925

Seibt, Gustav: Goethe und Napoleon. Eine historische Begegnung. München 2008

Seibt, Gustav: Die Europäische Freiheit. Friedrich von Gentz und der Liberalismus des Staatensystems. In: Karl Heinz Bohrer / Kurt Scheel (Hg.): Ideen, S. 915-924

Sengle, Friedrich: Biedermeierzeit. Deutsche Literatur im Spannungsfeld zwischen Restauration und Revolution 1815-1848. Bd. 1-2. Stuttgart 1971

Sieg, Hans Martin: Staatsdienst, Staatsdenken und Dienstgesinnung in Brandenburg-Preußen im 18. Jahrhundert (1713-1806). Berlin u.a. 2003

Siemann, Wolfram: ‚Deutschlands Ruhe, Sicherheit und Ordnung'. Die Anfänge der politischen Polizei 1806-1866. Tübingen 1985

Siemann, Wolfram: Ideenschmuggel. Probleme der Meinungskontrolle und das Los deutscher Zensoren im 19. Jahrhundert. In: Historische Zeitschrift 245 (1987), S. 71-106

Siemann, Wolfram: Vom Staatenbund zum Nationalstaat. Deutschland 1806-1871. München 1995

Siemann, Wolfram: Metternich. Staatsmann zwischen Restauration und Moderne. München 2010

Sösemann, Bernd (Hg.): Gemeingeist und Bürgersinn. Die preußischen Reformen. Berlin 1993

Sösemann, Bernd (Hg.): Kommunikation und Medien in Preußen vom 16. bis 19. Jahrhundert. Stuttgart 2002

Sösemann, Bernd / Hoppe, Albrecht (Hg.): Öffentliche Kommunikation in Brandenburg-Preußen. Eine Spezialbibliographie. Stuttgart 2002

Spies, Hans-Bernd (Hg.): Die Erhebung gegen Napoleon 1806-1815. Darmstadt 1981

Spieß, Martin: Friedrich von Gentz über den Regierungsantritt Friedrich Wilhelms III. von Preußen. In: Zeitschrift für Geschichte und Politik 5 (1888), S. 291-304

Srbik, Heinrich von: Metternich. Der Staatsmann und der Mensch. Bd. 1-2. München 1925/1954

Stammen, Theo (Hg.): Kant als politischer Schriftsteller. Würzburg 1999

Stamprech, Franz: Die älteste Tageszeitung der Welt. Werden und Entwicklung der Wiener Zeitung. Wien 1977

Stamm-Kuhlmann, Thomas: Der Hof Friedrich Wilhelms III. von Preußen 1797 bis 1840. In: Karl Möckl (Hg.): Hof, S. 275-319

Stamm-Kuhlmann, Thomas: König in Preußens großer Zeit. Friedrich Wilhelm III., der Melancholiker auf dem Thron. Berlin 1992

Stamm-Kuhlmann, Thomas: Metternich im zwanzigsten Jahrhundert. Motive einer Rehabilitation. In: Historische Mitteilungen der Ranke-Gesellschaft (1999), S. 113-133

Steinbach, Peter (Hg.): Probleme politischer Partizipation im Modernisierungsprozess. Stuttgart 1982

Stekl, Hannes: Der Wiener Hof in der ersten Hälfte des 19. Jahrhunderts. In: K. Möckl (Hg.): Hof und Hofgesellschaft, S. 17-60

Stern, Carola: Der Text meines Herzens. Das Leben der Rahel Varnhagen. Reinbek bei Hamburg 1994

Sternburg, Wilhelm von: Als Metternich die Zeit anhalten wollte. Deutschlands langer Weg in die Moderne. München 2002

Stollberg-Rilinger, Barbara: Der Staat als Maschine. Zur politischen Metaphorik des absoluten Fürstenstaates. Berlin 1986

Stollberg-Rilinger, Barbara: Das Heilige Römische Reich Deutscher Nation. Vom Ende des Mittelalters bis 1806. München 2006

Stolleis, Michael: Die Moral in der Politik bei Christian Garve. Diss. phil. München 1967

Straubel, Rolf: Beamte und Personalpolitik im altpreußischen Staat. Soziale Rekrutierung, Karriereverläufe, Entscheidungsprozesse (1763/86-1806). Potsdam 1998

Straubel, Rolf: Biographisches Handbuch der preußischen Verwaltungs- und Justizbeamten 1740-1806/15. Bd. 1. München 2009

Streller, Siegfried / Namowicz, Tadeusz (Hg.): Literatur zwischen Revolution und Restauration. Studien zu literarischen Wechselbeziehungen in Europa zwischen 1789 und 1835. Berlin und Weimar 1989

Strobel, Jochen: Verhandlungen zwischen ‚Adeligkeit‘ und Literatur um 1800. Eine Kulturpoetik des Adels in der Romantik. Berlin u.a. 2010

Stulz-Herrnstadt, Nadja: Berliner Bürgertum im 18. und 19. Jahrhundert. Berlin/New York 2002

Sweet, Paul R.: Friedrich von Gentz. Defender of the Old Order. Madison 1941/1970²

Tschirch, Otto: Geschichte der öffentlichen Meinung in Preußen vom Baseler Frieden bis zum Zusammenbruch des Staates 1795-1806. Bd. 1-2. Weimar 1933

Tschubarjan, Alexander: Europakonzepte von Napoleon bis zur Gegenwart. Berlin 1992

Ullrich, Volker: Das erhabene Ungeheuer. Napoleon und andere historische Reportagen. München 2008

Urbach, Reinhard (Hg.): Wien und Europa zwischen den Revolutionen (1789-1848). Wien und München 1978

Valjavec, Fritz: Die Entstehung der politischen Strömungen in Deutschland 1770-1815. Düsseldorf 1978

Veltzke, Veit (Hg.): Für die Freiheit. Ferdinand von Schill, Preußen und die deutsche Nation gegen Napoleon. Köln, Weimar und Wien 2009

Vierhaus, Rudolf: Politisches Bewusstsein in Deutschland vor 1789. In: Der Staat 6 (1967), S. 175-196

Vierhaus, Rudolf (Hg.): Aufklärung als Prozess. Aufklärung. Interdisziplinäre Halbjahresschrift zur Erforschung des 18. Jahrhunderts und seiner Wirkungsgeschichte. Jg. 2, Heft 2. Hamburg 1987

Vierhaus, Rudolf: Montesquieu in Deutschland. In: ders.: Deutschland im 18. Jahrhundert. Politische Verfassung, soziales Gefüge, geistige Bewegungen. Ausgewählte Aufsätze. Göttingen 1987, S. 9-32

Vierhaus, Rudolf: Die aufgeklärten Schriftsteller. Zur sozialen Charakteristik einer selbstbenannten Elite. In: Hans Erich Bödeker / Ulrich Herrmann (Hg.): Über den Prozess der Aufklärung, S. 53-65

Vocelka, Karl / Heller, Lynne: Die private Welt der Habsburger. Leben und Alltag einer Familie. Graz u.a. 1998

Vocelka, Karl: Österreichische Geschichte 1699-1815. Glanz und Untergang der höfischen Welt. Repräsentation, Reform und Reaktion im Habsburgischen Vielvölkerstaat. Wien 2001/2004²

Vocelka, Karl (Hg.): Wien. Geschichte einer Stadt. Bd. 2. Die frühneuzeitliche Residenz. Wien 2003

Vocelka, Karl: Österreichische Geschichte. München 2005

Vogel, Ursula: Konservative Kritik an der bürgerlichen Revolution. August Wilhelm Rehberg. Darmstadt u.a. 1972

Voss, Jürgen (Hg.): Deutschland und die Französische Revolution. München 1983

Voss, Jürgen: Deutsch-französische Beziehungen im Spannungsfeld von Absolutismus, Aufklärung und Revolution. Pariser Historische Studien 36. Berlin 1992

Vovelle, Michel: Die Französische Revolution. Soziale Bewegung und Umbruch der Mentalitäten. Frankfurt/Main 1985

Wagner, Karl: Die Wiener Zeitungen und Zeitschriften der Jahre 1808 und 1809. In: Archiv für österreichische Geschichte 104 (1915), S. 197-401

Wagner, Michael: Der Prozess und die Hinrichtung Ludwigs XVI. Studien zur politischen Rezeption der Französischen Revolution in Frankreich, Deutschland und England. Gießen 1995

Weber, Ernst: Lyrik der Befreiungskriege (1812-1815). Gesellschaftspolitische Meinungs- und Willensbildung durch Literatur. Stuttgart 1991

Weber, Peter: Die ‚Berlinische Monatsschrift‘ als Organ der Aufklärung. In: Berlinische Monatsschrift (1783-1796). Hg. von Friedrich Gedike und Johann Erich Biester. Auswahl. Leipzig 1985, S. 356-452

Wecke, Ilse: Österreichs Pressekampf gegen Napoleon (1796-1815). Diss. phil. Wien 1950

Wehler, Hans-Ulrich: Deutsche Gesellschaftsgeschichte. Bd. 1. Vom Feudalismus des alten Reiches bis zur defensiven Modernisierung der Reformära 1700-1815. München 1987

Wehler, Hans-Ulrich: Nationalismus. Geschichte, Formen, Folgen. München 2001

Wenck, Woldemar: Deutschland vor hundert Jahren. Politische Meinungen und Stimmungen bei Anbruch der Revolutionszeit. Leipzig 1887

Wende, Peter: Radikalismus im Vormärz. Untersuchungen zur politischen Theorie der frühen deutschen Demokratie. Wiesbaden 1975

Westermann, Charlotte: Gentz in Wien 1802. In: Deutsche Rundschau. Jg. CLXXXI (1919), S. 270-285

Wetzel, Erich: Die Geschichte des Königlich Joachimsthalschen Gymnasiums. Halle 1907

Wieber, Walter: Friedrich Gentz über die Ursachen der Französischen Revolution. Der Ursprung der französischen Revolution nach dem Urteil ihrer zeitgenössischen Gegner. Kassel 1915

Wilhelm, Uwe: Der deutsche Frühliberalismus. Von den Anfängen bis 1789. Frankfurt/Main u.a. 1995

Wilhelmy, Petra: Die Berliner Salons im 19. Jahrhundert (1780-1914). Berlin u.a. 1989

Willms, Johannes: Napoleon. Eine Biographie. München 2005

Willms, Johannes: Talleyrand. Virtuose der Macht 1754-1838. München 2011

Willoweit, Dietmar: Meinungsfreiheit im Prozess der alteuropäischen Staatswerdung. In: J. Schwartländer / D. Willoweit (Hg.): Meinungsfreiheit – Grundgedanken und Geschichte in Europa und USA. Kehl am Rhein 1986, S. 105-119

Winkler, Heinrich August: Der lange Weg nach Westen. Deutsche Geschichte vom Ende des Alten Reiches bis zum Untergang der Weimarer Republik. Bd. 1. München 2002

Winkler, Heinrich August: Geschichte des Westens. Von den Anfängen in der Antike bis zum 20. Jahrhundert. Bd. 1. München 2009

Winter, Eduard: Revolution, Neoabsolutismus und Liberalismus in der Donaumonarchie. Wien 1969

Wittichen, Friedrich Carl: Zur Gentz-Bibliographie. In: Mitteilungen des Instituts für österreichische Geschichtsforschung 27 (1906), S. 682-694

Wittichen, Friedrich Carl: Friedrich von Gentz über Johann von Wessenberg. In: Mitteilungen des Instituts für österreichische Geschichtsforschung 28 (1908), S. 631-650

Wittichen, Friedrich Carl: Gentz und Brinckmann. In: Zeitschrift für westdeutsche Geschichte und Kunst 22, S. 261 ff.

Wittichen, Friedrich Carl: Gentz' Stellung zum deutschen Geistesleben vor 1806. In: Historische Vierteljahresschrift 14 (1911), S. 34-55

Wittichen, Friedrich Carl: Gentz und Metternich. In: Mitteilungen des Instituts für österreichische Geschichtsforschung 31 (1910), S. 88-111

Wittichen, Paul: Friedrich von Gentz und die englische Politik 1800-1814. In: Preußische Jahrbücher 110 (1902), S. 463-501

Wittichen, Paul: Zu Gentz' Denkschrift über das preußische Kabinett. In: Historische Zeitschrift 91 (1903), S. 58-64

Wittichen, Paul: Kant und Burke. In: Historische Zeitschrift 93 (1904), S. 235-255

Wittichen, Paul: Friedrich Gentz und Preußen vor der Reform. In: Forschungen zur brandenburgischen und preußischen Geschichte 18 (1905), S. 203-227

Wittichen, Paul: Zur inneren Geschichte Preußens während der französischen Revolution. Gentz und Humboldt. In: Forschungen zur brandenburgischen und preußischen Geschichte 19 (1906), S. 1-33

Wittichen, Paul: Friedrich von Gentz' ungedrucktes Werk über die Geschichte der französischen Nationalversammlung. In: Historische Vierteljahresschrift 18 (1916/18), S. 290-304

Wittkowski, Wolfgang (Hg.): Revolution und Autonomie. Deutsche Autonomieästhetik im Zeitalter der Französischen Revolution. Tübingen 1990

Wohlfeil, Rainer: Spanien und die deutsche Erhebung 1808-1814. Wiesbaden 1965

Wunder, Bernd: Geschichte der Bürokratie in Deutschland. Frankfurt/Main 1986

Wunder, Bernd: Verwaltung, Amt, Beamter. In: Otto Brunner u.a. (Hg.): Geschichtliche Grundbegriffe. Bd. 7. Stuttgart 1992, S. 1-96

Zechner, Wolfgang: Joseph Anton von Pilat. Diss. phil. Wien 1954

Zimmermann, Harro / Boehncke, Heiner (Hg.): Reiseziel Revolution. Berichte deutscher Reisender aus Paris 1789-1805. Reinbek bei Hamburg 1988

Zimmermann, Harro (Hg.): Schreckensmythen – Hoffnungsbilder. Die Französische Revolution in der deutschen Literatur. Essays. Frankfurt/Main 1989

Zimmermann, Harro: Das Projekt Mündigkeit. Kleines Plädoyer für mehr Aufklärung unter Aufklärern. In: Das Achtzehnte Jahrhundert. Jg. 21, Heft 2. Wolfenbüttel 1997, S. 189-201

Zimmermann, Harro: Aufklärung und Erfahrungswandel. Studien zur deutschen Literaturgeschichte des späten 18. Jahrhunderts. Göttingen 1999

Zimmermann, Harro: Despotie der Aufklärung. Die anti-jesuitische Verschwörungstheorie in der ‚Berlinischen Monatsschrift'. In: ders.: Aufklärung, S. 65-112

Zimmermann, Harro: Auswanderung ist Heimkehr. Die Emigranten der Französischen Revolution in der deutschen Erzählliteratur und Publizistik um 1800. In: ders.: Aufklärung, S. 243-305

Zimmermann, Harro: Ein babylonisches Narrenhaus? Europa-Visionen in der deutschen Literatur. In: ders.: WortWörtlich. Kleine Arbeiten zur Literaturgeschichte im Radio. Bremen 2003, S. 222-245

Zimmermann, Harro: Friedrich Schlegel oder Die Sehnsucht nach Deutschland. Paderborn u.a. 2009

Zimmermann, Harro: Friedrich Gentz – Schriftsteller, Dandy, politischer Agent. In: Die Horen. Zeitschrift für Literatur, Kunst und Kritik 236. Jg. 54. Bremerhaven 2009, S. 97-114

Zimmermann, Harro: Archäologie des Konservatismus – ein Rückblick auf Friedrich Gentz. In: Neue Gesellschaft. Frankfurter Hefte 3 (2011), S. 72-74

Zimmermann, Harro: Kritische Freundschaft. Friedrich Gentz und Wilhelm von Humboldt in Berlin. In: Autor, Kritiker, Weltmann mit Hut. Wilfried F. Schoeller zum Siebzigsten. Hg. von Christina Links und Johano Strasser. Berlin 2011, S. 96-109

Ziolkowski, Theodore: Das Amt der Poeten. Die deutsche Romantik und ihre Institutionen. München 1994

Ziolkowski, Theodore: Berlin. Aufstieg einer Kulturmetropole um 1810. Stuttgart 2002

Zwettler, Herwig Walter: Die Geldlehren der Romantiker (Adam Müller, Friedrich von Gentz, Franz von Baader). Diss. phil. Wien 1956

PERSONENREGISTER